manual
PARA PROCLAMADORES DE LA PALABRA

Comentarios bíblicos: Emiliano Valadez Fernández
Sugerencias para la proclamación: Rogelio Zelada
Introducción: Miguel Arias

LTP

LITURGY
TRAINING
PUBLICATIONS

Las lecturas del Leccionario aprobado
para los Estados Unidos son del LECCIO-
NARIO: DOMINGOS Y SOLEMNIDADES
© 1982, reproducidas con permiso de la
Comisión Episcopal de Liturgia de la
Conferencia Episcopal Española, Madrid.

Las lecturas que corresponden al Leccionario Mexicano han sido publicadas bajo
el permiso de OBRA NACIONAL DE LA
BUENA PRENSA, A.C. © 1992. La Editorial Buena Prensa es la casa editora
oficial de los textos litúrgicos de la Conferencia Episcopal Mexicana.

Las sugerencias técnicas que aparecen
en el *Manual* pertenecen al libro PARA
VIVIR LA LITURGIA; han sido reproducidas con permiso de la editorial VERBO
DIVINO, Estella (Navarra), España, 1986.

Caligrafía de portada: Barbara Simcoe

Arte en el interior: Steve Erspamer, SM
Diseño original: Jill Smith
Actualización del diseño: Anna Manhart
Impreso en Estades Unidos de
Norteamérica por Von Hoffmann
Graphics, Inc., Eldridge, Iowa.

ISBN 1-56854-382-4
SWLO2

ÍNDICE

TIEMPO ORDINARIO

Emiliano Valadez Fernández es sacerdote de la diócesis de San Juan de los Lagos, Jalisco, México. Después de una amplia experiencia sacerdotal en el trabajo parroquial, realizó un curso de introducción bíblica en el Instituto Pontificio Bíblico en Roma, Italia. Posteriormente, obtuvo su licenciatura en teología bíblica en la Universidad Gregoriana de Roma en 1989.

En su diócesis, sirvió como asesor de evangelización y catequesis por cinco años. Desde 1989 hasta el presente se ha desempeñado como profesor de Sagrada Escritura en la facultad de teología del seminario diocesano de San Juan de los Lagos. De igual forma, es miembro del consejo pastoral diocesano y el asesor diocesano de animación bíblica.

Rogelio Zelada es director asociado de la Oficina de Liturgia en la arquidiócesis de Miami. Es conferencista nacional e internacional en temas de liturgia y teología bíblica.

La introducción y edición de este *Manual* estuvo a cargo de Miguel Arias. Kris Fankhouser fue el editor de producción, con la asistencia de John Lanier. Kari Nicholls realizó la composición tipográfica. A todo el equipo de trabajo: ¡muchas gracias por su cuidadosa labor y gran paciencia!

INTRODUCCIÓN

Y el Verbo se hizo carne

El verbo dentro del contexto gramatical denota acción, movimiento, un tipo de realidad que es evidente a nuestros sentidos y a nuestra mente. En el contexto bíblico, el término "Verbo" utilizado por el evangelista san Juan se refiere a Jesucristo, como el "Verbo" divino o como muestra de la acción divina en favor de su pueblo; es un "Verbo" que no sólo se hace carne, sino que también se palabra viviente, que revela la plenitud del Padre. Cabe añadir que la palabra "Verbo" en hebreo es *dabar*, que quiere decir "palabra" y "cosa" a la vez, es decir, algo casi palpable con lo que Dios creó el universo.

La Palabra de Dios hecha carne tiene un nombre: Jesucristo. La Palabra es el principio de toda la creación y, cuando se hace carne, es el instrumento de nuestra redención y la presencia permanente de Dios entre nosotros. El efecto de esta Palabra es la creación misma, nosotros mismos, hombres y mujeres, creados a imagen y semejanza de Dios (Génesis 2:22). A la vez que Jesucristo nos revela al Padre, la Palabra nos revela a Jesucristo mismo, es decir, la Palabra sigue actuando en nuestro medio de vida, pero esta vez es a través de nosotros, Palabras vivas del Padre y de su Hijo Jesucristo, mediante nuestro ministerio de proclamar su Palabra.

Por la Palabra que proclamamos en la asamblea, nos hacemos sacramento de la presencia del Hijo en su acción salvífica en favor de nosotros, su pueblo. Por esta Palabra, somos llamados a establecer un nuevo diálogo que nos lleva a reconocer en cada persona la presencia viva de Dios; en la naturaleza, a descubrirla como un resultado de la Palabra creadora de Dios, y a Dios mismo, dador de la Palabra, como una realidad totalmente otra; un diálogo que nos mueve a seguir luchando por hacer realidad la justicia del Reino predicado por Jesús.

A través de nuestro ministerio de proclamación, no sólo nos convertimos en eco de la Palabra predicada por los profetas o por los apóstoles en el Nuevo Testamento. También somos llamados a servir a nuestra comunidad siendo Palabra encarnada, es decir, dando testimonio de la Palabra que proclamamos, siendo fieles reflejos de ella, en la medida de nuestras posibilidades. Automáticamente, somos testigos de la plenitud de la revelación del Padre. Somos testigos de Jesucristo, de su Palabra y de su obra.

Respondiendo al Concilio Vaticano II

En la Constitución dogmática sobre la Divina Revelación, *Dei Verbum*, los padres del Concilio quisieron desafiar a los laicos a recuperar el papel que les corresponde en la Iglesia, como Cuerpo de Cristo, y a nosotros como parte importante de ese Cuerpo. Mediante el ministerio de la proclamación, el Vaticano II recalca: "La Iglesia siempre ha venerado la Sagrada Escritura como lo ha hecho con el Cuerpo de Cristo; pues sobre todo en la sagrada liturgia, nunca ha cesado de tomar y repartir a sus fieles el pan de vida que ofrece la mesa de la Palabra de Dios y del cuerpo de Cristo. La Iglesia ha considerado siempre como suprema norma de su fe la Escritura unida a la Tradición, ya que, inspirada por Dios y escrita de una vez para siempre, nos transmite

inmutablemente la Palabra del mismo Dios; y, en las palabras de los Apóstoles y Profetas, hace resonar la voz del Espíritu Santo" *(Dei Verbum, 21).*

He aquí nuestra tarea delineada ya por los padres del Concilio. Por este deseo somos llamados a servir a una comunidad concreta que tiene hambre de Dios, de su Palabra y también de una respuesta a sus necesidades más concretas. Somos llamados a proclamar esta Palabra en comunidades donde no siempre reinará la justicia, la equidad, el amor, la paz, la vivienda digna y estable, el empleo bien remunerado; mas no por eso hemos de dejar de proclamar esta Palabra, en cuyo mensaje nuestro pueblo espera una respuesta de parte de su Dios. Al contrario, conscientes de la vocación profética que recibimos en nuestro bautismo, proclamemos esta Palabra con nuevo ardor, nuevas expresiones y deseosos de llevar el pan de la Palabra a aquellas personas que tienen hambre de ella, y hambre de nuestra presencia en medio de sus realidades, como Palabra viva del Padre y de su Hijo Jesucristo.

Con fidelidad inquebrantable al Evangelio

En su cuarta visita a México, del papa Juan Pablo II, durante la Misa de clausura del sínodo de América que presidió en la Basílica de Nuestra Señora de Guadalupe, la primera intercesión que se hizo en la liturgia, como lo indican las normas, fue por él, para que guiara a la Iglesia "con fidelidad inquebrantable al Evangelio". Para nosotros, miembros de esa Iglesia presidida por Cristo y dirigida por su sucesor, debemos proclamar el mensaje de Jesucristo con una fidelidad inquebrantable a su Palabra, al sentido que tiene y a la respuesta que implica esta proclamación.

Esta fidelidad debe extenderse también a nuestro bautismo, a la responsabilidad que adquirimos como hijos de Dios y templos vivos del Espíritu Santo. Asimismo, habremos de ser fieles a nuestro pueblo, a su propia Historia de Salvación, a su experiencia de Dios en medio de lo cotidiano de la vida, a la verdad que busca en su peregrinar hacia el Padre, a la verdad que proclamamos, no como palabra humana sino como Palabra de Dios.

Conscientes de esta realidad, seamos transparentes en ese mensaje y absorbamos totalmente la Palabra que proclamamos cada domingo. Hagamos de ella el alma de nuestra vida para que así la proclamación verbal y nuestro testimonio de vida sean una señal de fidelidad inquebrantable, de entrega y disposición total a la comunidad que servimos, que ahora es heredera de esa misma promesa que proclamamos. De esta manera, "la Iglesia tendrá siempre una predicación, será siempre homilía".[1]

Instrumentos de la Palabra que se proclama

El ministerio que realizamos en nuestras comunidades representa la manera de insertarnos en ella, de asumir su realidad para redimirla a la luz de Cristo, Palabra que proclamamos con la esperanza de que "vuelva a repetirnos sus promesas". Por eso es importante que mantengamos siempre una buena actitud interior que disponga nuestro corazón y nuestra mente en función del mensaje que vamos a proclamar. De igual manera, Cristo comunicará su Palabra a través de nuestros labios y hará que tenga fruto en el corazón de toda la asamblea que, al momento en que proclamamos, nos escucha con atención especial. Seamos, pues, canales de Cristo que transmitan la efectividad de su gracia y de su presencia por medio de su Palabra, ya que ésta es la que nos convoca a celebrar nuestra fe en un Cristo resucitado, que nos invita a resucitar con él.

La Palabra que proclamas eres tú mismo: tanto ella como tú son presencia e imagen de Dios; esta realidad implica en sí misma un proceso de interiorización con esa Palabra, hacer de ella la guía de nuestro diario vivir, a fin de que seamos una sola realidad, palabra dada y mensaje proclamado. Como afirma el teólogo latinoamericano refiriéndose a la palabra: "Una vez pronunciada, sale, circula por el mundo, jamás se pierde porque alcanza al eterno, y fija la persona en lo definitivo".[2]

¿Leccionario Mexicano en el Manual para Proclamadores?

Luego de haber dialogado con muchos de ustedes, nos ha sido posible continuar con la impresión de dos versiones del Leccionario. Se ha hecho con el firme propósito de ayudar a las comunidades que se reúnen a celebrar su fe y que utilizan dichos Leccionarios. Así buscamos que la participación de la asamblea sea cada vez más plena y que logremos lo que los padres del Concilio nos sugieren: ". . . que se lleve a todos los fieles a una participación plena, consciente y activa en las celebraciones litúrgicas" (*Constitución sobre la Sagrada Liturgia, 14*).

Movidos por responder a las necesidades pastorales, hemos colocado las lecturas que corresponden al Leccionario Mexicano (LM) en las páginas izquierdas a lo largo del libro. De esta manera, seguirá tomando prioridad el Leccionario que ha sido aprobado por los obispos para los Estados Unidos (LEU).

En esta presentación del *Manual para Proclamadores de la Palabra 2002*, no aparecen las líneas numeradas ni las marcas entre las palabras que señalaban el tiempo de silencio a guardar durante el transcurso de la lectura. Se han desplazado no sólo por razones de espacio, sino porque también confiamos en que se ha creado cierta familiaridad entre ustedes y el mensaje que proclaman.

Las pausas durante la lectura ahora se marcan por medio de la separación de líneas, de acuerdo al sentido de las mismas. De esta manera, las marcas que anteriormente se colocaban entre las palabras ahora son señaladas por la separación que se ha introducido con la finalidad de que la proclamación que se realiza sea más efectiva.

En la misma línea, se han mantenido las palabras en *cursiva*. Éstas indican la necesidad de un énfasis especial de acuerdo al sentido de la frase o al estilo de lectura que se proclama. Estas mismas palabras son el corazón de la idea y, aunque sugerimos especial atención para ellas, en ningún momento deben *romper* el sentido y la fluidez de la proclamación. De igual manera, el énfasis que se dé a estas palabras habrá de ir acompañado de acciones corporales leves, discretas y exactas. Dígase una mirada a la asamblea, elevar ligeramente la mano o hacer una señal reverente ante lo que se proclama, la postura misma del proclamador debe reflejar estas realidades.

No hay que olvidar que este *Manual* no es para usarse en el ambón. La proclamación de la Palabra de Dios debe hacerse directamente del Leccionario.

Las sugerencias para la proclamación que aparecen a la derecha

Esta nueva técnica ha suplantado a la anterior, de referir al proclamador a la línea de acuerdo al número de la misma. La orientación práctica que ahora se presenta se refiere a la idea misma, a su contexto y a la actitud o actitudes que se deben tomar al momento de proclamarla en la asamblea. Es probable que al principio parezca extraño, pero al separar el comentario de los antecedentes históricos del texto y su significado dentro del contexto de la Historia de Salvación de las instrucciones específicas para la proclamación, creemos que será más fácil discernir el significado que la lectura tiene actualmente y cuál es la mejor manera de

La presentación personal

No hay que pasar por alto la presentación como parte efectiva en la realización del ministerio de la proclamación. La manera en que el proclamador se vista será un reflejo de la importancia y el respeto que tiene por la Palabra de Dios en su vida misma; en la misma línea, refleja también lo importante que es para él o ella la asamblea que escucha el mensaje. Cabe recordar lo que el Concilio Vaticano II nos dice sobre las cuatro presencias de Cristo en la celebración eucarística: en quien preside la celebración, en la asamblea, en la Palabra y en la Eucaristía. Siendo tú mismo reflejo de la presencia de Cristo, estarás transmitiendo esa presencia a través de la Palabra a la asamblea, al cuerpo de Cristo. Recuerda aquella frase de san Francisco de Asís: "Prediquen siempre el Evangelio, si es necesario utilicen las palabras".

transmitir esto a los fieles. Con la práctica, los proclamadores se darán cuenta de la importancia que tiene el transmitir el sentido de la Palabra también por los gestos y acciones que el autor de este *Manual* nos sugiere.

En algunas ocasiones se incluyen pequeñas sugerencias en cuanto a palabras que requieren un poco más de práctica. Conscientes de ello, deseamos ayudarle a practicar con anticipación para que al presentarse ante la asamblea lo hagas sin ningún problema.

La unidad entre las lecturas dominicales

Aun cuando te corresponda la proclamación de la primera lectura solamente, será de gran ayuda el que leas las tres lecturas en su conjunto. Esto ayudará a tener una idea más completa de los temas que constituirán el corazón de la homilía: el diálogo entre las Escrituras y la realidad de la comunidad.

Mayormente, la primera lectura y el Evangelio están unidos en su mensaje. La primera hace referencia al Primer Testamento y, en cierta manera, el Evangelio la complementa, y hace realidad la promesa hecha al pueblo de Israel. La segunda lectura sigue su propio ritmo, pero eso no indica que no tenga relación alguna con las lecturas anteriores. Su mensaje es propio de la mentalidad del Nuevo Testamento, en la que el centro del mensaje no es una promesa sino Jesucristo mismo, el Verbo hecho carne, el sacramento de Dios y fundamento de la Iglesia.

Siempre inclusivos, nunca exclusivos

Aunque la gramática castellana especifique que al decir "hombres" nos referimos al género humano en su conjunto y no solamente a los varones, es necesario que nos orientemos ahora por una nueva realidad pastoral.

En muchos de nuestros países, la cuestión del lenguaje inclusivo ni siquiera es un tema de discusión; ciertamente hay un contexto muy diferente al que se vive aquí en los Estados Unidos, donde pareciera que damos por entendida esa realidad. Aquí en esta nueva realidad que vivimos como pueblo hispano, a quien los obispos católicos de este país han considerado como una bendición, hemos optado por ser inclusivos, de referirnos a ambos géneros cuando el contexto así lo permita. Por ejemplo, si comparas el Leccionario estadounidense con este *Manual*, notarás que el saludo inicial que acompaña a las cartas de san Pablo, que inicia con la palabra "hermanos", no aparece aquí. No hemos utilizado la palabra "hermanos" cuando ésta no se encuentra de manera estricta en la Escritura misma. En ella misma nos apoyamos: "Ya no hay diferencia entre quien es judío y quien griego, entre quien es esclavo y quien hombre libre; no se hace diferencia entre hombre y mujer. Pues todos ustedes son uno solo en Cristo Jesús" (Gálatas 3:28).

Instrumentos, no agentes

Los proclamadores no debemos olvidar que sólo somos instrumentos de la Palabra que proclamamos; simplemente respondemos a la vocación profética recibida en el bautismo y de alguna manera hacemos realidad las palabras del apóstol Pablo: "Ay de mí, si no anuncio el Evangelio" (1 Corintios 9:16). Sin embargo, el profeta Isaías reafirma esta misión de instrumentos de la misma Palabra que proclamamos: ". . . así será la palabra que salga de mi boca. No volverá a mí sin haber hecho lo que yo quería y haber llevado a cabo su misión" (Isaías 55:11).

Encontrarás sugerencias técnicas en las páginas: 21, 48, 91, 97, 132 y 257.

[1] Mons. Oscar Arnulfo Romero, arzobispo de San Salvador, 27 de enero de 1980.

[2] Leonardo Boff, *Los Sacramentos de la vida.* Colección Alcance, p. 87, Sal Terrae, España, 1991.

Sugerencias prácticas

Introducción a las lecturas. Notarás que antes de cada lectura aparece una síntesis de la misma en letra roja o cursiva en el Leccionario Mexicano; en el Leccionario estadounidense aparece en letra *cursiva.* Esas frases no deben ser parte de tu proclamación, tampoco el indicar si es primera o segunda lectura.

El inicio y el final. Son los dos puntos clave de tu proclamación. Memoriza siempre el inicio para que puedas proclamarlo de memoria frente a la asamblea; trata de hacer lo mismo con el final, por lo menos con las últimas palabras.

Salmo responsorial. Aunque el salmo responsorial es parte de la liturgia de la Palabra, la proclamación o entonación del mismo no corresponde al proclamador, sino al cantor o salmista. Recuerda también que, si es posible, el salmo debe cantarse, pues esto corresponde a su naturaleza.

Cierre al Evangelio. De acuerdo a la edición más reciente del Ordinario de la Misa, aprobado por la Conferencia Episcopal Española en 1998 y aplicable a todos los países de habla hispana, y el reciente sacramentario propuesto para los Estados Unidos, se ha pedido una nueva respuesta al Evangelio. Cuando el proclamador finaliza la primera o segunda lectura, dice: "Palabra de Dios", a lo que la asamblea contesta: "Te alabamos Señor". En el Evangelio, el proclamador debe concluir diciendo: "Palabra del Señor"; la respuesta de la asamblea debe ser: "Gloria a ti, Señor Jesús".

Como baja la lluvia y la nieve

de lo alto del cielo, y no vuelve allá

sin haber empapado la tierra

y haberla hecho germinar . . .

así la palabra que sale de mi boca

y no vuelve a mí vacía,

sino que hace lo que yo quiero

y cumple su misión.

—Isaías 55:10a, 11

1er. DOMINGO DE ADVIENTO

I LECTURA Isaías 2:1–5 L M

Lectura del libro del profeta Isaías

Visión de Isaías, hijo de Amós, acerca de Judá y Jerusalén:
En días *futuros,*
    el monte de la casa del Señor
    será *elevado* en la cima de los montes,
    encumbrado sobre las montañas y *hacia él* confluirán *todas*
        las naciones.
Acudirán pueblos *numerosos,* que dirán:
"*Vengan, subamos* al monte del Señor,
        a *la casa* del Dios de Jacob,
    para que *él* nos instruya en sus caminos
        y podamos *marchar* por sus sendas.
Porque de Sión *saldrá* la ley, de Jerusalén, *la palabra* del Señor".
Él será el *árbitro* de las naciones y el *juez* de pueblos numerosos.
De las espadas forjarán *arados* y de las lanzas, *podaderas;*
    ya *no alzará* la espada pueblo contra pueblo,
    ya *no* se adiestrarán para la guerra.
¡*Casa* de Jacob, *en marcha*! *Caminemos* a la luz del Señor.

I LECTURA Desde el punto de vista religioso, un asunto importante para todos los pueblos es tener claridad sobre el cómo y cuándo se hace presente Dios. En Israel, gracias al influjo de la ideología monárquica, se afirmaba que Dios estaba presente en medio de los suyos: en el espacio (el templo de Jerusalén) y en el tiempo (la monarquía davídica).

Israel gozó de esta certeza y no tuvo dudas antes del profeta Isaías (741 a.C.); pero con el surgimiento del gran imperio de Asiria, tanto los reyes de Israel como el templo de Jerusalén, sufrieron ataques y su importancia vino a menos; por tal motivo, la unidad en torno a la monarquía y al templo empezó a romperse. El pueblo sentía que si se acababan los reyes y se destruía el templo, Dios ya no estaría presente.

Ante esta situación dramática, los profetas invitaron a los israelitas a no olvidar que Jerusalén debe ser el único centro religioso.

Isaías, el profeta enamorado de la ciudad y del templo, dedica a Sión el poema Isaías 2:1–5, mismo que será copiado por Miqueas 4:1–5 y que luego será elaborado retóricamente en Isaías 60.

II LECTURA Romanos 13:11–14 L M

Lectura de la carta del apóstol san Pablo a los romanos

Hermanos: Tomen en cuenta *el momento* en que vivimos.
Ya es hora de que se *despierten* del sueño,
    porque *ahora* nuestra salvación está *más cerca* que cuando
        empezamos a creer.
La noche está avanzada y se *acerca* el día.
Desechemos, pues, la obras de las tinieblas
    y *revistámonos* con las armas de la luz.
Comportémonos *honestamente,* como se hace *en pleno día.*
Nada de comilonas ni borracheras,
    nada de lujurias ni desenfrenos, *nada* de pleitos ni envidias.
Revístanse más bien, de nuestro Señor *Jesucristo*
    y que el cuidado de su cuerpo *no dé* ocasión
        a los malos deseos.

II LECTURA El ardor apostólico y la emoción literaria de Pablo llegan a su culmen en estos cuatro versículos, al advertir a romanos y cristianos de todos los tiempos sobre cómo debe ser la práctica de la vida cristiana en este mundo, entre la primera y la segunda venida de Cristo.

El tiempo del Adviento es para esperar con grandes ansias a aquél que es capaz de arrancarnos el egoísmo, la ambición y sus consecuencias desordenadas. Jesucristo, el Hijo de Dios, tiene el poder de terminar con las tinieblas que envuelven nuestra vida. En este tiempo de salvación, lo primero que desea Dios es que reconozcamos que vivimos en la noche y que nos encontramos amodorrados: ¡No acabamos

3

2 DE DICIEMBRE DEL 2001 ■ 1er. DOMINGO DE ADVIENTO

I LECTURA   Isaías 2:1–5   L E U

Lectura del libro del profeta Isaías

Isaías, hijo de Amós, tuvo esta *visión* acerca de Judá
y de Jerusalén.
En el *futuro*,
el cerro de la Casa del Señor será puesto *sobre*
los altos *montes*
y *dominará* los lugares más elevados.
Irán a verlo *todas* las naciones
y *subirán* hacia él *muchos* pueblos, diciendo:
"*Vengan, subamos* al cerro del Señor,
a la *Casa* del Dios de *Jacob*,
para que nos *enseñe* sus caminos y *caminemos* por sus *sendas.*
Porque la Enseñanza *irradia* de Sión,
de Jerusalén sale la *palabra* del Señor".
El Señor *gobernará* a las *naciones*
y *enderezará* a la humanidad.
Harán *arados* de sus *espadas*
y sacarán hoces de sus lanzas.
Una nación no *levantará* la espada contra otra,
y no se adiestrarán para la *guerra.*
¡Pueblo mío, *ven: caminemos* a la luz del Señor!

Comienza a proclamar con fuerza
y convicción. Haz una pausa y cambia
a un tono más solemne al presentar
el contenido de la visión de Isaías.

Levanta tu mirada desde "elevado" hasta
"encumbrado", luego baja los ojos hacia
la asamblea, voz de los pueblos que
acuden entusiasmados a la casa de Dios.

Retoma la voz del profeta con seguridad
y muéstrate esperanzado por el triunfo
del Señor que trae la paz.

Proclama la frase final como una invitación a caminar inmediatamente.

II LECTURA   Romanos 13:11–14   L E U

Lectura de la carta del apóstol san Pablo a los romanos

Ustedes *saben* en qué tiempo *vivimos*
y que ya es hora de *despertar.*
Nuestra *salvación* está ahora más *cerca*
que cuando *comenzamos* a tener fe:
la noche *avanza;* está *cerca* el *día*
y tomemos las armas de la *luz.*
Como en *pleno* día, andemos *decentemente;*
así pues, *nada* de banquetes con borracheras,
nada de prostitución o de vicios, o de pleitos, o de envidias.
Más bien, *revístanse* de Cristo Jesús el *Señor.*
No se *conduzcan* por la *carne*
poniéndose al *servicio* de sus impulsos.

Esta exhortación requiere que se acentúe
cada invitación a la acción.

Imagina y siente la inquietud del apóstol
que quiere despertar a los hermanos
adormilados que se han acomodado en
los asientos.

No adoptes un tono regañón, sino más
bien firme y convencido.

Deja una breve pausa antes de la frase
final. Mira a la asamblea e invítala:
"revístanse".

Advierte que el texto cambia a primera
persona en el párrafo central e inclúyete
también en la recomendación paulina.
Todos somos llamados a luchar por
eliminar el mal en nuestro actuar.

4

1er. DOMINGO DE ADVIENTO ■ 2 DE DICIEMBRE DEL 2001

de despertar! Quizá los desórdenes en comidas y bebidas, el desenfreno sexual, las riñas, envidias, odios y rencores que aquejan nuestra vida nos mantienen aún adormilados.

EVANGELIO Mateo coloca antes de la narración de la pasión el discurso llamado escatológico; el Evangelio de hoy es parte de este discurso. En el relato de la pasión, al igual que los otros evangelistas, nos ofrece su testimonio sobre los acontecimientos fundamentales de nuestra salvación. ¿Por quién somos justificados? ¿La ley de Moisés, la ciudad santa de Jerusalén o Cristo? El mensaje es claro: la salvación nos viene por Cristo y no por la ley o el templo de Jerusalén.

El texto mantiene un gran estilo apocalíptico y habla de lo inevitable: la caída y destrucción de Jerusalén. Jesús anunció muchas veces y de diferentes maneras que ya había llegado la hora de superar las ideas torcidas que tenían los judíos sobre la salvación, y de liberarse de ciertas organizaciones y actitudes religiosas cerradas a Dios. El vino nuevo debe ser colocado en odres nuevos. No es posible colocar el acontecimiento salvador de Cristo en el sistema salvífico del Primer Testamento, por lo demás ya superado.

El texto sagrado anuncia el acontecimiento con las características de una venida del Señor y de un juicio purificador, donde se permite que sigan viviendo los atentos, los vigilantes, los que han permanecido fieles, es decir, el resto. Es este grupo el que ha sabido contemplar el acontecimiento de Cristo como el gran signo de la presencia amorosa de Dios.

¿Cuándo y cómo ocurrirá este acontecimiento? El evangelista responde por medio de parábolas, pero insiste en cuál debe ser el comportamiento: al cristiano se le exige estar atento y vigilante.

EVANGELIO Mateo 24:37–44 L M

Lectura del santo Evangelio según san Mateo

En aquel tiempo, Jesús dijo a sus discípulos:
"*Así* como sucedió en tiempos de Noé,
  así también sucederá cuando venga el *Hijo* del hombre.
Antes del diluvio, la gente comía, bebía y se casaba,
  hasta el día en que Noé *entró* en el arca.
Y cuando *menos* lo esperaban,
  sobrevino el diluvio y se llevó *a todos.*
Lo mismo sucederá cuando venga el *Hijo del hombre.*
Entonces, de *dos hombres* que estén en el campo,
  uno será llevado y *el otro* será dejado;
  de *dos mujeres* que estén juntas moliendo trigo,
  una será tomada y la otra *dejada.*
Velen, pues, y *estén* preparados,
  porque no saben *qué día* va a venir su Señor.
Tengan por cierto que si un padre de familia
  supiera *a qué hora* va a venir el ladrón,
  estaría *vigilando* y *no dejaría*
  que se le metiera por un boquete *en su casa.*
También ustedes *estén preparados,*
  porque a la hora que *menos lo piensen,*
  vendrá el Hijo del hombre".

5

2 DE DICIEMBRE DEL 2001 ▪ 1er. DOMINGO DE ADVIENTO

EVANGELIO   Mateo 24:37–44   L E U

Lectura del santo Evangelio según san Mateo

En aquel tiempo dijo Jesús a sus discípulos:
"Cuando *venga* el Hijo del *Hombre*
    sucederá lo *mismo* que aconteció en tiempos de Noé.
En aquellos días del diluvio
    los hombres seguían comiendo, bebiendo y *casándose*,
    hasta el *mismo* día en que Noé entró en el arca,
    y no se daban cuenta.
De *repente*, vino el *diluvio* y se los llevó a *todos*.
Lo *mismo* sucederá cuando *venga* el Hijo del Hombre.
Entonces, de dos mujeres que están juntas moliendo trigo,
    una será tomada, y la otra *no*.
Por *eso*, estén ustedes *prevenidos*,
    porque no saben en qué día *vendrá* su Señor.
Fíjense bien,
    si un dueño de casa *supiera* a qué hora lo va a *asaltar* un *ladrón*,
    seguramente permanecería *despierto*
        para *impedir* el asalto de su casa.
Por eso, *estén alerta*;
    porque el Hijo del Hombre
        vendrá a la hora que *menos* piensan".

Jesús les habla a los discípulos con el tono reflexivo de un maestro que desea hacer pensar a su audiencia.

Da énfasis especial a esta frase, que es clave en el texto. Evita usar un tono de reprensión, sino más bien busca infundir confianza y serenidad. El que esté preparado no tiene por qué temer.

Repite la recomendación con un tono de alegría y entusiasmo.

LA INMACULADA CONCEPCIÓN DE SANTA MARÍA VIRGEN

I LECTURA Génesis 3:9–15, 20

L M

I LECTURA El problema del mal golpea despiadadamente a mujeres y hombres, y éstos no encuentran explicación razonable a esta situación, siglos antes de la venida de Cristo. Sin embargo, toca al escritor sagrado, inspirado por el Espíritu, dar su mensaje, poniendo las cosas en su lugar. La lectura nos describe las dos últimas partes de la sección, estructurada en cuatro momentos muy ilustrativos: tentación, caída, juicio y consecuencias.

¿Quién es responsable del mal? ¿Dios o nosotros? La respuesta en el Génesis es clara y sin rodeos: nosotros. No se le puede echar la culpa a Dios. Las consecuencias del pecado no pueden ocultarse, ya que afectan seriamente las relaciones con Dios, consigo mismo, con los demás y con la naturaleza.

En primer lugar, el pecado ha producido un desequilibrio en el propio ser. Se nos dice que se encuentra desnudo, es decir, degradado. No ha sabido conservar la dignidad con la que salió de las manos de Dios; no ha querido mantener su condición de criatura; quiere ser como Dios. En segundo lugar, las relaciones familiares con Dios se han visto afectadas porque existe el temor y el intento de esconderse. Y en tercer lugar, la confianza en el otro se ha terminado y empiezan las acusaciones y se buscan los chivos expiatorios para acallar su propia responsabilidad. El mal siempre divide, nunca une.

Pero el amor de Dios es siempre más grande que el pecado humano porque, aunque Satanás está en continua guerra, desde el principio ha sido anunciada su derrota. Quien tiene el poder de derrotarlo es Cristo, el Hijo de María; sólo él ha logrado aplastar su cabeza. En medio de esta obra salvífica aparece íntimamente unida María como gran colaboradora: con gran fe acepta la concepción virginal por obra del Espíritu Santo.

Lectura del libro del Génesis

Después de que el hombre y la mujer *comieron*
    del fruto del árbol *prohibido,*
    el Señor Dios *llamó* al hombre y *le preguntó:*
"*¿Dónde estás?*" Este le respondió:
"*Oí* tus pasos en el jardín; y *tuve miedo,*
    porque estoy *desnudo,* y me e*scondí".*
Entonces le dijo Dios:
"*¿Y quién* te ha dicho que *estabas desnudo?*
¿Has comido acaso del árbol del que te *prohibí* comer?"
Respondió *Adán:*
"*La mujer* que me diste por compañera
    me ofreció del fruto del árbol y *comí".*
El Señor Dios dijo *a la mujer:* "*¿Por qué* has hecho *esto?*"
Repuso la mujer: "La serpiente *me engañó* y *comí".*
Entonces dijo el Señor Dios *a la serpiente:*
"Porque has *hecho esto,* serás *maldita* entre *todos* los animales
    y entre *todas* las bestias salvajes.
Te *arrastrarás* sobre tu vientre
y *comerás* polvo *todos* los días de tu vida.
Pondré *enemistad* entre ti *y la mujer,*
    entre tu descendencia *y la suya;*
    y su descendencia te *aplastará* la cabeza,
        mientras tú *tratarás* de morder su talón".
El hombre le puso a su mujer el nombre de "*Eva",*
    porque ella fue *la madre* de *todos* los vivientes.

I LECTURA Génesis 3:9–15, 20	L E U

Lectura del libro del Génesis

Después que Adán comió del árbol, el Señor Dios lo llamó:
  "¿Dónde estás?"
Éste contestó:
  "Oí tu voz en el jardín y tuve miedo, porque estoy desnudo,
  por eso me escondí".
El Señor replicó: "¿Quién te ha hecho ver que estabas desnudo?
¿Has comido acaso del árbol que te prohibí?"
El hombre respondió:
  "La mujer que me diste por compañera me dio del árbol
    y comí".
El Señor dijo a la mujer: "¿Qué es lo que has hecho?",
  y la mujer respondió:
  "La serpiente me ha engañado y comí".
Entonces el Señor Dios dijo a la serpiente:
  "Por haber hecho esto, maldita seas entre todas las *bestias*
  y entre todos los animales del campo.
Andarás *arrastrándote*,
  y comerás tierra todos los días de tu vida.
Haré que haya enemistad entre ti y la mujer,
  entre tu descendencia y la suya,
    ésta te pisará la cabeza mientras tú te *abalanzarás*
      sobre su talón".
El hombre llamó a su *mujer* "*Eva*"
  por ser la madre de todo viviente.

Identifica cada personaje de tal manera que la escena que vas a narrar cobre vida y fuerza en la imaginación de tus oyentes.

La voz de Dios suena natural y habitual; se asombra de no encontrar a Adán en su sitio, donde lo veía todos los días.

Adán, confundido y temeroso, pretende descargar las culpas en Dios mismo y en la pareja que éste le dio. Por su parte, Eva admite haber sido engañada y acusa de ello a la serpiente.

Pon énfasis especial en el anuncio de la victoria de la descendencia de la mujer, que es la clave de esta lectura en la solemnidad de hoy.

Emplea las pausas con cuidado. Advierte que a cada intervención de un personaje, señalada con un verbo, debe corresponder una pausa, como una galería de cuadros separados entre sí por trozos de pared.

| II LECTURA Efesios 1:3–6, 11–12 | L M |

Lectura de la carta del apóstol san Pablo a los efesios

Bendito sea Dios, *Padre* de nuestro *Señor Jesucristo*,
    que nos ha bendecido *en él* con *toda clase* de bienes
        espirituales y *celestiales*.
Él *nos eligió* en Cristo, *antes* de crear el mundo,
    para que fuéramos *santos* e irreprochables *a sus ojos*,
        por el amor,
    y *determinó*, porque *así* lo quiso,
    que, por medio de *Jesucristo*, *fuéramos* sus hijos,
    para que *alabemos* y glorifiquemos la gracia
        con que nos *ha favorecido*
    por medio de su *Hijo amado*.
Con Cristo somos *herederos* también nosotros.
Para esto estábamos *destinados*,
    por *decisión* del que lo hace todo *según* su voluntad:
    para que *fuéramos* una alabanza *continua* de su gloria,
    nosotros, los que ya antes *esperábamos* en Cristo.

II LECTURA | **La Palabra de Dios anunciada por Pablo por casi tres años en la "ciudad cultural" de entonces, en territorio de Turquía, la gran Éfeso, tuvo como fruto una comunidad entusiasta y fervorosa. Con el paso del tiempo, la vida de los cristianos se fue complicando a raíz de su necesaria convivencia con los paganos.**

¿Cuál es la diferencia entre los cristianos y los paganos? Si ha de vanagloriarse el cristiano, ¿en qué se funda su grandeza? ¿Cuál es el valor del pensamiento cristiano frente a las corrientes filosóficas de aquel tiempo? Pablo presenta en el texto el misterio de Cristo y, a la luz de este misterio, entendemos perfectamente la importancia de ser hijos e hijas de Dios.

Hoy la Iglesia canta al Señor un canto nuevo porque el Hijo de Dios se ha encarnado en el seno de la Virgen María por obra del Espíritu Santo. Una vez más se hace presente la acción salvífica del Espíritu que describe tantas veces la Biblia: por medio del Espíritu, Dios crea, comunica y participa de su vida. Y porque hoy celebramos a María que ha concebido, confesamos que la encarnación ha hecho posible que participemos de la vida divina.

El texto sagrado proclama que somos creados a imagen y semejanza del creador, que lo ha plasmado con sus manos y le ha dado su aliento de vida. Por eso cada persona lleva en sí la impronta divina, lo sepa o no, y está llamada a conformarse a ella para ser verdaderamente feliz. En el himno, nos dice la *Biblia de América,* se nos anuncia: el poder del Padre ha resucitado a Cristo de entre los muertos y le ha constituido cabeza de la Iglesia, que es la comunidad de salvación fundada por el propio Jesucristo. La unión de Cristo con el resto del cuerpo, es decir, con la Iglesia, es íntima e indisoluble.

II LECTURA   Efesios 1:3–6, 11–12   L E U

Lectura de la carta del apóstol san Pablo a los efesios

Bendito sea Dios, Padre de *Cristo Jesús* nuestro *Señor*,
    que nos *bendijo* desde el *cielo*, en *Cristo*,
    con *toda* clase de *bendiciones* espirituales.
En Cristo, Dios *nos eligió* desde antes de la *creación* del *mundo*,
    para *andar* en el *amor* y estar en su *presencia*
        sin culpa *ni mancha*.
Determinó *desde la eternidad* que nosotros *fuéramos*
    sus *hijos* adoptivos por medio de *Cristo Jesús*.
Eso es lo *que quiso* y más le *gustó*
    para que *se alabe* siempre y *por encima* de todo
    esa *gracia* suya que nos *manifiesta* en el *Bien Amado*.
En Cristo, Dios *nos apartó* a los que estábamos
    esperando al Mesías.
Él, que *dispone* de todas las cosas *como quiere*,
    nos *eligió* para ser su *pueblo*,
    para *alabanza* de su *gloria*.

Interpreta esta lectura como un himno de acción de gracias, como una proclamación alegre y entusiasmada que contagie a toda la asamblea.

Comienza con un tono explosivo y brillante para después pasar a explicar los motivos de tu júbilo.

Ten en cuenta que todo lo que hemos alcanzado en el misterio de Cristo se realiza a plenitud en María.

EVANGELIO Los cristianos católicos le damos mucha importancia a este texto evangélico porque nos proclama claramente el lugar que ocupa la Virgen María en la obra de salvación. Además, las maravillas que la providencia divina ha obrado en ella no dejan de ser una piedra de toque para algunos hermanos y hermanas separados y para tantas denominaciones cristianas que no aceptan la maternidad divina ni su Inmaculada Concepción.

Analizados los personajes que el evangelista hace intervenir en la narración, sobresalen Dios y María. Dios es quien ha estado en relación estrecha con Israel y con la casa de David (José es de la estirpe de David); no ha permanecido indiferente ante la situación de su pueblo. Por eso se comunica por medio del ángel; el mensaje que da el enviado divino es motivo de alegría y de gran esperanza; y envía al Espíritu para que sea posible la concepción respetando la decisión libre de María de no tener relaciones sexuales.

El texto bíblico presenta a María aceptando, en actitud reverente, la misión del arcángel para concebir en su seno por obra del Espíritu Santo. María ha asumido la responsabilidad de ser asociada a la obra salvadora de su Hijo; ha optado por un estilo de vida pobre y al servicio de los más desamparados. Por eso se encamina presurosa a las montañas cercanas a Jerusalén para ayudar a su pariente Isabel que va a tener un hijo.

Así, el relato vocacional de María ofrecido por el evangelista presenta de manera rotunda que María será madre y virgen al mismo tiempo, algo que humanamente es imposible, pero no para Dios. En varias partes de la Biblia ha mostrado muy claramente que llevará a término su obra salvadora aunque se interponga la esterilidad humana. Así sucedió con Sara, Rebeca, Raquel, la madre de Sansón, Ana e Isabel. Dios es fiel a sus promesas, Dios cumple su alianza. Dios, venciendo milagrosamente la esterilidad humana de estas mujeres del Primer Testamento, preparaba la fecundidad cristiana de María.

EVANGELIO Lucas 1:26–38 L M

Lectura del santo Evangelio según san Lucas

En *aquel* tiempo,
el *ángel* Gabriel fue enviado por Dios
a una ciudad de Galilea, llamada Nazaret,
a una *virgen* desposada con un varón
de la *estirpe* de David, llamado *José*.
La virgen se llamaba *María*.
Entró el ángel a donde ella estaba y *le dijo*:
"*Alégrate*, *llena* de gracia, *el Señor* está contigo".
Al oír *estas palabras*, ella se preocupó *mucho*
y se preguntaba *qué* querría decir *semejante* saludo.
El *ángel* le dijo:
"*No temas*, María, porque has hallado *gracia* ante Dios.
Vas a *concebir* y a *dar a luz* un hijo
y le pondrás por nombre *Jesús*.
Él será *grande* y será llamado *Hijo* del Altísimo;
el *Señor Dios* le dará el *trono* de David, su padre,
y él *reinará* sobre la casa de Jacob *por los siglos*
y su reinado *no tendrá fin*".
María le dijo entonces al ángel:
"*¿Cómo* podrá ser *esto*, puesto que yo permanezco *virgen*?"
El *ángel* le contestó:
"El Espíritu Santo *descenderá* sobre ti
y el *poder* del Altísimo *te cubrirá* con su sombra.
Por eso, el Santo, que *va a nacer de ti*,
será llamado *Hijo* de Dios.
Ahí tienes a tu parienta *Isabel*,
que *a pesar* de su vejez, *ha concebido* un hijo
y ya va en el *sexto* mes la que llamaban *estéril*,
porque *no hay nada* imposible para Dios".
María contestó:
"*Yo soy* la esclava del Señor;
cúmplase en mí lo que me has dicho".
Y el ángel *se retiró* de su presencia.

EVANGELIO Lucas 1:26–38   L E U

Lectura del santo Evangelio según san Lucas

En aquel tiempo, Dios envió al ángel *Gabriel*
    donde una joven virgen
  que vivía en una ciudad de Galilea llamada *Nazaret*,
  y que era prometida de *José*, de la familia de *David*.
Y el nombre de la virgen era *María*.
Entró el ángel a su *casa* y le dijo:
  "*Alégrate* tú, la Amada y *Favorecida*;
  el Señor está contigo".
Estas palabras la *impresionaron*
  y se preguntaba qué querría *decir* ese saludo.
Pero el *ángel* le dijo: "No *temas*, María,
  porque has *encontrado* el favor de Dios.
Vas a quedar *embarazada* y darás a luz a un *hijo*,
  al que pondrás el nombre de *Jesús*.
Lo *ensalzarán* y con razón lo llamarán: *Hijo* del Altísimo.
Dios le dará el *trono* de David, su *antepasado*.
Gobernará por siempre el *pueblo* de Jacob
  y su reino no terminará *jamás*".
María entonces dijo al ángel:
  "¿*Cómo* podré ser *madre* si no tengo relación
    con ningún hombre?"
Contestó el ángel:
  "El Espíritu *Santo* descenderá sobre ti
  y el *Poder* del Altísimo te *cubrirá* con su sombra;
  por eso tu hijo será *Santo*
  y con razón lo llamarán *Hijo* de Dios.
Ahí tienes a tu parienta *Isabel*:
  en su *vejez* ha quedado esperando un hijo,
  y la que no podía tener *familia*
  se encuentra ya en el *sexto* mes del *embarazo*;
  porque para Dios *nada* es imposible".
Dijo María: "Yo soy la esclava del *Señor*;
  que haga en *mí* lo que has *dicho*".
Después de estas *palabras* el ángel se retiró.

Proclama este texto como un diálogo donde es el Señor quien dirige el rumbo de la acción.

La mediación del ángel nos hace sentir la cercanía de Dios como único posible revelador de este misterio.

La voz de Gabriel evoca el saludo que los profetas daban a Jerusalén. Invita con él a la alegría por la llegada de los tiempos mesiánicos.

Deja que el diálogo fluya con sencillez y naturalidad como una conversación entre amigos, sin que pierda la fuerza interior del relato.

Las palabras llenas de significado con que el ángel se dirige a la Virgen deben proclamarse sin teatralidad y enfatizando todas las referencias a Jesús.

Aunque el ángel le propone como prueba el signo del embarazo de Isabel, María responde sin comprobarlo. Haz una pausa para que la respuesta final de la Virgen resuene luminosamente, invitando a todos a la fe y a la confianza a dejar actuar a Dios en nuestra vida.

2º DOMINGO DE ADVIENTO

I LECTURA **Los reyes de Damasco y Samaria decidieron hacer** una coalición para atacar a Asiria y terminar con su dominio sobre el territorio del Medio Oriente e invitaron también al rey de Judá. Judá no se entusiasma con la empresa y, ante su negativa, los ejércitos de Siria y Samaria decidieron atacar a Jerusalén. Al rey Ajaz no le quedó otra que pedir ayuda a Asiria, puesto que no tuvo aliados y su situación fue desesperante.

Isaías, profeta del Señor, le aconsejó a Ajaz, su rey, que no lo hiciera porque esto acarrearía graves consecuencias para el pueblo. Isaías le habló en nombre del Señor; ciertamente se salvaría de sus enemigos y la dinastía davídica seguiría en pie, pero sólo si mantenía su confianza en Dios. Esta fe es la que lo salvaría, no la fuerza humana y el cálculo político. Pero el rey no hizo caso. Y sucedió lo que tenía que suceder: Judá tuvo que pagar muy caro la ayuda del rey asirio. La situación para el pueblo de Judá se tornó muy grave en muchos aspectos, y lo más preocupante era que la dinastía davídica estaba en peligro de desaparecer.

Ahora el profeta Isaías interviene nuevamente, pero esta vez para recordarle al pueblo que Dios es fiel, que no abandona a su pueblo y que por siempre está presente. Éste es el mensaje de los hermosos oráculos que forman el Libro del Emmanuel (Isaías 7—12). Siete meses más tarde, el oráculo de salvación se cumple con el nacimiento de Ezequías y la derrota de Asiria.

El tiempo del Adviento es una oportunidad muy preciosa que tenemos los cristianos para analizar en quién tenemos puesta la confianza. ¿Buscamos apoyos en las personas o en las cosas para salir adelante, más que en Dios? El oráculo profético nos describe al Mesías que esperamos lleno de los dones del Espíritu; este mismo Espíritu nos quiere enriquecer con los dones de la justicia, libertad, paz y amor.

I LECTURA Isaías 11:1–10   L M

Lectura del libro del profeta Isaías

En aquel día *brotará* un renuevo del tronco de Jesé,
   un vástago *florecerá* de su raíz.
Sobre él *se posará* el espíritu *del Señor,*
   espíritu de sabiduría e inteligencia,
   espíritu de consejo y fortaleza,
     espíritu de piedad y temor de Dios.
No juzgará por apariencias, *ni sentenciará* de oídas;
   defenderá con justicia *al desamparado*
     y con equidad *dará* sentencia al pobre;
   herirá al violento con el *látigo* de su boca,
   con el *soplo* de sus labios *matará* al impío.
Será la justicia su *ceñidor,* la fidelidad *apretará* su cintura.
Habitará el lobo con el cordero,
   la pantera *se echará* con el cabrito,
   el novillo y el león pacerán *juntos*
   y un muchachito los apacentará.
La vaca pastará *con la osa* y sus crías *vivirán juntas.*
El león comerá paja *con el buey.*
El niño *jugará* sobre el agujero de la *víbora;*
   la creatura *meterá* la mano en el *escondrijo* de la serpiente.
No hará daño ni estrago por *todo* mi monte santo,
   porque *así* como las aguas *colman* el mar,
   así está *lleno* el país de la *ciencia* del Señor.
Aquel día la raíz de Jesé *se alzará* como bandera de los pueblos,
   la buscarán *todas* las naciones y *será gloriosa* su morada.

I LECTURA   Isaías 11:1–10   L E U

Lectura del libro del profeta Isaías

En aquel día una rama *saldrá* del tronco de Jesé,
    un brote *surgirá* de sus raíces.
Sobre él *reposará* el Espíritu del Señor,
    espíritu de sabiduría e inteligencia,
    espíritu de prudencia y valentía,
    espíritu para *conocer* al Señor, y para *respetarlo,*
    y para *gobernar* conforme a sus preceptos.
No juzgará por las *apariencias*
    ni se *decidirá* por lo que se dice,
    sino que hará *justicia* a los *débiles*
    y dictará sentencias *justas* a *favor* de la gente pobre.
Su palabra *derribará* al opresor,
    el soplo de sus labios *matará* al malvado.
Tendrá como cinturón la *justicia,*
    y la *lealtad* será el ceñidor de sus caderas.
El lobo *habitará* con el cordero,
    el puma se *acostará* junto al cabrito,
    el ternero *comerá* al lado del *león*
    y un niño chiquito los *cuidará.*
La vaca y el oso *pastarán* en compañía
    y sus crías reposarán *juntas,*
    pues el león *también* comerá pasto, igual que el buey.
El niño de pecho *pisará* el hoyo de la víbora,
    y sobre la cueva de la culebra
    el pequeñuelo *colocará* su mano.
No cometerán el mal, ni *dañarán* a su prójimo
    en *todo* mi Cerro santo,
    pues, como llenan las aguas el mar,
    se *llenará* la tierra del *conocimiento* del Señor.
Aquel día la *raíz* de Jesé se *levantará*
    como una *bandera* para las naciones,
    los pueblos *irán* en su busca y su casa se hará *famosa.*

Contempla junto con el profeta la llegada del momento del triunfo del Señor, presentada como un retorno al ideal del paraíso.

Al comenzar, imagina que vas a comunicar un anuncio muy importante.

Se trata de entusiasmar a tus oyentes con el relato de las maravillas que el Señor va a hacer.

Domina bien el texto para poder hacer un largo contacto visual en las frases más descriptivas. Proclámalas de memoria y siente el asombro de ver a los animales que han dejado de ser feroces y amenazantes.

Asume la paz y la ternura que busca provocar el anuncio del profeta. Con él, siéntete seguro del cumplimiento de las promesas por parte del Señor.

Termina con un tono semejante al del comienzo de la lectura. Nota la similitud de las frases.

II LECTURA Hacia el año 57 ó 58 d.C. Pablo escribió la carta a los Romanos porque le han llegado informaciones de que se encontraban seriamente divididos al ser cristianos, unos de origen pagano y otros provenientes del judaísmo. Los judíos se sentían un pueblo con privilegios: elegidos, con una ley, circuncidados y con grandes promesas; en cambio, los paganos no tenían nada de esto.

Ante los ojos de Dios, ¿quiénes son más importantes? ¿quiénes son invitados a la salvación? Pablo responde que todos son iguales ante Dios por ser objeto de la justicia divina. Dios muestra su solicitud por el género humano, a fin de dar la vida eterna a quienes buscan la salvación. Para los paganos, no existe la justificación y no hay salvación posible sin Cristo. Pablo les aclara a los judíos que si no aceptan a Cristo se encuentran exactamente como los paganos, expuestos al juicio divino.

Hoy constatamos que nuestras comunidades cristianas están formadas por hombres y mujeres de origen muy variado: nacionalidad, cultura, formación religiosa, nivel económico y opción política. A menudo estos aspectos diferentes provocan divisiones y han llegado a ser obstáculos serios para la integración de la comunidad cristiana. La palabra del apóstol juzga los racismos, puritanismos y nuestra poca capacidad de apertura hacia aquellos hermanos nuestros con quienes no compartimos un mismo origen. El pluralismo en la Iglesia será siempre positivo y enriquecedor si todos confesamos a un mismo Jesucristo y creemos en la Iglesia que es una, santa, católica y apostólica.

II LECTURA Romanos 15:4–9   L M

Lectura de la carta del apóstol san Pablo a los romanos

Hermanos:
Todo lo que en el pasado *ha sido escrito* en los libros santos,
  se escribió para instrucción *nuestra*, a fin de que,
  por la paciencia y el consuelo *que dan las Escrituras*,
  mantengamos la esperanza.
Que Dios, fuente de *toda* paciencia y consuelo,
  les *conceda* a ustedes *vivir* en *perfecta* armonía
    unos con otros,
  conforme al espíritu de Cristo Jesús,
  para que, con un *solo* corazón y una *sola* voz
  alaben a Dios, *Padre* de nuestro Señor *Jesucristo*.
Por lo tanto,
  acójanse los unos a los otros como *Cristo* los acogió a ustedes,
  para *gloria* de Dios.
Quiero decir con esto,
  que Cristo *se puso al servicio* del pueblo judío,
  para *demostrar* la fidelidad de Dios,
  cumpliendo las promesas hechas a los patriarcas
  y que por *su misericordia* los paganos *alaban* a Dios,
  según aquello que dice la Escritura:
"Por eso te *alabaré* y *cantaré* himnos a tu nombre".

II LECTURA Romanos 15:4–9   L E U

Lectura de la carta del apóstol san Pablo a los romanos

La *Biblia* fue escrita para nuestra *instrucción*,
   y en ella *encontramos* constancia y ánimo
   para que tengamos *esperanza*.
Que *Dios*, de quien *viene* la constancia y el ánimo,
   les *conceda* tener, los unos para con los otros,
   los sentimientos del *propio* Cristo Jesús,
   de manera que puedan *unánimemente* dar gloria a *Dios*,
   Padre de Cristo Jesús nuestro Señor.
Por tanto, sean *atentos* unos con *otros*
   como Cristo los *acogió* para la gloria de Dios.
Les digo lo siguiente:
   Cristo se puso al *servicio* de los circuncisos judíos
   para *cumplir* las promesas que Dios hizo a sus antepasados,
   y *enseñar* que Dios es *fiel*.
Por su parte, los paganos deben dar *gracias* a Dios
      porque *él* los ama,
   como la Biblia dice:
   "Por eso te cantaré y alabaré entre *todos* los pueblos".

La lectura sugiere un tono de serenidad y firmeza.

Imagina que Pablo, en medio de una conversación importante, hace una aclaración a la que todos debemos escuchar cuidadosamente.

Haz una pausa y cambia a un tono de oración suplicante, dirigida al Padre.

Vuélvete nuevamente hacia la asamblea y resalta la necesidad de que todos seamos acogedores.

Invita a la comunidad a estar abierta a todas las personas, tal como lo hace Dios.

EVANGELIO | A menudo la Palabra de Dios se nos comunica, acompañada de un testigo de su amor, con la finalidad de que hagamos más nuestra esa palabra. Hoy Dios coloca ante nuestra mirada al joven Juan Bautista, hombre íntegro, enamorado de Dios y de su pueblo. Juan Bautista formaba parte del grupo de personas que, en la época de Jesús, se alejaron de la ciudad de Jerusalén y del culto en el templo porque ya no eran lugares que favorecían el encuentro con Dios, sino espacio donde reinaba el egoísmo, las envidias, el comercio, el culto vacío, los lujos, las comilonas y las borracheras.

Pero, ¿a dónde ir? De acuerdo con la tradición de los antepasados, no había mejor lugar que al desierto. Caminando por el desierto, el pueblo de Israel, en su marcha de Egipto hacia la tierra prometida, conoció más a su Dios y aprendió a confiar en la providencia divina al contentarse con el pan de cada día. Reconoció que cuando se iba de camino existirían sacrificios y mortificaciones, y fue tomando conciencia de ser un pueblo. El texto evangélico nos describe la vida de Juan Bautista y compañeros en el desierto; llevaban una vida muy austera en el vestir, comer y habitación, pero muy intensa en las cosas que miran a Dios. Allí, por las veredas del desierto, Juan invitaba a la conversión sincera de corazón. En aquellos que aceptaban la invitación, Juan sellaba con el rito del bautismo su empeño de conversión: un bautismo que vino a ser figura del bautismo en el Espíritu del Mesías.

Con el Adviento esperamos al Salvador, pero para encontrarlo hay que volverse hacia él con todo el ser, aceptarlo y creer en él. Es urgente confrontar nuestra vida con el Evangelio. La ambición desordenada por los bienes materiales, el deseo ardiente de comodidades, los despilfarros en el comer y el beber, la poca búsqueda de momentos de silencio y las prácticas religiosas meramente externas claman por una vida cristiana más auténtica. Hemos sido bautizados con el bautismo de Jesús y este bautismo nos pide que vivamos como personas llenas del Espíritu del Señor.

EVANGELIO   Mateo 3:1–12   L M

Lectura del santo Evangelio según san Mateo

En aquel tiempo,
   comenzó *Juan el Bautista* a predicar
      en el *desierto* de Judea, diciendo:
"*Arrepiéntanse*, porque el Reino de los cielos *está cerca*".
Juan es aquel de quien el profeta Isaías hablaba, *cuando dijo*:
"Una voz *clama* en el desierto:
      Preparen el camino del Señor, *enderecen* sus senderos".
Juan usaba una túnica de pelo de camello,
   ceñida con un cinturón de cuero,
   y se alimentaba de saltamontes y de miel silvestre.
Acudían a oírlo los habitantes de Jerusalén,
   de *toda* Judea y *de toda* la región cercana al Jordán;
   confesaban sus pecados y *él* los bautizaba en el río.
Al ver que muchos *fariseos y saduceos*
      iban a que *los bautizara*, les dijo:
"*Raza de víboras*,
      ¿*quién* les ha dicho que *podrán escapar*
      al castigo que les aguarda?
Hagan ver con obras *su arrepentimiento*
   y no se hagan *ilusiones* pensando que tienen
         por *padre* a Abraham,
      porque *yo les aseguro* que *hasta* de estas piedras *puede* Dios
         sacar *hijos* de Abraham.
Ya el hacha *está puesta* a la raíz de los árboles,
   y *todo* árbol que no dé fruto, será *cortado* y *arrojado* al fuego.
Yo los bautizo *con agua*,
   en señal de que ustedes se *han arrepentido*;
   pero el que viene *después* de mí, es *más fuerte* que yo,
   y yo *ni siquiera* soy digno de quitarle las sandalias.
Él los bautizará en el *Espíritu Santo* y su fuego.
Él tiene el bieldo en su mano para *separar* el trigo de la paja.
Guardará el trigo en su granero
   y *quemará* la paja en un fuego que *no se extingue*".

EVANGELIO Mateo 3:1–12   L E U

Lectura del santo Evangelio según san Mateo

En ese tiempo se presentó *Juan Bautista* en el desierto de Judea
    predicando de esta forma:
"*Cambien* su vida y su *corazón*,
    porque está *cerca* el Reino de los Cielos".
De él hablaba el profeta Isaías al decir:
    "Una voz *grita* en el desierto:
    preparen el camino del Señor, *enderecen* sus senderos".
Juan vestía un manto de pelo de *camello*,
        con un cinturón de cuero,
    y *se alimentaba* con langostas y miel de abeja silvestre.
Entonces iban a verlo los judíos de Jerusalén, de Judea
    y de *toda* la región del Jordán.
Confesaban sus pecados y Juan los *bautizaba* en el río Jordán.
Al *ver* que *muchos* fariseos y saduceos
        venían a bautizarse, les dijo:
    "Raza de víboras,
    ¿acaso podrán *escapar* al castigo que se les viene *encima*?
Muestren, pues, los frutos de una sincera *conversión*,
    en vez de *confiarse* en que son los hijos de Abraham.
Yo les *aseguro* que Dios es *capaz* de sacar hijos de *Abraham*
    aun de estas piedras.
Fíjense que el hacha llega a la *raíz*.
Y están *cortando* a todo árbol que *no* da buen fruto
    y lo *arrojan* al fuego.
Mi bautismo es bautismo de *agua*
        y significa un *cambio* de vida.
Pero *otro* viene *después* de mí, y más *poderoso* que yo
    y yo ni siquiera soy *digno* de llevarle los zapatos.
Él los bautizará en el *fuego*
    o bien en el *soplo* del Espíritu Santo.
Él tiene en sus manos el *harnero*
    y *limpiará* su trigo, que guardará en sus *bodegas*,
    quemando la paja en un *fuego* que no se apaga".

Imagina a Juan en el desierto, acompañado de sus seguidores ansiosos de escucharlo.

Es la última invitación, es la última voz del Primer Testamento, la predicación de un nuevo Isaías.

Deja que la voz del Bautista resuene con fuerza. Advierte la dureza con que denuncia la hipocresía y reprende a los que están muy seguros de sí mismos.

Cambia a un tono más apagado y reflexivo. Juan habla con sincera humildad cuando se reconoce sólo como el precursor del Señor.

Como él, llénate de entusiasmo ante el verdadero bautismo de fuego y purificación que nos ofrece el Señor.

NUESTRA SEÑORA DE GUADALUPE

I LECTURA Eclesiástico 24:23–31   L M

Lectura del libro del Eclesiástico (Sirácide)

Yo soy como una *vid de fragantes* hojas
  y mis flores son producto de *gloria* y de *riqueza*.
Y soy la *madre* del amor,
  del temor, del *conocimiento* y de la santa *esperanza*.
En *mí está* toda la *gracia* del camino y de la *verdad*,
  toda *esperanza* de vida y virtud.
Vengan a mí, ustedes,
  los que *me aman* y *aliméntense* de mis frutos.
Porque mis *palabras* son más *dulces* que la miel
  y mi *heredad*, mejor que los panales.
Los que me *coman*
  seguirán teniendo *hambre de mí*,
  los que me beban seguirán teniendo *sed de mí*;
  los que me *escuchan* no tendrán de qué *avergonzarse*
  y los que se *dejan guiar* por mí no *pecarán*.
Los que me *honran* tendrán una vida *eterna*.

I LECTURA Cuando los profetas y la clase sacerdotal en el pueblo de Israel vinieron a menos, la oportunidad fue propicia para que los sabios tomaran el papel de maestros y dirigentes de su pueblo y así la tradición sapiencial adquiriera mucha importancia. Si antes se insistía mucho en que Dios estaba presente en la ley y en el mensaje profético, ahora se proclama que lo está en la sabiduría.

No es extraño entonces que la tradición sapiencial en algunos textos nos presente una descripción teológica de la sabiduría como si fuera un atributo divino. Se afirma su origen eterno, su mediación en la creación y en la conservación del mundo y que otorga dones a quienes la aman y la buscan. Dios es la sabiduría. Por eso el concepto de sabiduría bíblica es más amplio que lo que expresamos en lenguaje popular con las palabras "sabio" y "sabiduría". El texto sagrado en esta lectura subraya algunos atributos: madre del amor, del temor, del conocimiento y de la santa esperanza; es camino, verdad, vida y virtud.

Y puesto que las expresiones utilizadas en los textos de personificación de la sabiduría del Primer Testamento poseen un gran significado cristológico, tenemos en este texto sapiencial un anuncio claro de Jesucristo, el Hijo de Dios, persona divina que se encarna por obra del Espíritu Santo en el seno virginal de María. Es por eso que un texto como el de hoy es proclamado en una fiesta de la Madre de Dios. Las celebraciones litúrgicas de María son antes que nada celebraciones de Jesucristo, el Hijo de Dios. Es María quien nos entrega a su Hijo y por eso podemos afirmar de ella que es la "vid de fragantes hojas y que sus flores son producto de gloria y de riqueza"; "es la madre del amor, del temor, del conocimiento y de la santa esperanza". Es la madre del Hijo de Dios.

I LECTURA Eclesiástico 24:1–2, 5–7, 12–16, 26–30 — L E U

Lectura del libro del Eclesiástico (Sirácide)

La sabiduría se *alaba* y se elogia a sí misma
en *medio* de los suyos.
En la asamblea del *Altísimo* abre su boca,
delante del *Poder* dice su propia *gloria*:
Yo *salí* de la boca de *Dios*
y como una niebla *cubrí* toda la tierra.
Levanté mi tienda en las *alturas*
y mi trono fue una *columna* de nubes.
Entonces el *Creador* del universo
me dio una *orden*,
el que me *creó*, me indicó dónde debía *levantar*
mi tienda de campaña:
"Instala tu tienda en *Jacob*, me dijo;
quédate en la propiedad de *Israel*".
Desde el *principio* y antes de los siglos me *creó*
y existiré para *siempre*.
En su *Santa* Tienda, delante de él yo le *serví*.
Y así me establecí en *Sión*.
En la ciudad *amada*, igualmente encontré mi *reposo*,
y es *Jerusalén* la sede de mi gobierno.
En su pueblo *glorioso* eché raíces,
en el pueblo de *Dios*, en su *heredad*.
Vengan a mí los que me *desean*
y *sáciense* de mis frutos.
Porque mi *espíritu* es más dulce que la *miel*
y *tenerme* es más dulce que tener un *panal*;
los que me coman tendrán *hambre* todavía
y los que me *beban* todavía tendrán sed.
Quien me *obedece* no tendrá que *avergonzarse*,
y los que ejecutan mis *encargos* no pecarán.

Proclama este texto en tono poético,
acentuando sus bellas imágenes
y sus expresiones simbólicas.

Imagina a toda la asamblea de Israel
convocada para escuchar la alabanza
de la Sabiduría. Se presenta como lo
primero creado por Dios, lo que primero
ha salido de su boca.

Haz una larga pausa y un cambio de tono
para indicar que la Sabiduría inicia su
discurso hablando en primera persona.

Haz que este poema fluya con naturalidad
y ritmo preciso. Siente cada una de las
imágenes que nos describen a la sabiduría
como niebla, tienda, columna, etcétera.

Mira a la asamblea y cambia de tono para
invitarlos a recibir los dones que ofrece
la Sabiduría.

Disfruta de las comparaciones que nos
presentan el gozo inagotable de poseerla.

| II LECTURA | Gálatas 4:4–7 | L M |

Lectura de la carta del apóstol san Pablo a los gálatas

Hermanos:

Al llegar la *plenitud* de los *tiempos*,
   envió Dios a su *Hijo*,
      nacido de una *mujer*, nacido bajo *la ley*,
      para *rescatar* a los que *estábamos* bajo la *ley*,
   a fin de hacernos *hijos suyos.*
Puesto que ya son *ustedes* hijos,
   Dios *envió* a sus *corazones*
      el *Espíritu* de su Hijo,
      que clama "¡*Abbá!*", es decir, ¡*Padre!*
Así que ya no *eres siervo*, sino hijo;
   y *siendo* hijo, eres también *heredero* por voluntad de *Dios.*

| II LECTURA | Pablo, en su segundo viaje misionero, fue conducido por el Espíritu para evangelizar la región de Galacia. La respuesta por parte de los gálatas fue muy generosa porque en muy pocos años se supo de su gran crecimiento en la fe, en el amor a Dios y en el comportamiento como hermanos. Sin embargo, muy pronto le llegaron informaciones a Pablo de que algunos falsos profetas estaban desorientando a la comunidad, por lo que Pablo se vio en la necesidad de escribirles una carta donde les volvió a recordar el Evangelio que les predicó.

Entre los gálatas, quienes creyeron en Jesucristo comenzaron a vivir una vida distinta, pero no tenían claro los cristianos de origen judío si debían seguir sumisos a la ley de Israel, al rito de la circuncisión, a las purificaciones y a las distintas manifestaciones culturales a las que estaban acostumbrados. Unos predicadores judaizantes afirmaban la necesidad de cumplir con la ley judía para poder ser auténtico cristiano, lo cual deformaba el mensaje del Evangelio, porque entonces Cristo no sería ni Salvador, ni Redentor, ni la única fuente de justificación.

Cuando llegaron los primeros evangelizadores a las tierras del continente americano, qué importante era que quedara muy claro que todos eran invitados a dejar toda una serie de esclavitudes para poder vivir la condición de los hijos de Dios. Esta libertad interior es el gran don del Espíritu, y es el Espíritu quien hace posible que aclamemos a Dios como Padre. La Virgen de Guadalupe, la Madre del Hijo de Dios, fue la primera evangelizadora.

II LECTURA   Gálatas 4:4–7   L E U

Lectura de la carta del apóstol san Pablo a los gálatas

Cuando llegó la *plenitud* de los tiempos,
  Dios *envió* a su Hijo,
  el cual nació de mujer y fue *sometido* a la Ley,
  para ser el que *libertaría* de la Ley a *todos los que*
    estaban sometidos.
Así llegamos a ser hijos *adoptivos* de Dios.
Y porque *somos* hijos,
  Dios mandó a nuestro corazón el *Espíritu* de su *propio Hijo,*
  que clama así: *"Padre mío".*
Así pues, ya *no eres* un esclavo, sino un *hijo,*
  y por eso recibirás la *herencia* por la gracia de Dios.

No comiences precipitadamente esta lectura. Espera hasta que todos estén en silencio y puedan escuchar perfectamente la primera línea del texto.

Destaca que es Dios quien toma la iniciativa y resalta la conexión del texto con la liturgia de hoy, enfatizando cuidadosamente la referencia a la maternidad de María.

Reconoce la ternura y el amor de Dios, que no sólo nos hace hijos en el Hijo, sino que nos envía también el Espíritu de Cristo.

Deja que tu gratitud se manifieste conmovida en el tono de tu voz.

ESTUDIA LAS LECTURAS QUE VAS A PROCLAMAR

• Medita sobre las Escrituras, por lo menos una semana antes de proclamarlas.

• Profundiza en el conocimiento que tienes de las lecturas. Estudia cuidadosamente el texto completo de cada una en la Biblia.

• Acompaña este estudio con la oración desde el primer momento.

• Toma en cuenta el género literario del texto. Es importante saber si es profético,

lírico, narrativo, meditativo o si es letanía.

• Consulta un comentario bíblico para entender mejor el texto.

• No trates de imponer tus propios sentimientos en la lectura. Intenta manifestar el contenido del texto según la intención del autor.

• Practica las enseñanzas de la lectura en tu vida diaria.

EVANGELIO | A todo lector atento no deja de conmover hasta las entrañas esta escena que describe el encuentro de dos mujeres, María e Isabel, ignoradas por la sociedad de su tiempo, pero señaladas como eslabones muy importantes en la historia de la salvación. No obstante, el evangelista no intenta en su narrativa poner en primer plano a las mujeres sino a los dos niños que aún están en las entrañas de las santas mujeres: Juan y Jesús.

El hecho de que María se encamine presurosa a las montañas de Judea es una actitud que recoge muchos temas bíblicos: María personifica al pueblo de Israel peregrino hacia la ciudad de David; es la sierva y señora portadora del Evangelio, del Dios encarnado, del Salvador; lleva la Buena Nueva a las montañas de Judea, que forma parte de Sión. La tradición profética siempre había insistido de que de Judea brotaría el anuncio de paz, de alegría y de salvación. Por eso Lucas presenta a María como el gran testimonio y el cumplimiento de las promesas hechas a Israel; sobre ella descansa el espíritu de profecía y los anhelos de salvación mesiánica que han dominado en los grandes momentos de la historia de Israel.

De igual modo, en el nacimiento de los pueblos del continente americano, Nuestra Señora de Guadalupe es aquélla que, peregrinando entre nuestros pueblos, nos ofrece al Salvador, a la Buena Nueva de salvación que traerá gozo a los pueblos americanos. La Virgen de Guadalupe, igual que un día se encaminó hacia las montañas de Judea, en México y América Latina se encamina sigilosa hacia la montaña del Tepeyac para servir como intercesora en el mensaje salvador de Dios a los pueblos americanos (representados en Juan Diego).

EVANGELIO ∘ Lucas 1:39–56   L M

Lectura del santo Evangelio según san Lucas

En *aquellos* días,
    María se *encaminó* presurosa
    a un *pueblo* de las *montañas* de Judea,
    y *entrando* en la casa de Zacarías, *saludó* a Isabel.
En cuanto ésta *oyó* el saludo de María,
    la *criatura* saltó de *gozo* en su seno.
Entonces Isabel *quedó llena* del Espíritu Santo,
    y *levantando* la voz, *exclamó*:
"¡*Bendita* tú entre las *mujeres*
    y bendito el *fruto* de tu *vientre*!
¿*Quién* soy yo para que la *madre* de mi *Señor* venga a verme?
Apenas *llegó* tu *saludo* a mis oídos,
    el niño *saltó de gozo* en mi seno.
Dichosa tú, que has creído,
    porque *se cumplirá* cuanto te fue *anunciado*
        de parte del Señor".
Entonces *dijo* María:
    "Mi alma *glorifica* al Señor
    y mi *espíritu* se *llena* de júbilo en Dios, mi *salvador*,
    porque *puso* sus *ojos* en la humildad de su *esclava*".
Desde ahora me llamarán *dichosa* todas las *generaciones*,
    porque ha hecho en mí *grandes* cosas
    el que *todo* lo *puede*.
Santo es su *nombre*
    y su *misericordia* llega de generación en generación
    a los que lo *temen*.
Ha hecho sentir el *poder* de su brazo:
    dispersó a los de corazón *altanero*,
    destronó a los *potentados* y *exaltó* a los *humildes*.
    A los *hambrientos* los colmó de *bienes*
    y a los *ricos* los despidió sin *nada*.
Acordándose de su *misericordia*,
    vino en ayuda de *Israel*, su siervo,
    como había *prometido* a nuestros *padres*,
    a Abraham y a su *descendencia* para *siempre*".
María *permaneció* con Isabel unos tres meses
    y luego *regresó* a su casa.

EVANGELIO   Lucas 1:39–56   L E U

Lectura del santo Evangelio según san Lucas

Por esos días,
    María partió *apresuradamente* a una ciudad
    ubicada en los cerros de Judá.
Entró a la casa de Zacarías y *saludó* a Isabel.
Al oír Isabel su saludo, el niño dio *saltos* en su vientre.
Isabel se *llenó* del Espíritu Santo y *exclamó* en alta voz:
    "*Bendita* eres entre *todas* las *mujeres*
    y *bendito* es el fruto de tu vientre.
¿Cómo he merecido yo que *venga a mí* la madre de mi Señor?
Apenas llegó tu saludo a mis *oídos*,
    el niño *saltó* de alegría en mis entrañas.
¡*Dichosa* por haber creído que de cualquier *manera*
    se *cumplirán* las promesas del Señor!"
María dijo entonces:
    "Celebra todo mi ser la *grandeza del Señor*
    y mi espíritu se *alegra* en el Dios que me salva
    porque quiso *mirar* la condición humilde de su esclava,
    en adelante, pues, *todos* los hombres dirán que soy feliz.
En verdad el Todopoderoso hizo *grandes* cosas para mí,
    reconozcan que *Santo* es su nombre,
    que sus favores alcanzan a *todos* los que le temen
    y prosiguen en sus hijos.
Su brazo llevó a cabo hechos *heroicos*,
    arruinó a los *soberbios* con sus maquinaciones.
Sacó a los *poderosos* de sus *tronos*
    y puso en su lugar a los *humildes*,
    repletó a los *hambrientos* de *todo* lo que es bueno
    y despidió *vacíos* a los ricos;
    de la mano *tomó* a Israel, su siervo,
    demostrándole así su *misericordia*.
Ésta fue la *promesa* que ofreció a nuestros *padres*
    y que reservaba a Abraham y a sus descendientes
        para *siempre*".
María se quedó cerca de tres meses con Isabel,
    y después volvió a su casa.

Comienza este maravilloso cántico destacando la prisa con que María partió para la casa de Isabel.

Que en tu voz se manifieste la emoción de Isabel, conmovida por la visita de su prima embarazada.

Nota cómo a la bendición de Isabel, María responde con otra bendición al Señor.

Emplea un tono y un ritmo que comunique el entusiasmo por lo que está sucediendo.

El himno que entona María es una inmensa alabanza a la misericordia del Padre, que se hace realidad en el momento mesiánico presente.

Es el tiempo de la justicia y Dios ha cumplido todas sus promesas para con los hambrientos, los pobres, los oprimidos y los marginados.

3er. DOMINGO DE ADVIENTO

Lectura del libro del profeta Isaías

I LECTURA   El texto forma parte de lo que conocemos como el pequeño apocalipsis de Isaías (34—35), capítulos ciertamente de la época del Segundo Isaías. El poeta nos invita a que seamos testigos de la realidad de dos mundos muy diferentes: Edom, castigado y destruido; Israel, por su parte, en auge primaveral por la restauración. Las dos realidades son fruto de la acción de Dios porque él es Señor de la historia.

Asombra la simbología del oráculo profético de esta primera lectura. El caos, la desolación y la muerte se hacen presentes: en la naturaleza, todo es desértico y la tierra reseca; en lo humano, las manos cansadas y las rodillas vacilantes, se encuentran ciegos y sordos; y como nación, la situación es de esclavitud. La realidad no puede ser más deprimente. Así se encuentra el pueblo de Israel a causa de la explotación despiadada de sus enemigos acérrimos: Asiria, Babilonia y Egipto.

¡Pero ya basta! Con el actuar poderoso de Dios se cambian los papeles: la destrucción total será para los países opresores y la restauración plena para Israel. Verdaderamente acontece una nueva creación: lo desértico se cubre de flores y el campo se llena de lirios; el hombre débil se hace vigoroso; los ciegos ven y los sordos oyen; y todos se encaminan jubilosos hacia Jerusalén gozando de la libertad.

Esto dice el Señor:
"*Regocíjate,* yermo sediento.
Que se *alegre* el desierto y se *cubra* de flores,
   que *florezca* como un campo de lirios,
   que se alegre y *dé gritos* de júbilo,
   porque le será dada la *gloria* del Líbano,
   el *esplendor* del Carmelo y del Sarón.
Ellos *verán* la gloria del Señor, el *esplendor* de nuestro Dios.
Fortalezcan las manos cansadas, *afiancen* las rodillas vacilantes.
Digan a los de corazón apocado:
'¡*Animo*! *No teman.*
He aquí que su Dios, *vengador y justiciero,*
      viene *ya* para salvarlos'.
Se *iluminarán* entonces los ojos de los ciegos,
   y los oídos de los sordos *se abrirán.*
Saltará como un ciervo el cojo, y la lengua del mudo *cantará.*
Volverán a casa los *rescatados* por el Señor,
   vendrán a Sión con *cánticos de júbilo,*
      coronados de *perpetua* alegría;
   serán su escolta el *gozo y la dicha,*
   porque la pena y la aflicción *habrán terminado".*

Lectura de la carta del apóstol Santiago

II LECTURA   El autor de la carta de Santiago se dirige a cristianos de la segunda generación cuando ya ha quedado atrás el entusiasmo de una Iglesia joven. La fe es puesta a prueba de múltiples formas, se va debilitando y se llega a la herejía del divorcio entre fe y vida. Se pierde la autenticidad y no es posible la construcción de la Iglesia de Jesucristo.

Cuando en la mayoría de los cristianos aparecen los síntomas de esta enfermedad, en los pastores o en el pequeño grupo de fieles puede asentarse la impaciencia. Pero

Hermanos:
Sean pacientes hasta la venida del Señor.
Vean cómo el labrador, con la *esperanza* de los frutos *preciosos* de la tierra,
   aguarda *pacientemente* las lluvias tempraneras y las tardías.
Aguarden *también* ustedes *con paciencia*
   y mantengan *firme* el ánimo,
   porque la venida del Señor *está cerca.*
No murmuren, hermanos, los unos de los otros,

25

16 DE DICIEMBRE DEL 2001 ■ 3er. DOMINGO DE ADVIENTO

I LECTURA   Isaías 35:1–6a, 10   L E U

Lectura del libro del profeta Isaías

Que se *alegren* el desierto y la tierra seca,
   que *reverdezca* y se *cubra* de flores la pradera.
Que se *llene* de flores como junquillos,
   que *salte* y *cante* de *contenta*.
Pues le han regalado la *grandeza* del Líbano
   y el *brillo* del Carmelo y de Sarón.
Allí *aparecerá* toda la *grandeza* del Señor,
   todo el brillo de nuestro Dios.
Robustezcan las manos *débiles*
   y *afirmen* las rodillas que se doblan.
Díganles a los que están *asustados*:
   "*Calma*, no tengan *miedo*,
   porque ya *viene* su Dios a vengarse,
   a darles a ellos *su merecido*;
   él mismo viene a *salvarlos* a ustedes".
Entonces los ojos de los ciegos se *despegarán*,
   y los oídos de los sordos se *abrirán*,
   los cojos *saltarán* como *cabritos*
   y la lengua de los mudos *gritará* de alegría.
Por este camino *regresarán* los libertados por el Señor
   que llegarán a *Sión*, dando *gritos* de *alegría*,
   y con una dicha *eterna* reflejada en sus rostros;
   la *alegría* y la *felicidad* los acompañarán
   y ya no *tendrán* más pena ni tristeza.

Ten en cuenta que estás proclamando un himno a la victoria del Señor.

Imagina un desierto árido, seco e inhóspito que se transformará en un inmenso paraíso.

Interpreta el texto como un cántico a la esperanza para robustecer la fe y la confianza en el triunfo de Dios.

Mira a la asamblea e invítala a ser valiente en todo momento.

Enumera con cuidado cada uno de los signos que acompañarán el triunfo del Señor. Son las señales que se cumplirán en la actuación de Jesús de Nazaret.

El tema de la alegría ante la inminencia de la Navidad invade los textos de la liturgia de hoy. Acentúa todas las frases que aluden a esa realidad. Enfatiza especialmente al principio y, sobre todo, en los dos párrafos finales del texto.

II LECTURA   Santiago 5:7–10   L E U

Lectura de la carta del apóstol Santiago

Hermanos, sean *pacientes* hasta la venida del Señor.
Miren cómo el sembrador *espera* con *paciencia*
   los *preciosos* productos de la tierra
   mientras caen las lluvias *tempranas* y las tardías.
Ustedes sean *también* pacientes y valientes,
   porque la *venida* del Señor está *cerca*.
Hermanos, no *peleen* unos con *otros*
   y así no serán *juzgados*.
Miren que el juez está a la puerta.

Vivimos en un mundo donde abunda la agresividad y la tensión. La lucha por la vida se hace más difícil.

Al proclamar este texto, siente que haces una invitación a la calma y a la paciencia.

Emplea un tono sereno y reposado. Llama a superar las tensiones y las desavenencias en tu comunidad.

26

3er. DOMINGO DE ADVIENTO ■ 16 DE DICIEMBRE DEL 2001

hay que ser como el labrador: la esperanza debe ser grande. El Señor está presente y se hará aún más. La paciencia debe ser una espera activa.

Esperamos con ansia la venida del Hijo de Dios porque sólo él puede inyectarnos la frescura de la gracia bautismal.

EVANGELIO El panorama de las ansias mesiánicas en Palestina al tiempo de Jesús no es del todo claro. Aunque se tenía un punto de referencia común (los textos bíblicos), la interpretación no siempre era en el mismo sentido. Muchos albergaban en su corazón la llegada de un Mesías que lograra una restauración religiosa, social y política en Israel, en donde el modelo ideal estaba constituido por la dinastía de David, su mediador histórico, el soberano, mediante el cual Dios realizaba su acción.

De acuerdo con las inquietudes que envuelven a Juan Bautista (ya encarcelado) sobre el comportamiento de Jesús, parecía que Juan era uno más de aquéllos que deseaban que pronto viniera un Mesías victorioso, humanamente hablando. Pero Jesús de Nazaret tomó posición desde el primer momento que se presentó en público para anunciar el Reino de Dios. Su forma de ser y actuar inmediatamente contrasta con las instituciones religiosas de su pueblo y se coloca ciertamente fuera del esquema de un mesianismo nacionalista judío. Su insistencia en una nueva religiosidad incluye una nueva imagen de Dios, un Dios que es compasivo y misericordioso.

Anunciar a un Dios así, como lo hizo Jesús, es una novedad, pero no total porque ya había sido proclamado por los profetas que en varios textos describieron los tiempos mesiánicos. Lo que anunciaron los profetas se realiza plenamente en Jesús de Nazaret, a quien esperamos en este Adviento. Por la revelación de Jesucristo, somos capaces de conocer el verdadero rostro de Dios, un Dios que está a favor de los humildes, los pobres y los necesitados de salvación.

II LECTURA   continuación   L M

para que el día del juicio no sean *condenados*.
Miren que el juez *ya está* a la puerta.
Tomen como *ejemplo* de paciencia
    en el sufrimiento *a los profetas*,
    los cuales hablaron *en nombre* del Señor.

EVANGELIO   Mateo 11:2–11   L M

Lectura del santo Evangelio según san Mateo

En aquel tiempo, Juan se encontraba *en la cárcel*,
    y habiendo oído hablar de *las obras* de Cristo,
    le mandó *preguntar* por medio de dos discípulos:
"*¿Eres tú* el que *ha de venir* o tenemos que esperar a otro?"
Jesús les respondió:
"*Vayan* a contar a Juan lo que están *viendo y oyendo*:
    los ciegos *ven*, los cojos *andan*,
    los leprosos *quedan limpios* de la lepra,
    los sordos *oyen*, los muertos *resucitan*
    y *a los pobres* se les anuncia el Evangelio.
Dichoso aquel que no se sienta *defraudado* por mí".
Cuando se fueron los discípulos,
    Jesús se puso a hablar a la gente acerca *de Juan*:
"¿Qué fueron ustedes a ver *en el desierto*?
¿Una caña *sacudida* por el viento? *No*.
Pues entonces, *¿qué* fueron a ver?
¿A un hombre *lujosamente* vestido?
No, ya que los que visten con lujo *habitan* en los palacios.
¿A qué fueron, pues? ¿A ver *a un profeta*?
Sí, yo se *lo aseguro*; y a uno que es todavía *más* que profeta.
Porque de él *está escrito*:
He aquí que yo envío a *mi mensajero*
    para que vaya *delante* de ti y te prepare *el camino*.
Yo les aseguro que *no ha surgido* entre los hijos de una mujer
    ninguno más grande que Juan *el Bautista*.
Sin embargo, el *más pequeño* en el *Reino de los cielos*,
    es todavía *más grande* que él".

27

16 DE DICIEMBRE DEL 2001 ▪ 3er. DOMINGO DE ADVIENTO

II LECTURA   continuación   L E U

Tomen como modelo de *paciencia* en el *sufrimiento*
a los *profetas* que hablaron en *nombre* del Señor.

Hazlo de manera personal sin regañar, como un amigo que aconseja sinceramente.

EVANGELIO   Mateo 11:2–11   L E U

Lectura del santo Evangelio según san Mateo

En aquel tiempo, Juan se *enteró* en la cárcel de lo que
hacía *Cristo;*
por eso *envió* a sus discípulos a preguntarle:
"¿Eres *tú* el que debe venir o *tenemos* que esperar a otro?"
Jesús les contestó:
"Vayan y *cuéntenle* a Juan lo que han *visto y oído:*
que los ciegos *ven,* que los *cojos* andan,
que los *leprosos* quedan sanos, que los sordos *oyen,*
que los *muertos resucitan*
y que se predica la *Buena Nueva* a los *desdichados.*
Feliz aquel que al *encontrarme* no se aleja desilusionado".
Una vez que se *fueron* los discípulos de Juan,
Jesús comenzó a hablar de él a la gente:
"¿*Qué* fueron a ver ustedes al desierto?
¿Una caña *agitada* por el viento?
¿Qué fueron a ver?
¿A un hombre vestido *elegantemente*?
Pero los elegantes *viven* en palacios.
Entonces, ¿*qué* fueron a ver?
¿A un *profeta*?
Eso *sí.*
Yo les *aseguro* que Juan es *más* que un *profeta.*
Porque se refiere a Juan esta *palabra* de Dios:
'Mira que Yo envío a mi *mensajero* delante de ti
para que te *prepare* el camino'.
Yo les *aseguro* que *no* se ha presentado entre los *hombres*
alguien *más* grande que Juan Bautista.
Sin embargo, el más *pequeño* en el Reino de los Cielos
es *más* que él".

Ponte en lugar de los discípulos de Juan: a primera vista, Jesús no les parece más fuerte y poderoso que lo que les había dicho su maestro. Por eso la pregunta inicial guarda cierto tono de duda.

Enfatiza cada uno de los signos que acompañan el actuar de Jesús, anunciados en la primera lectura; enuméralos con cuidado y sin atropellar las frases.

Afirma así que la misericordia es el signo más importante de la llegada de los tiempos mesiánicos.

Haz una pausa y un cambio de tono para indicar que en ese momento Jesús se dirige a la gente y hace el elogio de Juan. Junto con Jesús, reconoce la gran figura del Bautista y mira a la asamblea para lanzar el reto final.

4º DOMINGO DE ADVIENTO

Lectura del libro del profeta Isaías

En *aquellos* tiempos, *el Señor* le habló a Ajaz diciendo:
"*Pide* al Señor, tu Dios, *una señal* de abajo, en *lo profundo*
    o de *arriba*, en lo alto".
Contestó Ajaz: "*No* la pediré. *No* tentaré al Señor".
Entonces dijo Isaías: "Oye, pues, *casa* de David:
¿No satisfechos con *cansar* a los hombres,
    quieren cansar *también* a mi Dios?
Pues bien, *el Señor mismo* les dará por eso *una señal*:
He aquí que la virgen *concebirá* y dará a luz un hijo
    y le pondrán el nombre de *Emmanuel*,
    que quiere decir *Dios-con-nosotros*".

| I LECTURA | Este texto forma parte del famoso libro del Emmanuel (Isaías 7—12). El mensaje divino, dado por medio del profeta a lo largo de estos capítulos, se concentra en dos puntos importantes: se enjuicia duramente al pueblo de Israel porque, al hacer alianzas indebidas con Asiria, se ha alcanzado una fuerte opresión y se le han tenido que pagar tributos muy fuertes. Por otra parte, los oráculos son una fuerte invitación a la esperanza de que la situación la transformará el Señor con la ayuda de los suyos.

Son tres los oráculos del Emmanuel: Isaías 7:10–17; 9:1–6 y 11:1–9. Los versículos de la lectura constituyen la primera parte del primer oráculo. La respuesta del Señor ante la aflicción de su pueblo está dada en el anuncio del nacimiento de un héroe-salvador; el pueblo sencillo lo sabe perfectamente porque lo tiene presente en la memoria histórica: sucederá como en los tiempos de Isaac, Sansón y Samuel.

Lectura de la carta del apóstol san Pablo a los romanos

Yo, *Pablo*, siervo de Cristo Jesús,
    he sido *llamado* por Dios para ser apóstol
    y *elegido* por él para *proclamar* su Evangelio.
Ese Evangelio, que, *anunciado* de antemano
        por los profetas en las *Sagradas Escrituras*,
    se refiere a su Hijo, *Jesucristo*, nuestro Señor,
    que nació, en cuanto a su condición *de hombre*,
        del linaje *de David*,
    y en cuanto a su condición de espíritu *santificador*,
    se manifestó con *todo* su poder como *Hijo* de Dios,
    a partir de su *resurrección* de entre los muertos.
Por medio *de Jesucristo*,
Dios me *concedió* la gracia del apostolado,
    a fin de *llevar* a los pueblos *paganos* a la *aceptación* de la fe,
    para *gloria* de su nombre.
Entre ellos, *también* se cuentan ustedes,
llamados a pertenecer a *Cristo Jesús*.
A *todos* ustedes, los que viven en Roma,

| II LECTURA | Pablo se dirige a los romanos, tomando todas las precauciones necesarias porque es una comunidad cristiana que él no ha fundado. El tono de su saludo es muy solemne. La presentación que hace de sí mismo es contundente en cuanto a su autoridad apostólica: siervo de Cristo Jesús, elegido como apóstol y destinado a proclamar el Evangelio de Dios. El ser y la misión de Pablo se definen en estas tres expresiones: ser siervo, apóstol y elegido para una misión. El Evangelio de Jesucristo no será debidamente proclamado si no existe un agente que posea los tres títulos; la eficacia del mensaje depende en buena parte de que el apóstol cristiano tenga y viva estas características.

Ante la actitud soberbia y autosuficiente de los maestros de los fariseos, que hacían depender la bondad y salvación personal del cumplimiento externo de la ley solo como esfuerzo humano, se requiere la actitud contraria, la que enseñó Jesucristo con su

I LECTURA   Isaías 7:10–14   L E U

Lectura del libro del profeta Isaías

En aquellos *días*,
   el *Señor* se dirigió a Ajaz para decirle:
   "*Pide al* Señor, tu Dios, una *señal*,
   aunque sea en las profundidades del lugar *oscuro*,
   o en las *alturas* del cielo".
Respondió Ajaz: "No la *pediré*,
   porque no quiero poner a *prueba* al Señor".
Entonces *Isaías* dijo: "¡*Oigan*, herederos de David!
¿No les basta *molestar* a *todos*,
   que *también* quieren cansar a mi Dios?
El Señor, pues, les dará esta *señal*:
La *Virgen* está *embarazada*,
   y da a luz un *hijo* varón
   a quien le pone el nombre de *Emanuel*"
   (que significa "*Dios-con-nosotros*").

En el diálogo entre el profeta y el rey se advierte una profunda tensión.

Isaías habla animado por la ira interior que lo consume. Ajaz, infiel y manipulador, habla ante la corte intentando aparecer como si fuera devoto y temeroso de Dios.

Reproduce el dramatismo de la escena. Ante Ajaz, que sólo confía en el poder y la fuerza de los ejércitos, Isaías anuncia otro camino misterioso de triunfo.

Proclama con alegría el oráculo profético. Vibra con el gozo y el privilegio de entenderlo en su más profundo significado, más allá de la historia y del momento.

II LECTURA   Romanos 1:1–7   L E U

Lectura de la carta del apóstol san Pablo a los romanos

Pablo, siervo de Cristo Jesús y apóstol por
   un *llamado* de Dios,
   escogido para *proclamar* el Evangelio de Dios.
Esta Buena Nueva,
   anunciada de antemano por sus profetas
      en las Santas Escrituras,
   se *refiere* a *su Hijo*,
   que *nació* de la descendencia de David *según* la carne
   y que, según el *Espíritu* Santo,
   fue *constituido* Hijo de Dios, *poderoso*,
   por haber *resucitado* de entre los muertos.
Por *él*, Cristo Jesús, nuestro Señor,
   recibí la gracia y la *misión* de *apóstol*,
   para hacer que los hombres *lleguen* a la obediencia *de la fe*
   para *alabar* su nombre.
Me ha *enviado* al mundo de los paganos
   al que pertenecen *también* ustedes, los de Roma
   y a los que Cristo Jesús ha *llamado*;

Destaca la personalidad misionera de Pablo que, como todo buen apóstol de Cristo, no deja pasar ocasión alguna para hablar con júbilo sobre el Señor resucitado.

Advierte que el texto es una síntesis de la predicación de la Iglesia apostólica y enfatiza la realidad de Cristo, Hijo de Dios, resucitado, Buena Nueva para nosotros.

vida, la de ser siervo. Por esa razón, Pablo, habiendo dejado atrás las actitudes farisaicas, ahora dice que es siervo de Cristo Jesús. En varias comunidades de la región de Turquía, sobre todo en la zona de Galacia, y en algunas de Grecia (no se diga en la ciudad de Jerusalén), Pablo sufre los ataques despiadados de los judaizantes, enemigos que negaban la autenticidad apostólica de Pablo. Por eso se autopresenta ante los romanos como verdadero apóstol.

EVANGELIO La historia se repite, igual que en tiempos pasados en los que la fe del pueblo fue puesta a prueba, como en el caso de Sara, Ana e Isabel, mujeres estériles a las que Dios hizo fértiles. María es virgen por voluntad propia, y llegará a ser la madre del Mesías por la fuerza del Espíritu Santo.

Pero lo que sucede con María y José no es lo mismo que lo sucedido en episodios pasados. Todos los elementos del relato han sido colocados allí por el escritor sagrado para que los lectores caigamos en la cuenta que aquí acontece algo muy especial, algo único. La salvación no vendrá de parte de la casa de David, sino que será ofrecida por el Hijo de Dios, y quien está en el seno de María es Hijo de Dios.

El ángel aclara perfectamente las cosas con el fin de que no haya ninguna confusión: la misma existencia de Jesús es fruto del Espíritu. San José sabe muy bien que su esposa sola no puede lograr tal cosa; por eso se le dice que será por la fuerza del Espíritu, potencia creadora de Dios que interviene directamente de modo eficaz para lograr una nueva vida.

Y precisamente en el nombre dado al niño, Jesús, ya expresa por sí mismo la misión encomendada por el Padre: Dios salva. Dios salva, pero requiere la colaboración humana. El anuncio que el mensajero de Dios debe darle exige la fe de José. Recibe la palabra del Señor creyendo. Esta fe está en la convicción de que Dios es infinitamente capaz y que no sólo promete la salvación, sino que la realiza.

II LECTURA   continuación   L M

a quienes Dios *ama* y ha llamado *a la santidad*,
    les deseo *la gracia y la paz* de Dios, nuestro *Padre*,
y de Jesucristo, *el Señor*.

EVANGELIO   Mateo 1:18–24   L M

Lectura del santo Evangelio según san Mateo

Cristo vino al mundo de la siguiente manera:
Estando *María*, su madre, *desposada* con José,
    y *antes* de que vivieran juntos,
        sucedió que ella, por obra *del Espíritu Santo*,
            estaba *esperando* un hijo.
José, su esposo, que era hombre *justo*,
    no queriendo ponerla *en evidencia*, pensó dejarla *en secreto*.
Mientras pensaba *en estas cosas*,
    un ángel del Señor le dijo en sueños:
"José, *hijo* de David, *no dudes* en recibir en tu casa
        a *María*, tu esposa,
    porque ella *ha concebido* por obra *del Espíritu Santo*.
Dará a luz un hijo *y tú* le pondrás el nombre *de Jesús*,
    porque *él salvará* a su pueblo de sus pecados".
Todo esto sucedió
    para que *se cumpliera* lo que había *dicho* el Señor
        por boca del profeta Isaías:
He aquí que la virgen *concebirá* y *dará* a luz un hijo,
    a quien pondrán el nombre *de Emmanuel*,
        que quiere decir *Dios-con-nosotros*.
Cuando José *despertó* de aquel sueño,
    hizo lo que le *había mandado* el ángel del Señor
    y *recibió* a su esposa.

a *ustedes* a quienes Dios *quiere*
y que fueron *llamados* a ser santos.
Tengan, pues, *gracia y paz* de parte de Dios, nuestro *Padre*,
   y de Cristo Jesús, el *Señor*.

Reconoce el tono de saludo con que da comienzo esta carta y concluye como un amigo que desea a todos lo mejor de parte de Dios.

EVANGELIO   Mateo 1:18–24   L E U

Lectura del santo Evangelio según san Mateo

El *nacimiento* de Jesucristo fue así.
Su madre *María* estaba *comprometida* con José.
Pero, *antes* de que vivieran juntos,
   quedó esperando por *obra* del Espíritu Santo.
José, su esposo, era un hombre *excelente*,
   y *no* queriendo *desacreditarla*,
   pensó firmarle en *secreto* un acta de divorcio.
Estaba *pensando* en esto,
   cuando el Angel del Señor se le apareció en *sueños* y le dijo:
   "José, *descendiente* de David,
   no temas llevar a tu casa a María, tu esposa,
   porque la criatura que espera es *obra* del Espíritu Santo.
Y dará a luz un *hijo*,
   al que *pondrás* el nombre de *Jesús*,
   porque él *salvará* a su pueblo de sus pecados.
Todo esto ha pasado para que se *cumpliera* lo que había
     dicho *el Señor*
   por boca del profeta *Isaías*:
Sepan que una *virgen concebirá*
   y *dará a luz* un hijo
   y los hombres to llamarán *Emanuel*,
   que significa: *Dios-con-nosotros*".
Con esto,
   al despertarse José, *hizo* lo que el Angel del Señor
     le había *ordenado*
   y *recibió* en su casa a su esposa.

Nota cómo en este texto de Mateo toda la acción recae sobre la figura de José.

Es importante enfatizar los puntos que teológicamente guían la comprensión del texto.

Deja que la voz del ángel traiga paz y serenidad a la confundida mente de José.

Comunica a la asamblea el verdadero significado de los acontecimientos leídos como el perfecto cumplimiento de la profecía de Isaías. Haz que el mensaje angélico comunique a todos su alegría.

Dios actúa en el misterio de lo que sólo podemos comprender cuando él mismo nos lo revela.

Concluye destacando la disposición de José, que fielmente cumple de inmediato lo que el Señor le ha ordenado.

NATIVIDAD DEL SEÑOR, MISA DE LA VIGILIA

I LECTURA   Isaías 62:1–5   L M

Lectura del libro del profeta Isaías

Por *amor* a Sión *no me callaré*
   y por *amor* a Jerusalén no me daré reposo,
   hasta que *surja* en ella *esplendoroso* el justo
   y *brille* su salvación como *una antorcha.*
Entonces las naciones *verán* tu justicia,
      y tu gloria *todos* los reyes.
Te llamarán con un nombre *nuevo,*
      pronunciado por la *boca del Señor.*
Serás *corona* de gloria en la mano del Señor
   y *diadema real* en la palma de su mano.
Ya *no* te llamarán "A*bandonada*", ni a tu tierra, "*Desolada*";
   a *ti* te llamarán "*Mi complacencia*"y a tu tierra, "*Desposada*",
   porque el Señor se ha complacido *en ti*
      y se *ha desposado* con tu tierra.
Como un *joven* se desposa con una doncella,
   se desposará contigo tu hacedor;
   como el esposo *se alegra* con la esposa,
      así se alegrará tu Dios *contigo.*

II LECTURA   Hechos 13:16–17, 22–25   L M

Lectura del libro de los Hechos de los Apóstoles

Al llegar *Pablo* a Antioquía de Pisidia,
      se puso de pie en la sinagoga
   y haciendo una señal para que *se callaran,* dijo:
"*Israelitas* y cuantos temen a Dios, *escuchen:*
   el Dios del pueblo de Israel *eligió* a nuestros padres
   y *engrandeció* al pueblo,
   cuando éste vivía como *forastero* en Egipto.
Después los sacó de ahí con *todo* poder.
Les dio por rey *a David,* de quien hizo esta alabanza:
He hallado a David, hijo de Jesé, hombre *según* mi corazón,
   quien realizará *todos* mis designios".
Del *linaje* de David, *conforme* a la promesa,
Dios *hizo nacer* para Israel un salvador: *Jesús.*
Juan *preparó* su venida,

I LECTURA   En muchas partes de la Biblia, encontramos narraciones con temas que están relacionados con el amor en sus distintas etapas y manifestaciones. El autor sagrado parte de la experiencia del amor humano para poder hablar del amor de Dios. En Dios tenemos al esposo siempre fiel: el esposo que ha sabido enamorar a su esposa desde los primeros años de su juventud (cuando el pueblo de Israel empezaba a formarse); el esposo que ha hecho una alianza con su esposa, el esposo que no ha abandonado a su esposa a pesar de que ésta le ha sido infiel en muchas ocasiones.

La lectura muestra claramente la iniciativa de parte del esposo: ama a Sión, ama a Jerusalén, y espera su liberación de tal manera que los pueblos contemplarán su grandeza. El amor del esposo es capaz de transformar a la esposa; ésta será diferente y tendrá un nombre nuevo. Las expresiones en labios del esposo son muy ardientes en el campo del amor; su impaciencia por recuperarla de nuevo se nota de inmediato.

Al profeta Isaías le es muy apreciada la imagen de Sión, la ciudad santa de Jerusalén que personifica a todo el pueblo santo de Dios. A Sión la presenta el profeta como centro de gran atracción espiritual. Si en ella Dios lleva a cabo su señorío, todos los pueblos se dirigirán hacia ese centro místico del cual mana todo el amor misericordioso de Dios.

Este texto profético nos invita a contemplar a la Virgen María en esta noche santa de Navidad. La Virgen María, que da a luz al Hijo de Dios, es la esposa engalanada por parte del Esposo divino. Este misterio entrañable del amor divino ocupa el centro de nuestra atención en esta Vigilia de Navidad. Pero más allá de la persona de María, el texto profético nos habla de la Iglesia, el nuevo pueblo de Dios, la esposa del Cordero, la Iglesia que una vez más es enriquecida con el regalo del Niño Dios y que por amor es renovada.

I LECTURA   Isaías 62:1–5   L E U

Lectura del libro del profeta Isaías

Por amor a *Sión no* me callaré,
   por *Jerusalén* no quedaré *tranquilo*
   hasta que su *justicia* se haga *claridad*
   y su salvación *brille* como antorcha.
Verán tu justicia las *naciones*
   y los reyes *contemplarán* tu gloria
   y te llamarán con tu nombre *nuevo*,
   el que el *Señor* te habrá dado.
Y serás una corona *preciosa* en manos del Señor,
   un *anillo* real en el dedo de tu *Dios*.
No te llamarán más *"Abandonada"*,
   ni a tu tierra *"Desolada"*,
   sino que te llamarán *"Me gusta"*
   y a tu tierra *"Desposada"*.
Porque el *Señor* se complacerá en ti
   y tu *tierra* tendrá un esposo.
Como un joven se *casa* con una muchacha *virgen*,
   así el que te *formó* se casará *contigo*,
   y como el esposo goza con su *esposa*,
   así harás las *delicias* de tu Dios.

En un momento donde falta el ánimo y sobra el desaliento, Isaías se dirige a su pueblo para invitarlo a la esperanza confiada.

Junto con el profeta, contempla a toda Jerusalén que, como un río humano, ha salido a las calles y plazas para celebrar la fiesta de los tabernáculos.

Es de noche y el acueducto de la ciudad refulge iluminado por la luz de cientos de antorchas encendidas.

El texto debe comenzar con un tono brillante y contagioso, como si anunciara la hora del triunfo. El momento de la salvación está tan cerca que ya estamos comenzando su gran celebración.

Pasa a un tono más sosegado e invita a la asamblea a ser dócil a la acción de Dios, único camino para cambiar el dolor en regocijo.

II LECTURA   Hechos 13:16–17, 22–25   L E U

Lectura del libro de los Hechos de los Apóstoles

Al llegar a *Antioquía* de Pisidia,
   Pablo se puso en pie en la sinagoga,
   hizo señal con la mano y dijo:
   "Hijos de Israel y también ustedes
que temen a Dios, escuchen:
El Dios de Israel, nuestro pueblo, eligió a nuestros padres,
   y después que hizo prosperar a sus hijos
   durante su permanencia en Egipto,
   los sacó de allí triunfalmente.
Después Dios *rechazó* a Saúl y les dio por *rey* a *David*,
   de quien dio este testimonio:
   '*Encontré* a David, hijo de Jesé, un hombre a mi *gusto*,
   que actuará en todo *según* mis planes'.
   Ahora bien, de la *familia* de *David*,

Advierte que una corta introducción sirve para introducir el discurso de Pablo que es una síntesis de la historia de la salvación. Separa con pausas de sentido cada una de las acciones que el Señor hizo por su pueblo marcando un ritmo preciso y sugerente.

Cambia a un tono más brillante al introducir a Jesús en el discurso.

II LECTURA Durante su primer viaje misionero, Pablo llega a Antioquía de Pisidia para predicar el Evangelio de Jesucristo. Ateniéndonos a lo tratado en Hechos 13, concluimos que en esta ciudad, importante en aquel entonces, se encontraba un grupo considerable de judíos. A éstos se dirige Pablo con un importante discurso un día sábado.

El discurso presenta una síntesis maravillosa de la historia de la salvación: Israel es el pueblo elegido desde que Dios llamó a los antepasados; lo hizo numeroso en Egipto; con gran poder lo liberó de la esclavitud e instituyó la dinastía davídica de donde habría de nacer el Mesías. Todo lo pronunciado por Pablo hasta este momento les era muy agradable a los judíos. Pero cuando afirma que en esta historia el centro lo ocupa lo anunciado por los profetas (Cristo, el Hijo de Dios), el rechazo fue rotundo.

En esta noche la predicación de Pablo también se dirige a la Iglesia de Jesucristo, la Iglesia que debe alegrarse por su nacimiento. Importa que se proclame abiertamente que Cristo es el centro de la historia y desea ser el Señor de nuestras vidas. La condición necesaria para que Cristo nazca en el corazón de cada creyente es hacer caso a la actitud promovida por Juan Bautista: la conversión. Pero no basta la conversión personal; es urgente buscar cada día nuevas formas que faciliten una conversión comunitaria.

EVANGELIO A Mateo, quien dirige su mensaje principalmente a los judíos, le interesa que quede muy claro que Cristo es descendiente de David en cuanto hombre, aunque su encarnación es obra del Espíritu Santo. Con la lista de las generaciones desde Abraham hasta Cristo, insiste en que la historia de la salvación ha llegado a su punto culminante, tal como lo anunciaron las Escrituras. En cambio, en Lucas el enfoque es diferente, al subrayar de manera especial la concepción virginal de María.

La narración es muy rica en detalles que describen la personalidad de cada uno

II LECTURA continuación   L M

predicando *a todo* el pueblo de Israel
     un bautismo *de penitencia,*
y hacia el *final* de su vida, Juan decía:
"Yo *no soy* el que ustedes piensan.
Después de mí viene uno a quien *no merezco*
     desatarle las sandalias".

EVANGELIO Mateo 1:1–25   L M

Lectura del santo Evangelio según san Mateo

Genealogía de Jesucristo, hijo de David, hijo *de Abraham*:
Abraham *engendró* a Isaac, Isaac a Jacob,
     Jacob a Judá *y a sus hermanos;*
     Judá engendró de Tamar a *Fares* y a Zará;
Fares a Esrom, *Esrom* a Aram, *Aram* a Aminadab,
     Aminadab a *Naasón, Naasón* a Salmón,
     Salmón engendró de Rajab a *Booz;*
Booz engendró de Rut a Obed, *Obed* a Jesé, y Jesé *al rey David.*
David engendró de la mujer de Urías *a Salomón,*
Salomón a Roboam, *Roboam* a Abiá, Abiá a *Asaf,* Asaf a *Josafat,*
Josafat a Joram, *Joram* a Ozías, *Ozías* a Joatam,
     Joatam a Acaz, Acaz a *Ezequías,*
Ezequías a Manasés, *Manasés* a Amón, Amón *a Josías,*
Josías engendró a Jeconías y a sus hermanos,
     durante e*l destierro en Babilonia.*
Después del destierro en Babilonia,
Jeconías engendró a Salatiel, *Salatiel* a Zorobabel,
     Zorobabel a Abiud,
Abiud a Eliaquim, *Eliaquim* a Azor, Azor a Sadoc,
     Sadoc a Aquim,
Aquim a Eliud, *Eliud* a Eleazar, *Eleazar* a Matán, Matán a *Jacob,*
     y Jacob *engendró a José,* el esposo *de María,*
     de la cual nació *Jesús,* llamado *Cristo.*
De modo que *el total* de generaciones
desde Abraham *hasta* David, es de *catorce;*
     desde David *hasta* la deportación a Babilonia, es de *catorce,*
     y de la deportación a Babilonia *hasta* Cristo, es de *catorce.*
Cristo vino al mundo de la siguiente *manera:*

II LECTURA continuación   L E U

Dios ha hecho salir un *Salvador* para Israel,
    como lo había *prometido*: ése es Jesús.
Antes que se manifestara,
    Juan proclamó a *todo* el pueblo de Israel un bautismo
      de *conversión*.
Y cuando Juan *terminaba* su carrera decía:
    'No soy lo que ustedes piensan,
    pero sepan que *detrás* de mí *viene*
    aquél a quien no soy digno de desatarle el calzado' ".

La asamblea ha escuchado al Bautista. Menciónalo como alguien muy conocido cuyo actuar nos refiere directamente a Jesús.

EVANGELIO Mateo 1:1–25   L E U

Lectura del santo Evangelio según san Mateo

[Éstos fueron los *antepasados* de Jesús,
    hijo de David e hijo de Abraham.
Abraham fue *padre* de Isaac, y éste de Jacob.
Jacob fue *padre* de Judá y de sus hermanos.
De la unión de Judá y de Tamar *nacieron* Farés y Zera.
Farés fue *padre* de Esrón.
Luego *encontramos* a Aram, Aminadab, Naasón y Salmón.
Salmón fue *padre* de Booz y Rahab fue la *madre*.
Booz y Rut fueron *padres* de Obed.
Obed fue *padre* de Jesé y *éste* del rey David.
David y la que había sido esposa de Urías,
    fueron los padres de *Salomón*.
Salomón fue padre de *Roboam*, que fue padre de Abías,
y luego vienen los reyes Abías, Asá, Josafat, Joram,
Ocías, Joatán, Ajaz, Ezequías, Manasés, Amón y Josías.
Josías fue padre de Jeconías y de sus *hermanos*,
    en tiempo del destierro a Babilonia.
Y, *después* del destierro a *Babilonia*,
    Jeconías fue padre de Salatiel y éste de Zorobabel.
A continuación vienen Abiud, Eliacim, Azor, Sadoc, Aquim,
    Eliud, Eleazar, Matán y Jacob.
Jacob fue padre de *José*, esposo de *María*,
    y de María nació Jesús, llamado también Cristo.
De modo que las generaciones desde *Abraham* a David
    son *catorce*,
    catorce las de David *hasta* el destierro de Babilonia
    y catorce *desde* este destierro hasta *Cristo*.]
El nacimiento de Jesucristo fue así:

El texto entre corchetes, que pudiera omitirse, nos presenta la historia familiar de Jesús. Ésta genealogía puede dividirse en cinco partes marcadas por cada una de las introducciones que nos permiten un cambio de entonación.

Reconoce y ubica los personajes más importantes del texto y, acentúalos debidamente para que la asamblea los identifique fácilmente.

Pausa. Cambia de ritmo para indicar cómo fue el nacimiento de Jesús. Destaca la manera en que Dios interviene para dar la interpretación correcta de los acontecimientos.

de los personajes que intervienen. Entre todas las acciones realizadas, sobresale la acción divina que lleva adelante su voluntad salvífica. Dios ha actuado de una manera especialísima con su pueblo desde la antigüedad y nunca lo ha desamparado. En los textos bíblicos vemos que Dios puede cumplir su plan sólo en medio de las personas humildes, sencillas, justas y creyentes como María y José. A José, por ser descendiente de David, se le está pidiendo que colabore en esta historia de salvación. Y lo hace con generosidad.

Hoy proclamamos que la historia de nuestros pueblos y nuestra Iglesia tiene sentido. No es una historia sin rumbo y a la deriva, sino una historia conducida por Dios, donde Cristo es el centro de ella, pues con su encarnación Dios ha dignificado nuestra condición humana. Nos toca luchar incansablemente por tejer una historia que sea verdaderamente salvífica para nuestras familias y comunidades. Con la proclamación de esta genealogía, las posibles dudas de que Jesús, Hijo de Dios, es verdaderamente hombre desaparecen, pues Jesús se hace solidario con la naturaleza humana en todo, menos en el pecado. El amor del Padre se ha comunicado abundantemente al engendrar al Hijo.

EVANGELIO continuación   L M

Estando *María*, su madre, *desposada* con José,
  y *antes* de que vivieran juntos,
    sucedió que *ella*, por obra del *Espíritu Santo*,
      estaba esperando *un hijo*.
José, su esposo, que era *hombre justo*,
  no queriendo ponerla *en evidencia*,
    pensó dejarla en secreto.
Mientras pensaba en estas cosas,
    un *ángel* del Señor le dijo *en sueños*:
"*José*, hijo de David,
    no dudes en recibir en tu casa *a María*, tu esposa,
    porque *ella* ha concebido por *obra del Espíritu Santo*.
Dará a luz *un hijo* y tú le pondrás el nombre *de Jesús*,
    porque *él salvará* a su pueblo *de sus pecados*".
Todo esto sucedió
    para que *se cumpliera* lo que había dicho *el Señor*
      por boca del profeta *Isaías*:
He aquí que la virgen *concebirá* y *dará a luz* un hijo,
    a quien pondrán el nombre de *Emmanuel*,
    que quiere decir *Dios-con-nosotros*.
Cuando José *despertó* de aquel sueño,
    hizo lo que *le había mandado* el ángel del Señor
      y *recibió* a su esposa.
Y *sin que él* hubiera tenido *relaciones* con ella,
María dio a luz un hijo y *él* le puso por nombre *Jesús*.

EVANGELIO continuación · · · · · · · · · · · · · · · · · · L E U

Su madre María estaba *comprometida* con *José*.
Pero, *antes* de que vivieran juntos,
 quedó esperando por obra del *Espíritu* Santo.
José, su esposo, era un hombre *excelente*,
 y no queriendo *desacreditarla*,
 pensó firmarle en secreto un acta de *divorcio*.
Estaba pensando *en esto*,
 cuando el ángel del Señor se le *apareció* en sueños y le dijo:
 "*José*, descendiente de *David*,
 no temas llevar a tu casa a María, tu esposa,
 porque la criatura que espera es *obra* del Espíritu Santo.
Y dará a luz un *hijo*,
 al que pondrás el nombre de *Jesús*,
 porque él *salvará* a su pueblo de sus pecados.
Todo esto ha pasado para que se *cumpliera*
 lo que había dicho el *Señor*
 por boca del profeta Isaías:
Sepan que una *virgen concebirá*
 y *dará a luz* un hijo
 y los hombres lo llamarán *Emanuel*,
 que significa: '*Dios-con-nosotros*'".
Con *esto*,
 al despertarse José, hizo lo que el Angel del Señor
 le había *ordenado*
 y *recibió* en su casa a su esposa.
Y sin que tuvieran *relaciones*, dio a luz a un *hijo*
 al que José puso el nombre de Jesús.

[*Versión corta: Mateo 1:18–25*]

Enfatiza cada una de las acciones claves de Dios y la respuesta correspondiente por parte de José.

Enmarca la profecía de Isaías con una pausa y un cambio de tono.

Concluye reconociendo la actitud obediente de José.

NATIVIDAD DEL SEÑOR, MISA DE MEDIANOCHE

I LECTURA El pueblo de Israel, militarmente muy débil, casi siempre estuvo a merced del dominio de los pueblos vecinos: Asiria, Egipto, Babilonia, Siria, Persia, etcétera. Un pueblo como el de Israel, que vivió acostumbrado a la opresión y, por tanto, a tener que pagar tributo al dominador en turno, no encontraba otra imagen mejor para describir su realidad que la de un pueblo caminando en tinieblas. Para la mentalidad judía, en la región de las sombras, en el *sheol,* sólo existía la muerte.

No brillaba la luz de la libertad para el pueblo de Israel porque sus reyes no eran autónomos. La religión estaba amenazada por una mezcla de aspectos religiosos; abundaban los lugares de culto; pocas familias eran las que poseían propiedades y eran favorecidas por las autoridades; cada día aumentaban los miserables; los impuestos eran cada vez más gravosos; y el testimonio de reyes, sacerdotes y profetas dejaba mucho qué desear.

No obstante, siempre existió un grupo de personas fieles a Dios que, sin perder su confianza en él, anhelaban la salvación. El profeta anunciaba la salvación con la imagen de la luz y la correspondiente destrucción del enemigo opresor. ¿Quién será el que puede traer la libertad, la paz, la ilusión de vivir, la prosperidad? El profeta proclamó que sería un niño descendiente de la casa de David.

Históricamente, sabemos que nunca se realizó en el pueblo de Israel este anuncio profético antes de Cristo; por eso, todo este bloque del Libro del Emmanuel debe interpretarse a la luz de los tiempos mesiánicos. Con la llegada de Jesucristo, el Mesías, podemos proclamar con toda la Iglesia en esta noche que el recién nacido de María es Dios fuerte, príncipe de la paz y quien afianzará el trono de David en el derecho y la justicia.

Lectura del libro del profeta Isaías

El pueblo que caminaba en tinieblas *vio* una *gran luz;*
    sobre los que *vivían* en tierra de sombras,
        una luz *resplandeció.*
Engrandeciste a tu pueblo e hiciste *grande* su alegría.
Se gozan en tu presencia como gozan *al cosechar,*
    como *se alegran* al repartirse el botín.
Porque tú *quebrantaste* su *pesado* yugo,
la barra que *oprimía* sus hombros
    y *el cetro* de su tirano, como en el *día* de Madián.
Porque un niño *nos ha nacido,* un *hijo* se nos ha dado;
    lleva sobre sus hombros *el signo* del imperio y su nombre será:
"Consejero *admirable*", "Dios *poderoso*",
"*Padre* sempiterno", "*Príncipe* de la paz";
    para *extender* el principado con una paz *sin límites*
    sobre el *trono* de David y sobre su reino;
    para *establecerlo* y consolidarlo con *la justicia* y el derecho,
    desde *ahora* y *para siempre.*
El *celo* del Señor lo *realizará.*

I LECTURA   Isaías 9:1–3, 5–7   L E U

Lectura del libro del profeta Isaías

Al pueblo de los que caminan en la *noche*,
   se le apareció una luz *intensa*;
   a los que vivían en el oscuro país de la muerte,
   la luz se les acercó.
Tú los has bendecido y multiplicado,
   los has colmado de alegría,
   por eso están de fiesta y te celebran,
   como los segadores al terminar la cosecha,
   como los combatientes después de la victoria.
El yugo que *soportaban*, y la vara sobre sus *espaldas*,
   el *látigo* de su capataz,
   tú los *quiebras* como en el día de *Madián*.
Porque un niño nos ha *nacido*,
   un hijo se nos ha *dado*
   que vendrá con mucho *poder*.
Y de él dirán:
   "*Este* es el Consejero admirable, el Héroe *divino*,
   el *Padre* que no muere, el *príncipe* de la Paz".
Su imperio no tiene *límites*,
   y, en adelante, no habrá sino paz
   para el Hijo de David y para su *reino*.
Él lo *establece* y lo *sostiene*
   por el *derecho* y la *justicia*,
   desde *ahora* y para *siempre*.
Esto se hará *realidad* por el amor *celoso* del Señor.

Proclama con la ligereza de un poema lleno de frases misteriosas.

Comunica la alegría del que ve llegar el momento del triunfo, por medio de un tono brillante y convencido dicho desde la experiencia del que ve llegar la hora del poder de Dios.

Divide este canto mesiánico en dos secciones. La primera anuncia la tremenda victoria del Señor sobre la opresión; la segunda nos pone en la llegada inminente del Niño-Salvador.

Llénate de entusiasmo al describir toda la transformación asombrosa que habrá de venir. Siente las voces admiradas del pueblo que lo aclama.

Concluye con gran seguridad, reconociendo el carácter permanente de esta nueva realidad efectuada por el amor del Señor.

II LECTURA | Las cartas pastorales, las dirigidas a Timoteo, Tito y Filemón, son de gran importancia para los cristianos porque nos presentan el rostro y las preocupaciones de una iglesia primitiva, donde ya han quedado atrás el entusiasmo y simplicidad de los primeros años. Desde aquel tiempo en que Pablo inició su tarea evangelizadora y fueron apareciendo por la fuerza del Espíritu sus primeros colaboradores, ya ha cambiado la situación de manera notable y es urgente que se anuncie la auténtica doctrina. Cuando las cosas empiezan, casi siempre van acompañadas de gran euforia por la novedad; pero también hay el peligro de caer en la rutina y en el cansancio interior.

La proclamación de la Buena Nueva era muy necesaria donde se daba la confusión doctrinal y el inicio de falsas doctrinas. Esta breve lectura inmediatamente nos da la sensación de que estamos ante un pequeño credo bien estructurado en sus puntos fundamentales: Dios Padre ha tomado la iniciativa del proyecto salvífico, se ha manifestado históricamente en Jesucristo y se va realizando en la Iglesia, formada por todos los bautizados que esperan la salvación definitiva.

Los cristianos de hoy nos parecemos en muchas cosas a los cristianos a quienes se dirigía el apóstol Pablo: nos aquejan el cansancio espiritual, la rutina y la ignorancia religiosa. Pero esta noche brilla de nuevo la luz que ilumina nuestra vida y a toda la Iglesia. Cristo, nuestro Salvador, nos recuerda que no podemos vivir sin Dios, sin religión y de acuerdo con todos los deseos de este mundo. Hay que revitalizar en esta etapa las virtudes que nos recuerda Pablo y que nos han enseñado nuestros antepasados: sobriedad, justicia y religiosidad.

II LECTURA Tito 2:11–14 L M

Lectura de la carta del apóstol san Pablo a Tito

Querido hermano:
La *gracia* de Dios se *ha manifestado*
para salvar a *todos* los hombres
  y nos ha enseñado *a renunciar*
a la irreligiosidad y a los deseos mundanos,
  para que vivamos, ya *desde ahora*,
  de una manera *sobria*, justa y fiel a Dios,
  en espera de la *gloriosa* venida del *gran* Dios y salvador,
  Cristo Jesús, *nuestra* esperanza.
Él se entregó por nosotros para redimirnos
  de *todo* pecado y purificarnos,
  a fin de convertirnos en *pueblo suyo*,
  fervorosamente entregado a practicar el bien.

II LECTURA   Tito 2:11–14   L E U

Lectura de la carta del apóstol san Pablo a Tito

Vino a este mundo la *gracia* de Dios,
   trayendo la *salvación* a todos los hombres
   y educándonos para que *aprendamos* a rechazar la *maldad*
   y los deseos *mundanos*,
   y vivamos así en este mundo como seres *responsables*, *justos*
   y que *sirven* a Dios.
Pues esperamos el día *feliz* en que se *manifestará* con su *gloria*
   nuestro *magnífico* Dios y Salvador *Cristo* Jesús.
Él se *sacrificó* por nosotros
   y, de esa manera, nos *liberó* de las fuerzas del *pecado*
   y *purificó* a su pueblo,
   un pueblo que le *pertenece*
   y que no desea *otra cosa* que hacer el *bien*.

Al proclamar este texto, estás haciendo un comentario a la primera lectura.

Proclama como si fuera una reflexión en voz alta, por medio de la cual haces tuyas cada una de las ideas que Pablo va desarrollando.

Establece una fuerte relación con el texto, poniendo énfasis especial a los tiempos verbales de la primera persona del plural.

No apresures las afirmaciones; más bien, compártelas con la asamblea, describiendo cada una de las acciones hechas por Cristo Jesús en favor nuestro.

EVANGELIO En el silencio de esta noche santa, somos invitados a acercarnos al texto sagrado en actitud de adoración y contemplación. Los detalles de la narración que nos describe el nacimiento de Jesús y la visita de los pastores no pueden sino inundar nuestro corazón de ternura ante la presentación de un mundo sencillo y lleno de bondad donde reina una paz verdadera.

Lucas quiere subrayar que el acontecimiento que celebramos en esta noche no está fuera de la historia humana, sino que la historia profana se transforma en salvífica. El acontecimiento de la encarnación del Hijo de Dios toma lugar en el espacio y el tiempo. El narrador lo expresa muy bien desde la indicación universal de que César Augusto es emperador de toda la tierra y hasta lo más singular, como es el parto de María en un pesebre.

El emperador Augusto se hacía proclamar en todo su imperio como el único señor y responsable de la paz, el dominador de la historia; pero para que quede claro que se está en tiempos nuevos, el evangelista coloca en su lugar a personas sencillas: a María, a José y al Niño, rodeados de pastores. Ahora éstos son los que llaman la atención. Pero Cristo es el centro de la historia.

EVANGELIO Lucas 2:1–14 L M

Lectura del santo Evangelio según san Lucas

Por *aquellos* días,
se *promulgó* un edicto de César Augusto,
que *ordenaba* un censo de *todo* el imperio.
Este *primer* censo se hizo cuando *Quirino*
era gobernador de Siria.
Todos iban a empadronarse, *cada uno* en su *propia* ciudad;
así es que *también* José,
perteneciente a la casa y familia *de David*,
se dirigió *desde* la ciudad de *Nazaret*, en Galilea,
a la ciudad de David, llamada *Belén*, para *empadronarse*,
juntamente con María, *su esposa*, que estaba *encinta*.
Mientras estaban ahí, *le llegó* a María el tiempo de *dar a luz*
y tuvo a su hijo *primogénito*;
lo *envolvió* en pañales y *lo recostó* en un pesebre,
porque *no hubo* lugar para ellos en la posada.
En *aquella* región había unos pastores
que pasaban la noche en el campo,
vigilando *por turno* sus rebaños.
Un *ángel* del Señor se les apareció
y *la gloria* de Dios los *envolvió* con su luz
y *se llenaron* de temor.
El *ángel* les dijo: "*No teman*. Les traigo una *buena* noticia,
que causará *gran* alegría a *todo* el pueblo:
hoy les ha nacido, en la ciudad de David, *un salvador*,
que es el *Mesías, el Señor*.
Esto les servirá *de señal*:
encontrarán al niño *envuelto* en pañales
y *recostado* en un pesebre".
De pronto se le unió al ángel *una multitud* del ejército celestial,
que *alababa* a Dios, diciendo: "¡*Gloria* a Dios en el cielo,
y en la tierra *paz* a los hombres *de buena* voluntad!"

EVANGELIO Lucas 2:1–14 L E U

Lectura del santo Evangelio según san Lucas

En esos días, el *emperador* dictó *una ley*
que *ordenaba* hacer un censo en *todo* el imperio.
Este *primer* censo se hizo cuando Quirino
     era gobernador de la Siria.
Todos iban a inscribirse a sus respectivas ciudades.
También José, como era *descendiente* de *David*,
    salió de la ciudad de *Nazaret* de Galilea y *subió* a *Judea*,
    a la ciudad de *David*, llamada *Belén*,
    para *inscribirse* con María, su esposa,
    que estaba *embarazada*.
Cuando estaban en Belén, le llegó el *día*
    en que debía tener su hijo.
Y dio a luz a su *primogénito*,
    lo *envolvió* en pañales y lo *acostó* en un *pesebre*,
    porque no habían hallado *lugar* en la posada.
En la región había *pastores* que vivían en el *campo*
    y que por la noche se turnaban para *cuidar* sus rebaños.
El *ángel* del Señor se les *apareció*,
    y los rodeó de claridad la *gloria* del *Señor*,
    y todo esto les produjo un *miedo* enorme.
Pero el ángel les dijo: "*No teman*,
    porque yo vengo a *comunicarles* una buena *nueva*
    que será motivo de *mucha* alegría para *todo* el pueblo.
Hoy *nació* para ustedes en la *ciudad* de David un *Salvador*
    que es *Cristo* Señor.
En esto lo reconocerán:
    hallarán a un niño recién nacido, envuelto en pañales
    y *acostado* en un pesebre".
De pronto aparecieron otros *ángeles*
    y *todos* alababan a Dios, diciendo:
    "*Gloria* a Dios en lo más alto del cielo,
    y en la tierra *gracia y paz* a los hombres".

La acción del relato desarrolla los acontecimientos en una apretada síntesis realizada en cuatro escenarios.

Comienza con el prólogo introductorio que nos coloca en el tiempo de los sucesos. Utiliza un tono suave y un ritmo lento.

La escena nos coloca ahora en Belén. Deja que tu voz comunique en un tono asombrado lo que acaba de suceder en el establo.

La acción nos lleva al campo donde la voz radiante del cielo estremece a los pastores. Es una voz clara y fuerte que se impone en el silencio de la noche para comunicar alegría y regocijo.

Siente que el aire se llena de un rumor de ángeles que no pueden contener su entusiasmo. Une tu voz al anuncio, como un grito que sale del corazón.

NATIVIDAD DEL SEÑOR, MISA DE LA AURORA

I LECTURA   Isaías 62:11–12   L M

Lectura del libro del profeta Isaías

Escuchen lo que el Señor hace oír
    hasta el *último* rincón de la tierra:
"*Digan* a la hija de Sión:
    Mira que *ya llega* tu salvador.
El premio de su victoria lo acompaña
    y su *recompensa* lo precede.
Tus hijos serán llamados '*Pueblo santo*', '*Redimidos* del Señor',
    y a ti te llamarán 'Ciudad *deseada*, Ciudad no abandonada'".

II LECTURA   Tito 3:4–7   L M

Lectura de la carta del apóstol san Pablo a Tito

Hermano:
Al *manifestarse* la bondad de Dios, nuestro salvador,
    y su *amor* a los hombres, *él* nos salvó,
    no porque nosotros *hubiéramos hecho* algo *digno*
        de merecerlo, sino por *su misericordia*.
Lo hizo mediante el bautismo,
    que *nos regenera* y nos renueva,
por la *acción* del Espíritu Santo,
    a quien Dios *derramó* abundantemente sobre nosotros,
        por Cristo, *nuestro salvador*.
Así, *justificados* por su gracia, nos convertiremos en *herederos*,
    cuando se realice la esperanza de la *vida eterna*.

I LECTURA Los años difíciles han pasado, el panorama internacional es diferente y el dominador del territorio de Israel ya no es el rey de Babilonia, sino Ciro, rey de Persia. La política y estrategias dominadoras han cambiado; ya no son tan opresoras. Y la misma gente experimenta que muy pronto la situación va a ser diferente porque son testigos del regreso de algunos a las tierras de Palestina.

Circulan aires nuevos entre el pueblo porque es de todos conocido que Ciro ha mandado un edicto que permite la reconstrucción de la ciudad de Jerusalén y del templo. El tiempo es muy propicio para que en los oráculos proféticos predomine el tema de la esperanza. No hay duda de que la "Hija de Sión", que se menciona en el texto, es la ciudad edificada sobre la colina santa de Sión, es decir, Jerusalén. Azotada y destruida por los ejércitos de Babilonia años antes, ahora será reconstruida y embellecida, y volverá a gozar de mucha fama.

Dios siempre ha salido victorioso a favor de su pueblo, y algunas veces para alcanzar la victoria, se ha valido de reyes extranjeros que vienen a ser instrumentos de salvación en las manos de Dios para los suyos.

II LECTURA Hoy no podemos dejar de preguntarnos sinceramente si vivimos de acuerdo a nuestra condición de bautizados. ¿Qué tanto permitimos que en nuestra vida se asienten los abusos que deshumanizan a los hombres y a las mujeres? ¿Qué hacemos con la luz que nos ha sido dada en Cristo? El aspecto salvífico del texto resalta inmediatamente por el repetido empleo de los términos "Salvador" y "salvación". Dios es el sujeto de la acción, y la gratuidad de la iniciativa es subrayada claramente porque no lo ha hecho por las buenas obras, sino por pura misericordia.

En aquel tiempo en que se difundía tanto el culto al emperador romano en todo el imperio, el cristiano debía proclamar en palabra y obra que sólo hay un único Señor,

I LECTURA   Isaías 62:11–12   L E U

Lectura del libro del profeta Isaías

Oigan lo que el Señor manda publicar
  hasta en el último rincón de la tierra:
  Díganle a la hija de Sión:
  Mira cómo ya llega tu Salvador.
Anda trayendo el premio por su victoria
  y delante de él van sus trofeos.
Los llamarán a ustedes "Pueblo Santo",
    "Rescatados por el Señor",
  y a ti te dirán "La deseada", "Ciudad no Abandonada".

Dirígete directamente a la asamblea,
que debe sentirse aludida y entusiasmada
por el gran anuncio de la cercanía del
Salvador.

Usa un tono solemne; es un aviso
universal que nos afecta a todos.

Advierte que Dios mismo cambiará el
destino de la ciudad y por eso le dará
un nombre nuevo.

II LECTURA   Tito 3:4–7   L E U

Lectura de la carta del apóstol san Pablo a Tito

Se *manifestó* la bondad de Dios, *salvador* nuestro,
  y su *amor* por los hombres.
No se fijó en lo *bueno* que hubiéramos *hecho*,
  sino que solamente tuvo *misericordia* y nos salvó:
  en el bautismo *nacimos* a *la Vida*,
  renovados por el Espíritu Santo.
Después de que su gracia nos hizo j*ustos*
  por medio de *Cristo* Jesús nuestro *Salvador*,
  derramó *abundantemente* sobre nosotros el Espíritu Santo
  para que *alcanzáramos* la vida eterna
    conforme a *nuestra* esperanza.

Comparte el regocijo del apóstol para que
la gratitud se desborde en el tono de tu voz.

Deja que tu corazón se inunde con
el recuerdo y reconocimiento de todo
lo grande y bueno que Dios ha hecho
en tu vida.

Localiza cada una de las frases que
transmiten la fuerza del actuar del Señor
y acentúalas convenientemente.

Jesucristo, quien se ha revelado como único Salvador de todo el género humano. Esta manifestación histórica de la potencia salvífica de Dios en Cristo anticipa y garantiza la manifestación final que dará cumplimiento a la esperanza.

EVANGELIO | Seguimos gozando con la narración que nos ofrece Lucas sobre el acontecimiento más importante de la historia: el regalo que hace el Padre de su Hijo Jesús a la humanidad. La majestuosidad del hecho es presentado en los detalles más sencillos, así como le gusta al evangelista Lucas dar importancia a la sencillez de la vida.

José y María recorren los cerca de 130 kilómetros que separan Nazaret de Belén. Belén será una aldea, pero en los planes de Dios tiene mucha importancia: es la ciudad de sus antepasados, ciudad de las promesas, y allí recibirá el Niño recién nacido el homenaje de amor de parte de los pastores, porque su madre lo da a luz como lo hacían los pastores de aquel entonces: en un establo. En Belén ha nacido el liberador de Israel. Los pobres han tenido la dicha de conocerlo; renace en su corazón la esperanza. Vemos que Dios nos busca y sale a nuestro encuentro allí donde ordinariamente vivimos; éste es un tema muy apreciado por Lucas: "ha mirado la humildad de su sierva" (1:48); "Tomó de la mano a Israel, su siervo" (1:54); "Bendito sea el Señor, porque ha visitado a su pueblo" (1:68); "paz a los hombres que gozan de su amor" (2:14); "encontraron al niño acostado en el pesebre" (2:16); "has ocultado estas cosas a los sabios . . . y se las has dado a conocer a los sencillos" (10:21); "no temas pequeño rebaño porque el Señor ha querido darles el reino" 12:32).

Todo sucede según los planes de Dios: María trata de comprender lo que sucede a la luz de lo anunciado por la Sagrada Escritura. Allí en Belén, y no en Jerusalén, Dios se hace presente; por eso, María es la nueva Hija de Sión.

EVANGELIO Lucas 2:15–20 L M

Lectura del santo Evangelio según san Lucas

Cuando los ángeles los dejaron para *volver* al cielo,
    los pastores se dijeron *unos a otros*:
"*Vayamos* hasta Belén,
        para ver *eso* que el Señor nos *ha anunciado*".
Se fueron, pues, *a toda prisa*
    y encontraron a *María*, a *José*
    y *al niño*, recostado en el pesebre.
Después de verlo, contaron lo que se les había dicho
        de *aquel niño*, y *cuantos* los oían quedaban *maravillados*.
María, por su parte, *guardaba* todas estas cosas
        y las meditaba *en su corazón*.
Los pastores se volvieron a sus campos,
        alabando y glorificando a Dios
    por *todo* cuanto habían *visto y oído*,
        según lo que se les *había anunciado*.

EVANGELIO Lucas 2:15–20 L E U

Lectura del santo Evangelio según san Lucas

Después que los *ángeles* volvieron al cielo,
   los *pastores* comenzaron a decirse unos a otros:
   "*Vamos*, pues, hasta Belén y veamos lo que ha *sucedido*
   y que el *Señor* nos dio a conocer".
Fueron *apresuradamente*
   y hallaron a *María*, a *José* y al recién *nacido*
      acostado en un pesebre.
Entonces contaron lo que los ángeles les habían *dicho*
      de este niño,
   y todos se *maravillaron* de lo que *decían* los pastores.
María, por su parte,
   observaba *cuidadosamente* todos estos acontecimientos
   y los *guardaba* en su corazón.
Después los pastores se *fueron* glorificando
      y *alabando* a Dios,
porque *todo* lo que habían visto y *oído*
era *tal* como se lo habían *anunciado*.

El relato debe fluir, enmarcando cada una de las escenas que lo componen.

Dale un toque de misterio y curiosidad a la actitud inicial de los pastores.

Añade intensidad en el ritmo de la proclamación para que se note que los pastores se mueven con prisa y agitación.

Cambia de ritmo para resaltar el asombro admirado del encuentro de éstos con el Niño.

Haz una pausa de paz sosegada para destacar la meditación serena de María.

Termina en un tono de júbilo que manifiesta la emoción que el Señor ha provocado en el corazón de los pastores.

NATIVIDAD DEL SEÑOR, MISA DEL DÍA

I LECTURA   Isaías 52:7–10   L M

I LECTURA   **En este día solemne, toda la Iglesia está invitada a proclamar que Dios es único y que es Señor de la historia. No existe amor comparable con el de Dios, le decía el profeta a sus hermanos. Por lo tanto, no hay que brindarle nuestro amor a otro dios, sino sólo al Dios de Israel.**

El oráculo profético habla de un mensajero que anuncia una buena noticia: el éxodo de Babilonia y el regreso a la patria están por suceder. Estos acontecimientos son, antes que otra cosa, el signo de la fidelidad de Yavé con su pueblo. Y puesto que son acontecimientos en los que Dios se manifiesta nuevamente, el mensaje del profeta adquiere un carácter solemne y glorioso, y es descrito como algo prodigioso. La invasión de los ejércitos de Babilonia en la tierra de Palestina había dejado en el pueblo la sensación de abandono por parte de Dios; en Palestina ya no estaba el Señor. De ahí que era necesario alzar la voz y estallar en gritos de alegría, porque el Señor regresa a Sión.

El regreso de Dios sirve para manifestar la gloria divina a todos los pueblos porque toda la tierra contemplará su victoria. Como se trata de un anuncio profético, no es que se trate de algo históricamente realizado, sino que Jerusalén es sólo un símbolo: la salvación se ofrece sin obstáculos geográficos y culturales porque todos son invitados a gozar de ella. Hoy, día de Navidad, se cumple esta profecía. Ojalá seamos capaces de cantar la libertad personal y comunitaria como el gran regalo del Salvador.

Lectura del libro del profeta Isaías

¡*Qué hermoso* es ver correr sobre los montes
al mensajero que *anuncia* la paz,
    al mensajero que trae *la buena nueva*,
    que *pregona* la salvación,
    que dice *a Sión*: "Tu Dios es rey"!
Escucha:
Tus centinelas *alzan la voz* y todos a una gritan *alborozados*,
    porque ven *con sus propios ojos* al Señor, que *retorna* a Sión.
Prorrumpan en gritos de alegría, *ruinas* de Jerusalén,
    porque el Señor *rescata* a su pueblo, *consuela* a Jerusalén.
Descubre el Señor su santo brazo a la vista de *todas* las naciones.
Verá la tierra entera la salvación *que viene* de nuestro Dios.

I LECTURA   Isaías 52:7–10   L E U

Lectura del libro del profeta Isaías

Qué *lindo* ver por los *montes*
las pasos del que viene con *buenas* noticias,
que *anuncia* la paz, que *trae* la felicidad,
que te anuncia tu *salvación* y que te dice:
"Ciudad de Sión, ya *reina* tu Dios".
Escucha, tus centinelas *alzan la voz*
y juntos *gritan jubilosos*,
porque ven *cara a cara* al Señor regresando a Sión.
Estallen en gritos de alegría, *ruinas* de *Jerusalén*,
porque el Señor se *compadece* de su *pueblo*
y *rescata* a Jerusalén.
El Señor *desnuda* su brazo santo
a la vista de las *naciones*,
y *todos* los hombres, hasta los *extremos* del mundo,
ven a nuestro Dios que nos viene a *salvar*.

Siente la agitación del mensajero que llega trayendo la buena noticia. Estás en la parte más alta de lo que ha quedado de la muralla de una ciudad en ruinas, y lo ves ya cerca de ti, jadeante y feliz, a la luz del sol de la mañana.

Comunica el enorme gozo que te sale del corazón. Los duros momentos vividos ya han pasado; por eso se impone un tono triunfal de principio a fin. Observa directamente a la asamblea, que es la personificación de la Ciudad Santa.

ORGANIZA LAS ANOTACIONES E IDEAS QUE VAS A COMUNICAR

• Anota las ideas principales que quieres comunicar usando los comentarios que acompañan el texto en este *Manual*.

• Sitúate en la perspectiva del personaje que habla en el texto. Ponte en su lugar o trata de entender su situación y su pensamiento.

• Escoge de antemano dónde quieres hacer una pausa y si quieres usar algún movimiento de las manos para darle sentido a la lectura. Practica frente al espejo sin hablar, sólo con los movimientos de las manos.

• Anota cualquier cambio de perspectiva o de actitud del personaje que habla en la lectura. Fíjate si el texto es diálogo, poema o exhortación, y léelo de esa manera.

II LECTURA | **Este texto es realmente un texto maravilloso para** avivar en nosotros la certeza del carácter histórico de la revelación. La historia es el escenario donde Dios se revela; con esto se quiere afirmar que Dios se nos ha manifestado en el espacio y en el tiempo. El niño Dios que nos ha nacido es una prueba palpable. Los hombres y las mujeres, por la gracia de Dios, tenemos la oportunidad de gozar de esta historia salvífica.

El texto sagrado nos describe la revelación en una serie de etapas porque en "distintas ocasiones y de muchas maneras" ha hablado Dios: primero padres, profetas y Cristo. Dios se dejó conocer poco a poco, y así iba manifestando su designio de amor. Existe un proceso en la revelación; hay un progreso hacia la cumbre, que es Cristo.

La carta a los Hebreos subraya el papel de Cristo como revelador. Cristo, como los profetas, pero en forma enteramente nueva, es mediador entre Dios y los hombres: en él pronuncia el Padre su palabra última y definitiva. Desde los primeros tiempos de la Iglesia, ha sido necesario que se proclame que Jesús, el nacido de la Virgen María, en Belén de Judá, es verdaderamente Dios y hombre. El autor sagrado insiste en los rasgos de su condición divina: resplandor de la gloria de Dios, imagen fiel, sostén de todas las cosas y Salvador. Dios es su Padre, y él es su Hijo.

EVANGELIO | **En el Primer Testamento y en los documentos ju**díos antiguos se exalta mucho la ley, porque se considera la fuente de la vida, más aún, la identifican con la misma vida divina. Juan afirma en su "prólogo" que sólo la palabra es la fuente de la vida, e indirectamente polemiza con la doctrina del judaísmo que presenta a la ley mosaica como instrumento de vida y de salvación. La vida plena, perfecta y definitiva se encuentra sólo en el Hijo de Dios, la palabra última del Padre.

Sólo el Hijo unigénito ha podido revelar al Padre, y la revelación mesiánica y definitiva de Jesús consiste en el hecho de que

II LECTURA   Hebreos 1:1–6   L M

Lectura de la carta a los hebreos

En *distintas* ocasiones y de *muchas* maneras
 habló Dios en el pasado a *nuestros padres*,
  por *boca* de los profetas.
Ahora, en estos tiempos, nos ha hablado *por medio* de su Hijo,
 a quien *constituyó* heredero de *todas* las cosas
 y *por medio* del cual *hizo* el universo.
El Hijo es el *resplandor* de la gloria de Dios,
 la *imagen fiel* de su ser
 y *el sostén* de *todas* las cosas con su palabra *poderosa*.
Él mismo, después de efectuar la *purificación* de los pecados,
 se sentó a la diestra de la majestad de Dios, *en las alturas*,
 tanto *más encumbrado* sobre los ángeles,
 cuanto *más excelso* es el nombre que,
  como herencia, *le corresponde*.
Porque ¿*a cuál* de los ángeles le dijo Dios:
Tú eres mi Hijo; yo te he engendrado *hoy*?
¿O de *qué* ángel dijo Dios:
 Yo seré para él *un padre* y él será para mí *un hijo*?
Además, en *otro* pasaje,
 cuando *introduce* en el mundo a su *primogénito*, dice:
Adórenlo todos los ángeles de Dios.

EVANGELIO   Juan 1:1–18   L M

Lectura del santo Evangelio según san Juan

En el principio *ya existía* aquel que es *la Palabra*,
 y *aquel* que es la Palabra *estaba* con Dios y era Dios.
Ya en el principio *él estaba* con Dios.
Todas las cosas vinieron a la existencia *por él*
 y sin él *nada* empezó de cuanto existe.
Él *era* la vida, y la vida era *la luz* de los hombres.
La luz *brilla* en las tinieblas y las tinieblas *no la recibieron*.
Hubo un hombre enviado por Dios, que se llamaba *Juan*.
Este vino *como testigo*, para dar *testimonio* de la luz,
 para que todos *creyeran* por medio *de él*.
Él *no era* la luz, sino *testigo* de la luz.
Aquel que es *la Palabra* era la luz *verdadera*,
 que ilumina a *todo* hombre que viene a *este mundo*.
En el mundo e*staba*;
 el mundo había sido hecho *por él*

II LECTURA Hebreos 1:1–6   L E U

Lectura de la carta a los hebreos

En *diversas* ocasiones y bajo *diferentes* formas,
    Dios *habló* a nuestros padres, por medio de los *profetas*,
    hasta que en *estos* días, que son los *últimos*,
    nos habló a *nosotros* por medio de su *Hijo*.
Este es el que Dios *constituyó* heredero de *todas* las cosas,
    ya que por él *creó* el mundo.
Este es el *resplandor* de la Gloria de Dios
    y en él expresó Dios lo que es en *sí mismo*.
El es el que *mantiene* el universo por su palabra *poderosa*.
El es el que *purificó* al mundo de sus *pecados*
    y después se fue a sentar a la *derecha* del trono de Dios
      en los cielos.
El está tan por *encima* de los *ángeles*,
    cuanto es más excelente el *nombre* que heredó.
En efecto, ¿a qué ángel *jamás* le dijo Dios: "Tú eres mi *Hijo*;
    en este día yo te he *dado* la vida"?
Y cuando Dios manda a su *Primogénito* al mundo,
    la Escritura dice:
    "Que *todos* los ángeles de Dios lo adoren".

Adopta el tono de un maestro o catequista que enseña a sus alumnos acerca de Jesús.

Cada una de las descripciones o de los títulos con que vas describiendo al Hijo de Dios debe proclamarse con reverencia y sentimiento, teniendo cuidado de no apresurar las frases.

Proclama como si meditaras en voz alta, con sosiego y convencimiento, seguro de que tus oyentes no se pierden ni una sola palabra.

EVANGELIO Juan 1:1–18   L E U

Lectura del santo Evangelio según san Juan

En el principio era el *Verbo*
    y el Verbo estaba *frente* a Dios,
    y el Verbo *era* Dios.
    El Verbo estaba en el *principio* frente a Dios.
Todo se hizo por él
    y sin *él* no existe *nada* de lo que se ha hecho.
En él había *vida*
    y la vida es la *luz* de los hombres.
La luz *brilla* en medio de las *tinieblas*
    pero las tinieblas no pueden hacer *presa* de la luz.
Vino un hombre, de parte de Dios; éste se llamaba *Juan*.
Vino para dar *testimonio*,
    para declarar en favor de la *luz*,
    para que todos *creyeran* por medio de él.
No era él la *Luz*,

Al preparar la lectura, comienza por dividirla en secciones que te permitan cambios de matices según los diversos momentos del texto. Cada tema puede hacerse notar mediante pausas breves y el uso de diversa entonación.

él se ha mostrado a los suyos, viviendo siempre vuelto hacia el seno del Padre. Subrayando esta función reveladora, el autor insiste en que el Hijo de Dios es la "luz" de los pueblos que resplandece en las tinieblas. El Hijo de Dios es proclamado como fuente de vida divina y de la salvación perfecta porque concede a cuantos la reciben el poder llegar a ser hijos de Dios (1:12). La filiación divina consiste en ser generados por Dios. A ejemplo de la vida de Jesús, somos invitados a desarrollar una vida filial, en actitud de escucha y obediencia al Padre celestial.

Cuando se afirma solemnemente la encarnación del Hijo de Dios (1:14), también se dice que los discípulos han contemplado la gloria de la palabra encarnada. Jesucristo es la revelación de Dios, pero en una forma escondida y humilde, tal como celebramos en la Iglesia el misterio de Navidad. Confesamos que en Jesús se le ha dado a conocer a la humanidad "la gracia de la verdad" y la revelación definitiva, que supera y lleva a cumplimiento la ley mosaica.

EVANGELIO continuación   L M

y, sin embargo, el mundo *no lo conoció.*
Vino a los suyos y los suyos *no lo recibieron;*
    pero *a todos* los que lo recibieron
    les *concedió* poder llegar a ser *hijos de Dios,*
    a los que creen *en su nombre,*
    los cuales *no nacieron* de la sangre, *ni* del deseo de la carne,
    ni por voluntad *del hombre,*
    sino que *nacieron* de Dios.
Y *aquel* que es la Palabra *se hizo* hombre
        y *habitó* entre nosotros.
Hemos visto su gloria,
    gloria que *le corresponde* como a *Unigénito* del Padre,
    lleno de gracia y de verdad.
Juan el Bautista *dio testimonio* de él, clamando:
"*A éste* me refería cuando dije:
'El que viene *después* de mí,
    tiene *precedencia* sobre mí,
porque *ya existía* antes que yo'".
De su plenitud hemos recibido *todos* gracia sobre gracia.
Porque *la ley* fue dada por medio *de Moisés,*
    mientras que la gracia y la verdad *vinieron* por Jesucristo.
A Dios *nadie* lo ha visto *jamás.*
El Hijo *unigénito,* que está en el *seno* del Padre,
    es quien lo *ha revelado.*

sino que venía para *presentar* al que es la Luz.
Porque la *luz*, la luz verdadera
   que ilumina a *todo hombre*,
   estaba para *entrar* a este mundo.
En realidad, ya *estaba* en el mundo,
   pues el mundo fue *hecho* por medio de *él*,
   este *mundo* que no lo conocía.
Vino a su *propia* casa,
   y los *suyos* no lo recibieron.
Pero a todos los que lo han *recibido*
   y que *creen* en su *nombre*,
   les ha concedido que fueran *hijos* de Dios.
Pues al hombre le nacen *hijos* de su *misma* sangre,
   o bien tiene hijos *adoptivos*;
   éstos en cambio han *nacido* de Dios.
Y el Verbo se hizo *carne*,
   y *habitó* entre nosotros;
   y *nosotros* hemos visto su *gloria*,
   la que corresponde al Hijo *Único* del Padre:
   en él todo era *Amor* y Fidelidad.
Juan dio testimonio de él, *declarando*:
   "Este es *aquel* de quien yo les *decía*:
   'El viene *después* de mí
   pero ya está *delante* de *mí*,
   porque existía *antes* que yo'".
En él estaba toda la *plenitud* de Dios
   y todos recibimos de *él* en una sucesión de
     gracias sin número.
Ya Dios nos había dado la *Ley* por medio de Moisés,
   pero el *amor* y la *fidelidad* llegaron por Cristo Jesús.
A Dios, *nadie* lo ha visto jamás,
   pero el Hijo único que comparte la intimidad del *Padre*:
   éste nos lo dio a conocer.

[*Versión corta: Juan 1:5, 9–14*]

Advierte la manera en que del Verbo se pasa al tema de la Luz verdadera, y de la creación a la encarnación y al testimonio del Bautista para concluir en Cristo Jesús, rostro humano del Padre.

Identifica las afirmaciones más fuertes y proclámalas como anuncios solemnes en medio de la gran alegría navideña.

LA SAGRADA FAMILIA

I LECTURA El mandamiento sobre el respeto y el honor a los padres en el Primer Testamento siempre fue considerado como algo fundamental para la formación de la familia. Este tema es utilizado y repetido en varios libros (Éxodo 20:12; Deuteronomio 5:16), y es objeto de enseñanza de los sabios israelitas a los jóvenes y adolescentes.

El concepto de autoridad y obediencia a los padres de familia ha cambiado mucho en nuestros días en los países de cultura occidental. Pero qué bueno que nos aprovechemos de esta fiesta de la Sagrada Familia para acentuar la dimensión positiva que tiene la obediencia y la autoridad en la familia.

Llama la atención que de todos los mandamientos expresados en el decálogo, el que se refiere al padre y a la madre es el único que contiene una promesa: larga vida sobre la tierra. Además, hay que notar que es un mandato dirigido a los hijos adultos. Se interpreta de una forma reductiva el texto cuando se predica que es una invitación a la obediencia por parte de los niños. Al contrario, los hijos adultos deben ser responsables en su familia y en la comunidad de que a sus padres no les falte lo necesario. Honrar al padre y a la madre significa procurar que mantengan un puesto en la familia y en la comunidad, mucho más que la sola satisfacción de sus necesidades materiales.

Lectura del libro del Eclesiástico (Sirácide)

El Señor *honra* al padre *en los hijos*
   y *respalda* la autoridad de la madre *sobre* la prole.
El que *honra* a su padre queda *limpio* de pecado;
   y *acumula* tesoros, el que *respeta* a su madre.
Quien *honra* a su padre, encontrará *alegría* en sus hijos
   y su oración *será escuchada*;
   el que *enaltece* a su padre, tendrá *larga vida*
   y el que *obedece* al Señor, *es consuelo* de su madre.
Hijo, *cuida* de tu padre *en la vejez*
   y en su vida *no* le causes tristeza; aunque chochee,
   ten paciencia con él y *no* lo menosprecies
     por estar tú en *pleno* vigor.
El bien hecho al padre *no quedará* en el olvido
   y se tomará a cuenta de tus pecados.

I LECTURA Eclesiástico (Sirácide) 3:3 –7, 14 –17a   L E U

Lectura del libro del Eclesiástico (Sirácide)

Dios estableció que los hijos respetaran a su padre
   y *confirmó* sobre ellos la autoridad de su madre.
Quien *honra* a su padre *paga* sus pecados;
   y el que da *gloria* a su madre se prepara un *tesoro*.
El que *honra* a su padre recibirá *alegría* de sus hijos
   y cuando ruegue será *escuchado*.
El que *glorifica* a su padre tendrá *larga* vida.
El que *obedece* al Señor da *descanso* a su madre.
Hijo, *cuida* de tu padre en su *vejez*,
   y *mientras* viva no le causes *tristeza*.
Si se debilita su espíritu, *perdónale* y no lo *desprecies*,
   tú que estás en plena juventud.
Pues la *caridad* para con el padre no será *olvidada*,
   te *servirá* como *reparación* de tus pecados.
Cuando estés *sufriendo*, Dios se *acordará* de ti;
   y como el calor *derrite* el *hielo*,
   se *disolverán* tus pecados.

En esta primera parte del texto parece escucharse a un maestro que hace un comentario en voz alta sobre el mandamiento de honrar a los padres.

Separa con una pausa cada una de las frases que comienzan con: "El que". Reconoce que en estas sabias expresiones está enraizada nuestra cultura familiar hispana.

Te diriges ahora a una persona conocida que está muy cerca de ti. Aconseja con suavidad y sabiduría.

II LECTURA La fiesta de la Sagrada Familia nos recuerda la vocación a la que hemos sido llamados desde el día de nuestro bautismo: por ser hijos de Dios y hermanos todos, debemos construir permanentemente una nueva comunidad. El texto sagrado nos da una serie de indicaciones prácticas sobre la vida y las relaciones comunitarias auténticas.

La motivación profunda que da el autor sagrado para mantener una vida familiar de acuerdo con el Señor se encuentra descrita en los apelativos que ya la tradición bíblica aplicaba al pueblo de Dios y que ahora pertenecen al nuevo pueblo de bautizados: elegidos, consagrados y amados por Dios.

Cuando se vive de acuerdo con esta condición de bautizados, entonces es fácil que se practiquen las cinco virtudes que se enumeran: compasivos, magnánimos, humildes, afables y pacientes. Lo que llama la atención en esta lista de actitudes positivas es la dimensión espiritual, es decir, la importancia que da al tema del amor fraterno. Pero la exhortación cobra más valor cuando constatamos que estas virtudes, en la tradición bíblica, designan el actuar divino, lo que significa que el amor divino, experimentado y vivido por el bautizado, es fuente de las relaciones profundas y duraderas en la comunidad.

II LECTURA   Colosenses 3:12–21   L M

Lectura de la carta del apóstol san Pablo a los colosenses

Hermanos:
Puesto que Dios los ha elegido *a ustedes*,
    los ha consagrado *a él* y les ha dado *su amor*,
    sean *compasivos*, magnánimos, *humildes*, afables y *pacientes*.
Sopórtense *mutuamente*
    y *perdónense* cuando tengan quejas contra otro,
    como el Señor *los ha perdonado* a ustedes.
Y sobre *todas* estas virtudes, tengan *amor*,
    que es el vínculo de la *perfecta* unión.
Que en sus corazones *reine* la paz de Cristo,
    esa paz a la que han sido *llamados*,
    como miembros de un *solo* cuerpo.
Finalmente, sean *agradecidos*.
Que la palabra de Cristo *habite* en ustedes con *toda* su riqueza.
Enséñense y aconséjense *unos a otros* lo mejor que sepan.
Con el corazón *lleno* de gratitud, *alaben* a Dios
    con salmos, himnos y *cánticos espirituales*;
    y *todo* lo que digan y *todo* lo que hagan,
    háganlo en el nombre del *Señor Jesús*,
    dándole gracias a *Dios Padre*, por medio *de Cristo*.
Mujeres, *respeten* la autoridad de sus maridos,
    como lo quiere el Señor.
Maridos, *amen* a sus esposas y *no sean* rudos con ellas.
Hijos, obedezcan *en todo* a sus padres,
    porque eso es *agradable* al Señor.
Padres, no exijan *demasiado* a sus hijos,
    para que *no se depriman*.

II LECTURA   Colosenses 3:12–21   L E U

Lectura de la carta del apóstol san Pablo a los colosenses

Pónganse el vestido *nuevo*,
   como *conviene* a los elegidos de Dios,
   por ser sus *santos* muy queridos.
Revístanse de sentimientos de tierna *compasión*,
   de *bondad*, de *humildad*, de *mansedumbre*, de *paciencia*.
Sopórtense y perdónense unos a *otros*,
   si uno tiene *motivo* de queja contra otro.
Como el Señor los *perdonó*,
   a su vez, hagan lo *mismo*.
Pero, por *encima* de todo, tengan el *amor*,
   que reúne *todo* y todo lo hace *perfecto*.
Que la paz de Cristo *reine* en sus corazones,
   ya que fueron *unidos* en un *mismo* cuerpo para encontrarla.
Finalmente sean *agradecidos*.
Que la *palabra* de Cristo *habite* en ustedes con
      todas sus riquezas.
Que sepan *aconsejarse* unos a *otros*
   y enseñarse *mutuamente* con palabras y consejos sabios.
Con el corazón *agradecido*,
   canten a Dios salmos, himnos y cánticos inspirados.
Y *todo* lo que puedan decir o hacer,
   háganlo en *nombre* del Señor *Jesús*,
   dando *gracias* a Dios Padre por *medio* de él.
Esposas, *sométanse* a sus *maridos*,
   como *corresponde* a creyentes.
Maridos, *amen* a sus *esposas*
   y *no se disgusten* con ellas.
Hijos, *obedezcan* a sus padres en *todo*,
   porque eso *agrada* al Señor.
Padres, *no exasperen* a sus *hijos*,
   no sea que se *desanimen*.

Esta exhortación requiere un tono directo y firme. Enfatiza los imperativos con que comienzan los primeros párrafos del texto.

Cambia a una tonalidad más suave, como si intercalaras una oración.

Regresa a la intensidad del principio e invita con firmeza y seguridad a actuar de inmediato.

Haz una pausa antes de dirigirte directamente a cada uno de los integrantes de la familia. Localízalos con la mirada en diversos puntos del templo. Separa cada uno de estos importantes consejos con diversos tonos y pausas.

EVANGELIO En el drama narrativo de los Evangelios, los personajes que se oponen a la obra del Hijo de Dios se suceden continuamente. En las narraciones de la infancia de Jesús, Herodes personifica a toda persona de mucha influencia en la sociedad que no tolera que exista alguien diferente de él, a quien se le proclame como Rey y Señor. Herodes se sentía rey y se hacía proclamar como el único; su poder en la tierra de Palestina era grande y las autoridades religiosas ciertamente estaban a su servicio; era el clásico gobernante que, para mantenerse en el poder, no dudaba de emplear cualquier medio, así fuera necesario la eliminación de seres humanos, hasta la misma atrocidad de matar inocentes.

En muchas ocasiones, la historia nos ha enseñado que la ambición de poder endurece el corazón; lo deshumaniza. El evangelista nos presenta a la humilde y sencilla familia de Nazaret sufriendo, al igual que otras tantas familias de escasos recursos, la persecución. Jesús, el Hijo de Dios, es atacado injustamente desde los primeros momentos de su vida. ¿A dónde huir para poder escapar del dictador? Hacia la tierra de Egipto, el país donde la Biblia hace aparecer a los poderes de este mundo con una asombrosa ambigüedad. Como allí había abundancia de granos, fue refugio providencial de los patriarcas. Pero, por largos años, también aquí Israel fue oprimido por los faraones. Fue refugio de muchos que huyeron en los días de la invasión de Babilonia. Para liberarse de la opresión de Herodes, varias familias llegarían allí.

El juicio de Dios contra Egipto, en varias páginas de la Biblia, es implacable. No obstante que es juzgado por sus pecados, en narraciones como en el Evangelio de hoy es invitado a participar en los planes salvíficos de Dios. Si la Sagrada Familia va a Egipto, es porque Dios quiere que a esta nación pagana también llegue la salvación.

EVANGELIO Mateo 2:13–15, 19–23   L M

Lectura del santo Evangelio según san Mateo

Después de que los magos *partieron* de Belén,
    el *ángel* del Señor se le apareció *en sueños* a José y le dijo:
"Levántate, toma al niño y a su madre, y *huye* a Egipto.
Quédate allá *hasta* que yo te avise,
    porque *Herodes* va a buscar al niño *para matarlo"*.
José *se levantó* y *esa misma* noche
tomó al niño y a su madre y *partió* para Egipto,
    donde *permaneció* hasta la muerte de Herodes.
Así se cumplió lo que dijo el Señor por medio del profeta:
De Egipto *llamé* a mi hijo.
Después de muerto Herodes,
    el *ángel* del Señor se le *apareció* en sueños a José y le dijo:
"Levántate, toma al niño y a su madre
        y *regresa* a la tierra de Israel,
    porque *ya murieron* los que intentaban
        quitarle la vida al niño"*.
Se levantó José, *tomó* al niño y a su madre
        y *regresó* a tierra de Israel.
Pero, habiendo oído decir que *Arquelao* reinaba en Judea
        en lugar de su padre, Herodes,
    tuvo *miedo* de ir allá, y advertido en sueños,
        se *retiró* a Galilea
    y se fue a vivir en una población llamada *Nazaret.*
Así se cumplió lo que habían dicho los profetas:
    Se le llamará *nazareno.*

EVANGELIO   Mateo 2:13–15, 19–23   L E U

Lectura del santo Evangelio según san Mateo

Después que *partieron* los *Magos*,
    el Angel del Señor se le apareció en *sueños* a José y le dijo:
    "*Levántate*, toma al niño y a su madre, y *huye a* Egipto.
Quédate allí *hasta* que yo te *avise*,
    porque *Herodes* buscará al niño para *matarlo*".
José se levantó,
    tomó de noche al niño y a su madre y se *retiró* a Egipto.
Permaneció allí *hasta* la muerte de Herodes.
De este modo se cumplió
    lo que había dicho el Señor por *boca* del profeta:
    "Yo *llamé* de Egipto a mi hijo".
Después de la muerte de *Herodes*,
    el Angel del Señor se apareció en *sueños* a José, en Egipto.
Le dijo:
    "Levántate y r*egresa* con el niño y su madre
        a la tierra de *Israel*,
    porque ya han muerto los que querían *matar* al niño".
José, pues, se levantó, *tomó* al niño y a su *madre*,
    y se vino a la tierra de *Israel*.
Pero *temió* ir a *Judea*,
    sabiendo que allí *reinaba* Arquelao en reemplazo
        de Herodes, su padre.
Siguiendo un *aviso* que recibió en sueños, se *retiró* a *Galilea*,
    y fue a vivir en un pueblo llamado *Nazaret*.
Así había de cumplirse lo que *dijeron* los profetas:
    "Le dirán *Nazareno*".

Dios es quien dirige personalmente todos los sucesos que toman lugar en este relato. Con cuidado, haz que se note una marcada diferencia entre la intervención del narrador y la del "ángel del Señor".

Comienza identificando los verbos que dan movimiento al texto y separa cada una de las acciones con pausas, como si fueran cuadros de una galería. Haz una pausa mayor para marcar los cambios de escenario y de tiempo en que se realizan los sucesos.

No olvides de destacar la actitud callada y obediente de José, que inmediatamente se dispone a cumplir la voluntad de Dios.

Recuerda que Mateo cita profecías y acontecimientos del Primer Testamento porque éstas servían como lectura en clave para sus oyentes judeocristianos.

SANTA MARÍA, MADRE DE DIOS

Lectura del libro de los Números

En *aquel* tiempo, el Señor *habló* a Moisés y le dijo:
"Di a Aarón y a sus hijos:
"De *esta manera* bendecirán a los israelitas:
El Señor te bendiga y te proteja,
   haga *resplandecer* su rostro sobre ti y te conceda su favor.
Que el Señor te mire con *benevolencia*
   y te conceda la paz".
Así invocarán mi nombre sobre los israelitas
   y yo los bendeciré".

Lectura de la carta del apóstol san Pablo a los gálatas

Hermanos:
Al llegar la *plenitud* de los tiempos,
   envió Dios a su Hijo, nacido *de una mujer*,
   nacido *bajo la ley*,
   para *rescatar* a los que *estábamos* bajo la ley,
   a fin de hacernos *hijos suyos*.
Puesto que *ya son ustedes hijos*,
Dios envió a sus corazones *el Espíritu* de su Hijo,
   que clama "¡*Abbá*!", es decir, ¡Padre!
Así que ya *no eres siervo*, sino hijo;
   y siendo hijo, eres también *heredero* por voluntad de Dios.

I LECTURA La bendición que desciende de Yavé es el sello que confirma que Israel se ha organizado como *qahal,* como asamblea del Señor, como una comunidad santa donde los sacerdotes desempeñan una función importante. Si Israel se ha ganado el favor de una bendición, esto le asegura la presencia y la protección de Dios.

Aarón y sus hijos invocan el nombre de Yavé sobre los hijos de Israel, y con este acto se establece la pertenencia exclusiva y radical al Señor. Ahora son su propiedad; los separa para él y los santifica. Entonces Israel, el bendito de Yavé, separado, purificado y morada de la presencia de Yavé, es un anuncio de la Virgen María, la Madre del Hijo de Dios. Ella, en atención a su maternidad divina, fue engalanada con toda clase de favores de parte de Dios: concebida sin pecado, virgen, llena de gracia.

Subraya el carácter profético de la fiesta de la Madre de Dios porque, al ser colocada en paralelo con el texto de Lucas 2:16–21, consigna la interpretación cristológica de Números. La bendición se ha cumplido cabalmente en el Niño nacido en Belén, a quien se le ha puesto el nombre de Jesús, "el Señor salva", "Dios con nosotros", el Emmanuel.

II LECTURA La presencia de agitadores judeocristianos en la comunidad cristiana de Galacia provoca que Pablo, en los capítulos centrales (3—5) de esta carta, insista en los temas fundamentales de su predicación: la promesa divina, el llamado a la fe y la vocación a la libertad.

En la solemnidad de la Madre de Dios, recordamos cómo el cristiano puede llegar a la mayoría de edad, ya sea en el campo histórico-salvífico con la misión del Hijo, o en el sentido personal-interior con la adopción filial. Precisamente junto con la filiación adoptiva está el hecho del envío del Espíritu del Hijo a nuestros corazones por

I LECTURA   Números 6:22–27   L E U

Lectura del libro de los Números

El Señor dijo a *Moisés*:
"Di a *Aarón* y a sus hijos:
Así *bendecirán* a los hijos de Israel.
Dirán: 'El Señor te *bendiga* y te *guarde*,
el Señor haga *resplandecer* su rostro sobre ti
y te *conceda* lo que pidas,
vuelva hacia ti su *rostro* y te *dé* la paz'.
Así invocarán mi *nombre* sobre los hijos de Israel
y yo los *bendeciré*".

El Señor mismo da instrucciones para que su bendición se realice con la precisión debida.

Memoriza el texto de la bendición para que la puedas decir mirando a la asamblea. Proclámala solemnemente, resaltando cada una de las acciones verbales que la componen.

Concluye retomando la voz de Dios, garantía incondicional de la eficacia de su bendición.

II LECTURA   Gálatas 4:4–7   L E U

Lectura de la carta del apóstol san Pablo a los gálatas

Cuando llegó la *plenitud* de los tiempos, Dios *envió* a su Hijo,
   el cual *nació* de mujer y fue *sometido* a *la Ley*,
   para ser el que *libertara* de la Ley
      a *todos* los que estaban *sometidos*.
Así llegamos a ser hijos *adoptivos* de Dios.
Y porque somos hijos,
   Dios mandó a nuestro corazón el *Espíritu* de su propio *Hijo*,
   que clama así: "Padre mío".
Así pues, ya no eres un *esclavo*, sino un *hijo*,
   y por eso recibirás la herencia por la *gracia* de Dios.

Narra cuidadosamente los acontecimientos presentados en el texto.

Estás contando una historia muy importante que debe relatarse con calma, enfatizando cada una de las acciones que la componen. Es una reflexión extraordinaria que quieres compartir con tus oyentes.

Comunica a la asamblea el gozo que sientes por ser hijo y heredero de Dios mismo.

Ante un mundo esclavizado por tantas cosas materiales, anuncia con esperanza la libertad que Dios nos regala como el mejor de sus dones.

parte de Dios. Quien nos hace hijos verdadera y propiamente es este envío. No se trata de recibir cualquier Espíritu, sino "el Espíritu de su Hijo", es decir, de Jesús de Nazaret.

Todo lo que acontece no se trata de algo subjetivo e impersonal. El Espíritu es el que clama: *Abbá*, ¡Padre! Y podemos clamar a Dios en los mismos términos a partir de nuestro bautismo porque en aquel día fuimos liberados de la ley. Dirigimos a Dios llamándolo Padre, pero lo podremos hacer sólo si mantenemos en el interior nuestra condición bautismal, si vivimos esa comunión íntima y profunda, fruto de la acción del Espíritu que se presenta en un movimiento circular.

EVANGELIO Lo que sucede en el campo de los pastores fuera de la pequeña ciudad de Belén nos hace comprender los hechos de una manera diferente. Abiertos a la dimensión divina, a los pastores les es ofrecido "del cielo" la lectura profunda de lo que sucede: mientras que los grandes y poderosos de la tierra se encuentran a oscuras, a los pastores se les hace ver la luz que les muestra al Salvador.

Esta fiesta contempla a María en la reflexión de este misterio porque meditaba todas las cosas en el silencio de su corazón. María es mujer de interioridad; por eso cumple su misión, da a luz un Hijo y lo ofrece para salvación de todos. Los primeros beneficiados de esta dicha son los pastores. El misterio de Dios se ha hecho carne. Se ha dado a conocer el misterio de la vida, de la verdadera riqueza, del verdadero tesoro.

El Señor no solamente engrandece a los humildes, sino que se vale de las personas sencillas para proclamar la Buena Nueva. Los pastores, después de ser testigos del nacimiento del Salvador, lo contaron a los demás, y cuantos lo oían quedaban maravillados. Estas dos cosas fundamentales son lo que Jesús les pidió a sus discípulos: glorificar a Dios y proclamar a toda criatura la Buena Nueva.

EVANGELIO Lucas 2:16–21   L M

Lectura del santo Evangelio según san Lucas

En *aquel* tiempo,
   los pastores fueron a *toda prisa* hacia Belén
   y encontraron a *María*, a José y al *niño*,
   recostado en el pesebre.
Después de verlo,
   contaron lo que se les *había dicho* de aquel niño
   y *cuantos* los oían, quedaban *maravillados*.
María, por su parte, guardaba *todas* estas cosas
   y las meditaba *en su corazón*.
Los pastores se volvieron a sus campos,
   alabando y *glorificando* a Dios
   por *todo* cuanto habían *visto y oído*,
   según lo que se les *había anunciado*.
Cumplidos los *ocho* días, *circuncidaron* al niño
   y le pusieron el nombre *de Jesús*,
   aquel mismo que había dicho el ángel,
   antes de que el niño fuera concebido.

EVANGELIO   Lucas 2:16–21   L E U

Lectura del santo Evangelio según san Lucas

En aquel tiempo,
   los pastores fueron *apresuradamente*
      y hallaron a María, a José
   y al *recién* nacido acostado en el pesebre.
Entonces contaron lo que los *ángeles* les habían
      dicho de *este* niño,
   y *todos* se maravillaron de lo que decían los pastores.
María, por su parte,
   observaba *cuidadosamente* todos estos acontecimientos
   y los *guardaba* en su corazón.
Después los pastores se fueron *glorificando* y alabando *a Dios*,
   porque *todo* lo que habían visto y oído
   era tal como se lo habían anunciado.
Al octavo día, *circuncidaron* al niño *según* la ley,
   y le pusieron el nombre de *Jesús*,
   nombre que había indicado el ángel
   antes que su madre quedara embarazada.

Esta narración es de un tono suave. Debe ser contada como el testimonio de un testigo que detalla maravillado todo lo que acaba de ver hace unos momentos.

Déjate llevar por la acción del relato y resalta los matices de cada una de las escenas que se suceden con rapidez. Nota la prisa de los pastores y su asombro, en contraste a la paz que irradia María.

Cambia la entonación para que se note claramente que el nombre que se impone al octavo día ha sido escogido y decidido por Dios mismo.

LA EPIFANÍA DEL SEÑOR

Lectura del libro del profeta Isaías

| I LECTURA | La luz y la gloria son el signo de la salvación; la acción divina transforma a Jerusalén, la ciudad capital. El proyecto divino es universal. Dios se interesa por todos y su reino se extiende a todos los pueblos. De esta época se dieron muchos himnos donde Yavé aparece como rey y dominador de todas las naciones (Salmos 22, 47, 66, 67, 96–99, 138, 145). De todos los pueblos van hacia Jerusalén como si fueran ciudadanos de ella, ya conocidos de Dios. En todo esto, las expresiones del autor sagrado aluden a relaciones de intimidad, de fe y de familiaridad en el amor. Varios de los verbos usados son empleados en futuro para señalar una espera y esperanza escatológicas que exigen una inmediata realización.

El texto bíblico es un testimonio hermoso de la conciencia misionera, que en el postexilio va tomando más forma gracias a la influencia del Deutero-Isaías. La ciudad santa, Jerusalén, es la capital de todo el mundo, y su maternidad universal termina con la maternidad de Babilonia, que siempre fue fuente de ruptura y división. Todos los pueblos están en igualdad ante la salvación. Todas las culturas encuentran su casa en la ciudad santa, donde se asienta su gloria y resplandece su luz.

Levántate y resplandece, *Jerusalén*,
   porque *ha llegado* tu luz
   y *la gloria* del Señor alborea sobre ti.
Mira: las tinieblas *cubren* la tierra
   y *espesa* niebla *envuelve* a los pueblos;
   pero sobre ti *resplandece* el Señor
   y *en ti* se manifiesta su gloria.
Caminarán los pueblos *a tu luz*
   y los reyes, *al resplandor* de tu aurora.
Levanta los ojos y mira *alrededor*:
   todos se reúnen y *vienen* a ti;
   tus hijos llegan *de lejos*, a tus hijas las traen *en brazos*.
Entonces verás esto *radiante* de alegría;
   tu corazón *se alegrará*, y se ensanchará,
   cuando se *vuelquen* sobre ti los *tesoros* del mar
   y te traigan *las riquezas* de los pueblos.
Te *inundará* una multitud de camellos y dromedarios,
   procedentes de *Madián* y de *Efá*.
Vendrán *todos* los de Sabá trayendo *incienso y oro*
   y proclamando *las alabanzas* del Señor.

Lectura de la carta del apóstol san Pablo a los efesios

| II LECTURA | Pablo quiere dar importancia a la propia persona que causa este "culto a la personalidad". Quiere resaltar su oficio de apóstol de los gentiles, que le fue confiado por Cristo. Para ser fiel a esta misión apostólica, se necesita una profunda intimidad con Cristo. Esta intimidad es descrita al señalar que es "prisionero de Cristo Jesús", aunque no se refiere sólo a las cadenas metálicas.

En esta fiesta de la manifestación del Hijo de Dios como Salvador de todos los pueblos, a Pablo se le ha dado a conocer el misterio; estaba escondido pero ahora ha sido revelado en dos tiempos sucesivos:

Hermanos:
Han oído hablar de la *distribución* de la *gracia* de Dios,
   que se me ha *confiado* en favor de ustedes.
Por revelación se me *dio a conocer* este misterio,
   que *no había sido* manifestado a los hombres
      en otros tiempos,
   pero que ha sido revelado *ahora* por el Espíritu
   a sus *santos* apóstoles y profetas:
   es decir, que por el Evangelio,
   también los paganos son *coherederos* de *la misma* herencia,
   miembros del *mismo* cuerpo
   y *partícipes* de *la misma* promesa en Jesucristo.

I LECTURA   Isaías 60:1–6   L E U

Lectura del libro del profeta Isaías

Levántate y *brilla*, que ha llegado tu *luz*
   y la gloria del Señor *amaneció* sobre ti.
La oscuridad *cubre* la *tierra*
   y los pueblos están en la *noche*,
   pero sobre ti se *levanta* el *Señor*,
   y sobre ti *aparece* su gloria.
Los *pueblos* se dirigen hacia tu *luz*
   y los *reyes*, al resplandor de tu *aurora*.
Levanta los ojos a tu alrededor y *contempla*:
   todos se *reúnen* y vienen a ti;
   tus hijos llegan de *lejos*
   y tus hijas son traídas en *brazos*.
Tú entonces, al verlo, te pondrás *radiante*,
   palpitará tu corazón muy *emocionado*;
   traerán a ti *tesoros* del otro lado del mar
   y llegarán a ti las *riquezas* de las naciones.
Te *inundará* una multitud de camellos:
   llegarán los de *Medián* y Efa.
Los de Sabá vendrán todos trayendo *oro* e *incienso*,
   y *proclamando* las alabanzas del Señor.

El tono de tu voz intenta conmover, emocionar y reanimar a un pueblo deprimido y con muy pocas esperanzas ante el futuro.

Piensa que estás en lo alto de un monte, que sólo tú ves el momento triunfal que se avecina y que quieres entusiasmar a los que permanecen desalentados al otro lado de la colina.

Las imágenes poéticas de este texto deben resonar hermosamente, asociadas a la fiesta de hoy.

Imagina los camellos que se acercan cargados de riqueza y de perfumes exóticos entre gritos y cantos de alabanza al Señor.

II LECTURA   Efesios 3:2–3a, 5–6   L E U

Lectura de la carta del apóstol san Pablo a los efesios

A lo mejor han sabido de las *gracias*
   que Dios me *concedió* para el bien de ustedes.
Este *Misterio* no fue dado a conocer a los hombres
    de tiempos *pasados*.
Mas ahora, los apóstoles y los profetas que Dios *eligió*
   acaban de saber por *revelaciones* del *Espíritu*
   lo que el *Evangelio* da a los no judíos:
   ellos han de *compartir* en Cristo Jesús la *misma* herencia,
   pertenecer al *mismo* cuerpo,
   y *recibir* las *mismas* promesas de Dios.

Esta sección de la carta a los Efesios exige una proclamación cuidadosa. Haz una pausa más larga de lo que acostumbras; antes de comenzar, asegúrate de que todos te están mirando.

Siente cómo Pablo conversa *de tú a tú* con la asamblea. Es un buen maestro que con detenimiento enseña a sus discípulos. Concluye poniéndole fuerza a esta triple afirmación paulina en la que todos estamos incluidos (nota como "mismo" se repite una y otra vez como nota clave de cada frase).

primeramente a él y a los apóstoles y profetas, después por medio de Pablo y de la Iglesia.

La revelación del misterio se concibe como un proceso unitario que parte de Dios, se realiza en Cristo, se revela y se actúa por medio del apostolado de Pablo y se prolonga en la Iglesia. El contenido del proyecto salvífico de Dios, escondido en otros tiempos pero ahora revelado, es éste: por medio de Jesucristo y en unión con él, los paganos entran a formar parte del pueblo de Dios y del único plan de salvación junto con los judíos, que en un tiempo se consideraron los únicos destinatarios de las promesas salvíficas.

EVANGELIO La ironía del autor sagrado es muy interesante. Los Magos preguntan por el rey de los judíos que acaba de nacer. Herodes, el rey actual, comprende mejor que los Magos los acontecimientos e investiga en secreto con los sumos sacerdotes y los escribas dónde tenía que nacer el Mesías. Herodes ha hecho un cambio de términos: rey de los judíos por Mesías. ¿El que es rey de Jerusalén será capaz de inclinarse delante del Mesías de Belén? El autor sagrado llega hasta el extremo al afirmar que el reinado de Herodes no es de acuerdo con las Escrituras ni aprobado por lo alto. En cambio, el que ha nacido en Belén es el verdadero rey, el Mesías, porque así lo afirman las Escrituras y lo confirma la estrella, indicándoles a los paganos el camino correcto.

Mateo nos propone un itinerario de fe: tomar y recorrer el camino con los Magos; luchar por dejar las angustias, dudas y griterío de Jerusalén por la paz y la alegría de Belén; dejar a Herodes, con todo lo que esto implica—ambición de poder, lujos, placeres, ambigüedades, dudas, ignorancia y una religión superficial para seguir al Mesías con una vida sencilla y auténtica.

EVANGELIO Mateo 2:1–12

Lectura del santo Evangelio según san Mateo

Jesús nació en *Belén de Judá*, en tiempos del rey Herodes.
Unos *magos* de Oriente
llegaron entonces a Jerusalén y *preguntaron*:
"¿*Dónde* está el rey de los judíos que *acaba* de nacer?
Porque *vimos surgir* su estrella y *hemos venido* a adorarlo".
Al enterarse *de esto*,
el rey Herodes *se sobresaltó* y *toda* Jerusalén con él.
Convocó entonces a los sumos sacerdotes
y a los escribas del pueblo
y les preguntó *dónde* tenía que nacer el Mesías.
Ellos le contestaron:
"*En Belén de Judá*, porque *así* lo ha escrito el profeta:
Y tú, *Belén*, tierra de Judá,
no eres *en manera alguna* la menor
entre las ciudades *ilustres* de Judá, pues *de ti* saldrá un jefe,
que será *el pastor* de mi pueblo, *Israel*".
Entonces Herodes llamó *en secreto* a los magos,
para que le *precisaran* el tiempo
en que se les había aparecido la estrella
y los mandó a Belén, *diciéndoles*:
"*Vayan* a averiguar *cuidadosamente qué hay* de ese niño,
y *cuando* lo encuentren, *avísenme*
para que *yo también* vaya a adorarlo".
Después de oír al rey, los magos se pusieron *en camino*,
y *de pronto* la estrella que habían visto surgir,
comenzó a guiarlos,
hasta que se detuvo *encima* de donde estaba el niño.
Al ver *de nuevo* la estrella, se llenaron de *inmensa* alegría.
Entraron en la casa y *vieron* al niño con *María*, su madre,
y *postrándose*, lo adoraron.
Después, abriendo sus cofres, le ofrecieron regalos:
oro, incienso y mirra.
Advertidos durante el sueño de que *no volvieran* a Herodes,
regresaron a su tierra por *otro* camino.

EVANGELIO   Mateo 2:1–12   L E U

Lectura del santo Evangelio según san Mateo

Habiendo nacido *Jesús* en Belén de *Judá*,
    durante el reinado de Herodes,
    vinieron unos *Magos* de Oriente a Jerusalén, preguntando:
    "¿*Dónde* está el *rey* de los judíos que ha nacido?,
    porque hemos *visto* su estrella en *Oriente*
    y venimos a *adorarlo*".
Herodes y todo Jerusalén quedaron muy *intranquilos*
        con la noticia.
Reunió el rey a *todos* los sacerdotes *principales*
    y a los maestros de *la Ley*
    para preguntarles *dónde* debía nacer el Cristo.
Ellos le *contestaron* que en *Belén* de Judá,
    ya que así lo *anunció* el profeta que escribió:
    "*Belén* en la tierra de Judá,
    tú no eres el más pequeño entre los principales pueblos de *Judá*,
    porque de ti *saldrá* un jefe,
    el *pastor* de mi pueblo de Israel".
Herodes, entonces, llamó *privadamente* a los *Magos*
    para saber la fecha exacta en que se les había aparecido
        la estrella.
Encaminándose a Belén les dijo:
    "*Vayan* y *averigüen* bien lo que se refiere a este niño.
Cuando lo hayan encontrado avísenme
        para ir yo también a adorarlo".
Después de esta entrevista, los Magos *prosiguieron* su camino.
La estrella que habían visto en Oriente iba *delante* de *ellos*,
    hasta que se paró sobre el lugar en que estaba el niño.
Al ver la estrella, se *alegraron mucho*,
    y habiendo entrado en la casa,
    hallaron al niño que estaba con María, su madre.
Se postraron para *adorarlo*
    y, abriendo sus cofres, le *ofrecieron* regalos:
    oro, incienso y mirra.
Luego regresaron a su país por *otro camino*,
    porque se les *avisó* en sueños que *no* volvieran
        donde Herodes.

Esta narración, muy familiar y popular, nos pide un ritmo de lectura ágil y creativo en el que el narrador vaya describiendo los sucesos sin precipitar los acontecimientos.

La voz de los Magos de Oriente resuena con serenidad. Su intervención posee un aire solemne que contrasta con la intranquilidad que provoca en el rey y en Jerusalén.

Como el texto intercala una profecía, cambia de tono y de ritmo para enmarcarla, haciendo que se note su condición de anuncio que se realiza ahora.

Hay malas intenciones en el pedido que hace Herodes. La perfidia debe resonar en sus palabras.

El relato toma de nuevo el tema de la estrella, que ahora aparece como el signo que provoca la alegría y el contento de toda la caravana.

Enfatiza especialmente que los Magos encontraron al niño en brazos de María.

Pinta con ternura el conocido cuadro de la adoración de los Magos y su retorno por otro camino.

EL BAUTISMO DEL SEÑOR

I LECTURA | Existe la convicción en el pueblo de Israel de que Dios, para cumplir sus promesas salvadoras, en algunas ocasiones se vale de los mismos gobernantes de los pueblos vecinos para salvar a su pueblo. Los pueblos y sus reyes se convierten en instrumentos en las manos de Dios. Con la derrota de Babilonia y el regreso de los israelitas a su tierra, Israel ve al rey Ciro como el gran liberador. Es probable que en medio de esta euforia, en la época después del exilio cuando al pueblo le hace muy bien proclamar las gestas salvadoras de Yavé, algunos poetas compusieran lo que se han llamado cantos del Siervo.

En la interpretación de los cánticos, se puede identificar al Siervo con Ciro; con el pasar de los años, Israel ya no sabrá leer que Ciro es el portador universal de la salvación divina, porque en el pueblo ha quedado la amarga experiencia de la catástrofe a la que la monarquía había conducido a la nación. A partir del concepto de la alianza, se insistirá en que el pueblo es el Siervo, ya que el mismo Israel tiene la misión de manifestar la gloria divina a todas las gentes.

Pero la identidad del pueblo de Israel se quedaba muy corta ante estas expectativas. Es entonces cuando los cantos del Siervo adquieren toda su dimensión profética: son palabras de anuncio, destinadas a que todas las gentes, ya que no sólo los israelitas conozcan el designio salvífico de Yavé. Así, en el inicio del primer cántico (42:1–4), tenemos descritas la llamada y la misión del Siervo. Jesucristo, el Hijo de Dios, es el elegido, amado, preparado y ungido por el Padre con la fuerza del Espíritu.

I LECTURA   Isaías 42:1–4, 6–7   L M

Lectura del libro del profeta Isaías

Esto dice el Señor:
    "*Miren* a mi siervo, a quien *sostengo*,
    a mi *elegido*, en quien tengo *mis complacencias*.
En él he puesto mi espíritu
para que *haga brillar* la justicia sobre las naciones.
No gritará, *no clamará, no hará oír* su voz por las calles;
    no romperá la caña *resquebrajada*,
    ni apagará la mecha que *aún* humea.
Promoverá con firmeza la justicia,
    no titubeará ni se doblegará hasta *haber*
establecido el derecho sobre la tierra
    y hasta que las islas *escuchen* su enseñanza.
Yo, el Señor, *fiel* a mi designio de salvación,
    te llamé, te tomé de la mano,
    te he formado y te he constituido *alianza* de un pueblo,
    luz de las naciones,
    para que *abras* los ojos de los ciegos,
    saques a los cautivos de la prisión
    y de la mazmorra a los que *habitan* en tinieblas".

I LECTURA   Isaías 42:1–4, 6–7   L E U

Lectura del libro del profeta Isaías

Esto dice el Señor:
    He aquí mi siervo a quien yo *sostengo*,
    mi elegido, el *preferido* de mi corazón.
He puesto mi *espíritu* sobre él,
    él les *enseñará* mis juicios a las naciones.
No *clamará*, no *gritará*,
    ni alzará en las calles su voz.
No *romperá* la caña *quebrada*
    ni *aplastará* la mecha que está por apagarse.
Enseñará mis juicios *según* la verdad,
    sin dejarse *quebrar* ni *aplastar*,
    hasta que *reine* el derecho en la tierra.
Los países lejanos *esperan* sus ordenanzas.
Yo, el Señor, te he llamado para *cumplir* mi justicia,
    te he *formado* y tomado de la mano,
    te he *destinado* para que unas a mi *pueblo*
    y seas *luz* para *todas* las naciones.
Para *abrir* los ojos a los ciegos,
    para *sacar* a los presos de *la cárcel*,
    y del calabozo a los que estaban en *la oscuridad*.

Este hermoso texto nos invita a usar dos tonalidades diferentes, como si dirigieras tu proclamación en dos direcciones.

Comienza mostrando a tus oyentes tu entusiasmo por el comportamiento del elegido. Deja que tu voz vibre como la de un padre que está muy orgulloso del proceder de su hijo.

Utiliza un tono pausado, de profunda satisfacción interior, y resalta lenta y detalladamente todas las acciones que el siervo irá realizando en el futuro. Separa con pausas sustanciales cada una de ellas.

Advierte que el texto cambia bruscamente de dirección; comenzó hablando de "él" y ahora ha saltado al "tú". Utiliza una entonación distinta, más cálida y cercana; hablabas "del" hijo y ahora hablas "al" hijo, al que estás encomendando tareas extraordinarias y heroicas. Manifiesta seguridad y confianza en tu voz. Eleva suavemente la mirada y termina como si contemplaras toda esta realidad realizada en Jesucristo.

II LECTURA ¿Qué sentimientos embargan el corazón de Pedro después de ser testigo del "pentecostés" entre los paganos? Tal como se ha proclamado en la fiesta de la Epifanía, que Dios invita a la salvación a todas las personas, Cornelio y su familia han quedado llenos del Espíritu y han dejado de ser paganos. Pedro expresa en voz alta esta certeza a la que ha llegado, gracias al Espíritu, al dirigir un hermoso discurso kerigmático a un pagano. Es cierto que se ha dado la conversión de Cornelio, pero no menos importante es la intención del autor sagrado al subrayar que se ha obrado la conversión de Pedro. De parte de Dios se han señalado claramente las cosas: no debe existir distinción de personas y no debe, en adelante, mantenerse separación alguna entre judíos y paganos. Toca a los apóstoles practicar este criterio, especialmente a Pedro como jefe de la Iglesia.

En su discurso, Pedro insiste en la llamada salvífica que Dios hace por medio de Jesús de Nazaret porque quiere que todos se salven. Pedro, de acuerdo a los criterios judíos, no era capaz ni siquiera de sospechar esta manera de actuar de Dios, pero ahora está seguro de que éste y no otro es el camino del Señor. De labios de Pedro tenemos la primera declaración solemne de la imparcialidad divina, de donde nace la Iglesia que debe ser *una.*

En cada celebración del bautismo se sigue haciendo presente el amor de Dios que abraza a todos, aun fuera de estructuras establecidas. Y los elige, enriqueciéndolos con el don del Espíritu. Ante Dios, todos son iguales en presencia y valor y, por lo tanto, todos son hermanos. Todos son elegidos de Dios, todos sus hijos, su pueblo, sus herederos. Agradeciendo el regalo del bautismo, luchemos por imitar más a Pedro en su humildad, docilidad y disponibilidad para llevar adelante los planes de Dios.

II LECTURA   Hechos 10:34−38   L M

Lectura del libro de los Hechos de los Apóstoles

En aquellos días,
Pedro se dirigió a *Cornelio* y a los que estaban en su casa,
    con *estas* palabras:
"Ahora caigo en la cuenta de que Dios
no hace distinción de personas,
    sino que *acepta* al que lo teme y practica la justicia,
    sea de la nación que fuere.
Él *envió* su palabra a los hijos de Israel,
    para *anunciarles* la paz por medio de Jesucristo,
    Señor de todos.
Ya saben ustedes lo sucedido *en toda Judea,*
    que tuvo principio *en Galilea,*
    después del bautismo *predicado* por Juan:
cómo Dios *ungió* con el *poder* del Espíritu Santo
    a *Jesús de Nazaret*
y cómo éste pasó haciendo el bien,
sanando *a todos* los oprimidos por el diablo,
porque Dios *estaba con él".*

II LECTURA   Hechos 10:34–38   L E U

Lectura del libro de los Hechos de los Apóstoles

En aquellos días, *Pedro* tomó la palabra y dijo:
  "Verdaderamente reconozco
  que Dios no hace diferencia entre las personas,
  sino que *acepta* a todo el que lo honra y obra *justamente*,
  sea cual sea su *raza*.
El ha *enviado* su palabra a los hijos de *Israel*,
  anunciándoles la paz por medio de Jesucristo,
  que es el *Señor* de todos.
Ustedes *saben* lo sucedido en *toda* Judea, comenzando
      por Galilea,
  después que *Juan* predicó el bautismo.
Cómo Dios *consagró* a Jesús de Nazaret con el *Espíritu Santo*,
  comunicándole su *poder*.
Este pasó *haciendo* el bien
  y *sanando* a cuantos estaban *dominados* por el diablo,
  porque Dios *estaba* con él".

Al comenzar, deja que tu euforia comunique el maravilloso descubrimiento que acabas de hacer. Es como si dijeras: ¡cómo no lo había entendido antes! Siente la claridad que hay en tu mente que te permite ir entendiendo y admirando a la vez el extraordinario proceder de Dios.

Haz este recorrido por la historia no como quien se enteró de los acontecimientos, sino más bien como quien fue testigo ocular de los hechos y se ha convertido en un testigo de primera mano.

Al hablar de Jesús, deja que se note la enorme admiración que sientes por él. Con entusiasmo, ve describiendo cada uno de los sucesos que son como una síntesis brevísima de su vida.

Termina con un ritmo muy lento. Destaca el proceder de Jesús y deja que se note la satisfacción que sientes por haber estado muy cerca de él en esos momentos.

EVANGELIO Juan Bautista fue una de las grandes figuras del judaísmo al inicio de la era cristiana. Nos interesa especialmente a los cristianos por la relación que mantuvo con Jesús. A la par de los fariseos, saduceos y esenios, existían en Palestina al tiempo de Jesús algunos movimientos religiosos menos estructurados pero más espontáneos que los partidos anteriores. Proponían la salvación a todos. Uno de éstos fueron los bautistas, llamados así a causa del rito que pedía ser sumergido en las aguas. En uno de estos grupos era el líder Juan Bautista. El bautismo de Juan estaba unido al pecado. Mateo lo dice claramente: "ellos reconocían sus pecados y Juan los bautizaba en el río Jordán" (Mateo 3:6). De esta manera, este bautismo toma el lugar que ocupaba en el templo el sacrificio por el pecado.

A Mateo le interesa presentarnos a Juan Bautista y a Jesús en íntima relación, pero también quiere dejar muy en claro que Juan está orientado y subordinado al que debe venir. Por eso la narración resalta el carácter del Bautista como predicador escatológico-mesiánico y pasa a segundo término el rito penitencial del Bautismo. La superioridad de Jesús sobre Juan es evidente en la narración del evangelista: Juan intenta rechazar la petición de Jesús, y ya antes había dicho "el que viene detrás de mí es más fuerte que yo" (Mateo 3:11). Jesús, comprendiendo perfectamente el estado de ánimo de Juan, le pide que acceda porque conviene que se cumpla la voluntad de Dios.

El bautismo en el Jordán es la señal de la llegada de los tiempos nuevos y se realiza una nueva alianza en la persona de su Hijo. El único que es capaz de ver al Espíritu de Dios que baja sobre él es Jesús. Todos los demás, aun el mismo Juan, son incapaces de comprenderlo. Mediante este rito, que en el caso de Jesús no había necesidad de realizarlo porque no existía pecado, Mateo hace la presentación oficial de Jesús como el Mesías, el Hijo de Dios.

EVANGELIO   Mateo 3:13–17   L M

Lectura del santo Evangelio según san Mateo

En aquel tiempo,
Jesús llegó de Galilea al río *Jordán*
y le pidió a Juan que *lo bautizara*.
Pero *Juan* se resistía, *diciendo*:
"*Yo soy* quien debe *ser bautizado* por ti,
    ¿y tú vienes a que yo te bautice?"
Jesús le respondió:
"*Haz* ahora lo que te digo, porque *es necesario*
    que *así* cumplamos *todo* lo que Dios quiere".
Entonces Juan *accedió* a bautizarlo.
Al *salir* Jesús del agua, una vez *bautizado*,
    se le *abrieron* los cielos y *vio* al Espíritu de Dios,
que *descendía* sobre él en forma de *paloma*
    y *oyó* una voz que decía, desde *el cielo*:
"*Éste* es mi Hijo *muy amado*,
    en quien tengo mis complacencias".

EVANGELIO Mateo 3:13–17 L E U

Lectura del santo Evangelio según san Mateo

En aquel tiempo, vino Jesús, de Galilea al río Jordán,
    en busca de Juan para que lo *bautizara*.
Pero Juan se *oponía*, diciendo:
    "Yo *necesito* tu bautismo
    ¿y tú *quieres* que yo te bautice?"
Jesús le respondió: "*Déjame* hacer por el momento;
    porque es *necesario* que así *cumplamos*
        lo ordenado por Dios".
Entonces Juan *aceptó*.
Una vez *bautizado*, Jesús *salió* del río.
De repente se *abrió* el cielo
    y vio al *Espíritu* de Dios que bajaba como Paloma
        y *venía* sobre él.
Y se oyó una voz celestial que decía:
    "*Este* es mi Hijo, el *Amado*,
    al que miro con *cariño*".

Siente que eres alguien que narra
los sucesos a un grupo que, atento
a cada palabra, está maravillado
por lo que escucha.

Utiliza las pausas para ir recreando
la intensidad del diálogo.

Deja que los personajes comuniquen
sus emociones.

Identifica cada palabra y verbo cuyo
énfasis te permita insinuar los matices
o tonalidades precisas de las acciones
y reacciones que se suceden en el diálogo.

Contempla maravillado la teofanía que
sucede al salir Jesús del agua. Acelera
el ritmo y sube el tono para que se note
cuánto te ha sorprendido lo que estás
viendo y oyendo en este momento.

Deja que las palabras del Padre se
escuchen con cálida ternura, como
una sonrisa sonora.

2º DOMINGO DEL TIEMPO ORDINARIO

Lectura del libro del profeta Isaías

I LECTURA El profeta se dirige a los judíos exiliados para reconfortarlos en la esperanza; lo que va a suceder será como un nuevo éxodo que los librará de la servidumbre de Babilonia y los volverá a reunir en su país.

El mismo texto señala que el Siervo es el mismo pueblo de Israel. A Israel Dios le ha encomendado una vocación y una misión concreta: congregarse como pueblo en torno al Señor y convertirse en luz de las naciones. Le toca al Segundo Isaías proclamar que Dios es único y que los otros dioses no son más que pequeños dioses frente a él. Pero también, una afirmación esencial del profeta es que Dios es universal.

A partir del exilio se empieza a confesar que Yavé no es solamente el Dios de Israel, sino también de todas las naciones. Este proyecto lo presenta mediante una imagen muy sugestiva. Las naciones vendrán hacia Jerusalén, la ciudad y santuario de Yavé.

El *Señor* me dijo:
"*Tú eres* mi siervo, *Israel*; en ti *manifestaré* mi gloria".
Ahora habla el Señor,
   el que *me formó* desde el seno materno,
      para que fuera su servidor,
   para *hacer* que Jacob *volviera* a él
      y *congregar* a Israel en *torno* suyo
   - tanto *así* me honró el *Señor* y *mi Dios* fue *mi fuerza*-.
Ahora, pues, dice el Señor:
"*Es poco* que seas mi siervo sólo
      para restablecer a las tribus de Jacob
   y *reunir* a los *sobrevivientes* de Israel;
   te voy a *convertir* en *luz* de las naciones,
   para que mi salvación *llegue* hasta
      los *últimos* rincones de la tierra".

Lectura de la primera carta del apóstol san Pablo a los corintios

II LECTURA Muchos habitantes de corinto, con una población de alrededor de medio millón, fueron muy generosos ante el anuncio de la Buena Nueva. Así, cuando Pablo continuó su viaje, ya era una comunidad floreciente. Pero cuando Pablo se encontró evangelizando Éfeso, le llegaron noticias de las graves dificultades que aquejaban a la comunidad cristiana de Corinto. Por lo tanto, se vio en la urgente necesidad de escribirles una carta para invitarles a mantenerse fieles y a no flaquear en su fe.

Tiene conciencia de ser apóstol, y se siente padre de los corintios, pero no el propietario; también le agrada utilizar la expresión judía: gracia y paz.

Además, les recuerda su nueva condición: al aceptar el mensaje proclamado Dios los ha santificado en Cristo Jesús y por eso ya son su pueblo santo. No se cansa de repetir el nombre de Cristo Jesús. Fue Cristo Jesús quien se le hizo presente en el camino de Damasco. Aquí empezó la

Yo, Pablo, *apóstol* de Jesucristo por *voluntad* de Dios,
   y *Sóstenes*, mi colaborador,
      saludamos a la comunidad cristiana que está en Corinto.
A *todos* ustedes,
   a quienes Dios *santificó* en Cristo Jesús
y que son su pueblo santo,
   así como a *todos* aquellos que en *cualquier* lugar
   invocan el nombre de Cristo Jesús,
      Señor nuestro y Señor de ellos,
   les deseo la gracia y la paz de *parte* de Dios, nuestro Padre,
   y de Cristo Jesús, *el Señor*.

I LECTURA Isaías 49:3, 5–6 L E U

Lectura del libro del profeta Isaías

Me dijo el Señor:
  "*Tú* eres mi *servidor*, Israel,
  tú me vas a hacer *famoso*".
Y *ahora*, el *Señor* ha hablado,
  el que me *formó* desde el seno materno
  para que fuera su *servidor*,
  para que le *traiga* a Jacob
  y le *junte* a Israel:
"No vale la pena que seas mi *servidor*
  únicamente para *restablecer* a las tribus de *Jacob*,
  o *traer* a sus sobrevivientes a su patria.
Te voy a poner, *además*, como una *luz* para el mundo,
  para que mi *salvación* llegue hasta el *último* extremo
      de la tierra".

Haz un silencio un poco largo antes de presentar al servidor.

Advierte que estás usando la primera persona y eso establece una proclamación al estilo de una conversación en la que hablas directamente con la gente.

Tu voz refleja entusiasmo; es el Señor quien te ha escogido personalmente desde antes de que nacieras.

Aumenta la intensidad en el tono de la proclamación al presentar el propósito final y más importante: la misión universal del servidor.

II LECTURA 1 Corintios 1:1–13 L E U

Lectura de la primera carta del apóstol san Pablo a los corintios

Pablo, *llamado* por Dios,
  apóstol de Cristo Jesús por la *voluntad* de Dios,
  y el hermano *Sóstenes*,
  a la *Iglesia* de Dios que está en *Corinto*,
  a *ustedes* a quienes Dios *santificó* en Cristo *Jesús*
  y que son su *pueblo* santo,
  junto a *todos* aquellos que por *todas* partes
  invocan el *nombre* de Cristo *Jesús*,
Señor nuestro, *Señor* de ellos y de *nosotros*,
  tengan *bendición y paz* de parte de Dios *Padre*
  y de *Cristo* Jesús, el *Señor*.

Te diriges a hermanos muy queridos que viven con mucha dificultad su vocación cristiana en un ambiente poco favorable.

El tono de tu voz refleja tu cariño y preocupación por aquella comunidad distante, a la que deseas, la mejor de las bendiciones.

obra de su santificación. Esta experiencia mística y esta pasión por Cristo es la que quiere comunicar en toda la primera carta a los Corintios.

EVANGELIO   Juan agrupa los primeros episodios del ministerio público de Cristo en una semana. La proclamación del Evangelio se coloca en el segundo día: el Mesías es el Cordero de Dios que quita el pecado del mundo, el que bautiza con el Espíritu Santo.

En esta semana inaugural de la manifestación de Cristo, todo tiende hacia el final de la sección cuando el evangelista declara solemnemente que: "esto sucedió en Caná de Galilea. Fue el primer signo realizado por Jesús. Así manifestó su gloria y sus discípulos creyeron en él" (2:11). El Bautista ha preparado esta obra de Cristo porque él proclama que ha venido para administrar el bautismo de agua, con el fin de que el Mesías se revelara a Israel (1:31). La visión que tiene el Bautista en el Jordán se convierte en un signo muy importante: El Espíritu que vio bajar y permanecer en Jesús, le aclaraba los textos de Isaías donde se anunciaba la venida del Espíritu de Dios sobre el Mesías, así el Bautista podía reconocer en Jesús al Cordero de Dios (1:29), al Hijo de Dios (1:34).

A diferencia de los otros evangelistas, en Juan el Bautista da testimonio de algo muy importante: ha visto bajar al Espíritu y permanecer sobre Jesús. El verbo "permanecer" es fundamental para la comprensión del mensaje del cuarto Evangelio. En este caso, el escritor sagrado afirma que Jesús poseía al Espíritu como suyo en plenitud de un modo estable y permanente. Precisamente por esta realidad, Jesús está sujeto a la voluntad del Padre. Ahí está el secreto de su libertad; se revela como Hijo del Padre y como nuestra fuente de la vida.

EVANGELIO   Juan 1:29–34   L M

Lectura del santo Evangelio según san Juan

En *aquel* tiempo,
vio Juan el Bautista a Jesús, que venía *hacia él*, y *exclamó*:
"*Éste* es el *Cordero* de Dios, el que quita el pecado del mundo.
Éste es *aquél* de *quien yo* he dicho:
'El que viene *después* de mí,
tiene precedencia sobre mí, porque *ya existía antes* que yo'.
Yo *no lo conocía*,
pero he venido a bautizar *con agua*,
para *que él* sea dado a conocer a Israel".
Entonces *Juan* dio este testimonio:
"*Vi* al Espíritu *descender* del cielo
en *forma* de paloma y posarse *sobre él*.
Yo *no* lo conocía,
pero el que me envió a bautizar con agua me dijo:
'*Aquel* sobre quien veas *que baja* y *se posa* el Espíritu Santo,
ése es el que *ha de bautizar* con el Espíritu Santo'.
Pues bien, *yo lo vi* y *doy* testimonio
de que éste es el Hijo de Dios".

EVANGELIO   Juan 1:29–34   L E U

Lectura del santo Evangelio según san Juan

En *aquel* tiempo, Juan vio a *Jesús* que venía a su encuentro
  y *exclamó*:
  "Ahí viene el *Cordero* de Dios,
  el que *quita* el pecado del mundo.
De *él* yo decía:
  '*Detrás* de mí viene un hombre que ya está *delante de mí*
  porque existía *antes* que yo'.
Yo *no lo conocía*,
  pero me correspondía *bautizar* con agua con miras a él,
  para que se diera a *conocer* a Israel".
Y *Juan* dio este *testimonio*:
  "He visto al Espíritu *bajar* del cielo como *paloma*
  y *quedarse sobre él*.
Yo *no lo conocía*,
  pero Dios, que me *envió* a bautizar con agua,
  me dijo *también*:
  '*Verás* al Espíritu *bajar* sobre *aquel*
  que ha de *bautizar* con el *Espíritu* Santo,
  y se *quedará* en él'.
¡Y yo lo he visto!
Por eso *puedo* decir que éste es el *elegido* de Dios".

Esta proclamación requiere creatividad, pues el movimiento de este monólogo va desde la reflexión interior del profeta hasta su manifestación a viva voz delante de sus discípulos.

Con tonos brillantes, expresa el entusiasmo del Bautista ante la proximidad inmediata del Mesías.

La euforia da paso al asombro. Junto a Juan, contempla al Espíritu descender sobre Jesús. Este acontecimiento extraordinario se afirma dos veces.

Concluye mirando a la comunidad para enfatizar tu testimonio. Expresa admiración y emoción en tu voz.

3er. DOMINGO DEL TIEMPO ORDINARIO

I LECTURA   Isaías 8:23–29, 3   L M

| I LECTURA | Al oráculo podemos definirlo como una declaración solemne hecha en nombre de Dios; su la finalidad es transmitir la Palabra de Dios, y exigir una respuesta en quien lo escucha. El presente oráculo de salvación tuvo su origen en el conflicto entre Isaías y el rey de Judá con ocasión de la guerra siro-efraimita.

La fuente bíblica que nos ofrece información sobre esta guerra en la época del rey Acaz de Judá (735–716) se encuentra en 2 Reyes 15:26–6:19. Palestina sufrió la primera invasión de parte de Teglatfalasar III, rey de Asiria, hacia el 734 a.C. Los ejércitos asirios destruían todo a su paso. En su camino hacia el sur, su objetivo era dominar todo; estratégicamente, necesitaban adueñarse de la ciudad de Gaza, baluarte del poder egipcio. Ya para el año 732 había caído en sus manos la ciudad de Damasco y gran parte del territorio del reino del norte: Galilea, Transjordania y la parte costera del territorio de Palestina.

Con la invasión de los asirios vino la deportación de una parte de la población. Ante este panorama muy incierto que se presentaba en el reino del norte, en la población del reino de Judá había inquietud y serias dudas: ¿La capital Jerusalén saldrá librada? ¿Se mantendrá en pie la dinastía davídica? Entonces, la misión del profeta Isaías se tornó muy importante. El rey y el pueblo debían recordar la promesa de Dios a David: él permanecerá fiel y la dinastía saldrá adelante.

En el pueblo, es fundamental que exista la convicción de que este panorama tan triste no durará por mucho tiempo porque a un pueblo que camina en tinieblas, el Señor le ha enviado una gran luz. El pueblo se llenará de alegría y júbilo con el nacimiento del sucesor de un rey que ha decepcionado. La mención de la luz, repetida dos veces, es el símbolo de la salvación y también la llegada de un nuevo rey.

Lectura del libro del profeta Isaías

En otro tiempo el Señor *humilló*
al país de Zabulón y al país de Neftalí;
    pero en el futuro *llenará* de gloria el camino del mar,
    más allá del Jordán, en la región de los paganos.
El pueblo que *caminaba* en tinieblas *vio* una gran luz.
Sobre los que *vivían* en tierra de sombras, una luz *resplandeció*.
Engrandeciste a tu pueblo e hiciste grande su alegría.
Se gozan *en tu presencia* como gozan *al cosechar*,
    como *se alegran* al repartirse el botín.
Porque tú *quebrantaste* su pesado yugo,
    la barra que *oprimía* sus hombros y el cetro de su tirano,
    como en el *día de Madián*.

79

27 DE ENERO DEL 2002 ■ 3er. DOMINGO DEL TIEMPO ORDINARIO

I LECTURA   Isaías 8:23–29, 1– 3

L E U

Lectura del libro del profeta Isaías

El *primer* período casi *aniquiló* al país de Zabulón
    y al país de Neftalí,
  pero en el *futuro*, se *llenará* de gloria la *carretera* del mar,
  más allá del Jordán, en la región de los *paganos*.
Al *pueblo* de los que *caminan* en la *noche*,
  se le *apareció* una luz *intensa*;
  a los que vivían en el *oscuro* país de la *muerte*,
  la luz se les *acercó*.
Tú los has *bendecido* y *multiplicado*,
  los has *colmado* de alegría,
  por eso *están* de fiesta y te *celebran*,
  como los segadores al *terminar* la cosecha,
  como los combatientes *después* de la victoria.
El yugo que *soportaban*, y la *vara* sobre sus espaldas,
  el *látigo* de su capataz,
  tú los *quiebras* como en *el día* de Madián.

En este momento de desolación, desgracia y opresión, eres el portador de buenas noticias que ofrecen palabras de consuelo y esperanza.

Proclama el texto como una visión que tienes el privilegio de contemplar y anunciar. Mira el resplandor de la gloria triunfal del Señor, que disipa las tinieblas del dolor y la opresión.

Siente la inminencia del triunfo del Señor y enfatiza cada una de las acciones que lo indican.

80

3er. DOMINGO DEL TIEMPO ORDINARIO ■ 27 DE ENERO DEL 2002

II LECTURA El evangelio anunciado por Pablo en la gran ciudad de Corinto fue escuchado por personas de todas las clases sociales. De acuerdo con lo afirmado en 1:26: "no hay entre ustedes muchos sabios según los criterios del mundo, ni muchos poderosos, ni muchos nobles", debemos suponer que la mayoría de los cristianos provenían de clases sociales pobres, muchos de ellos esclavos. Pero también hay algunos miembros de familias muy influyentes y desempeñando cargos importantes (Hechos 18).

La Iglesia de Corinto, formada por hombres y mujeres de origen social variado, no dejaba de provocar tensiones y conflictos en el seno de esta joven comunidad. Los corintios tenían la tendencia a formar pequeños grupos en torno de algunas personalidades importantes: Pablo, Apolo, Pedro o Cristo. Pablo, sumamente preocupado por las informaciones que le han llegado, les recuerda lo esencial: todos los cristianos pertenecen a Cristo porque sólo él es el Salvador, y no alguno de los otros responsables en la Iglesia. Por lo tanto, deben terminarse las divisiones entre esclavos y libres, entre judíos y paganos.

La situación de la Iglesia de Corinto, donde se han formado diversos grupos de cristianos porque aceptaron como guías a personajes distintos, se sigue repitiendo en nuestros días en el seno de la Iglesia de Jesucristo. Pablo, consciente del gran mal que esto hace a la comunidad y con gran ardor, proclama que el cristiano sólo debe reconocer un guía, un maestro, un único Señor, Jesucristo. La Palabra de Dios nos invita fuertemente a reconstruir la unidad en la Iglesia haciendo a un lado nuestros intereses puramente humanos para dar lugar a los intereses de Jesucristo.

Lectura de la primera carta del apóstol san Pablo a los corintios

Hermanos:
Los exhorto, *en nombre* de nuestro Señor Jesucristo,
   a que *todos* vivan en concordia
y *no haya* divisiones entre ustedes,
   a que estén *perfectamente* unidos
   en un *mismo* sentir y en un *mismo* pensar.
Me *he enterado*, hermanos, por algunos servidores de Cloe,
   de que *hay discordia* entre ustedes.
Les digo *esto*, porque *cada uno* de ustedes
   ha tomado partido, diciendo:
   "*Yo soy* de Pablo", "*Yo soy* de Apolo",
   "*Yo soy* de Pedro", "*Yo soy* de Cristo".
¿*Acaso* Cristo *está dividido*?
¿Es que Pablo *fue crucificado* por ustedes?
¿O han sido bautizados ustedes *en nombre* de Pablo?
Por lo demás, no me envió Cristo a bautizar,
   sino *a predicar* el Evangelio,
   y *eso*, no con sabiduría *de palabras*,
   para no *hacer ineficaz* la cruz de Cristo.

81

27 DE ENERO DEL 2002 ▪ 3er. DOMINGO DEL TIEMPO ORDINARIO

II LECTURA 1 Corintios 1:10–13, 17   L E U

Lectura de la primera carta del apóstol san Pablo a los corintios

Les ruego, *hermanos*, en el *nombre* de Cristo Jesús,
    nuestro Señor,
  que se pongan de *acuerdo* y que no haya *divisiones*
    entre ustedes.
Vivan *unidos* en el *mismo* pensar y sentir.
La familia de Cloe me ha *informado* que hay *rivalidades*
    entre ustedes.
Me refiero a que *cada uno* va proclamando:
  yo *soy* de Pablo, yo *soy* de Apolo, yo *soy* de Pedro,
    yo *soy* de Cristo.
¿Acaso está *dividido* Cristo?
¿O yo, *Pablo*, he sido *crucificado* por ustedes?
¿O fueron ustedes *bautizados* en nombre de *Pablo*?
Porque Cristo *no* me envió a *bautizar*
  sino a *anunciar* su Evangelio,
  y *no* lo predico con discursos *sabios* para no *desvirtuar* la
    cruz de Cristo.

Proclama con un tono tajante, atacando de raíz el problema.

Tu intención es llamar a la unidad; por ello, enfatiza en todas las expresiones que insisten en esa idea.

Hay un poco de dolor en tus palabras, como si no pudieras creer lo que está sucediendo.

El tono es firme, enérgico y sale del corazón. Concluye aumentando la intensidad en el tono y el ritmo de la proclamación.

82

3er. DOMINGO DEL TIEMPO ORDINARIO ■ 27 DE ENERO DEL 2002

EVANGELIO

Después del bautismo en el Jordán y de las tentaciones en el desierto, Jesús regresó a la región de Galilea, pero no se quedó en Nazaret, sino que eligió Cafarnaúm, ciudad a la orilla del lago y junto al "camino del mar". Aquí en Galilea muchas cosas favorecían para que los paganos estuvieran en convivencia pacífica con los judíos. De parte de los judíos ortodoxos de Jerusalén y Judá, esta situación era vista con sospecha y por eso se expresaban, diciendo: "Galilea de los gentiles".

En el inicio de su Evangelio, con toda intención de acuerdo a una importante perspectiva teológica que se adapta claramente con los destinatarios judeo-cristianos, trata de mostrar que Jesús es reconocido como Mesías por parte de los paganos, mientras que es desconocido por los judíos. Además, el evangelista subraya muy bien cómo el llamado que Jesús hace a Simón, Andrés, Santiago y Juan, que siguen al Señor dejándolo todo, está íntimamente ligado al signo de la presencia del Mesías y, por lo tanto, del Reino y a la construcción de la Iglesia. Estos hombres, pescadores de oficio, habitantes de una región pagana, son invitados por Jesús para que sean sus discípulos. Con su respuesta generosa a la invitación, dan testimonio de Jesús como el Mesías.

Con la vocación y el seguimiento de los primeros apóstoles, se nos anuncia la presencia del Reino, siguiendo el anuncio profético de Isaías en la primera lectura: "El pueblo que caminaba en tinieblas vio una gran luz". Sobre esta luz se debe construir un pueblo nuevo; se debe instaurar el Reino. Todo aquél que se decide a seguir a Jesús está llamado a construir con él un pueblo nuevo, dejándolo todo para poder anunciar la Buena Nueva. Seguir a Cristo significa dejarse iluminar por su luz para poder edificar con él.

EVANGELIO Mateo 4:12–23 L M

Lectura del santo Evangelio según san Mateo

Al *enterarse* Jesús de que Juan había sido *arrestado*,
se retiró a Galilea, y dejando el pueblo de Nazaret,
se fue a vivir a *Cafarnaúm*, junto al lago,
en territorio de Zabulón y Neftalí,
para que así *se cumpliera* lo que había
anunciado el profeta Isaías:
Tierra de Zabulón y Neftalí, *camino del mar*,
al *otro* lado del Jordán, Galilea de los paganos.
El pueblo que caminaba *en tinieblas* vio una *gran* luz.
Sobre los que *vivían* en tierra *de sombras* una luz resplandeció.
Desde entonces *comenzó* Jesús a *predicar*, diciendo:
"Conviértanse, porque *ya está cerca* el Reino de los cielos".
Una vez que Jesús *caminaba* por la ribera del mar de Galilea,
vio a dos hermanos, *Simón*, llamado después *Pedro*, y *Andrés*,
los cuales estaban *echando* las redes al mar,
porque eran pescadores.
Jesús les *dijo*:
"Síganme y los haré *pescadores* de hombres".
Ellos *inmediatamente* dejaron las redes y lo *siguieron*.
Pasando *más adelante*, vio *a otros* dos hermanos,
Santiago y Juan, hijos de Zebedeo,
que estaban con su padre en la barca,
remendando las redes, y *los llamó* también.
Ellos, dejando *enseguida* la barca y a su padre, *lo siguieron*.
Andaba por *toda* Galilea, *enseñando* en las sinagogas
y *proclamando* la *buena nueva* del Reino de Dios
y *curando* a la gente de *toda* enfermedad y dolencia.

83

27 DE ENERO DEL 2002 ■ 3er. DOMINGO DEL TIEMPO ORDINARIO

EVANGELIO Mateo 4:12–23   L E U

Lectura del santo Evangelio según san Mateo

Oyó Jesús que habían *encarcelado* a Juan,
   por lo que se fue a *Galilea*.
Dejó la ciudad de Nazaret y fue a *vivir* a Cafarnaún,
   cerca del lago, en los *límites* de Zabulón y Neftalí.
Así se *cumplió* lo que dijo el Profeta *Isaías*:
   "*Oigan*, territorios de *Zabulón* y *Neftalí*
   y los de las *orillas* del Mar y de *más allá* del Jordán;
   escúchame, Galilea, tierra de *paganos*.
A tus habitantes *postrados* en tinieblas los *iluminó*
      una luz grande.
Estaban *sentados* en la región *sombría* de la muerte,
   pero *apareció* para ellos una luz".
Entonces fue cuando Jesús *empezó* a *predicar*.
Y les decía: "*Cambien* su vida y su corazón,
   porque está *cerca* el *Reino* de los Cielos".
[*Caminaba* Jesús a orillas del lago de Galilea *y vio*
      a dos hermanos:
   Simón, llamado después *Pedro*, y a *Andrés*,
   que *echaban* las redes al agua porque eran *pescadores*.
Jesús les dijo: "*Síganme*, y los haré *pescadores*
      de *hombres*".
Los dos dejaron *inmediatamente* las redes y lo *siguieron*.
Más allá *vio* a otros dos hermanos: *Santiago y Juan*,
   que con Zebedeo, su padre, *estaban* en su barca,
      zurciendo las redes.
Jesús los *llamó*,
   y ellos *también* dejaron la barca y al padre y *lo siguieron*.
Jesús recorría *toda* la Galilea, *enseñando* en las sinagogas.
Predicaba la *Buena Nueva del Reino*
   y sanaba *todas* las dolencias y *enfermedades* de la gente.]

Se escucha claramente el eco de la primera lectura.

La acción se ha movido al mismo terreno de la vieja profecía.

Para encuadrar la voz de Isaías dentro de la proclamación, utiliza un tono y ritmo diferente.

Haz una pausa que sirva de transición, porque Jesús ha pasado a otro escenario en busca de los marginados de Israel.

El narrador es el que cambia la atención para indicar el momento en que Jesús comienza su ministerio.

La voz de Jesús causa tal impresión a Pedro y Andrés que lo siguen inmediatamente.

En este momento en que Jesús va creando la primera comunidad, hay una explosión de entusiasmo.

Es una escena llena de imágenes en movimiento. Jesús avanza por la orilla del lago mientras los pescadores ponen a secar sus largas redes al sol.

Mira con entusiasmo al grupo que marcha alegre y lleno de ánimo. Mientras caminan anunciando el Reino, van regando misericordia por todas partes.

4º DOMINGO DEL TIEMPO ORDINARIO

I LECTURA   Sofonías 2:3, 3:12–13   L M

Lectura del libro del profeta Sofonías

Busquen al Señor, *ustedes* los humildes de la tierra,
   los que *cumplen* los mandamientos de Dios.
Busquen la justicia, busquen la humildad.
Quizá puedan *así* quedar a cubierto el *día de la ira* del Señor.
"*Aquel* día, dice el Señor,
   yo *dejaré* en *medio* de ti, pueblo mío,
   un *puñado* de gente *pobre* y humilde.
Este *resto* de Israel *confiará* en el nombre del *Señor*.
No *cometerá* maldades *ni dirá* mentiras;
   no se hallará en su boca una lengua *embustera*.
Permanecerán tranquilos y *descansarán*
      sin que *nadie* los moleste".

II LECTURA   1 Corintios 1:26–31   L M

Lectura de la primera carta del apóstol san Pablo a los corintios

Hermanos:
Consideren que entre ustedes,
   los que han sido *llamados* por Dios,
   no hay *muchos* sabios, ni *muchos* poderosos,
   ni *muchos* nobles, según los *criterios* humanos.
Pues Dios ha *elegido* a los ignorantes de este mundo,
   para *humillar* a los sabios;
   a los *débiles* del mundo, para *avergonzar* a los fuertes;
   a los *insignificantes* y despreciados *del mundo*,
   es decir, a los que no *valen nada*,
   para reducir a la nada a los *que valen*;
   de manera que *nadie* pueda presumir *delante* de Dios.
En efecto, por obra de Dios,
   ustedes están *injertados* en Cristo Jesús,
   a quien Dios hizo *nuestra* sabiduría, *nuestra* justicia,
   nuestra santificación y *nuestra* redención.
Por lo tanto, como *dice* la Escritura:
El que *se gloría*, que se gloríe *en el Señor*.

I LECTURA Dios, que es fiel a la alianza, siempre sale en defensa de su pueblo. Cuando los pobres son oprimidos social y espiritualmente, cuando son perseguidos a causa de la justicia y por fidelidad a la alianza, entonces Dios no puede ser imparcial. La Biblia no se cansa de proclamar que el verdadero pueblo de Dios es el de los *anawim*. Con éstos, Dios se mantiene cercano, fiel; es un Dios que hará justicia. Dios no se comporta como los hombres. Dios no considera algo despreciable a sus ojos la desgracia del pobre. Pobre es aquél que en la necesidad busca al Señor y le grita con fe.

El pueblo de Dios está formado por los pobres. La nación santa no se constituye mediante registros genealógicos o de raza, sino a través de una adhesión profunda al Señor; y solamente quien es pobre puede aceptar de corazón al Señor. Cuando se habla del pueblo de Dios, no se trata del Israel político, ni de la sociedad fundada sobre relaciones étnicas, sino del pueblo que se ha unido al Señor mediante la fe.

II LECTURA Las exhortaciones del apóstol a los corintios brotan de un corazón que ha vivido intensamente la experiencia religiosa: en sus primeros años se sentía seguro, perfecto, sin mancha y salvado por propios méritos (la etapa farisea), y ahora reconoce que lo que es y tiene es por pura misericordia de Dios. Pablo no se cansa de dar gracias al Señor, porque en el interior mismo de su corazón Dios ha humillado la sabiduría y ha elegido la ignorancia según el mundo.

El mensaje de Pablo se presenta de manera distinta a los demás: de la autosuficiencia ha pasado a la confianza en Dios; del exigir el cumplimiento de las normas a la obediencia en la fe; de la omnipotencia a la dependencia. Cristo es nuestra sabiduría, justicia, santificación y redención.

I LECTURA   Sofonías 2:3, 3:12–13   L E U

Lectura del libro del profeta Sofonías

Busquen al Señor *todos* ustedes,
   los *pobres* del país, que *cumplen* sus mandatos,
   practiquen la justicia y sean *humildes*
   y así *tal vez* encontrarán *refugio* el día en que el Señor
      venga a juzgarlos.
Dejaré subsistir *dentro* de ti a un pueblo *humilde* y *pobre*,
   que *buscará* refugio *sólo* en Dios.
Aquellos que *queden* de Israel no se portarán *injustamente*
   ni dirán más *mentiras*, ni hallarán en su boca
      palabras *engañosas*.
Podrán alimentarse y *descansar* sin que *nadie* los moleste.

El profeta comienza invitando a buscar
al Señor. Advierte el tono firme de su voz;
se acercan momentos muy duros, y Dios
es el único amparo seguro.

Haz una pausa y cambia la entonación
para que se note que es el Señor mismo
quien habla por boca del profeta.
Convencido, indica cuál es el único
camino válido para alcanzar la paz.

II LECTURA   1 Corintios 1:26–31   L E U

Lectura de la primera carta del apóstol san Pablo a los corintios

Hermanos, *fíjense* a quiénes *llamó* Dios.
Entre ustedes hay *pocos* hombres *cultos*
   según la manera común de *pensar*;
   pocos hombres *poderosos* o que vienen de
      familias *famosas*.
Bien se puede decir que Dios ha *elegido* lo que
      el mundo *tiene* por necio
   con el fin de *avergonzar* a los fuertes.
Dios ha *elegido* a la gente común y *despreciada*;
   ha *elegido* lo que no es *nada* para *rebajar* a lo *que es*,
   y así *nadie* ya se podrá *alabar* a sí mismo *delante* de Dios.
Ustedes *mismos*, por gracia de Dios, *están* en Cristo *Jesús*,
   el cual ha llegado a ser *nuestra* sabiduría, *venida* de Dios,
   y nos ha hecho *agradables* a Dios, santos y libres.
Así, pues, vale lo que *dice* la Escritura:
   "No se sientan *orgullosos*;
   más bien *estén* orgullosos del Señor".

Es un texto para leer con valentía
y honestidad.

Siente que tratas de ayudar a una gran
cantidad de personas que están muy
confundidas y por diferentes motivos se
sienten superiores a los demás.

Habla con cuidado y cariño. Añade la
fuerza que da la sinceridad que hace falta
para vivir según los valores del Evangelio.

Inclúyete entre los aludidos del texto;
Dios nos quiere bajar los humos
preguntándonos directamente cuál
es el camino que hemos escogido.

Usa contactos visuales frecuentes para
apoyar la fuerza de tus afirmaciones.
No te apresures. El uso conveniente de las
pausas y un ritmo preciso te ayudarán a
ser bien entendido por la asamblea.

EVANGELIO Más que Lucas, Mateo acentúa fuertemente el sentido de confianza incondicional, plena y total en Dios, como requisito indispensable para ser pobre delante de Dios. El programa de vida que se les presentaba a los *anawim* antes de Cristo, ahora se proclama por Jesús en el Sermón de la Montaña al nuevo pueblo de Dios.

Los cristianos no debemos ser personas tristes a pesar de las situaciones difíciles de la vida; Jesús quiere que sus discípulos seamos y vivamos como personas dichosas. La dicha de la que hablan las bienaventuranzas es muy diferente a la que propone el mundo como fruto de una vida fácil, cómoda y sin esfuerzo; la dicha de los seguidores de Jesús no excluye el dominio de sí mismo, las contrariedades, el sufrimiento y el darse totalmente a los demás por amor a Cristo. Los que no viven de acuerdo con las enseñanzas de Cristo dirán que no son personas dichosas, sino desgraciadas.

Si en el Evangelio, como en el anuncio profético de Sofonías, se declaran dichosos los pobres, es porque Dios escucha el clamor de los afligidos. Al responder generosamente, el Reino de Dios se hace presente; la llegada del Reino señala el fin de los sufrimientos. Los afligidos son dichosos porque su vida será diferente. Tanto en la época del profeta como en el tiempo de Jesús, el pueblo vive bajo el señorío de un imperio dominador, padeciendo toda clase de violaciones a los derechos humanos. El pobre no tiene otro lugar a donde recurrir fuera del Señor.

Hoy sigue siendo condición esencial de todo discípulo vivir las actitudes que tienen relación con la pobreza: humildad, paciencia y mansedumbre. Mucho tenemos que hacer hoy en la Iglesia para que aparezca el rostro de autenticidad que le pide Cristo, su esposo, porque en muchos aspectos no está plenamente al servicio del Reino de Dios.

EVANGELIO Mateo 5:1–12 L M

Lectura del santo Evangelio según san Mateo

En *aquel* tiempo,
cuando Jesús *vio* a la muchedumbre,
subió al *monte* y se sentó.
Entonces se le acercaron sus discípulos.
Enseguida comenzó a *enseñarles*, hablándoles *así*:
"*Dichosos* los pobres de espíritu,
porque de ellos es el Reino de los cielos.
Dichosos los *que lloran*, porque *serán consolados*.
Dichosos los sufridos, porque *heredarán* la tierra.
Dichosos los que tienen hambre y *sed de justicia*,
porque serán *saciados*.
Dichosos los misericordiosos, porque obtendrán misericordia.
Dichosos los limpios de corazón, porque *verán* a Dios.
Dichosos los que *trabajan por la paz*,
porque se les llamará *hijos de Dios*.
Dichosos los perseguidos *por causa de la justicia*,
porque *de ellos* es el Reino de los cielos.
Dichosos serán *ustedes* cuando los injurien, los persigan
y digan *cosas falsas* de ustedes por *causa mía*.
Alégrense y salten de contento,
porque su premio *será grande* en los cielos".

EVANGELIO   Mateo 5:1–12a   L E U

Lectura del santo Evangelio según san Mateo

En aquel tiempo, *Jesús*, al ver a *toda* esa muchedumbre,
      subió al cerro.
Allí se *sentó* y sus discípulos se le *acercaron*.
Comenzó a hablar, y les *enseñaba* así:
      "*Felices* los que tienen *espíritu* de pobre,
      porque de ellos es el *Reino* de los Cielos.
Felices los que *lloran*, porque recibirán *consuelo*.
Felices los *pacientes*, porque *recibirán* la tierra en herencia.
Felices los que tienen *hambre* y sed de justicia,
      porque serán *saciados*.
Felices los *compasivos*, porque obtendrán *misericordia*.
Felices los de corazón *limpio*, porque ellos *verán* a Dios.
Felices los que trabajan por la *paz*,
      porque serán *reconocidos* como *hijos* de Dios.
Felices los que son *perseguidos* por causa del bien,
      porque *de ellos* es el Reino de los Cielos.
Dichosos ustedes cuando por causa *mía* los maldigan,
      los persigan
      y les levanten *toda clase* de calumnias.
Alégrense y muéstrense *contentos*,
      porque será *grande* la recompensa que *recibirán* en el cielo".

Desde lo alto de la montaña el discurso retumba sereno y desafiante a la vez.

El rico contenido de cada oración sugiere una proclamación viva y solemne. Cada bienaventuranza debe resonar después de una honda pausa de silencio.

Evita sonar repetitivo; alterna diferentes tonalidades y ritmos. Unas veces pon el acento en aquéllos que son bienaventurados y en otras enfatiza la recompensa que recibirán por su fidelidad al Evangelio.

Recuerda todos los mártires que en este siglo han padecido por dar testimonio de la justicia y la fe. Recuerda también que ambas virtudes no pueden darse por separado.

Siente la actualidad de las bienaventuranzas y que todos estamos llamados a cumplirlas en esta vida.

Concluye de manera contundente, convencido de lo que has proclamado.

Se trata de contagiar de alegría y entusiasmar a tu comunidad para que sienta el gozo de vivir el verdadero seguimiento de Cristo.

5º DOMINGO DEL TIEMPO ORDINARIO

I LECTURA | Con el edicto de Ciro, rey de Persia, parte de los exiliados vuelven a la tierra de Palestina. Pero la tierra a donde regresan no es un campo despoblado; allí viven los que no fueron al exilio o sus descendientes. ¿Quiénes tienen más derecho sobre las propiedades y en la dirección de las instituciones? Después del exilio, el pueblo de Israel debe hacer mucho para ser una comunidad integrada; realmente existen muchas tensiones entre diferentes grupos y no se comportan como hermanos.

Estas luchas y divisiones inminentes que nos relatan los textos del Trito-Isaías acarrean consecuencias negativas, especialmente sobre el grupo social más débil, ya que no respetan sus derechos (Isaías 57: 3–21; 59:3–8; 65:5–16; 66:14–17). Esto provoca una gran desilusión en el grupo de los repatriados porque no ven claro el cumplimiento de las promesas proféticas en cuanto al templo, la ciudad de Jerusalén y el reparto de la tierra.

El autor del Tercer Isaías invita a los fieles a poner lo que está de su parte para terminar con los problemas, ya que no pueden esperar que todo se solucione por sí solo. Si comparten el pan, si son hospitalarios, si no dan la espalda al hermano, si no oprimen a los demás, si se terminan las ofensas de palabra, entonces serán como luz en medio de las tinieblas. El futuro para el pueblo será luminoso porque en esta etapa de reconstrucción del pueblo de Dios hay interés de hacer lo necesario para que el necesitado tenga pan, casa, vestido y vida.

En nuestros días en que, por la movilidad humana, continuamente se renuevan nuestras comunidades cristianas y en que ya no existen lazos de carne, sangre o raza, es muy importante que todos nos consideremos como prójimos. ¿Quién es el prójimo? El Trito-Isaías nos recuerda que es el prisionero, el oprimido, el hambriento, el desnudo, el sin casa.

I LECTURA   Isaías 58:7–10   L M

Lectura del libro del profeta Isaías

Esto dice el Señor:
"*Comparte* tu pan con el hambriento,
   abre tu casa al pobre sin techo,
   viste al desnudo y *no des* la espalda a tu *propio* hermano.
Entonces *surgirá* tu luz como la aurora
   y *cicatrizarán* de prisa tus heridas;
   te *abrirá* camino la justicia
y la *gloria* del Señor *cerrará* tu marcha.
Entonces *clamarás* al Señor y él te responderá;
   lo *llamarás*, y *él te dirá*: 'Aquí *estoy*'.
Cuando renuncies a *oprimir* a los demás
   y *destierres* de ti el gesto *amenazador* y la palabra *ofensiva*;
   cuando *compartas* tu pan con el hambriento
   y *sacies* la necesidad del humillado,
   brillará tu luz en las tinieblas
   y tu oscuridad *será* como el mediodía".

I LECTURA   Isaías 58:7–10   L E U

Lectura del libro del profeta Isaías

Esto *dice* el Señor:
>   *Compartirás* tu pan con el *hambriento*,
>   los *pobres* sin techo *entrarán* en tu casa,
>   *vestirás al que veas desnudo*
>   y no volverás la espalda a tu *hermano*.
> *Entonces* tu luz *surgirá* como la *aurora*
>   y tus heridas sanarán *rápidamente*.
> Tu *recto* obrar marchará *delante* de ti
>   y la *gloria* del Señor te *seguirá* por detrás.
> *Entonces*, si llamas al Señor, *responderá*.
> *Cuando* lo llames, dirá: "*Aquí estoy*".
> Si en tu casa *no* hay más gente *explotada*,
>   si *apartas* el gesto *amenazante* y las palabras *perversas*;
>   si *das* al hambriento lo que deseas *para ti*
>   y *sacias* al hombre *oprimido*;
>   *brillará* tu luz en las *tinieblas*,
>   y tu *oscuridad* se volverá como *la claridad* del mediodía.

Una persona te ha preguntado el por qué de la presencia del mal y la injusticia en este mundo, y le respondes invitándola a actuar en favor de los desamparados.

En ese telón de fondo y con ese tono se desarrolla el contenido del texto.

Quien es capaz de actuar así está imitando el proceder de Dios y se convierte en luz para los demás. Tu voz expresa la naturalidad de lo evidente y el entusiasmo por la transformación que se obra en la vida del que se pone al servicio de los pobres.

Haz una pausa y vuelve a repetir las mismas ideas, esta vez de manera condicional. Hazlo con fuerza, mirando cara a cara a la asamblea.

Lectura de la primera carta del apóstol san Pablo a los corintios

Hermanos:
Cuando *llegué* a la ciudad de ustedes
    para *anunciarles* el Evangelio,
    no busqué hacerlo mediante la *elocuencia* del lenguaje
        o la *sabiduría* humana,
    sino que *resolví* no hablarles sino de *Jesucristo*,
    más aún, de Jesucristo *crucificado*.
Me presenté ante ustedes *débil* y temblando *de miedo*.
Cuando les *hablé* y les *prediqué* el Evangelio,
    no quise convencerlos con palabras de hombre sabio;
    al contrario, los *convencí* por medio del *Espíritu*
        y del *poder* de Dios,
    a fin de que la fe de ustedes *dependiera* del poder de Dios
    y no de la sabiduría de los hombres.

II LECTURA Desde que Alejandro Magno logró controlar totalmente el imperio persa, hacia el año 333 a.C., todos los territorios dominados por el nuevo imperio sufrieron una gran influencia cultural de la filosofía griega. Ante los corintios, que se afanaban por cultivarse en el campo de la sabiduría humana, que daban mucha importancia a los discursos y que intentaban cimentar el éxito de la predicación en la elocuencia, Pablo les predicó la Buena Nueva con la fuerza de Cristo crucificado. Frente a la sabiduría humana, que buscaba colocar al ser humano al centro de todas las cosas y que a toda costa intentaba ser autosuficiente, él colocaba a Cristo crucificado, la sabiduría de Dios.

Muy atrás han quedado los tiempos de Saulo, estudioso y sumamente preocupado por adquirir todo aquello que le daba seguridad y prestigio. Ahora nos encontramos con un Pablo enamorado de Cristo y, como tal, que está convencido y proclama que la única ciencia que vale la pena es la "ciencia de la cruz", porque es la norma y el juicio de todo auténtico conocimiento cristiano.

Varias veces, Pablo define su predicación con el término "Evangelio". Al llamar "Evangelio" a la palabra que anuncia, quiere subrayar que es buena nueva, buena noticia; verdaderamente ha sido una buena noticia en su vida (1 Corintios 15:3–5). En 1 Corintios 9:16, Pablo resume su actividad apostólica de esta manera: ¡Ay de mí si no predico el Evangelio! Pablo tiene conciencia de haber sido consagrado al Evangelio de Dios (Romanos 1:1). Jesús exhortaba a no avergonzarse de sus palabras; Pablo afirma que no hay que avergonzarse del Evangelio (Romanos 1:16). Para Pablo, el Evangelio es el criterio de su vida (Gálatas 1: 8–9). En su carta a los Filipenses, declara que hay que combatir, servir, colaborar, fortificarse y creer en el Evangelio.

II LECTURA   1 Corintios 2:1–5   L E U

Lectura de la primera carta del apóstol san Pablo a los corintios

Yo *mismo*, hermanos,
   al venir a *ustedes* no llegué con *palabras* y discursos *elevados*
   para *anunciarles* el mensaje de Dios.
Me *propuse* no saber *otra* cosa entre *ustedes* sino a *Cristo* Jesús
   y a éste *crucificado*.
Me presenté *débil*, iba inquieto y con *mucho* temor,
   de manera que *no tenía* el lenguaje ni los discursos
   de los que *saben* hablar y *conquistar* a sus oyentes.
Pero sí, *se manifestó* el Espíritu con su poder,
   para que ustedes *creyeran*, no ya por la *sabiduría*
      de un hombre,
   sino por el *poder* de Dios.

La afirmación es clara y directa. El cristiano no tiene otra alternativa que cumplir su misión consecuentemente.

De lo contrario, caerá en la mediocridad que lo llevará al basurero.

TU PRESENCIA; ERRORES COMUNES

Tu presencia ante la asamblea:

• Vístete con recato, ya que no deseas llamar la atención hacia tu manera de vestir sino hacia la Palabra que vas a proclamar.

El momento de la lectura:

• Antes de que te toque leer, escucha al otro lector. Pon atención en su manera distinta de proclamar. Imagina que eres el que habla.

• Cuando el otro lector termine de leer, respira profundamente y cálmate.

• Al llegar al micrófono, asegúrate de que estés a la altura de la boca. No le soples ni lo golpees. Ajústalo con cuidado. Párate derecho detrás de él sin inclinarte hacia el frente y distribuye el peso en ambos pies. Es decir, sin apoyarte más en un pie que en el otro. No te muevas de un lado al otro.

• Nunca leas del misalito, ¡sino sólo del *Leccionario!* Éste debe estar abierto a la página que corresponde a la lectura del día.

• Después de dar una mirada confiada y una sonrisa a la asamblea, presenta la lectura con voz firme que capta la atención de todos. Mantén constantemente la vista en la asamblea.

• Para facilitar la presentación, apréndete de memoria las frases que sirven de introducción para todas las lecturas. Así en cada lectura sólo necesitarás cambiar el nombre del libro. Además debes hacer una pausa entre la introducción de la lectura: "Lectura del Libro del *Éxodo*", y la lectura en sí. ¡De esta manera podrás mantener la vista fija en la asamblea desde el comienzo de todas las lecturas!

• Haz una pausa al final del texto antes de decir:

"Hermanas y hermanos, ésta es la Palabra de Dios".

Espera la respuesta de la asamblea antes de regresar a tu asiento.

Errores comunes:

• Si por alguna razón te pierdes en un versículo, pronuncias mal algunas palabras o interrumpes la lectura, haz una pausa corta, tranquilízate y repite el texto que has pronunciado mal.

• No debes mantener los ojos pegados al libro porque así no le comunicarás las palabras a la asamblea.

• No debes darle la espalda a los oyentes cuando ellos respondan y poner atención al altar y al celebrante; reza y celebra con la asamblea.

Si te preparas de la manera sugerida aquí, podrás no sólo proclamar la Palabra con dignidad, sinceridad y claridad, sino también orar y celebrar con la comunidad. Tu participación en la celebración eucarística será plena y tu ministerio de lector será un verdadero servicio a Dios y a la comunidad. Ciertamente podrás decir:
"Dios está en mi corazón y en mis labios, y así anuncio dignamente su Evangelio".

EVANGELIO De las siete secciones que componen el Sermón de la Montaña, el Evangelio de hoy nos ofrece la segunda donde Mateo proclama, con los símbolos de la luz y la sal, la vocación de los discípulos de Jesús en relación con la humanidad. Los dos símbolos son muy significativos: la sal sirve para dar sabor, hacer agradables los alimentos y evitar la corrupción; con la luz podemos ver los objetos y los colores del mundo. De esta manera, Jesús remarca la función primordial de sus discípulos: dar sabor, salud y color a la humanidad. Sin el testimonio de los cristianos, el mundo se vuelve insípido, corruptible y tenebroso.

En la primera sección del Sermón de la Montaña, Jesús ha presentado en las bienaventuranzas su programa para instaurar el Reino de Dios, que tendrá su plena realización en la etapa escatológica futura. Pero mientras esto sucede, al discípulo se le pide que con su testimonio haga posible la presencia del Reino en esta tierra. En realidad, cuando el cristiano verdaderamente es luz y sal, es porque se está reflejando el espíritu de las bienaventuranzas en el mundo.

Que los discípulos de Jesús sean luz y sal no se trata de una función cualquiera, sino de una función religiosa y espiritual que llevan a cabo cuando se dejan animar profundamente del espíritu de las bienaventuranzas. Por consiguiente, la Iglesia es la luz del mundo y está invitada a darle un profundo significado. Los miembros de la Iglesia serán pocos en relación con toda la humanidad, pero como lo hace la sal: deben dar sabor al mundo. Sin los discípulos de Cristo, la humanidad no tiene sentido ni significado religioso. Además, la Iglesia tiene la misión de impedir la ruina del mundo; debe ser instrumento de salvación para toda la humanidad.

EVANGELIO   Mateo 5:13–16   L M

Lectura del santo Evangelio según san Mateo

En *aquel* tiempo, Jesús *dijo* a sus discípulos:
"*Ustedes* son la sal de la tierra.
Si la sal se vuelve *insípida*, ¿*con qué* se le *devolverá* el sabor?
Ya no sirve *para nada* y se *tira* a la calle para que la pise la gente.
Ustedes son la *luz* del mundo.
No se puede *ocultar* una ciudad construida
        en *lo alto* de un monte;
    y cuando se *enciende* una vela,
    no se esconde *debajo* de una olla,
    sino que se pone *sobre un candelero*,
    para que *alumbre* a *todos* los de la casa.
Que de *igual* manera *brille* la luz de ustedes ante los hombres,
    para que *viendo* las *buenas* obras que ustedes hacen,
    den gloria a su Padre, que *está* en los cielos".

EVANGELIO   Mateo 5:13–16   L E U

Lectura del santo Evangelio según san Mateo

En *aquel* tiempo, dijo *Jesús* a sus *discípulos*:
   "*Ustedes* son la *sal* de la tierra.
Y si la *sal* se vuelve *desabrida*,
   ¿con *qué* se le puede *devolver* el sabor?
Ya no sirve para *nada* sino para *echarla* a la basura
   o para que la *pise* la gente.
Ustedes son *luz* para el mundo.
No se puede *esconder* una ciudad *edificada* sobre un cerro.
No se *enciende* una lámpara para *esconderla* en un tiesto,
   sino para *ponerla* en un *candelero*
   a fin de que *alumbre* a *todos* los de la casa.
Así, *pues*, debe *brillar* su luz ante los *hombres*,
   para que *vean* sus *buenas* obras
   y *glorifiquen* al Padre de *ustedes* que está en los *cielos*".

Enfatiza fuertemente los dos "ustedes son". Mira a la asamblea para que sienta que es a ella a la que se dirigen estas palabras tajantes de Jesús.

Haz que esta invitación final resuene con fuego e intensidad, el mismo fuego que ilumina y da calor a la vida cristiana.

Advierte que estás usando imágenes tomadas de la lógica del comportamiento simple de la vida y deja que tu proclamación sea como una meditación compartida con la asamblea.

MIÉRCOLES DE CENIZA

I LECTURA Con una imagen muy sugestiva, el profeta hace un excelente ejercicio de teología de la historia. Las invasiones que ha sufrido el pueblo de Israel de parte de los pueblos vecinos bien pueden considerarse como un ejército de langostas que arrasan con todo a su paso. ¿Quién tiene la culpa? Joel, en nombre de Dios, arremete contra su pueblo, invitándolo a reconocer su pecado. Ciertamente, el pueblo es el responsable de la situación en la que se ve envuelto. Y si no se arrepiente, vendrá un enemigo más terrible que la plaga de langostas, un gran ejército destructor.

La situación es grave, pero el pueblo no se encuentra abandonado; Dios mismo se dirige a él con una serie de imperativos para que no dude de su amor. A todo el pueblo se le invita a participar en la celebración de la conversión, desde los ancianos hasta los niños. En nombre de Dios, el profeta recuerda que el futuro no depende de lo que hagan los hombres y las mujeres, sino de la compasión y misericordia del Señor, lento a la cólera y rico en clemencia.

¿En qué se va a notar que el pueblo ha iniciado el camino de la conversión? En la asamblea, el ayuno y el llanto. Es importante que el pueblo se reúna cultualmente delante del Señor para que recuerde su condición de pueblo de Dios. Es necesario que practique el ayuno porque es entonces cuando se humilla ante Dios para disponerse a recibir su gracia y para abrirse al prójimo. Cuando se ayuna se priva de algo para poder ofrecerlo a los demás. La persona que ayuna muestra su incapacidad de darse la vida. Y, por último, hay que fomentar el llanto penitencial colectivo ya que es expresión corporal de dolor y de la vergüenza por los pecados cometidos, y una clara disposición al cambio de vida.

Hoy, Miércoles de Ceniza, es saludable que los cristianos hagamos nuestra la intención de regresar al Señor, que no deja

---

I LECTURA   Joel 2:12–18   L M

Lectura del libro del profeta Joel

Esto dice el Señor:
   "*Todavía* es tiempo.
   Vuélvanse a mí de todo corazón,
   con ayunos, con *lágrimas* y llanto;
   enluten su corazón *y no* sus vestidos.
Vuélvanse al Señor Dios nuestro,
   porque es compasivo y *misericordioso*,
   lento a la cólera, rico en clemencia,
   y *se conmueve* ante la desgracia.
Quizá se arrepienta, *se compadezca* de nosotros
   y nos deje *una bendición*, que haga posibles
   las ofrendas y libaciones al Señor, nuestro Dios.
Toquen la trompeta en Sión,
   promulguen un ayuno, *convoquen* la asamblea,
   reúnan al pueblo, *santifiquen* la reunión,
   junten a los ancianos,
   convoquen a los niños, aun a los niños de pecho.
Que el recién casado *deje su alcoba* y su tálamo la recién casada.
Entre el vestíbulo y el altar
   lloren los sacerdotes ministros del Señor, diciendo:
   '*Perdona*, Señor, *perdona* a tu pueblo.
No entregues tu heredad *a la burla* de las naciones.
Que no digan los paganos: ¿*Dónde está* el Dios de Israel?'"
Y el Señor *se llenó* de celo por su tierra
y *tuvo piedad* de su pueblo.

I LECTURA   Joel 2:12–18   L E U

Lectura del libro del profeta Joel

Dice el Señor: "*Vuelvan* a mí, con *todo* corazón,
   con ayuno, con *llantos* y con lamentos".
Rasga tu corazón y no tus *vestidos*,
   y *vuelve* al Señor tu Dios,
   porque él es *bondadoso* y compasivo;
   le *cuesta* enojarse, y grande es su *misericordia*;
   envía la desgracia, pero luego *perdona*.
¡Quién sabe si volverá *atrás* y nos *perdonará*
   y hará producir *de nuevo* a nuestros *campos*,
   de los cuales sacaremos las *ofrendas* para el Señor!
Toquen la trompeta en Sión,
   ordenen el *ayuno* sagrado, y llamen a consejo.
Congreguen al pueblo,
   reúnan a los ancianos y que *todos* se purifiquen.
Traigan *también* a los pequeños y a *los niños de pecho*,
   y que *los recién* casados dejen su cama.
En el patio del santuario *lloren* los sacerdotes
      ministros del *Señor*
   y digan: "¡Señor, *perdona* a tu pueblo,
   y no lo *entregues* al desprecio y a la *burla* de las naciones!
¿Acaso *permitirás* que los paganos digan: '*Dónde* está su Dios'?"
El Señor se mostró *lleno* de celo por *su tierra*
   y tuvo *piedad* de su pueblo.

El profeta clama rodeado de un terrible desastre social y económico que lleva a todos al miedo y a la desesperación, pero en medio de esta desgracia se alza la voz del Señor que invita a confiar en el poder de la oración.

Estudia bien esta profecía y divídela según la intensidad de sus secciones.

Con emoción, comienza invitando a una gran penitencia, expresión de dolor profundo y arrepentimiento.

A ejemplo de un maestro de ceremonias, sal a la escena indicando con tu proclamación todos los pasos a seguir en esta liturgia penitencial que incluye a toda la asamblea.

Observa cómo el clamor doloroso del pueblo compromete el mismo actuar de Dios, quien finalmente se apiada de él.

de ser fiel a sus promesas de gracia. La verdadera conversión tiene que ser interior y no sólo exterior. Que la oración, el ayuno y la ayuda al prójimo del tiempo de Cuaresma sean el signo de que el día del Señor ha llegado a nuestra vida, de que tenemos la intención verdadera de seguir siendo el pueblo escogido por Dios.

| II LECTURA | Todavía no podemos saber qué fue lo que provo- |

có el problema, pero se produjo una grave ruptura entre Pablo y la comunidad de Corinto. La cordialidad, el entusiasmo y la paz de los primeros momentos se vieron seriamente afectados. Como respuesta a esta situación, el tema del ministerio apostólico ocupó el centro de la segunda carta de Pablo a los Corintios. Parte de la grandeza de este ministerio es ser ministros de la reconciliación. No es el apóstol quien hace posible la reconciliación; es solamente un colaborador de Dios. Quien ha realizado la reconciliación de los hombres y mujeres con el Padre es Cristo, con su pasión, muerte y resurrección.

El rito de la ceniza es un signo externo de la convicción interior que debe existir en los cristianos que necesitamos ser reconciliados con Dios. El Señor viene sin cesar para juzgar al mundo y salvar a los creyentes. La Cuaresma que vamos a iniciar es un tiempo especial de gracia del Señor y no podemos echar su gracia en saco roto.

Por el hecho de que sea Dios el autor primero y principal de la reconciliación, no se espera que el cristiano tenga una actitud pasiva; se le pide que acoja el don de Dios. La acción divina salvadora no produce su eficacia sino en aquellos que están dispuestos a aceptarla en la fe. Por eso el grito apremiante de Pablo es: en nombre de Cristo les pedimos que se reconcilien con Dios.

II LECTURA   2 Corintios 5:20—6:2   L M

Lectura de la segunda carta del apóstol san Pablo a los corintios

Hermanos y hermanas:
    Somos *embajadores* de Cristo,
    y por nuestro medio, es *Dios mismo* el que los exhorta a ustedes.
En *nombre* de Cristo les pedimos que se *reconcilien* con Dios.
Al que *nunca* cometió pecado,
    Dios lo hizo *"pecado"* por nosotros,
    para que, *unidos a él* recibamos la salvación de Dios
    y nos volvamos *justos* y santos.
Como *colaboradores* que somos de Dios,
    los exhortamos a *no echar* su gracia en saco roto.
Porque el Señor dice:
    En el tiempo favorable *te escuché*
    y en el día de la salvación *te socorrí.*
Pues bien,
    ahora es el tiempo favorable;
    ahora es el día de la salvación.

II LECTURA   2 Corintios 5:20—6:2   L E U

Lectura de la segunda carta del apóstol san Pablo a los corintios

Nos presentamos como *mensajeros* de parte de *Cristo*,
  como si Dios mismo les *rogara* por nuestra boca.
Y de parte de Cristo les *suplicamos*:
  "Pónganse en *paz* con Dios".
A Cristo que *no* cometió *pecado*,
  Dios lo hizo *pecado* por nosotros,
  para que nosotros en él lleguemos a *participar*
    de la vida santa de Dios.
Como somos los *ayudantes* de Dios, les suplicamos:
  no hagan *inútil* la gracia de Dios, que han recibido.
Dice la Escritura: "En el momento fijado *te escuché*,
  en el día de la salvación te *ayudé*".
Este es el momento *favorable*,
  éste es el *día* de salvación.

Ahora tú eres ese mensajero de Cristo, y por medio de tu voz Dios nos invita a la reconciliación y a tomar el camino nuevo del Evangelio.

Es el mismo Dios quien da esta oportunidad; eres tú quien, en su nombre, estás invitando a la comunidad a la conversión aquí y ahora. Por eso el texto necesita ser proclamado con una fuerza, seguridad y convencimiento capaz de contagiar, o al menos hacer pensar a tus oyentes.

PRACTICA LA PRONUNCIACIÓN

• Antes de leer frente a la asamblea, debes ensayar a solas delante de un espejo.

• Practica la pronunciación varias veces, recordando que el idioma español es silábico, es decir, que cada sílaba se pronuncia claramente, distinguiendo bien las vocales.

• Si te resulta difícil pronunciar una palabra, divídela en sílabas y empieza a pronunciar desde el final hacia el principio. Ejemplo: "Tesaloni*censes*" = Te-sa-lo-ni-*cen*-ses. Di: "censes" (tres veces); ni-cen-ses (tres veces); sa-lo-ni-cen-ses (tres veces); Te-sa-lo-ni-cen-ses (tres veces o

más). Repite despacio cada parte hasta que te sientas cómodo diciendo la palabra a un ritmo normal.

• Los acentos escritos indican donde se encuentra la sílaba más fuerte: prác-ti-co; prac-ti-có; di-fí-cil. Si no hay acento escrito, ha de notar que:

Si la palabra termina en vocal, o "n" o "s", la sílaba más fuerte es la penúltima: ter-*mi*-na; a-*cen*-tos; in-*di*-can.

Si la palabra termina en consonante (que no sea "n" ni "s"), la sílaba fuerte es la última: vo-*cal;* lu-*gar.*

EVANGELIO Con el Sermón de la Montaña, programa de vida presentado por Jesús según el Evangelio de Mateo, el Hijo de Dios quería corregir algunas ideas torcidas sobre Dios y la práctica de la religiosidad a la que invitaban las autoridades religiosas del pueblo judío. En efecto, la práctica obsesiva de las obras de piedad llevaba consigo ciertos riesgos —de formalismo, soberbia y ostentación.

Para que las obras de piedad sean agradables a Dios, deben realizarse con el espíritu con el que se inició su práctica mandada en la ley: unidas con el amor al prójimo y que estén abiertas a una búsqueda de la verdadera justicia. Con el pasar del tiempo, se fue perdiendo el sentido originario. Los judíos piadosos practicaban por devoción personal muchos actos piadosos, y con ello creían que eran más santos. Delante de Dios no cuenta este "sistema económico": yo hago y doy para que me des. Jesús advierte a sus discípulos que no se dejen confundir: Dios es completamente libre y no permite ningún condicionamiento.

La confusión que reina entre los maestros de la ley es grave, y por eso Jesús quiere corregir las cosas. La integridad, la santidad y la salvación de las personas no es fruto de la cantidad de las obras realizadas, sino de la justicia divina. Esta justicia salvífica es alcanzada sólo por la fe y coincide con la misericordia divina que se nos ha revelado en Jesucristo.

En nuestras comunidades cristianas existen manifestaciones de una religión hipócrita, ya que abundan las celebraciones por mero compromiso social o celebraciones que han terminado en espectáculo, en apariencia o hechas por simple costumbre. Vienen a ser prácticas vacías porque carecen de interioridad profunda y sentido comunitario.

EVANGELIO Mateo 6:1–6, 16–18   L M

Lectura del santo Evangelio según san Mateo

En aquel tiempo, Jesús dijo a sus discípulos:
"Tengan cuidado de *no practicar* sus obras de piedad *delante* de los hombres para que *los vean.*
De lo contrario, *no tendrán* recompensa con su Padre celestial.
Por lo tanto, cuando des limosna,
no lo anuncies con trompeta,
como hacen *los hipócritas* en las sinagogas y por las calles,
para que los *alaben* los hombres.
Yo les *aseguro* que *ya recibieron* su recompensa.
Tú, *en cambio,* cuando des limosna,
que *no sepa* tu mano izquierda *lo que hace* la derecha,
para que tu limosna quede *en secreto;*
y tu Padre, que *ve* lo secreto, *te recompensará.*
Cuando ustedes hagan oración,
no sean como los hipócritas,
a quienes *les gusta* orar de pie
en las sinagogas y en *las esquinas* de las plazas,
para que *los vea* la gente.
Yo les *aseguro* que *ya recibieron* su recompensa.
Tú, *en cambio,* cuando vayas a orar,
entra en tu cuarto, *cierra* la puerta y ora ante tu Padre,
que está *allí,* en lo *secreto;*
y *tu Padre,* que *ve* lo secreto, *te recompensará.*
Cuando ustedes ayunen, *no pongan* cara triste,
como esos *hipócritas* que *descuidan* la apariencia de su rostro,
para que la gente *note* que están *ayunando.*
Yo *les aseguro* que *ya recibieron* su recompensa.
Tú, en cambio, cuando ayunes,
perfúmate la cabeza y *lávate* la cara,
para que *no sepa* la gente que estás ayunando,
sino *tu Padre,* que está en lo secreto;
y tu Padre, *que ve* lo secreto, *te recompensará".*

EVANGELIO   Mateo 6:1–6, 16–18   L E U

Lectura del santo Evangelio según san Mateo

En aquel tiempo dijo Jesús a sus *discípulos*:
   "Tengan cuidado de no hacer el bien *delante* de la gente
   para que los *vean*;
de lo contrario, el Padre que está en los cielos
      no les dará *ningún* premio.
Por eso, cuando des *limosna*,
      no lo publiques al son de *trompetas*,
   como hacen los *hipócritas* en las sinagogas y en las *calles*,
   para que los hombres los *alaben*.
Yo les digo que *ya* recibieron su premio.
Tú en cambio, cuando des *limosna*,
   no debe saber tu mano *izquierda* lo que hace tu *derecha*;
   cuida que tu limosna quede en *secreto*,
   y el *Padre*, que ve los secretos, te *premiará*.
Cuando *recen*, no hagan como los *hipócritas*,
   que gustan orar de *pie* en las *sinagogas*
   y en las esquinas de las *plazas*,
   para que los hombres los *vean*.
Ellos *ya* recibieron su premio.
Tú, cuando reces, *entra* en tu pieza, *cierra* la puerta y *reza*
   y tu *Padre*, que ve los secretos, te *premiará*.
Cuando ayunen, no pongan cara *triste*,
como hacen los *hipócritas*,
   que se *desfiguran* la cara para mostrar a *todos* que ayunan.
Les aseguro que *ya* recibieron su recompensa.
Tú, cuando ayunes, *perfúmate* el cabello
      y no dejes de *lavarte* la cara,
   porque no son los *hombres* quienes deben darse cuenta
      de que tú *ayunas*,
   sino tu Padre que está en el *secreto*,
   y tu Padre que *ve* en lo secreto te *premiará*".

Jesús da normas precisas acerca de la limosna, la oración y el ayuno.

Evita ser regañón. No enfatices tanto lo que no se debe hacer o la forma de actuar de los hipócritas, sino más bien la acción que se espera de los verdaderos discípulos.

La acción toma un tono menor cuando relata el pobre actuar de "ellos" (en tercera persona del plural) y un tono de mayor viveza al describir lo que se espera de tu actuar.

La proclamación se dirige directamente a la asamblea con un firme contacto visual cada vez que el Señor propone la línea de comportamiento adecuada.

Evita usar un aire sombrío, pues la conversión es un camino de encuentro alegre y amistoso que se realiza en lo hondo del corazón, donde se realiza el abrazo con el misterioso secreto de Dios.

1er. DOMINGO DE CUARESMA

I LECTURA Génesis 2:7–9; 3:1–7   L M

Lectura del libro del Génesis

I LECTURA Es normal que resulte extraño a nuestra mentalidad occidental el estilo narrativo de los escritores de las primeras páginas de la Biblia. Interesa lo que dicen, no cómo lo dicen. En los capítulos 2 y 3 del Génesis, el autor sagrado nos propone su mensaje sobre la vida, el pecado y la muerte.

En la primera parte del texto, Dios aparece como el Señor amante de la vida al crear a todos los seres. Y especialmente al hombre y a la mujer los hace partícipes de su vida divina; lo que no había hecho con ninguna otra criatura lo hace con ellos: sopló en las narices un aliento de vida. Dios es, pues, creador, dador y protector de la vida. Entre Dios creador y el género humano existe una relación especial. En la antigüedad, se creía que la vida era un privilegio reservado a los dioses. Por consiguiente, el ser humano no podía adueñarse de ella, pero aquí el mensaje es diverso: la vida es un don que Dios ofrece al hombre con la condición de que lo vea como gracia.

En la segunda parte del texto el teólogo yavista describe de una forma maravillosa la realidad que atenta contra la vida: existe el sufrimiento, el mal y la muerte. ¿Por qué sucede? Es consecuencia de un acto deliberado del hombre y de la mujer que implica cuatro momentos: tentación, caída, juicio y consecuencia. El orgullo, la soberbia y el egoísmo nos han empujado a comportarnos al margen del plan de Dios y a vivir sin él.

La Cuaresma es una oportunidad que Dios nos ofrece para tomar conciencia de que, por el abuso de la libertad, existe el pecado en nuestros corazones.

Después de haber creado el cielo y la tierra,
    el Señor Dios *tomó* polvo del suelo y con él *formó* al hombre;
    le *sopló* en las narices un *aliento de vida,*
    y el hombre *comenzó* a vivir.
Después *plantó* el Señor *un jardín* al oriente del Edén
    y *allí* puso al hombre que *había formado.*
El Señor Dios *hizo brotar* del suelo *toda* clase de árboles,
    de *hermoso* aspecto *y sabrosos* frutos,
    y *además,* en medio del jardín,
    el árbol *de la vida* y el árbol del conocimiento
        del *bien y del mal.*
La serpiente,
    que era el *más astuto* de los animales del campo
        que había creado el Señor Dios, dijo *a la mujer:*
"¡Conque Dios *les ha prohibido* comer *de todos*
        los árboles del jardín?"
La mujer respondió:
"*Podemos* comer del fruto de *todos* los árboles del huerto,
    pero del árbol que está *en el centro* del jardín, dijo Dios:
'*No comerán* de él *ni lo tocarán,* porque de lo contrario,
        habrán de morir'".
La serpiente *replicó* a la mujer:
"*De ningún modo. No morirán.*
Bien sabe Dios
    que *el día* que coman de los frutos de *ese árbol,*
    se les *abrirán* a ustedes los ojos
    y *serán como Dios,* que conoce *el bien y el mal*".
La mujer *vio* que el árbol *era bueno* para *comer,*
    agradable a la vista y *codiciable,*
        además, para alcanzar la sabiduría.
Tomó, pues, de su fruto, *comió* y le dio *a su marido,*
    el cual *también* comió.
Entonces se les *abrieron* los ojos *a los dos*
    y se dieron cuenta de que *estaban desnudos.*
Entrelazaron unas hojas de higuera
    y se las ciñeron *para cubrirse.*

101

17 DE FEBRERO DEL 2002 ▪ 1er. DOMINGO DE CUARESMA

I LECTURA Génesis 2:7–9; 3:1–7   L E U

Lectura del libro del Génesis

El Señor Dios *formó* al hombre con *polvo* de la tierra,
   y *sopló* en sus narices *aliento* de vida,
   y lo *hizo* un ser *viviente*.
Luego, el Señor *plantó* un jardín en un lugar del Oriente
     llamado *Edén*;
   allí *colocó* al hombre que había *formado*.
El Señor hizo *brotar* del suelo *toda* clase de árboles
    agradables a la *vista* y *buenos* para comer.
Y puso en medio el *árbol* de la *Vida*
   y el árbol de la *Ciencia* del *bien* y del *mal*.
La *serpiente* era la más astuta de *todos* los animales del *campo*
   que el Señor había *hecho*,
   y *dijo* a la mujer:
"¿Es *cierto* que Dios les ha dicho:
   No coman de *ninguno* de los *árboles* del jardín?"
La mujer *respondió*:
   "*Podemos* comer de los frutos de los árboles del jardín,
   menos del fruto del *árbol* que está en *medio* del jardín,
   pues *Dios* nos ha dicho:
   No coman de él ni lo toquen *siquiera*,
   porque, si lo hacen, *morirán*".
La serpiente replicó: "De *ninguna* manera morirán.
Es que Dios *sabe* muy bien que el día en que *coman* de *él*,
   se les *abrirán* a ustedes los ojos y *serán* como dioses
   y *conocerán* el bien y el mal".
La mujer vio que el árbol era *apetitoso*,
   que *atraía* la vista y que era *muy* bueno.
Tomó de su fruto y *comió*
   y se lo *pasó* en seguida a su *marido*, que andaba con ella,
   quien *también* comió.
Entonces se les *abrieron* los *ojos*
   y se dieron cuenta que estaban *desnudos*
   y se hicieron unos *taparrabos* cosiendo unas hojas de higuera.

Sitúa tu imaginación en un oasis paradisíaco en medio del desierto. Hay árboles, flores, pájaros y mariposas.

Evita el peligro de una proclamación teatral, pero estudia bien el texto para que lo proclames con la naturalidad de un relato real donde los personajes tienen vida y pensamiento propio, de los cuales se hacen responsables en un momento determinado.

Imagínate que estás situado entre los dos árboles; desde allí, describe a tus oyentes las diversas escenas que van apareciendo.

La serpiente habla con astucia y maldad. Se dirige a Eva con falsa indiferencia y ésta le responde con sencillez y naturalidad.

Deja que la voz de la serpiente suene tan convincente que es capaz de atrapar a la mujer, y con ella a su marido. Su astucia consiste en hacer pensar que está revelando un secreto que coloca a Dios en desventaja.

Es el último empujón: la fruta se presenta como irresistible a la vista y al paladar.

Haz que un cambio de tono y ritmo indique la transformación que ha sucedido. Ahora las escenas son lentas y pesadas. No hay grandeza, sino miseria; en vez de esplendor, sólo encuentran su desnudez.

102

1er. DOMINGO DE CUARESMA ■ 17 DE FEBRERO DEL 2002

II LECTURA │ Al igual que el autor del Génesis, Pablo presenta en este texto la razón del mal y nuestra participación en él. Los dos protagonistas del relato son Adán y Cristo, pero el personaje central es Jesucristo. La existencia del ser humano transcurre entre la vida y la muerte. Ante esta realidad, Pablo responde con una gran reflexión doctrinal: toda la humanidad está bajo el dominio del pecado y esta situación se debe a algo histórico, no a algo mitológico, y se puede ser liberado sólo por la acción salvadora de Cristo.

Adán es causa del ingreso del pecado y la muerte en el mundo; pero Cristo es de la justicia y la vida eterna. Lo realizado por Cristo supera grandemente lo hecho por Adán. A Pablo le interesa la acción liberadora de Cristo, no la de Adán; por eso insiste en que Adán es figura de Cristo, el que había de venir. Si hay pecado en el mundo, si cada uno pecamos y tendemos al mal, Pablo insiste en que esto se da porque hay una fuerza que domina sobre la existencia humana, un condicionamiento del que no se puede escapar. La pertenencia a la condición adámica no se experimenta como un hecho, sino como un destino que puede construirse con las propias manos, tomando decisiones pecaminosas y dejándose dominar por la fuerza del pecado.

Jesús es Salvador único y universal; fuera de él sólo reina el pecado y la muerte. La salvación que se ofrece es la liberación humana de la fuerza del mal y de la destrucción. ¿Qué hay en mí de pecado? ¿De qué actitudes necesito que me salve Cristo?

II LECTURA   Romanos 5:12–19   L M

Lectura de la carta del apóstol san Pablo a los romanos

Hermanos:

Así como por *un solo* hombre *entró* el pecado en el mundo
y por el pecado entró *la muerte*,
así la muerte pasó *a todos* los hombres, porque *todos pecaron*.
Antes de la ley de Moisés
ya existía el pecado en el mundo y, si bien es cierto que el
pecado *no se castiga* cuando *no hay ley*,
sin embargo, la muerte *reinó* desde Adán *hasta Moisés*,
aun sobre aquellos que *no pecaron* como pecó *Adán*,
cuando *desobedeció* un mandato *directo* de Dios.
Por lo demás, *Adán* era figura de Cristo, el que había *de venir*.
Ahora bien, el don de Dios *supera* con mucho al delito.
Pues si por el delito de *un solo hombre*
todos fueron castigados *con la muerte*,
por el don de *un solo hombre*, Jesucristo,
se ha *desbordado* sobre todos la *abundancia* de la vida
y la gracia de Dios.
Tampoco pueden compararse los efectos del pecado *de Adán*
con los efectos de la gracia *de Dios*.
Porque *ciertamente*, la sentencia vino a causa de *un solo pecado*
y fue sentencia *de condenación*,
pero el *don* de la gracia vino a causa de *muchos pecados*
y nos conduce a *la justificación*.
En efecto, si por el pecado de un solo hombre
estableció la muerte su reinado,
con *mucha* mayor razón *reinarán* en la vida
por un *solo* hombre, *Jesucristo*,
aquellos que reciben la gracia *sobreabundante*
que los hace *justos*.
En resumen,
así como por el pecado de un *solo* hombre, Adán,
vino la condenación *para todos*,
así por la justicia de un *solo* hombre, Jesucristo,
ha venido *para todos* la justificación que *da* la vida.
Y así como por la desobediencia de uno,
todos fueron hechos *pecadores*,
así por la obediencia *de uno solo*, *todos* serán hechos justos.

103

17 DE FEBRERO DEL 2002 ■ 1er. DOMINGO DE CUARESMA

II LECTURA   Romanos 5:12–19   L E U

Lectura de la carta del apóstol san Pablo a los romanos

Por un *solo* hombre el pecado había *entrado* en el mundo,
  y por el pecado la *muerte*,
  y luego la muerte se propagó a *toda* la humanidad,
  ya que *todos* pecaron.
[Del mismo modo *ahora* . . .
  Entiéndanme: no había *ley*
  y, sin embargo, había *pecado* en el mundo;
  solamente que, al no tener una *ley*, no *reconocían* el pecado.
De ahí que la muerte *reinó* desde Adán hasta Moisés sobre
      todos ellos,
  aun cuando no habían cometido una *desobediencia* como
    la de Adán.
Pero después de este *primer* Adán tenía que venir *otro*.
En realidad,
  no debemos *contraponer* sin más la *caída* del hombre
    y el *don* de Dios.
Pues si por la *falta* de uno pudieron *morir* tantos,
  es cosa más *trascendental* cuando *desborda* sobre
    los *hombres*
  la *gracia* de Dios y el *regalo* que él nos hizo
  en consideración a ese *único* hombre que es *Jesucristo*.
La *gracia* de Dios hizo mucho *más* que compensar la
    primera falta.
Pues la *falta* que trajo la *condenación* fue asunto de *uno* solo,
  mientras que la *gracia* de Dios trae el *perdón* a un
    mundo de pecadores.]
Si *reinó* la muerte por la falta de *uno* solo,
  será *otra* cosa cuando *reinen* en la vida
  los que *reciben* sin medida la *gracia* y la *santidad*
  que Dios nos *regala* gracias a *uno* solo que es *Cristo* Jesús.
De *todas* maneras así como uno *solo pecó*
  y *acarreó* la sentencia de muerte para *todos* los hombres,
  así *también* uno solo *cumplió* la condena
  y les procuró a *todos* un indulto que los hace *vivir*.
Y como por la *desobediencia* de un solo hombre
  todos los demás quedaron constituidos *pecadores*,
  así por la *obediencia* de uno solo
  todos serán constituidos *santos*.

Esta larga proclamación exige que el lector tenga presente la idea fundamental del texto: a diferencia del viejo Adán que trajo la muerte, Cristo es el nuevo y definitivo portador de la vida y de la gracia.

Utiliza un tono pesado y opaco para relatar las consecuencias del actuar de Adán, como si alguien narrara un pasado oscuro y lleno de malas experiencias.

Al detallar la acción transformadora de Jesús, exprésate vivamente. Alterna estos dos tonos a lo largo de toda la lectura.

Advierte que los tres párrafos finales concluyen el texto presentando desde tres ángulos diferentes el mensaje central del texto. Sepáralos con pausas, dirigiéndote a distintos puntos de la asamblea, como un orador que concluye su argumentación afinando aquello que quiere dejar bien claro.

104

1er. DOMINGO DE CUARESMA ■ 17 DE FEBRERO DEL 2002

EVANGELIO | Como sistema de vida, la monarquía trajo ventajas y desventajas al pueblo de Dios. Aunque tuvo sus reyes, casi siempre fueron débiles ante los imperios vecinos. Cuando los reyes no eran fuertes o cuando no cumplían con su compromiso, existía un grupo que deseaba ardientemente un Mesías temporal. En plena dominación romana, al tiempo de Jesús, había judíos que esperaban este Mesías desde el punto de vista humano.

El relato de las tentaciones sirve al evangelista para mostrar que Jesús sí es Mesías, pero no según las aspiraciones políticas de grupos importantes del pueblo judío, sino el Mesías que han esperado los pobres de Yavé: sin apego desordenado a las riquezas, sin ambición de poder y siempre cumpliendo con la voluntad de su Padre. La narración evangélica sirve también para recordar que Dios nunca nos somete a la tentación; el tentador es el demonio. Jesús vence al tentador en el campo de la prueba, en el desierto. El evangelista narra que Cristo sufre las mismas tentaciones del pueblo de Israel en su camino por el desierto.

El autor sagrado nos presenta a Jesús como vencedor del demonio desde el inicio y hasta el final de su misión. Los cuarenta días y cuarenta noches que Jesús pasa en el desierto tienen relación con un simbolismo bíblicamente muy apreciado: así se califica al período de tiempo en que el pueblo o una persona es sometida a una purificación, guiada por la Palabra de Dios, para el encuentro con Dios y para llevar a cabo una misión. De igual forma, la Cuaresma es para nosotros el tiempo de prueba; conducidos por el Espíritu e iluminados por la Palabra de Dios, daremos un paso adelante en nuestra tarea de ser discípulos fieles de Jesucristo.

EVANGELIO   Mateo 4:1–11   L M

Lectura del santo Evangelio según san Mateo

En *aquel* tiempo,
    Jesús fue conducido por el Espíritu *al desierto*,
para ser *tentado* por el demonio.
Pasó *cuarenta* días y cuarenta noches *sin comer*
        y, al final, tuvo *hambre*.
Entonces se le acercó el *tentador* y le dijo:
"Si *tú eres* el Hijo de Dios,
        manda que *estas piedras* se conviertan *en panes*".
Jesús le respondió:
"*Está* escrito: No *sólo* de pan vive el hombre,
    sino también *de toda* palabra que *sale* de la boca de Dios".
Entonces el diablo lo llevó a la *ciudad santa*,
    lo puso en la parte *más alta* del templo y le dijo:
"*Si eres* el Hijo de Dios, *échate* para abajo, porque *está* escrito:
Mandará a sus ángeles que *te cuiden*
    y *ellos* te tomarán *en sus manos*,
    para que *no tropiece* tu pie en piedra *alguna*".
Jesús le contestó: "*También* está escrito:
        No tentarás al Señor, tu Dios".
Luego lo llevó el diablo a un monte *muy alto*
    y desde ahí *le hizo ver* la grandeza de *todos* los reinos del
        mundo y le dijo:
"Te daré todo esto, si te postras y *me adoras*".
Pero *Jesús* le replicó: "*Retírate*, Satanás, porque *está* escrito:
Adorarás al Señor, tu Dios, *y a él sólo* servirás".
Entonces lo dejó el diablo
y se acercaron los ángeles *para servirle*.

105

17 DE FEBRERO DEL 2002 ■ 1er. DOMINGO DE CUARESMA

EVANGELIO Mateo 4:1–11   L E U

Lectura del santo Evangelio según san Mateo

En aquel tiempo, el *Espíritu* Santo condujo a Jesús al *desierto*
  para que fuera *tentado* por el diablo.
Y después de estar sin comer *cuarenta* días y cuarenta noches,
  tuvo *hambre*.
Entonces, se le *acercó* el tentador y le dijo:
  "Si eres *Hijo* de Dios, *ordena* que esas piedras
    se *conviertan* en pan".
Pero Jesús *respondió*:
  "Dice la *Escritura* que el hombre no vive *solamente* de pan,
  sino de *toda* palabra que *sale* de la boca de Dios".
Después de esto, el diablo lo llevó a la *Ciudad* Santa,
  y lo *puso* en la parte *más* alta del templo, y le dijo:
  "Si *eres* Hijo de Dios, *tírate* de aquí para *abajo*.
Puesto que la *Escritura* dice:
  'Dios *ordenará* a sus ángeles que te *lleven* en sus *manos*
  para que tus pies no *tropiecen* en piedra alguna'".
Jesús *replicó*: "Dice *también* la Escritura:
  'No *tentarás* al Señor tu Dios'".
En *seguida* lo llevó el diablo a un cerro *muy* alto,
  le mostró *toda* la riqueza de las *naciones* y le dijo:
  "Te daré todo esto si te *hincas* delante de mí y me *adoras*".
Entonces *Jesús* le respondió:
  "*Aléjate* de mí, Satanás, porque dice la Escritura:
  'Adorarás al Señor tu *Dios*, a él *solo* servirás'".
Entonces lo *dejó* el diablo
  y *acercándose* los ángeles se pusieron a *servir* a Jesús.

Este pasaje es muy diferente al de la primera lectura. La tentación no tiene lugar en el paraíso, sino en el desierto inhóspito: el árido paraje donde moran escorpiones, serpientes y fieras, donde peregrinó el pueblo guiado por Moisés.

La tentación debe sonar sugerente y convincente. Se presenta bajo la lógica aparente de una buena idea que se ofrece para satisfacer una necesidad inmediata.

Jesús responde con firme claridad desde la lógica divina.

Colócate ahora en el pináculo del templo; dirige tu mirada hacia abajo y luego elévala para citar la escritura tal como hace un maestro en clase.

Jesús mantiene firme su mirada al responder.

Contempla ahora la gloria del mundo, la riqueza y el poder de las grandes naciones: la última tentación es la más fuerte de las tres. Como si tiraras la casa por la ventana, es una oferta que al parecer nadie puede rechazar.

Jesús vuelve a citar el Deuteronomio de manera categórica y definitiva. Es un tono de triunfo que aleja todos los falsos espejismos de la mentira.

2º DOMINGO DE CUARESMA

Lectura del libro del Génesis

En *aquellos* días, dijo el Señor a *Abram*:
"*Deja* tu país, a tu parentela y la casa de tu padre,
    para *ir* a la tierra que *yo te mostraré*.
Haré nacer de ti *un gran* pueblo y te *bendeciré*.
Engrandeceré tu nombre y *tú mismo* serás una bendición.
Bendeciré a los que te bendigan,
    maldeciré a los que te maldigan.
En ti serán bendecidos *todos* los pueblos de la tierra".
Abram *partió*, como se lo había *ordenado* el Señor.

Lectura de la segunda carta del apóstol san Pablo a Timoteo

Querido *hermano*:
Comparte conmigo los *sufrimientos*
    por la predicación del Evangelio,
    sostenido por la fuerza de Dios.
Pues *Dios* es quien nos *ha salvado*
    y nos *ha llamado* a que le consagremos *nuestra vida*,
    no porque *lo merecieran* nuestras buenas obras,
    sino porque *así* lo dispuso él *gratuitamente*.
Este don,
    que Dios *ya* nos ha concedido por medio *de Cristo Jesús*
    desde *toda* la eternidad,
    ahora se ha manifestado con la venida *del mismo Cristo Jesús*,
        nuestro salvador, que d*estruyó* la muerte
    y ha h*echo brillar* la luz de la vida y de la inmortalidad,
    por *medio* del Evangelio.

I LECTURA La declaración dirigida a Abram de parte del Señor: "Deja tu país, a tu parentela y a la casa de tu padre, para ir a la tierra que yo te mostraré", más que referirse a una tierra desde el punto de vista geográfico, se refiere a la invitación que recibe el patriarca y su familia de vivir su vida como peregrinos, no apegados a su patria sino poniendo su esperanza en el regalo del Señor: una nueva patria. Entonces Abram y su familia partieron de Ur, país de los caldeos, y llegaron a Jarán, ciudad importante para el comercio (Génesis 11:31). Pero al recibir la orden de abandonarla, llegó a Canaán. Dios mismo le va a mostrar la tierra, señal de que él camina junto con Abraham. Con la bendición de éste, se inicia toda una historia de generosidad de parte de Dios con el género humano.

II LECTURA Después de la lapidación que recibe en Listra, Pablo se recupera satisfactoriamente bajo los cuidados de una buena familia, en casa de Loida, una judía convertida al cristianismo y mujer de fe sincera (2 Timoteo 2:5). Su hija, Eunice, se casa con un griego y engendra un hijo a quien le ponen por nombre Timoteo. A estas alturas, el muchacho es todavía un adolescente y, aunque desea acompañar a Pablo en este primer viaje misionero, será más tarde cuando el apóstol acepte su compañía.

Timoteo conoce perfectamente bien los sufrimientos que le ha implicado a Pablo el anuncio del Evangelio. Desde su adolescencia, Timoteo fue testigo, pero ahora es colaborador fiel de Pablo. Éste le pide que él mismo comparta los sufrimientos de buena gana. El apóstol sabe bien que Jesucristo no ha terminado con el sufrimiento. Jesús no suprime el sufrimiento, pero lo consuela. El sufrimiento puede ser algo bueno, cuando prepara para recibir el Reino de Dios. Al estar marcada la vida de

I LECTURA   Génesis 12:1–4a   L E U

Lectura del libro del Génesis

En aquellos días, el Señor dijo a Abram:
"*Deja* tu país, a los de tu *raza* y a la *familia* de tu padre,
y *anda* a la tierra que yo te *mostraré*.
Haré de ti una nación *grande* y te *bendeciré*.
Engrandeceré tu nombre, y *tú* serás una *bendición*.
Bendeciré a quienes te *bendigan*
y *maldeciré* a quienes te *maldigan*.
En *ti* serán benditas *todas* las razas del mundo".
Partió, pues, Abram, como se lo había *dicho* el Señor.

Es un momento de fe, una invitación
a la aventura total.

Enumera con alegría todas las
bendiciones que Dios está prometiendo.

Entusiásmate con cada una de ellas
y proclámalas sin apresurarte,
detallando todos los beneficios únicos
y extraordinarios ofrecidos por Dios
a cambio de la obediencia del patriarca.

Concluye destacando la inmediata
respuesta activa: Abraham lo abandona
todo y se pone en camino.

II LECTURA   2 Timoteo 1:8b–10   L E U

Lectura de la segunda carta del apóstol san Pablo a Timoteo

Lucha *conmigo* por el Evangelio,
sostenido por la *fuerza* de Dios.
Él nos *salvó* y nos *llamó*,
destinándonos a ser *santos*,
no en consideración a lo *bueno* que hubiéramos
hecho *nosotros*,
sino porque *éste* fue su *propósito*.
Ésta fue la *gracia* de *Dios*,
que nos *concedió* en Cristo Jesús desde la *eternidad*
y que *ahora* llevó a efecto
con la *aparición* de Cristo Jesús nuestro *Salvador*.
Él *destruyó* la muerte
e hizo *resplandecer* la vida y la *inmortalidad* por medio
del *Evangelio*.

Colócate ante una comunidad
desalentada, que ha perdido
el fervor y ha caído en la rutina.

Tu proclamación quiere reanimar a tus
oyentes a retomar el entusiasmo del
principio y volver sobre el encuentro
con el Señor.

Invita a tus oyentes a ponerse en pie
de lucha. Deben comenzar por recordar
todo lo que Dios ha hecho por nosotros
en Cristo Jesús.

Trae a tu oración y a tu mente a las
personas débiles, pesimistas, faltas
de entusiasmo; dirígete a ellas e invítalas
a luchar por el Evangelio, sostenidas
por el poder del Señor.

Cristo con el sufrimiento, deja en claro que es una prueba del amor grande por su Padre y por sus amigos.

EVANGELIO El relato de la transfiguración es un texto de gran contenido mesiánico. En las teofanías (o manifestaciones divinas que nos narra la Biblia), se emplean elementos muy significativos: monte elevado, rostro resplandeciente, vestiduras blancas, nube, voz de lo alto, temor, caer por tierra, etcétera. Cuando Dios se hace presente o quiere pronunciar su palabra, los elementos anteriores ayudan a captar mejor el significado de la revelación.

Pedro, Santiago y Juan son los tres apóstoles a quienes Cristo les concede que lo conozcan más. Mateo coloca a Jesús sobre un monte presentando su programa de vida en el sermón de las bienaventuranzas; sobre un monte elevado lo presenta ahora para proclamar que Jesús es el verdadero Mesías. En este sentido, es más grande que Moisés y Elías, es decir, es más importante que la ley y los profetas. Para el pueblo judío, la ley y los profetas eran los dos pilares de la revelación de Dios: la ley que fue dada en el Sinaí a Moisés y luego interpretada y proclamada por los profetas.

Igual que Abraham, Pablo y Cristo, los cristianos estamos llamados en esta Cuaresma a realizar una misión dentro de la Iglesia de Jesucristo. Puesto que esta misión es una encomienda del Señor, no debe ser cumplida de acuerdo con nuestros gustos, sino en sintonía con el plan salvífico de Dios: en plena obediencia y marcada por el sufrimiento.

EVANGELIO Mateo 17:1–9 L M

Lectura del santo Evangelio según san Mateo

En *aquel* tiempo,
Jesús tomó consigo a Pedro, a Santiago y a Juan,
    el hermano de éste,
    y los *hizo subir* a solas con él a un monte *elevado*.
Ahí se *transfiguró* en su presencia:
    su rostro se puso *resplandeciente* como el sol
    y sus vestiduras se volvieron *blancas* como la nieve.
De pronto aparecieron ante ellos *Moisés y Elías*,
    conversando con Jesús.
Entonces Pedro le dijo a Jesús:
"*Señor*, ¡*qué bueno* sería quedarnos *aquí*!
Si quieres, haremos aquí *tres chozas*,
    una *para ti*, otra *para Moisés* y otra *para Elías*".
Cuando *aún* estaba hablando, una nube *luminosa* los cubrió
    y de ella *salió* una voz que decía:
"*Este* es mi Hijo *muy amado*,
    en quien *tengo puestas* mis complacencias; *escúchenlo*".
Al oír *esto*, los discípulos cayeron *rostro en tierra*,
    llenos de un *gran temor*.
Jesús se acercó a ellos, *los tocó* y les dijo:
"*Levántense* y no teman".
Alzando entonces los ojos, *ya no vieron a nadie* más que a Jesús.
Mientras bajaban del monte, Jesús *les ordenó*:
"No le cuenten a *nadie* lo que han visto,
    hasta que el Hijo del hombre *haya resucitado*
        de entre los muertos".

EVANGELIO Mateo 17:1–9   L E U

Lectura del santo Evangelio según san Mateo

En *aquel* tiempo,
  Jesús *tomó* consigo a *Pedro*, a *Santiago*
    y a *Juan*, su *hermano*,
  y los *llevó* a un cerro alto, *lejos* de todo.
En *presencia* de ellos, Jesús *cambió* de aspecto:
  su cara *brillaba* como el sol
  y su ropa se puso *resplandeciente* como la luz.
En *ese* momento, se les aparecieron *Moisés* y *Elías*
    hablando con Jesús.
Pedro tomó entonces la *palabra* y dijo a *Jesús*:
  "*Señor*, ¡*qué bien* estamos aquí!
Si *quieres*, voy a *levantar* en este lugar *tres* chozas:
  una para *ti*, otra para *Moisés* y la tercera para *Elías*".
Pedro estaba *todavía* hablando cuando una *nube*
    luminosa los *envolvió*
  y una *voz* que salía de la nube *decía*:
  "*Este* es mi Hijo, el *Amado*, al que miro con *cariño*;
  a *él* han de *escuchar*".
Al *oír* la voz, los discípulos *cayeron* al suelo,
    llenos de *gran* temor.
Jesús se *acercó*, los tocó y les *dijo*:
  "*Levántense*, no teman".
Ellos *levantaron* los ojos, pero no vieron a *nadie* más
    que a *Jesús*.
Mientras *bajaban* del cerro, Jesús les *ordenó*:
  "*No* le hablen a *nadie* de lo que acaban *de ver*,
  hasta que el Hijo del Hombre haya *resucitado* de
    entre los muertos".

La escenografía ha cambiado ahora a lo alto de un cerro, donde al fresco de la brisa de la tarde vas describiendo los sucesos con vivos colores.

Eres un testigo privilegiado que has grabado en tu pupila todo lo sucedido y lo vas narrando cuidadosamente.

El rostro de Jesús refleja la intensidad de su oración; tu asombro comunica la majestad de la escena con el diálogo con Moisés y Elías.

Lo que estás viendo supera la capacidad de comprensión de Pedro que, nervioso, habla aturdidamente.

Siente el fresco de la nube brillante que lo llena todo como una niebla misteriosa y sagrada.

La voz del Padre debe escucharse clara y firmemente; esta afirmación es la clave de toda la escena.

Con dulzura y cordialidad, Jesús trata de calmar a Pedro y Santiago, que están llenos de pavor.

La frase final tiene el tono de una orden que hay que cumplir obligatoriamente.

3er. DOMINGO DE CUARESMA

I LECTURA Éxodo 17:3–7 L M

Lectura del libro del Éxodo

En *aquellos* días, el pueblo, *torturado* por la sed,
   fue a *protestar* contra Moisés, diciéndole:
"*¡*Nos has hecho *salir* de Egipto
   para *hacernos morir de sed* a nosotros,
   a nuestros hijos y a nuestro ganado?"
Moisés *clamó* al Señor y le dijo:
"*¿Qué* puedo hacer con este pueblo?
Sólo falta que me apedreen".
Respondió el Señor a Moisés:
"*Preséntate* al pueblo, llevando contigo a algunos
      de los ancianos de Israel,
   toma en tu mano el cayado con que *golpeaste* el Nilo *y vete.*
Yo *estaré* ante ti, sobre la peña, en Horeb.
Golpea la peña y *saldrá* de ella agua para que beba el pueblo".
Así lo hizo Moisés a la vista de los ancianos de Israel
   y puso por nombre a aquel lugar *Masá y Meribá,*
   por la *rebelión* de los hijos de Israel
   y porque habían *tentado* al Señor, diciendo:
"*¡Está o no está* el Señor en *medio* de nosotros?"

I LECTURA Quienes fueron liberados del país de Egipto, en su camino por el desierto deben constituirse firmemente como pueblo. La pobreza y la incomodidad del desierto es el campo de prueba en muchos sentidos. Es necesario que el pueblo tenga fe en Dios, que es creador y salvador, y que los acompaña en su marcha. Entre el salir de Egipto y la entrada a la tierra prometida, se encuentra el desierto, obstáculo a superar. El pueblo no siempre es fiel: duda, reniega y se rebela contra Dios como sucedió en Masá y Meribá.

La protesta de los israelitas fue motivada por la falta de agua. Al faltar el agua se ponía en peligro la vida de las personas y de los animales. Dios les había prometido llevarlos sanos y salvos a la tierra prometida. Ante esta situación, sienten que Dios no es poderoso; tal vez sean más poderosos los dioses de Egipto, que mantenían en gran bonanza al país. A pesar de la actitud negativa del pueblo y el fastidio de Moisés, en Dios no existe actitud de condena.

El pecado es perfectamente denunciado por el autor sagrado: el pueblo ha murmurado y ha tentado al Señor por su falta de fe y confianza. A la ingratitud y dureza de corazón de los suyos, Dios en cambio responde con el don de la fuente de agua. El agua que brota de la roca en el Horeb es un signo más de la cercanía y providencia divinas: está presente en su siervo Moisés y en el agua que anuncia aquella otra agua, la vida nueva que se ofrece en Cristo.

II LECTURA Romanos 5:1–2, 5–8 L M

Lectura de la carta del apóstol san Pablo a los romanos

Hermanos:
Ya que hemos sido *justificados* por la fe,
   mantengámonos en paz con Dios,
   por mediación de nuestro *Señor Jesucristo.*
Por él hemos obtenido, con la fe,
   la entrada al mundo de la gracia, en la cual *nos encontramos;*
   por él, podemos *gloriarnos* de tener la esperanza de *participar*
      en la gloria de Dios.
La esperanza *no defrauda,*
   porque Dios *ha infundido* su amor en *nuestros* corazones

II LECTURA A pesar de que han transcurrido muchos años de la acción salvadora de Cristo en favor nuestro, sucede que no tenemos plena claridad sobre el tema de la justificación y, tal vez, nos encontramos en la misma situación de los destinatarios de la carta a los Romanos. Terminamos por no comprender en toda su plenitud el amor de Dios. La celebración de la Cuaresma y del misterio

111

3 DE MARZO DEL 2002 ▪ 3er. DOMINGO DE CUARESMA

I LECTURA   Éxodo 17:3–7   L E U

Lectura del libro del Éxodo

En aquellos días,
   el pueblo, *atormentado* por la sed,
     siguió murmurando*contra* Moisés:
   "*¿Por qué* nos ha hecho salir de *Egipto*
   para que *ahora* me muera de sed con mis hijos
     y mis animales?"
Entonces *Moisés* llamó al Señor y le dijo:
   "¿Qué puedo *hacer* con este pueblo?
   Por poco me *apedrean*".
El *Señor* respondió a Moisés:
   "*Preséntate* al pueblo,
   lleva contigo algunos *jefes* de Israel,
   lleva también en tu mano el *bastón* con que golpeaste
     el río Nilo.
Yo estaré allá *delante* de ti, sobre la roca.
Golpearás la roca y de ella saldrá *agua*,
   y el pueblo tendrá para *beber*".
Moisés lo hizo *así*, en *presencia* de los jefes de Israel.
Aquel lugar se llamó *Masá* (o sea, tentación)
     y *Meribá* (o sea, *quejas*);
   a causa de las *quejas* de los *israelitas*,
   y por haber *tentado* al Señor diciendo:
   "*¿Está* el Señor en medio de nosotros, *o no?*"

Escucha al pueblo inconforme que intenta apedrear a Moisés. Es un momento de crisis. Falta el agua y abunda la desconfianza.

Deja que se escuchen todas las voces que intervienen en el relato. Haz notar sus diversas actitudes.

Comienza destacando la rebeldía popular. Hay un tono de queja contra Dios y Moisés.

A la angustia de Moisés, Dios responde simplemente ordenando lo que hay que hacer con la autoridad del que está en control de la situación.

Advierte cómo el Señor se coloca sobre la roca para presidir la acción que Moisés hace en su nombre.

De manera especial, destaca el mandato del Señor a Moisés: golpearás.

II LECTURA   Romanos 5:1–2, 5–8   L E U

Lectura de la carta del apóstol san Pablo a los romanos

Ya que por la fe *conseguimos* esta santidad,
   estamos en *paz* con Dios *gracias* a Cristo Jesús, nuestro Señor.
Gracias a él *alcanzamos* por la fe este favor
     en el que *permanecemos*,
   y nos sentimos seguros
   con la esperanza de tener *parte* en la gloria de Dios.
La esperanza *no* nos desengaña,
   porque el *amor* que Dios nos tiene
   se ha *derramado* en nuestros *corazones*
   por el Espíritu Santo que *él* nos ha dado.

Imagínate sentado en medio de un grupo de estudios bíblicos. Tomas la palabra para comentar una reflexión personal que quieres compartir con los demás.

Vas desgranando las ideas pausadamente como si profundizaras y comprendieras cada vez con mayor claridad.

No trates de usar un ritmo lento, sino más bien separa la afirmación contenida en cada párrafo para decirla con convencimiento interior.

112

3er. DOMINGO DE CUARESMA ■ 3 DE MARZO DEL 2002

pascual nos habla de muchas maneras de que Dios nos ama hasta el extremo de dar la vida por nosotros.

En los primeros capítulos de la carta a los Romanos, Pablo ha dejado en claro que la justificación no ha sido por el cumplimiento de la ley o por las obras realizadas conforme a la ley, sino por la fe, por la aceptación de la persona de Jesucristo, por el reconocimiento de que su muerte y resurrección nos han devuelto la vida. Sin Cristo, estamos abandonados a nuestras propias fuerzas y, por lo tanto, a la perdición. Pero una vez que Dios ha infundido su amor en nuestros corazones por medio de su Espíritu, nos transformamos totalmente. La muerte y la resurrección de Cristo, aceptadas con fe, anulan el pecado.

¡Cómo quisiéramos en esta Cuaresma participar del gozo profundo que embarga el corazón de Pablo, conforme lo describe en los dos primeros versículos de la lectura! Si los problemas, las debilidades y los vicios personales nos pueden conducir a un estado de ánimo negativo, debe ser más grande el gozo al sentirse amados por Dios. El amor de Dios transforma todo, pero la justificación no se ha realizado plenamente. Es una tarea para toda la vida.

EVANGELIO El testimonio del evangelista presenta la manera en que diferentes personas o grupos van aceptando a Jesús como Hijo de Dios; dedica una amplia narración al encuentro entre la mujer de Sicar y Jesús, que proclama la Buena Nueva en esa región. La samaritana termina siendo un modelo hermoso de aceptación de la fe, no obstante que en aquella época era una pecadora en vida, puesto que los samaritanos eran un pueblo cismático. Al mismo tiempo, ella también es modelo para el discípulo, puesto que va y anuncia a los suyos que ha encontrado al Mesías y los conduce hacia él. ¡Aventajan con mucho los samaritanos, pueblo hereje —según los judíos—a los escribas y fariseos! En éstos, como no hay voluntad de abrir su corazón a Cristo, las tinieblas son más fuertes que la luz y su

II LECTURA continuación L M

por medio del *Espíritu Santo*, que *él mismo* nos ha dado.
En efecto, cuando *todavía* no teníamos fuerzas
para *salir* del pecado,
Cristo *murió* por los pecadores en el tiempo *señalado*.
Difícilmente habrá *alguien* que quiera morir *por un justo*,
aunque puede haber alguno que *esté dispuesto* a morir
por una persona *sumamente* buena.
Y la prueba de que Dios *nos ama*
está en que Cristo murió *por nosotros*,
cuando *aún* éramos pecadores.

EVANGELIO Juan 4:5–42 L M

Lectura del santo Evangelio según san Juan

En *aquel* tiempo, llegó *Jesús* a un pueblo de Samaria,
llamado *Sicar*,
cerca del campo que dio Jacob a su hijo *José*.
Ahí estaba el pozo de Jacob.
Jesús, que venía *cansado* del camino,
se *sentó* sin más en el brocal del pozo.
Era *cerca* del mediodía.
Entonces llegó una mujer de Samaria a *sacar agua* y Jesús le dijo:
"*Dame* de beber".
(Sus discípulos habían ido al pueblo a *comprar* comida).
La samaritana le contestó:
"*¿Cómo* es que tú, *siendo judío*, me pides de beber *a mí*,
que soy *samaritana*?"
(Porque los judíos *no tratan* a los samaritanos).
Jesús le dijo: "Si *conocieras* el don de Dios
y *quién es* el que te pide de beber,
tú le pedirías *a él*, y él te daría *agua viva*".
La mujer le respondió:
"*Señor*, *ni siquiera* tienes *con qué* sacar agua
y el pozo es *profundo*,
¿cómo vas a darme *agua viva*?
¿*Acaso* eres tú *más* que nuestro padre Jacob,
que nos dio *este pozo*, del que bebieron él,
sus hijos y sus ganados?"
Jesús le contestó:
"El que bebe de esta agua *vuelve* a tener sed.

113

3 DE MARZO DEL 2002 ▪ 3er. DOMINGO DE CUARESMA

II LECTURA   continuación   L E U

En efecto, cuando *todavía* no podíamos hacer nada,
    vino *Cristo* en el tiempo *fijado*
    y *entregó* su vida por nosotros que estábamos *alejados*
        de Dios.
Ya es *difícil* encontrar a alguien que acepte *morir* por una
        persona buena.
Aunque si se trata de una persona *realmente* buena,
    tal vez alguien se *atreva* a morir por él.
Pero Cristo *murió* por nosotros cuando todavía
        éramos *pecadores*.
Es así cómo Dios nos *demostró* su amor.

Mueve tu vista a tu alrededor para argumentar: en efecto.

Reconoce en estas dos líneas finales una idea clave para la comprensión del texto. Si es posible, proclámalas de memoria, mirando directamente a la asamblea.

EVANGELIO   Juan 4:5–42   L E U

Lectura del santo Evangelio según san Juan

En aquel tiempo, llegó *Jesús* a un pueblo de Samaria
        llamado *Sicar*,
    en la tierra que el patriarca *Jacob* había dado a su hijo *José*.
Allí se encuentra el *pozo* de Jacob.
Jesús, *cansado* por la caminata, se sentó sin más,
        al *borde* del pozo.
Era *cerca* del mediodía.
Una mujer *samaritana* llegó para sacar agua, y Jesús le dijo:
"Dame de *beber*".
En ese momento se habían ido sus discípulos al *pueblo*
        a hacer compras.
La samaritana le dijo:
    "¿Cómo *tú*, que eres judío, me pides de beber a *mí*,
    que soy una mujer *samaritana*?"
    (hay que saber que los judíos no se *comunican*
        con los samaritanos).
Jesús le contestó: "Si conocieras lo que *Dios* te quiere *dar*,
    y *quién* es el que te pide de *beber*,
    tú *misma* me pedirías a *mí*,
    y yo te daría agua *viva*".
Ella le dijo: "Señor, no tienes con que sacar agua y este pozo
        es *profundo*,
    ¿*dónde* vas a conseguir esa agua viva?
¿Eres, acaso, *más* poderoso que nuestro antepasado *Jacob*,
    que nos *dio* este pozo, del cual bebió *él*, su *familia*
        y sus *animales*?"

La escena se desarrolla junto al pozo de Jacob.

Mira a Jesús que, cansado, se ha sentado en el brocal del pozo. El sol brilla en lo alto y hace mucho calor.

El narrador debe contar cada movimiento con cierta fascinación, introduciéndonos en cada gesto con una precisión fotográfica.

Jesús se dirige a ella con naturalidad y confianza.

El asombro de la mujer está más que justificado. Jamás un judío le hubiera dirigido la palabra.

El Señor lleva la conversación a su terreno y despierta la curiosidad de la samaritana.

La mujer habla con desenfado, pero respetuosamente. Sin embargo, hay una cierta ironía en el tono de su voz : "¿eres acaso más poderoso?".

La realidad de Jesús supera las expectativas del Primer Testamento.

114

3er. DOMINGO DE CUARESMA ■ 3 DE MARZO DEL 2002

odio irá creciendo. En cambio, en la sama-ritana y en sus familiares, la sed ardiente del corazón será plenamente saciada.

Cristo sale en busca de la persona que está sedienta de él. El encuentro se lleva a cabo junto al pozo. Jesús está sediento y la mujer también, a pesar de que tiene con qué sacar el agua. De acuerdo con la típica forma de narrar del evangelista, se desa-rrolla el diálogo entre Jesús y la samari-tana en dos niveles: el sentido material del agua que apaga la sed física y el simbólico, donde el agua es imagen de la vida nueva garantizada por Jesús a la mujer. El don del agua viva significa la revelación que Jesús hace de sí mismo.

En esta parte del Evangelio, el autor nos presenta tres tipos de personas que logran tener fe en Jesús: Nicodemo, que encarna al judaísmo oficial; la samaritana, que representa al judaísmo cismático; y el fun-cionario real de Caná de Galilea, en el que vemos al mundo no judío. Toda persona y de todos los orígenes son invitados a creer en Jesús. Hoy nuestras comunidades están formadas por gran variedad de personas, de origen y cultura muy diferente. Pero a todos se dirige el anuncio del tiempo cua-resmal porque estamos sedientos: Jesús es el enviado de Dios y el Hijo del Padre.

EVANGELIO continuación   L M

Pero el que beba del agua que yo le daré, *nunca más* tendrá sed;
   el agua *que yo le daré* se convertirá d*entro de él* en un
      manantial *capaz* de dar la *vida eterna*".
La mujer le dijo:
"Señor, *dame* de esa agua para que *no vuelva* a tener sed
   ni tenga que venir *hasta aquí* a sacarla".
Él le dijo: "*Ve* a llamar a tu marido y *vuelve*".
La mujer le contestó: "*No tengo* marido".
Jesús le dijo: "*Tienes* razón en decir: 'No tengo marido'.
Has tenido *cinco*, y el de ahora *no es* tu marido.
En eso has dicho *la verdad*".
La mujer le dijo: "*Señor*, ya veo que eres *profeta*.
Nuestros padres dieron culto *en este monte*
   y *ustedes* dicen que el sitio donde *se debe dar culto*
      está *en Jerusalén*".
Jesús le dijo: "*Créeme*, mujer, que se *acerca* la hora
   en que *ni en este* monte *ni en Jerusalén* adorarán al Padre.
Ustedes adoran *lo que no conocen*;
   nosotros adoramos *lo que conocemos*.
Porque la salvación *viene* de los judíos.
Pero se *acerca* la hora, *y ya está aquí*,
   en que los que quieran dar culto *verdadero*
   adorarán al Padre *en espíritu y en verdad*,
   porque *así* es como el Padre *quiere* que se le dé culto.
Dios *es espíritu*, y los que lo adoran *deben hacerlo*
   en espíritu y en verdad".
La mujer le dijo: "*Ya sé* que va a venir el Mesías
(*es decir*, Cristo).
Cuando venga, *él* nos dará *razón de todo*".
Jesús le dijo: "*Soy yo*, el que habla contigo".
En esto llegaron los discípulos
   y *se sorprendieron* de que estuviera conversando
     con una mujer;
   sin embargo, *ninguno* le dijo:
      '¿*Qué* le preguntas o *de qué* hablas con ella?'
Entonces la mujer *dejó* su cántaro,
   se fue al pueblo y *comenzó* a decir a la gente:
"*Vengan* a ver a un hombre que me ha dicho *todo*
   lo que he hecho.
¿No será éste *el Mesías*?"
Salieron del pueblo y se *pusieron en camino*
   hacia donde él estaba.
Mientras tanto, sus discípulos *le insistían*: "Maestro, come".

115

3 DE MARZO DEL 2002 ■ 3er. DOMINGO DE CUARESMA

EVANGELIO continuación   L E U

Jesús le contestó: "El que *bebe* de esta agua, *vuelve* a tener sed,
  pero el que beba del agua que yo le daré,
  no *volverá* a tener sed.
Porque el agua que yo le *daré* se hará en él manantial de agua
  que *brotará* para vida *eterna*".
La mujer le dijo:
  "Señor, *dame* de esa agua, para que no *sufra* más *sed*,
  ni tenga que volver *aquí* a sacarla".
Jesús le dijo: "*Anda* a buscar a tu marido y *vuelve* acá".
La mujer contestó: "No *tengo* marido".
[Jesús le dijo: "Es *verdad* lo que dices que no tienes marido;
  has tenido *cinco* maridos, y el que tienes ahora *no*
    es tu marido".]
"Señor, contestó la mujer, veo que eres *profeta*.
Nuestros padres *siempre* vinieron a este *cerro* para adorar a *Dios*
  y *ustedes* los judíos,
    ¿no dicen que hay que adorar en *Jerusalén*?"
Jesús le dijo:
  "*Créeme*, mujer, que ha llegado la hora en que ustedes,
  ni en *este* cerro, ni *tampoco* en Jerusalén,
  adorarán al Padre.
Ustedes samaritanos, *adoran* lo que no conocen,
  mientras que nosotros los judíos *conocemos* lo que adoramos:
  porque la *salvación* viene de los judíos.
Pero llega la *hora*, y *ya* estamos en *ella*,
  en la que los *verdaderos* adoradores
    adorarán al Padre en *Espíritu* y en Verdad.
Porque *ésos* son los adoradores que busca el Padre.
Dios es *Espíritu*
  y los que lo *adoran* deben adorarlo en Espíritu y en *Verdad*".
La mujer contestó: "Yo sé que el *Cristo* está por venir.
Cuando *él* venga nos *aclarará* todo".
Jesús le dijo: "Ese soy yo, el que habla contigo".
[En ese *preciso* momento llegaron los *discípulos*
y se *admiraron* al verlo hablar con una samaritana.
Pero ninguno le preguntó *para* qué, ni *por* qué hablaba con ella.
La mujer dejó allí el cántaro y *corrió* al pueblo a decir a la gente:
  "*Vengan* a ver a un hombre que me ha dicho *todo* lo que
    yo he hecho.
¿Acaso será *éste* el Cristo?"
Salieron entonces del pueblo y fueron a verlo.
Mientras tanto los discípulos le decían: "*Maestro*, come".
Pero él les contestó:

Deja que este discurso sobre el agua viva recuente en toda su belleza y expresividad.

Nota la forma en que entusiasma inmediatamente a la samaritana.

Este diálogo necesita la expresividad real de una conversación viva y animada.

Es importante sentir el sabor de este encuentro de seres de carne y hueso para poder comunicar a la asamblea sus emociones, ver su interior y entender sus actitudes.

No dejes de resaltar las afirmaciones importantes que el evangelista pone en boca de Jesús a lo largo de este texto, como una catequesis bautismal enmarcada por el relato.

La voz de Jesús adopta una mayor solemnidad para anunciar que su persona es el templo definitivo donde se ofrecerá el verdadero culto: llega la hora.

Jesús revela su propio misterio; hay fuerza y emoción en sus palabras.

En el diálogo con los discípulos, Jesús repite la técnica que ha usado antes con la samaritana: ellos lo invitan a comer y él les catequiza hablándoles de otro alimento superior. Mira cómo éstos lo escuchan atónitos, tratando de entenderlo.

116

3er. DOMINGO DE CUARESMA ▪ 3 DE MARZO DEL 2002

EVANGELIO continuación   L M

Él les dijo:

"Yo *tengo* por comida un alimento que ustedes *no conocen*".

Los discípulos comentaban *entre sí*:

"¿Le *habrá* traído alguien *de comer*?"

Jesús les dijo:

"Mi *alimento* es *hacer* la voluntad del que *me envió*

y llevar a *término* su obra.

¿*Acaso* no dicen ustedes que *todavía* faltan *cuatro* meses

para la siega?

Pues bien, *yo* les digo:

Levanten los ojos y *contemplen* los campos,

que *ya están* dorados para la siega.

Ya el segador *recibe* su jornal y *almacena* frutos

para la *vida eterna*.

De *este modo* se alegran *por igual* el sembrador y el segador.

Aquí se cumple el dicho:

'*Uno* es el que siembra y *otro* el que cosecha'.

Yo *los envié* a cosecharlo que *no habían* trabajado.

Otros trabajaron y *ustedes* recogieron su fruto".

Muchos samaritanos de aquel poblado

creyeron en Jesús por el testimonio de la mujer:

'Me dijo *todo* lo que he hecho'.

Cuando los samaritanos llegaron a donde él estaba,

le rogaban que se *quedara* con ellos, y se quedó allí *dos días*.

Muchos más *creyeron en él* al oír su palabra.

Y decían a la mujer:

"Ya *no* creemos por lo que *tú* nos has contado,

pues *nosotros mismos* lo hemos oído

y *sabemos* que *él* es, de veras, el *salvador* del mundo".

117

3 DE MARZO DEL 2002 ■ 3er. DOMINGO DE CUARESMA

EVANGELIO   continuación   L E U

"Tengo un *alimento* que ustedes no conocen".

Y se preguntaban si *alguien* le habría traído de comer.

Jesús les dijo: "Mi alimento es hacer la *voluntad*
    del que me *envió* y llevar a cabo su *obra*.

¿No dicen ustedes: Faltan *cuatro* meses para la cosecha?

Pues bien, *yo* les digo:
    levanten la vista y vean
    cómo los campos están *amarillentos* para la siega.

Ya el segador *recibe* su paga y junta *frutos* para la Vida Eterna;
    de modo que también el *sembrador* participa
    en la misma alegría del *segador*.

Y se verifica el dicho:
    Uno es el que *siembra* y otro el que *cosecha*.

Pues yo los he enviado a cosechar donde *otros* han trabajado.

Otros han *sufrido* y ustedes se hacen cargo del *fruto*
    de sus sudores".]

En este pueblo *muchos* samaritanos creyeron en él
    [por las palabras de la *mujer* que decía:
    "El me descubrió *todo* lo que yo había hecho".]

Vinieron donde él y le pidieron que se *quedara* con ellos.

Y se estuvo *allí* dos días.

Y en el pueblo *mucha* más gente creyó en él al *oír* su palabra.

Y le decían a la mujer:
    "Ya no creemos por lo que tú contaste.

Nosotros *mismos* lo hemos oído
    y estamos *convencidos*
    de que *éste* es verdaderamente el *Salvador* del mundo".

[*Versión corta: Juan 4:4–15, 19–26, 39, 40–42*]

Este discurso de Jesús debe proclamarse con largos contactos visuales y con pausas que indiquen su intento de ser comprendido por los discípulos.

Siente cómo el entusiasmo de la samaritana contagia a todo el pueblo y lo lleva al encuentro con Jesús y con la fe. Termina anunciándolo convencido y entusiasmado.

4º DOMINGO DE CUARESMA

I LECTURA   1 Samuel 16:1, 6–7, 10–13   L M

Lectura del primer libro de Samuel

En *aquellos* días, dijo el Señor a Samuel:
"*Ve* a la casa de Jesé, en Belén,
    porque de entre sus hijos me he escogido *un rey*.
Llena, pues, tu cuerno de aceite para ungirlo y *vete*".
Cuando llegó Samuel a Belén y *vio* a Eliab,
        el hijo *mayor* de Jesé, *pensó*:
"Este es, *sin duda*, el que voy a *ungir* como rey".
Pero el Señor *le dijo*:
"No te dejes *impresionar* por su aspecto ni por su *gran estatura*,
    pues yo lo *he descartado*,
    porque *yo no juzgo* como juzga el hombre.
El hombre se fija *en las apariencias*,
pero el Señor se fija e*n los corazones*".
Así fueron pasando ante Samuel *siete* de los hijos de Jesé;
        pero Samuel dijo: "*Ninguno* de éstos es el *elegido* del Señor".
Luego le preguntó a Jesé: "¿Son *éstos todos* tus hijos?"
Él respondió:
        "Falta el *más pequeño*, que está cuidando el rebaño".
Samuel le dijo: "*Hazlo venir*,
    porque *no* nos sentaremos a comer *hasta* que llegue".
Y *Jesé* lo mandó llamar.
El muchacho era *rubio*, de ojos *vivos* y *buena presencia*.
Entonces el Señor dijo a Samuel:
"*Levántate* y *úngelo*, porque *éste es*".
Tomó Samuel el cuerno con el aceite
        y lo *ungió* delante de sus hermanos.

I LECTURA Entre otras cosas, la Cuaresma es un tiempo propicio para la escucha de la Palabra de Dios. Y cuando escudriñamos el tema de la escucha de la Palabra en la Biblia, no podemos olvidar las narraciones del primer libro de Samuel. De manera significativa, muestra de qué manera el siervo de Dios (Samuel) es plenamente dócil a la palabra y, por otra parte, describe las consecuencias negativas por no ser capaces de escuchar la voz del Señor. La antítesis descrita en los primeros tres capítulos entre el hijo de Ana y los hijos de Elí es muy interesante.

En la Biblia, a propósito de los relatos de vocación, se acentúan dos aspectos: por una parte, el designio divino, que es incomprensible para nosotros; y, por otra parte, los pensamientos humanos, que van acompañados de incomprensión, objeciones, miedos y protestas. Samuel unge a David, y con este signo externo, lo que quiere subrayar es que al ungido se le ha comunicado una energía o vitalidad, una fuerza sobrehumana que lo hace capaz de desempeñar su misión en la comunidad porque ha sido el elegido del Señor. Comunicando su Espíritu a los líderes que ha escogido es cómo el Señor conduce a su pueblo. Mediante su Espíritu, los instrumentos indignos e inadecuados son capaces de llegar a ser medios eficaces para liberar al pueblo de las dificultades.

Evidentemente, el texto de esta primera lectura es un anuncio profético sobre Jesús, hijo de la casa de David, el Mesías. Nace en Belén de familia pobre, vive y predica de una forma sencilla y termina su vida en el fracaso según las autoridades religiosas de su tiempo. Al meditar la vida de Cristo en esta Cuaresma, una vez más nos convencemos que el Señor no juzga humanamente. Nosotros nos fijamos en las apariencias, Dios en los corazones.

I LECTURA   1 Samuel 16:1b, 6–7, 10–13a   L E U

Lectura del primer libro de Samuel

En aquellos días, el Señor dijo a *Samuel*:
   "Llena tu cuerno de *aceite*,
   pues quiero que vayas a casa de *Jesé* del pueblo de *Belén*,
   porque he elegido a *uno* de sus hijos para ser mi *rey*".
Cuando se presentó vio a *Eliab*, el mayor de edad,
      y se dijo:
   "Sin duda *éste* será el elegido".
Pero el *Señor* dijo a Samuel:
   "No mires su *apariencia* ni su gran estatura,
      porque lo he *descartado*.
Pues el hombre mira las *apariencias*,
   pero el Señor mira el *corazón*".
Jesé hizo pasar a sus *siete* hijos ante Samuel, pero éste dijo:
   "A *ninguno* de éstos ha elegido el Señor".
Preguntó, pues, Samuel a Jesé:
   "¿Están aquí *todos* tus hijos?"
Él contestó: "Falta el más *pequeño*,
   que está *cuidando* las ovejas".
Samuel le dijo: "*Anda* a buscarlo,
   pues *no* nos sentaremos a comer hasta que *él* haya venido".
Mandó Jesé a buscar a su *hijo* menor.
Era rubio, tenía *lindos* ojos y *buena* presencia.
Y el Señor dijo:
   "*Levántate* y conságralo con aceite, porque es *éste*".
Tomó Samuel el cuerno de *aceite*
   y lo *ungió* en medio de sus hermanos.
Y el *espíritu* del Señor permaneció sobre *David* desde aquel día.

Comienza con un buen análisis del relato para identificar las distintas voces que se escuchan y los diversos escenarios donde sucede la acción del mismo.

Advierte cómo el Señor ordena al profeta consagrar un rey, sin aclararle del todo quién debe ser.

El profeta se deja llevar por la apariencia y el porte. Hay convencimiento en sus palabras.

Dios hace una aclaración oportuna que hará más cauteloso a Samuel.

Destaca el desconcierto y la confusión del profeta, que le lleva a preguntar tímidamente.

Hay un suspiro de alivio en la petición; hay que esperar a la última posibilidad.

El Señor ha escogido al más pequeño; en este pastor se manifestará su poder salvador.

Describe el movimiento final del relato como si fueras testigo ocular. Mira el aceite correr sobre la cabeza del nuevo rey, consagrándolo para su misión.

Enfatiza cada gesto indicando la presencia del Señor en el corazón de David.

II LECTURA   Efesios 5:8–14   L M

Lectura de la carta del apóstol san Pablo a los efesios

Hermanos:
En *otro* tiempo ustedes fueron *tinieblas*,
    pero ahora, *unidos* al Señor, *son luz*.
Vivan, por lo tanto, como *hijos* de la luz.
Los *frutos* de la luz son la *bondad*, la santidad *y la verdad*.
Busquen lo que es *agradable* al Señor
    y *no* tomen parte en las obras *estériles* de los
        que son *tinieblas*.
Al contrario, repruébenlas *abiertamente*;
    porque, si bien las cosas que ellos hacen en secreto
    da rubor *aun mencionarlas*,
    al ser reprobadas *abiertamente, todo* queda en claro,
    porque *todo* lo que es iluminado *por la luz* se convierte *en luz*.
Por eso se dice:
Despierta, tú que duermes;
    levántate de entre los muertos y *Cristo* será tu luz.

II LECTURA Hablar del tema de la luz es hablar de la revelación bíblica. Es hacer mención de la actividad salvadora de Dios desde el principio, cuando separó la luz de las tinieblas, hasta el final, cuando se lleve a cabo la nueva creación (Apocalipsis 21:5). Entonces se tendrá la luz sin ocaso, que es el mismo Dios. A la Biblia le gusta presentarnos la vida terrena como una guerra donde se enfrentan la luz y las tinieblas, es decir, la vida y la muerte. Claro, el enfrentamiento es simbólico. Luz y tinieblas, en muchos textos de la Escritura, sirven para definir la suerte que le espera al ser humano: la felicidad o la desgracia.

Para los cristianos, Cristo es la luz del mundo; es la luz que debe iluminar a los que están en tinieblas y a todas las naciones. En este sentido las curaciones de los ciegos que realiza Jesús tienen un significado muy especial, como lo anuncia el Evangelio de hoy. Pablo mismo es testigo de esta experiencia: en el camino de Damasco pasó de las tinieblas a la luz. Hizo suyas aquellas palabras del Evangelio de Juan: "El que me siga no caminará a oscuras, sino que tendrá la luz de la vida" (8:12).

En este texto, como en otras partes de sus cartas, Pablo está convencido de que sin Cristo el género humano pertenece al reino de las tinieblas. Sin embargo, por pura bondad de Dios, por medio del bautismo, hemos sido llamados a participar del Reino de su Hijo. Esta nueva condición tiene su exigencia: debemos vivir como hijos de la luz, cuyas manifestaciones son la bondad, la santidad y la verdad.

EVANGELIO   Juan 9:1–41   L M

Lectura del santo Evangelio según san Juan

En aquel tiempo, Jesús vio al pasar a un ciego *de nacimiento*,
    y sus discípulos le preguntaron:
"*Maestro*, ¿*quién* pecó para que *éste* naciera ciego,
    él o sus padres?"
Jesús respondió: "Ni *él* pecó, *ni tampoco* sus padres.
Nació *así* para que *en él* se manifestaran las *obras de Dios*.
Es necesario que *yo haga* las obras del que *me envió*,
    mientras es *de día*,
    porque luego *llega* la noche y *ya nadie* puede trabajar.
Mientras *esté* en el mundo, yo soy la luz del mundo".
Dicho esto, escupió en el suelo, hizo *lodo* con la saliva,
    se lo puso en *los ojos* al ciego y le dijo:
"*Ve* a lavarte en la piscina de *Siloé*" (que significa 'Enviado').
Él fue, se lavó y *volvió* con vista.
Entonces *los vecinos* y los que lo habían visto antes
    pidiendo limosna, preguntaban:
"¿*No es éste* el que se sentaba a *pedir* limosna?"
Unos decían: "*Es el mismo*".
Otros: "*No es él*, sino que *se le parece*".
Pero *él* decía: "*Yo soy*".

EVANGELIO Como en el caso de la samaritana, nuevamente tenemos aquí una larga narración dramática y de muy alto contenido mesiánico. La curación del ciego de nacimiento muestra hasta qué punto los jefes de los judíos se encuentran totalmente ciegos, ya que se obstinan en rechazar la dignidad mesiánica de Jesús. Jesús ha realizado en Jerusalén una acción que no debería hacer en sábado: hizo lodo con la saliva y se lo puso en

II LECTURA   Efesios 5:8–14   L E U

Lectura de la carta del apóstol san Pablo a los efesios

En otro tiempo ustedes eran *tinieblas*,
  pero en el presente son *luz* en el Señor.
Pórtense como *hijos* de la luz:
  los *frutos* que produce la luz son *la bondad*, *la justicia*
  y *la verdad* bajo *todas* sus formas.
Sepan hallar lo que *agrada* al *Señor*,
  y *no* tomen parte en las obras *estériles* de las tinieblas;
  al contrario, *denúncienlas*.
Es cierto que da *vergüenza* incluso decir lo que esa gente hace
    a *escondidas*,
  pero todo esto ha de ser *denunciado* por *la luz*
  hasta que se vuelva *claridad*.
En efecto, *todo* lo que se pone bajo la luz viene a ser luz.
Por eso se dice: "*Tú* que duermes, *despiértate*,
  levántate de entre los muertos,
  y la luz de Cristo *brillará* sobre ti".

Pablo hace un discurso directo, en el que abundan las formas imperativas.

La estructura del texto sugiere una atención especial a los contactos visuales. Proclama de memoria cada una de las oraciones escritas en forma de mandato (o que de alguna manera ordenan hacer algo).

No se trata de regañar resaltando el mal proceder de algunos, sino de enfatizar la condición luminosa y buena de los que agradan al Señor.

Entusiasmado, invita finalmente a todos a despertar del sueño de la muerte.

EVANGELIO   Juan 9:1–41   L E U

Lectura del santo Evangelio según san Juan

En aquel tiempo, al pasar, *Jesús* se encontró con un ciego
    de *nacimiento*.
[Sus discípulos le *preguntaron*:
  "Maestro, ¿*quién* tiene la culpa de que esté ciego:
    él o sus padres?"
Jesús les respondió: "*No* hubo pecado, ni de él *ni* de sus padres.
Pero su caso servirá para que se *conozcan* las obras de Dios.
Mientras sea de *día*,
  tengo que hacer el trabajo que el Padre me ha *encomendado*.
Ya se *acerca* la noche, cuando *no* se puede trabajar.
Pero mientras yo *esté* en el *mundo*,
  Yo *soy* la luz del mundo".
Al decir esto,] hizo un poco de *lodo* con tierra y saliva.
Untó con él los *ojos* del ciego y le dijo:
  "*Anda* a lavarte en la piscina de Siloé"
  (que quiere decir: El Enviado).
El ciego *fue*, se lavó, y cuando *volvió* veía *claramente*.
Sus vecinos y los que lo habían *visto* pidiendo limosna, decían:
  "¿No es éste, acaso, el que venía a sentarse y pedía *limosna*?"
Unos decían: "*Es* él".

Más que el relato de un milagro, Juan nos hace recorrer un proceso de conversión de la mano de este ciego de nacimiento.

La acción cambia constantemente de escenarios y de personajes.

Comienza por describirnos el milagro y sus circunstancias. Los discípulos aprovechan la situación para hacer una pregunta que les viene rondando desde hace mucho tiempo.

Jesús responde categóricamente, con clara autoridad. Su afirmación contradice el modo de pensar común de la época y debió causar mayor asombro que el milagro mismo.

La segunda escena nos coloca ante los dimes y diretes del pueblo. Hay un tono de debate en la intervención de los vecinos y en la primera referencia a Jesús dicha por el que era ciego: *el hombre a quien llaman*.

los ojos al ciego. Actuando así, ha violado el precepto divino del descanso festivo; no hay duda de que es un pecador y de que no puede ser Hijo de Dios. Se debe expulsar de la sinagoga y excomulgarlo.

Es realmente admirable el dramatismo que ha logrado comunicar a la narración el autor sagrado, haciendo un contraste entre el luminoso testimonio de fe del que antes era ciego con la actitud negativa de los jefes de los judíos. Los tres interrogatorios hechos al hombre curado no tienen otra finalidad que presentarnos al hombre como modelo de fe. El camino de la fe, recorrido por el que antes estaba ciego, es un camino opuesto al recorrido por algunos de los judíos. El ciego pasa de la ceguera a la luz. Antes no creía, pero ahora confiesa que Jesús es el Cristo. Mientras los jefes de los judíos pasan de la duda, de algo de luz, a la oscuridad total.

Tal como sucedió con Jesús, la actitud y la profesión de fe del ciego de nacimiento puso a prueba la irracionalidad, arrogancia, orgullo y soberbia de los jefes de los judíos. En este tiempo de Cuaresma, esta Palabra de Dios juzga la autenticidad de la vida cristiana: si verdaderamente creemos en Cristo, o nos comportamos como ciegos.

EVANGELIO _ continuación   L M

Y le preguntaban: "Entonces, ¿*cómo* se te abrieron los ojos?"
Él les respondió: "El hombre que *se llama Jesús* hizo lodo,
    me lo puso en los ojos y me dijo: 'Ve a Siloé *y lávate*'.
Entonces *fui*, me *lavé* y *comencé* a ver".
Le preguntaron: "¿En *dónde* está él?" Les contestó: "*No lo sé*".
Llevaron entonces ante los fariseos al que *había sido* ciego.
Era *sábado* el día en que Jesús *hizo* lodo y le *abrió* los ojos.
También los fariseos le preguntaron
    cómo había adquirido la vista.
Él les contestó: "Me puso *lodo* en los ojos, me lavé *y veo*".
Algunos de los fariseos comentaban:
"Ese hombre *no viene* de Dios, porque *no guarda* el sábado".
Otros replicaban:
"¿*Cómo* puede un pecador hacer *semejantes* prodigios?"
Y había *división* entre ellos.
Entonces *volvieron* a preguntarle al ciego:
"Y tú, ¿*qué piensas* del que te *abrió* los ojos?"
Él les contestó: "Que es un profeta".
Pero los judíos *no creyeron* que aquel hombre,
    que *había sido ciego*,
    hubiera recobrado la vista.
Llamaron, pues, *a sus padres* y les preguntaron:
"¿*Es éste* su hijo, del que *ustedes dicen* que *nació* ciego?
¿*Cómo* es que ahora ve?"
Sus padres *contestaron*: "*Sabemos* que *éste es* nuestro hijo
    y que *nació ciego*.
Cómo es que *ahora ve* o *quién* le haya dado la vista,
    no lo sabemos.
Pregúntenselo a él; ya tiene edad *suficiente*
    y responderá *por sí mismo*".
Los *padres* del que había sido ciego dijeron *esto*
    por miedo a los judíos,
    porque *éstos* ya habían convenido en *expulsar* de la sinagoga
    a quien reconociera *a Jesús* como *el Mesías*.
Por eso sus padres dijeron: 'Ya *tiene* edad; *pregúntenle* a él'.
Llamaron *de nuevo* al que había *sido ciego* y le dijeron:
"*Da gloria* a Dios.
Nosotros sabemos que *ese hombre* es pecador".
Contestó *él*: "Si es pecador, *yo no lo sé*;
    sólo sé que yo era ciego y ahora veo".
Le preguntaron *otra vez*: "¿*Qué* te hizo? ¿*Cómo* te abrió los ojos?"
Les contestó: "*Ya* se lo dije a ustedes y *no me han dado crédito*.
¿*Para qué* quieren oírlo *otra vez*?

EVANGELIO continuación   L E U

Otros decían que no, sino que era *parecido*.

Él decía: "*Sí*, soy yo".

[Le preguntaron: "¿Cómo es que *ahora* puedes ver?"

Él contestó: "El hombre a quien llaman *Jesús* hizo barro,
   me lo aplicó a los ojos
   y me dijo que fuera a *lavarme* en la piscina de Siloé.

Fui, me lavé y *veo*".]

Era día *sábado* cuando Jesús hizo lodo y abrió los ojos al ciego.

Los judíos, pues,
   llevaron ante los *fariseos* al que hasta entonces
      había sido *ciego*,
   y *otra* vez, los fariseos le preguntaron cómo había sanado
      de la ceguera.

Contestó él: "Me puso *barro* en los ojos, me lavé y veo".

Algunos fariseos decían:
   "Ese hombre *no* es de Dios porque *trabaja* en día sábado".

Pero *otros* se preguntaban:
   "¿Cómo puede ser pecador un hombre que hace *signos*
      como éste?"

Y estaban en *desacuerdo*.

Le preguntaron al ciego:

"Y tú, ¿qué piensas de él, puesto que te ha *abierto* los ojos?"

Él contestó: "Es un *profeta*".

[Los judíos *no* querían creer que había sido ciego este *hombre*
   que ahora veía *claramente*.

Así es que hicieron llamar a sus *padres* y les preguntaron:
   "¿Es *éste* su hijo que dicen que *nació* ciego?

¿*Cómo* es que ahora ve?"

Los padres *respondieron*:
   "*Sabemos* que es nuestro hijo y que nació *ciego*.

Cómo ve *ahora*, o quién *le abrió* los ojos, eso *no* lo sabemos.

Pregúntenle a él;
   es *mayor* de edad y puede responder por su *cuenta*".

Los padres respondieron esto por *miedo* a los *judíos*,
   pues éstos habían decidido *expulsar* de sus *comunidades*
   a los que *reconocieran* que Jesús era el Cristo.

Por eso contestaron: "Es *mayor* de edad; *pregúntenle* a él".

Los fariseos *volvieron* a llamar al hombre que había *sido* ciego
   y le dijeron: "*Confiesa* la verdad.

Nosotros *sabemos* que ese hombre que te sanó es un pecador".

El hombre *respondió*: "Yo no sé si es pecador o no.

Lo que *sé* es que yo *era* ciego y *ahora* veo".

Le preguntaron: "¿*Qué* te hizo,

En el tercer escenario, hay un tono de incredulidad y confrontación. Es la segunda intervención del que ahora ve: *es un profeta.*

En la cuarta sección, hay una confrontación entre los judíos y los padres. Hay incredulidad de unos y temor de otros; los padres no se quieren buscar problemas y se desentienden del asunto.

En la quinta confrontación, los fariseos, airados y furiosos, descargan su impotencia con agresividad. El que era ciego se pone a la defensiva y les responde con valentía; su respuesta es serena y convencida con un toque de ironía. Reconoce a Jesús como alguien que *viene de parte de Dios.*

EVANGELIO continuación   L M

¿Acaso *también* ustedes quieren hacerse *discípulos* suyos?"
Entonces ellos *lo llenaron* de insultos y le dijeron:
"Discípulo *de ése* lo serás *tú*.
Nosotros somos discípulos *de Moisés*.
Nosotros *sabemos* que a Moisés le *habló Dios*.
Pero ése, *no sabemos* de *dónde* viene".
Replicó aquel hombre:
"Es *curioso* que *ustedes* no sepan *de dónde* viene
   y, sin embargo, me ha *abierto* los ojos.
Sabemos que Dios *no escucha* a los pecadores,
   pero al que lo teme y *hace su voluntad*, a *ése sí* lo escucha.
Jamás se había oído decir que alguien
      abriera los ojos a un *ciego* de nacimiento.
Si éste *no viniera* de Dios, no tendría *ningún* poder".
Le replicaron:
"Tú eres *puro pecado* desde que naciste,
   ¿*cómo* pretendes darnos *lecciones*?"
   Y lo echaron *fuera*.
Supo *Jesús* que lo habían echado *fuera*,
   y cuando lo encontró, *le dijo*:
"¿*Crees tú* en el *Hijo* del hombre?"
Él *contestó*: "¿Y *quién es*, Señor, para que yo crea *en él*?"
Jesús le dijo: "*Ya* lo has visto;
   el que *está* hablando contigo, *ése es*".
Él dijo: "*Creo*, Señor". Y *postrándose*, lo *adoró*.
Entonces le dijo *Jesús*:
"Yo *he venido* a este mundo para que se *definan* los campos:
   para que los ciegos *vean*, y los que ven *queden ciegos*".
Al oír *esto*, algunos fariseos que estaban con él le preguntaron:
"¿Entonces, *también* nosotros estamos *ciegos*?"
Jesús les contestó: "Si *estuvieran* ciegos, *no tendrían* pecado;
   pero como *dicen* que ven, *siguen* en su pecado".

¿cómo te abrió los ojos?"
Él les dijo: "*Ya* se lo he dicho y no me creyeron.
¿Para qué quieren oírlo *otra* vez?,
    ¿acaso ustedes *también* quieren hacerse *discípulos* de él?"
Entonces comenzaron a *insultarlo*:
    "*Tú* serás discípulo suyo.
Nosotros somos discípulos de *Moisés*.
Sabemos que Dios *habló* a Moisés.
Pero de éste no sabemos ni siquiera de *dónde* viene".
El hombre contestó: "*Esto* es lo maravilloso,
    que *ustedes* no entiendan de dónde viene un *hombre*
    que me *abrió* los ojos.
Todo el mundo sabe que Dios *no* escucha a los *pecadores*,
    sino a los hombres *buenos*, que hacen lo que Dios *quiere*.
Nunca se ha oído *decir*
    que un hombre haya *abierto* los ojos a un ciego
        de *nacimiento*.
Si éste no viniera de *parte* de Dios, no podría hacer *nada*
        de eso".]
Le contestaron ellos: "*Desde* tu nacimiento estás en pecado
    ¿y vienes a darnos lecciones a *nosotros*?"
Y lo *expulsaron*.
Jesús supo que lo habían expulsado, y al *encontrarlo* le dijo:
    "¿Crees tú en el *Hijo* del Hombre?"
Éste le contestó: "¿*Quién* es, Señor, para que *crea* en él?"
Jesús le dijo: "*Tú* lo estás viendo.
Soy *yo*, el que habla contigo".
Él dijo: "*Creo*, Señor",
    y se *arrodilló* ante él.
[Jesús dijo: "He venido a este mundo para *iniciar* una crisis:
    los que no ven, *verán*,
    y los que ven, van a quedar *ciegos*".
Algunos *fariseos* estaban al lado de Jesús y le dijeron:
    "¿Acaso *nosotros* somos ciegos?"
Jesús les contestó: "Si fueran *ciegos*, *no* tendrían pecado.
Pero ahora *dicen* que ven,
    con eso el pecado está *comprobado*".]

[*Versión corta: Juan 9:1, 6–9, 13–17, 34–38*]

En la escena final, hay un diálogo de fe con Jesús en presencia de los fariseos. Se completa el proceso de conversión y la afirmación es ahora concluyente: creo que tú eres el Hijo del Hombre.

El que ha recibido la luz de Cristo puede verlo todo de una manera diferente. Por no aceptar la propuesta de Jesús, los fariseos han quedado en la peor de las tinieblas.

5º DOMINGO DE CUARESMA

I LECTURA   Al profeta Ezequiel le toca vivir con su pueblo en momentos muy difíciles y dolorosos: la destrucción de Jerusalén, la deportación a una tierra extranjera y el exilio. Para todos, la situación que vive el pueblo es la muerte. Allá en Babilonia, los hebreos deportados no son otra cosa que desecho y no tienen derecho ni a una sepultura; por eso el capítulo 37 describe esta realidad como un valle lleno de huesos secos. Es una imagen muy sugestiva para retratar a un pueblo sin esperanza. ¿Volverá a la vida el pueblo? El mismo profeta necesita estar seguro. La señal le viene del mismo Dios, pues estando estrictamente prohibido por la ley que un sacerdote se acercara a los cadáveres, bajo pena de perder su pureza; a Ezequiel el Espíritu del Señor lo lleva con fuerza para que camine entre ellos, y no sucede nada. Ezequiel, de familia sacerdotal, sigue siendo agradable a los ojos de Dios.

Si se contempla a Jerusalén, ciertamente no existe ningún motivo para esperar. Pero Dios es un Dios creador, capaz de volver a la vida un montón de huesos secos, y es un Dios de perdón porque es capaz de tratar con gran misericordia las infidelidades de su pueblo. Los capítulos 34—39 del libro de Ezequiel tienen como tema principal la esperanza profética. El motivo está anunciado: regresará Israel a su tierra de donde fue echado fuera.

Al final del texto bíblico tenemos tres palabras importantes: espíritu, establecer y saber. El espíritu es el que hace vivir. Nuevamente les dará la tierra; conocerán, como experiencia de toda la persona, que tienen un Dios poderoso. Ezequiel está anunciando una resurrección. Es muy pronto para afirmar la resurrección de los muertos, pero sí se le señala como una promesa.

II LECTURA   Tengamos presente que el contexto de estos versículos se encuentra en la profunda

I LECTURA   Ezequiel 37:12–14   L M

Lectura del libro del profeta Ezequiel

Esto dice el Señor Dios:
"Pueblo mío, *yo mismo abriré* sus sepulcros,
    los *haré salir* de ellos y *los conduciré* de nuevo
        a la tierra de Israel.
Cuando *abra* sus sepulcros y los saque de ellos, *pueblo mío*,
    ustedes dirán que *yo soy* el Señor.
Entonces *les infundiré* a ustedes mi espíritu y *vivirán*,
    los *estableceré* en su tierra
        y ustedes *sabrán* que yo, el Señor, lo dije *y lo cumplí*".

II LECTURA   Romanos 8:8–11   L M

Lectura de la carta del apóstol san Pablo a los romanos

Hermanos:
Los que viven en forma *desordenada y egoísta*
no pueden agradar a Dios.
Pero ustedes no llevan *esa clase de vida*,
    sino una vida *conforme* al Espíritu,
        puesto que el Espíritu de Dios habita *verdaderamente*
            en ustedes.
Quien *no tiene* el Espíritu de Cristo, *no es* de Cristo.
En cambio, si Cristo vive *en ustedes*,
    aunque su cuerpo *siga sujeto* a la muerte a causa *del pecado*,
        su espíritu *vive* a causa de la actividad salvadora de Dios.
Si el *Espíritu* del Padre, que *resucitó* a Jesús de entre los
            muertos, *habita* en ustedes,
        entonces *el Padre*, que resucitó a Jesús de entre los muertos,
        también les dará vida a sus cuerpos mortales,
        por obra de su Espíritu, que *habita* en ustedes.

I LECTURA   Ezequiel 37:12–14   L E U

Lectura del libro del profeta Ezequiel

Esto dice el Señor Dios:
   Yo, el Señor, voy a *abrir* sus tumbas.
Pueblo mío, los haré *salir* de sus tumbas
   y los llevaré de nuevo a la *tierra* de Israel.
Ustedes sabrán que yo soy el *Señor*, cuando *abra* sus tumbas,
   pueblo mío, y los haga *salir*.
Infundiré mi Espíritu en ustedes y *volverán* a vivir,
   y los *estableceré* sobre su *tierra*,
   y ustedes *entonces* sabrán qué yo, el *Señor*,
      digo y pongo por obra.

II LECTURA   Romanos 8:8–11   L E U

Lectura de la carta del apóstol san Pablo a los romanos

Los que se dejan *conducir* por la carne *no* pueden agradar a Dios.
Mas ustedes *no* se dejan conducir por la carne
      sino por el *Espíritu*,
   pues el Espíritu de Dios *habita* en ustedes.
Si alguien *no* tuviera el Espíritu de Cristo, no sería de Cristo.
En cambio, si Cristo *está* en ustedes,
   aunque la muerte debida al pecado *permanezca* en el cuerpo,
   el Espíritu *vive* por haber *recibido* la gracia.
Y si el Espíritu de Aquel que *resucitó* a Cristo de entre
      los muertos *está* en ustedes,
   el que resucitó a *Jesús* de entre los muertos
   dará *también* vida a sus cuerpos mortales;
   lo hará por medio de su *Espíritu* que ya *habita* en ustedes.

Este texto, tan cargado de poesía, debe proclamarse con el convencimiento del que está seguro del triunfo de Dios aunque todo parezca afirmar lo contrario.

Como el profeta, habla en nombre del Señor y grita a un pueblo cargado de desánimo que ha muerto a la esperanza, invitándolo tres veces a resucitar, a salir de la tumba del desaliento.

Comunica la firme decisión de Dios de actuar en favor de su pueblo. Cada una de las frases que manifiesta la voluntad firme del Señor debe enfatizarse progresivamente hasta llegar a la promesa de reanimarnos como otra nueva creación con la fuerza de su Espíritu.

El autor nos coloca ante un discurso lleno de verdades profundas.

Más que una charla brillante y apasionada, el tono debe ser de sosegada meditación.

Primero identifica las ideas contenidas en las frases para que puedas presentarlas sin confusión.

Imagina al apóstol sentado en medio de un grupo de seguidores. Poco a poco desgrana sus ideas, dirigiéndose directamente a sus oyentes. Al proclamar, colócate en la misma situación; reconoce que el *ustedes* se refiere a la comunidad real que te escucha atenta.

El tono es de gozo, de un entusiasmo contagioso por la presencia del Espíritu, que ya está en la vida de la asamblea fiel.

reflexión doctrinal que hace Pablo en el capítulo 8, al colocar en antítesis la carne y el espíritu. Pablo declara que existe la ley del Espíritu, la fuerza dinámica que se opone a la ley de la carne. Con el término "carne", el apóstol hace mención de la realidad humana que no sólo se encuentra sometida a la limitación como criatura, sino también al pecado cuando todavía no es redimido por Cristo y, por lo tanto, sin la acción vivificadora del Espíritu.

Cuando no se tiene al Espíritu, se vive de una manera desordenada y egoísta, y no se puede agradar a Dios, dice Pablo. Se entiende perfectamente que no se habla del espíritu, refiriéndose a alma, el complemento del cuerpo, sino al aspecto sobrenatural y salvífico. El Espíritu del Señor es el Espíritu de Cristo, el Espíritu de santificación; el Espíritu Santo es el Espíritu como lo entendemos nosotros hoy y como ya lo entendía Pablo en su tiempo. Pablo nos señala una relación estrecha entre Espíritu y el buen comportamiento cristiano. El Espíritu es el inspirador de todo lo bueno.

La Cuaresma es un buen tiempo para aprovechar la exhortación de Pablo: abrir nuestros corazones, sin condiciones, a Cristo muerto y resucitado. Cristo nos quiere liberar de todas nuestras esclavitudes.

Efectivamente, nuestra voluntad es fortificada gracias a la participación en la vitalidad de Cristo resucitado. Si el hombre o la mujer se cierran a este ofrecimiento, permanecen prisioneros de su ineficiencia.

EVANGELIO En el milagro de la resurrección de Lázaro, se nos ofrece otro signo admirable de la mesianidad de Jesús. Especialmente en este texto, Jesús se revela como el Hijo de Dios, fuente de inmortalidad. Cristo no solamente declara ser la resurrección y la vida en persona, sino que muestra delante de todos, reunidos con ocasión de la muerte de Lázaro en Betania, que posee el poder de volver a la vida a uno que ya tenía varios días en la tumba.

La naturaleza divina de Jesús se muestra en el hecho de que es capaz de vencer

EVANGELIO   Juan 11:1–45   L M

Lectura del santo Evangelio según san Juan

En *aquel* tiempo, se encontraba enfermo *Lázaro*, en Betania,
    el pueblo de María y de su hermana Marta.
María era la que una vez *ungió* al Señor con perfume
    y le *enjugó* los pies con su cabellera.
El enfermo era su hermano *Lázaro*.
Por eso las dos hermanas le mandaron decir *a Jesús*:
"*Señor*, el amigo a quien tanto quieres *está enfermo*".
Al oír *esto*, Jesús dijo:
"*Esta* enfermedad *no acabará* en la muerte,
    sino que servirá para *la gloria* de Dios,
    para que el *Hijo de Dios* sea glorificado por ella".
Jesús *amaba* a Marta, a su hermana y a Lázaro.
Sin embargo, cuando *se enteró* de que Lázaro *estaba* enfermo,
    se detuvo *dos días más* en el lugar en que se hallaba.
Después dijo a sus discípulos: "Vayamos *otra vez* a Judea".
Los discípulos le dijeron:
"*Maestro*, hace poco que los judíos querían *apedrearte*,
        ¿y tú *vas a volver* allá?"
Jesús les contestó: "¿*Acaso* no tiene *doce* horas el día?
El que camina *de día* no tropieza,
    porque ve la luz *de este mundo*;
    en cambio, el que camina de noche *tropieza*,
        porque *le falta* la luz".
Dijo esto y luego *añadió*:
"*Lázaro*, nuestro amigo, *se ha dormido*;
    pero yo voy ahora *a despertarlo*".
Entonces le dijeron sus discípulos:
"*Señor*, si duerme, es que *va a sanar*".
Jesús hablaba *de la muerte*,
    pero ellos creyeron que hablaba del *sueño natural*.
Entonces Jesús les dijo *abiertamente*:
"Lázaro *ha muerto*, y me alegro por ustedes
        de no haber estado ahí,
        para que crean. Ahora, vamos *allá*".
Entonces *Tomás*, por sobrenombre *el Gemelo*,
    dijo a los demás discípulos:
"Vayamos *también* nosotros, para *morir* con él".
Cuando llegó Jesús, Lázaro llevaba ya *cuatro* días en el sepulcro.
Betania quedaba *cerca* de Jerusalén,
como a unos *dos* kilómetros y medio,
    y *muchos* judíos habían ido a ver a Marta y a María
    para *consolarlas* por la muerte de su hermano.

EVANGELIO   Juan 11:1–45   L E U

Lectura del santo Evangelio según san Juan

En aquel tiempo, [había un hombre enfermo
    que se llamaba *Lázaro*.
Era de *Betania*, el pueblo de *María* y de su hermana *Marta*.
María, *hermana* de Lázaro, el enfermo,
    era la *misma* que ungió con *perfume* los pies del Señor
    y los secó con sus *cabellos*.]
Las dos hermanas de *Lázaro* mandaron decir a *Jesús*:
    "Señor, el que tú *amas* está enfermo".
Jesús, al oírlo, declaró:
    "Esta enfermedad no es de *muerte*, sino para gloria de Dios,
    y por ella se *manifestará* la gloria del *Hijo* de Dios".
Jesús quería *mucho* a Marta, a su hermana y a *Lázaro*.
Sin embargo, cuando se enteró de que Lázaro estaba *enfermo*,
    se quedó allí *dos* días más.
Después dijo a sus discípulos: "Volvamos a *Judea*".
[Le replicaron:
    "*Maestro*, hace poco los judíos querían matarte a *pedradas*,
    ¿y otra vez quieres ir *allá*?"
Jesús les contestó: "¿Acaso no tiene *doce* horas el día?
Si uno anda de *día*, no tropieza, porque ve la *luz* del día.
Pero si uno anda de *noche* tropieza, porque adentro no *tiene* luz".
Después les dijo:
    "Nuestro amigo Lázaro se ha *dormido* y voy a despertarlo".
Los discípulos le dijeron:
    "Señor, si *duerme* recuperará la salud".
En realidad, Jesús quería *decirles* que Lázaro estaba muerto,
    pero los discípulos habían *entendido* que se trataba
        del sueño natural.
Entonces Jesús les dijo *claramente*:
    "Lázaro *murió* y yo me alegro por *ustedes*
        de no haber estado allá.
Ahora *sí* que ustedes van a *creer* en mí.
Vamos *allá* a verlo".
Entonces *Tomás*, apodado el Gemelo, dijo a los otros *discípulos*:
    "Vamos también nosotros y *moriremos* con él".]
Cuando llegó Jesús, Lázaro llevaba *cuatro* días en el sepulcro.
[Betania está como a dos kilómetros y medio de *Jerusalén*
y muchos judíos habían *venido* para consolar a Marta
      y a María
      por la *muerte* de su hermano.]

El hermoso relato de Juan es un texto cargado de dramatismo donde termina la actividad pública de Jesús y comienza el momento de su "hora".

Utiliza el recurso de dividir esta larga narración en escenas cortas que facilitan el desarrollo y movimiento, a la vez que sitúan la acción de manera progresiva.

La primera escena nos informa de la enfermedad del amigo de Jesús.

Nota cómo el Señor coloca el sentido de las cosas exactamente allí donde él lo quiere y enfatiza: "esta enfermedad no es de muerte".

El segundo cuadro nos recuerda la tensa situación de peligro en que está Jesús: los discípulos se lo recuerdan y Tomás invita a todos a morir con Jesús. En medio de esto, el diálogo refleja la tensión entre el nerviosismo de los discípulos ante la amenaza de muerte y la serenidad con que Jesús deja entrever el misterio de la muerte de su amigo.

En el tercer escenario se escucha y palpa el dolor de las hermanas. El diálogo con Marta nos hace escuchar la afirmación más fuerte de todo el texto.

la corrupción de un cuerpo que, por estar ya cuatro días en el sepulcro, los judíos sabían que estaba perfectamente muerto; ya olía mal, estaba ya descompuesto. De acuerdo con la concepción judía, el alma del difunto rondaba en torno al sepulcro en los primeros tres días después de la muerte; pero al cuarto, abandonaba definitivamente el cuerpo. Por consiguiente, al realizar el milagro, Jesús se revela como el Señor de la vida y la muerte. Es decir, es verdadero Dios, ya que sólo una persona divina puede hacer tal cosa.

Qué importante resulta la confesión de Marta para la interpretación correcta del texto, pues viene a ser el vértice de la narración: "Sí, Señor; yo creo que tú eres el Mesías, el Hijo de Dios que tenía que venir al mundo" (11:27). Una vez más, Marta, al igual que la samaritana y el ciego de nacimiento, se nos ofrece como modelo de fe durante este tiempo de la Cuaresma. Marta posee los rasgos de un auténtico discípulo. Podemos encontrar la salvación completa y total solamente en Cristo; la felicidad y la plenitud de la vida sólo se alcanzan creyendo en él.

EVANGELIO continuación

Apenas oyó Marta que Jesús llegaba, *salió* a su encuentro;
  pero María *se quedó* en casa.
Le dijo Marta a Jesús:
"*Señor*, si hubieras estado aquí, *no habría muerto* mi hermano.
Pero *aún ahora* estoy segura de que Dios
te concederá cuanto le pidas".
Jesús le dijo: "Tu hermano *resucitará*".
Marta respondió:
"*Ya sé* que resucitará en la resurrección del *último día*".
Jesús le dijo: "*Yo soy* la resurrección y la vida.
El *que cree* en mí, aunque haya muerto, *vivirá*;
  y todo aquel que está vivo y *cree en mí*,
    no morirá para siempre.
¿*Crees* tú esto?"
Ella le contestó:
"*Sí, Señor*. Creo *firmemente* que *tú eres* el Mesías,
    el Hijo de Dios,
  el *que tenía que venir* al mundo".
Después de decir estas palabras,
  fue a buscar a su hermana María y le dijo *en voz baja*:
"*Ya vino* el Maestro y *te llama*".
Al oír *esto*, María se levantó *en el acto*
    y *salió* hacia donde estaba Jesús,
  porque *él* no había llegado aún al pueblo,
    sino que estaba en el lugar donde Marta *lo había encontrado*.
Los judíos que estaban con María en la casa, *consolándola*,
  viendo que ella se levantaba y salía *de prisa*,
  pensaron que iba al sepulcro *para llorar ahí* y la siguieron.
Cuando llegó *María* adonde estaba Jesús, al verlo,
    se echó a sus pies y le dijo:
"*Señor*, si hubieras estado aquí, *no habría muerto* mi hermano".
Jesús, al verla *llorar* y al ver llorar a los judíos que la
    acompañaban,
  se conmovió hasta lo *más hondo* y preguntó:
"*¿Dónde* lo han puesto?" Le contestaron:
    "*Ven, Señor*, y lo verás".
Jesús *se puso a llorar* y los judíos comentaban:
"De veras ¡cuánto lo amaba!"
Algunos decían:
    "*¿No podía* éste, que *abrió* los ojos al ciego de nacimiento,
  hacer que Lázaro *no muriera*?"
Jesús, *profundamente* conmovido todavía,

EVANGELIO   continuación   L E U

Cuando Marta *supo* que Jesús venía en camino,
     salió a su *encuentro*,
   mientras que *María* permaneció en casa.
Marta, pues, dijo a Jesús:
"Si hubieras estado *aquí*, mi hermano no habría *muerto*.
Pero cualquier *cosa* que pidas a Dios, yo *sé* que Dios te la dará".
Jesús dijo: "Tu hermano *resucitará*".
Marta respondió:
     "Yo *sé* que resucitará en la resurrección de los muertos
     en el *último* día".
Jesús dijo: "yo *soy* la Resurrección y la *Vida*.
El que cree en *mí*, aunque esté muerto, *vivirá*;
     y el que haya *creído* en mí, no morirá para *siempre*.
¿Crees esto?"
Ella contestó: "Sí, Señor, yo *siempre* he creído
          que tú eres el Cristo,
     el *Hijo* de Dios que ha de venir a este mundo".
[Después, Marta fue a buscar a *María*.
Le dijo al oído: "El Maestro está aquí y te *llama*".
Apenas lo supo María, se *levantó* y fue al encuentro de Jesús.
Aún no había llegado al *pueblo*,
     sino que estaba en el *lugar* donde lo encontró Marta.
Los judíos que estaban con María, *consolándola* en la casa,
     la vieron salir *corriendo*.
Creyeron que iba a llorar al *sepulcro* y la siguieron.
María llegó donde estaba *Jesús*.
Al verlo, *cayó* a sus pies y le dijo:
     "Señor, si hubieras estado *aquí*,
          mi hermano no habría *muerto*".]
[Al ver] Jesús [el *llanto* de *María*
     y de *todos* los judíos que estaban con *ella*,]
     se *conmovió* hasta el alma.
Preguntó: "¿*Dónde* lo enterraron?"
Le contestaron: "Señor, *ven* a ver".
Y Jesús *lloró*.
Los judíos decían: "¡Miren *cuánto* lo quería!"
Otros decían: "Si pudo abrir los ojos al *ciego*,
     bien podría haber hecho *algo* para que Lázaro no muriera".
Jesús, conmovido de nuevo *interiormente*, se acercó al *sepulcro*,
     que era una *cueva* tapada con una piedra.
Jesús ordenó: "*Saquen* la piedra".
Marta, *hermana* del muerto, le dijo:
     "Señor, tiene *mal* olor, pues hace *cuatro* días que murió".

Deja que sea la voz firme de Jesús, la que nos revela ahora la propuesta de fe más central del Evangelio. Identifícate con la respuesta precisa de Marta: "Yo siempre he creído".

Advierte el tono humano y dramático de esta escena en la que al fondo se alza la tumba de Lázaro. Comunica la intensa emoción interior que estremece a Jesús y el desconcierto de los presentes.

El desarrollo final de los acontecimientos sugiere una interpretación contrastante a dos tonalidades. Mientras Jesús habla alto y fuerte, el narrador y los presentes

EVANGELIO continuación — L M

se *detuvo* ante el sepulcro, que era una cueva,
 sellada *con una losa*.
Entonces dijo Jesús: "*Quiten* la losa".
Pero *Marta*, la hermana del que había muerto, *le replicó*:
"*Señor*, ya huele mal, porque lleva *cuatro días*".
Le dijo Jesús: "¿No te he dicho que *si crees*,
 verás la gloria de Dios?"
Entonces quitaron la piedra.
Jesús *levantó* los ojos a lo alto y dijo:
"*Padre*, te doy gracias porque me *has escuchado*.
Yo *ya sabía* que *tú siempre* me escuchas;
 pero lo he dicho a causa *de esta muchedumbre* que me rodea,
 para *que crean* que tú me has enviado".
Luego *gritó* con voz potente: "¡*Lázaro, sal de ahí*!"
Y *salió* el muerto, atados con vendas las manos y los pies,
 y la cara *envuelta* en un sudario.
Jesús les dijo: "*Desátenlo*, para que *pueda andar*".
Muchos de los judíos que habían ido a casa de Marta y María,
 al ver lo que había hecho Jesús, *creyeron en él*.

PUNTOS PARA RECORDAR

Practica en el ambón:

• Ensaya la lectura frente al espejo con gestos expresivos naturales, que no distraigan pero que acentúen ciertos puntos.

• Si es posible, proclama en el templo vacío, proyectando la voz.

• La comunicación será más exitosa si haces un esfuerzo por identificarte con lo que lees. Recuerda las imágenes mientras presentas la lectura.

• Al hablar, acuérdate de proyectar la voz desde el pecho y no dejes que sólo salga de la garganta o por la nariz.

• Ubica a una persona sentada en la última banca del templo. Extiende la voz hasta ese punto.

• Busca dos caras simpáticas, una a la izquierda y otra a la derecha. De vez en cuando, pasa la vista desde la frente de una a la de la otra, y así los miembros de la asamblea tendrán la impresión de que estás mirando a todos ellos.

• Familiarízate con el micrófono y colócalo al nivel de la boca, donde la voz adquiera más amplitud.

EVANGELIO continuación   L E U

Jesús le respondió:

"¿No te he *dicho* que, si crees, vas a ver la gloria de Dios?"

Quitaron, pues, la *piedra*.

Jesús *levantó* los ojos al cielo y *exclamó*:

"Te doy *gracias*, Padre, porque has *escuchado* mi oración.

Yo sé que *siempre* me oyes.

Pero digo esto por la *gente* que está aquí,

para que crean que *Tú* me has enviado".

Al decir esto, gritó muy fuerte: "¡*Lázaro*, sal fuera!"

Y *salió* el muerto.

Tenía las manos y los pies *vendados*,

y la cabeza *cubierta* con un velo,

por lo que Jesús dijo: "*Desátenlo* y déjenlo caminar".

Muchos judíos que habían ido a ver a María

creyeron en Jesús cuando vieron lo que hizo.

[*Versión corta: Juan 11:3–7, 17, 20–27, 33–45*]

se expresan temerosos, como cohibidos y asombrados. Debes leer la última frase con una lentitud conclusiva.

DOMINGO DE RAMOS EN LA PASIÓN DEL SEÑOR

EVANGELIO   Mateo 21:1–11   L M

Lectura del santo Evangelio según san Mateo

Cuando se aproximaban ya a Jerusalén,
    al llegar a *Betfagé*, junto al monte de los Olivos,
    envió Jesús a *dos* de sus discípulos, diciéndoles:
"*Vayan* al pueblo que ven *allí* enfrente;
    al entrar, encontrarán amarrada una burra
        y un burrito con ella;
    desátenlos y tráiganmelos.
Si *alguien* les pregunta algo,
    díganle que el Señor *los necesita* y enseguida los devolverá".
Esto sucedió para que *se cumplieran* las palabras del profeta:
Díganle a la hija de Sión:
He aquí que tu rey *viene a ti*, apacible y montado *en un burro*,
    en un burrito, *hijo* de animal de yugo.
Fueron, pues, los discípulos *e hicieron* lo que Jesús
        les había encargado
    y trajeron consigo la burra y el burrito.
Luego pusieron sobre ellos sus mantos y Jesús *se sentó* encima.
La gente, *muy numerosa*, extendía sus mantos por el camino;
    algunos cortaban *ramas* de los árboles y las *tendían* a su paso.
Los que iban delante de él y los que lo seguían *gritaban*:
"¡*Hosanna*! ¡*Viva* el Hijo de David!
¡*Bendito* el que viene en *nombre* del Señor! ¡*Hosanna* en el cielo!"
Al entrar *Jesús* en Jerusalén, *toda* la ciudad *se conmovió*.
Unos decían: "¿*Quién es éste*?"
Y la gente respondía:
    "Éste es el *profeta Jesús*, de Nazaret de Galilea".

El episodio de la entrada del Señor en Jerusalén sirve al autor sagrado para subrayar algunos temas teológicos tratados a lo largo del Evangelio. Mateo, en la quinta parte de su Evangelio (19—25), nos muestra la vida definitiva del Reino a la que todos somos invitados. Es la multitud entusiasta, la que proclama que Jesús es el ungido de Dios, el Mesías, el hijo de Abraham, el heredero de David. El Mesías es rey, pero un rey pobre como anunció Zacarías (9:9). El burro es el animal de montura más corriente (Éxodo 4:20; Números 22:22; Jueces 10:4; 12:14); al venir montado en un burrito, se presenta el Mesías como soberano de la paz.

La narración evangélica posee un tinte marcadamente mesiánico. Jesús evitó en todo momento darse a sí mismo un título mesiánico. Nunca se llamó Mesías o Hijo de David porque no deseaba despertar en sus oyentes esperanzas de liberación nacional, poder político y bienestar material; todo eso lo había rechazado personalmente al momento de las tentaciones y al inicio de la vida pública (Mateo 4:1–11). Nunca quiso ser el Mesías político que sus contemporáneos esperaban. Podemos decir que sólo al final de su vida, en un contexto muy especial, permitió este homenaje como el Mesías.

Los detalles de la escena evangélica sirven para subrayar la humildad, la debilidad, la pobreza, la carencia y la confianza plena de Jesús, el Hijo de Dios, en su Padre. La burra y el burrito son el signo opuesto a la fuerza. Jesús una vez más propone una alternativa diferente ante la mentalidad de muchos hombres y mujeres de su tiempo.

La gente sencilla, los pobres de Yavé, aprovechan el episodio de la entrada triunfal de Jesús a Jerusalén para confesar y aclamar que Jesús es verdaderamente el descendiente de la casa de David.

EVANGELIO   Mateo 21:1–11   L E U

Lectura del santo Evangelio según san Mateo

Estaban ya *cerca* de Jerusalén.

Cuando llegaron a *Betfagé*, junto al monte de los Olivos,
   Jesús *envió* a dos discípulos, diciéndoles:
     "*Vayan* al pueblecito que está al frente
     y apenas *lleguen* van a encontrar una *burra* atada
     con su burrito al lado.
Desátenla y tráiganmela.
Si *alguien* les dice algo, *contéstenle*:
     'El *Señor* los necesita, pero *pronto* los devolverá'".
Esto *sucedió* para que se *cumpliera* lo dicho por un profeta:
     "Díganle a la *hija* de Sión:
     'Mira que tu rey *viene* a ti con toda sencillez,
     montado en una burra,
     una *burra* de carga, junto a su burrito'".
Los discípulos fueron, pues, siguiendo las *instrucciones* de Jesús,
   y *trajeron* la burra con su cría.
Después le colocaron sus *capas* en el lomo y Jesús
     se *sentó* encima.
Entonces la *mayoría* de gente extendió sus *capas* en el camino;
   otros *cortaban* ramas de árboles y las *ponían* sobre el suelo.
El *gentío* que iba delante de Jesús y el que le seguía *exclamaba*:
     "¡Hosanah! ¡Viva el hijo de David!
¡*Bendito* sea el que viene en *nombre* del Señor!
¡*Hosanah*, *gloria* en lo más alto de los cielos!"
Cuando *Jesús* entró en Jerusalén, la ciudad se *alborotó*.
Preguntaban: "¿*Quién* es éste?"
Y la muchedumbre *contestaba*:
     "Éste es el *profeta Jesús*, de Nazaret de Galilea".

Haz una composición de lugar e imagina la escena en todos sus detalles. En la ladera del monte de los Olivos, Jesús organiza personalmente los detalles de su entrada a la Ciudad Santa.

Introduce el relato como si estuvieras preparando una gran celebración.

Los discípulos escuchan atentamente las instrucciones mismas que cumplen al pie de la letra.

Tu voz adquiere ahora el brillo de la emoción para describir la alegre algarabía del gentío.

Utiliza un ritmo más acelerado para indicar el movimiento de la gente, que corre y se arremolina con palmas en las manos. Colócate en medio de la muchedumbre y contempla el asombro de la ciudad asomada a techos y balcones.

Concluye haciendo notar el enorme júbilo que resuena en la voz del pueblo que, entusiasmado, reconoce y anuncia a Jesús.

I LECTURA En esta lectura, que nos ofrece parte del tercer cántico del Siervo, aparece el profeta Isaías, figura de Cristo, perseguido a causa del anuncio de la Palabra de Dios, pero robustecido por el Señor ante sus enemigos porque cumple en todo con la voluntad divina. En este texto tenemos una proclamación solemne de la función salvífica del Siervo: en el sufrimiento y en el aparente fracaso de su misión.

La comunidad israelita postexílica se veía retratada en este texto. Una primera interpretación es contemplar, en la figura del Siervo, al pueblo de Israel que ha sufrido escandalosamente todos los atropellos en el país del destierro. Allá, en Babilonia, se encontraba Israel, abatido y sin aliento, pero quien ha sabido permanecer como discípulo, no obstante tantas humillaciones, ha terminado por salir triunfante de sus enemigos. En el poema queda perfectamente subrayada la certeza de que Dios no abandona a los suyos.

Ningún sufrimiento o persecución pueden impedir que la Palabra de Dios sea anunciada y que el compromiso de la alianza por parte de Dios se lleve a cabo. En esta semana seremos testigos del sufrimiento y el martirio, pero con la resurrección de Cristo queda confirmada la victoria del Siervo y la realización de una nueva alianza.

II LECTURA En el primer capítulo de esta carta, Pablo subraya que, a pesar de encontrarse preso, Cristo es anunciado. Aun más, su cautividad va a favorecer el anuncio del Evangelio porque está consciente de que sus padecimientos son por Cristo y los miembros de la comunidad se empeñarán doblemente, venciendo los miedos, a anunciar a Cristo (1:14). En este contexto se debe interpretar la lectura de hoy, donde este antiguo himno cristológico le sirve a Pablo para señalar la razón profunda del anuncio de Jesucristo muerto y resucitado.

La vida de Jesús es una historia de humillaciones libremente aceptadas, pero también es una historia de salvación en la

---

I LECTURA Isaías 50:4–7 L M

Lectura del libro del profeta Isaías

En aquel entonces, dijo *Isaías*:
"*El Señor* me ha dado una lengua *experta*,
   para que pueda *confortar* al abatido con palabras de aliento.
Mañana tras mañana, el Señor *despierta* mi oído,
   para que *escuche* yo, como discípulo.
El *Señor Dios* me ha hecho oír *sus palabras*
   y yo no he opuesto *resistencia* ni me he *echado para atrás*.
Ofrecí la espalda a los que *me golpeaban*,
   la mejilla a los que me *tiraban* de la barba.
No aparté mi rostro de los insultos y salivazos.
Pero *el Señor* me ayuda, por eso *no quedaré* confundido,
   por eso *endureció* mi rostro como roca
   y sé que *no quedaré* avergonzado".

II LECTURA Filipenses 2:6–11 L M

Lectura de la carta del apóstol san Pablo a los filipenses

Cristo, siendo Dios,
   no consideró que debía *aferrarse*
   a *las prerrogativas* de su condición divina,
   sino que, *por el contrario*,
   se *anonadó* a sí mismo, tomando la condición *de siervo*,
   y se hizo *semejante* a los hombres.
Así, hecho *uno* de ellos, se humilló *a sí mismo*
   y por obediencia *aceptó* incluso *la muerte*,
   y una muerte *de cruz*.
Por eso Dios lo exaltó sobre *todas* las cosas
   y le *otorgó* el nombre que está sobre *todo* nombre,
   para que, *al nombre* de Jesús,
   todos doblen la rodilla *en el cielo*,
      en la tierra y en *los abismos*,
   y *todos* reconozcan *públicamente* que Jesucristo es *el Señor*,
   para *gloria* de Dios Padre.

I LECTURA Isaías 50:4–7   L E U

Lectura del libro del profeta Isaías

El Señor Dios me ha *concedido* el poder hablar como
    su *discípulo*.
Y ha *puesto* en mi boca las *palabras*
  para *aconsejar* como es debido al que está aburrido.
Cada mañana, él me *despierta*
  y lo escucho como lo hacen los *discípulos*.
El Señor Dios me ha *abierto* los oídos
  y yo no me resistí ni me eché atrás.
He ofrecido mi *espalda* a los que me golpeaban
  y mis *mejillas* a quienes me tiraban la barba,
  y no oculté mi rostro ante las *injurias* y los escupos.
El Señor Dios viene en mi *ayuda*
  y por eso no me molestan las *ofensas*.
Por eso puse mi cara *dura* como piedra.
Yo *sé* que no seré *engañado*.

En el texto de Isaías resuena una confianza tan profunda que puede sobrepasar al dolor.

Al preparar la proclamación, coloca ante tu vista la imagen de los padecimientos y humillaciones de Jesús.

Advierte que se escucha la voz de quien ya ha pasado por el sufrimiento y lleva el dolor en carne propia. Por eso el texto necesita una proclamación lenta y sentida.

Recuerda tus experiencias personales de dolor y abandono e identifícate con Jesús. Haz que, por encima del tono sufriente del texto, se eleve la seguridad sin límites del que se ha puesto totalmente en las manos de Dios.

II LECTURA Filipenses 2:6–11   L E U

Lectura de la carta del apóstol san Pablo a los filipenses

Cristo, que era de *condición* divina,
  no se aferró celoso a su *igualdad* con *Dios*
  sino que se *rebajó* a sí mismo hasta ya no ser nada,
  tomando la condición de *esclavo*,
  y llegó a ser *semejante* a los hombres.
Habiéndose *comportado* como hombre, se *humilló*,
  y se hizo *obediente* hasta la muerte —y muerte en una cruz.
Por eso Dios lo *engrandeció*
  y le *concedió* el "Nombre-sobre-todo-nombre",
  para que ante el *Nombre* de Jesús *todos* se arrodillen
    en los cielos, en la tierra y *entre* los muertos.
Y toda lengua *proclame* que Cristo Jesús es el *Señor*,
  para la *gloria* de Dios Padre.

Estás admirado por la forma de proceder de Jesús. Tu voz manifiesta el asombro ante un comportamiento totalmente opuesto a la forma humana de actuar.

Siente que estás revelando la clave de un secreto: el misterio del proceder de Dios.

Maravillado, contempla al Señor resucitado y concluye con solemnidad, como si invitaras a la asamblea a aclamar el triunfo y la gloria de Jesús.

que todos somos invitados a participar en Cristo Jesús. Por obediencia, el Hijo de Dios se ha hecho hombre mortal, pero por iniciativa divina ha sido constituido Señor del universo. Se acentúa la humanidad, pero al mismo tiempo pone en evidencia que él es diferente. Es el hombre incorruptible según el proyecto del creador, aunque ha elegido compartir la condición de los pecadores condenados a la muerte. Por eso Dios lo exaltó sobre todas las cosas. Y al ser constituido Señor, recibe el homenaje de todos los súbditos que lo aclaman reconociendo su dominio universal. Esta liturgia eclesial y cósmica la celebramos en la Semana Santa.

| EVANGELIO | El relato de la pasión y resurrección de Jesús es parte integrante de cada uno de los Evangelios. En cada uno de ellos el relato de la pasión es extenso: los personajes son bastantes, se multiplican las acciones y los detalles se acumulan. ¡Todo es evocativo! Qué bien que en estos días de Semana Santa tenemos calma y disponibilidad para la escucha atenta del texto sagrado. Escuchamos la narración en la celebración litúrgica, pero hay que volverla a leer en casa, con la familia, en ambiente de oración.

Como es de esperarse, la manera en que cada uno de los evangelistas presenta el acontecimiento y su mensaje es diferente. Cada uno posee su propia orientación, estilo propio y mensaje teológico de acuerdo con los destinatarios. Sabemos que Mateo se dirige a comunidades judeocristianas asentadas en territorio del norte de Palestina y Siria. La comunidad judeocristiana estaba formada por discípulos de Jesús de origen judío. Esto se concluye por la importancia que le da el autor al cumplimiento de las Escrituras hebreas, las referencias a la ley, las tradiciones fariseicas, la interpretación de los escribas, las controversias con los jefes religiosos judíos y el uso de palabras y expresiones en idioma hebreo.

Las palabras y los hechos de Jesús se conservaban y se transmitían oralmente en

EVANGELIO   Mateo 26:14–27, 66   L M

Pasión de nuestro Señor Jesucristo según san Mateo

En *aquel* tiempo, uno de los *Doce*, llamado *Judas Iscariote*,
　　fue a ver a los *sumos sacerdotes* y les dijo:
"*¿Cuánto* me dan si les entregó *a Jesús*?"
Ellos quedaron en darle *treinta* monedas de plata.
Y desde *ese* momento andaba buscando
　　una oportunidad para entregárselo.
El primer día de la fiesta de los panes Ázimos,
　　los discípulos se acercaron *a Jesús* y le preguntaron:
"*¿Dónde* quieres que te preparemos la *cena de Pascua*?"
Él respondió:
"*Vayan* a la ciudad, a casa de Fulano, y *díganle*:
'El *Maestro* dice: Mi hora está *ya cerca*.
Voy a celebrar la Pascua con mis discípulos *en tu casa*'".
Ellos hicieron lo que Jesús les *había ordenado*
　　y *prepararon* la cena de Pascua.
Al *atardecer*, se sentó a la mesa con los Doce,
　　y mientras cenaban, les dijo:
"Yo *les aseguro* que uno de ustedes va *a entregarme*".
Ellos se pusieron *muy tristes*
　　y comenzaron a preguntarle *uno por uno*:
"¿Acaso *soy yo*, Señor?"
Él respondió:
"El que moja su pan en el *mismo* plato que yo,
　　ése va a entregarme.
Porque el Hijo del Hombre *va a morir*, como *está escrito* de él;
　　pero ¡*ay de aquel* por quien el Hijo del hombre
　　va a ser entregado!
¡*Más* le valiera a ese hombre *no haber nacido*!"
Entonces preguntó *Judas*, el que lo iba a entregar:
"*¿Acaso* soy yo, Maestro?"
Jesús le respondió: "*Tú lo has dicho*".
Durante la cena, *Jesús tomó* un pan, y pronunciada la bendición,
　　lo partió y *lo dio* a sus discípulos, diciendo:
"*Tomen* y *coman. Este* es mi cuerpo".
Luego *tomó* en sus manos *una copa de vino*,
　　y pronunciada la *acción gracias*,
　　la pasó a sus discípulos, diciendo:
"Beban *todos* de ella, porque *ésta* es mi sangre,
　　sangre de la *nueva* alianza,
　　que será derramada *por todos*,
　　para el *perdón* de los pecados.
Les digo que *ya no beberé más* del fruto de la vid,

EVANGELIO Mateo 26:14–27, 66   L E U

Pasión de nuestro Señor Jesucristo según san Mateo

EL CONFLICTO

En *aquel* tiempo, uno de los *Doce*, que se llamaba *Judas* Iscariote, fue donde los jefes de los sacerdotes y les dijo:
—¿*Cuánto* me darán para que se lo *entregue*?
Ellos le aseguraron *treinta* monedas de plata. Y desde ese instante *comenzó* a buscar una ocasión para *entregárselo*.

PREPARAN LA CENA PASCUAL

El *primer* día de la Fiesta en que se comía *pan* sin levadura, los *discípulos* se acercaron a Jesús y le dijeron:
—¿*Dónde* quieres que te preparemos la cena *pascual*?
[Jesús contestó:]
—Vayan a la *ciudad*, a casa de Fulano, y díganle:
"El *Maestro* te manda decir: 'Mi *hora* se acerca; en tu casa voy a *celebrar la* Pascua con mis *discípulos*'".
Los discípulos hicieron *tal* como Jesús les había ordenado y *prepararon* la Pascua.

EL TRAIDOR

Llegada la *tarde*, se sentó a la mesa con los *Doce*. Y mientras comían, *Jesús* les dijo:
—Les *aseguro* que uno de ustedes me va a *entregar*.
Muy *tristes*, uno por uno se pusieron a *preguntarle*:
—¿Seré yo, Señor?
[El contestó:]
El que ha metido la mano *conmigo* en el plato, *ése* es el que me *entregará*. El *Hijo* del Hombre se va, como dicen las Escrituras, pero ¡*pobre* de aquel que *entrega* al Hijo del Hombre! ¡Sería mejor para él *no* haber nacido!
Judas, el que iba a *entregarlo*, le preguntó *también*:
—¿Seré acaso yo, Maestro?
[Jesús respondió:]
—*Tú* lo has dicho.

LA EUCARISTÍA

Mientras comían, Jesús tomó *pan*, y después de *pronunciar* la *bendición*, lo partió y lo *dio* a sus discípulos, diciendo:
—Tomen y coman; *esto* es mi cuerpo.
Después, tomando una *copa* de vino y dando *gracias*, se la dio, diciendo:
—Beban *todos*, porque ésta es mi *sangre*, la sangre de la Alianza, que será derramada por los hombres, para que se les *perdonen* sus pecados. Y les digo que *no* volveré a beber de este

La lectura de la pasión se hace más intensa y dramática si se escogen buenos proclamadores que la preparen debidamente, identificando los momentos más expresivos, las intensidades en la emotividad y la fuerza del mensaje que contiene. Más que relatar los acontecimientos, quienes proclaman deben identificarse con el drama final de Jesús, trayéndolo a la realidad de la asamblea con naturalidad y convencimiento.

EL CONFLICTO
El tono de la voz identifica la traición cometida. Introduce el relato con un tono pesado y amargo. El acuerdo ha sido rápido y la amenaza queda flotando en el aire.

PREPARACIÓN DE LA CENA PASCUAL
El tono cambia a un ambiente más familiar. Destaca especialmente cada una de las veces que se insiste en que la última cena de Jesús fue una cena pascual.

EL TRAIDOR
Nuevamente se vuelve a un tono sombrío.

Hay tristeza en la voz de Jesús y en el desconcierto de los Doce.

No hay amenaza en las palabras de Jesús, sino el profundo dolor por la traición y la pérdida de Judas.

Hay miedo en la pregunta de Judas y pena en la voz de Jesús.

LA EUCARISTÍA
Describe con cuidado las acciones de Jesús. Las palabras de Jesús suenan con fuerza y solemnidad. Pronúncialas mirando directamente a la asamblea. Advierte que hay en ellas un fuerte aire de despedida.

esas comunidades para animar la fe y ayudar a solucionar los conflictos. Pero un buen día, después de la destrucción del templo de Jerusalén por los romanos en el año 70, hubo necesidad de poner por escrito lo que se conocía oralmente. Por consiguiente, hay que tener muy claro que el relato de la pasión no es una crónica periodística, sino que se trata de un relato teológico que ve en la historia el desarrollo del plan de Dios y confiesa a Jesús como Mesías e Hijo de Dios. En la narración, se mezclan el hecho histórico de la pasión y muerte de Jesús y la interpretación hecha por los primeros cristianos a la luz de la Pascua y del Primer Testamento.

Los cinco discursos en los que Mateo estructura el relato de su Evangelio tienen como tema central el Reino de los Cielos. Por lo tanto, el relato de la pasión viene a ser el desenlace de la trama de toda la narración. Fijémonos en cómo el autor sagrado narra de tal manera los acontecimientos de los últimos días de Jesús que la pasión viene ser el vértice de la oposición de las autoridades judías contra Jesús, que ha estado presente durante todo el Evangelio. El endurecimiento y cerradura de corazón del pueblo judío ha llegado a su máxima expresión. Más no puede ser. Es muy importante identificar todas las expresiones en este sentido.

Judas y Pedro son personajes muy importantes en el desarrollo de la trama, pues ambos representan un mesianismo mal entendido. Judas, uno de los discípulos, traiciona al maestro y termina decepcionado. Pedro, a su vez, termina abandonando y negando a Jesús. Los otros discípulos y la multitud están pasivamente contemplando los acontecimientos; vienen a ser una masa de gente fácilmente manipulada por los sumos sacerdotes y los ancianos que, al carecer de convicción personal, se unen al clamor pidiendo la crucifixión y la muerte de Jesús. ¿Con cuál personaje nos identificamos? ¿En algún momento de la vida hemos asumido la actitud de Judas, Pedro, los otros discípulos o la multitud ante la persona de Jesús?

EVANGELIO continuación   L M

hasta el día en que beba con ustedes el *vino nuevo*
en el *Reino* de mi Padre".
Después de haber cantado el himno,
salieron hacia el *monte de los Olivos*.
Entonces Jesús les dijo:
"*Todos* ustedes se van *a escandalizar de mí* esta noche,
porque *está escrito*:
'Heriré al pastor y se *dispersarán* las ovejas del rebaño'.
Pero *después* de que yo *resucite*, iré *delante* de ustedes *a Galilea*".
Entonces Pedro le *replicó*: "Aunque *todos* se escandalicen de ti,
yo *nunca* me escandalizaré".
Jesús le dijo:
"Yo t*e aseguro* que *esta* misma noche,
antes de que el gallo cante, me habrás negado *tres* veces".
Pedro le replicó:
"Aunque *tenga* que morir contigo, *no te negaré*".
Y *lo mismo* dijeron *todos* los discípulos.
Entonces *Jesús* fue con ellos a un lugar llamado *Getsemaní*,
y dijo a los discípulos:
"*Quédense* aquí mientras yo voy a orar *más allá*".
Se llevó consigo a *Pedro* y a los *dos* hijos de Zebedeo
y comenzó a sentir *tristeza y angustia*. Entonces les dijo:
"Mi alma está llena de una *tristeza mortal*.
Quédense *aquí* y velen *conmigo*".
Avanzó unos pasos más,
se postró *rostro en tierra* y comenzó a orar, diciendo:
"*Padre mío*, si es posible, que pase de mí *este* cáliz;
pero que *no se haga* como *yo quiero*, sino como *quieres tú*".
Volvió entonces a donde estaban los discípulos
y los encontró *dormidos*.
Dijo a *Pedro*:
"¿No han podido velar conmigo *ni una hora*?
Velen y oren, para *no caer* en la tentación,
porque el espíritu *está pronto*, pero la carne *es débil*".
Y *alejándose* de nuevo, se puso a orar, diciendo:
"*Padre mío*, si este cáliz no puede pasar sin que yo lo beba,
hágase tu voluntad".
Después volvió y encontró a sus discípulos *otra vez* dormidos,
porque tenían los ojos *cargados* de sueño.
Los dejó y se fue a orar de nuevo por *tercera* vez,
repitiendo *las mismas* palabras.
Después de esto, *volvió* a donde estaban los discípulos y les dijo:
"*Duerman* ya y descansen. *He aquí* que *llega* la hora

EVANGELIO continuación   L E U

producto de la uva hasta el *día* en que beba con ustedes vino
nuevo en el *Reino* de mi Padre.
Después de cantar los salmos,
partieron para el cerro de los Olivos.

JESÚS PREDICE LAS NEGACIONES DE PEDRO
Entonces Jesús les dijo:
—*Todos* ustedes se van a *desilusionar* de mí esta noche, pues
dice la Escritura: "*Heriré* al Pastor
y se *dispersarán* las ovejas del rebaño".
Pero después de mi *resurrección* iré delante de ustedes a *Galilea*.
Pedro empezó a decirle:
—Aunque *todos* dejen de creer en ti, yo *nunca* vacilaré.
[Jesús le *replicó*:]
—Yo te *aseguro* que *esta* misma noche, *antes* del canto de
los gallos, me habrás negado *tres* veces.
[Pedro le dijo:]
—Aunque tenga que *morir*, no *renegaré* de ti.
Y *todos* los discípulos decían lo *mismo*.

LA ORACIÓN EN EL HUERTO
Llegó Jesús con ellos a una propiedad llamada *Getsemaní*.
Dijo a sus discípulos:
—*Siéntense* aquí, mientras yo voy más allá a *orar*.
Llevó consigo a *Pedro* y los dos hijos de Zebedeo y comenzó a
sentir *tristeza* y angustia. Y les dijo:
—*Siento* una tristeza de muerte;
quédense ustedes aquí velando *conmigo*.
Fue un poco más *lejos* y, *tirándose* en el suelo hasta tocar la
tierra con su cara, hizo esta oración.
—*Padre*, si es posible, *aleja* de mí esta copa. Sin embargo, que se
cumpla *no* lo que yo quiero, sino lo que quieres tú.
Volvió donde sus discípulos y los halló *dormidos*, y dijo a Pedro:
—¿De modo que no han tenido valor de acompañarme
ni una hora?
Estén *despiertos* y orando para que no caigan en *tentación*:
el espíritu es *animoso*, pero la carne es *débil*.
De nuevo se apartó por *segunda* vez a orar y dijo:
—*Padre*, si esta copa no puede ser *apartada* de mí sin que yo
la beba, que se haga tu *voluntad*.
Después volvió y los halló dormidos *de nuevo*, porque se les
cerraban los ojos de sueño. Los dejó y fue de nuevo a orar por
tercera vez, repitiendo las *mismas* palabras. Después volvió
donde los discípulos [y les dijo:]
—¡*Ahora* pueden dormir y descansar! Llegó la hora en que el

JESÚS PREDICE LAS NEGACIONES DE PEDRO
Comienza con un tono opaco; las sombras del abandono pesan en el corazón de Jesús. Pedro está tan afectado que no advierte que el Señor ha anunciado su resurrección y protesta inmediatamente y con vehemencia.

Hay tristeza en sus ojos y en su voz cuando le profetiza a Pedro su falta de valor y de amistad.

Hay demasiada arrogancia y seguridad en Pedro y los discípulos.

LA ORACIÓN EN EL HUERTO
La oscuridad de la noche enmarca de hondo pesar la escena del huerto.

Ahora se nos manifiesta la humanidad de Jesús como algo muy cercano a nosotros.

Su voz refleja una tristeza profunda.

Está solo en su angustia y no encuentra el apoyo de sus amigos.

Jesús ora desde lo más profundo de su alma.

Tres veces clama al Padre para terminar con la misma aceptación. Obedeciendo, manifiesta finalmente su condición de Hijo.

De la tristeza se pasa ahora a la aceptación serena de los acontecimientos que irrumpen precipitadamente.

Pero no en todos los testigos de la pasión y muerte del Señor es negativa la actitud. Aparece en escena el oficial y sus acompañantes, y de sus labios brota la hermosa e importantísima confesión de fe: "Verdaderamente éste era el Hijo de Dios". Hay también un grupo de mujeres que han logrado perseverar siguiendo a Jesús; finalmente, ahí está el hombre rico de Arimatea, discípulo que ha sabido permanecer fiel hasta el final.

Ante la pasión y muerte de Jesús, el relato nos ofrece tres modelos a seguir: la fidelidad de las mujeres; la bondad y diligencia de José de Arimatea; y la profesión de fe de un pagano y de quienes lo acompañaban. Pero durante toda la narración Mateo destaca el testimonio del mismo Jesús: su dignidad y su entrega a la voluntad del Padre.

La fe en la resurrección de Cristo es la fuente de donde manan los cuatro Evangelios. Pero la fe es la condición para que quede un fruto espiritual de su escucha y lectura. La experiencia de la muerte y resurrección de Jesús, Hijo de Dios, es verdaderamente una luz que ayuda a entender el sentido de toda la vida de Jesucristo. En esta nueva lectura, el Primer Testamento fue como una luz que ilumina el camino oscuro. Los discípulos, orientados por la experiencia pascual, vieron en el Primer Testamento una nueva figura mesiánica de Jesús. En lugar de un Mesías político y poderoso, empezaron a releer y a entender a Jesús en el contexto del mesianismo sufriente. Jesús es el Mesías anunciado por las Escrituras y esperado por el pueblo a lo largo de toda la historia. Jesús es el ungido de Dios, el hijo de Abraham, el heredero de David (Mateo 1:1).

EVANGELIO continuación L M

y el *Hijo del hombre* va a ser *entregado* en manos de los
    pecadores.
¡Levántense! ¡Vamos! *Ya está aquí* el que me va a entregar".
Todavía estaba hablando Jesús, cuando llegó *Judas*,
    uno de los Doce,
    seguido de una chusma *numerosa* con espadas y palos,
    enviada por los *sumos sacerdotes* y los ancianos del pueblo.
El que lo iba a entregar les había dado *esta señal*:
"*Aquel* a quien yo le dé *un beso*, ése es. *Aprehéndanlo*".
Al instante se acercó a Jesús y le dijo:
"*¡Buenas noches*, Maestro!". Y lo *besó*.
Jesús le dijo: "*Amigo*, ¿es esto a lo que *has venido*?"
Entonces se acercaron a Jesús, le *echaron mano* y lo apresaron.
Uno de los que estaban con Jesús *sacó* la espada,
    hirió a un criado del sumo sacerdote y *le cortó* una oreja.
Le dijo entonces Jesús:
"*Vuelve* la espada a su lugar, pues quien *usa* la espada,
    a espada *morirá*.
¿No crees que si yo se lo pidiera *a mi Padre*,
    él pondría *ahora mismo* a mi disposición
más de *doce* legiones de ángeles?
Pero, ¿*cómo* se cumplirían entonces las Escrituras,
    que dicen que *así* debe suceder?"
Enseguida dijo Jesús a aquella chusma:
"¿Han salido ustedes a apresarme como *a un bandido*,
    con espadas y palos?
Todos los días yo enseñaba, *sentado* en el templo,
    y no me *aprehendieron*.
Pero todo esto *ha sucedido*
    para que *se cumplieran* las predicciones *de los profetas*".
Entonces *todos* los discípulos lo abandonaron y *huyeron*.
Los que aprehendieron a Jesús
    lo *llevaron* a la casa del sumo sacerdote *Caifás*,
    donde los escribas y los ancianos *estaban reunidos*.
Pedro los fue siguiendo *de lejos*
hasta el palacio del *sumo sacerdote*.
Entró y se sentó con los criados para ver *en qué paraba aquello*.
Los sumos sacerdotes y *todo* el sanedrín
    andaban buscando *un falso testimonio* contra Jesús,
    con ánimo de *darle muerte*; pero *no lo encontraron*,
    aunque se presentaron *muchos testigos falsos*.
Al fin llegaron dos, que dijeron:
"*Éste* dijo: 'Puedo *derribar* el templo de Dios

EVANGELIO continuación   L E U

Hijo del Hombre va a ser *entregado*
en manos de los pecadores. *Levántense.*
Vamos, ya está *muy* cerca el que me va a entregar.

TOMAN PRESO A JESÚS

Estaba *todavía* hablando cuando llegó Judas, uno de los Doce,
y con él *mucha* gente armada de espadas y de palos, enviados
por los *jefes* de los sacerdotes y por las *autoridades* judías. Pues
bien, el *traidor* les había dado *esta* señal:
—El que yo *bese*, ése es; *arréstenlo.*
Y en *seguida* se acercó a Jesús [y le dijo:]
—Buenas noches, *Maestro.*
Y lo *besó.* [Pero Jesús le dijo:]
—Amigo, haz lo que *vienes* a hacer.
Entonces se acercaron, *detuvieron* a Jesús y se lo llevaron. Uno
de los que estaban con Jesús *sacó* la espada e *hirió* al sirviente del
jefe de los sacerdotes, *cortándole* una oreja. Entonces Jesús le dijo:
—*Vuelve* la espada a su sitio, pues quien usa la espada, *perecerá
también* por la espada. ¿No crees que puedo llamar a mi *Padre*,
y él al *momento* me mandaría más de doce *ejércitos* de ángeles?
Pero entonces *no* se cumplirían las Escrituras, donde se afirma que
esto debe suceder.
En ese momento, Jesús dijo al *tropel* de la gente:
—Salieron a *arrestarme* con espadas y palos, como a un *ladrón.*
Sin embargo, yo me sentaba *diariamente* entre ustedes en el
Templo para enseñar y *no* me arrestaron. Pero todo *esto* ha
pasado para que se *cumpla* lo escrito por los profetas.
Entonces *todos* los discípulos lo *abandonaron* y huyeron.

ANTE EL CONSEJO

Los que tomaron preso a Jesús lo llevaron a casa de *Caifás*, jefe de
los sacerdotes. Ahí se hallaban *reunidos* los maestros de la Ley
y las autoridades judías. Pedro lo iba siguiendo *de lejos*, hasta
llegar al palacio del *jefe* de los sacerdotes. *Entró* en el patio
y se sentó con los sirvientes para saber el *final.* Los jefes de los
sacerdotes y el Consejo Supremo andaban *buscando* alguna
declaración *falsa* en *contra* de Jesús para condenarlo a *muerte*,
y aunque se presentaron *muchos* testigos falsos no la hallaban.
Por *último*, llegaron dos que *declararon:*
—*Este* hombre dijo: "Yo puedo *destruir* el Templo de Dios
y *reconstruirlo* en tres días".
Con esto, *poniéndose* de pie el jefe de los sacerdotes,
preguntó a Jesús:
—¿Nada contestas a las *declaraciones* de los testigos en tu contra?
Pero Jesús se quedó *callado.*

TOMAN PRESO A JESÚS
El ritmo se vuelve agitado. El aire se llena de antorchas y refulgen las lanzas y las espadas de los soldados.

Calladamente, con frialdad calculada, Judas da la contraseña que consuma la traición. Luego, para que todos puedan oírlo, saluda a Jesús en voz alta y lo besa.

Hay ternura y compasión en la mirada y palabra de Jesús.

La escena se agiliza; es un momento de pánico y confusión.

Jesús impone la calma e interpreta todo lo que está sucediendo como ya anunciado por las Escrituras.

Solo y abandonado, una tristeza serena inunda a Jesús mientras que es conducido por la turba a la casa de Caifás.

ANTE EL CONSEJO
Todo tiene la apariencia de la legalidad necesaria para aplicar una sentencia dada de antemano. Las autoridades religiosas se han confabulado para eliminar a Jesús.

Más que un juicio, es la búsqueda de un marco legal para condenarlo.

Describe la escena como una confabulación sin escrúpulo alguno. Hay un entra y sale de testigos que no logran ponerse de acuerdo. Pedro entra de incógnito e intenta disimular sus intenciones colocándose entre la servidumbre que en el patio comenta los hechos.

El sumo sacerdote presiona a Jesús, como buscando llegar al fondo de la cuestión.

La predicación en las comunidades cristianas nacientes insistía en que en vez de lamentar la muerte de Jesús en la cruz, había que meditar y explicar este hecho en el marco del designio de Dios, anunciado en el Primer Testamento: Jesús es el Siervo Sufriente (Isaías 53) y el Hijo del Hombre (Daniel 7:13–14), que vino a servir y a liberar a la humanidad. Jesús fue entregado y muerto por el poder de este mundo, pero lo venció y lo trascendió. Así, la pasión y la muerte de Jesús, que parecían un golpe definitivo para los discípulos, se convierten en acción divina y anuncio de vida nueva.

EVANGELIO continuación — L M

y reconstruirlo *en tres días'*".
Entonces el sumo sacerdote se levantó y le dijo:
"¿No respondes *nada* a lo que éstos atestiguan *en contra tuya*?"
Como Jesús *callaba*, el sumo sacerdote le dijo:
"*Te conjuro* por el Dios vivo
que nos digas si tú *eres el Mesías*, el Hijo de Dios".
Jesús le respondió: "*Tú* lo has dicho.
Además, *yo les declaro*
que *pronto* verán al Hijo del hombre,
sentado a la derecha de Dios,
venir sobre las nubes del cielo".
Entonces, el sumo sacerdote *rasgó* sus vestiduras y *exclamó*:
"*¡Ha blasfemado!* ¿*Qué necesidad* tenemos ya de testigos?
Ustedes *mismos* han oído la blasfemia. *¿Qué les parece?*"
Ellos respondieron: "Es reo *de muerte*".
Luego comenzaron a *escupirle* en la cara y a darle *bofetadas*.
Otros lo golpeaban, diciendo:
"*Adivina quién* es el que te *ha pegado*".
Entretanto, *Pedro* estaba fuera, *sentado* en el patio.
Una criada se le acercó y le dijo:
"*Tú también* estabas con Jesús, *el galileo*".
Pero él *lo negó* ante todos, diciendo:
"*No sé* de qué me estás hablando".
Ya *se iba* hacia el zaguán,
cuando lo vio *otra criada* y dijo a los que estaban ahí:
"*También ése* andaba con Jesús, *el nazareno*".
Él *de nuevo* lo negó *con juramento*:
"*No conozco* a ese hombre".
Poco después se acercaron a Pedro
los que estaban ahí y le dijeron:
"No cabe duda de que *tú también* eres de ellos,
pues *hasta* tu modo de hablar *te delata*".
Entonces él comenzó a echar *maldiciones*
y a jurar que *no conocía* a aquel hombre.
Y en aquel momento *cantó* el gallo.
Entonces *se acordó* Pedro de que Jesús había dicho:
"*Antes* de que cante del gallo, me habrás negado *tres* veces".
Y saliendo de ahí se soltó a llorar *amargamente*.
Llegada la mañana,
todos los sumos sacerdotes y los ancianos del pueblo
celebraron consejo *contra Jesús* para *darle muerte*.
Después de *atarlo*, lo llevaron ante el procurador, *Poncio Pilato*,
y se lo entregaron.

EVANGELIO continuación   L E U

[Entonces, el jefe de los sacerdotes le dijo:]
—Yo te *ordeno* de parte del verdadero Dios que nos digas si
tú eres el *Cristo*, el Hijo de Dios.
[Jesús le *respondió*:]
—Así es, tal como acabas de *decir*, yo les anuncio *además* que a
partir de *hoy* ustedes *verán* al Hijo del Hombre *sentado* a la
derecha de Dios Poderoso *viniendo* sobre las nubes.
Entonces, el jefe de los sacerdotes *rasgó* sus ropas, diciendo:
—Ha *blasfemado*; ¿para qué necesitamos más *testigos*? Ustedes
mismos acaban de oír el *insulto* contra Dios. ¿*Qué* les parece?
[Ellos contestaron:]
—Merece la *muerte*.
Luego comenzaron a *escupirle* la cara
y a darle *bofetadas*, diciéndole:
—Cristo, *adivina* quién te pegó.

NEGACIONES DE PEDRO

Mientras tanto, Pedro estaba sentado *afuera*, en el patio, y
acercándose una *muchachita* de la casa le dijo:
—Tú *también* eres de los que andaban con Jesús de Galilea. Pero
él lo *negó* delante de todos, [diciendo:]
—No entiendo lo que dices.
Yendo hacia la entrada, lo vio *otra* sirvienta,
que dijo a los presentes:
—*Este* estaba con Jesús de Nazaret.
Pedro negó por *segunda* vez, jurando:
—No conozco a ese hombre.
Poco después se le acercaron los que *estaban* allí [y le dijeron:]
—Tú eres *también* de ésos que andaban con Jesús; se *nota* en
tu modo de hablar. Entonces Pedro se puso a *maldecir* y a jurar
que no conocía a ese hombre. Y al momento *cantó* el gallo. Y
recordó Pedro las *palabras* que Jesús le había *dicho*:
—*Antes* del canto del gallo me negarás *tres* veces.
Y saliendo afuera lloró *amargamente*.

SENTENCIA DE MUERTE

Cuando *amaneció*, los jefes de los sacerdotes y las autoridades
judías celebraron una *reunión*, para ver la manera cómo hacer
morir a Jesús.
Luego lo ataron y lo llevaron para *entregárselo* a Pilato,
el gobernador.

MUERTE DE JUDAS

Cuando Judas, el *traidor*, supo que Jesús había sido *condenado*,
se llenó de *remordimientos* y *devolvió* las treinta monedas de
plata a los jefes de los sacerdotes y a los jefes judíos, diciéndoles:

Hay arrogancia y autoridad en su voz, que resuena atronadora. En contraste, Jesús responde serenamente.

Hay una cruel indignación en la reacción del Sanedrín. De las ofensas verbales han pasado a las vejaciones y a las humillaciones físicas.

NEGACIONES DE PEDRO
La voz de una jovencita logra asustar a Pedro, que va poniéndose cada vez más nervioso.

Primero se hace el desentendido. Luego afirma que hubo una equivocación. A la tercera vez se pone furioso.

Deja que la intensidad del texto suba progresivamente hasta escuchar al canto del gallo.

Después, baja a un tono más lento y pesado que refleje el arrepentimiento doloroso de Pedro.

SENTENCIA DE MUERTE
La conclusión del proceso nocturno culmina al amanecer. Se van dando los pasos para lograr la condena legal a muerte.

MUERTE DE JUDAS
Mientras Pedro se arrepiente, Judas se desespera.

EVANGELIO continuación   L M

Entonces *Judas*, el que lo *había entregado*,
   viendo que Jesús había sido *condenado a muerte*,
   devolvió *arrepentido* las *treinta* monedas de plata
   a los sumos sacerdotes y a los ancianos, diciendo:
"Pequé, entregando la sangre de *un inocente"*.
Ellos dijeron:
   "¿Y a nosotros *qué* nos importa? Allá tú".
Entonces Judas *arrojó* las monedas de plata en el templo,
   se fue y *se ahorcó*.
Los sumos sacerdotes *tomaron* las monedas de plata, y dijeron:
"No es lícito *juntarlas* con el dinero de las limosnas,
   porque son precio *de sangre"*.
Después de *deliberar*, compraron con ellas el campo *del alfarero*,
   para sepultar *ahí* a los extranjeros.
Por eso aquel campo se llama hasta el día de hoy
      "Campo de sangre".
Así *se cumplió* lo que dijo el profeta *Jeremías*:
"Tomaron las *treinta* monedas de plata en que fue tasado
   aquel a quien *pusieron precio* algunos hijos de Israel,
   y las dieron por el *campo del alfarero*,
   según lo que me *ordenó* el Señor".
Jesús compareció ante el procurador, *Poncio Pilato*,
      quien le preguntó:
"¿Eres tú el rey de los judíos?"
Jesús respondió: *"Tú* lo has dicho".
Pero *nada* respondió a *las acusaciones* que le hacían
   los *sumos* sacerdotes *y los ancianos*.
Entonces le dijo Pilato:
"¿No oyes todo lo que dicen *contra ti?"*
Pero él *nada* respondió,
   hasta el punto de que el procurador se quedó *muy* extrañado.
Con ocasión de la fiesta *de la Pascua*,
   el procurador *solía conceder* a la multitud
   la *libertad* del preso *que quisieran*.
Tenían entonces un preso *famoso*, llamado *Barrabás*.
Dijo, pues, Pilato a los *ahí reunidos*:
"¿A quién quieren que le deje *en libertad*:
   a Barrabás o *a Jesús*, que se dice *el Mesías?"*
Pilato *sabía* que se lo habían entregado *por envidia*.
Estando él sentado en el tribunal, *su mujer* mandó decirle:
"No te metas con ese hombre justo,
   porque *hoy* he sufrido mucho en sueños *por su causa"*.
Mientras tanto, los sumos sacerdotes y los ancianos

EVANGELIO continuación   L E U

—He *pecado*, entregando a la muerte a un *inocente*.

[Ellos le contestaron:]

—¿Qué nos *importa* eso a nosotros? Es asunto *tuyo*. Entonces él, *lanzando* las monedas en el Templo, fue a *ahorcarse*.

Los sacerdotes *recogieron* las monedas, pero pensaron:

—No se puede echar este dinero en la caja del Templo, porque es precio de *sangre*.

Entonces se pusieron de acuerdo para *comprar* con ese dinero el Campo del Alfarero, y lo destinaron para *cementerio* de los extranjeros. Por eso ese lugar se llama hoy "Campo de Sangre". Así se *cumplió* lo que había dicho el profeta Jeremías: "Tomaron las *treinta* monedas de plata, que fue el *precio* en que lo tasaron los hijos de Israel. Y las dieron por el Campo del Alfarero, tal como lo *dispuso* el Señor".

ANTE PILATO

Jesús *compareció* ante el gobernador, Poncio Pilato,
     que le preguntó:

—¿Eres tú el *rey* de los judíos?

[Jesús contestó:]

—*Tú* lo has dicho.

Estaban *acusándolo* los jefes de los sacerdotes y las autoridades judías, pero él no contestó nada. Pilato le dijo:

—¿No oyes *todos* los cargos que te hacen?

Pero él no contestó *ninguna* pregunta, de modo que el gobernador no sabía qué pensar.

BARRABÁS

Con ocasión de la *Pascua*, el gobernador tenía la costumbre de dejar en *libertad* a un condenado, a *elección* de la gente. Había entonces un prisionero *famoso*, llamado *Barrabás*. Pilato dijo a los que se hallaban reunidos:

—¿A *quién* quieren que deje libre, a *Barrabás* o a *Jesús*, llamado el Cristo?

Ya que sabía que se lo habían entregado por *envidia*.

LA ESPOSA DE PILATO

Mientras Pilato estaba en el tribunal, su *mujer* le mandó decir:

—No te metas con ese hombre, porque es un *santo*, y anoche tuve un sueño *horrible* por causa de él.

PILATO Y LA MULTITUD

Mientras tanto, los sacerdotes y los jefes judíos *convencieron* a la gente que pidiera *la libertad* de Barrabás y la *condenación* de Jesús. Cuando el gobernador volvió a preguntarles:

—¿Cuál de los dos quieren que les deje *libre*?

La escena posee un dramatismo intenso. Contrasta el grito desesperado de Judas con la frialdad de las autoridades judías.

Nota cómo quiere quitar de su vista el recuerdo de su pecado, cuyo signo inmediato son las treinta monedas de plata. Por eso las devuelve y las arroja en el templo.

Imagina a los sacerdotes recogiendo una a una las monedas regadas por el suelo y decidiendo qué hacer con ellas. Sus palabras resuenan con la frialdad de una interpretación legal.

ANTE PILATO
Pilato aborda el interrogatorio directamente y sin rodeos.

La naturalidad de la respuesta que recibe lo deja desconcertado.

Imagina la escena como un cuadro de contrastes. Por una parte, las autoridades judías acusan a Jesús, formulando cargos en su contra. A esta incesante algarabía se opone el silencio total de Jesús.

BARRABÁS/LA ESPOSA DE PILATO
Pilato liberará al que la gente elija.

El tono de su pregunta indica la esperanza de que Jesús sea liberado.

El procurador parece inclinarse hacia Jesús y su mujer también está convencida de su inocencia.

PILATO Y LA MULTITUD
La escena se llena de un dramatismo creciente. El diálogo se hace a gritos, con agresividad por parte del pueblo. La intensidad que ha ido subiendo se corta abruptamente con el gesto y las palabras

EVANGELIO continuación   L M

convencieron a la muchedumbre
de que *pidieran* la libertad de Barrabás y *la muerte* de Jesús.
Así, cuando el procurador les preguntó:
"*¿A cuál* de los dos *quieren* que les suelte?"
Ellos respondieron: "*A Barrabás*".
Pilato les dijo:
"*¿Y qué voy a hacer *con Jesús*, que se dice *el Mesías*?"
Respondieron *todos*: "*Crucifícalo*".
Pilato preguntó: Pero, ¿qué mal *ha hecho*?"
Mas ellos *seguían* gritando
cada vez con más fuerza: "*Crucifícalo*".
Entonces Pilato,
viendo que *nada* conseguía y que *crecía* el tumulto
pidió agua y *se lavó* las manos ante el pueblo, diciendo:
"Yo *no* me hago responsable de la muerte de *este* hombre justo.
Allá ustedes".
Todo el pueblo respondió:
"¡Que su sangre *caiga sobre nosotros* y sobre *nuestros hijos*!"
Entonces Pilato puso en libertad *a Barrabás*.
En cambio a Jesús lo hizo *azotar* y *lo entregó*
para que *lo crucificaran*.
Los soldados del procurador llevaron a Jesús *al pretorio*
y reunieron alrededor de él *a todo* el batallón.
Lo desnudaron y le echaron encima un manto *de púrpura*,
trenzaron una corona de espinas y se la pusieron *en la cabeza*;
le pusieron *una caña* en su mano derecha,
y arrodillándose *ante él*, se burlaban diciendo:
"*¡Viva* el rey de los judíos!"
Y le *escupían*.
Luego, *quitándole* la caña, *golpeaban* con ella *en la cabeza*.
Después de que se burlaron de él, *le quitaron* el manto,
le pusieron sus ropas y lo llevaron *a crucificar*.
Al salir, encontraron a un hombre de Cirene, llamado *Simón*,
y *lo obligaron* a llevar la cruz.
Al llegar a un lugar llamado *Gólgota*,
es decir, "*Lugar de la Calavera*",
le dieron a beber a Jesús vino mezclado *con hiel*;
él *lo probó*, pero no lo quiso beber.
Los que lo crucificaron *se repartieron* sus vestidos,
echando suertes,
y se quedaron sentados *para custodiarlo*.
Sobre su cabeza pusieron por escrito *la causa* de su condena:
'*Este es* Jesús, el rey de los judíos'.

EVANGELIO continuación   L E U

[Ellos contestaron:]
—A *Barrabás*.
[Pilato les dijo:]
—¿Y *qué* hago con Jesús, llamado el *Cristo*?
[*Todos* contestaron:]
—¡Que sea *crucificado*!
[Pilato *insistió*:]
—¿Qué *maldad* ha hecho?
Pero los *gritos* del pueblo fueron cada vez *más* fuertes:
—¡Que sea *crucificado*!
Al darse cuenta Pilato que *no* conseguía nada, sino que más
bien *aumentaba* el alboroto, pidió *agua* y se lavó las manos
delante del pueblo, [diciendo:]
—Yo no me hago *responsable* de la sangre que se va a *derramar*.
Es cosa de *ustedes*.
Y *todo* el pueblo contestó:
—¡Que su sangre caiga sobre *nosotros*
      y sobre nuestros *descendientes*!
Entonces, Pilato dejó en *libertad* a Barrabás; en *cambio*, a Jesús lo
hizo *azotar* y lo entregó para que fuese *crucificado*.

LA BURLA DE LOS SOLDADOS
Los soldados romanos llevaron a Jesús al *palacio* del gobernador y
reunieron a *toda* la tropa en *torno* a él. Le *quitaron* sus vestidos
y le pusieron una *capa* de soldado, de color *rojo*. Después le
colocaron en la cabeza una *corona* que habían trenzado con
espinas y en la mano derecha una *caña*. *Doblaban* la
rodilla ante Jesús y se *burlaban* de él, [diciendo:]
—Viva el rey de los judíos.
Le *escupían* la cara y, quitándole la caña, le *pegaban* en la cabeza.
Después que se *burlaron* de él, le *quitaron* la capa de soldado,
le pusieron su ropa y lo llevaron a *crucificar*.

SIMÓN CARGA LA CRUZ
Al salir *encontraron* a un hombre de Cirene, llamado *Simón*,
y le *obligaron* a que cargara con la cruz de Jesús. Cuando llegaron
al lugar que se llama *Gólgota* o Calvario, palabra que significa
"calavera", le dieron a beber vino mezclado con hiel. Jesús lo
probó, pero no quiso beberlo.

CRUCIFIXIÓN
Ahí lo *crucificaron*, y después echaron suertes para *repartirse* la
ropa de Jesús. Luego se sentaron a *vigilarlo*. Encima de su cabeza
habían puesto un *letrero* que decía por qué lo habían condenado:
"Este es Jesús, el *rey* de los judíos". *También* crucificaron con él

de Pilato, que traspasa la responsabilidad
a la multitud presente.

La rápida respuesta del pueblo resuena
con aires de tragedia.

LA BURLA DE LOS SOLDADOS

La voz del narrador expresa su pesar por
los acontecimientos que están sucediendo.

El dolor físico y moral es el hilo conductor
de la escena. Los soldados romanos
descargan en Jesús el desprecio racista
que sienten por el pueblo judío.

SIMÓN CARGA LA CRUZ
Obligado a la fuerza, Simón entra a formar
parte del drama de Jesús.

Aunque la prueba, Jesús no quiere la
bebida que le ofrecen porque funcionaba
como un narcótico.

CRUCIFIXIÓN
El narrador debe iniciar esta escena con
un silencio intenso que acompaña el
momento terrible de la crucifixión.

EVANGELIO continuación   L M

Juntamente con él, crucificaron a *dos ladrones,*
    uno *a su derecha* y el otro *a su izquierda.*
Los que pasaban por allí,
        lo insultaban moviendo la cabeza y *gritándole*:
"*Tú* que destruyes el templo y en tres días *lo reedificas,*
    sálvate a ti mismo; si eres el Hijo de Dios, *baja* de la cruz".
También se burlaban de él los *sumos* sacerdotes,
    los escribas y los ancianos, diciendo:
"Ha salvado *a otros* y no puede salvarse *a sí mismo.*
Si es el rey de Israel, *que baje* de la cruz y *creeremos* en él.
Ha puesto su confianza *en Dios,*
    que Dios lo salve *ahora* si es que *de verdad* lo ama,
    pues *él* ha dicho: '*Soy* el Hijo de Dios' ".
Hasta los ladrones que estaban crucificados a su lado
        lo injuriaban.
Desde el mediodía hasta las *tres* de la tarde,
    se oscureció *toda* aquella tierra.
Y alrededor de las tres, Jesús *exclamó* con fuerte voz:
"*Elí, Elí, ¿lemá sabactaní*?",
    que quiere decir: "*Dios mío*, Dios mío,
        ¿por qué me has *abandonado*?"
Algunos de los presentes, al oírlo, decían:
        "Está llamando *a Elías*".
Enseguida uno de ellos fue corriendo a tomar una esponja,
    la *empapó* en vinagre y sujetándola a una caña,
        le o*freció de beber.*
Pero otros le dijeron:
"*Déjalo. Veamos* a ver si viene Elías *a salvarlo*".
Entonces Jesús, dando de nuevo *un fuerte* grito, *expiró.*

[Todos se arrodillan y guardan silencio por unos instantes]

Entonces el velo del templo *se rasgó* en dos partes,
        de arriba a abajo,
    la *tierra tembló* y las rocas *se partieron.*
Se *abrieron* los sepulcros
    y resucitaron *muchos justos* que habían muerto,
    y *después* de la resurrección de Jesús,
    entraron en la ciudad santa y se aparecieron a *mucha gente.*
Por su parte, *el oficial* y los que estaban con él
        custodiando a Jesús,
    al ver el terremoto y las cosas que ocurrían,
    se llenaron de *un gran temor* y dijeron:

EVANGELIO continuación   L E U

a *dos ladrones*, uno a su derecha y el otro a su izquierda. Los que pasaban por ahí, meneaban la cabeza y lo *insultaban*, [diciendo:]
—¡Hola!, tú que *derribas* el Templo y lo *reedificas* en tres días, *líbrate* del suplicio, *baja* de la cruz si eres el Hijo de Dios. Los jefes de los sacerdotes, los jefes de los judíos y los maestros de la Ley lo *insultaban*, [diciéndole:]
—Ha salvado a *otros* y no *puede salvarse* a sí mismo: *Si* es el rey de Israel, que baje *ahora* de la cruz y *creeremos* en él. Ha *puesto* su confianza en *Dios*; si *Dios* lo ama, que *lo libere*, puesto que él *mismo* decía: "*Soy* el Hijo de Dios". *Hasta* los ladrones que estaban crucificados a su lado lo *insultaban*.

MUERTE

Desde el mediodía hasta las *tres* de la tarde se cubrió de *tinieblas* la tierra. *Cerca* de las tres, Jesús *gritó* con fuerza:
—*Elí*, *Elí*, *lamá sabactani.*
Lo que quiere decir:
—*Dios mío, Dios mío, ¿por qué* me has *abandonado?*
Al oírlo, algunos de los presentes *decían*:
—Está llamando a *Elías.*
Y luego, uno de ellos *corrió*, tomó una *esponja*, la empapó en *vinagre* y, poniéndola en la punta de una caña, le daba de *beber.*
Otros decían:
—*Déjalo.* Veamos si viene Elías a *liberarlo.*
Entonces Jesús, *gritando* de nuevo con voz *fuerte*, entregó su *espíritu.* [*Pausa: de rodillas*]

DESPUÉS DE LA MUERTE DE JESÚS

En ese *mismo* instante, la cortina del templo se *rasgó* en dos partes, de arriba abajo. Además *tembló* la tierra y hubo rocas que se partieron.
También algunos sepulcros se *abrieron* y fueron *resucitados* los cuerpos de muchos creyentes. Estos salieron de las sepulturas *después* de la resurrección de Jesús, fueron a la Ciudad Santa y se aparecieron a *mucha* gente. El capitán y los soldados que custodiaban a Jesús, al ver el *terremoto* y *todo* lo que estaba pasando, tuvieron *mucho* temor y decían:
—Verdaderamente *este* hombre era *Hijo* de Dios.

SEPULTURA

También estaban allí, observando de lejos, *muchas* mujeres que desde Galilea habían *seguido* a Jesús para servirle. Entre ellas: *María Magdalena, María*, madre de Santiago y de José, y la *madre* de los hijos de Zebedeo. Siendo ya *tarde*, vino un hombre rico, de *Arimatea*, que se llamaba *José*, y que también se había hecho *discípulo* de Jesús. Fue donde Pilato para *pedirle* el cuerpo

El relato continúa con un fondo de injurias, insultos y burlas. Es un crudo contraste entre la agonía de Jesús que salva y redime, y la estupidez humana incapaz de ver la grandeza del momento.

MUERTE
Después de una pausa silenciosa, la proclamación adquiere ahora un tono intenso y profundo.

Estamos en la hora de la mayor soledad y el abandono total. Al momento de su muerte, la tarde se estremece con el grito desgarrado con el que Jesús clama su Padre.

Un alma caritativa y conmovida quiere calmar la sed de Jesús.

Nota que la última palabra desde la cruz es un fuerte grito sin palabras. Luego sólo se escuchará el silencio solemne de la asamblea.

DESPUÉS DE LA MUERTE DE JESÚS
Ahora la lectura recupera su ritmo aumentando su intensidad. Todo esto sucede simultáneamente.

Enfatiza la profesión de fe hecha al pie de la cruz por el soldado romano.

SEPULTURA
El relato va concluyendo con cierta calma; con un aire triste va detallando los últimos sucesos y reconociendo a las personas o testigos que estuvieron allí.

La acción recae ahora en José de Arimatea. Su actuar denota la generosa acti-

EVANGELIO continuación   L M

"Verdaderamente *éste* era Hijo de Dios".
También estaban allí,
    mirando *desde lejos*, *muchas* de las mujeres
    que habían *seguido* a Jesús desde Galilea *para servirlo*.
Entre ellas estaban *María Magdalena*,
    María, la madre de Santiago y de José,
    y la madre de los hijos de Zebedeo.
Al atardecer, vino un hombre *rico* de Arimatea, llamado *José*,
    que se había hecho *también* discípulo de Jesús.
Se presentó a Pilato y *le pidió* el cuerpo de Jesús,
    y Pilato *dio orden* de que se lo entregaran.
José tomó el cuerpo, *lo envolvió* en una sábana limpia
    y *lo depositó* en un sepulcro *nuevo*,
    que había hecho excavar en la roca para *sí mismo*.
Hizo *rodar* una gran piedra hasta la entrada del sepulcro
        y *se retiró*.
Estaban ahí *María Magdalena* y *la otra María*,
    sentadas frente al sepulcro.
Al *otro día*, el siguiente de la preparación a la Pascua,
    los sumos sacerdotes y los fariseos
        se reunieron ante Pilato y *le dijeron*:
"*Señor*, nos hemos *acordado* de que ese impostor,
        estando *aún en vida*, dijo:
'A los tres días *resucitaré*'.
Manda, pues, *asegurar* el sepulcro hasta el *tercer día*;
    no sea que vengan sus discípulos, *lo roben* y digan al pueblo:
    '*Resucitó* de entre los muertos',
    porque esta *última* impostura sería *peor* que la primera".
Pilato les dijo: "*Tomen* un pelotón de soldados,
    seguren el sepulcro como *ustedes quieran*".
Ellos fueron y a*seguraron* el sepulcro,
    poniendo un sello sobre la puerta y dejaron *ahí* la guardia.

EVANGELIO   continuación   L E U

de Jesús, y el gobernador *ordenó* que se lo entregaran. Y José, tomando el cuerpo, lo *envolvió* en una sábana limpia y lo *colocó* en un sepulcro *nuevo*, cavado en la roca, que se había hecho para *sí* mismo. Después movió una *gran* piedra redonda, para que sirviera de *puerta*, y se fue. María Magdalena y la otra María estaban sentadas *frente* al sepulcro.

ASEGURAN EL SEPULCRO

Al día *siguiente* (era el día *después* de la preparación a la Pascua) los jefes de los sacerdotes y los fariseos se presentaron *juntos* ante Pilato [para decirle:]

—Señor, nos hemos *acordado* que ese mentiroso dijo cuando *todavía* vivía: "Después de *tres* días *resucitaré*". Por eso, *manda* que sea *asegurado* el sepulcro hasta el *tercer* día: no sea que vayan sus discípulos, *roben* el cuerpo y digan al pueblo: "*Resucitó* de entre los muertos". Este sería un engaño *más* perjudicial que el primero.

[Pilato les respondió:]

—Ahí tienen los soldados, vayan y tomen *todas* las precauciones que crean *convenientes*. Ellos, pues, fueron al sepulcro y lo *aseguraron*, sellando la piedra y poniendo *centinelas*.

tud de un amigo. Describe las acciones finales hasta sentir el ruido de la piedra que se rueda para cerrar la tumba en medio del silencio y los sollozos de las dos mujeres sentadas al lado del sepulcro.

ASEGURAN EL SEPULCRO

En este diálogo resuena la actitud manipuladora de quien cree tenerlo todo bajo control, con astucia humana.

Sin embargo, la intervención de las autoridades judías, sin quererlo, garantiza la veracidad del gran acontecimiento que vendrá: la resurrección.

JUEVES SANTO, MISA VESPERTINA DE LA CENA DEL SEÑOR

I LECTURA   Éxodo 12:1–8, 11–14   L M

Lectura del libro del Éxodo

En *aquellos* días, el Señor les dijo a *Moisés y a Aarón*
    en tierra de Egipto:
"*Este* mes será para ustedes el *primero* de *todos* los meses
    y el *principio* del año.
Díganle a *toda* la comunidad de Israel:
'El día *diez* de este mes, tomará cada uno un cordero *por familia*,
        uno por casa.
Si la familia es *demasiado* pequeña para comérselo,
    que se junte *con los vecinos*
    y elija un cordero adecuado *al número* de personas
    y a la cantidad que *cada cual* pueda comer.
Será un animal *sin defecto*, macho, de un año, cordero o cabrito.
Lo guardarán hasta el día *catorce* del mes,
    cuando *toda* la comunidad de los hijos de Israel
        lo inmolará *al atardecer*.
Tomarán la sangre y rociarán *las dos jambas*
    y el *dintel* de la puerta de la casa
donde vayan a comer *el cordero*.
Esa noche comerán la carne, *asada* a fuego;
    comerán panes *sin levadura* y hierbas *amargas*.
Comerán así:
    con la cintura *ceñida*, las sandalias en los pies,
    un bastón en la mano y a *toda prisa*,
    porque es *la Pascua*, es decir, el *paso del Señor*.
Yo *pasaré* esa noche por la tierra de Egipto
    y *heriré* a *todos* los primogénitos del país de Egipto,
    desde los hombres *hasta los ganados*.
Castigaré *a todos* los dioses de Egipto, yo, el Señor.
La sangre les servirá *de señal* en las casas donde habitan ustedes.
Cuando yo vea la sangre, *pasaré de largo*
    y *no habrá* entre ustedes plaga *exterminadora*,
    cuando *hiera yo* la tierra de Egipto.
Ese día será para ustedes *un memorial*
    y lo celebrarán como *fiesta* en honor del Señor.
De generación en generación *celebrarán* esta festividad,
        como institución *perpetua*'".

I LECTURA | Nos encontramos en plena celebración de la pascua cristiana, la mayor y más importante fiesta de la gran familia de Dios. Y qué buena oportunidad tenemos para captar el significado de la pascua judía, fiesta central para Israel, que siendo una antigua celebración pastoril en la época de primavera, a partir del Éxodo viene a significar la liberación milagrosa de Dios de la esclavitud de Egipto.

Efectivamente, entre los antiguos habitantes de Palestina, semitas nómadas, cuando los pastores querían ofrecer algo a su divinidad, sacrificaban un animal joven en un lugar sagrado para alcanzar fecundidad y prosperidad en los ganados. La fiesta debía celebrarse un día antes de su partida hacia otro lugar para el pastoreo del ganado. Lo anterior significa que la fiesta también tenía la función de alejar del rebaño las fuerzas maléficas que podían asechar durante el camino. La fiesta tenía entonces este rico significado: invocar la fecundidad y prosperidad, y liberar de las fuerzas del mal. El texto de hoy también subraya el carácter familiar y comunitario de la fiesta, pues insiste en que cada familia tomará un cordero. Pero luego añade: todos los hijos de Israel lo inmolarán al atardecer.

A la luz de este significado de la pascua israelita, la pascua cristiana adquiere su riqueza y la posee aun más como momento culminante de la vida de Jesús. Existe continuidad entre la pascua israelita y la cristiana, pero también hay novedad porque en el centro de la pascua cristiana se encuentra Jesús, el nuevo cordero, que en su paso hacia el Padre conduce a la salvación a todos los creyentes. Cada vez que se celebra la eucaristía, se hace presente la pascua de Jesucristo.

I LECTURA   Éxodo 12:1–8, 11–14   L E U

Lectura del libro del Éxodo

En aquellos días dijo el Señor a Moisés y a *Aarón*,
   en el país de Egipto:
   "*Este* mes será para ustedes el *comienzo* dc los meses,
   el *primero* del año.
Hablen a la comunidad de Israel y díganle:
   El día *décimo* de este mes, tome cada uno un *cordero*
     por familia,
   un cordero por casa.
Pero si la familia fuera *demasiado* pequeña
     para consumir el cordero,
   se pondrá de *acuerdo* con el vecino más cercano, ·
   según el número de personas
     conforme a lo que cada cual *pueda* comer.
Ustedes escogerán un cordero *sin defecto*,
   macho, nacido en el año.
En lugar de un cordero podrán también tomar un cabrito.
Ustedes lo reservarán *hasta* el día catorce de este mes.
Entonces *toda* la gente de Israel lo *sacrificará* al anochecer.
En *cada* casa en que lo coman ustedes
   tomarán de su sangre para untar los postes
     y la parte superior de la puerta.
Esa misma noche *comerán* la carne asada al fuego;
   la comerán con panes *sin* levadura y con lechugas.
Y comerán *así*: con el traje puesto, las sandalias en los pies
   y el bastón en la mano.
Comerán *rápidamente*: es una pascua en honor al Señor.
Durante esa noche, Yo *recorreré* el país de *Egipto*
   y daré *muerte* a todos los primogénitos de los egipcios,
     y de sus animales;
   y castigaré a *todos* los dioses de Egipto.
La sangre del cordero *señalará* las casas donde están ustedes.
Al ver esta sangre, yo *pasaré* de *largo*,
   y ustedes *escaparán* a la plaga mortal mientras golpeo
     a Egipto.
Ustedes harán *recuerdo* de esta fiesta año tras año,
   y lo *celebrarán* con una fiesta en honor al Señor.
Esta ley es para *siempre*:
   los *descendientes* de ustedes no dejarán de celebrar *este* día".

Estás en la noche de la primera Pascua y la voz que se escucha va describiendo el cuidadoso ceremonial del sacrificio y la cena.

Es la voz del Señor la que dicta con autoridad los pasos a seguir en esta liturgia solemne.

Da cada instrucción sin prisa, como pidiendo que te atiendan en tal o cual detalle. Proclama con naturalidad, separando con cuidado los diversos gestos que se van ordenando y enfatizando aquellos que tienen mayor resonancia en la liturgia de hoy.

En tu imaginación, reconstruye esta antigua ceremonia de Israel. Contempla el sacrificio del cordero, los postes pintados con la sangre recogida, la familia comiendo junto al fuego, vestida ya para salir de camino.

Haz una pausa y cambia a un tono más solemne para indicar la tensión entre la muerte y la vida, que marca la gran intervención del Señor en favor de su pueblo.

Enfatiza el mandato final del texto: reconoce así que Dios actuará en favor nuestro para siempre.

II LECTURA Esta narración es una de las cuatro que el Nuevo Testamento nos ofrece sobre la Cena del Señor: Mateo 26:26–29; Marcos 14:22–25; Lucas 22:15–20; y 1 Corintios 11:23–26. Los comentaristas reconocen la antigüedad del relato en comparación con los relatos evangélicos, pues refleja la tradición de la Iglesia de Antioquía en Siria en la década de los cuarenta. Por eso es comprensible que el apóstol señale que la tradición la ha recibido del Señor.

¿Cuál era la práctica litúrgica en los primeros años de la Iglesia, práctica que se esforzaba por seguir las enseñanzas de Jesús? En el texto de Corintios constatamos las partes más importantes: bendición de la mesa, fracción del pan, fórmulas sobre el pan y el vino, y la promesa de parte de Jesús de sentarse con sus amigos en el banquete escatológico. Significa que la última cena de Jesús ha sido una cena pascual; así lo testimonian los sinópticos en sus Evangelios, cuando el maestro le manda a sus discípulos que se prepare todo para la pascua, y porque Pablo anota que se realiza de noche, mientras que las cenas normales tenían lugar por la tarde.

Si, como narra el Éxodo, la pascua hebrea era el memorial del acontecimiento salvífico del éxodo, la cena pascual de Jesús que celebramos hoy es el anuncio claro del evento salvífico de la cruz. Existe una relación muy estrecha entre la última cena y su muerte. En la cena tenemos una anticipación ritual de la muerte: cada vez que participamos del pan y del cáliz, proclamamos la muerte del Señor, hasta que vuelva. Es la profunda razón teológica que Pablo les ofrece a los cristianos de Corinto donde, desgraciadamente, las celebraciones eucarísticas han llegado a ser ocasión de profundas divisiones.

EVANGELIO En el Evangelio de Juan, el relato del lavatorio de los pies ocupa el lugar de la narración de la Última Cena que presentan los otros evangelistas. El evangelista nos ubica en la víspera de la pascua; para el autor del

---

II LECTURA 1 Corintios 11:23–26   L M

Lectura de la primera carta del apóstol san Pablo a los corintios

Hermanos:

Yo *recibí* del Señor *lo mismo* que les *he trasmitido*:
    que el *Señor Jesús*, la noche en que iba a *ser entregado*,
    tomó pan en sus manos,
    y pronunciando *la acción de gracias*, lo *partió* y dijo:
"*Esto* es mi cuerpo, que se entrega *por ustedes*.
Hagan esto *en memoria mía*".
Lo *mismo* hizo con el cáliz *después* de cenar, diciendo:
"*Este* cáliz es la *nueva* alianza que se sella *con mi sangre*.
Hagan esto en memoria *mía* siempre que beban *de él*".
Por eso,
    cada vez que ustedes comen de *este pan* y beben de *este cáliz*,
    proclaman la muerte del Señor, *hasta que vuelva*.

EVANGELIO Juan 13:1–15   L M

Lectura del santo Evangelio según san Juan

Antes de la fiesta de la Pascua,
    sabiendo Jesús que había *llegado* la hora
    de pasar de este mundo *al Padre*
    y habiendo *amado a los suyos*, que estaban en *el mundo*,
    los amó *hasta el extremo*.
En el transcurso de la cena,
    cuando ya el *diablo* había puesto en el corazón de *Judas Iscariote*, hijo de Simón,
    la idea de *entregarlo*,
Jesús, *consciente* de que el Padre había puesto en sus manos
        todas las cosas
    y sabiendo que *había salido* de Dios y a Dios *volvía*,
    se *levantó* de la mesa, se *quitó* el manto
    y tomando una toalla, se la *ciñó*;
    luego echó agua en *una jofaina*
    y se puso a l*avarles* los pies a *los discípulos*
    y a *secárselos* con la toalla que se había ceñido.
Cuando llegó a *Simón Pedro*, éste le dijo:
"*Señor*, ¿me vas a lavar tú *a mí* los pies?"
Jesús le replicó:
"Lo que estoy haciendo tú no lo entiendes *ahora*,
    pero lo comprenderás *más tarde*".
Pedro le dijo: "Tú *no* me lavarás los pies *jamás*".

| II LECTURA | 1 Corintios 11:23–26 | L E U |

Lectura de la primera carta del apóstol san Pablo a los corintios

Yo *recibí* del Señor mismo lo que a mi vez les he *enseñado*.
Que el *Señor* Jesús, la noche en que fue *entregado*,
　　tomó el *pan*,
　y después de dar *gracias* lo *partió*, diciendo:
　　"*Esto* es mi cuerpo que es *entregado* por ustedes:
　　hagan esto en *memoria mía*".
De la misma manera, tomando la *copa*
　　después de haber cenado, dijo:
　　"Esta copa es la *Nueva* Alianza en mi sangre.
Siempre que beban de ella, háganlo en *memoria* mía".
Así, pues, cada vez que *comen* de este pan y *beben* de la copa,
　　están *anunciando* la muerte del Señor hasta que *venga*.

Como Pablo, describe con emoción y temor reverencial los gestos de la Cena Pascual de Jesús.

Describe cada paso y cada gesto como si celebraras una liturgia solemne.

Reconoce la gran fuerza dramática que inunda la Última Cena. Hay aires de despedida y las frases que resuenan indicando la profunda delicadeza del Señor, quien regala un enorme y misterioso don a sus amigos.

Relaciona este texto con la primera lectura, advirtiendo que ambas concluyen con una orden: repetir esta acción una y otra vez para siempre.

| EVANGELIO | Juan 13:1–15 | L E U |

Lectura del santo Evangelio según san Juan

Antes de la Fiesta de *Pascua*,
　　sabiendo *Jesús* que había llegado la hora de salir
　　　de este mundo
　　para ir al *Padre*, así como había amado
　　a los suyos que *quedaban* en el mundo,
　　　los amó hasta el *extremo*.
Hicieron la *Cena*.
Ya el diablo había puesto en el corazón de *Judas* Iscariote,
　　hijo de Simón,
　　el proyecto de *entregar* a Jesús.
Y *él* sabía que el Padre había puesto *todas* las cosas
　　en sus manos,
　　y que de Dios había *salido* y a Dios volvería.
Se *levantó* mientras cenaba, se *quitó* el manto,
　　se *ató* una toalla a la cintura y echó *agua*
　　en un recipiente.
Luego se puso a *lavarles* los pies a sus *discípulos*
　　y se los *secaba* con la toalla.
Cuando llegó el turno a Simón *Pedro*, éste le dijo:
　　"*Tú*, Señor, ¿me vas a lavar los pies a *mí*?"
Jesús le contestó: "Tú no puedes comprender *ahora*
　　lo que yo estoy haciendo.
Lo comprenderás *después*".

Al proclamar este Evangelio, siente que estás relatando los gestos y las palabras de aquella noche, como un testigo fiel que ha conservado en su memoria cada detalle de lo sucedido.

Así, al describir la actuación de las personas, siente que en tu voz vibran los sentimientos y emociones de aquella noche tan cargada de intensidad.

Cuenta asombrado cómo la incomprensible conducta del Señor causa desconcierto entre los discípulos, especialmente en Pedro.

Cuarto Evangelio, la cena no puede ser en la pascua porque éste hace coincidir la fiesta de la pascua con la muerte de Jesús en la cruz.

A lo largo del Evangelio, Jesús ha manifestado su gloria divina con signos extraordinarios, pero será en este momento de la "hora" cuando Cristo tenga la manifestación más elocuente del amor del Padre. En realidad, con su pasión, muerte y resurrección, Jesús nos ha manifestado, de modo muy concreto y vivo, hasta qué punto ha llegado el amor por los suyos, por la Iglesia y por el mundo entero.

El lavatorio de los pies constituye un signo profético con el que se quiere prefigurar el servicio supremo de Cristo en favor de sus discípulos: el regalo de su vida mediante la humillación de la crucifixión. La mención del traidor en el versículo 2 y 11 nos ayuda a comprender que los acontecimientos suceden en la atmósfera de la pasión y muerte de Jesús. Además, si entre los hebreos el lavar los pies era un servicio reservado a los esclavos no circuncidados, la acción que realiza el Hijo de Dios muestra que ha querido humillarse hasta el extremo, aceptando el suplicio de los esclavos: la crucifixión. Esto mismo es proclamado en el himno cristológico de la carta a los Filipenses 2:8.

El amor del Hijo del Hombre por los suyos es grande; por eso no duda en sacrificar su vida. Entonces podemos decir que es el esposo quien ha lavado a su esposa, la Iglesia, por medio de su sangre, purificándola de todo pecado. Cuando lava los pies de sus discípulos, Jesús les está anunciando que en el momento de su muerte tendrá lugar el baño salvífico, mediante la sangre derramada en la cruz. Es por esto que el evangelista subraya que del costado abierto de Cristo, verdadero cordero pascual, brotó sangre y agua.

EVANGELIO continuación   L M

Jesús le contestó: "Si no te lavo, *no tendrás parte* conmigo".
Entonces le dijo Simón Pedro:
"En *ese caso*, Señor, *no sólo* los pies,
   sino *también* las manos y la cabeza".
Jesús le dijo:
"El que se ha bañado no necesita lavarse más *que los pies*,
   porque *todo* él está *limpio*.
Y ustedes están limpios, aunque *no todos*".
Como *sabía* quién lo iba a entregar, por eso dijo:
'*No todos* están limpios'.
Cuando *acabó* de lavarles los pies,
   se puso otra vez el manto, *volvió* a la mesa y les dijo:
"¿*Comprenden* lo que acabo de hacer con ustedes?
Ustedes me llaman *Maestro y Señor*, y dicen bien, porque *lo soy*.
Pues *si yo*, que soy el Maestro y el Señor, *les he lavado los pies*,
   también ustedes deben lavarse los pies *los unos a los otros*.
Les he dado *ejemplo*,
   para que lo que yo he hecho *con ustedes*,
también ustedes lo hagan".

EVANGELIO continuación   L E U

Pedro le dijo: "A mí *nunca* me lavarás los pies".

Jesús respondió: "Si no te lavo, no podrás *compartir* conmigo".

Entonces Pedro le dijo: "Señor, si es así,
     lávame no solamente los *pies*,
   sino también las *manos* y la cabeza".

Jesús le contestó: "El que se ha *bañado* no necesita lavarse
     más que los *pies*,
   pues está del *todo* limpio.

Ustedes están *limpios*, aunque no *todos*".

Cuando terminó de lavarles los *pies* y se volvió a poner el *manto*,
   se sentó a la mesa y dijo:
     "¿*Entienden* ustedes lo que he hecho?

Ustedes me llaman: El Señor y el *Maestro*.

Y dicen verdad, porque lo soy.

Si yo, que soy el *Señor* y el Maestro, les he lavado los *pies*,
   también *ustedes* deben lavarse los pies unos a otros.

Les he dado el *ejemplo*
   para que ustedes hagan lo *mismo* que yo les he hecho".

El diálogo es directo. La voz de Jesús es firme y tajante para que todo lo que está haciendo se entienda claramente.

Aunque Pedro reacciona impetuosamente, Jesús no cede.

Haz un cambio de intensidad para dar un toque de serenidad, que sirve de introducción al discurso final de Jesús.

Siente que las palabras se dirigen ahora directamente a la asamblea que te escucha. Mira fijamente a tus oyentes con la esperanza de que este gesto tantas veces celebrado sea finalmente entendido.

VIERNES SANTO, CELEBRACIÓN DE LA PASIÓN DEL SEÑOR

I LECTURA   Isaías 52:13—53:12   L M

Lectura del libro del profeta Isaías

He aquí que mi siervo *prosperará*,
será *engrandecido* y exaltado, será *puesto en alto.*
Muchos se horrorizaron al verlo,
   porque estaba *desfigurado* su semblante,
   que *no tenía* ya aspecto de hombre;
   pero *muchos* pueblos se llenaron *de asombro.*
Ante él los reyes *cerrarán* la boca,
   porque verán lo que *nunca* se les había contado
   y comprenderán lo que *nunca* se habían imaginado.
¿*Quién* habrá de creer lo que hemos *anunciado*?
¿*A quién* se le revelará *el poder* del Señor?
Creció en su presencia como planta *débil*,
   como una *raíz* en el desierto.
No tenía gracia *ni belleza.*
No vimos en él *ningún* aspecto atrayente;
   despreciado y rechazado por los hombres,
   varón de dolores, habituado al sufrimiento;
   como uno del cual se *aparta* la mirada,
     despreciado y desestimado.
Él *soportó* nuestros sufrimientos y *aguantó* nuestros dolores;
   nosotros lo tuvimos *por leproso*,
   herido por Dios y *humillado*,
   traspasado por nuestras rebeliones,
     triturado por nuestros crímenes.
Él *soportó* el castigo que nos trae la paz.
Por sus llagas hemos *sido curados.*
Todos andábamos *errantes* como ovejas,
   cada uno siguiendo su camino,
   y el Señor cargó sobre él *todos* nuestros crímenes.
Cuando lo maltrataban, se humillaba y *no abría* la boca,
   como un cordero llevado *a degollar*;
   como oveja ante el esquilador, *enmudecía* y no abría la boca.
Inicuamente y contra *toda* justicia se lo llevaron.
¿*Quién* se preocupó de su suerte?
Lo *arrancaron* de la tierra de los vivos,
   lo hirieron *de muerte* por los pecados de mi pueblo,
   le dieron sepultura *con los malhechores* a la hora de su muerte,
   aunque *no había* cometido crímenes,
ni hubo *engaño* en su boca.

I LECTURA   De gran contenido mesiánico son los cantos del
Siervo que nos ofrece el libro de Isaías.
Dios, que hizo una alianza con su pueblo, le
pedía que respondiera con fidelidad, pero
no siempre fue así. Muchas veces el pueblo elegido se mostró rebelde y, en lugar de
ser un servidor fiel, se comportaba como
siervo perezoso, sordo y ciego. Pero Dios,
lejos de olvidar a tal siervo, lo perdonaba.
Los poemas del Siervo vienen a ser entonces una fuerte toma de conciencia para el
pueblo de Israel que lo llevará a profun-
dizar en su vocación, misión y sacrificio en
la etapa posterior al exilio.

Para una fructuosa interpretación de
este cuarto poema del Siervo, ayuda mucho
el ir identificando las diferentes voces
de los personajes que intervienen y lo que
expresan. La voz de Dios ratifica sus promesas y confirma la misión: "mi siervo
prosperará, será engrandecido y exaltado";
"por eso le daré una parte entre los grandes". La voz en coro de aquellos pueblos
que en un tiempo fueron opresores de
Israel y que terminan por reconocer que en
el Siervo se manifiesta la fuerza de Dios:
"despreciado y rechazado por los hombres"; "él soportó nuestros sufrimientos . . .
traspasado por nuestras rebeliones, tritura-
do por nuestros crímenes"; "por sus llagas
hemos sido curados". Y la voz del pueblo de
Israel, en la que se reconoce culpable por
la multitud de pecados: "todos andábamos
errantes como ovejas, cada uno siguiendo su
camino"; "como un cordero llevado a degollar; como oveja ante el esquilador, enmudecía y no abría la boca".

Al celebrar hoy solemnemente el misterio
de la pasión y muerte de Jesucristo, es una
estupenda oportunidad para agradecer a
Dios, en primer lugar, sus promesas de
salvación en Cristo su Hijo que se ofrece
por nosotros y, en segundo lugar, ser conscientes de nuestras infidelidades y de las
consecuencias negativas que han aca-
rreado a nuestra vida, familia y comunidad.

I LECTURA   Isaías 52:13—53:12   L E U

Lectura del libro del profeta Isaías

Miren *lo bien* que le irá a mi Servidor;
 ocupará un *alto* puesto, seguirá subiendo
   y se hará *famoso*.
Así como muchos quedaron *espantados* al *verlo*,
 pues su cara estaba *desfigurada* que ya no parecía
   un ser *humano*;
 así también numerosos pueblos se *asombrarán*,
 y en su *presencia* los reyes no se atreverán a abrir la *boca*
 cuando vean lo que *nunca* se había visto,
 y observen cosas que *nunca* se habían oído.
¿Quién podrá *creer* la noticia que recibimos?
 y la *obra* del Señor, ¿a *quién* se la reveló?
Este hombre *creció* ante Dios como un retoño,
 con *raíz* en tierra seca,
 no tenía *gracia* ni belleza, para que nos fijáramos en él,
 ni era *simpático* para que pudiéramos apreciarlo.
Despreciado y tenido como la *basura* de los hombres,
 semejante a *aquellos* a los que se les *vuelve* la cara,
 estaba *despreciado* y no hemos hecho caso de él.
Sin embargo, eran *nuestras* dolencias las que él *llevaba*,
 eran *nuestros* dolores los que le *pesaban*
 y *nosotros* lo creíamos *azotado* por Dios,
   castigado y humillado.
Ha sido tratado como *culpable* a causa de nuestras *rebeldías*
 y *aplastado* por nuestros *pecados*.
El soportó el *castigo* que nos trae la paz
 y por sus *llagas* hemos sido sanados.
Todos andábamos como ovejas *errantes*,
 cada cual seguía su *propio* camino,
 y el Señor descargó sobre *él* la culpa de *todos* nosotros.
Fue *maltratado* y él se humilló y no dijo *nada*,
 fue llevado cual cordero al *matadero*,
 como una oveja que permanece *muda* cuando la esquilan.
Fue detenido y enjuiciado *injustamente*
 sin que *nadie* se preocupara de él.
Fue *arrancado* del mundo de los vivos,
 y *herido* de muerte por los *crímenes* de su pueblo.
Fue sepultado junto a los *malhechores*
 y su tumba quedó junto a los *ricos*,

Imagina que proclamas este largo poema de dolor y triunfo junto a la tumba donde acaba de ser colocado el cuerpo de Jesús.

El tono de la primera parte del texto es el de una meditación dolorosa, cargada de emoción y sentimiento.

Deja que tu admiración aflore al describir el drama de un amigo fiel hasta la muerte.

Aunque el texto es largo, no te apresures al proclamar, ni acortes las pausas.

Divídelo siguiendo el sentido natural de su redacción, agrupando las frases según los diversos matices con que el autor presenta los sufrimientos y dolores del Siervo.

Utiliza un énfasis especial para resaltar esta frase, que descubre el sentido de la dolorosa pasión del Siervo.

Concluye cambiando a un tono que indique el triunfo sobre el dolor y la negación total.

Las cuatro oraciones con las que termina el poema deben resonar con un aire de esperanza confiada y profunda.

Advierte que los versos finales nos quieren revelar el sentido de la pasión y muerte de Jesús.

II LECTURA

Jesús mismo nunca se atribuye el título de sacerdote para evitar una grave confusión, ya que en su tiempo solamente se consideraban sacerdotes a los descendientes de la tribu de Leví. En otro sentido, su misión era más amplia que la que desempeñaban los sacerdotes de su tiempo; por eso prefiere llamarse: Hijo o Hijo de Hombre. Sin embargo, vemos que el autor de Hebreos en el inicio de la lectura de hoy une los dos términos: el Hijo de Dios es nuestro sumo sacerdote.

Cristo es proclamado sumo sacerdote, pero su función sacerdotal supera ampliamente a la desempeñada en el Primer Testamento en cuanto a la ofrenda del sacrificio y por el servicio de la palabra. En la carta a los Hebreos tenemos la referencia más explícita y la explicación más amplia sobre el sacerdocio de Cristo. Al subrayar la condición humana de Jesús, el texto hace hincapié en lo esencial para el sacerdocio y el sacrificio: es el mediador que ha llegado a la perfección como Salvador, siendo al mismo tiempo sacerdote y víctima.

Hoy, el texto nos motiva para contemplar a Cristo, la víctima agradable al Padre, sufriendo en el madero de la cruz. Es verdadero hombre y verdadero Hijo de Dios, por consiguiente, aclamado como sacerdote único y eterno. Cristo, quien celebra hoy solemnemente la pasión y muerte, es para siempre el intercesor: "Acerquémonos, por tanto, con plena confianza al trono de gracia, para recibir misericordia"; es el mediador de la nueva alianza, y es el sacerdote perfecto por quien todos somos santificados. Los discípulos somos invitados por Cristo a vivir intensa y generosamente las actitudes sacerdotales: tomar la cruz, beber su cáliz, proclamar el mensaje a los demás y dar testimonio en todas partes.

I LECTURA continuación   L M

El Señor quiso *triturarlo* con el sufrimiento.
Cuando *entregue* su vida como *expiación*,
    verá a sus descendientes,
    prolongará sus años y por medio de él
    prosperarán los designios del Señor.
Por las fatigas de su alma, verá la luz y *se saciará*;
    con sus sufrimientos *justificará* mi siervo *a muchos*,
cargando con los crímenes de ellos.
Por eso le daré *una parte* entre los grandes,
    y con los fuertes *repartirá* despojos,
    ya que *indefenso* se *entregó* a la muerte
y fue contado entre *los malhechores*,
    cuando tomó sobre sí las culpas de todos
    e *intercedió* por los pecadores.

II LECTURA Hebreos 4:14–16; 5:7–9   L M

Lectura de la carta a los hebreos

Hermanos:
Jesús, el Hijo de Dios, es nuestro sumo sacerdote,
    que ha entrado *en el cielo*.
Mantengamos *firme* la profesión de nuestra fe.
En efecto,
    no tenemos un sumo sacerdote
    que *no sea capaz* de compadecerse de nuestros *sufrimientos*,
    puesto que *él mismo* ha pasado
por las *mismas* pruebas que nosotros, *excepto* el pecado.
Acerquémonos, por tanto,
    con *plena confianza* al trono de la gracia,
para recibir *misericordia*,
    hallar la gracia y *obtener* ayuda en el momento *oportuno*.
Precisamente por eso, *Cristo*, durante su vida mortal,
    ofreció oraciones y súplicas, con *fuertes* voces y lágrimas,
    a aquel que *podía librarlo* de la muerte,
    y *fue escuchado* por su piedad.
A pesar de que era el Hijo, *aprendió* a obedecer *padeciendo*,
    y llegado a su perfección, *se convirtió* en la causa de la
        salvación *eterna*
    para *todos* los que lo obedecen.

I LECTURA   continuación   L E U

a pesar de que *nunca* cometió una *violencia*
ni *nunca* salió una *mentira* de su boca.
Quiso el Señor destrozarlo con *padecimientos*,
   y él ofreció su *vida* como sacrificio por el *pecado*.
Por esto, verá a sus descendientes y tendrá *larga* vida,
   y por él se cumplirá lo que *Dios* quiere.
Después de las *amarguras* que haya padecido su alma
   verá la luz y será *colmado*.
Por su conocimiento, mi siervo justificará a *muchos*
   y cargará con *todas* sus culpas.
Por eso le daré en herencia *muchedumbres*
   y recibirá los *premios* de los vencedores.
Se ha negado a sí *mismo* hasta la muerte,
   y ha sido *contado* entre los pecadores,
   cuando en realidad llevaba sobre sí los *pecados* de muchos,
   e *intercedía* por los pecadores.

II LECTURA   Hebreos 4:14–16; 5:7–9   L E U

Lectura de la carta a los hebreos

Tenemos un Sumo Sacerdote que *penetró* los cielos
—Jesús, el *Hijo* de Dios—.
Mantengamos *firmes* la fe que profesamos.
Pues no tenemos un Sumo *Sacerdote*
   que no pueda *compadecerse* de nuestras flaquezas,
   sino *probado* en todo, igual que nosotros,
     excepto en el pecado.
Acerquémonos, por tanto, *confiadamente* al trono de *gracia*,
   a fin de *alcanzar* misericordia y hallar *gracia*
   para ser *socorridos* en el tiempo oportuno.
Cristo, en los días de su vida mortal, a *gritos* y con *lágrimas*,
   presentó oraciones y súplicas al que *podía* salvarlo
     de la muerte,
   y fue *escuchado* por su actitud reverente.
Él, a pesar de ser *Hijo*, aprendió, *sufriendo*, a obedecer.
Y, llevado a la *consumación*,
   se ha *convertido* para todos los que obedecen
   en autor de *salvación* eterna.

Hay una enorme confianza en el tono
de tu voz; el Señor nos conoce muy bien
y siente infinita compasión por nuestra
condición humana.

Más que proclamar, siente que estás conversando con la asamblea y la invitas a
ser fiel, agradecida y confiada en el Señor.

Describe vivamente y con energía
esta síntesis de los sucesos pascuales
de Jesús.

Concluye comunicando la paz serena
de aquél que ha puesto toda su confianza
y obediencia en el camino de Cristo.

EVANGELIO | Después de haber meditado ampliamente los acontecimientos de la pasión, muerte y resurrección de Jesús, el autor sagrado nos ofrece en el relato de la pasión y muerte el fruto de su meditación. La primera intención del evangelista es transmitir el sentido de los acontecimientos y de revelar la identidad de Jesús de Nazaret, como Cristo y Señor. ¿Por qué ha escrito otro Evangelio diferente a los sinópticos? En el capítulo 20 nos señala la finalidad: "para que ustedes crean que Jesús es el Mesías, el Hijo de Dios; y para que, creyendo tengan en él vida eterna" (Juan 20:31). En efecto, el momento de la pasión y resurrección es la hora decisiva de la revelación plena y última de Cristo. Es la hora de la revelación, es la hora de la luz.

Varias de las informaciones dadas por los sinópticos no están presentes en el cuarto Evangelio. Las omisiones son claramente voluntarias, pues responden a la finalidad teológica: Juan ha dejado de lado todo aquello que se relaciona con los acontecimientos trágicos o la humillación de Jesús, ya que no irían de acuerdo con la confesión de su realeza. Durante el camino de la pasión, Jesús no aparece débil, sujeto a burlas y objeto de escarnio, sino plenamente consciente de su misión y, por eso, marcha majestuosamente hacia la muerte.

Si queremos meditar en un Cristo lleno de sufrimientos, debemos tomar las narraciones de los otros tres Evangelios, no la de Juan, ya que expone la pasión y muerte de Jesús como exaltación y glorificación, y como un juicio contra el mundo y su príncipe. Jesús no sólo es rehabilitado por su Padre con la resurrección y la exaltación a la derecha de Dios, sino que su misma pasión ya es vivida por completo en la gloria pascual. La narración no da cabida a la presentación de un Cristo sufriente. Los acontecimientos son puestos en marcha por el mismo Jesús mediante la exclamación reveladora: "Yo soy". La cruz en la que ha sido colocado Cristo ya no es signo de suplicio, sino el trono del nuevo rey.

EVANGELIO Juan 18:1—19:42   L M

Pasión de nuestro Señor Jesucristo según san Juan

En aquel tiempo,
Jesús fue con sus discípulos *al otro lado* del torrente Cedrón,
     donde *había un huerto*,
   y *entraron* allí él y sus discípulos.
Judas, *el traidor*, conocía *también* el sitio,
   porque Jesús se reunía *a menudo* allí con sus discípulos.
Entonces *Judas* tomó un batallón de soldados
   y guardias de los *sumos* sacerdotes y de los fariseos
   y *entró* en el huerto con linternas, antorchas y armas.
Jesús, sabiendo *todo* lo que iba a suceder, se adelantó y les dijo:
"¿A *quién* buscan?"
Le contestaron: "A Jesús, *el nazareno*".
Les dijo Jesús: "Yo soy".
Estaba también con ellos Judas, *el traidor*.
Al decirles "Yo soy", retrocedieron y cayeron a tierra.
Jesús les *volvió* a preguntar: "¿A *quién* buscan?"
Ellos dijeron: "A Jesús, *el nazareno*".
Jesús *contestó*:
"Les he dicho que *soy yo*.
     Si me buscan *a mí*, dejen que éstos se vayan".
   Así se cumplió lo que Jesús había dicho:
   'No he perdido a *ninguno* de los que me diste'.
Entonces *Simón Pedro*, que llevaba una espada,
   la sacó e *hirió* a un criado del sumo sacerdote
     y le *cortó* la oreja derecha.
     Este criado se llamaba *Malco*.
Dijo entonces *Jesús* a Pedro:
"*Mete* la espada en la vaina.
     ¿*No voy* a beber el cáliz que me ha dado *mi Padre*?"
El batallón, su comandante y los criados de los judíos
     apresaron a Jesús,
   lo *ataron* y lo llevaron primero *ante Anás*,
   porque era *suegro* de Caifás, *sumo sacerdote* aquel año.
Caifás era el que había dado a los judíos *este* consejo:
'*Conviene* que muera *un solo hombre* por el pueblo'.
Simón Pedro y otro discípulo *iban siguiendo* a Jesús.
Este discípulo era *conocido* del sumo sacerdote
   y *entró* con Jesús en el palacio del sumo sacerdote,
     mientras Pedro se quedaba *fuera*, junto a la puerta.
Salió el *otro* discípulo, el *conocido* del sumo sacerdote,
habló con la portera e *hizo entrar* a Pedro.
La portera dijo entonces a Pedro:

EVANGELIO Juan 18:1—19:42 L E U

Pasión de nuestro Señor Jesucristo según san Juan

ARRESTAN Y LLEVAN PRESO A JESÚS

En aquel tiempo *Jesús* pasó con sus discípulos al otro *lado del* estero de Cedrón. Ahí había un huerto donde *entró* con sus discípulos. Pero *también* Judas, el que lo *entregaba*, conocía este lugar, porque Jesús se había reunido *muchas* veces allí con sus discípulos. Llevó, pues, consigo *soldados* del batallón y policías mandados por los *jefes* de los sacerdotes y los fariseos y *llegó allí* con linternas, antorchas y armas.

Jesús *sabía* lo que le iba a pasar. Se *adelantó* y preguntó:

—¿A *quién* buscan?

[Contestaron:]

—A *Jesús* de Nazaret.

[Jesús dijo:]

—Yo soy.

(Judas, el *traidor*, estaba también en *medio* de ellos.)

Cuando Jesús dijo: "Yo soy", retrocedieron y *cayeron* al suelo.

Les preguntó de nuevo:

—¿A *quién* buscan?

[Dijeron:]

—A *Jesús* de Nazaret.

[Jesús les dijo:]

—Ya les he dicho que *soy* yo. Si me buscan a *mí*, dejen irse a *éstos*. Con lo que *cumplió* la palabra que él había dicho: "No he perdido a *ninguno* de los que tú me has dado".

Simón Pedro tenía una *espada*, la sacó e *hirió* a Malco, siervo del jefe de los sacerdotes, *cortándole* la oreja derecha.

Jesús dijo a Pedro:

—Coloca tu espada en su lugar, ¿acaso no *beberé* la copa que mi Padre me da a beber?

NEGACIONES DE PEDRO; ANTE EL SUMO SACERDOTE

Entonces la tropa, con su jefe y los policías [enviados por los judíos,] se *apoderaron* de Jesús, le *amarraron* las manos y lo llevaron primero donde Anás, porque éste era *suegro* de Caifás, jefe de los sacerdotes; y Caifás es el que había *dicho* a los judíos: "Es *necesario* que muera un hombre *por* el pueblo". Simón Pedro y otro discípulo seguían a Jesús. Ese otro discípulo era *conocido* del jefe de los *sacerdotes* y por eso *entró* en el patio de la casa al *mismo* tiempo que Jesús. Pedro quedó *afuera*, junto a la puerta, hasta que el otro discípulo conocido del jefe de los sacerdotes salió y habló con la *portera*, que le dejó entrar. La portera dijo a Pedro:

PASIÓN
Al comenzar la lectura de la pasión, colócate en la perspectiva del drama que vas a relatar para que la asamblea sintonice desde la fe, contemplando con atención unas escenas que ya ha escuchado muchas veces y que hoy deben resonar como si fuera la primera vez.

ARRESTAN Y LLEVAN PRESO A JESÚS
Hay cierto pesar en tu voz. La escena es muy dramática; es el momento de la soledad, la traición y el abandono.

Imagina el silencio de la noche, los pensamientos y la confusión del momento. Las antorchas invaden la oscuridad.

Da a la voz de Jesús firmeza y serenidad; rompe el silencio, pues su voz resuena majestuosa y serena.

Jesús se dirige a Pedro con autoridad para afirmar la prioridad de obedecer la voluntad del Padre.

NEGACIONES DE PEDRO
Los sucesos ahora corren con mayor prisa; se precipitan los acontecimientos con rapidez.

Regresa a un tono más moderado al comenzar el diálogo entre la portera y Pedro.

Imagina a la portera, quien ha ido observando el comportamiento nervioso de Pedro. Su pregunta tiene algo de curiosidad y malicia.

La voz de Pedro denota la tormenta que hay en su mente: dolor, preocupación por el destino de su maestro y mucho miedo.

Jesús se encuentra en el jardín, sin angustia, sin duda, sin agonía; ya el evangelista ha señalado un episodio semejante en 12:20–36. La narración no describe a Jesús en oración porque ya le dedicó todo el capítulo 17. Tampoco menciona el proceso ante Caifás y el Sanedrín; en los capítulos 7 al 10 presentó una serie de polémicas entre Jesús y los jefes religiosos de los judíos. Estando Jesús sobre la cruz, la última palabra no es: "Dios mío, Dios mío, ¿por qué me has abandonado?", sino: "todo está cumplido" (19:30). Ésta es la hora del cumplimiento, la hora de la máxima revelación; por eso no hay lugar para las tinieblas o para algo trágico. Por lo mismo, Juan no habla del beso ni del suicidio de Judas, como tampoco menciona a los dos bandidos crucificados con Jesús. La cruz de Jesús es la única; la cruz debe captar nuestra atención porque es lo más importante. La pasión es la hora de la glorificación.

Al escuchar atentamente el relato juanino de la pasión, lo que más nos impresiona es la majestad real de Jesús. Jesús elige libremente su destino y marcha hacia la muerte con gran serenidad porque es la hora de la victoria de Cristo. La gran originalidad de la narración de Juan se encuentra en la importancia que se le da al proceso romano y al diálogo decisivo entre Pilato y Jesús; ocupa más de la cuarta parte. Para el relator, el destino presente y futuro de Jesús está en juego en este diálogo. Los acontecimientos son anticipados. Jesús es presentado y declarado como rey poderoso y juez de las naciones. Cuando Pilato le hace sentar en su trono (19:13), es para expresar su condición real. Muy significativa entonces, desde el punto de vista de la revelación, es la escena dramática cuando Jesús es coronado y proclamado rey. Ciertamente en este momento es un rey ultrajado; será necesario esperar la resurrección para que el rey y su reino sean manifestados con todo su poder (20:17).

En estos días santos, a los cristianos nos será de mucho provecho espiritual leer y releer el relato de la pasión y muerte; en el caso del Evangelio de Juan, tomar en

EVANGELIO continuación   L M

"¿No eres *tú también* uno de los discípulos de *ese* hombre?"
Él le dijo: "*No lo soy*"
Los criados y los guardias habían *encendido* un brasero,
porque *hacía frío*, y se calentaban.
También Pedro estaba con ellos de pie, *calentándose*.
El sumo sacerdote *interrogó* a Jesús
acerca de sus discípulos y de *su doctrina*.
Jesús le contestó:
"Yo he hablado *abiertamente* al mundo
  y he enseñado *continuamente* en la sinagoga y en el templo,
    donde se reúnen *todos* los judíos,
  y no he dicho nada a *escondidas*.
  ¿Por qué me interrogas *a mí*?
Interroga a los que me *han oído*, sobre lo que les *he hablado*.
Ellos *saben* lo que he dicho".
Apenas dijo esto, uno de los guardias
    le dio una *bofetada* a Jesús, diciéndole:
"¿*Así* contestas al *sumo* sacerdote?"
Jesús le respondió:
"Si *he faltado* al hablar, *demuestra* en qué he fallado;
  pero si he hablado *como se debe*, ¿*por qué* me pegas?"
Entonces *Anás* lo envió atado a Caifás, el *sumo* sacerdote.
Simón Pedro estaba de pie, *calentándose*, y le dijeron:
"¿No eres *tú también* uno de sus discípulos?"
Él *lo negó* diciendo: "*No lo soy*".
Uno de los criados del *sumo* sacerdote,
    pariente de aquel a quien Pedro le *había cortado* la oreja, le dijo:
    "¿Qué no te vi yo con él en el huerto?"
Pedro *volvió* a negarlo y en seguida *cantó* un gallo.
Llevaron a Jesús de casa de Caifás *al pretorio*.
Era muy de mañana y ellos *no entraron* en el palacio
    para *no incurrir* en impureza
y poder así *comer* la cena de Pascua.
Salió entonces Pilato a donde estaban ellos y les dijo:
"¿*De qué* acusan a ese hombre?"
Le contestaron: "Si *éste* no fuera *un malhechor*,
no te lo hubiéramos traído".
Pilato les dijo: "Pues *llévenselo* y júzguenlo *según su ley*".
Los *judíos* le respondieron:
"No estamos *autorizados* para dar muerte *a nadie*".
Así *se cumplió* lo que había dicho Jesús,
    indicando *de qué muerte* iba a morir.
Entró otra vez Pilato en el pretorio, *llamó* a Jesús y le dijo:

| **EVANGELIO** continuación | L E U |

—A lo mejor tú *también* eres de los discípulos de ese hombre. A lo que Pedro respondió:

—No, no lo soy.

Hacía frío. Los sirvientes y los guardias habían hecho una *fogata* y se calentaban. Pedro estaba junto a ellos, *calentándose* también. El jefe de los sacerdotes preguntó a Jesús acerca de sus discípulos y de su enseñanza. Jesús contestó:

—Yo he hablado *abiertamente* al mundo. He enseñado en la casa de oración y en el Templo en los lugares donde se reúnen todos los judíos. No he hablado *nada* en secreto. ¿Por qué me preguntas a *mí*? Pregúntales a los que me han escuchado: ellos *saben* lo que yo he enseñado.

Al oír esto, uno de los policías que estaba allí dio a Jesús una *bofetada* en la cara, diciendo:

—¿Es ésa la manera de contestar al jefe de los sacerdotes?

[Jesús contestó:]

—Si he hablado mal, *muéstrame* en qué, pero si he hablado bien, ¿por qué me pegas?

Anás lo envió atado donde Caifás, jefe de los sacerdotes.

Simón Pedro quedó calentándose en el patio. Le preguntaron:

—¿No eres tú también uno de sus *discípulos*?

[Contestó:]

—*No* lo soy.

Uno de los servidores del jefe de los sacerdotes, pariente del *hombre* al que Pedro le había cortado la oreja, le dijo:

—¿No te vi acaso con *él* en el huerto?

De nuevo *negó* Pedro y en seguida *cantó* el gallo.

ANTE PILATO

Amanecía. Llevaron a Jesús desde la casa de Caifás al *tribunal* del gobernador. Los judíos no entraron porque ese contacto con los paganos los hubiera hecho impuros, *impidiéndoles* celebrar la Pascua. Pilato entonces salió a ellos y les preguntó:

—¿De qué acusan a ese hombre?

[Le contestaron:]

—Si no fuera un *malhechor*, no lo habríamos traído ante ti.

[Pilato les dijo:]

—*Llévenselo* y júzguenlo según su ley.

[Los judíos contestaron:]

—No tenemos autorización para aplicar pena de *muerte*.

Con esto se *cumplía* la palabra que había dicho Jesús sobre la manera como iba a morir.

Pilato volvió a entrar al tribunal, llamó a Jesús y le preguntó:

—¿Eres tú el *Rey* de los judíos?

Ubícate en el patio junto al fuego. Hay cierta camaradería entre guardias y criados; Pedro intenta unirse a ellos, buscando calor.

Sube a un tono más sereno y firme para que la defensa que Jesús hace de su actuar asombre a sus interrogadores. No hay temor sino paz en el tono de su voz.

Te sientes escandalizado por la acción represiva y abusiva de la policía romana.

Evita que la voz de Jesús tenga algún tono de "víctima quejosa". Él reclama justamente su derecho violado injustamente; lo hace con dignidad y valor. Manifiesta eso con tu proclamación.

Haz una leve pausa y cambia de tono cuando la acción regrese al patio junto al fuego. Las cosas se ponen feas para Pedro, quien pretende pasar desapercibido.

Las preguntas reflejan cierta acusación de ser amigo del que es ahora reo del tribunal. Pedro se pone cada vez más nervioso e inseguro, y eso se transparenta en sus respuestas.

ANTE PILATO

La escena se traslada ahora al tribunal de los romanos. Pilato, que es arrogante y desprecia a los judíos, se expresa con fastidio y pocas consideraciones.

Acentúa la intención de las autoridades judías: traen a Jesús ante Pilato porque lo quieren muerto.

El procurador reconoce la mala intención de aquella gente y quiere saber qué hay realmente detrás de esa precipitada petición, precisamente antes de la Pascua. Hay una curiosidad política en su pregunta.

La respuesta establece un diálogo que deja asombrado a Pilato; Jesús no se defiende, ni pide clemencia, ni siquiera acusa a sus enemigos. Simplemente expone su verdad, aunque sabe que aquel romano no será capaz de entenderla.

cuenta aquellos hechos en los que se recalca la dignidad y majestad de Jesús: en el encuentro con los enemigos y los guardias, en el interrogatorio de Anás, ante la bofetada del criado del sumo sacerdote, durante el proceso ante Pilato, en el camino de la cruz que viene a ser como una marcha triunfal y en el momento de llegar al trono de la cruz como un rey que va de la mano con Dios.

EVANGELIO continuación   L M

"¿Eres tú *el rey* de los judíos?"
Jesús le contestó: "*¿Eso* lo preguntas *por tu cuenta*
        o te lo han dicho otros?"
Pilato le respondió: ¿*Acaso* soy yo judío?
Tu pueblo y los sumos sacerdotes te han entregado *a mí.*
¿*Qué es* lo que has hecho?
Jesús le contestó:
"Mi Reino *no es* de este mundo.
Si mi Reino fuera *de este mundo,*
    mis servidores habrían luchado
        para que *no cayera* yo en manos de los judíos.
    Pero mi Reino *no es* de aquí".
Pilato le dijo: "¿Conque *tú eres rey?*"
Jesús le contestó:
"*Tú* lo has dicho. *Soy rey.*
Yo nací y *vine* al mundo para ser *testigo* de la verdad.
Todo el que es de la verdad, *escucha* mi voz".
Pilato le dijo: "¿Y *qué es* la verdad?"
Dicho esto, salió *otra vez* a donde estaban los judíos y les dijo:
"No encuentro en él *ninguna* culpa.
Entre ustedes es *costumbre* que por Pascua
        ponga en libertad a un preso.
    ¿*Quieren* que les suelte *al rey* de los judíos?"
Pero *todos ellos* gritaron: "*¡No, a ése no!* ¡A *Barrabás!*"
El tal Barrabás era *un bandido.*
Entonces Pilato tomó a Jesús y lo mandó *azotar.*
Los soldados *trenzaron* una corona de espinas,
    se la pusieron *en la cabeza,*
le echaron encima un manto color púrpura,
    y *acercándose* a él, le decían: "¡*Viva* el rey de los judíos!",
        y le daban *bofetadas.*
Pilato salió *otra vez* afuera y les dijo:
"*Aquí* lo traigo para que sepan que *no encuentro* en él
        ninguna culpa".
Salió, pues, Jesús llevando la *corona* de espinas
    y el manto color púrpura.
Pilato les dijo: "*Aquí está* el hombre".
Cuando lo vieron los sumos sacerdotes
    y sus servidores, *gritaron:*
"¡*Crucifícalo,* crucifícalo!"
Pilato les dijo: "*Llévenselo* ustedes y crucifíquenlo,
    porque *yo no encuentro* culpa en él".
Los judíos le contestaron: "Nosotros tenemos *una ley*

EVANGELIO continuación   L E U

[Jesús le contestó:]

—¿Viene de ti esta pregunta o repites lo que *otros* te han dicho de mí?

[Pilato contestó:]

—¿Acaso soy judío yo? Tu nación y los jefes de los sacerdotes te han *entregado* a mí. ¿Qué has hecho?

[Jesús contestó:]

—Mi *Reino* no es de este mundo; si fuera rey *como* los de este mundo, mis servidores habrían *luchado* para que no cayera en manos de los judíos. Pero mi Reino *no* es de acá.

[Pilato le preguntó:]

—Entonces, ¿tú eres *rey*?

[Jesús contestó:]

—*Tú* lo has dicho: Yo soy Rey. Para esto nací, para esto vine al mundo, para ser *testigo* de la verdad. Todo hombre que está de parte de la *verdad*, escucha mi voz.

[Pilato le dijo:]

—¿Qué es la *verdad*?

Y luego salió de nuevo donde estaban los judíos. Les dijo:

—No encuentro *ningún* motivo para condenar a este hombre. Como es costumbre, en la Pascua voy a dejar *libre* a un reo. ¿Quieren que les suelte al Rey de los judíos?

[Los judíos] se pusieron a gritar:

—A ése no. Suelta *mejor* a Barrabás.

Y Barrabás era un bandido.

Entonces Pilato ordenó que tomaran a Jesús y lo azotaran. Después, los soldados tejieron una *corona* de espinas, se la pusieron en la cabeza y le colgaron en los hombros una *capa* de color rojo *como* usan los reyes. Y se acercaban a él y le decían:

—¡Viva el rey de los judíos!

Y le daban *bofetadas*.

JESÚS, JUZGADO POR EL PODER POLÍTICO

Pilato volvió a salir, y les dijo:

—Miren, lo voy a traer de nuevo para que sepan que no encuentro *ninguna* causa para condenarlo.

Entonces salió Jesús afuera llevando la corona de espinas y el manto rojo. Pilato les dijo:

—*Aquí* está el hombre.

Al verlo, los jefes de los sacerdotes y los policías del *Templo* comenzaron a gritar:

—¡*Crucifícalo*! ¡*Crucifícalo*!

[Pilato contestó:]

El diálogo coloca a Pilato frente a frente con Jesús, como si tratara de entender aquel asunto tan complicado. Jesús aprovecha las preguntas del procurador para definir la verdadera naturaleza de su reinado.

Deja que las palabras de Jesús comuniquen la calma evidente de la verdad.

El debate se ha trasladado a la conciencia de Pilato, que intuye la inocencia de Jesús, pero le faltan fuerzas para enfrentar al pueblo agitado por los líderes religiosos de Jerusalén.

La solución presenta, no resulta. Desea cambiar la atención, haciendo un gesto de benevolencia política, pero es demasiado tarde. La masa enardecida prefiere a Barrabás.

La narración se hace pesada y triste; es un momento de humillación, burla y desprecio.

JUZGADO POR EL PODER POLÍTICO
Pilato intenta una última estrategia: apela a la sensibilidad y saca afuera a Jesús, pensando que tal vez, al verlo en ese lamentable estado, brote la compasión de sus acusadores.

Su voz casi se quiebra al mostrar a Jesús herido, sangrante y vejado.

La escena se vuelve tensa; los furiosos gritos hieren la tarde. El intercambio con Pilato se hace a viva voz y con intensidad de sentimientos.

y según esa ley *tiene que morir,*
porque se ha declarado *Hijo de Dios".*
Cuando Pilato oyó *estas palabras,* se asustó *aún más,*
    y entrando *otra vez* en el pretorio, dijo a Jesús:
"¿De *dónde* eres tú?"
Pero Jesús *no* le respondió.
Pilato le dijo entonces: "¿*A mí* no me hablas?
¿No sabes que *tengo autoridad* para soltarte
    y autoridad para *crucificarte*?"
Jesús le contestó: "No tendrías *ninguna* autoridad sobre mí,
    si no te la hubieran dado *de lo alto.*
Por eso, el que me *ha entregado* a ti tiene un pecado *mayor".*
Desde ese momento, Pilato *trataba* de soltarlo,
        pero los judíos *gritaban:*
"¡Si sueltas *a ése,* no eres amigo del César!"
Al oír *estas* palabras, Pilato *sacó* a Jesús y lo sentó en el tribunal,
    en el sitio que llaman *"el Enlosado"* (en hebreo *Gábbata*).
Era el día de la preparación de la Pascua, hacia el mediodía.
Y dijo Pilato a los judíos: "Aquí tienen *a su rey".*
Ellos *gritaron:* "¡Fuera, fuera! ¡*Crucifícalo*!"
Pilato les dijo: "¿*A su rey* voy a crucificar?"
Contestaron *los sumos* sacerdotes:
"No tenemos más rey que el César".
Entonces se lo entregó para que *lo crucificaran.*
Tomaron a Jesús y él, *cargando* la cruz,
    se dirigió hacia el sitio llamado *"la Calavera"*
    (que en hebreo se dice *Gólgota*), donde *lo crucificaron,*
    y con él a *otros* dos, uno de cada lado, y en medio *a Jesús.*
Pilato *mandó* escribir un letrero y ponerlo *encima* de la cruz;
    en él estaba escrito: 'JESÚS EL NAZARENO, EL REY DE LOS JUDÍOS'.
Leyeron el letrero *muchos* judíos
    porque estaba *cerca* el lugar donde crucificaron a Jesús
    y estaba escrito *en hebreo, latín y griego.*
Entonces los *sumos* sacerdotes de los judíos le dijeron a Pilato:
"No escribas: '*El rey* de los judíos', sino: '*Este ha dicho:*
Soy rey de los judíos'".
Pilato les contestó: "Lo escrito, *escrito está".*
Cuando crucificaron a Jesús, los soldados cogieron su ropa
        e hicieron *cuatro partes,*
    una para *cada* soldado, y apartaron la túnica.
Era una túnica *sin costura,*
    tejida toda de una *sola* pieza de arriba a abajo.
        Por eso se dijeron:

EVANGELIO continuación   L E U

—Tómenlo ustedes y crucifíquenlo. Yo no encuentro *motivo*
para *condenarlo*.
[Los judíos contestaron:]
—Nosotros tenemos una *Ley* y según esta Ley debe morir,
porque se hizo pasar por *Hijo* de Dios.
Cuando Pilato escuchó esto, tuvo más *miedo*. Volvió al tribunal
y preguntó a Jesús:
—¿De *dónde* eres tú?
Pero Jesús no le contestó palabra. [Por lo que Pilato le dijo:]
—¿No me contestas a mí? ¿No sabes que está en mi mano
dejarte libre o mandarte crucificar?
[Jesús respondió:]
—Tú no tendrías *ningún* poder sobre mí, si no lo hubieras
recibido de lo *Alto*.
Por eso, el que me entregó a ti tiene *mayor* pecado que tú. Desde
este momento, Pilato buscaba la manera de *dejarlo* en libertad.
Pero [los judíos] comenzaron a gritar:
—Si lo dejas libre, no eres amigo del César; porque todo *el que
se* proclama rey va *contra* el César.
Al oír esto Pilato hizo comparecer a Jesús ante el patio llamado
del Empedrado (en hebreo Gabatá).
Era el día de la preparación de la Pascua, alrededor del mediodía.
Pilato dijo [a los judíos:]
—Ahí tienen a su *rey*.
[Ellos gritaron:]
—¡Fuera!, ¡*Crucifícalo*!
[Pilato les respondió:]
—¿Quieren que *crucifique* a su Rey?
Los jefes de los sacerdotes contestaron:
—No tenemos más rey que el *César*.
Entonces Pilato les *entregó* a Jesús para que fuera crucificado.

CRUCIFIXIÓN Y MUERTE
Ellos se *apoderaron* de Jesús; él mismo llevaba la cruz a *cuestas*
y salió a un lugar llamado la Calavera, que en hebreo se dice
Gólgota. Allí lo crucificaron, y con él a otros dos, uno a cada
lado y en el medio a Jesús. Pilato *mandó* escribir un letrero
y ponerlo sobre la cruz. Tenía escrito:
JESÚS DE NAZARET, REY DE LOS JUDÍOS.
Muchos [judíos] leyeron este letrero, pues el lugar donde Jesús
fue crucificado estaba cerca de la ciudad, y el letrero estaba
escrito en tres idiomas: en hebreo, en latín y en griego.
Entonces, los jefes de los sacerdotes de los judíos
fueron a decir a Pilato:

CRUCIFIXIÓN Y MUERTE
La acción se vuelve tumulto. La narración
es rápida e intensa.

Cambia a un tono de sereno dolor para
describir lo que sucede cuando Pilato
ordena colocar el texto sobre el crucificado. Su última intervención es tajante y
conclusiva.

La escena al pie de la cruz tiene dos planos
contrapuestos: los soldados indiferentes
se reparten los despojos, y un pequeñísimo
grupo que ha podido llegar a la cercanía
del crucificado se abraza de dolor,

EVANGELIO continuación   L M

"No la rasguemos, sino *echemos* suerte para ver a *quién* le toca".
Así se *cumplió* lo que dice la Escritura:
Se *repartieron* mi ropa y *echaron a suerte* mi túnica.
Y eso hicieron los soldados.
Junto a la cruz de Jesús estaba *su madre*,
    la hermana de su madre, María la de Cleofás,
        y *María Magdalena*.
Al ver *a su madre* y junto a ella al discípulo que *tanto quería*,
Jesús dijo *a su madre*:
"Mujer, ahí está *tu hijo*".
Luego dijo al discípulo: "*Ahí está* tu madre".
Y *desde entonces* el discípulo se la llevó a vivir *con él*.
Después de esto, sabiendo Jesús que *todo* había llegado
        a *su término*,
    para que *se cumpliera* la Escritura, dijo: "*Tengo sed*".
Había allí un jarro lleno de vinagre.
Los soldados sujetaron una esponja *empapada* en vinagre
        a una caña de hisopo
    y se la acercaron a la boca.
Jesús *probó* el vinagre y dijo: "*Todo* está cumplido",
    e, inclinando la cabeza, *entregó* el espíritu.

[Todos se arrodillan y guardan silencio por unos instantes.]

Entonces, los judíos,
como era el día de preparación *de la Pascua*,
    para que los cuerpos de los ajusticiados
    no se quedaran en la cruz el sábado,
    era un día *muy* solemne,
    pidieron a Pilato que les *quebraran* las piernas
        y los quitaran *de la cruz*.
Fueron los soldados, le *quebraron* las piernas a uno y luego al otro
    de los que habían sido crucificados *con él*.
Pero al llegar *a Jesús*, viendo que *ya había muerto*,
no le quebraron las piernas,
    sino que uno de los soldados *le traspasó* el costado
con una lanza e inmediatamente salió *sangre y agua*.
El que vio *da testimonio* de esto y su testimonio *es verdadero*
    y él sabe que *dice la verdad*, para que también ustedes *crean*.
Esto sucedió para que *se cumpliera* lo que dice la Escritura:
'No le quebrarán *ningún* hueso';
    y en *otro* lugar la Escritura dice: 'Mirarán *al que traspasaron*'.
Después de esto, *José de Arimatea*, que era *discípulo* de Jesús,

EVANGELIO continuación   L E U

—No pongas: "Rey de los judíos", sino "El que se dijo ser rey de los judíos".

Pilato contestó:

—Lo que he escrito, *está* escrito.

Cuando los soldados pusieron en la cruz a Jesús, se repartieron su ropa en cuatro partes iguales, una para cada soldado. Se apoderaron también de su túnica, que era sin costura, de una sola pieza. Se dijeron entre ellos:

—No la rompamos, más bien, *echémosla* a la suerte a ver de quién será.

Así se *cumplió* una profecía que dice: "Se repartieron mi ropa y sortearon mi túnica". Fue lo que hicieron los soldados.

Junto a la cruz de Jesús estaba su *madre* y la hermana de su madre, y también María, esposa de Cleofás, y María de Magdala. Jesús, al ver a la Madre y junto a ella a su *discípulo* más querido, dijo a la Madre:

—*Mujer*, ahí tienes a *tu hijo*.

Después dijo al discípulo:

—Ahí tienes a tu *madre*.

Desde ese momento el discípulo se la *llevó* a su casa.

Después de eso, como Jesús sabía que ya *todo* se había cumplido, y para que se *cumpliera* la Escritura, dijo:

—Tengo sed.

Había allí un jarro lleno de vino agridulce. Pusieron en una *caña* una esponja llena de esta bebida y la acercaron a sus labios.

Cuando hubo probado el vino, Jesús dijo:

—*Todo* está cumplido.

Inclinó la cabeza y *entregó* su espíritu.

[*Pausa: de rodillas.*]

TRASPASO DEL COSTADO; ENTIERRO

Era el día de *Preparación* a la Pascua. Los judíos no querían que los cuerpos quedaran en cruz durante el día siguiente, pues este sábado era un día muy *solemne*. Por eso, pidieron a Pilato que hiciera quebrar las piernas a los que estaban crucificados para después retirarlos.

Vinieron entonces los soldados y les quebraron las piernas al *primero* y al otro de los que habían sido crucificados con Jesús. Al llegar a Jesús, vieron que ya *estaba* muerto. Así es que no le quebraron las piernas, sino que uno de los soldados le *abrió* el costado de una lanzada y al instante salió *sangre* y *agua*. El que lo vio lo declara para ayudarles en su fe, y su testimonio es verdadero. El mismo sabe que dice la verdad.

asombrado ante la rapidez de aquel desenlace terrible.

Resalta este momento supremo donde sólo habla Jesús. Deja que la intensidad sagrada del momento invada a toda la comunidad cuando Jesús encomiende a su madre bajo el cuidado del discípulo amado.

Casi es un murmullo, pero todos pueden escuchar cómo se acerca el momento final y que a Jesús le abrasa la sed y el agotamiento.

La última palabra desde la cruz es el momento más solemne de toda la proclamación. Debe llevar a un silencio reverente e intenso.

TRASPASO DEL COSTADO, ENTIERRO
Concluye con un tono sereno, pero emotivo. Es el testimonio de un testigo presencial que recuerda maravillado los últimos momentos de aquel extraordinario acontecimiento.

El relato se mueve a la acción de Nicodemo y José de Arimatea que, piadosamente, dan sepultura a aquel amigo en desgracia. Estos hombres fieles concluyen suavemente el relato de la pasión sin decir una palabra.

Es un momento de desaliento que introduce la noche de Dios. Recuerda ahora aquellos momentos difíciles de tu vida donde Dios parece callar. Sin embargo, finalmente llegará la alborada, la aurora de la salvación.

EVANGELIO continuación   L M

pero *oculto* por miedo a los judíos,
   pidió a Pilato que lo dejara *llevarse* el cuerpo de Jesús.
Y Pilato lo *autorizó*.
Él fue entonces y *se llevó* el cuerpo.
Llegó también *Nicodemo*, el que había ido a verlo *de noche*,
   y trajo unas *cien* libras de una mezcla de mirra y áloe.
Tomaron el cuerpo de Jesús
     y *lo envolvieron* en lienzos con esos aromas,
   según *se acostumbra* enterrar entre los judíos.
Había *un huerto* en el sitio donde lo crucificaron,
   y en el huerto, un sepulcro *nuevo*,
donde *nadie* había sido enterrado *todavía*.
Y como para los judíos era el día de *la preparación* de la Pascua
   y el sepulcro estaba *cerca*, *allí* pusieron a Jesús.

EVANGELIO continuación   L E U

Esto sucedió para que se *cumpliera* la Escritura que dice:
"No le*quebrarán* ni un solo hueso", y en otra parte dice:
"Contemplarán al que *traspasaron*". Después de esto, José, del
pueblo de Arimatea, se presentó a Pilato. Era discípulo de Jesús,
pero en *secreto*, por miedo [a los judíos]. Pidió a Pilato la
autorización para retirar el cuerpo de Jesús y Pilato se la concedió.
Vino y retiró el cuerpo de Jesús.

También vino *Nicodemo*, el que había ido de noche a ver a Jesús;
trajo como cien libras de mirra perfumada y áloe. Envolvieron el
cuerpo de Jesús con lienzos perfumados con esta mezcla de
aromas, según la *costumbre* de enterrar de los judíos. Cerca del
lugar donde crucificaron a Jesús había un huerto, y en el huerto,
un sepulcro nuevo, donde *nadie* había sido enterrado.
Aprovecharon entonces este sepulcro cercano para poner
ahí el cuerpo de Jesús, porque estaban en la *Preparación* del
sábado solemne.

VIGILIA PASCUAL

Lectura del libro de Génesis

| I LECTURA | En el presente relato de la creación se nota la influencia de la clase sacerdotal en una época especialmente difícil para el pueblo de Israel. Cuando los ejércitos de Babilonia llegaron y se adueñaron de la ciudad de Jerusalén, además de destruir sin piedad, se llevaron al exilio a aquéllos que les podían ser de utilidad. En esta situación, sin un templo y sin rey, se siente la necesidad de una reflexión sobre los orígenes del mundo, del hombre y la mujer, así como de la historia de Israel.

La narración nos presenta a Dios que está sobre todo, el trascendente; es quien crea sólo con su Palabra. Lo que acontece en los seis primeros días sólo tiene sentido en vista de lo que sucede al final, en el último día, el séptimo, el sábado, el día bendito y consagrado por Dios y que la humanidad entera no debe olvidar jamás. Podemos decir que el kerigma de este texto se encuentra en el versículo 28: "y los bendijo Dios y les dijo: sean fecundos y multiplíquense, llenen la tierra y sométanla". Claramente, Dios se presenta como el autor de la vida y le asegura la supervivencia humana.

El relato de la creación se convierte, entonces, en una fuerte invitación a la esperanza. Los acontecimientos pasados se leen a la luz del presente muy difícil, la experiencia del exilio, con la finalidad de confortar y ofrecer motivos para esperar a quienes están en el exilio. Dios, que ha creado todo con gran poder y les ha entregado el fruto de su acción creadora, ciertamente hará posible que regresen a su tierra si se empeñan en cumplir con la alianza. Para nosotros, la solemne celebración de la Vigilia Pascual, en esta noche santa, es una fuerte invitación a poner nuestra mirada en Cristo nuestro Salvador. Son muchas nuestras esclavitudes, pero la fe debe ser grande y alegre—debe ser nuestra esperanza.

En el principio *creó Dios* el cielo y la tierra.
La tierra era *soledad y caos*;
    y las tinieblas *cubrían* la faz del abismo.
El *espíritu* de Dios *se movía* sobre la superficie de las aguas.
Dijo Dios: "Que *exista* la luz", y la luz *existió*.
Vio Dios que la luz *era buena*, y *separó* la luz de las tinieblas.
Llamó a la luz *"día"* y a las tinieblas, *"noche"*.
Fue la tarde y la mañana del primer día.
Dijo Dios: "Que haya *una bóveda* entre las aguas,
    que *separe* unas aguas de otras".
E *hizo* Dios una bóveda
    y *separó* con ella las aguas de arriba, de las aguas *de abajo*.
Y *así* fue.
Llamó Dios a la bóveda *"cielo"*.
Fue la tarde y la mañana del *segundo* día.
Dijo Dios:
    "Que *se junten* las aguas de debajo del cielo en un *solo* lugar
    y que *aparezca* el suelo seco". Y *así* fue.
Llamó Dios *"tierra"* al suelo seco y *"mar"* a la masa de las aguas.
Y *vio* Dios que *era bueno*.
Dijo Dios: "*Verdee* la tierra con plantas que den semilla
    y *árboles* que den fruto y semilla,
    según su especie, sobre la tierra". Y *así* fue.
Brotó de la tierra hierba *verde*, que producía *semilla*,
        según su especie,
    y *árboles* que daban fruto y *llevaban semilla*, según su especie.
Y *vio* Dios que *era bueno*. Fue la tarde y la mañana del *tercer* día.
Dijo Dios: "Que haya *lumbreras* en la bóveda del cielo,
    que *separen* el día de la noche,
    señalen las estaciones, los días y *los años*,
    y *luzcan* en la bóveda del cielo para *iluminar* la tierra".
Y *así* fue.
Hizo Dios las *dos* grandes lumbreras:
    la lumbrera *mayor* para regir *el día*
    y *la menor*, para regir *la noche*;
    y *también* hizo las estrellas.
Dios puso las lumbreras en la bóveda del cielo
        para *iluminar* la tierra,
    para *regir* el día y la noche, y *separar* la luz de las tinieblas.

I LECTURA Génesis 1:1—2:2   L E U

Lectura del libro de Génesis

Al principio Dios creó el cielo y la *tierra*.
La tierra estaba *desierta* y sin nada;
　　las tinieblas *cubrían* los *abismos*,
　　mientras el espíritu de *Dios* aleteaba
　　　　sobre la *superficie* de las aguas.
Dijo Dios: "Haya *luz*", y hubo luz.
Dios vio que la luz era *buena* y la separó de las *tinieblas*.
Dios llamó a la luz "*Día*" y a las tinieblas "*Noche*".
Y atardeció y amaneció el día *Primero*.
Dijo Dios: "Haya un *firmamento* en medio de las aguas
　　y que separe a unas aguas de otras".
Hizo Dios entonces el *firmamento* separando unas *aguas* de otras:
　　las que estaban *encima* del firmamento,
　　de las que estaban *debajo* de él.
Y *así* sucedió.
Y atardeció y amaneció el día *Segundo*.
Dijo Dios: "Júntense las *aguas* de debajo de los cielos
　　en un *solo* lugar y aparezca el suelo seco".
Dios llamó al suelo seco "Tierra" y a la masa de agua "Mares".
　　Y vio Dios que todo era bueno.
Dijo Dios: "Produzca la tierra pasto y hierbas que den semilla
　　y árboles frutales que den sobre la tierra fruto
　　　　con su semilla adentro".
Y así fue.
La tierra produjo pasto y hierbas que dan semillas
　　y árboles frutales que dan frutos con su semilla dentro
　　según la especie de cada uno.
Y vio Dios que esto era bueno.
Y atardeció y amaneció el día Tercero.
Dijo Dios: "Haya lámparas en el cielo
　　que separen el día de la noche.
Sirvan de signos para distinguir
　　tanto las estaciones como los días y los años.
Y que brillen en el firmamento para iluminar la tierra".
Y así fue.
Hizo, pues, Dios dos grandes lámparas,
　　una grande para presidir el día y otra más chica
　　　　para presidir la noche;
　　también hizo las estrellas.

Colócate en primera fila para contemplar el espectáculo de la creación del mundo, tal como lo ha pintado el autor bíblico.

Separa cada uno de los siete días de la creación en los que se escuchará la voz creadora del Señor. Hazlo con el entusiasmo de un artista que va llenándolo todo de luz y color, de vida y belleza.

Emplea un tono fuerte para identificar la Palabra que realiza el acto creador de Dios ("Dijo Dios") y otro tono más suave para dar a conocer los nombres que el Señor va poniendo a las distintas cosas que van apareciendo ("Dios llamó a").

La fecundidad es un mandato divino que refleja la acción creadora del Padre. Dios habla con entusiasmo de aquello que es bueno porque es reflejo suyo.

Y *vio* Dios que era *bueno*.

Fue la tarde y la mañana del *cuarto* día.

Dijo Dios: "*Agítense* las aguas con un *hervidero* de seres vivientes
   y *revoloteen* sobre la tierra *las aves*, bajo la bóveda del cielo".

Creó Dios los *grandes animales marinos*
   y los *vivientes* que en el agua *se deslizan y la pueblan,*
      según su especie.

Creó también el mundo de *las aves*, según sus especies.

Vio Dios que era bueno *y los bendijo*, diciendo:

"*Sean* fecundos y *multiplíquense; llenen* las aguas del mar;
   que las aves *se multipliquen* en la tierra".

Fue la tarde y la mañana del *quinto* día.

Dijo Dios: "*Produzca* la tierra vivientes, *según* sus especies:
   animales *domésticos*, reptiles *y fieras*, según sus especies".
      Y *así* fue.

Hizo Dios las fieras, los animales domésticos *y los reptiles,*
   cada uno *según* su especie.

Y *vio* Dios que *era bueno*.

Dijo Dios: "*Hagamos* al hombre a *nuestra* imagen y *semejanza;*
   que *domine* a los peces del mar, a *las aves* del cielo,
   a los *animales domésticos*
   y a *todo* animal que se arrastra sobre la tierra".

Y *creó* Dios al hombre *a su imagen;*
   a imagen *suya* lo creó; *hombre y mujer* los creó.

Y los bendijo Dios y *les dijo:*

"*Sean fecundos* y multiplíquense, *llenen* la tierra y *sométanla;*
   dominen a los peces del mar, a las aves del cielo
   y *a todo ser viviente* que se mueve sobre la tierra".

Y *dijo* Dios:

"He aquí que *les entrego* todas las plantas de semilla
   que hay sobre la faz de la tierra,
   y todos los árboles que producen frutos y semilla,
   para que les sirvan *de alimento.*

Y a *todas* las fieras de la tierra, *a todas* las aves del cielo,
   a todos los reptiles de la tierra, a todos los seres que respiran,
   también les doy por *alimento* las verdes plantas". Y *así* fue.

Vio Dios *todo* lo que había hecho y lo encontró *muy bueno*.

Fue la tarde y la mañana del *sexto* día.

Así quedaron concluidos el cielo y la tierra
con *todos* sus ornamentos, y *terminada* su obra,
   descansó Dios el *séptimo* día
   de todo cuanto había hecho.

I LECTURA continuación   L E U

El Señor las colocó en lo alto de los cielos
  para alumbrar la tierra,
 para mandar al día y a la noche y separar la luz
  de las tinieblas.
Y vio Dios que esto era bueno.
Y atardeció y amaneció el día Cuarto.
Dijo Dios: "Llénense las aguas de seres vivientes
 y revoloteen aves sobre la tierra y bajo el firmamento".
Y creó Dios los grandes monstruos marinos
 y todos los seres que viven en el agua y todas las aves.
Y vio Dios que estaba bien.
Los bendijo Dios, diciendo:
 "Crezcan, multiplíquense y llenen las aguas del mar,
 y multiplíquense asimismo las aves en la tierra".
Y atardeció y amaneció el día Quinto.
Dijo Dios: "Produzca la tierra animales vivientes,
  de diferentes especies,
 bestias, reptiles y animales salvajes".
Y así fue.
E hizo Dios las distintas clases de animales salvajes,
  de bestias y de reptiles.
Y vio Dios que esto era bueno.
Dijo Dios: "Hagamos al hombre a nuestra imagen y semejanza.
Que mande a los peces del mar y a las aves del cielo,
 a las bestias, a las fieras salvajes
 y a los reptiles que se arrastran por el suelo".
Y creó Dios al hombre a su imagen.
A imagen de Dios lo creó.
Macho y hembra los creó.
Dios los bendijo, diciéndoles: "Sean fecundos y multiplíquense.
Llenen la tierra y sométanla.
Manden a los peces del mar, a las aves del cielo
 y a cuanto animal viva en la tierra".
Dijo Dios: "Yo les entrego, para que ustedes se alimenten,
 toda clase de hierbas, de semilla
  y toda clase de árboles frutales.
A los animales salvajes, a las aves de los cielos
 y a cuanto ser viviente se mueve en la tierra,
 les doy para que coman pasto verde".
Y así fue.
Vio Dios que *todo* cuanto había era *muy* bueno.
Y atardeció y amaneció el día *Sexto*.
Así fueron hechos el cielo y la *tierra*

Haz una pausa y un cambio de tono cuando aparezca el ser humano. Destaca que fue hecho a imagen (es decir, presencia o reflejo de Dios) y semejanza (tal como lo es un hijo de su padre).

Resalta la responsabilidad humana sobre toda la obra que Dios le entregara desde el comienzo. Destaca cómo todo fue creado: "muy bueno".

II LECTURA Esta narración tan sugestiva fácilmente nos gana el corazón por su carácter dramático. La dimensión teológica del relato nos invita a contemplar a Abraham, como tipo de todo israelita y del pueblo judío. En Abraham debemos ver a todo israelita creyente, y en él, se siente representado el pueblo de Israel que sufre: es perseguido, exiliado y en peligro de extinción. Al igual que el pueblo de Israel, en la lectura de este texto el pueblo cristiano debe encontrar el sentido de las pruebas y avivar la esperanza en una liberación plena de parte de Dios.

Ordinariamente se titula el relato como "el sacrificio de Isaac", cuando más bien tendría que hablarse de "la prueba de Abraham", como lo indica en el inicio: "Dios le puso una prueba a Abraham". Por consiguiente, la línea de interpretación del texto debe tomar en cuenta esta importante llamada de atención del autor sagrado. Abraham es sometido a la prueba, pero es mejor hablar de que Israel es probado en cuanto a su obediencia. Quien sale beneficiado es el ser humano, cuando es tentado, no Dios. Dios no quiere la muerte de Isaac; Abraham sabe que Dios dará el cordero para el sacrificio: "el Señor provee".

Puede suceder que en el corazón de Abraham haya algo de indecisión, pero con esta narración se confirma aun más que el hombre puede matar cuando sucumbe a la tentación. Sin embargo, siempre se superará la prueba cuando existe coincidencia de la voluntad humana con la divina, cuyo deseo es que se viva. La prueba ha dejado a Abraham una gran enseñanza: Dios no exige cosas por capricho, no es arbitrario; lo que importa es conocer su verdadero rostro. Y la voluntad de Dios es que tengamos vida; lo que Dios quiere es salvarnos.

En la celebración de hoy, se nos revela el auténtico rostro de Dios; la celebración es una proclamación de la vida que hemos alcanzado en Cristo, nuestro Salvador.

II LECTURA Génesis 22:1–18 L M

Lectura del libro del Génesis

En *aquel* tiempo, Dios le puso *una prueba* a Abraham y le dijo:
"¡*Abraham*, Abraham!"
Él respondió: "*Aquí estoy*".
Y Dios le dijo:
"*Toma* a tu hijo único, *Isaac*, a quien *tanto* amas;
    vete a la región de Moria
    y ofrécemelo *en sacrificio*, en el monte que *yo te indicaré*".
Abraham *madrugó*, *aparejó* su burro,
    tomó consigo a dos de sus criados y a *su hijo Isaac*;
    cortó leña para el sacrificio
    y *se encaminó* al lugar que Dios le *había indicado*.
Al *tercer día* divisó a lo lejos el lugar.
Les dijo entonces a sus criados:
"*Quédense aquí* con el burro;
    yo iré con el muchacho *hasta allá*,
    para *adorar* a Dios y después regresaremos".
Abraham *tomó* la leña para el sacrificio,
    se *la cargó* a su hijo Isaac
    y *tomó* en su mano el fuego y el cuchillo.
Los dos caminaban *juntos*.
Isaac dijo a su padre Abraham: "¡*Padre*!"
Él respondió: "¿Qué quieres, *hijo*?"
El muchacho contestó:
"Ya tenemos *fuego y leña*, pero,
    ¿*dónde está* el cordero para el *sacrificio*?"
Abraham le contestó:
    "*Dios* nos dará el cordero para el sacrificio, *hijo mío*".
Y *siguieron* caminando juntos.
Cuando llegaron al sitio que Dios le *había señalado*,
Abraham *levantó* un altar y *acomodó* la leña.
Luego *ató* a su hijo Isaac, lo puso sobre el altar, *encima* de la leña,
    y tomó el cuchillo para *degollarlo*.
Pero el *ángel* del Señor lo *llamó* desde el cielo y le dijo:
"¡*Abraham*, Abraham!" Él contestó: "*Aquí estoy*".

I LECTURA   continuación   L E U

y *todo* lo que hay en ellos.
Dios terminó su trabajo el *Séptimo* día
y descansó en *este* día de *todo* lo que había hecho.

[*Versión corta: Génesis 1:1, 26–31*]

Concluye indicando el descanso de Dios, tal como hacemos nosotros cuando hemos concluido una obra que, aunque nos ha dado mucho trabajo, esfuerzo y cansancio, finalmente nos ha salido hermosa y nos llena de satisfacción al contemplarla.

II LECTURA   Génesis 22:1–18   L E U

Lectura del libro del Génesis

En aquellos días, Dios quiso *probar* a Abraham
   y lo llamó: "*Abraham*".
Este respondió: "*Aquí* estoy", y Dios le dijo:
   "Toma a tu hijo, al *único* que tienes y al que amas, Isaac,
   y anda a la región de Moriah.
Allí me lo *sacrificarás* en un cerro que yo te indicaré".
Se levantó Abraham de madrugada, ensilló su *burro*
   y tomó a dos muchachos para que lo acompañaran
      y a su hijo Isaac.
Partió la leña para el *sacrificio*
   y se puso en *marcha* hacia el lugar que Dios
      le había indicado.
Al tercer día levantó la vista y vio el lugar desde lejos.
Entonces dijo a los muchachos:
   "*Quédense* aquí con el burro, mientras yo y el niño subimos.
Vamos a *adorar* allá arriba y luego volveremos
      donde están ustedes".
Abraham tomó la leña para el sacrificio
   y la cargó sobre su hijo Isaac.
Tomó en su mano el brasero y el *cuchillo*
   y en seguida partieron los dos.
Entonces Isaac dijo a Abraham: "Padre mío".
El respondió: "¿Qué hay, hijito?"
"Llevamos —dijo Isaac— el fuego y la leña,
   pero, ¿dónde está el *cordero* para el sacrificio?"
Abraham respondió: "Dios *pondrá* el cordero, hijo mío".
Y continuaron juntos el camino.
Llegaron al lugar que Dios les había dicho
   y Abraham levantó un altar.
Preparó *la leña*
   y ató a su hijo Isaac, poniéndolo en el altar,
      sobre la leña.
Estiró luego la mano y Abraham tomó el cuchillo
   para *degollarlo*.

El relato es uno de los momentos más dramáticos del Primer Testamento.

Colócate en lugar de Abraham. Siente el estremecimiento de su corazón cuando escucha aquellas órdenes incomprensibles que el Señor le imparte sin mayor explicación.

El anciano no duda; se levanta y se pone de camino guardando en el silencio de su fe todo el dolor y la angustia que lo invade.

Presenta este texto con profundo respeto; estás proclamando un texto fundamental que coloca la fe de este anciano, misteriosamente escogido por Dios, como un modelo a imitar eternamente.

Abraham se dirige a los criados como intentando ocultar el verdadero propósito de aquel viaje.

El diálogo entre el anciano y el niño es estremecedor. La dulzura de Abraham apenas puede disimular el dolor que lo estremece.

El momento es dramáticamente intenso; por eso la voz del cielo expresa la alegría

II LECTURA   continuación   L M

El ángel le dijo: *"No* descargues la mano contra tu hijo,
     ni le hagas daño.
Ya veo que *temes a Dios,* porque *no le has negado* a tu hijo *único".*
Abraham *levantó* los ojos y vio un carnero,
     enredado por los cuernos en la maleza.
Atrapó el carnero y lo ofreció en sacrificio, *en lugar* de su hijo.
Abraham puso por nombre a aquel sitio *"el Señor provee",*
     por lo que *aun* el día de hoy se dice:
"el monte donde e*l Señor provee".*
El ángel del Señor *volvió* a llamar a Abraham
     desde el cielo y le dijo:
"Juro *por mí mismo,* dice el Señor,
     que por haber hecho *esto*
     y no haberme negado *a tu hijo único,*
     yo te *bendeciré*
     y *multiplicaré* tu descendencia como *las estrellas* del cielo
     y *las arenas* del mar.
Tus descendientes *conquistarán* las ciudades enemigas.
En *tu descendencia* serán bendecidos
todos los pueblos de la tierra,
     porque *obedeciste* a mis palabras".

III LECTURA   La celebración de esta noche está llena de símbolos que nos ayudan a comprender la profundidad del mensaje salvífico, y la narración de la milagrosa liberación del pueblo de Israel de la dominación de Egipto viene a ser un símbolo de especial importancia que provoca una confesión de fe por parte del pueblo en épocas posteriores. Dios ha elegido a su pueblo; está con él y no lo deja en manos de sus enemigos. De los israelitas se espera que tengan plena confianza en su Dios.

Este texto del Éxodo es una página maravillosa por la descripción que hace de las variadas presencias de Dios. Dios se hace presente y actúa en Moisés, por medio de su bastón y su mano, símbolos del poder que ha recibido de Dios. Y hay otros: el ángel del Señor, que iba al frente; la columna de nube que los guiaba; el fuerte viento que secó el mar y dividió las aguas. Todos estos signos nos dejan la certeza de que Dios toma la iniciativa en todo el relato. Dios combate con su fuerza cósmica a favor de su pueblo; combate solo, y al pueblo no le queda otra actitud que esperar inmóvil y en silencio la manifestación de la omnipotencia divina.

Otra de las enseñanzas que nos deja el texto sagrado es la actitud positiva de los israelitas, que han sido capaces de comprender los signos obrados por Dios. Tenemos un resumen de esta respuesta generosa en los versículos 30–31: "Aquel día salvó el Señor a Israel . . . Israel vio la mano fuerte del Señor sobre los egipcios, y el pueblo temió al Señor y creyó en el Señor y en Moisés, su siervo". El peligro que representa para los israelitas la persecución del ejército egipcio, sus carros y sus jinetes, es solamente la primera prueba a vencer en lo que será una larga y difícil marcha por el desierto, donde se presentan dificultades de todo tipo. Nosotros, pueblo cristiano en camino, nos hace falta descubrir más la presencia salvadora de Dios y creer más en él.

III LECTURA   Éxodo 14:15—15:1   L M

Lectura del libro del Éxodo

En *aquellos* días, dijo el Señor a Moisés:
"¿Por qué sigues clamando *a mí?*
Diles a los israelitas que *se pongan en marcha.*
Y tú, *alza* tu bastón, *extiende* tu mano sobre el mar y *divídelo,*
     para que los israelitas *entren* en el mar *sin mojarse.*
Yo voy a *endurecer* el corazón de los egipcios
     para que *los persigan,*
     y me *cubriré* de gloria
     a *expensas* del faraón y de *todo* su ejército,
     de *sus carros y jinetes.*
Cuando me haya *cubierto de gloria*
     a *expensas* del faraón, de sus carros y jinetes,
     los egipcios sabrán *que yo soy el Señor".*
El *ángel* del Señor, que iba *al frente* de las huestes de Israel,
     se *colocó* tras ellas.

II LECTURA   continuación   L E U

Entonces el Angel de Dios lo *llamó* desde el *cielo*
   y le dijo: "Abraham, Abraham".
Y él contestó: "Aquí estoy".
"*No* toques al niño, ni le hagas *nada*.
Pues ahora veo que *temes* a Dios,
   ya que *no* me negaste a tu hijo, el *único* que tienes".
Abraham levantó *los ojos*
   y vio un carnero que tenía los cuernos enredados en el zarzal.
Fue a buscarlo y lo *sacrificó* en lugar de su hijo.
Abraham llamó a aquel lugar "El Señor Provee".
Volvió a llamar el Angel de Dios a Abraham desde el cielo
      y le dijo:
   "*Juro* por mí mismo que, ya que has hecho *esto*
   y no me has negado a tu hijo, el *único* que tienes,
   te *colmaré* de *bendiciones*
   y *multiplicaré* tanto tus descendientes
   que serán como las *estrellas* del *cielo*
   y como la *arena* que hay a la orilla del mar.
Conquistarán las tierras de sus enemigos.
Porque *obedeciste* a mi voz, yo *bendeciré*,
      por medio de tus descendientes,
   a *todos* los pueblos de la tierra".

[*Versión corta: Génesis 22:1–2, 9, 10–13, 15–18*]

de Dios y confirma la fidelidad total del patriarca. Siente el júbilo expresado en el actuar de Abraham, que corre hacia las zarzas para tomar al carnero y ofrecerlo a Dios en lugar de su hijo.

El juramento de Dios que concluye este relato es la justificación de todo lo que hemos escuchado. Debe proclamarse como una bendición, ya que es el anuncio de la promesa que animará a Israel para siempre.

III LECTURA   Éxodo14:15—15:1   L E U

Lectura del libro del Éxodo

En aquellos días, el Señor *dijo* a Moisés:
   "¿Por qué *clamas* a mí?
Di a los hijos de Israel que se pongan en *marcha*.
Levanta tu bastón, extiende tu mano sobre el mar y divídelo,
   para que los hijos de Israel pasen en seco
      por medio del mar.
Yo, mientras tanto, *endureceré* el corazón de los *egipcios*
   para que salgan en *persecución* de ustedes,
   y me haré *famoso* a costa de Faraón y de *todo* su ejército,
   de sus carros y de su caballería.
Entonces Egipto *conocerá* que Yo soy el Señor".
El Angel de Dios que iba delante de los israelitas
      pasó *detrás* de ellos,
   la nube en forma de columna vino a colocarse *detrás*,

Es un texto fuerte, lleno de imágenes en movimiento. La acción se encadena en un tono firme, como el relato de una batalla donde todos los participantes están tensos y nerviosos.

Al narrar, comunica la intensidad del momento. Mira a Israel acorralado a la orilla del mar y a Moisés en lo alto de una roca en oración.

Y la *columna de nubes* que iba *adelante*,
   también *se desplazó* y se puso *a sus espaldas*,
   entre el campamento de los israelitas
   y el campamento de los egipcios.
La nube era tinieblas para unos y *claridad* para otros,
   y *así* los ejércitos *no trabaron contacto* durante *toda* la noche.
Moisés *extendió* la mano sobre el mar,
   y el Señor *hizo soplar* durante *toda la noche*
      un fuerte viento del este,
   que *secó* el mar, y *dividió* las aguas.
Los israelitas *entraron* en el mar y *no se mojaban*,
   mientras las aguas formaban *una muralla*
      a su derecha y a su izquierda.
Los egipcios *se lanzaron* en su persecución
   y *toda* la caballería del faraón, sus carros y jinetes,
   entraron tras ellos en el mar.
Hacia *el amanecer*,
   el *Señor* miró desde la columna de fuego y humo
      al ejército *de los egipcios*
   y *sembró* entre ellos el pánico.
Trabó las ruedas de sus carros,
   de suerte que no avanzaban sino pesadamente.
Dijeron entonces *los egipcios*:
"*Huyamos* de Israel, porque el Señor lucha
      en su favor *contra Egipto*".
Entonces *el Señor* le dijo a Moisés:
"*Extiende* tu mano sobre el mar,
   para *que vuelvan* las aguas sobre los egipcios,
      sus carros y sus jinetes".
Y *extendió* Moisés su mano *sobre el mar*,
   y al amanecer, las aguas *volvieron* a su sitio,
   de suerte que *al huir*, los egipcios se encontraron *con ellas*,
   y el Señor *los derribó* en medio del mar.
Volvieron las aguas y *cubrieron* los carros,
   a los jinetes y *a todo* el ejército del faraón,
   que se había metido en el mar para *perseguir* a Israel.
Ni uno solo se salvó.
Pero los hijos de Israel caminaban *por lo seco* en medio del mar.
Las aguas *les hacían muralla* a derecha e izquierda.
Aquel día salvó el Señor a Israel de las manos de Egipto.
Israel vio a los egipcios, *muertos en la orilla del mar*.
Israel *vio la mano fuerte del Señor* sobre los egipcios,

III LECTURA continuación   L E U

poniéndose entre el campo de los israelitas
    y el de los egipcios.
La nube era para unos *tinieblas* y para otros *iluminaba* la noche.
Ella impidió que los ejércitos tuvieran *contacto*.
Moisés *extendió* su mano sobre el mar.
El Señor hizo *soplar* durante toda la noche
    un fuerte viento del Oriente
  que *secó* el mar.
Se *dividieron* las aguas.
Los israelitas pasaron en seco, por *medio* del mar;
    las aguas les hacían de murallas a izquierda y a derecha.
Los egipcios se lanzaron a *perseguirlos*,
    y *todo* el ejército de Faraón entró en medio *del mar*
  con sus carros y caballos.
Llegada la madrugada, el Señor *miró* a los egipcios
    desde el fuego y *la nube*,
  y provocó el *desorden* en el ejército de Faraón.
Atascó las ruedas de sus *carros*,
    que no podían avanzar sino con *gran* dificultad.
Entonces los egipcios dijeron:
    "*Huyamos* de Israel, porque el Señor pelea con ellos
      contra nosotros".
Pero el Señor dijo a Moisés:
    "Extiende tu mano sobre el mar,
    y las aguas *volverán* sobre los egipcios, sus carros
      y sus caballos".
Moisés extendió su mano sobre el mar
    y, al amanecer, las aguas del mar *volvieron* a su lugar.
Así, cuando los egipcios *trataron* de *huir*,
    las aguas *les salieron* al encuentro.
El Señor *arrojó* a los egipcios en medio del mar.
Las aguas *cubrieron* los carros y su gente,
    los caballos y el ejército de Faraón.
No se *escapó* ni uno solo.
Los israelitas, en cambio, habían pasado en *medio* del mar;
    las *aguas* les hacían de murallas a derecha e izquierda.
Aquel día, el Señor *liberó* a Israel del poder de los egipcios;
    e Israel *vio* a los egipcios muertos en la orilla del mar.
Israel *vio* los *prodigios* que el Señor había obrado contra Egipto.
El pueblo *temió* al Señor.

En la noche se alza el polvo de los caballos y carruajes del faraón que se acercan. Entonces Dios oye el clamor de su pueblo e interviene.

Utiliza un ritmo ágil y dinámico que despliegue las imágenes y los sucesos ante la asamblea que escucha admirada los prodigios que estás narrando.

Siente el ruido de los carros y el galope de los caballos. Escucha el fuerte resonar de las aguas que se levantan agitadas por el viento de Dios.

Al preparar el texto, divídelo en escenas según cada una de las acciones que van sucediendo en la narración. Utiliza las pausas y los cambios de tono convenientemente para que la secuencia de cada acontecimiento se realice sonoramente, con realidad y viveza.

Localiza los verbos que indican acciones claves en el relato y enfatízalos para indicar la importancia de lo que acontece.

Cambia a un tono de triunfo y de serena victoria que indique tu entusiasmo y alegría por la intervención salvadora del Señor.

y el pueblo *temió* al Señor y *creyó en el Señor y en Moisés,*
     su siervo.
Entonces *Moisés* y los hijos de Israel
     cantaron *este cántico* al Señor:

[*El lector no dice Palabra de Dios y el salmista de inmediato canta el salmo responsorial.*]

IV LECTURA   Isaías 54:5–14   L M

Lectura del libro del profeta Isaías

"El que *te creó,* te tomará *por esposa;*
     su nombre es '*Señor* de los ejércitos'.
Tu redentor es el *Santo* de Israel;
     será llamado 'Dios *de toda* la tierra'.
Como a una mujer *abandonada y abatida*
te vuelve a llamar el Señor.
¿Acaso repudia uno a la esposa *de la juventud?,* dice tu Dios.
Por un instante *te abandoné,*
     pero con *inmensa* misericordia *te volveré* a tomar.
En un *arrebato* de ira *te oculté* un instante mi rostro,
     pero con *amor eterno* me he apiadado *de ti,*
     dice el Señor, *tu redentor.*
Me pasa *ahora* como en los días de Noé:
     entonces *juré* que las aguas del diluvio
no volverían a cubrir la tierra;
     ahora *juro* no enojarme ya *contra ti* ni volver a amenazarte.
Podrán *desaparecer* los montes *y hundirse* las colinas,
     pero mi amor por ti *no desaparecerá*
     y mi alianza de paz quedará firme *para siempre.*
Lo dice el Señor, el que se apiada *de ti.*
Tú, la afligida, la zarandeada *por la tempestad,* la *no consolada:*
He aquí que *yo mismo* coloco tus piedras sobre piedras finas,
     tus cimientos sobre *zafiros;*
     te pondré *almenas* de rubí y puertas de esmeralda
     y *murallas* de piedras preciosas.
Todos tus hijos serán *discípulos* del Señor,
     y *será grande* su prosperidad.
Serás consolidada *en la justicia.*
Destierra la angustia, pues ya *nada* tienes que temer;
     olvida tu miedo, porque ya no se acercará *a ti".*

IV LECTURA El autor del Segundo Isaías es uno de los profetas que más ha empleado la imagen de la esposa para hablar de las relaciones entre Dios y su pueblo. Dios es presentado por el profeta como el esposo y él mismo habla como el esposo profundamente enamorado. ¡Qué manera tan sugestiva emplea el autor sagrado para hacer una reflexión teológica de la historia del pueblo de Israel! Atrás habían quedado los años de amor juvenil y la época del desierto. Como el pueblo de Israel no logró ser fiel, en Babilonia no daba otra imagen sino la de una mujer abandonada y abatida.

Allí, en pleno exilio, recibe otra vez la llamada amorosa del Señor. Se esperaría una reacción violenta del esposo (Dios), pero su misericordia es inmensa; no la rechaza, la vuelve a tomar ya que su amor es eterno. En todas las expresiones llenas de ternura, de la segunda parte de la lectura, es fácil suponer que se refiere a la ciudad de Jerusalén: también la esposa del Señor, años atrás sitiada, derribada y quemada por los ejércitos de Babilonia. Ahora el Señor mismo toma en sus manos la tarea de la reconstrucción. Nadie la podrá hacer más bella y engalanar de esa manera.

En esta celebración, nuestra mirada está puesta en Cristo, el esposo de la Iglesia. Las ingratitudes e infidelidades de nosotros los cristianos, Cristo las ha lavado con su preciosa sangre. Cristo es nuestro redentor y quiere que seamos discípulos más auténticos. Cristo, el esposo, por medio del Misterio Pascual ha llevado a cabo la tarea de la reconstrucción de su esposa, la Iglesia.

Creyó en el Señor y en Moisés, su siervo.
Entonces Moisés y los hijos de Israel
cantaron este cántico al Señor:

[El lector no dice "Palabra de Dios" y el salmista de inmediato canta el salmo responsorial.]

IV LECTURA Isaías 54:5–14 · · · · · · · · · · · · L E U

Lectura del libro del profeta Isaías

Tu *creador* va a ser tu esposo.
El Señor de los *ejércitos* es su nombre.
Te liberará el *Santo* de Israel,
    quien se llama *Dios* de toda la tierra.
Sí, el Señor te *llama* como a la esposa *abandonada*,
    que se encuentra *afligida*.
¿Se puede rechazar la *esposa* que uno toma siendo *joven*?
Así habla tu Dios:
    Te había abandonado un *momento*,
    pero con *inmensa* piedad voy a *reunir* a tus hijos.
En un *arrebato* de ira, por unos instantes, no te mostré mi *cara*,
    mas con *amor* que dura para siempre, me he *apiadado* de ti.
Así dice el Señor, que te *salva*:
    Voy a hacer como en los días de *Noé*,
    cuando *juré* que las aguas *no* inundarían más la tierra.
Así, juro yo no *enojarme* más contigo,
    ni *amenazarte* nunca más.
Los cerros podrán *correrse* y *moverse* las lomas;
    mas yo no retiraré mi *amor*, ni se romperá mi alianza
        de *paz* contigo;
    lo afirma el *Señor*, que se *compadece* de ti.
¡Pobrecilla, *azotada* por la tempestad y *sin* consuelo!
Yo asentaré tus muros sobre piedras *preciosas*,
    y serán tus cimientos de *zafiro*.
Haré tus murallas de *rubíes*, tus puertas de *cristal*,
    y *todo* tu contorno de piedras *preciosas*.
Todos tus hijos serán *instruidos* por el Señor,
    y grande será la *felicidad* de tus hijos.
Te mantendrás *firme* por la justicia,
    y no tendrás que *temer* la opresión;
    el terror no se te *acercará*.

Vas a consolar a alguien que ha sufrido mucho. Con muy buenas noticias y razones para la esperanza, levantarás el ánimo de quienes están tristes, de quienes han caído, de los derrotados y de quienes han sido humillados largamente. Finalmente ha llegado el momento en que todo cambiará por completo.

Dirígete a la asamblea con serenidad y convencimiento; los que te escuchan también han tenido momentos negros y difíciles, y necesitan escuchar estas palabras de consuelo y ánimo.

Reconoce que es la voz de Dios la que se escucha por medio de ti. Deja que ese juramento divino comunique la delicadeza eterna del amor de Dios, dispuesto siempre al abrazo del perdón.

V LECTURA La celebración de la Vigilia Pascual ha sido reconocida como la celebración que le da una importancia singular a la Palabra de Dios; por ello las lecturas son abundantes. No tenemos en la liturgia otra celebración con tantas lecturas. En esta Vigilia, la más importante de todas, la Iglesia quiere que los cristianos esperemos la gloria de la resurrección, dejándonos guiar por la Palabra del Señor. No es mera coincidencia el que en esta noche resuene la palabra de un profeta entrañablemente enamorado de la Palabra de Dios, como es el caso del Segundo Isaías. Para el profeta, su palabra no se reduce a un contenido que se debe comunicar, sino es algo vivo que actúa y produce aquello que proclama.

Al pueblo de Israel, exiliado en Babilonia, cansado, escaso de esperanza y sin grandes ilusiones, le cae muy bien este mensaje de consolación con el que se le invita a emprender el segundo éxodo hacia la libertad de la tierra prometida. Tal como aconteció en el desierto después de la salida de Egipto, también ahora se ve agobiado por la sed y el hambre. Pero la Palabra del Señor saciará la sed y el hambre; verdaderamente es un platillo sustancioso.

El libro termina con una frase solemne que tiene como tema la Palabra viva de Dios. Compara la Palabra con la lluvia y la nieve que caen en tierra; no hay duda de que éste es el texto profético más importante sobre la Palabra de Dios y su eficacia. Es un maravilloso canto a la Palabra creadora y viviente de Dios. La Palabra de Dios produce vida nueva en todo aquél que permite ser empapado por el agua que cae de lo alto. La Palabra de Dios es la única que puede fecundar y hacer germinar nuestra vida cristiana. Es el prodigio que seguramente se ha obrado en nuestros corazones durante la Cuaresma y en esta Semana Santa.

Lectura del libro del profeta Isaías

Esto dice el Señor:
"*Todos* ustedes, los que tienen sed, *vengan* por agua;
y los que no tienen dinero, *vengan*, tomen trigo y *coman*;
tomen vino y leche *sin pagar*.
¿*Por qué* gastar el dinero en lo que *no es pan*
y el salario, en lo que no alimenta?
Escúchenme atentos y comerán bien,
saborearán platillos sustanciosos.
Préstenme atención, *vengan* a mí, escúchenme y *vivirán*.
Sellaré con ustedes una alianza *perpetua*,
cumpliré las promesas que hice a David.
Como a él lo puse *por testigo* ante los pueblos,
como *príncipe* y soberano de las naciones,
así tú *reunirás* a un pueblo *desconocido*,
y las naciones que *no te conocían*
acudirán *a ti*, por amor del Señor, tu Dios,
por el Santo de Israel, que *te ha honrado*.
Busquen al Señor mientras lo pueden encontrar,
invóquenlo mientras está cerca;
que el malvado *abandone* su camino, y el criminal, sus planes;
que *regrese* al Señor, *y él* tendrá piedad;
a nuestro Dios, que es *rico* en perdón.
Mis pensamientos *no son* los pensamientos de ustedes,
sus caminos *no son* mis caminos.
Porque *así* como aventajan los cielos a la tierra,
así aventajan mis caminos *a los de ustedes*
y mis pensamientos *a sus pensamientos*.
Como *bajan* del cielo la lluvia y la nieve y *no vuelven allá*,
sino *después* de empapar la tierra, *de fecundarla*
y hacerla germinar,
a fin de que dé semilla para sembrar y pan *para comer*,
así será la palabra que sale de mi boca:
no volverá a mí sin resultado,
sino que *hará* mi voluntad y *cumplirá* su misión".

V LECTURA   Isaías 55:1–11   L E U

Lectura del libro del profeta Isaías

Esto dice el Señor:
  A ver ustedes, que andan con *sed*, ¡*vengan* a tomar agua!
No importa que estén sin plata, *vengan* no más.
Pidan *trigo* para el consumo,
  y también *vino* y leche, sin pagar.
¿Para qué van a *gastar* su dinero en lo que no es pan
  y su *salario* en cosas que no alimentan?
Si ustedes me hacen caso, *comerán cosas ricas*
  y su paladar *se deleitará* con comidas exquisitas.
Atiéndanme y acérquense a mí,
  escúchenme y su alma vivirá.
Voy a hacer con ustedes un *trato* que nunca se *acabará*,
  en *consideración* a lo que le había prometido a David.
Mira, lo había nombrado mi *delegado* para varios pueblos
  y como *líder* y orientador de naciones.
Pero tú ahora vas a *llamar* a una nación que no conocías,
  y esos desconocidos llegarán a *correr* por verte.
Esto será nada más que por *el Señor*, tu Dios,
  el Santo de Israel, que te dio este puesto *importante*.
Busquen al Señor, ahora que lo *pueden* encontrar,
  llámenlo, ahora que está cerca.
Que el malvado deje su *mala* conducta
    y el criminal sus proyectos.
Vuélvase al Señor, que tendrá *piedad* de él,
  a nuestro Dios, que está *siempre* dispuesto a perdonar.
Pues sus proyectos no son los *míos*
  y mis *caminos* no son los mismos de ustedes, dice el Señor.
Así como el cielo está muy alto por encima de la tierra,
  así también mis caminos se *elevan* por encima de sus caminos,
  y mis proyectos son muy *superiores* a los de ustedes.
Como baja la lluvia y la nieve de los cielos
  y no vuelven allá sin haber *empapado* y *fecundado* la tierra
  y haberla hecho *germinar*,
  dando la simiente para *sembrar* y el pan para *comer*,
  así será la *palabra* que salga de mi boca.
No volverá a mí sin haber hecho lo que yo *quería*,
  y haber llevado a cabo su *misión*.

Piensa en un amigo que, en la puerta de su casa, llama a todos sus conocidos para invitarlos a un sabroso banquete.

Hay tal entusiasmo en la invitación que debe contagiar a todos los oyentes.

Trata de memorizar una buena parte del texto para que los contactos visuales resulten naturales y seguros. Cada vez que el texto lo sugiera, dirígete directamente a la asamblea ("A ver ustedes, . . . vengan . . . pidan . . . si ustedes me hacen caso . . . atiéndame . . . escúchenme . . . mira . . . pero tú . . . busquen . . . vuélvase . . . ").

Termina con un toque de poesía; comunica la belleza del texto. Siente la lluvia y la nieve, contempla el trigo que se levanta del campo fecundo y enfatiza la eficacia de la Palabra Divina en quienes se abren difícilmente a su acción transformadora: así será . . .

VI LECTURA El texto nos ofrece lo sustancial del elogio a la sabiduría. Este libro fue compuesto alrededor del siglo II a.C. Aunque se le atribuye al secretario de Jeremías, no es que dé respuesta a la problemática del pueblo de Israel del siglo VI a.C. sino que responde a la situación del judaísmo tardío.

La invasión de la cultura helenista en la región del Medio Oriente propinó un golpe duro a la práctica religiosa del pueblo de Israel. Los dirigentes políticos y religiosos de Israel no fueron capaces de ser fieles a la alianza. En muchos círculos judíos, empezaron a tener más importancia los criterios y las actitudes griegas que los mandamientos del Señor. La imprudencia en el trato con la cultura pagana hizo sucumbir a muchos, que empezaron a difundir que ser sabio era conocer filosofías. Hacía mucha falta en esta situación de grave crisis, que se escuchara de nuevo, dónde está realmente la raíz de la verdadera sabiduría.

La fuente de la sabiduría son los mandamientos del Señor. Es sabio el que camina por su sendas; éste es el secreto para vivir en paz. La auténtica sabiduría está en Dios. Si el autor sagrado les advertía a los judíos dispersos que tuvieran mucha devoción a la ley, también nos exhorta a los cristianos, dondequiera que vivamos, que nos dejemos guiar por los criterios de este mundo. El criterio de vida que debemos seguir es la enseñanza que Cristo nos deja en la celebración de este Misterio Pascual: pasión, muerte y resurrección. Puesto que no le damos a Cristo la importancia que tiene, por eso abundan hoy tantas filosofías y sabidurías que no conducen a la vida, sino que arrastran a la muerte.

Lectura del libro del profeta Baruc

Escucha, Israel, los mandatos de vida,
   presta oído para que adquieras *prudencia*.
¿A *qué* se debe, Israel, que estés aún *en país enemigo*,
   que *envejezcas* en tierra extranjera,
   que te hayas *contaminado* por el trato con los muertos,
   que *te veas contado* entre los que descienden *al abismo*?
Es que *abandonaste* la fuente de la sabiduría.
Si *hubieras seguido* los senderos de Dios,
   habitarías en paz *eternamente*.
Aprende *dónde están* la prudencia, la inteligencia *y la energía*,
   así aprenderás *dónde* se encuentra el secreto de vivir *larga vida*,
   y *dónde* la luz de los ojos *y la paz*.
¿*Quién* es el que *halló* el lugar de la sabiduría
   y tuvo *acceso* a sus tesoros?
El que *todo* lo sabe, la conoce;
   con su inteligencia la ha *escudriñado*.
El que *cimentó* la tierra para *todos* los tiempos,
   y la *pobló* de animales cuadrúpedos;
   el que *envía* la luz, y ella *va*,
   la llama, y *temblorosa* le obedece;
   llama a los astros, que brillan *jubilosos*
      en sus puestos de guardia,
   y ellos le responden:
"*Aquí estamos*", y refulgen *gozosos* para aquel que los hizo.
Él es nuestro Dios y *no hay otro* como él;
   él ha *escudriñado* los caminos de la sabiduría
   y se la dio a su hijo Jacob, a Israel, su *predilecto*.
Después de esto, ella *apareció* en el mundo
y *convivió* con los hombres.
La *sabiduría* es el libro de los mandatos de Dios,
   la ley de validez *eterna*;
   los que la guardan, *vivirán*,
   los que la abandonan, *morirán*.
Vuélvete a ella, Jacob, y *abrázala*;
camina hacia la *claridad* de su luz;
   no entregues *a otros* tu gloria,
   ni tu dignidad a un pueblo *extranjero*.
Bienaventurados *nosotros*, Israel,
   porque lo que agrada al Señor nos *ha sido revelado*.

VI LECTURA   Baruc 3:9–15, 32–4:4   L E U

Lectura del libro del profeta Baruc

Escucha, Israel, los *mandatos* de la vida,
   pon *atención* y *conoce* la Sabiduría.
Israel, ¿por qué te encuentras en *tierra* de *enemigos*
   y *envejeces* en un país extraño,
   donde te *manchas* con hombres *impuros*,
   como se mancha uno *tocando* cadáveres?
¿Acaso *dejaste* la fuente de la Sabiduría?
Si hubieras seguido lo que Dios te *ordenó*,
   habrías *vivido* en paz eternamente.
Aprende dónde está la prudencia, la fuerza y la *inteligencia*,
   para que *tengas* larga vida, días alegres y paz.
¿En qué lugar *hallarás* la Sabiduría?
¿Cómo *entrarás* en la bodega de sus tesoros?
La conoce el que *todo* lo sabe,
   la *descubrió* con su inteligencia
      el que *arregló* la tierra para *siempre*,
   y la *llenó* de animales.
El que *envía* la luz, y la luz llega,
   el que la *llama* y vuelve temblorosa;
   brillan los astros en su puesto de guardia *llenos* de alegría.
Los llama él y responden: "¡*Aquí* estamos!"
   y brillan *alegres* para su Creador.
Éste es *nuestro* Dios,
   ningún otro se puede *comparar* a él.
El conoció *todos* los caminos de *la ciencia*
   y se la dio a su servidor Jacob,
   a los hijos de Israel, sus *predilectos*.
Después se apareció *la Sabiduría* en *la tierra*
   y vino a *convivir* con los hombres.
Ella *misma* es el libro de los mandamientos,
   y la Ley de Dios que *permanece* para siempre.
Todos los que la conservan *alcanzarán* la vida;
   pero los que la abandonan, *morirán*.
Vuelve, Jacob, y *abrázala*,
   camina hacia la claridad de su luz, nación *privilegiada*.
No cambies por la de otro pueblo la *Sabiduría* que sólo tú tienes.
¡*Felices* somos, Israel,
   pues nos ha sido *revelado* lo que *gusta* al Señor!

Al proclamar este oráculo, imagina que es una reflexión personal que estás compartiendo en alta voz con tus oyentes.

Imagina al profeta hablando de tú a tú con el pueblo, con la total naturalidad y confianza de amigos que conocen todos sus secretos.

Pon mucho entusiasmo cuando te refieras a la Sabiduría de Dios. Dirígete a la asamblea, enfatizando los imperativos: "escucha, pon atención, aprende . . .".

Ten mucho cuidado con las preguntas; deben resonar con naturalidad y convencimiento. Deben pronunciarse sin interrumpir su sentido y dejando un silencio al final como si estuvieras escuchando una respuesta imaginaria.

Nota cómo el texto se vuelve poesía; es como un himno al maravilloso equilibrio de la creación. Proclama esta parte como un salmo o un cántico a la Sabiduría, que ordenó todas las cosas dentro de una historia de salvación y vida.

Al concluir, dirígete a la asamblea; contágiale tu entusiasmo y agradecimiento por los grandes regalos que Dios nos ofrece.

VII LECTURA   La estructura del libro de Ezequiel es muy sencilla y claramente delimitada: en la primera parte predomina los anuncios de juicio (4—24); en la segunda los oráculos de salvación (33—48); y, entre las dos grandes partes, el autor intercala una sección de oráculos contra las naciones (25—32). Es la razón de que a lo largo de todo el libro no dejen de martillar las expresiones en la siguiente forma: amenaza, promesa, tragedia y restauración. Dentro de este plan, los oráculos del capítulo 36 ocupan un puesto central en la obra restauradora de Dios.

La primera parte del oráculo refleja la situación de Israel en la tierra de Canaán y habla de los pecados de idolatría que contaminaron al pueblo: "como inmundicia fue su proceder ante mis ojos", dice el Señor. Toda esta serie de malos comportamientos destrozaron el vínculo de fidelidad con Dios. La consecuencia fue inevitable: "los dispersé entre las naciones y anduvieron errantes por todas las tierras". Dios castiga de esta manera la infidelidad del pueblo, pero ¿qué motivaciones provocan el oráculo de salvación?

La salvación llegará no por méritos del pueblo, sino únicamente por la bondad de Dios: "no lo hago por ustedes, casa de Israel. Yo mismo mostraré la santidad de mi nombre". Parece que ni siquiera es necesario que el hombre se arrepienta; Dios glorificará su nombre. ¡Una generosidad así hasta nos asusta! Es precisamente esta generosidad infinita la que celebramos en esta noche santa. Sólo esperamos que nos dé un corazón nuevo y nos infunda un espíritu nuevo.

VII LECTURA   Ezequiel 36:16—28   L M

Lectura del libro del profeta Ezequiel

En aquel tiempo,
me fue dirigida la palabra del Señor en *estos términos*:
"*Hijo* de hombre, cuando los de la casa de Israel
      habitaban e*n su tierra*,
   la *mancharon* con su conducta y con sus obras;
      como *inmundicia* fue su proceder ante mis ojos.
Entonces *descargué* mi furor contra ellos,
   por la sangre que habían *derramado* en el país
   y por haberlo *profanado* con sus idolatrías.
Los *dispersé* entre las naciones
   y anduvieron *errantes* por *todas* las tierras.
Los juzgué *según* su conducta, según sus acciones *los sentencié*.
Y en las naciones a las que se fueron,
   desacreditaron mi santo nombre,
   haciendo que de ellos *se dijera*:
'Éste es el pueblo del Señor, y ha *tenido que salir* de su tierra'.
Pero, por mi *santo* nombre,
   que la casa de Israel *profanó* entre las naciones a donde llegó,
   me *he compadecido*.
Por eso, *dile* a la casa de Israel:
'Esto dice el Señor: no lo hago *por ustedes*, casa de Israel.
Yo mismo mostraré la santidad de mi nombre excelso,
   que ustedes *profanaron* entre las naciones.
Entonces ellas *reconocerán* que yo soy el Señor,
   cuando, por medio de ustedes *les haga ver* mi santidad.
Los *sacaré* a ustedes de entre las naciones,
   los reuniré de *todos* los países y los *llevaré* a su tierra.
Los rociaré con agua pura y *quedarán* purificados;
   los purificaré *de todas* sus inmundicias e idolatrías.
Les daré un corazón *nuevo* y *les infundiré* un espíritu nuevo;
   arrancaré de ustedes el corazón *de piedra*
   y les daré un corazón *de carne*.
Les infundiré *mi espíritu*
   y los haré vivir *según* mis preceptos
   y *guardar y cumplir* mis mandamientos.
Habitarán en la tierra que di *a sus padres*;
   ustedes serán mi pueblo *y yo seré su Dios*'".

VII LECTURA   Ezequiel 36:16–17a, 18–28   L E U

Lectura del libro del profeta Ezequiel

Me vino esta Palabra del Señor:
   "*Hijo* de hombre, los hijos de Israel habitaron en su *tierra*
   y la *infestaron* con sus acciones y sus costumbres.
Y *descargué* sobre ellos mi indignación,
   en *castigo* de la sangre que derramaron sobre *la tierra*
   que *mancharon* con sus ídolos,
   y los *dispersé* entre las naciones
   y fueron *arrojados* aquí y allá a *todos* los vientos:
   los juzgué de acuerdo a sus *obras* y su conducta.
Llegados a las naciones donde estuvieron,
   fueron una causa de *desprecio* para mí,
   ya que decían de ellos: 'Este es el *pueblo* del *Señor*
   y, sin embargo, tuvieron que *salirse* de la tierra de él'.
Pero yo *cuidaré* el honor de mi *nombre*,
   que ha sido *deshonrado* por la gente de Israel
   entre las naciones en que habitaba".
Dice el Señor: "No hago esto por tenerles *lástima* a ustedes,
   sino para *salvar* el honor de mi *nombre*,
   que a causa de ustedes ha sido *despreciado*
   en *todas* las naciones donde han llegado.
Yo ahora *santificaré* mi gran Nombre que ustedes han *profanado*.
Estas naciones *sabrán* que yo soy el *Señor*,
   cuando *manifieste* mi poder, *salvándolos* a ustedes.
Los *recogeré* de todos los países, los *reuniré*
      y los *conduciré* a su tierra.
Derramaré sobre ustedes agua purificadora
      y quedarán purificados.
Los purificaré de *toda* mancha y de todos sus ídolos.
Les daré un *corazón nuevo*,
   y *pondré* dentro de ustedes un espíritu *nuevo*.
Les *quitaré* del cuerpo el corazón *de piedra*
   y les pondré un *corazón* de carne.
Infundiré mi espíritu en *ustedes*
   para que vivan según mis mandatos y *respeten* mis órdenes.
Habitarán en la tierra que yo *di* a sus padres.
Ustedes serán para mí un *pueblo* y a mí me tendrán
      por su *Dios*".

No utilices el tono de alguien que ha sido ofendido y hace una lista de agravios.

Imagina que eres un padre bueno y paciente que está buscando cómo enmendar, enderezar y perdonar a un hijo que ha actuado mal.

Divide la proclamación en dos planos de diferente sonoridad. Comienza con un tono opaco, de cierto dolor; comunica los terribles sucesos con un aire severo y apagado.

Cambia a un tono progresivamente brillante. Comparte el entusiasmo de Dios, que disfruta dándonos sus regalos como un padre que goza escogiendo la sorpresa que dará a sus hijos.

EPÍSTOLA | San Pablo, explica la importancia del bautismo cristiano, su relación estrecha con el Misterio Pascual y el efecto salvífico que produce en aquél que lo recibe. En esta parte de la carta a los Romanos, tenemos el texto más largo consagrado al tema del bautismo. Si en el bautismo cristiano se prolonga el rito bautismal de Juan, sin embargo, existe un nuevo significado para la comunidad cristiana. El rito de sumergirse en las aguas y de salir de ellas no es otra cosa que repetir el gesto de la muerte y resurrección de Cristo.

En el momento de la celebración del bautismo quedamos incorporados a Cristo Jesús, y en él entramos a formar parte del pueblo de Dios. Pablo mismo considera que esto fue ya anunciado en el paso por el mar Rojo, que libera a Israel de la esclavitud (1 Corintios 10:1). Novedoso en verdad es el testimonio que nos ofrece Pablo, con expresiones antes no utilizadas, sobre su experiencia como discípulo de Cristo. El sentido del rito es diferente al que practicaba Juan Bautista: el sumergirse en el agua, más que purificación y don del Espíritu Santo, es señal de pertenencia a Cristo. San Pablo nos habla de sumergirnos en Cristo, ser bañados por su muerte, para poder tener parte en su resurrección.

Motivados por el espíritu de la celebración de hoy, nos convencemos de que el bautismo es un sacramento pascual, una comunión en la Pascua de Cristo. Los cristianos estamos llamados a vivirlo intensamente, muriendo al pecado y viviendo para Dios en Cristo Jesús; debemos vivir de la vida misma de Cristo. La transformación debe ser radical: despojarnos del hombre viejo y revestirnos del hombre nuevo.

EVANGELIO | María Magdalena y la otra María fueron el domingo por la mañana al sepulcro. No pudo ser el sábado por la tarde después de la puesta del sol porque Mateo precisa que "al amanecer del primer día de la semana". Como cualquier otra mujer piadosa, van a la tumba de un ser querido para rezar y llorar.

EPÍSTOLA Romanos 6:3–11 | L M

Lectura de la carta del apóstol san Pablo a los romanos

Hermanos:
Todos los que hemos sido *incorporados* a Cristo Jesús
    por medio *del bautismo*,
    hemos sido incorporados a su muerte.
En efecto, por el bautismo fuimos *sepultados con él* en su muerte,
    para que, así como Cristo *resucitó* de entre los muertos
    por *la gloria* del Padre,
    así también nosotros llevemos una vida nueva.
Porque, si hemos estado *íntimamente* unidos a él
    por una muerte *semejante* a la suya,
    también lo estaremos en su resurrección.
Sabemos que nuestro viejo yo fue *crucificado* con Cristo,
    para que el cuerpo del pecado quedara *destruido*,
    a fin de que ya *no sirvamos* al pecado,
    pues el que ha muerto *queda libre* del pecado.
Por lo tanto, si hemos muerto *con Cristo*,
    estamos *seguros* de que también *viviremos* con él;
    pues *sabemos* que Cristo,
    una vez *resucitado* de entre los muertos, ya *nunca* morirá.
La muerte ya *no tiene* dominio sobre él,
    porque al morir, murió al pecado de una vez *para siempre*;
    y al resucitar, vive ahora *para Dios*.
Lo mismo *ustedes*, considérense *muertos* al pecado
    y vivos para Dios en Cristo Jesús, *Señor nuestro*.

EVANGELIO Mateo 28:1–10 | L M ·

Lectura del santo Evangelio según san Mateo

Transcurrido *el sábado*, al amanecer del *primer día* de la semana,
María Magdalena y la otra María fueron a ver el sepulcro.
De pronto se produjo un *gran temblor*,
    porque el *ángel* del Señor *bajó* del cielo
y acercándose al sepulcro,
    hizo rodar la piedra que lo tapaba y se sentó *encima* de ella.
Su rostro *brillaba* como el relámpago
    y sus vestiduras eran blancas *como la nieve*.

EPÍSTOLA   Romanos 6:3–11   L E U

Lectura de la carta del apóstol san Pablo a los romanos

Los que fuimos *sumergidos* por el bautismo en Cristo Jesús,
   fuimos sumergidos con él para *participar* de su muerte.
Pues al ser *bautizados* fuimos *sepultados* junto con *Cristo*
   para *compartir* su muerte,
   a fin de que, al *igual* que Cristo,
   quien fue *resucitado* de entre los muertos
por la *gloria* del Padre,
   también nosotros *caminemos* en una vida nueva.
Hemos sido *injertados* en él en una muerte como la suya
   pero también *participaremos* de su resurrección.
Comprendan bien esto:
   con Cristo fue *crucificado* algo de nosotros, el hombre *viejo*,
   a fin de que fuera *destruido*
   lo que de nuestro cuerpo estaba *esclavizado al* pecado
   y de esta manera nunca más seamos *esclavos* del pecado.
Pues el que ha muerto ha quedado definitivamente
      libre del pecado.
Por lo tanto, si hemos *muerto* con Cristo,
   creemos también que *viviremos* con él,
   sabiendo que Cristo, una vez *resucitado* de entre los muertos,
   ya no muere *más*:
   la *muerte* ya no tiene dominio sobre él.
La muerte de Cristo fue un *morir* al pecado,
y un *morir* para siempre;
su *vida* ahora es un vivir para Dios.
Así *también* ustedes considérense como *muertos*
      para el pecado
   y vivan *para* Dios en *Cristo* Jesús.

Imagina a Pablo, que catequiza a los catecúmenos que aguardan impacientes el momento se ser bautizados en esta Vigilia, y luego se dirige al resto de la asamblea para invitarlos a renovar su experiencia bautismal.

El texto debe proclamarse con claridad, energía y firme convencimiento; una proclamación débil o apagada traicionaría la fuerza de sus afirmaciones.

Déjate entusiasmar por el gozo y la alegría que brotan del texto. Proclámalo con musicalidad como un himno de triunfo que nos da la más profunda razón de la esperanza cristiana.

EVANGELIO   Mateo 28:1–10   L E U

Lectura del santo Evangelio según san Mateo

Pasado el *sábado*, al despertar el alba del *primer*
      día de la semana,
   fueron *María Magdalena* y la otra *María* a visitar el sepulcro.
De repente se produjo un *gran* temblor:
   el *Angel* del Señor *bajó* del cielo y, llegando al sepulcro,
   hizo *rodar* la piedra que lo tapaba y se sentó *encima*.
Su aspecto era como el *relámpago* y sus ropas *blancas*
      como la nieve.

El relato es ágil y lleno de vivas imágenes. Advierte que se desarrolla en la oscuridad de la noche, según la forma judía de comenzar el día al salir la primera estrella en el cielo.

La serenidad da paso al movimiento. El relato que ha comenzado serenamente comienza a agitarse, acelerando poco a poco su ritmo.

Siendo congruente con su estilo, Mateo nos describe la resurrección con un lenguaje muy parecido al que empleó en la narración de la muerte: se produjo un gran temblor de tierra, baja un ángel del cielo, cuyo rostro brilla como relámpago, y sus vestiduras blancas como la nieve; los guardias se asustaron tanto que parecían muertos.

Mateo, que está escribiendo a personas a quienes les es familiar el Primer Testamento, emplea esta serie de imágenes para mostrar que se trata de una realidad trascendente, indescriptible e inefable. ¿Cómo expresar esto? Mateo lo hace a través de las imágenes anteriores con las que se trastornan las leyes de la naturaleza. Se trata de un hecho sobrenatural. El hecho está ahí, aunque no existe explicación humana: el cuerpo de Jesús, que se encontraba en sepulcro, ha salido por la fuerza del Espíritu y ha entrado en la gloria del Padre. La experiencia jamás ha registrado algo semejante. Lo más que pueden hacer las mujeres es comprobar externamente las consecuencias del acontecimiento: el sepulcro vacío, la aparición de Cristo resucitado y la noticia a todos los discípulos.

El relato de Mateo, como los de los otros evangelistas y Pablo, subrayan el carácter concreto de la manifestación. Quien se aparece es ciertamente Jesús de Nazaret. Sale al encuentro de las mujeres y las saluda; ellas se acercan, le abrazan los pies y lo adoran. Jesús está presente, no como un fantasma, sino con su propio cuerpo, pero un cuerpo resucitado. Esto es lo que proclamamos en la noche pascual: Jesús fue crucificado y murió, pero Dios lo resucitó. En Cristo obtenemos la salvación.

EVANGELIO continuación   L M

Los guardias, *atemorizados* ante él, se pusieron a *temblar*
    y se quedaron *como muertos*.
El ángel se dirigió a las mujeres y les dijo:
"*No teman*. Ya sé que buscan a Jesús, el crucificado.
No está aquí;
    ha resucitado, como lo había dicho.
Vengan a ver el lugar donde lo habían puesto.
Y *ahora*, vayan *de prisa* a decir a sus discípulos:
'*Ha resucitado* de entre los muertos
    e irá delante de ustedes *a Galilea*; *allá* lo verán'. Eso es todo".
Ellas se alejaron *a toda prisa* del sepulcro,
    y *llenas* de temor y de *gran alegría*,
    corrieron a dar la noticia a los discípulos.
Pero de repente *Jesús* les salió al encuentro y *las saludó*.
Ellas se le acercaron, le *abrazaron* los pies y *lo adoraron*.
Entonces les dijo Jesús: "*No tengan miedo*.
Vayan a decir a mis hermanos que se dirijan *a Galilea*.
Allá me verán".

EVANGELIO continuación

Al verlo, los guardias *temblaron* de miedo y quedaron
     como *muertos*.
El Angel dijo a las *mujeres*:
     "Ustedes, *no teman*, porque yo sé que *buscan*
          a Jesús crucificado.
No está aquí.
Ha resucitado tal como lo había *anunciado*.
Vengan a ver el lugar donde lo habían puesto.
Y ahora *vayan* pronto a decir a sus *discípulos*
     que ha *resucitado* de entre los muertos
     y que ya se les *adelanta* camino de Galilea; allí lo *verán*.
Esto es lo que yo tenía que decirles".
Ellas salieron al *instante* del sepulcro con temor,
     pero con una alegría *inmensa* a la vez,
     y *corriendo* fueron a dar la noticia a los *discípulos*.
En eso, Jesús les salió al *encuentro* y les dijo:
"*Paz* a ustedes".
Las mujeres se acercaron, se *abrazaron* a sus pies y lo *adoraron*.
Jesús les dijo en *seguida*: "No teman;
     vayan a *anunciarlo* a mis *hermanos*
     para que se hagan presentes en *Galilea*
     y *allí* me verán".

La voz angélica contiene una alegría enorme; el anuncio fundamental de la fe cristiana resuena con tal alegría que convence a las mujeres y las hace salir a toda prisa.

El relato vuelve a la serenidad con la voz del resucitado.

La asamblea debe escuchar el mandato que hoy se dirige a ella. Invítala a vivir y anunciar sin miedo que Cristo ha resucitado.

DOMINGO DE PASCUA

I LECTURA Por el ministerio de Pedro se abre a los paganos la puerta de la Iglesia. Dejando la ciudad de Jerusalén y la región de Judea, Pedro fue llamado y conducido por el Espíritu a Cesarea para anunciar la Buena Nueva. Se trataba de Cornelio, oficial romano, que simpatizaba con el judaísmo, pero no era circuncidado. Es una situación muy grave para la primera comunidad cristiana, pero es fundamental. Por eso a quien escoge el Señor para que lleve a cabo la obra es a Pedro, el responsable de la Iglesia.

En labios de Pedro, el autor de Hechos, coloca uno de los nueve discursos kerigmáticos que nos reporta en su obra. Lo proclamado por Pedro en la casa de Cornelio sigue el esquema de los otros discursos: una introducción, con el fin de captar la atención; anuncio del kerigma, ministerio, pasión, muerte, resurrección y exaltación de Jesucristo; el cumplimiento de las Escrituras; y la ratificación del testimonio. El Espíritu, presente en la Iglesia, nos pide que seamos testigos cualificados de Cristo resucitado. Urge intensificar la evangelización entre tantos alejados de nuestras comunidades. Al igual que Pedro, debemos ser testigos dóciles a sus inspiraciones para llevar el Evangelio según sus designios.

Lectura del libro de los Hechos de los Apóstoles

En *aquellos* días, Pedro *tomó* la palabra y dijo:
"*Ya saben* ustedes lo sucedido en *toda* Judea,
    que tuvo principio *en Galilea*,
    después del bautismo predicado por Juan:
    cómo Dios *ungió* con el *poder* del Espíritu Santo
        a *Jesús de Nazaret*
    y cómo *éste* pasó *haciendo el bien*,
    sanando a todos los oprimidos por el diablo,
    porque Dios *estaba con él*.
Nosotros *somos testigos* de cuanto él hizo en Judea
        y en Jerusalén.
Lo mataron *colgándolo* de la cruz,
    pero Dios *lo resucitó* al tercer día y concedió verlo,
    no a todo el pueblo,
    sino *únicamente* a los testigos que él,
de antemano, *había escogido*:
    a *nosotros*, que hemos *comido y bebido* con él
    después de que *resucitó* de entre los muertos.
Él nos *mandó* predicar al pueblo
    y *dar testimonio* de que Dios lo ha constituido
juez *de vivos y muertos*.
El *testimonio* de los profetas es *unánime*:
    que cuantos *creen* en él
    reciben, por su medio, el *perdón* de los pecados".

I LECTURA   Hechos 10:34, 37–43   L E U

Lectura del libro de los Hechos de los Apóstoles

En aquellos días, Pedro tomó la palabra y dijo:
   "Hermanos, ustedes *saben* lo sucedido en toda Judea,
   comenzando por *Galilea*,
   después que Juan *predicó* el bautismo:
Cómo Dios *consagró* a Jesús de Nazaret con el *Espíritu Santo*,
   comunicándole su poder.
Este pasó *haciendo el bien*
   y *sanando a* cuantos estaban dominados por el diablo,
   porque Dios *estaba* con él.
Nosotros somos *testigos* de todo lo que hizo
     en la provincia de los judíos
   e incluso en Jerusalén.
Al final ellos lo mataron *colgándolo* de un madero.
Pero Dios lo *resucitó* al tercer día
   y le concedió que se dejara ver no por todo el pueblo,
   sino por *los testigos* que Dios había escogido de antemano,
   a nosotros, que *comimos* y bebimos *con él*
   después que *resucitó* de entre los muertos.
Y nos mandó a *predicar* al pueblo
   y a dar *testimonio* de que él fue puesto por Dios
   como *juez* de vivos y muertos.
A él se refieren *todos* los *profetas*,
   al decir que quien *cree* en él recibe por su *nombre*
   el *perdón* de los pecados".

Imagina a Pedro que, desde la fe y con un discurso sereno y convencido, interpreta para sus oyentes los acontecimientos que acaban de suceder.

Esta síntesis debe presentarse con mucho entusiasmo, con la frescura de la noticia que acaba de acontecer.

El valor ha renacido en Pedro y el miedo ha quedado atrás. Enfatiza la fuerza de sus palabras.

Siente que eres parte de ese "nosotros". Reconoce que eres también testigo ocular desde la experiencia de la fe, y enfatiza especialmente ese aspecto del discurso testimonial de Pedro.

<table>
<tr><td>II LECTURA</td></tr>
</table>

Éste es el día del triunfo del Señor. Pero también es el día del triunfo de los discípulos de Cristo. Así como Jesús, al momento de resucitar, vive una vida nueva; de igual manera, los cristianos hemos sido llamados a vivir una nueva condición. Pablo, perfectamente convencido de esta realidad, exclama: "puesto que ustedes han resucitado con Cristo, busquen los bienes de arriba, donde está Cristo". La referencia es muy clara al sacramento del bautismo, ya que a partir de aquel momento, los creyentes hemos cambiado de identidad. Pablo insiste: "porque han muerto y su vida está escondida con Cristo en Dios".

Los creyentes mueren a un pasado tenebroso y son resucitados a una vida nueva. Es claro que se trata de muerte y resurrección existencial. Es decir, por el hecho de participar en la condición de Cristo muerto y resucitado, los cristianos experimentamos estas dos facetas, aunque el acontecimiento salvífico es único. Pero ¿esta nueva condición del cristiano ya es definitiva; no puede regresarse a la antigua forma de vivir? Sabe que siempre existe el riesgo de la infidelidad y de perder la libertad; por eso advierte: "Busquen los bienes de arriba . . . pongan todo su corazón en los bienes del cielo".

II LECTURA

En los capítulos 5 y 6 de la primera carta a los Corintios, san Pablo nos describe la relación existente entre la Iglesia y el mundo. Desde los primeros tiempos, siempre fue necesario clarificar el ser y la misión de la Iglesia en el mundo. A partir de un hecho escandaloso de inmoralidad presente en la comunidad, Pablo aprovecha para hablar del fruto del Misterio Pascual en la Iglesia.

Corinto, en la época de Pablo, gozaba de gran fama por el libertinaje en el aspecto sexual, y este ambiente había influido negativamente en la comunidad cristiana. Ante esto, el apóstol interviene, no con consideraciones moralistas o actitudes de condena, sino haciendo una profunda reflexión

II LECTURA   Colosenses 3:1–4   L M

Lectura de la carta del apóstol san Pablo a los colosenses

Hermanos:

Puesto que ustedes *han resucitado* con Cristo,
　　busquen los bienes *de arriba*,
　　donde está Cristo, *sentado* a la derecha de Dios.
Pongan *todo* el corazón en los bienes *del cielo*,
　　　no en los de la tierra,
　　porque *han muerto* y su vida está *escondida*
　　　con Cristo *en Dios*.
Cuando se manifieste *Cristo*, *vida* de ustedes,
　　entonces *también* ustedes se manifestarán *gloriosos*,
　　juntamente con él.

O bien:

II LECTURA   1 Corintios 5:6–8   L M

Lectura de la primera carta del apóstol san Pablo a los corintios

Hermanos:

¿*No saben* ustedes
　　que un *poco* de levadura hace fermentar *toda* la masa?
Tiren la antigua levadura,
　　para que sean ustedes una *masa nueva*,
　　ya que son pan *sin levadura*,
　　pues *Cristo*, nuestro cordero pascual, ha sido *inmolado*.
Celebremos, pues, la fiesta de la Pascua,
　　no con la *antigua* levadura, que es de vicio *y maldad*,
　　sino con el pan *sin levadura*, que es de sinceridad y *verdad*.

II LECTURA   Colosenses 3:1–4   L E U

Lectura de la carta del apóstol san Pablo a los colosenses

Así pues, si han sido *resucitados* con Cristo,
  busquen las cosas de *arriba*,
  donde se *encuentra* Cristo, sentado a *la derecha* de Dios;
  piensen en las cosas de *arriba*,
  no en las de la tierra.
Pues *ustedes* han *muerto*,
  y su vida está ahora *escondida* con Cristo, en Dios.
Cuando se *manifieste* Cristo, que es nuestra vida,
  ustedes *también* vendrán a la luz *con él*,
  y les *tocará* una parte de su gloria.

O bien:

Comienza con una pausa y un contacto visual significativo.

Inicia la atención hasta después de haber logrado la atención total de tus oyentes, como si meditaras o comentaras en voz alta con la comunidad.

Utiliza un tono firme, pero no te apresures.

Cada idea debe ser comunicada claramente y con profundo convencimiento.

Mira a la asamblea cada vez que el texto se dirija a ella.

Concluye con entusiasmo y sinceridad; la fe se convierte en alegría contagiosa.

II LECTURA   1 Corintios 5:6–8   L E U

Lectura de la primera carta del apóstol san Pablo a los corintios

¿No saben que basta un poco de levadura
  para *transformar* toda la masa?
Echen, pues, fuera esa levadura vieja,
  para que sean una masa *nueva*.
Ustedes son los *Panes* sin levadura de la Pascua *Nueva*,
en que Cristo fue *sacrificado*.
Celebremos, pues, la Pascua;
  no más levadura *vieja*, que es la *maldad* y la perversidad;
  tengamos pan sin levadura, o sea *la pureza* y la *sinceridad*.

El pasado ha quedado atrás y la invitación a vivir y a verlo todo de acuerdo a los criterios de Cristo es fundamental en este momento.

No utilices un tono pesado o negativo, como de regaño, sino todo lo contrario.

Todos están dispuestos a celebrar la Pascua como un nuevo comienzo.

Deja que circule un aire jubiloso de alegre fiesta de resurrección.

sobre el ser de la Iglesia. La imagen utilizada es muy sugestiva: el desorden en el campo moral es la levadura que contaminará toda la comunidad si no se pone un alto. Quien produce el auténtico fermento en la comunidad cristiana es Cristo resucitado; Cristo, el Cordero Pascual, es quien hace de los cristianos una masa nueva.

EVANGELIO El Evangelio de hoy nos ofrece el testimonio de tres testigos cualificados del hecho de la resurrección: María Magdalena Simón Pedro y el discípulo a "quien Jesús amaba". Tanto en María Magdalena como en Juan, tenemos unos modelos de verdaderos discípulos. Los detalles expresados en la narración no son muchos, pero sí muy sugestivos.

Una de las condiciones para ser proclamado discípulo del Señor es el hecho de haber sido capaz de permanecer con él, sobre todo durante los momentos de la pasión. María Magdalena lo ha logrado; por eso ha merecido que el evangelista la señale como la primer testigo y principal protagonista de los acontecimientos sucedidos en la mañana del primer día de la semana.

En la segunda parte del Evangelio aparecen las siguientes expresiones para referirse a Juan: "el que amaba Jesús" y "el otro discípulo". Son pocas las ocasiones en las que se le menciona así, pero en todas ellas se presenta a la persona de tal manera que resalta notoriamente su condición de auténtico discípulo. Juan ha mantenido una total adhesión al Señor; no lo ha negado como Pedro y ha permanecido al lado de Jesús, aun en el momento de la cruz. Y a continuación agrega: "llegó primero al sepulcro . . . pero no entró"; es Pedro quien entra y ve los lienzos en el suelo, pero no se nos dice que haya creído. En cambio, el discípulo amado "vio y creyó"; éste es un signo de la plenitud de fe, porque cree sin haber visto al Señor.

EVANGELIO   Juan 20:1–9   L M

Lectura del santo Evangelio según san Juan

El *primer* día después del sábado, estando todavía *oscuro*,
  fue *María Magdalena* al sepulcro
  y vio *removida* la piedra que lo cerraba.
Echó a *correr*,
  llegó a la casa donde estaban *Simón Pedro* y el otro discípulo,
  a quien Jesús *amaba*, y les dijo:
"Se *han llevado* del sepulcro al Señor
  y *no sabemos* dónde lo habrán puesto".
Salieron Pedro y el otro discípulo camino del sepulcro.
Los dos iban *corriendo* juntos,
  pero el otro discípulo corrió *más aprisa* que Pedro
  y llegó *primero* al sepulcro,
  e *inclinándose*, miró los lienzos puestos en el suelo,
  pero *no entró*.
En eso llegó también *Simón Pedro*, que lo venía siguiendo,
  y *entró* en el sepulcro.
Contempló los lienzos puestos en el suelo
  y el *sudario*, que había estado sobre *la cabeza* de Jesús,
  puesto no con los lienzos *en el suelo*,
  sino *doblado* en sitio aparte.
Entonces entró *también* el otro discípulo,
  el que había llegado *primero* al sepulcro,
  y *vio y creyó*, porque hasta entonces
no habían entendido las Escrituras,
  según las cuales Jesús *debía resucitar* de entre los muertos.

EVANGELIO   Juan 20:1–9   L E U

Lectura del santo Evangelio según san Juan

El primer día de la semana, *muy* temprano,
　　cuando *todavía* estaba oscuro,
　　María *Magdalena* fue a visitar el sepulcro.
Vio que la *piedra* de entrada estaba removida.
Fue *corriendo* en busca de Simón *Pedro* y del otro *discípulo*,
　　el *amigo* de Jesús, y les dijo:
　　"Han *sacado* al Señor de la tumba
　　y no sabemos *dónde* lo han puesto".
Pedro y el otro *discípulo* partieron al sepulcro.
Corrían los dos *juntos*.
Pero el otro discípulo corría *más* que Pedro
　　　y llegó *primero* al sepulcro.
Se *agachó* y vio los lienzos en el *suelo*, pero no entró.
Después llegó *Pedro*.
Entró a la sepultura y vio los *lienzos* en el suelo.
El sudario que había cubierto el *rostro* de Jesús
　　no *estaba* junto con las *vendas*,
　　sino *aparte* y doblado.
El otro *discípulo* que había llegado *primero*,
　　entró a su vez, vio y *creyó*.
Aún no había comprendido la *Escritura*,
　　según la cual Jesús *debía* resucitar de entre los muertos.

La escena comienza en medio de la oscuridad y el silencio de la noche.

Los personajes que al principio se mueven con lentitud pasan a una acción acelerada, guiada por el misterio y el asombro.

Intenta proclamar como si fueras un cronista que comunica lo que está sucediendo ante su mirada.

Haz que la voz de María Magdalena comunique la confusión y angustia que siente.

Nota que el relato se acelera—es una carrera hacia la tumba vacía.

Haz notar cómo Juan es el que primero se da cuenta de lo que ha sucedido e inmediatamente cree en la resurrección del Señor.

2º DOMINGO DE PASCUA

Lectura del libro de los Hechos de los Apóstoles

En los *primeros días* de la Iglesia,
    todos los hermanos
    acudían *asiduamente* a escuchar
las enseñanzas *de los apóstoles*,
    vivían en comunión *fraterna*
    y se *congregaban* para orar *en común*
y celebrar *la fracción del pan*.
Toda la gente estaba *llena* de asombro y de *temor*,
    al ver los milagros y *prodigios* que los apóstoles
        hacían en Jerusalén.
Todos los creyentes vivían *unidos* y lo tenían todo *en común*.
Los que eran *dueños* de bienes o propiedades *los vendían*,
    y el producto era distribuido *entre todos*,
    según las necesidades *de cada uno*.
Diariamente se reunían en *el templo*,
    y en las casas *partían el pan*
    y comían *juntos*, con *alegría* y sencillez *de corazón*.
Alababan a Dios y *toda* la gente los estimaba.
Y el Señor aumentaba *cada día*
    el número de los que *habían de salvarse*.

| I LECTURA | Los frutos de la resurrección de Jesús se reflejan rápidamente en la comunidad. El libro de los Hechos de los Apóstoles retrata en tres sumarios (2:42–47; 4:32–35; 5:12–16) la vida de las primeras comunidades cristianas: perseveraban en la enseñanza de los apóstoles, vivían la comunión fraterna, participaban en la fracción del pan y eran asiduos en la oración. En ambientes como en los que nos ha tocado vivir, en que nos envuelve un individualismo atroz, se requiere humildad para permitir que la fuerza de Cristo resucitado nos haga vivir con el frescor de los primeras comunidades, haciendo lo posible por poner en práctica las cuatro actitudes de los primeros cristianos.

Con la expresión "acudían asiduamente a escuchar las enseñanzas", Lucas subraya que es una escucha repetida, profunda y sistemática del Evangelio. La fe de la Iglesia nace y se profundiza en relación con la enseñanza de los apóstoles, quienes han sido testigos directos de la vida y las enseñanzas del Señor. La escucha de la Palabra de Dios exige un empeño serio y continuo. Luego añade el texto: "todos los creyentes vivían unidos y lo tenían todo en común". Ciertamente, los creyentes tenían bienes materiales, pero los consideraban como si no fueran propios porque los ponían a disposición de los demás. Desde entonces se nos ha dejado esta enseñanza como criterio de vida: Son esencial a la vida cristiana la solidaridad y la generosidad. No se renuncia a los propios bienes por el deseo de ser pobre, sino para que ya no existan miserables entre los hermanos.

"La fracción del pan" es el gesto ritual del inicio de la comida. El padre de familia o el jefe del grupo toma entre las manos el pan, da gracias a Dios, lo fracciona y lo distribuye a los presentes. Esta práctica judía, fuente de alegría y comunión fraterna, sirvió de inspiración para la celebración eucarística de los cristianos. Al congregarse para "orar en común" la primera comunidad

Lectura de la primera carta del apóstol san Pedro

Bendito sea Dios, *Padre* de nuestro Señor Jesucristo,
    por su *gran misericordia*,
    porque al *resucitar* a Jesucristo de entre *los muertos*,
    nos concedió *renacer* a la esperanza de una vida *nueva*,
    que *no puede* corromperse *ni mancharse*
    y que él nos tiene *reservada* como herencia en el cielo.
Porque ustedes *tienen* fe en Dios, él los protege *con su poder*,
    para que *alcancen* la salvación que les tiene *preparada*
    y que él *revelará* al final de los tiempos.
Por esta razón, *alégrense*,
    aun cuando *ahora*
    tengan que sufrir *un poco* por adversidades *de todas* clases,
    a fin de que su fe, *sometida* a la prueba,

I LECTURA   Hechos 2:42–47   L E U

Lectura del libro de los Hechos de los Apóstoles

Los hermanos acudían *asiduamente* a la enseñanza
    de los apóstoles,
    a la *convivencia*, a la *fracción del pan* y a las oraciones.
Toda la gente estaba *asombrada*,
    ya que se *multiplicaban* los prodigios y milagros hechos
        por los *apóstoles*.
Todos los creyentes vivían *unidos* y compartían *todo*
    cuanto tenían.
Vendían sus bienes y *propiedades*
    y se *repartían* de acuerdo a lo que cada uno de ellos *necesitaba*.
Acudían *diariamente* al Templo con *mucho entusiasmo*
    y con un *mismo* espíritu
    y *compartían* el pan en *sus casas*,
    comiendo con *alegría* y sencillez.
Alababan a Dios y gozaban de la simpatía de *todo* el pueblo;
    y el Señor cada día *integraba* a la *comunidad*
    a los que habían de *salvarse*.

Describe este modelo ideal de comunidad como una experiencia presente.

Al proclamar este texto, piensa que estás presentando a tus oyentes un modelo común del seguimiento de Cristo resucitado.

Contágiate y contagia a los demás de ese entusiasmo que anima a los que han descubierto el sentido de la resurrección de Cristo.

Aunque es una lectura serena y descriptiva, está llena de vitalidad y optimismo.

II LECTURA   1 Pedro 1:3–9   L E U

Lectura de la primera carta del apóstol san Pedro

¡*Bendito* sea Dios, *Padre* de Cristo Jesús *nuestro* Señor,
    por su *gran* misericordia!
Resucitando a Cristo Jesús de entre los *muertos*,
    nos concedió *renacer* para la vida que esperamos,
    más allá de la muerte, del pecado y de *todo* lo que pasa;
    ésta es la *herencia* que a ustedes les tiene *reservada*
        en los cielos.
Por *tener* la fe, son desde ahora *protegidos* por el Poder de Dios;
    él les ha preparado esta *liberación*
    que se verá al *final* de los tiempos.
Por esto, *alégrense*,
    aunque por un tiempo quizá les sea *necesario* sufrir
        varias pruebas.

Estás proclamando un himno jubiloso que busca encender las esperanzas de tus oyentes.

Deja que tu fe personal se reanime y comunique decisivamente la alegría del Misterio Pascual.

No dejes que el tono decaiga; tu entusiasmo debe mantenerse hasta el final el aire brillante de la proclamación.

imita a Jesús que, en el Evangelio de Lucas, es presentado en oración en los momentos más decisivos de su vida y en su misión.

Cuando los cristianos viven así, es motivo de alabanza a Dios, admiración y estima de la gente. El número de los creyentes aumentaba por el valioso testimonio de los primeros cristianos y, sobre todo, por la fuerza de Jesús resucitado. Ante el desaliento, apatía y desgano por las cosas de Dios que inundan nuestras comunidades cristianas, este tiempo de Pascua nos ofrece nuevos bríos. El mundo de hoy exige que nuestras comunidades cristianas vivan con más autenticidad.

II LECTURA Es de todos reconocido que en la primera carta de Pedro encontramos una doctrina rica y profunda sobre la vida nueva del bautizado. Por la resurrección de Jesucristo, "se nos ha concedido renacer a la esperanza de una vida nueva"; es decir, por la misericordia de Dios hemos renacido. Y la esperanza y el renacer sólo son posibles por medio de la pasión y resurrección del Señor.

Una expresión como la anterior, ¿no era demasiado abstracta para los cristianos de la diáspora? Y las pequeñas comunidades de cristianos esparcidas en el mundo pagano, ¿serían capaces de comprender el alcance de esta teología? Era muy urgente que la esperanza fuera firme para ser capaces de superar las amenazas y el estado de persecución que señala en 1:6–7; 3:13–17 y 4:12—5, 11. La finalidad de la carta es animar a los cristianos perseguidos a estar dispuestos para la purificación de la fe.

La Palabra de Dios proclamada en este texto tiene una importancia capital para la Iglesia de nuestro tiempo. Hoy que existe crisis de fe, que no se valora en toda su importancia el bautismo y que se olvida fácilmente la condición de nuevas criaturas, es necesario encontrar la fuerza y la ilusión en Jesús muerto y resucitado por nosotros. Forzosamente implicará enfrentar los sufrimientos con valentía, no temer a la persecución oculta o abierta y amar, como los cristianos a los que Pedro dirige su primera

II LECTURA continuación L M

sea hallada *digna* de alabanza, gloria y honor,
el día de la manifestación de Cristo.
Porque *la fe* de ustedes es *más preciosa* que el oro,
y el oro *se acrisola* por el fuego.
A Cristo Jesús ustedes *no lo han visto* y, sin embargo, *lo aman*;
al creer en él ahora, *sin verlo*,
se llenan de una alegría radiante e indescriptible,
seguros de alcanzar la salvación de sus almas,
que es la *meta* de la fe.

EVANGELIO Juan 20:19–31 L M

Lectura del santo Evangelio según san Juan

Al *anochecer* del día de la resurrección,
estando *cerradas* las puertas de la casa
donde se hallaban los discípulos,
por *miedo* a los judíos,
se presentó Jesús *en medio* de ellos y les dijo:
"*La paz* esté con ustedes".
Dicho esto, *les mostró* las manos y el costado.
Cuando los discípulos *vieron* al Señor, se llenaron *de alegría*.
De nuevo les dijo Jesús: "La paz *esté* con ustedes.
Como *el Padre* me ha enviado, *así también* los envío yo".
Después de decir esto, *sopló* sobre ellos y les dijo:
"*Reciban* al Espíritu Santo.
A los que les perdonen los pecados, *les quedarán perdonados*;
y a los que *no* se los perdonen, les quedarán *sin perdonar*".
Tomás, uno de los Doce, a quien llamaban *el Gemelo*,
no estaba con ellos cuando vino Jesús,
y los otros discípulos le decían: "*Hemos visto* al Señor".
Pero *él* les contestó:
"Si *no veo* en sus manos la señal de los clavos
y si *no meto* mi dedo en los *agujeros* de los clavos
y *no meto* mi mano en su costado, *no creeré*".
Ocho días después, estaban reunidos los discípulos
a puerta cerrada
y *Tomás* estaba con ellos.
Jesús se presentó *de nuevo en medio* de ellos y les dijo:
"La paz *esté* con ustedes".

Su *fe* saldrá de ahí *probada*,
  como el oro que pasa por el *fuego*.
En *realidad*, el oro ha de *desaparecer*;
  en cambio, la *fe*, que vale *mucho* más, *no* se *perderá*
  hasta el *día* en que se nos *revele* Cristo Jesús:
  entonces *recibirán* por ella alabanza, gloria y honor.
A Cristo Jesús no lo han *visto* y, sin embargo, lo *aman*:
  no lo ven *todavía* pero sí *creen*,
  y por eso sienten una *alegría* celestial que
    no se puede expresar;
  al final *alcanzarán* como premio de su fe la *salvación*
    de sus almas.

Lectura del santo Evangelio según san Juan

La *tarde* de aquel día, el *primero* de la semana,
  los *discípulos* estaban a puertas *cerradas* por *miedo*
    a los judíos.
Jesús se hizo presente allí, de pie en *medio* de ellos.
Les dijo: "La *paz* sea con ustedes".
Después de saludarlos así, les mostró las manos
    y el costado.
Los discípulos se *llenaron* de gozo al ver al Señor.
El les *volvió* a decir: "La *paz* esté con ustedes.
Así como el Padre me *envió* a mí, así yo los envío a ustedes".
Dicho esto, *sopló* sobre ellos:
  "*Reciban* el Espíritu Santo,
  a quienes ustedes *perdonen*, queden perdonados,
  y a quienes *no* libren de sus pecados, queden *atados*".
Uno de los *Doce* no estaba cuando vino Jesús.
Era *Tomás*, llamado el Gemelo.
Los otros discípulos le *dijeron* después: "*Vimos* al Señor".
Contestó:
  "No creeré sino cuando *vea* la marca de los clavos
    en sus manos,
  meta mis dedos en el lugar de los clavos
  y *palpe* la herida del costado".
Ocho días después, los discípulos estaban de nuevo
    reunidos dentro
  y *Tomás* con ellos.
Se presentó *Jesús* a pesar de estar las puertas *cerradas*,

Introduce la lectura con un tono sombrío y pesado.

Con rapidez, la aparición del resucitado llena de luz el relato.

Después de comunicar el gozo que la comunidad siente en presencia del Señor, haz una pausa y cambia a una lectura más apagada, estableciendo contrastes entre el entusiasmo del grupo y la terquedad racionalista de Tomás.

Tras una nueva pausa, vuelve a componer la escena en la que Tomás esta vez sí estará con el grupo.

carta, a Cristo Jesús. Esto es lo que produce una alegría radiante e indescriptible.

EVANGELIO | El Evangelio de Juan es el libro que más plenamente muestra la divinidad de Jesús. En ningún otro escrito del Nuevo Testamento encontramos con tanta claridad e insistencia la revelación de su condición como Hijo de Dios. Los estudiosos de Juan están de acuerdo en afirmar que los dos últimos versículos del texto de hoy (20:30–31), además de ser una grandiosa conclusión del Evangelio, son una presentación magistral de lo que pretende el autor sagrado al escribir su obra—creer que Jesús es Hijo de Dios y, creyendo, tener vida.

De esta forma, Juan quiere dar testimonio de que Jesús es el Cristo, el Hijo de Dios, para favorecer la fe de todos nosotros en el Salvador del mundo. En realidad el Maestro, desde los inicios de su ministerio, revela su gloria divina y promete ofrecer la prueba suprema de su divinidad resucitando de la tumba. El signo más grande realizado por Cristo en el que demuestra su condición divina consiste en la resurrección de los muertos, porque a él Dios lo resucitó de entre los muertos.

Durante el desarrollo de su actividad mesiánica, su preocupación principal consistía en mostrar que él era verdaderamente el Hijo de Dios. A lo largo del Evangelio van desfilando toda clase de personas, unas que creen y otras que se obstinan en su ignorancia. Lo más alentador para nosotros es la contemplación de aquellas personas que fueron capaces de creer. Entre ellos se encuentra Tomás, uno de los Doce. El apóstol Tomás, pasando de un estado de tinieblas y de dudas, llega a un estado de certeza tal que hace posible que de sus labios brote una profesión de fe limpia y pura: "¡Señor mío y Dios mío!".

La Pascua nos invita a revisar seriamente si nuestra adhesión es vital a la persona divina de Jesús—si él es el centro de nuestra existencia y la razón de nuestro ser y actuar como cristianos. Esto es tener fe en el Señor resucitado.

EVANGELIO continuación

Luego le dijo a Tomás: "*Aquí están* mis manos; *acerca* tu dedo.
Trae acá tu mano, *métela* en mi costado
    y no sigas dudando, sino *cree*".
Tomás le respondió: "*¡Señor mío y Dios mío!*"
Jesús añadió: "Tú crees porque *me has visto;*
    dichosos los que creen *sin haber* visto".
Otras muchas señales milagrosas hizo Jesús
    en presencia de sus discípulos,
    pero no están escritas *en este libro.*
Se escribieron *éstas* para que ustedes
crean que Jesús es *el Mesías,*
    el *Hijo de Dios,*
    y para que, creyendo,
    tengan vida en su nombre.

EVANGELIO continuación   L E U

y se puso de pie en *medio* de ellos.
Les dijo: "La *paz* sea con ustedes".
Después dijo a *Tomás*:
   "*Ven* acá, *mira* mis manos:
   extiende tu mano y *palpa* mi costado.
En adelante no seas *incrédulo*, sino hombre de *fe*".
Tomás exclamó: "*tú* eres mi *Señor* y mi Dios".
Jesús le dijo: "*tú crees* porque has *visto*.
*Felice*s los que creen *sin haber visto*".
Muchas otras señales milagrosas hizo Jesús en *presencia*
      de sus discípulos
   que no están *escritas* en este libro.
Éstas han sido escritas para que *crean* que Jesús es el Cristo,
   el *Hijo* de Dios,
   y que por esta fe tengan la *vida* que
   él *solo* puede comunicar.

No hay reproche en la voz del maestro.

Jesús está feliz de darle esta oportunidad al discípulo.

Piensa en todos los que, sin ver, han creído, creen y creerán.

Deja que el relato vaya concluyendo como el final de un libro que se ha terminado de leer.

3er. DOMINGO DE PASCUA

I LECTURA   Hechos 2:14, 22–33   L M

Lectura del libro de los Hechos de los Apóstoles

El día de *Pentecostés*,
    se presentó *Pedro, junto* con los Once, ante la multitud,
    y *levantando* la voz, dijo: "Israelitas, *escúchenme*.
Jesús de Nazaret fue un hombre *acreditado* por Dios ante ustedes,
    mediante los *milagros, prodigios y señales*
    que Dios *realizó* por medio *de él*
    y que ustedes *bien* conocen.
Conforme al plan *previsto* y *sancionado* por Dios,
Jesús *fue entregado*,
    y ustedes *utilizaron* a los paganos para *clavarlo* en la cruz.
Pero Dios *lo resucitó, rompiendo* las ataduras de la muerte,
    ya que *no era* posible que la muerte
lo retuviera bajo su dominio.
En efecto, David dice, *refiriéndose* a él:
Yo veía *constantemente* al Señor *delante* de mí,
    puesto que *él* está *a mi lad*o para que yo *no tropiece*.
Por eso *se alegra* mi corazón y mi lengua *se alboroza*,
    por eso también mi cuerpo *vivirá* en la esperanza,
    porque tú, *Señor, no me abandonarás* a la muerte,
    ni dejarás que tu santo sufra la corrupción.
Me has enseñado *el sendero* de la vida
    y me *saciarás* de gozo en tu presencia.
Hermanos,
    que me sea *permitido* hablarles con *toda claridad*:
    el patriarca David *murió* y lo enterraron,
    y su sepulcro se conserva entre nosotros *hasta el día de hoy*.
Pero, como *era profeta*,
    y *sabía* que Dios le había prometido con juramento
    que un *descendiente* suyo ocuparía *su trono*,
    con visión *profética* habló de la resurrección de Cristo,
    el cual *no fue* abandonado a la muerte ni sufrió la corrupción.
Pues bien, a este Jesús Dios *lo resucitó*,
    y de ello *todos* nosotros somos testigos.
Llevado a los cielos por *el poder* de Dios,
    recibió del Padre el *Espíritu Santo* prometido a él
    y lo *ha comunicado*,
    como ustedes lo están *viendo* y *oyendo*".

I LECTURA El acontecimiento que prepara y ofrece la motivación para el discurso de Pedro es la venida del Espíritu Santo en Pentecostés. Esta lectura nos ofrece la segunda parte del discurso. El prodigio de Pentecostés se realiza entre los judíos; después sucederá entre los samaritanos y, más tarde, entre los paganos (en la casa de Cornelio). Si se trata del Pentecostés judío, Pedro se va a dirigir principalmente a ellos para ratificarles lo siguiente: Israel es responsable de la muerte de Jesús y, aunque ha muerto en la cruz, verdaderamente ha resucitado.

Ésta es la primera ocasión en Hechos que se hace la denuncia y es también la primera vez que se proclama la resurrección. El discurso de Pedro nos muestra, además, en qué consistía el núcleo de la predicación cristiana primitiva. Puesto que se está dirigiendo a los judíos, hábilmente recurre a las palabras de la Escritura (2 Samuel 7:12; Salmo 132:11), ya que le interesa que comprendan la obra de la restauración del Mesías davídico.

Con la expresión "a este Jesús Dios lo resucitó", es el modo más obvio de mostrar a Dios como agente de la resurrección de Jesús. Y en cuanto al modo de la actuación, añade: "llevado a los cielos por el poder de Dios". Este tema bíblico es muy rico y de mucha enseñanza para nosotros. Se quiere contrastar la debilidad humana con el poder divino, pero también la fuerza de Dios que produce la resurrección y que actúa en nosotros, los bautizados, produciendo la vida a pesar de nuestra debilidad. Aun más, la idea del poder de Dios está íntimamente unida a la fuerza del Espíritu. La fuerza del Espíritu hará que los apóstoles sean testigos de Cristo, comenzando en Jerusalén hasta llegar a los confines de la tierra (Hechos 1:8).

211

14 DE ABRIL DEL 2002 ▪ 3er. DOMINGO DE PASCUA

I LECTURA   Hechos 2:14, 22–33   L E U

Lectura del libro de los Hechos de los Apóstoles

El día de *Pentecostés*, *Pedro*, presentándose con los *once*,
    levantó su voz
    y dijo a la gente allí *reunida*:
    "Judíos y habitantes de Jerusalén, pongan *atención*
        a mis palabras:
Dios había dado *autoridad* a Jesús de Nazaret entre *todos* ustedes;
    hizo por medio de él *milagros*, prodigios
    y cosas *maravillosas*, como ustedes *saben*.
Sin embargo, *ustedes* lo entregaron a los *malvados*,
        dándole *muerte*,
    clavándolo en la cruz, según el *plan* de Dios,
    que conoció *todo* esto de antemano.
A él, Dios lo *resucitó*,
    librándolo de los dolores del Lugar de los Muertos,
    ya que *no* era posible que quedara bajo su dominio;
    porque *David* dice de él en un salmo lo *siguiente*:
    'Veía *continuamente* al Señor *delante* de mí,
    puesto que *está* a mi derecha, para que *no* vacile,
    por eso, mi corazón se ha *alegrado* y te alabo con *alegría*;
    y hasta mi cuerpo *descansará* en la esperanza
    de que no *abandonarás* mi alma en el lugar de los *muertos*,
    ni permitirás que tu servidor sufra la *corrupción*.
Me has dado a *conocer* caminos de vida,
    me *llenarás* de gozo con tu *presencia*'.
Hermanos, *permítanme* que les diga con *toda* claridad:
    el patriarca David *murió* y fue sepultado
    y su tumba *permanece* entre nosotros hasta *ahora*.
Pero, como él era *profeta*
    y *sabía* que Dios le había *asegurado* con juramento
    que un *descendiente* de su sangre se *sentaría* en su trono,
    vio a lo lejos y habló de la *resurrección* de Cristo,
    que no fue *abandonado* entre los muertos,
    ni su carne fue *corrompida*.
A Jesús, Dios lo *resucitó*,
    de lo cual *todos* nosotros somos *testigos*.
Y *engrandecido* por la mano poderosa de *Dios*,
    ha *recibido* del Padre el Espíritu Santo *prometido*:
Hoy lo acaba de derramar y *eso* es lo que ustedes ven y oyen".

Interpreta este largo discurso con vibrante vitalidad.

El Espíritu se ha derramado sobre los apóstoles y Pedro habla valientemente, anunciando la resurrección a los judíos.

Imagina a Pedro rodeado de un gran número de personas que lo escuchan admirados. Las palabras resuenan con la autenticidad del testigo ocular.

Hay fuerza y fuego en este preciso momento cuando la Iglesia acaba de iniciar su misión con pie firme.

Haz una pausa y cambia de tono al citar el Salmo 16.

Introduce con un silencio reflexivo el testimonio del rey David.

Concluye dejando que la emoción aflore en tu voz. Siente que tu fe te hace también testigo del acontecimiento pascual.

212

3er. DOMINGO DE PASCUA ▪ 14 DE ABRIL DEL 2002

II LECTURA | En el mensaje kerigmático de los primeros tiempos, siempre van inseparables las realidades del Misterio Pascual de Cristo: su pasión, muerte y resurrección. Se evoca de él la sangre preciosa y que es cordero sin defecto, con lo que el autor sagrado privilegia la figura del Crucificado y subraya la secuencia: "sufrimiento" y "gloria". De Cristo resucitado, se afirma que es el cordero sin defecto ni mancha, que Dios lo ha elegido desde antes de la creación del mundo y que por amor lo ha manifestado en estos tiempos.

Cristo es presentado como objeto de salvación. Cuando dice "estos tiempos, que son los últimos", está refiriéndose a la época de la manifestación salvífica de Cristo: el Misterio Pascual de Cristo. Lo que se tenía escondido en el plan divino se ha revelado en él y por él. Por consiguiente, es en la resurrección de Cristo donde el plan divino encuentra su cumplimiento. Lo que Dios ha hecho a favor de Cristo, lo hace y lo hará en beneficio de los creyentes. Para unos cristianos que se encuentran en la diáspora, siendo una minoría, atacados, perseguidos y martirizados, este mensaje tiene como objetivo fortalecerlos en la fe porque han sido rescatados por Dios con la sangre preciosa de Cristo.

Poner nuestra mirada en Cristo es al mismo tiempo rectificar nuestras relaciones filiales con Dios. Muchas veces vivimos en esta tierra olvidándonos de nuestra condición de hijos y, por lo tanto, nuestro comportamiento no es digno de los hijos e hijas de Dios. En muchas ocasiones, verdaderamente nos afanamos en vivir una vida estéril.

EVANGELIO | Con el capítulo 24 de su Evangelio, Lucas aporta una mayor riqueza de datos sobre la resurrección en relación a lo que ofrecen los otros sinópticos. Dentro de su temática, el testimonio de la resurrección de parte de los dos discípulos de Emaús es una confirmación más de que la resurrección ocupa el centro de la historia de la salvación,

II LECTURA   1 Pedro 1:17–21   L M

Lectura de la primera carta del apóstol san Pedro

Hermanos:

Puesto que ustedes llaman *Padre* a Dios,
   que juzga *imparcialmente* la conducta de cada uno
      según sus obras,
   vivan *siempre* con temor filial durante su peregrinar
      por la tierra.
Bien saben ustedes que de su *estéril* manera de vivir,
   heredada de sus padres,
   los *ha rescatado* Dios,
   no con bienes *efímeros*, como el oro y la plata,
   sino con la *sangre preciosa* de Cristo,
   el cordero *sin defecto* ni mancha,
   al cual Dios *había elegido* desde *antes* de la creación del mundo,
   y por *amor* a ustedes,
   lo ha manifestado en *estos* tiempos, que son *los últimos*.
Por Cristo, ustedes *creen* en Dios,
   quien *lo resucitó* de entre los muertos y lo *llenó* de gloria,
   a fin de que *la fe* de ustedes
   sea también *esperanza* en Dios.

EVANGELIO   Lucas 24:13–35   L M

Lectura del santo Evangelio según san Lucas

El *mismo día* de la resurrección,
   iban *dos* de los discípulos hacia un pueblo llamado *Emaús*,
   situado a unos *once* kilómetros de Jerusalén,
   y comentaban *todo* lo que había sucedido.
Mientras conversaban y discutían,
   Jesús se les acercó y comenzó a *caminar* con ellos;
   pero los ojos de los dos discípulos *estaban velados*
   y *no* lo reconocieron.
Él les preguntó:
      "¿De *qué cosas* vienen hablando, tan *llenos* de tristeza?"
Uno de ellos, llamado *Cleofás*, le respondió:
"¿Eres tú el *único* forastero
   que *no sabe* lo que ha sucedido *estos días* en Jerusalén?"
Él les preguntó: "¿*Qué cosa*?"
Ellos le respondieron: "Lo de Jesús el *nazareno*,
   que era un profeta *poderoso* en obras y palabras,
   ante *Dios* y ante *todo* el pueblo.

213

14 DE ABRIL DEL 2002 ▪ 3er. DOMINGO DE PASCUA

II LECTURA   1 Pedro 1:17–21   L E U

Lectura de la primera carta del apóstol san Pedro

Ustedes llaman *Padre* al que no hace *diferencia* entre
    las personas,
  sino que *juzga* a cada uno según sus *obras*;
  tomen en *serio* estos años en que viven *fuera* de la patria.
No olviden que han sido *liberados* de la vida *inútil*
    que llevaban *antes*
  imitando a sus padres,
  no con algún rescate *material* de oro o plata,
  sino con la sangre *preciosa* del Cordero sin mancha ni defecto.
Ese es *Cristo*, en el que pensaba Dios ya desde el
    principio del mundo
  y que se *presentó* para ustedes al final de los tiempos.
Gracias a él, ustedes creen en *Dios*,
  que lo *resucitó* de entre los muertos y lo glorificó,
  precisamente con el fin de que *pusieran* en Dios
    su fe y su esperanza.

Para facilitar su comprensión, puedes dividir mentalmente el texto en tres niveles distintos según el mensaje contenido.

El primer párrafo nos coloca en medio de la situación; proclámalo despacio, acentuando aquellos elementos que lo hacen más comprensible.

Introduce con una pausa el segundo párrafo y cambia a un tono más personal, como si hicieras una aclaración oportuna.

Concluye enfatizando con entusiasmo el contenido y las ideas de los dos últimos párrafos. Cristo es la medida y el sentido de todas las cosas.

EVANGELIO   Lucas 24:13–35   L E U

Lectura del santo Evangelio según san Lucas

Aquel *mismo* día, el *primero* de la semana,
  dos discípulos de Jesús iban de camino a un pueblito
    llamado *Emaús*,
  a unos treinta kilómetros de *Jerusalén*,
  conversando de *todo* lo que había pasado.
Mientras *conversaban* y discutían,
  Jesús en *persona* se les acercó y se puso a *caminar* a su lado,
  pero algo les *impedía* reconocerlo.
Jesús les dijo:
  "¿Qué es lo que van conversando *juntos* por el camino?"
Ellos se *detuvieron*, con la cara *triste*.
Uno de ellos, llamado *Cleofás*, le contestó:
  "¿*Cómo*, así que tú eres el *único* peregrino en Jerusalén
  que no sabe lo que pasó en *estos* días?"
"¿Qué pasó?", preguntó Jesús.
Le contestaron: "Todo ese asunto de Jesús Nazareno.
Este hombre se *manifestó* como un profeta *poderoso*

Al proclamar este hermoso texto, intenta desarrollar un proceso que lleve a los oyentes de la tristeza a la alegría, de la desilusión al fuego de la fe.

Hay complicidad en la voz del narrador, que conoce de antemano la sorpresa que se llevarán los discípulos y disfruta con ello.

La pregunta de Jesús indica que quiere participar de la conversación.

Aunque hay un poco de asombro, hay un tono apagado y triste en la respuesta de Cleofás.

Al responder, advierte que los discípulos han hecho una síntesis de lo ocurrido según la manera en que lo percibieron.

214

3er. DOMINGO DE PASCUA ■ 14 DE ABRIL DEL 2002

puesto que el Evangelio no termina con la resurrección y ésta abre la vida de la Iglesia según nos narra el libro de los Hechos de los Apóstoles.

Al celebrar con inmenso júbilo el tiempo pascual, nos sentimos herederos de la profesión pascual de la primitiva comunidad. He aquí algunos elementos de la fe pascual y del kerigma apostólico que nos ofrece el relato de la aparición a los discípulos de Emaús, típicamente lucano. En primer lugar, hay el dato del "tercer día"; los discípulos lo mencionan al peregrino aclarando: "han pasado ya tres días desde que estas cosas sucedieron"; después Jesús afirmará a los reunidos en el cenáculo que la pasión del Mesías y su resurrección al tercer día era algo que estaba escrito (24:46). En segundo lugar, se presenta una síntesis de la vida terrestre de Jesús. Los dos discípulos se convierten en verdaderos predicadores: "Jesús el nazareno, que era un profeta poderoso en obras y palabras . . . cómo nuestros jefes lo entregaron para que lo condenaran a muerte, y lo crucificaron" (24:19 – 20). La culpabilidad de los judíos es aquí anticipada en el juicio que pronuncian los discípulos de Emaús, porque en los Hechos de los Apóstoles se afirmará varias veces. En tercer lugar, es conocido el hecho de la visita de las mujeres al sepulcro y aquí nos ofrece una síntesis: fueron de madrugada, no encontraron el cuerpo y el testimonio de la resurrección es fundamental. Los Once reunidos en el cenáculo comunican a los dos discípulos su certeza: "de veras ha resucitado el Señor y se le ha aparecido a Simón" (24:34).

En la narración, llama la atención también las dos partes que la componen. Primero, se presentan a los dos discípulos en huida desesperanzada, con tristeza, incomprensión y desaliento por lo acontecido. Y en la segunda parte, se constata el cambio en los discípulos ya que, mediante la explicación de Jesús y la fracción del pan, vuelve la esperanza, la alegría, el ardor del corazón y la comprensión de los acontecimientos.

EVANGELIO continuación · L M

Cómo los sumos sacerdotes y nuestros jefes
    lo entregaron para que lo condenaran *a muerte*,
    y *lo crucificaron*.
Nosotros *esperábamos* que él sería *el libertador* de Israel,
    y sin embargo, han pasado ya *tres días*
        desde que estas cosas sucedieron.
Es cierto que *algunas* mujeres de nuestro grupo
        nos han *desconcertado*,
    pues fueron *de madrugada* al sepulcro, *no encontraron* el cuerpo
    y llegaron contando que se les *habían aparecido* unos ángeles,
    que les dijeron que *estaba vivo*.
Algunos de nuestros compañeros fueron al sepulcro
    y hallaron *todo* como habían dicho las mujeres,
        pero a él *no lo vieron*".
Entonces Jesús les dijo:
"*¡Qué* insensatos son ustedes
    y *qué duros* de corazón *para creer* todo lo anunciado
        por los profetas!
¿*Acaso* no era *necesario* que el Mesías p*adeciera* todo esto
        y *así* entrara en su gloria?"
Y *comenzando* por Moisés y siguiendo con *todos* los profetas,
    les explicó *todos* los pasajes de la Escritura que se referían *a él*.
Ya *cerca* del pueblo a donde se dirigían,
    él hizo como que iba *más lejos*;
        pero *ellos le insistieron*, diciendo:
"*Quédate* con nosotros, porque *ya es tarde*
        y pronto va a oscurecer".
Y *entró* para quedarse con ellos.
Cuando estaban a la mesa,
    tomó un pan, *pronunció* la bendición, lo partió y se lo dio.
Entonces se les abrieron los ojos y *lo reconocieron*,
        pero *él* se les *desapareció*.
Y ellos se decían *el uno al otro*:
"*¡Con razón* nuestro corazón ardía,
mientras nos hablaba por el camino
        y nos *explicaba* las Escrituras!"
Se levantaron *inmediatamente* y regresaron a Jerusalén,
        donde encontraron *reunidos* a los Once con sus compañeros,
        los cuales les dijeron:
"De veras *ha resucitado* el Señor y se le *ha aparecido* a Simón".
Entonces ellos contaron lo que les había pasado *por el camino*
    y *cómo* lo habían *reconocido* al *partir el pan*.

215

14 DE ABRIL DEL 2002 ■ 3er. DOMINGO DE PASCUA

EVANGELIO continuación   L E U

en obras y en palabras,
aceptado tanto por Dios como por el pueblo *entero*.
Hace unos días, los *jefes* de los sacerdotes
    y los jefes de nuestra nación
lo hicieron condenar a *muerte* y clavar en la cruz.
Nosotros *esperábamos* que él fuera el *libertador* de Israel,
    pero a todo esto van *dos* días que sucedieron estas cosas.
En realidad, *algunas* mujeres de nuestro grupo
    nos dejaron *sorprendidos*.
Fueron *muy* de mañana al sepulcro y, al *no* hallar su cuerpo,
    volvieron a contarnos que se les habían *aparecido* unos ángeles
    que decían que estaba *vivo*.
Algunos de los nuestros fueron al *sepulcro*
    y hallaron todo *tal* como habían dicho las mujeres,
    pero a él *no* lo vieron".
Entonces *Jesús* les dijo: "¡Qué *poco* entienden ustedes
    y *cuánto* les cuesta creer todo lo que *anunciaron*
    los profetas!
¿Acaso no era *necesario* que el Cristo *padeciera* para entrar
    en su gloria?"
Y comenzando por *Moisés* y recorriendo *todos* los profetas,
    les *interpretó* todo lo que las Escrituras decían *sobre* él.
Cuando ya estaban *cerca* de pueblo al que ellos iban,
    él *aparentó* seguir adelante.
Pero ellos le *insistieron*, diciéndole:
    "*Quédate* con nosotros,
    porque cae la tarde y se *termina* el día".
Entró entonces para *quedarse* con ellos.
Una vez que estuvo *a la mesa* con ellos,
    tomó el pan, lo *bendijo*, lo *partió* y se lo *dio*.
En *ese* momento se les *abrieron* los ojos y lo *reconocieron*,
    pero ya había *desaparecido*.
Se dijeron uno al otro:
    "¿No sentíamos *arder* nuestro *corazón*
    cuando nos *hablaba* en el camino y nos *explicab*a
    las *Escrituras*?"
Y en ese *mismo* momento se levantaron para volver
    a Jerusalén.
Allí encontraron *reunidos* a los Once y a los de su grupo.
Estos les dijeron: "¡Es *verdad*!
El Señor *resucitó* y se dejó ver por Simón".
Ellos, por su parte, *contaron* lo sucedido en el camino
    y cómo lo habían reconocido al *partir* el pan.

Los sucesos son relatados con pena y desencanto; ni siquiera las noticias que a última hora han recibido lograron avivar su esperanza.

Jesús, como todo un maestro, interpreta la Escritura con tal entusiasmo que no quieren dejar de escucharle.

Utiliza un tono vivo que denote un enorme entusiasmo.

Haz una pausa y cambia a un tono relajado y sereno para relatar suavemente la escena eucarística de Emaús.

Sube nuevamente el tono. Los ojos y la mente se abren a la fe y, a partir de este momento, todo se acelera para expresar el gozo que ha provocado el encuentro con el Señor.

4º DOMINGO DE PASCUA

I LECTURA Es necesaria una proclamación clara y valiente del evento de Jesucristo: Dios lo ha constituido Señor y Mesías a pesar de que los judíos lo crucificaron. El anuncio de la Palabra es la actividad esencial de la vida de la Iglesia. La obra redentora de Cristo permanecería ineficaz si no llega a ser un anuncio de parte de Cristo resucitado por medio de sus ministros de la Palabra. En segundo lugar, viene la escucha. La generosidad de los oyentes en este texto es ejemplar: "las palabras les llegaron al corazón . . . y preguntaron ¿qué tenemos que hacer?". Éste es el tercer paso: quien escucha con corazón noble, llega a la fe. La fe nace, crece y llega a la madurez. Esto depende de Dios, pero también del cristiano.

La aceptación y el reconocimiento de que Jesús resucitado es el Señor de nuestras vidas exige los siguientes tres pasos: arrepentirse, bautizarse y formar parte de la Iglesia. Pedro, en su discurso, lo expresa en imperativo: "arrepiéntanse", "bautícense", y con un verbo en futuro: "recibirán el Espíritu Santo" y "aquel día se les agregaron unas tres mil personas".

II LECTURA El autor sagrado se dirige a los esclavos y a los servidores domésticos, exhortándolos a perseverar proponiéndoles un motivo cristológico muy importante: Cristo sufriente e inocente. Es un desarrollo teológico muy parecido a lo que encontramos en Colosenses y Efesios. Lo anunciado por el poema del Siervo sufriente en Isaías 52:13—53:12 encuentra en este texto su plena realización al predicarlo directamente de Cristo, acentuando u omitiendo algunos detalles de acuerdo con los destinatarios.

La expresión "seguir las huellas de Cristo" no es una invitación que reciben los cristianos para que estén de acuerdo con una sumisión incondicional a sus patrones o al poder imperial. En los versículos 21—25 de este himno, se proclama la inocencia de

I LECTURA Hechos 2:14, 36—41   L M

Lectura del libro de los Hechos de los Apóstoles

El *día* de Pentecostés,
  se presentó *Pedro* junto con los Once ante la multitud
  y *levantando* la voz, dijo:
"Sepa *todo* Israel con *absoluta* certeza,
  que Dios *ha constituido* Señor y Mesías al *mismo* Jesús,
  a quien ustedes *han crucificado*".
Estas palabras les llegaron *al corazón*
  y preguntaron a Pedro y a los demás apóstoles:
"*¿Qué* tenemos que hacer, hermanos?"
Pedro les contestó: "*Arrepiéntanse*
  y *bautícense* en el nombre de Jesucristo
para el *perdón* de sus pecados
  y *recibirán* el Espíritu Santo.
Porque las promesas de Dios *valen* para ustedes y para sus hijos
  y también *para todos* los paganos
  que el Señor, Dios nuestro, *quiera llamar*,
  aunque estén lejos".
Con *éstas* y otras *muchas* razones,
los instaba y *exhortaba*, diciéndoles:
"*Pónganse* a salvo de este mundo *corrompido*".
Los que *aceptaron* sus palabras *se bautizaron*,
  y *aquel día* se les agregaron unas *tres mil* personas.

II LECTURA 1 Pedro 2:20—25   L M

Lectura de la primera carta del apóstol san Pedro

Hermanos:
Soportar *con paciencia*
  los sufrimientos que les vienen a ustedes por *hacer el bien*,
  es cosa *agradable* a los ojos de Dios,
  pues a esto *han sido* llamados,
  ya que también Cristo *sufrió* por ustedes
  y les *dejó así* un ejemplo para que *sigan* sus huellas.
Él *no cometió* pecado *ni hubo* engaño en su boca;
  insultado, *no devolvió* los insultos;
  maltratado, *no profería* amenazas,
  sino que *encomendaba* su causa al *único* que juzga con justicia;

I LECTURA   Hechos 2:14a, 36–41   L E U

Lectura del libro de los Hechos de los Apóstoles

El día de *Pentecostés*, Pedro, presentándose
    con los *once*,
    levantó su voz y dijo a la gente *allí* reunida:
    "Sepa con seguridad *toda* la gente de Israel
    que Dios ha hecho *Señor* y Cristo a este *Jesús*
    a quien ustedes *crucificaron*".
Al oír *esto*, se afligieron *profundamente*.
Dijeron, pues, a *Pedro* y a los demás apóstoles:
    "Hermanos, ¿*qué* debemos hacer?"
Pedro les contestó: "*Conviértanse* y háganse *bautizar*
    cada uno de ustedes en el *nombre* de Jesucristo,
    para que sus pecados *sean* perdonados.
Y Dios les *dará* el Espíritu Santo,
    porque la *promesa* es para ustedes y *para* sus hijos,
    y para *todos* los extranjeros a los que el Señor *llame*".
Con *muchas* otras palabras les hablaba y les invitaba
    con *insistencia*:
    "*Sálvense* de esta generación malvada".
Los que creyeron fueron *bautizados*
    y en *aquel* día se les unieron alrededor de *tres mil* personas.

La voz del apóstol resuena con firmeza.
Contempla a la gente que atentamente
lo escucha.

Son personas abiertas que están en la
mejor disposición de aceptar la fe. Por eso,
en su solicitud hay humildad y confianza.

La exhortación continúa con decisión,
procurando mover a la conversión desde
el convencimiento personal.

Concluye maravillado ante la fuerza
de aquella predicación que hace brotar
nuevos cristianos por todas partes.

II LECTURA   1 Pedro 2:20b–25   L E U

Lectura de la primera carta del apóstol san Pedro

Si al hacer el *bien* tienen que *sufrir* y lo soportan,
    ésa es una *gracia* ante Dios.
A *esto* han sido llamados,
    pues Cristo también *sufrió* por *ustedes*,
    dejándoles un *ejemplo* con el fin de que *sigan* sus huellas.
El *no* cometió pecado ni se encontró *mentira* en su boca.
    Insultado *no* devolvía los insultos,
    y maltratado no *amenazaba*,
    sino que se *encomendaba* a Dios, que juzga *justamente*.
El *mismo* subiendo a la cruz cargó con *nuestros* pecados

Antes de proclamar, piensa en todas esas
terribles situaciones en que hoy día viven
su fe tantos cristianos en lugares donde
son perseguidos y acosados a causa del
Evangelio. Reconoce todas las injusticias
que tu comunidad ha conocido de una
u otra procedencia y siente que la única
respuesta cristiana válida es devolver
bien por mal.

Utiliza un tono cordial, afectivo
y de consuelo.

Todo el dolor sufrido ha quedado
en las manos del Padre.

Cristo, su actitud no violenta y el valor salvífico de su muerte. A los golpes y ataques
recibidos por los esclavos corresponde
perfectamente las injurias, el sufrimiento y
la crucifixión soportados por Cristo. En el
versículo 23, que es el centro del himno, se
subraya la actitud de Cristo de no responder a la violencia con violencia. "Seguir las
huellas" consiste, entonces, en seguirlo de
cerca y con exactitud.

EVANGELIO Como es propio de este
Evangelio, el lenguaje del
maestro es enigmático, ya que podemos
tomar el término "puerta" en sentido material,
mientras que Jesús lo entiende en sentido
espiritual o metafórico.

En el Primer Testamento, con el término
"corral de las ovejas" se designaba meta-
fóricamente el lugar santo de Israel, el templo de Jerusalén. En cambio, ahora se
afirma que el pastor de las ovejas, el que
entra por la puerta, es Jesús. Es el nuevo
pastor de Israel que se presenta en el
templo con ocasión de la fiesta importante
de los judíos llamada de los Tabernáculos.
Jesús se revela como el auténtico pastor,
ya que ladrones y bandidos son los dirigentes de los judíos que, permaneciendo
ciegos, se apegan a su pecado. Todos han
podido conocer el mensaje de Jesús, pero
sólo algunos la han aceptado: "las ovejas
reconocen su voz".

La fórmula "Yo soy", que se repite cuatro veces en este texto, es una fórmula de
revelación de una tradición veterotesta-
mentaria muy rica. Al proclamar "Yo soy la
puerta", está refiriéndose tanto a la dimensión trascendente como al carácter mesiánico. Antes se mencionaba la puerta, pero
se refería a la puerta del templo; ahora
Jesús se lo aplica a sí mismo diciendo que
él mismo es la puerta, no del recinto o
corral, sino de las ovejas. Así queda claro
que las ovejas que salieron del recinto de
los judíos ahora entran a formar, en Jesús,
algo totalmente nuevo.

II LECTURA   continuación   L M

cargado con nuestros pecados, *subió* al madero de la cruz,
   para que, *muertos* al pecado, *vivamos* para la justicia.
Por *sus llagas* ustedes han sido *curados*,
   porque ustedes eran como ovejas *descarriadas*,
   pero ahora han vuelto al pastor y guardián de sus vidas.

EVANGELIO   Juan 10:1–10   L M

Lectura del santo Evangelio según san Juan

En *aquel* tiempo, Jesús dijo a los fariseos:
"Yo *les aseguro* que el que *no entra*
por la puerta del redil de las ovejas,
   sino que salta *por otro lado*, es un *ladrón*, un bandido;
   pero el que entra *por la puerta*, *ése* es el pastor de las ovejas.
A *ése* le abre el que cuida la puerta, y las ovejas *reconocen* su voz;
   él llama a *cada una* por su nombre y *las conduce* afuera.
Y cuando ha sacado *a todas* sus ovejas, camina *delante* de ellas,
   y ellas *lo siguen*, porque conocen su voz.
Pero a un extraño *no* lo seguirán, sino que *huirán* de él,
   porque *no conocen* la voz de los extraños".
Jesús les puso *esta comparación*,
   pero ellos *no entendieron* lo que les quería decir.
Por eso *añadió*:
"Les *aseguro* que *yo soy* la puerta de las ovejas.
Todos los que han venido antes que yo, son *ladrones y bandidos*;
   pero mis ovejas *no* los han escuchado.
Yo soy la puerta; quien entre por mí *se salvará*,
   podrá entrar y salir y encontrará *pastos*.
El ladrón sólo viene *a robar*, a matar y *a destruir*.
Yo he venido para que *tengan vida*
   y la tengan *en abundancia*".

II LECTURA   continuación   L E U

para que, *muertos* a nuestros pecados, empecemos una
   vida *santa*.
Y por sus llagas fueron ustedes *sanados*.
Pues eran ovejas *descarriadas*,
   pero *han vuelto* al Pastor y guardián de sus almas.

Destaca el comportamiento de Jesús
como una actitud a imitar. Utiliza las
pausas convenientemente. No apresures
las ideas, sino enmárcalas, enfatizando
el proceder de Jesús.

EVANGELIO   Juan 10:1–10   L E U

Lectura del santo Evangelio según san Juan

En *aquel* tiempo, dijo *Jesús*:
   "En *verdad* les digo,
   quien no entra *por la puerta* al corral de las ovejas,
   sino por cualquier *otra* parte,
   es un *ladrón* y un salteador.
Pero el *pastor* de las ovejas entra por la *puerta*.
El *cuidador* le abre, y las ovejas *escuchan* su voz:
   llama *por su nombre* a cada una de sus ovejas
   y las saca *fuera* del corral.
Cuando ha sacado a *todas* las que son *suyas*,
   va caminando al *frente* de ellas,
   y lo *siguen* porque *conocen* su voz.
A otro *no* lo seguirán:
   más bien *huirán* de él porque *desconocen* la voz del extraño".
Jesús propuso esta *comparación*,
   pero ellos *no* comprendieron lo que les quería decir.
Jesús tomó entonces de *nuevo* la palabra:
   "En *verdad* les digo, yo soy la *puerta* para las ovejas.
Todos los que se presentaron *antes* que yo son *ladrones*
      y malhechores,
   pero las ovejas *no* les hicieron caso.
Yo *soy* la Puerta:
   el que *entra* por mí está *a salvo*,
   circula *libremente* y encuentra *alimento*.
El ladrón entra *solamente* a robar, a *matar* y a destruir.
Yo, en cambio, vine para que tengan *vida* y
      encuentren la plenitud".

El auditorio de Jesús está formado
por simpatizantes y por fariseos.

El discurso tiene cierto aire de
controversia y necesita proclamarse
separando cada uno de los párrafos
según las ideas contenidas en ellos.

La primera afirmación debe resonar
con firmeza y quedar en suspenso, como
para crear inquietud en los oyentes.

Tras una pausa, continúa describiendo
el proceder del verdadero pastor.

Enfatiza esta frase y déjala en suspenso.
Después, cambia de tono para indicar
que Jesús ha retomado la palabra
nuevamente.

Acentúa especialmente cada una de las
oraciones que comienzan con "yo soy".

Proclámalas como sentencias que deben
ser memorizadas y guardadas en el
corazón de la asamblea.

5º DOMINGO DE PASCUA

I LECTURA   Hechos 6:1–7   L M

Lectura del libro de los Hechos de los Apóstoles

En *aquellos* días, como *aumentaba* mucho
    el número de los discípulos,
  hubo *ciertas* quejas de los judíos griegos *contra* los hebreos,
  de que *no se atendía bien* a sus viudas
  en el servicio de caridad de *todos* los días.
Los Doce *convocaron* entonces a la multitud de los discípulos
    y les dijeron:
"*No es justo* que, *dejando* el ministerio de la *palabra* de Dios,
    nos dediquemos a *administrar* los bienes.
Escojan entre ustedes a *siete* hombres de *buena* reputación,
    llenos del Espíritu Santo y de sabiduría,
    a los cuales *encargaremos* este servicio.
Nosotros nos dedicaremos *a la oración*
    y al servicio de *la palabra*".
Todos estuvieron de acuerdo y *eligieron* a Esteban,
    hombre *lleno* de fe y del *Espíritu Santo*,
    a Felipe, *Prócoro*, Nicanor, *Timón*, Pármenas
    y Nicolás, *prosélito* de Antioquía.
Se los presentaron a los apóstoles
    y éstos, después de haber orado, *les impusieron* las manos.
Mientras tanto, la palabra de Dios iba cundiendo.
En Jerusalén se multiplicaba *grandemente*
    el número de los discípulos.
Incluso un grupo *numeroso* de sacerdotes había *aceptado* la fe.

I LECTURA El notable crecimiento de los discípulos se ve amenazado por un grave problema entre dos grupos de la comunidad primitiva: los cristianos de origen helenista y los hebreos. Las viudas no eran atendidas de igual manera; se descuidaba la atención de las viudas de origen helenista. Hasta este momento, Lucas no había distinguido estas dos categorías de los miembros de la Iglesia. Pero ahora señala dos grupos de personas culturalmente diferentes: los cristianos que habían vivido siempre en Palestina, que hablaban arameo y leían la Escritura en hebreo; y otros que, viviendo en la diáspora, hablaban griego y leían la Escritura en la versión griega de los **LXX**; éstos eran los helenistas.

Ante la dificultad, los Doce podían promover una organización separada y de esta manera atender cada quien a su grupo. Pero esto favorecía el que hubiera clanes y rivalidad; optan mejor por la división del trabajo al interior de la Iglesia, que debe permanecer unida. La manera de proceder de los Doce seguramente se inspira en la actitud de Moisés ante el crecimiento del pueblo, y el aumento y variedad de ocupaciones (Deuteronomio 1:9–18). Si la Iglesia crece y son muchas las tareas, a los Doce no les es posible asumir todas las responsabilidades. La asistencia y vigilancia sobre las formas concretas de la vida comunitaria debían ser confiadas a un equipo responsable.

El texto nos presenta algunos criterios que han sido fundamentales en la tradición de la Iglesia. En primer lugar, la problemática es dada a conocer a los Doce, analizada por éstos y a ellos les compete tomar una decisión; existe la jerarquía en la Iglesia que fundó Jesucristo. En segundo lugar, la tarea de la evangelización es algo fundamental; la Iglesia vive para evangelizar. En tercer lugar, no se puede entender a la Iglesia sin ministerios. Pero entre tantos ministerios posibles, existen los ministerios

I LECTURA   Hechos 6:1–7   L E U

Lectura del libro de los Hechos de los Apóstoles

En *aquellos* días, habiendo *aumentado* el número
de los discípulos,
los helenistas se *quejaron* contra los hebreos,
porque sus viudas eran *desatendidas* en el servicio diario.
Los *Doce* reunieron la multitud de los *discípulos* y les dijeron:
"*No* es conveniente que *descuidemos* la Palabra de *Dios*
por el *servicio* de las mesas.
Por eso *busquen* de entre ustedes a *siete* hombres de buena fama,
llenos del Espíritu Santo y de *sabiduría*,
para *confiarles* este oficio.
Nosotros nos dedicaremos a la *oración* y al ministerio
de la *palabra*".
Toda la asamblea estuvo de acuerdo
y *eligieron* a Esteban,
hombre lleno de fe y del Espíritu Santo,
a Felipe, Prócoro, Nicanor, Timón, Parmenas
y a Nicolás, prosélito de Antioquía;
los presentaron a los *apóstoles*,
quienes después de orar les *impusieron* las manos.
La Palabra de Dios se *difundía*
y el *número* de los discípulos en Jerusalén
aumentaba *considerablemente*.
Incluso un *gran* número de sacerdotes *aceptaron* la fe.

Al relatar esta primera tensión en la comunidad naciente, piensa en aquellas situaciones que has vivido cuando la complejidad de la diversidad cultural crea malentendidos y fricciones.

Presenta el problema discretamente, acentuando aquellos elementos que en cada oración dan el matiz exacto al suceso.

Los Doce establecen el camino para una solución que todos apoyan de forma unánime.

Menciona a cada uno de los siete diáconos como si estuvieran sentados en la asamblea; búscalos con la mirada en distintos sitios del templo.

Concluye con optimismo. Lo que sucedió entonces se repite una y otra vez a lo largo de los siglos, y así será siempre.

ordenados. En cuarto lugar, las cualidades requeridas para ser elegidos son válidas para todo tiempo: buena reputación, llenos del Espíritu Santo y plenos de sabiduría.

| II LECTURA | El tiempo pascual es buena oportunidad para reflexionar sobre la razón de ser de la comunidad cristiana y el papel que debemos desempeñar en ella. Ya desde los primeros versículos, el autor sagrado nos señala el hecho de la edificación de la comunidad y la manera en que se ha llevado a cabo la construcción. Lo que brinda solidez a este tipo de construcción es Cristo, la piedra viva, y nosotros somos sus discípulos aun antes de haberlo visto (1:8). Todo ha sido posible gracias a la escucha del Evangelio por la fuerza del Espíritu Santo (1:12), ya que la Palabra ha sido proclamada como buena noticia (1:24).

Este nuevo edificio, la Iglesia de Jesucristo, es el nuevo pueblo, la continuación del antiguo, de Israel y sus instituciones. Pero no tiene su fundamento aquí, sino que está fundado sobre la piedra que Dios destinó desde antiguo: Cristo. A quienes se les encargó la construcción de la obra, los jefes de los judíos, rechazaron la piedra que les molestaba (Mateo 21:41), pero era la piedra angular, el único fundamento posible. En este sentido se proclama que Jesucristo es el nuevo templo.

Bajo la acción de Cristo, la Iglesia se construye a sí misma, ya que los cristianos son "piedras vivas" y hay que tomar parte activa en la edificación. Cuando se da esta generosidad con toda propiedad se le da a la comunidad cristiana los grandes títulos que se le otorgaba en el pasado al pueblo de Israel en relación con los otros pueblos: "estirpe elegida, sacerdocio real, nación consagrada a Dios y pueblo de su propiedad". Ésta es la Iglesia de Jesucristo y es la Iglesia que cada día debemos amar más porque él es el constructor.

II LECTURA 1 Pedro 2:4–9

Lectura de la primera carta del apóstol san Pedro

Hermanos:

Acérquense al Señor Jesús,
　　la piedra viva, *rechazada* por los hombres,
　　pero *escogida y preciosa* a los ojos de Dios;
　　porque ustedes *también* son piedras *vivas*,
　　que van entrando en la *edificación* del templo espiritual,
　　para formar un *sacerdocio santo*,
　　destinado a *ofrecer* sacrificios espirituales,
　　agradables a Dios, por *medio* de Jesucristo.
Tengan presente que *está escrito*:
He aquí que pongo en Sión una piedra angular,
　　escogida y preciosa;
　　el que *crea* en ella *no quedará* defraudado.
Dichosos, pues, ustedes, los que *han creído*.
En cambio, para aquellos que se *negaron* a creer,
　　vale lo que dice la Escritura:
La piedra que *rechazaron* los constructores
　　ha llegado a ser la piedra *angular*,
　　y *también* tropiezo y roca de escándalo.
Tropiezan en ella los que *no creen* en la palabra,
　　y en esto *se cumple* un designio de Dios.
Ustedes, por el contrario, son estirpe *elegida*,
　　sacerdocio *real*, nación *consagrada* a Dios
　　y pueblo *de su propiedad*,
　　para que *proclamen* las obras maravillosas
　　de *aquel* que *los llamó* de las tinieblas a su *luz* admirable.

II LECTURA   1 Pedro 2:4–9   L E U

Lectura de la primera carta del apóstol san Pedro

Acérquense al Señor:
   ahí tienen la piedra *viva rechazada* por los hombres,
   y sin embargo, preciosa para Dios que la *escogió.*
Y *también* ustedes son piedras *vivas*
   con las que se *construye* el Templo espiritual destinado
      al culto *perfecto,*
   en el que por Cristo Jesús se ofrecen *sacrificios espirituales*
   y *agradables* a Dios.
Él dice en la Escritura:
"Coloco en Sión una *piedra* de base, *escogida* y preciosa:
   quien *cree* en él no quedará *defraudado".*
Así ustedes *recibirán* honor por haber creído.
En cambio, para los *incrédulos* está escrito:
   "La piedra que *rechazaron* los *constructores*
   ha pasado a ser piedra de *base",* y también:
      *"Contra esta piedra *tropezarán* y contra esta roca *caerán".*
Tropiezan en ella porque no creen en la palabra,
   y en esto se *cumple* un designio de Dios.
Ustedes, al contrario, son una raza *elegida,*
   un reino de *sacerdotes,* una nación *consagrad*a,
   un *pueblo* que Dios *eligió* para que fuera *suyo*
   y *proclamara* sus maravillas.
Ustedes estaban en las *tinieblas*
   y los llamó Dios a su *luz admirable.*

Al proclamar, aduéñate del texto y siente que estas palabras son tuyas, que salen de tu mente y tu corazón con un convencimiento contagioso.

Dirígete constantemente a la asamblea. Utiliza el contacto visual cada vez que el texto lo sugiera.

Cambia el tono de la voz para resaltar cada vez que cites otro texto sagrado.

Enumera con admiración todos los bienes que nos ha alcanzado el bautismo. Con orgullo, recuerda a tus oyentes su condición sacerdotal, su consagración y su elección como pueblo del Señor.

Proclama la frase final mientras que miras alegremente a la asamblea .

EVANGELIO En el trozo evangélico de 14:1–14, el Maestro trata primeramente el punto de su regreso al cielo para preparar un lugar a sus discípulos (14:1–6).

En este contexto, sobre el viaje que se debe realizar para alcanzar el Reino de Dios, surge el problema del camino que conduce hacia la meta: Jesús presupone que sus discípulos ya lo conocen: "Ya saben el camino para llegar al lugar a donde voy" (14:4). Pero en la actitud de Tomás se descubre que no sólo ignora completamente hacia dónde se dirige el Maestro, sino que no sabe nada sobre el camino tampoco. Sabiendo de esta confusión, Cristo proclama: "Yo soy el camino, la verdad y la vida" (14:6). Con estas expresiones, Juan trata de dejar muy en claro lo que es Jesús en relación con la economía salvífica del Primer Testamento.

Con el simbolismo del camino, Jesús se presenta como el mediador perfecto entre nosotros y Dios. Para entrar en contacto personal con el Padre, es necesario pasar por su Hijo. Ninguno puede llegar a Dios por sus propias fuerzas; ninguno puede entrar en comunión con él por medio de otros mediadores; sólo Jesús puede conducirnos al seno de su Padre. Pero Cristo no sólo es ratificado como el único mediador, sino también como la verdad. Jesús se denomina la verdad no en sentido filosófico, como si quisiera mostrar en sí mismo el ser absoluto y divino; se autopresenta como mensaje de salvación, como la Palabra de la revelación. Jesús no es solamente el revelador del Padre a los hombres, sino que él mismo es la plenitud de esta revelación. Es, en su persona, la revelación por excelencia. Ante los judíos, que consideraban que la vida divina estaba presente en la ley, Jesús declara que posee la plenitud de la vida divina y puede disponer de ella, como el Padre. Su misión es comunicar vida al hombre y a la mujer.

EVANGELIO Juan 14:1–12 L M

Lectura del santo Evangelio según san Juan

En aquel tiempo, *Jesús* dijo a sus discípulos: "*No pierdan* la paz.
Si *creen* en Dios, *crean* también *en mí*.
En la *casa* de mi Padre hay *muchas* habitaciones.
Si no fuera *así*,
    yo se lo *habría dicho* a ustedes,
porque *voy* a prepararles un lugar.
Cuando *me vaya* y les prepare un sitio,
    volveré y los llevaré *conmigo*,
    para que donde *yo esté*, estén *también* ustedes.
Y *ya saben* el camino para *llegar* al lugar a donde *voy*".
Entonces *Tomás* le dijo: "*Señor, no sabemos* a dónde vas,
    ¿*cómo* podemos *saber* el camino?"
Jesús le respondió: "*Yo soy* el camino, *la verdad* y la vida.
Nadie va al Padre si no es *por mí*.
Si ustedes me conocen *a mí*, conocen *también* a mi Padre.
Ya desde *ahora* lo conocen y lo *han visto*".
Le dijo *Felipe*: "Señor, *muéstranos* al Padre y eso nos basta".
Jesús le replicó:
"Felipe, *tanto tiempo* hace que estoy con ustedes,
    ¿y *todavía* no me conoces?
Quien me ha visto *a mí*, ha visto *al Padre*.
¿Entonces *por qué* dices: '*Muéstranos* al Padre'?
¿O *no crees* que yo estoy *en el Padre* y que el Padre *está en mí*?
Las palabras que *yo* les digo, no las digo por mi *propia* cuenta.
Es *el Padre*, que *permanece* en mí, *quien hace* las obras.
Créanme: yo *estoy* en el Padre y el Padre *está en mí*.
Si no me dan fe *a mí*, *créanlo* por las obras.
Yo *les aseguro*:
    el que crea *en mí*, *hará* las obras que hago yo
    y las hará *aún* mayores,
    porque yo me *voy* al Padre".

EVANGELIO   Juan 14:1–12   L E U

Lectura del santo Evangelio según san Juan

En aquel tiempo dijo *Jesús* a sus discípulos: "No se turben.
Ustedes *confían* en Dios: confíen *también* en mí.
En la casa de mi Padre hay *muchas* mansiones;
   si no fuera así, ¿les habría dicho que voy allá a *prepararles*
      un lugar?
Después que yo haya ido a prepararles un lugar,
      volveré a buscarlos
   para que donde yo *estoy*, estén *también* ustedes.
Para ir donde voy, ustedes *saben* el camino".
Tomás le dijo: "*Señor*, no sabemos adónde vas,
   ¿*cómo* vamos a conocer el camino?"
Jesús contestó: "Yo soy el *Camino*, la Verdad y la Vida.
Nadie va al Padre sino por *mí*.
Si me *conocieran* a mí, *también* conocerían al Padre.
En realidad, *ya* lo conocen y lo han *visto*".
Felipe le dijo: "Señor, *muéstranos* al Padre y *eso* nos basta".
Jesús respondió:
   "Hace tanto tiempo que *estoy* con ustedes
   ¿y *todavía* no me conoces, Felipe?
El que me ha visto a *mí* ha visto al *Padre*.
¿Cómo, pues, dices: '*Muéstranos* al Padre'?
¿No crees que yo *estoy* en el *Padre*,
   y que el Padre *está* en mí?
Las *palabras* que yo les he dicho no vienen de *mí* mismo.
El Padre que está en mí *obra* por mí.
Créanme: Yo *estoy* en el Padre, y el Padre *está* en mí.
Al menos *créanmelo* por mis obras.
En verdad, el que cree en *mí* hará las *mismas* cosas que yo hago,
   y aun hará cosas *mayores* que éstas,
   pues *ahora* me toca irme al Padre".

Es una escena de despedida que invita a confiar plenamente.

Advierte la distancia enorme que hay entre las palabras de Jesús y la comprensión de éstas por parte de los discípulos.

Hay cordialidad en la voz de Jesús. Con cariño invita a confiar en él y a seguirlo.

Jesús responde pacientemente. Sabe que la comunidad necesitará tiempo, oración y meditación para ir comprendiendo toda la riqueza y el misterio de su presencia.

Proclama el final de este discurso como una catequesis. Deja que las frases del Señor calen en la mente de la comunidad como un reto, el reto de creer en su Palabra.

6º DOMINGO DE PASCUA

Lectura del libro de los Hechos de los Apóstoles

En aquellos días,
Felipe bajó a la ciudad de Samaria y predicaba allí a Cristo.
La multitud escuchaba con atención lo que decía Felipe,
porque habían oído hablar de los milagros que hacía
y los estaban viendo:
de muchos poseídos salían los espíritus inmundos,
lanzando gritos,
y muchos paralíticos y lisiados quedaban curados.
Esto despertó gran alegría en aquella ciudad.
Cuando los apóstoles que estaban en Jerusalén
se enteraron de que Samaria había recibido la palabra de Dios,
enviaron allá a Pedro y a Juan.
Estos, al llegar, oraron por los que se habían convertido,
para que recibieran al Espíritu Santo,
porque aún no lo habían recibido
y solamente habían sido bautizados
en el nombre del Señor Jesús.
Entonces Pedro y Juan impusieron las manos sobre ellos,
y ellos recibieron al Espíritu Santo.

I LECTURA Felipe, uno del grupo de los siete, es conducido por el Espíritu y llega a Samaria para predicar sobre Cristo. Las reacciones que se producían entre la multitud ante la predicación de Jesús, se vuelven a repetir ante la predicación de Felipe: la multitud lo escucha con atención; gozaba y era testigo de muchos milagros y se llenaba de alegría. Así, el autor sagrado quiere dejar en claro que Felipe es un auténtico evangelizador y no un simple profeta falso.

La lectura de hoy nos ofrece el "pentecostés" samaritano. También aquí, como en Jerusalén, aquéllos que han acogido generosamente la Palabra de Dios reciben al Espíritu Santo por medio de la imposición de las manos de los responsables de la Iglesia primitiva: Pedro y Juan. Felipe realiza generosamente su tarea evangelizadora, pero no lo hace sin tomar en cuenta a los apóstoles a quienes el Señor les ha confiado el pastoreo de la Iglesia.

Lectura de la primera carta del apóstol san Pedro

Hermanos:
Veneren en sus corazones a Cristo, el Señor,
dispuestos siempre a dar, al que las pidiere,
las razones de la esperanza de ustedes.
Pero háganlo con sencillez y respeto
y estando en paz con su conciencia.
Así quedarán avergonzados los que denigran la conducta
cristiana de ustedes,
pues mejor es padecer haciendo el bien,
si tal es la voluntad de Dios,
que padecer haciendo el mal.
Porque también Cristo murió, una sola vez y para siempre,
por los pecados de los hombres:
él, el justo, por nosotros, los injustos, para llevarnos a Dios;
murió en su cuerpo y resucitó glorificado.

II LECTURA Cristo, el resucitado, es el motivo supremo de la esperanza cristiana. Cuando en la sociedad se vive una situación difícil, no debe darse lugar a la ambigüedad en el comportamiento; los cristianos deben estar dispuestos a dar, de palabra y con el testimonio, las razones de su esperanza. La esperanza, en cuanto virtud cristiana, no es fruto del esfuerzo humano, sino que tiene su fuente en Dios. Por eso se ha llamado en la historia de la Iglesia virtud teologal, al lado de la fe y la caridad.

Cuando el hombre y la mujer gozan de la virtud de la esperanza, no tienen miedo al sufrimiento por hacer el bien, y las actitudes siempre estarán marcadas por la sencillez y el respeto. Una vez más se insiste, como en toda la carta, en la importancia que tiene el asemejarse a Cristo crucificado. En el ambiente de convivencia necesaria entre los discípulos de Cristo y aquéllos que no los son, el testimonio de

I LECTURA   Hechos 8:5–8, 14–17   LEU

Lectura del libro de los Hechos de los Apóstoles

En *aquellos* días, Felipe *por su cuenta* fue
    a una ciudad de Samaria,
  donde empezó a *predicar* a Cristo.
Toda la gente se *interesó* por la predicación de Felipe.
Iban a *oírlo* y a ver los *prodigios* que *realizaba*;
  pues de *muchos* endemoniados salían los espíritus malos
    dando gritos,
  y *numerosos* paralíticos y cojos quedaron *sanos*,
  de tal modo que hubo una gran *alegría* en aquella ciudad.
En Jerusalén los apóstoles *supieron*
  que los samaritanos habían *aceptado* la Palabra de Dios,
  y les *mandaron* a Pedro y Juan.
Estos vinieron y oraron por *ellos*
  para que *recibieran* el Espíritu Santo;
  ya que *todavía* no había bajado sobre *ninguno* de ellos,
  y *sólo* estaban bautizados en el nombre del Señor Jesús.
Les *impusieron* las manos y recibieron el *Espíritu* Santo.

Al proclamar, no sólo trates de narrar simplemente lo sucedido. Sobre todo, busca comunicar las emociones que van aflorando sucesivamente.

Deja que se note tu admiración por Felipe que, guiado por el Espíritu, no se pone a esperar a que le den permiso para evangelizar.

Siente el asombro de los samaritanos ante la predicación de la palabra y los prodigios realizados por aquel helenista venido de Jerusalén. Advierte que los signos que acompañan la actuación de este diácono son idénticos a los que acontecían durante la misión de Jesús.

Haz que tu voz traduzca la alegría de la comunidad apostólica ante este pentecostés samaritano. Imagina una gran liturgia bautismal en la que en medio de salmos jubilosos los samaritanos se acercan a Pedro y Juan, y éstos les imponen las manos solemnemente en medio de una profunda oración.

II LECTURA   1 Pedro 3:15–18   LEU

Lectura de la primera carta del apóstol san Pedro

Sigan adorando *interiormente* al Señor, a Cristo,
  siempre dispuestos para *justificar* la esperanza que los anima,
  ante *cualquiera* que les pida razón.
Pero *háganlo* con sencillez y respeto,
  como quien tiene la conciencia en *paz*.
Así, tendrán *vergüenza* de sus *acusaciones*
  todos aquellos que a ustedes los *calumnian*
  por llevar la *hermosa* vida cristiana.
Es *mejor* sufrir por hacer el bien,
  si tal es la *voluntad* de Dios,
  que por hacer el *mal*.
Miren cómo Cristo murió una vez a *causa* del pecado.
Siendo él *santo*, murió por los malos para *conducirnos* a Dios.
Murió *según* la carne y resucitó según el *Espíritu*.

Al proclamar, estás invitado a tu comunidad para que renueve los motivos de su esperanza.

Utiliza un tono profundo y sereno que brote de tus sentimientos.

Piensa en todas aquellas ocasiones en que somos atacados por las sectas, por el egoísmo materialista, por los pseudoprofetas de la Nueva Era o por los antivalores de cualquier cultura.

Desarrolla las ideas con un ritmo lento pero firme. Identifícate con Pedro que, por experiencia, sabe bien en quién hay que poner la esperanza.

los cristianos se convierte en elemento fundamental en la tarea evangelizadora.

EVANGELIO Verdaderamente gozamos en estos domingos del testimonio de Juan al mostrarnos, de diferentes maneras, que Jesús de Nazaret es el Hijo de Dios. En el mismo Evangelio encontramos la proclamación más clara y elocuente de la naturaleza divina del Verbo Encarnado. Nos enseña que Dios es una familia porque existen tres personas divinas: el Padre, el Hijo y el Espíritu Santo. Esta verdad es algo revolucionario en el campo de la teología porque viene a ser la novedad más grande y más importante de la revelación neotestamentaria.

El monoteísmo tan rígido de la tradición judía, en el que se pedía adorar a una sola persona, sólo a Yavé, recibe un esclarecimiento notable con la encarnación del Hijo de Dios.

En la segunda sección del primer discurso de la Cena, se hace la presentación del Espíritu Santo como el Paráclito, es decir, el abogado defensor de Jesús que será enviado del Padre para que siempre esté con sus discípulos. Esta persona divina es el segundo Paráclito; el primero es Cristo glorioso (1 Juan 2:1s). En el proceso que presenta Juan entre Cristo y el mundo, donde el primer abogado defensor ha sido Jesús, el testigo de la luz y la verdad, su acción reveladora no ha sido plenamente aceptada; de aquí que haya necesidad de la intervención del Espíritu, quien la hace de abogado defensor de Cristo en el interior de cada creyente. Al nombrarlo como el "Espíritu de la verdad" quiere ratificar su misión específica, que consiste en hacer penetrar en el corazón de los creyentes la verdad de la Palabra, la revelación de Jesús, ya que Cristo es la verdad personificada.

EVANGELIO Juan 14:15–21 L M

Lectura del santo Evangelio según san Juan

En aquel tiempo, *Jesús* dijo a sus discípulos:
"Si me aman, *cumplirán* mis mandamientos;
   yo le rogaré al Padre
   y él *les enviará* otro Consolador que esté *siempre* con ustedes,
   el Espíritu *de verdad.*
El mundo *no puede* recibirlo, porque no lo ve *ni lo conoce;*
   ustedes, en cambio, *sí* lo conocen,
   porque *habita* entre ustedes y *estará* en ustedes.
No los dejaré *desamparados,* sino que *volveré* a ustedes.
Dentro de poco, el mundo *no* me verá más,
   pero ustedes *sí* me verán,
   porque yo *permanezco* vivo y ustedes *también* vivirán.
En *aquel* día *entenderán* que yo *estoy* en mi Padre,
   ustedes *en mí* y *yo* en ustedes.
El que *acepta* mis mandamientos y *los cumple, ése* me ama.
Al que me ama *a mí,* lo *amará* mi Padre,
   yo *también* lo amaré y me manifestaré *a él".*

EVANGELIO   Juan 14:15–21   L E U

Lectura del santo Evangelio según san Juan

En aquel tiempo, dijo *Jesús* a sus discípulos:
"*Si* ustedes me aman, *guardarán* mis mandamientos,
y yo *rogaré* al Padre y les dará *otro* Defensor
   que permanecerá *siempre* con ustedes.
Este es el *Espíritu* de Verdad,
   que el mundo *no* puede recibir porque *no* lo ve *ni* lo conoce.
Pero ustedes lo *conocen* porque *permanece* con ustedes
   y *estará* con ustedes.
No los dejaré *huérfanos*, sino que *vengo* a ustedes.
Dentro de *poco*, el mundo no me verá *más*,
   pero ustedes me *verán*, porque *yo vivo*,
   y ustedes *también* vivirán.
En ese día ustedes *comprenderán* que yo estoy en mi Padre,
   y que ustedes *están* en mí, y yo en *ustedes*.
El que *conoce* mis mandamientos y los *guarda*,
   ése *es* el que me *ama* a mí,
   y yo *también* lo amaré y me *mostraré* a él".

Comunica la emoción que siente Jesús al despedirse de su comunidad.

Utiliza un tono de cordialidad. Siente que el Señor desea avivar la confianza del grupo para tranquilizar y quitar preocupaciones a sus amigos.

Advierte cómo Jesús da importancia al hecho de que la unión con él solo puede realizarse a través del amor.

Resalta cada una de las cosas que Jesús promete a la comunidad apostólica para cuando llegue el momento de las dificultades mayores.

LA ASCENSIÓN DEL SEÑOR

I LECTURA Hechos 1:1–11 L M

Lectura del libro de los Hechos de los Apóstoles

En mi *primer* libro, querido *Teófilo*,
    escribí acerca *de todo* lo que Jesús *hizo* y enseñó,
    hasta el día en que *ascendió* al cielo,
después de dar sus instrucciones,
    por medio del *Espíritu Santo*, a los apóstoles que había *elegido*.
A ellos se les *apareció* después de la pasión,
    les dio *numerosas* pruebas de que estaba *vivo*
    y durante *cuarenta* días *se dejó* ver por ellos y *les habló* del
        Reino de Dios.
Un día, estando con ellos a la mesa, *les mandó*:
    "*No se alejen* de Jerusalén. Aguarden *aquí*
    a que *se cumpla* la promesa de mi Padre,
        de la que *ya* les he hablado:
    Juan bautizó *con agua*;
    dentro de *pocos* días ustedes serán bautizados
        con *el Espíritu Santo*".
Los ahí reunidos le preguntaban:
    "*Señor*, ¿ahora sí vas a restablecer la soberanía de Israel?"
Jesús les contestó:
"A ustedes *no les toca* conocer el tiempo y la hora
    que el Padre *ha determinado* con su autoridad;
    pero cuando el Espíritu Santo *descienda* sobre ustedes,
    los *llenará* de fortaleza y *serán mis testigos* en Jerusalén,
    en toda Judea, en Samaria y hasta los *últimos* rincones
        de la tierra".
Dicho esto, se fue *elevando* a la vista de ellos, hasta que una
        nube *lo ocultó* a sus ojos.
    Mientras miraban *fijamente* al cielo, viéndolo alejarse,
    se les presentaron *dos hombres* vestidos de blanco,
        que les dijeron:
"*Galileos*, ¿qué hacen allí parados, mirando al cielo?
Ese mismo Jesús que los ha dejado para *subir* al cielo,
    volverá como lo han visto alejarse".

I LECTURA Del buen testimonio depende en gran medida la credibilidad y la aceptación del mensaje. El testimonio ocupa un lugar central en la lectura de hoy, testimonio que los discípulos deben dar en todas partes y con todas las personas, no por sí mismos, sino por la fuerza del Espíritu. Y verdaderamente, al terminar de leer el libro de los Hechos de los Apóstoles, nos damos cuenta que los apóstoles cumplieron de manera excelente su misión de ser testigos de la resurrección del Señor Jesús.

Cristo resucitado les manda a sus discípulos permanecer en Jerusalén hasta que no sean bautizados con el Espíritu Santo, según la promesa del Padre. Solamente revestidos de esta fuerza lograrán ser los testigos para los judíos y para todos los pueblos. El Espíritu es la fuerza dinámica que anima y mueve a la comunidad cristiana. Sin esta fuerza, que produce vigor, empuja y orienta, no es posible dar testimonio de Jesús resucitado. Podemos decir que el Espíritu se posesiona de las personas para que sean actores dóciles y eficaces de la historia de la salvación.

Otro de los aspectos interesantes de la lectura de hoy es la declaración sobre la función de guía que cumple el Espíritu Santo en el seno de la comunidad cristiana de los primeros tiempos. Durante su vida terrena, Jesús realizó prodigios y enseñó, es decir, educó, formó y guió al grupo de discípulos. Pero después de su glorificación, con la ascensión y la entronización a la derecha del Padre, la función de guía será asumida por el Espíritu Santo. De esta manera, la Iglesia primitiva nos ha dejado el ejemplo de docilidad al Espíritu aún en los momentos más difíciles. Hoy hace falta en nuestra Iglesia que le permitamos más al Espíritu que sea nuestro guía, porque no deja de haber manifestaciones de que queremos una Iglesia a la manera humana.

I LECTURA Hechos 1:1–11 L E U

Lectura del libro de los Hechos de los Apóstoles

Teófilo, yo *escribí* en mi primer libro *todo*
lo que *Jesús* hizo
   y *enseñó*
   desde el *principio* hasta el día en que fue *llevado al cielo,*
   después que *dio instrucciones* por medio del *Espíritu Santo,*
a los *apóstoles,* que había elegido.
Después de su Pasión se les *presentó,*
   dándoles *muchas pruebas de* que vivía,
   y durante *cuarenta días* les habló acerca del *Reino de Dios.*
 Mientras *comía con ellos,* les mandó:
"No se *ausenten* de Jerusalén,
   sino *esperen* lo que ha *prometido* el Padre,
   de lo que ya les *he hablado*:
   que Juan bautizó *con agua,*
   pero ustedes *serán bautizados* en el soplo del *Espíritu Santo*
   dentro de pocos días".
Los que *estaban reunidos* le preguntaron:
   "Señor, *¿es ahora cuando vas* a restablecer
   el Reino
   de Israel?"
Él les *contestó*:
"A ustedes *no les corresponde* saber el tiempo y el *momento*
   que el *Padre* ha *elegido* y *decidido,*
   sino que *recibirán la fuerza* del Espíritu Santo,
   que vendrá *sobre ustedes,*
   y serán mis *testigos en Jerusalén,* en toda Judea y Samaria,
   y hasta los *límites de la tierra*".
Entonces, en presencia de ellos, Jesús *fue levantado*
   y una nube *lo ocultó.*
Mientras miraban *fijamente al cielo* hacia donde iba Jesús,
   se les *aparecieron* dos hombres *vestidos de blanco* que
   les dijeron:
"Hombres de Galilea, *¿qué hacen* ahí mirando al cielo?
Éste que *ha sido llevado,* este mismo Jesús,
   vendrá como lo han visto subir al cielo".

La lectura del comienzo del libro
de los Hechos es un apretado resumen
de la última etapa de Jesús en la tierra.

El texto requiere una proclamación capaz
de fijar con viveza las breves escenas que
van tomando lugar.

La voz de Jesús manifiesta una serena
autoridad. Advierte que estás anunciando
la cercana efusión del Espíritu Santo.

Hay dos preguntas en el texto, cuyas
respuestas son una invitación a pisar
tierra firme y comenzar a evangelizar.

El tono de la pregunta expresa confusión.
A veces la fe está demasiado atada a
soluciones inmediatas y a expectativas
de orden material.

Las palabras de Jesús resuenan como
un anuncio profético. Habla con firmeza,
dando sus últimas instrucciones que
deberán seguirse al pie de la letra.

Recuerda la escena de la tumba vacía:
los dos hombres vestidos de blanco
revelan el sentido del acontecimiento que
acaba de suceder. Hay que preparar la
vuelta de Jesús poniendo manos a la obra.

II LECTURA | Han pasado los años y los cristianos van aumentando, pero también van apareciendo obstáculos que debilitan la pureza del Evangelio proclamado por los primeros apóstoles. Por lo expresado en la carta a los Efesios, fácilmente constatamos que los cristianos eran azotados por doctrinas y filosofías paganas y quedaban impresionados por ellas, y hacía mucha falta que alguien profundizara en el misterio de Cristo. Para alcanzar esta meta, es necesario "el espíritu de sabiduría y de reflexión". Sólo así es posible conocer a Jesucristo.

La esperanza cristiana posee su fundamento cristológico: Es lo que el autor de la carta nos subraya en esta parte. Sólo con la mente iluminada se pueden comprender tres realidades íntimamente relacionadas entre sí: la esperanza de los llamados, la herencia otorgada a los hijos de Dios y la extraordinaria potencia de Dios. Es la fuerza de Dios la que ha resucitado a Jesucristo. Para un cristiano no es posible que se dé la esperanza sin el acontecimiento de la resurrección de Jesús. Es el resucitado, el fundamento de la esperanza. Si él ha alcanzado el tesoro de la gloria, también sus discípulos gozarán de esta riqueza.

No dejaban de mezclarse entre los pensamientos de los primeros cristianos algunas frases cuyo origen estaba en las especulaciones judías y apocalípticas (ángeles, principados, potestades, virtudes y dominaciones); importa mucho entonces presentar a Cristo resucitado y glorioso con dominio total sobre cualquier clase de potencia, ya sea del presente o del futuro. Además, aclara muy bien el texto en que la señoría de Cristo revela la de Dios. Sin embargo, el vértice del himno cristológico está en la proclamación de la función de Cristo resucitado como cabeza de la Iglesia, que es su cuerpo y plenitud.

EVANGELIO | Galilea es una región importante y simbólica para Mateo porque allí tiene lugar el cumplimiento de lo anunciado en la pasión (26:32). Y sobre un monte (4:8; 5:1; 15:29; 17:1) es

---

II LECTURA Efesios 1:17–23   L M

Lectura de la carta del apóstol san Pablo a los efesios

Hermanos:
Pido al Dios de nuestro Señor Jesucristo, el *Padre* de la gloria,
   que *les conceda* espíritu de sabiduría
y de reflexión *para conocerlo*.
Le pido que les *ilumine* la mente
   para que comprendan *cuál* es la esperanza
que les da su llamamiento,
   cuán gloriosa y rica es *la herencia*
     que Dios da a los que *son suyos*
   y cuál *la extraordinaria* grandeza
de su poder para *con nosotros*,
   los que *confiamos* en él,
   por la *eficacia* de su fuerza *poderosa*.
Con esta fuerza *resucitó* a Cristo de entre los muertos
   y lo hizo sentar *a su derecha* en el cielo,
   por encima *de todos* los ángeles, principados,
   potestades, virtudes y dominaciones,
   y por encima de *cualquier* persona,
   no sólo del mundo *actual* sino también *del futuro*.
Todo lo puso bajo sus pies
   y *a él mismo* lo constituyó *cabeza suprema* de la Iglesia,
     que es *su cuerpo*,
   y *la plenitud* del que lo consuma *todo* en todo.

II LECTURA Efesios 1:17–23 L E U

Lectura de la carta del apóstol san Pablo a los efesios

Que el *Dios de Cristo* Jesús nuestro Señor,
el *Padre*
   de la Gloria,
   se *manifieste* a ustedes *dándoles* un espíritu de *sabiduría*,
   para que lo *puedan conocer*.
Que les *ilumine* la mirada *interior*,
   para que *vean* lo que *esperamos* a raíz del *llamado de Dios*,
   y que *entiendan* la *herencia* grande y gloriosa
   que *Dios* reserva a sus *santos*;
   y *comprendan* con qué *extraordinaria fuerza*
   actúa en favor de nosotros los creyentes,
   usando toda la eficacia de *su poder*.
Su fuerza *todopoderosa* es la que se *manifestó* en Cristo,
   cuando lo *resucitó* de entre los *muertos*
   y lo *hizo sentar* a su lado, en *los cielos*,
   mucho *más arriba* que todo poder, *autoridad*,
   dominio, o *cualquier* otra fuerza *sobrenatural*
      que se pueda *mencionar*,
   no sólo en *este mundo*,
      sino también *en el mundo futuro*.
Dios, pues, *colocó* todo bajo los pies *de Cristo*,
   y lo puso *como cabeza* suprema de *la Iglesia*.
Ella es su *cuerpo*,
   y el que *llena* todo en toda *forma*,
      despliega en ella su *plenitud*.

Primero, invita a la comunidad a mirar hacia dentro de su corazón y descubrir cuál es realmente su esperanza.

Luego, recuérdale que debe superar todo temor porque vive al amparo de Cristo.

Finalmente, enfatiza que todo esto es así porque Cristo es el centro de donde emana toda la vitalidad de la Iglesia.

Expresa tu admiración ante la fuerza extraordinaria con que Dios actúa en beneficio nuestro.

Es importante enfatizar la idea clave: la eficacia de la Iglesia radica en su comunión con Cristo.

Deja que la proclamación fluya suavemente. Tu oración al Padre es ante todo un buen deseo en beneficio de la comunidad presente.

colocada la última parte del Evangelio dedicada a presentar el fundamento cristológico de la misión. En las primeras frases vemos lo que ha sido común en todas las apariciones del resucitado: algunos del grupo de "los Once" dudan. Pero Jesús, en lugar de reprenderlos, asume el comportamiento de las grandes apariciones: se autopresenta, formula los encargos y promete su asistencia para siempre.

Así termina el Evangelio de Mateo. No necesita decir más porque no hace falta; ya que Jesús resucitado está presente en todo el desarrollo de la historia. El poder de Jesús como Hijo de Dios, que se ha manifestado en diferentes partes del Evangelio, es transmitido a sus discípulos: el poder del anuncio de la Palabra, de perdonar los pecados, de expulsar a los demonios y a los espíritus inmundos y curar toda clase de enfermedad y dolencia. Con estos poderes Jesús había instaurado el Reino de Dios; con los mismos se pide a los discípulos que colaboren generosamente en la construcción del Reino.

Por lo que se refiere a la misión, el texto nos advierte los siguientes detalles interesantes. En primer lugar, el envío va dirigido primeramente a los apóstoles porque desempeñan una función de autoridad en la comunidad. Pero como el evangelista está dando testimonio de las apariciones a los discípulos, entonces podemos decir que todos los creyentes se ven involucrados en la misión. En segundo lugar, los destinatarios de la misión no son solamente los judíos, sino todos los pueblos sin distinción alguna de raza, credo y nación. En tercer lugar, la tarea del misionero debe ser la misma del maestro: anunciar la Buena Nueva y reconocer en Jesús el camino de la salvación. La celebración de esta fiesta de la Ascensión del Señor nos advierte sobre la calidad de la misión en la Iglesia en nuestros días. Hace falta que los cristianos asumamos más nuestra vocación misionera, y que lo hagamos aún con mayor ardor.

EVANGELIO Mateo 28:16–20   L M

Lectura del santo Evangelio según san Mateo

En aquel tiempo,
 los once discípulos se fueron a *Galilea*
 y *subieron* al monte en el que Jesús los había *citado*.
Al ver a Jesús, *se postraron*, aunque algunos *titubeaban*.
Entonces, Jesús *se acercó* a ellos y les dijo:
"Me ha sido dado *todo* poder en el cielo y en la tierra.
Vayan, pues, y enseñen *a todas* las naciones,
 bautizándolas en *el nombre* del Padre y del Hijo
  y del Espíritu Santo,
 y *enseñándolas* a cumplir todo cuanto yo les *he mandado*;
 y *sepan* que yo *estaré* con ustedes *todos* los días,
  hasta *el fin del mundo*".

EVANGELIO Mateo 28:16–20 LEU

Lectura del santo Evangelio según san Mateo

En aquel tiempo, *los Once discípulos* partieron para *Galilea*,
  al *cerro* donde *Jesús* los había *citado*.
Cuando *vinieron* a Jesús se *postraron ante él*,
  aunque *algunos* todavía *desconfiaban*.
Entonces *Jesús*, acercándose, *les habló* con estas palabras:
"*Todo poder* se me ha dado en el *cielo y* en la *tierra*.
Por eso, *vayan* y *hagan* que todos los pueblos sean *mis discípulos*.
Bautícenlos, en el nombre del *Padre*, y *del Hijo*
  y del *Espíritu Santo*, y enséñenles a *cumplir*
    todo lo que yo les he *encomendado*.
Yo *estoy con ustedes* todos los días
    hasta que se *termine* este *mundo*".

El centro de acción se ha desplazado de Jerusalén a este cerro de Galilea, tierra de paganos.

En la cúspide de esta montaña, Jesús ha convocado a los apóstoles para su partida al Padre.

El texto sugiere una lectura solemne en las que el "testamento" de Jesús es recibido por unos desde la firmeza de la fe y, por otros, con un corazón lleno de dudas.

Proclama el final de este Evangelio dirigiendo las palabras de Jesús directamente a la comunidad que te escucha. Acentúa cada imperativo sintiendo que las palabras generan la acción de la Iglesia, continuidad del resucitado.

Haz una pausa para concluir con una energía tal que contagie de esperanza y de alegría a tus oyentes: el Señor sigue en medio de nosotros todos los días.

7º DOMINGO DE PASCUA

I LECTURA | **El israelita sabe que la manera de mantener la relación más íntima con Dios es en la oración. En Cristo viene a ser una realidad la comunión con Dios. La unión fraterna de los primeros cristianos debe estar fincada en la adhesión al Señor resucitado. Es necesario permanecer comunitariamente en oración para poder hacer propio el plan salvífico de Dios: se ora a partir de lo que ha sucedido (todos los acontecimientos pascuales) y para que suceda (ser revestidos de la fuerza del Espíritu Santo).**

En la vida de Jesús existe una relación estrecha entre oración y misión. Jesús se prepara y se llena de fuerzas para vencer los obstáculos con la oración. En la pasión, la prueba definitiva, Jesús invitaba a los suyos a vivirla en la oración, pero éstos no fueron capaces de responder a la llamada. Ahora ya han entendido la lección: quieren comprender el significado de la pasión, muerte y resurrección del maestro; lo hacen en medio de la oración.

De ahora en adelante, la oración comunitaria va a ser la preparación ordinaria antes de los grandes acontecimientos eclesiales, según los Hechos de los Apóstoles.

II LECTURA | **Las autoridades romanas y algunas judías que ambicionaban desordenadamente el poder buscaban por todos los medios posibles eliminar a los cristianos porque proclamaban a Cristo como su único Señor. El nombre de Jesús era la autoridad absoluta. Para las autoridades terrenas existía una relación estrecha entre "nombre" y "poder terrenal". Los cristianos, en cambio, hablan de otro tipo de poder. El nombre de Jesús significa: Yavé salva. Jesús posee una autoridad universal pero no es tiránica, sino que es un poder que salva (4:9,12), que conduce a la vida (3:15). Y como Jesús ha hecho partícipes de su poder a los discípulos, por la fuerza del Espíritu, éstos también**

I LECTURA   Hechos 1:12–14   L M

Lectura del libro de los Hechos de los Apóstoles

Después de la *ascensión* de Jesús a los cielos,
   los apóstoles *regresaron* a Jerusalén
desde el monte de los Olivos,
   que *dista* de la ciudad lo que *se permite* caminar *en sábado.*
Cuando *llegaron* a la ciudad, *subieron* al piso alto de la casa
   donde se alojaban, *Pedro y Juan,* Santiago y Andrés,
   Felipe y Tomás, *Bartolomé* y Mateo, Santiago (el hijo de Alfeo),
   Simón *el cananeo* y Judas, el hijo de Santiago.
Todos ellos perseveraban *unánimes* en la oración,
   junto con *María,* la *madre* de Jesús,
   con los *parientes* de Jesús y *algunas* mujeres.

II LECTURA   1 Pedro 4:13–16   L M

Lectura de la primera carta del apóstol san Pedro

Queridos hermanos:
Alégrense de compartir *ahora* los padecimientos de Cristo,
   para que, cuando se manifieste *su gloria,*
   el *júbilo* de ustedes sea *desbordante.*
Si los injurian por *el nombre* de Cristo, *ténganse* por dichosos,
   porque *la fuerza* y *la gloria* del Espíritu de Dios
      descansa sobre ustedes.
Pero que *ninguno* de ustedes *tenga* que sufrir *por criminal,*
   ladrón, malhechor,
   o simplemente *por entrometido.*
En cambio, si sufre *por ser cristiano,*
   que *le dé* gracias a Dios por *llevar* ese nombre.

I LECTURA   Hechos 1:12–14   L E U

Lectura del libro de los Hechos de los Apóstoles

Después de *subir* Jesús al cielo,
  los apóstoles *volvieron* a Jerusalén desde el monte
    de los Olivos,
  que está a un cuarto de hora de la ciudad.
Y cuando llegaron *subieron* a la habitación superior donde vivían:
  Pedro, Juan, Santiago de Alfeo;
  Simón el que fue Zelotes, y Judas, hermano de Santiago.
Todos ellos perseveraban en la *oración* y con un *mismo* espíritu,
  en *compañía* de algunas mujeres,
  de *María*, la madre de Jesús, y de sus hermanos.

Este breve texto sugiere una proclamación tranquila, como la de un testigo que algún tiempo después cuenta lo que ha quedado grabado vivamente en su memoria.

Es la tarde en la que el Señor subió a los cielos. Contempla el monte de los Olivos inundado por la luz de la tarde y los apóstoles que regresan al cenáculo.

No ha sido una despedida triste. Todos han quedado llenos de consuelo y entusiasmados. Se reúnen para compartir recuerdos, vivencias y experiencias.

II LECTURA   1 Pedro 4:13–16   L E U

Lectura de la primera carta del apóstol san Pedro

Alégrense de participar en los sufrimientos de Cristo;
  de ese modo, en el día en que él venga *glorioso*,
  ustedes estarán *también* en el gozo y la alegría.
Si los *insultan* por el nombre de Cristo, ¡*felices* ustedes!,
  porque el *Espíritu* que comunica la gloria,
    descansa sobre ustedes.
Que *ninguno* tenga que sufrir por asesino o ladrón,
    malhechor o delator.
En cambio, si alguien sufre por ser *cristiano*, no se *avergüence*,
  sino que dé *gracias* a Dios por llevar el nombre de cristiano.

Proclama este texto como una exhortación a no ser débiles ante las dificultades que nos plantea el tiempo en que vivimos.

Se requiere un tono firme y enérgico que comunique tu convicción personal, que es la misma que la del autor del texto: a él no le fue fácil ser cristiano (y a nosotros tampoco).

deben sufrir toda clase de violencia a causa del "nombre de Cristo". Los sufrimientos, incomprensiones y toda clase de dificultades que padecemos por ser fieles servidores de Cristo en las comunidades, lejos de entristecernos, nos alientan para dar gracias a Dios y henchir el corazón de gozo por la presencia del Espíritu.

EVANGELIO | Juan, en el capítulo 17, nos ofrece una página maravillosa sobre la oración de Jesús. A esta oración se le ha conocido entre los comentaristas bíblicos como "oración sacerdotal", es decir, la oración que brota de Jesús en los momentos en que cumple perfectamente la voluntad del Padre como Mediador y Salvador. En este sentido, Juan es muy original, ya que nos habla de la persona de Jesús, de su misión y del significado de los acontecimientos pascuales como ningún otro evangelista.

La "hora" tiene para Jesús un significado especial porque es a través de ella como se concibe su vida y su obra. La "hora" tiene relación con el paso del Hijo al Padre, es decir, con el momento de la muerte en la cruz, su resurrección y subida al cielo (12:27; 13:1; 17:1). La "hora" de Jesús, es para Juan, la hora de la pasión. Es la hora de la revelación más plena. A raíz de la muerte en la cruz, por el máximo grado de obediencia que nace del supremo acto de amor hacia el Padre, Cristo es glorificado. Y la glorificación de Jesús es, al mismo tiempo, la glorificación del Padre. Este texto tan rico en expresiones joánicas nos deja las siguientes enseñanzas: existe una unidad profunda entre el Padre y el Hijo en la obra de la salvación; la glorificación del Padre por parte del Hijo no se da solamente con la muerte y resurrección, sino que se ha dado en toda la misión terrena de Jesús; el Hijo ha llevado a cabo la "obra" que le ha encomendado el Padre, pero lo que ha realizado el Hijo también es obra del Padre; y la "obra" de Cristo consiste fundamentalmente en "manifestar" (17:6) y "dar a conocer" (17:26) el nombre del Padre, es decir, revelarlo en su realidad íntima.

EVANGELIO   Juan 17:1–11   L M

Lectura del santo Evangelio según san Juan

En *aquel* tiempo, Jesús *levantó* los ojos al cielo y dijo:
"Padre, *ha llegado* la hora.
Glorifica a tu Hijo, para que tu Hijo *también* te glorifique,
    y por el *poder* que le diste sobre *toda* la humanidad,
    dé la *vida eterna* a cuantos le *has confiado*.
La vida eterna *consiste* en que te conozcan a ti,
        único Dios *verdadero*,
    y a *Jesucristo*, a quien *tú* has enviado.
Yo te he *glorificado* sobre la tierra,
    llevando *a cabo* la obra que me *encomendaste*.
Ahora, Padre, *glorifícame* en ti con la gloria que *tenía*,
    antes de que el mundo *existiera*.
He manifestado *tu nombre*
    a los hombres que *tú tomaste* del mundo y *me diste*.
Eran *tuyos* y *tú* me los diste.
Ellos *han cumplido* tu palabra
    y ahora *conocen* que *todo* lo que me has dado *viene de ti*,
    porque yo les *he comunicado* las palabras que *tú* me diste;
    ellos las han recibido
    y ahora *reconocen* que yo salí *de ti*
    y *creen* que tú me *has enviado*.
Te pido *por ellos*;
    no te pido *por el mundo*,
    sino por *éstos*, que *tú* me diste, porque *son tuyos*.
Todo lo mío *es tuyo* y todo lo tuyo *es mío*.
Yo he sido *glorificado* en ellos.
Ya no estaré más *en el mundo*,
    pues *voy a ti*; pero ellos *se quedan* en el mundo".

EVANGELIO   Juan 17:1–11a   L E U

Lectura del santo Evangelio según san Juan

En aquel tiempo, Jesús *elevó* los ojos al cielo y dijo:
    "Padre, ha *llegado* la hora:
    da gloria a tu Hijo para que tu Hijo te dé *gloria a ti*,
    usando el poder que a él le diste sobre *todos* los hombres
    para *comunicar* la vida eterna a *todos* aquellos que le diste
        a él.
Pues *ésta* es la vida eterna:
    conocerte a ti, único Dios verdadero,
    y al que enviaste, *Jesús*, el Cristo.
Te he *glorificado* en la *tierra*,
    cumpliendo la obra que me habías *encargado*.
Ahora tú, Padre, dame junto a ti la *misma gloria*
    que tenía a tu lado desde *antes* que comenzara el mundo.
A los que me *diste*, salvándolos del *mundo*,
    les he hecho saber *quién* eres tú.
Los *sacaste* del mundo, pues eran *tuyos*,
    y me los *diste*, y han hecho caso de tu *palabra*.
Ahora ellos *reconocen* que viene de ti *todo* lo que me diste.
Las palabras que me *confiaste*, se las he *entregado*
        y las han recibido.
Reconocieron *verdaderamente* que yo he salido de ti,
    y *creen* que tú me enviaste.
Yo *ruego* por ellos.
No ruego por el mundo, sino por los que tú me diste, que
        ya son *tuyos*
        —todo lo mío es tuyo y todo lo tuyo es mío—
    y yo he sido *glorificado* en ellos.
Yo ya *no* estoy en el mundo,
    pero ellos *quedan* en el mundo, mientras yo *vuelvo* a ti".

Imagina a los discípulos que en silencio siguen atentamente las palabras de Jesús. Casi ni se atreven a respirar para no interrumpir este momento de intensa e íntima oración.

En este monólogo hay un tono solemne y sencillo a la vez. Siente que el texto nos revela la intimidad de Jesús con su Padre.

En esta larga oración sacerdotal de Jesús, identifica aquellas frases que se refieren a nosotros. Llénate de gozo al pensar que en la hora culminante de su vida el Señor piensa en nosotros y ora por nosotros.

Usa adecuadamente el contacto visual y, aunque el texto se dirige al Padre, imagina a Jesús volviéndose suavemente hacia los apóstoles cada vez que son aludidos en la oración.

Culmina dando un aire de despedida a la frase final.

Haz un cambio de tono y emplea un ritmo más dulce y tranquilo mientras que vas bajando la mirada hacia la asamblea.

DOMINGO DE PENTECOSTÉS, MISA DE LA VIGILIA

I LECTURA   Génesis 11:1–9   L M

Lectura del libro del Génesis

| I LECTURA | **GÉNESIS.** El relato de la Torre de Babel nos transporta a la época en que estuvo el pueblo de Israel en el exilio de Babilonia. Allí, en la llanura babilónica, el pueblo de Dios pudo contemplar la grandes torres *(ziqqurat)* que eran construidas para hacer posible la relación entre el cielo y la tierra. ¿Qué falta o pecado cometió el hombre en esto? En un principio se pensó que el error humano estaba en su intento de acercarse a Dios y de creer, que se podía tener alguna influencia sobre él con la práctica de las bodas sagradas. |

Pero con el pasar del tiempo, el redactor utiliza esta narración para hablar del progreso del mal y el pecado de la sociedad. "Toda la tierra tenía una sola lengua y unas mismas palabras"; la unidad del lenguaje, una cosa de por sí buena, llega a ser un principio que empuja a la humanidad a la soberbia. El desarrollo de la sociedad, expresado en la construcción de la ciudad, viene a terminar en un monumento al orgullo humano: "construyamos una ciudad . . . hasta el cielo para hacernos famosos".

Con este pasaje termina la gran introducción a la historia de Israel que se inicia a partir de Génesis 12. Con la historia de Israel se quiere subrayar que la unificación de toda la humanidad sólo se da en torno al Dios viviente reconocido por todo el género humano. Sin Dios es confusión (Babel). Más tarde, los profetas insistirán en la peregrinación de todos los pueblos hacia Jerusalén, centro del mundo, antítesis de Babilonia. Dios confundió a todos los pueblos en la antigüedad, pero ahora Dios mismo es quien los unificará por su Espíritu. El día de Pentecostés es el inicio de la reconstrucción y la reunificación. Pentecostés es entonces el anti-Babel.

En aquel tiempo, *toda* la tierra tenía una *sola* lengua
    y unas *mismas* palabras.
Al *emigrar* los hombres desde *el oriente*,
    encontraron una llanura en la región de Sinaar
    y *ahí* se establecieron.
Entonces se dijeron *unos a otros*:
"*Vamos* a fabricar ladrillos y a *cocerlos*".
Utilizaron, pues, *ladrillos* en vez de piedra,
    y *asfalto* en vez de mezcla. Luego dijeron:
"Construyamos *una ciudad*
    y una torre que llegue *hasta el cielo* para hacernos *famosos*,
    antes de dispersarnos por la tierra".
El Señor *bajó* a ver la ciudad
    y la torre que los hombres *estaban construyendo* y se dijo:
"Son un *solo* pueblo y hablan una *sola* lengua.
Si ya empezaron *esta obra*,
    en adelante *ningún* proyecto les parecerá *imposible*.
Vayamos, pues, y *confundamos* su lengua,
    para que *no se entiendan* unos con otros".
Entonces el Señor *los dispersó* por toda la tierra
    y *dejaron* de construir su ciudad;
    por eso, la ciudad se llamó *Babel*,
    porque *ahí* confundió el Señor la lengua *de todos* los hombres
    y desde ahí *los dispersó* por la superficie de la tierra.

I LECTURA   Génesis 11:1–9   L E U

Lectura del libro del Génesis

Todo el mundo tenía un mismo idioma
    y usaba las *mismas* expresiones.
Al *extenderse* la humanidad, desde *Oriente,*
    encontraron una llanura en la región de *Seenar*
    y allí se *establecieron.*
Entonces se dijeron unos a otros:
    "*Vamos* a hacer ladrillos y cocerlos al *fuego".*
El ladrillo les servía de *piedra* y el alquitrán de *mezcla.*
Después dijeron:
    "*Construyamos* una ciudad con una *torre*
        que llegue *hasta* el cielo;
    así nos haremos *famosos*
    y no andaremos *desparramados* por el mundo".
El Señor *bajó* para ver la ciudad y *la torre*
    que los hombres estaban *levantando* y dijo:
    "Veo que todos forman un *mismo* pueblo
        y hablan *una misma lengua,*
    siendo esto el *principio* de su obra.
Ahora *nada* les impedirá que consigan *todo* lo que se propongan.
Pues bien, *bajemos* y una vez allí *confundamos* su *lenguaje*
    de modo que no se entiendan los unos a los otros".
Así el Señor los *dispersó* sobre la superficie de *la tierra*
    y *dejaron* de construir la ciudad.
Por eso se llamó *Babel,*
    porque allí el Señor *confundió* el *lenguaje*
    de *todos* los habitantes de la *tierra.*

Puedes escoger también como Primera Lectura cualquiera
de las que siguen:

El texto tiene un desarrollo lineal muy sobrio que debe enriquecerse con el uso de pausas y contactos visuales, sobre todo, cuando se escucha la voz de alguno de los personajes.

Comienza con un tono sobrio como si relataras una historia que has escuchado ya muchas veces.

La propuesta es dicha en un tono interesante, capaz de entusiasmar y poner manos a la obra.

Ahora el tono es triunfal: es la búsqueda del reconocimiento y la fama a toda costa.

La voz de Dios comunica la sabiduría que prevé las consecuencias de una libertad desorientada. Actúa como un padre que intenta evitar males mayores poniendo reglas o corrigiendo la mala conducta de sus hijos.

Haz una pausa antes de concluir lentamente, enfatizando la idea clave del relato que explica la diversidad de lenguas.

ÉXODO. El texto de la lectura forma parte importante del Código de la Alianza; en los primeros capítulos tenemos la ratificación de la alianza (19—24). En el discurso de Dios a Moisés, de carácter programático (19:3–8), el mismo Dios expresa su voluntad en relación al pueblo liberado: debe recordar que ha sido objeto de muchas acciones salvíficas; debe tener presente que Dios hará de Israel un pueblo especial, una nación santa. Como pueblo consagrado, está reservado para desempeñar un servicio especial; ha sido constituido como reino de sacerdotes. Dios ha tratado a Israel con especial predilección en relación con los otros pueblos, pero no lo ha hecho para colmarlo de privilegios, sino para capacitarlo en un mejor servicio a las otras naciones.

Allí, en la misma montaña donde un día Dios se comunicó con Moisés para revelarle su nombre y expresarle su deseo de ser el Dios de Israel, ahora se comunica para proclamar las exigencias de la alianza que hará posible que la multitud que un día salió de Egipto llegue a ser verdaderamente pueblo de Dios. No es una imposición de parte de Dios, sino una invitación. El pueblo está en plena de libertad de comprometerse o no.

El autor sagrado nos indica la manifestación divina mediante el símbolo del fuego; la montaña se convierte como un volcán en erupción: "todo el monte Sinaí humeaba, porque el Señor había descendido sobre él en medio del fuego" (19:18). Pentecostés es una celebración de la presencia del Señor. El Señor baja en el fuego; el fuego que oculta la grandeza y la santidad de Dios. El Espíritu del Señor consagra a su Iglesia como reino de sacerdotes y nación santa.

EZEQUIEL. Al profeta Ezequiel le toca vivir con su pueblo en momentos muy difíciles y dolorosos: la destrucción de Jerusalén, la deportación a una tierra extranjera y el exilio. Para todos, la situación que vive el pueblo es la muerte. Allá en Babilonia, los hebreos deportados no son otra cosa que desecho y no tienen derecho ni a una

---

I LECTURA Éxodo 19:3–8, 16–20 L M

Lectura del libro del Éxodo

En aquellos días, *Moisés* subió al monte Sinaí
   para *hablar con Dios.*
El Señor lo llamó desde el monte y le dijo:
"*Esto* dirás a la casa de Jacob, esto *anunciarás* a los hijos de Israel:
'*Ustedes* han visto *cómo* castigué a los egipcios
   y *de qué manera* los he levantado a ustedes sobre *alas de águila*
   y los he traído *a mí.*
Ahora bien, si escuchan mi voz y *guardan* mi alianza,
   serán mi especial tesoro *entre todos* los pueblos,
   aunque *toda* la tierra es mía.
Ustedes serán para mí *un reino* de sacerdotes
   y una nación *consagrada'.*
Éstas son las palabras que *has de decir* a los hijos de Israel".
Moisés *convocó* entonces a los ancianos del pueblo
   y les expuso *todo* lo que el Señor le *había mandado.*
Todo el pueblo, a una, *respondió:*
"Haremos cuanto *ha dicho* el Señor".
Al rayar el alba del *tercer* día, hubo truenos y relámpagos;
   una *densa* nube cubrió el monte
   y se escuchó un *fragoroso* resonar de trompetas.
Esto hizo *temblar* al pueblo, que estaba en el campamento.
Moisés *hizo salir* al pueblo para ir al encuentro de Dios;
   pero la gente *se detuvo* al pie del monte.
Todo el monte Sinaí *humeaba,*
   porque el Señor *había descendido* sobre él en medio del fuego.
Salía humo *como de un horno*
   y todo el monte *retemblaba* con violencia.
El sonido de las trompetas se hacía *cada vez* más fuerte.
Moisés hablaba y Dios le respondía *con truenos.*
El Señor *bajó* a la cumbre del monte
   y le dijo a Moisés *que subiera.*

I LECTURA Éxodo 19:3–8, 16–20 ⬛ L E U

Lectura del libro del Éxodo

En aquellos días, *Moisés* empezó a subir hacia Dios.
El *Señor* lo llamó del cerro y le dijo:
"Esto es lo que tienes que *decir* y *explicar* a los hijos de Israel.
*Ustede*s han visto cómo he tratado a los egipcios
  y que a ustedes los he *llevado* sobre las alas del águila
  y los he traído *hacia* mí.
Ahora, pues, si ustedes me escuchan *atentamente*
    y *respetan* mi alianza,
  los *tendré* por mi pueblo entre *todos* los pueblos.
Pues el mundo es *todo* mío.
Los tendré a *ustedes* como mi pueblo de sacerdotes,
  y una nación que me es *consagrada*".
Entonces Moisés *bajó* del cerro y *llamó* a los jefes del *pueblo*,
  y les *explicó* lo que el Señor le había *ordenado*.
Todo el pueblo a una voz contestó:
  "Haremos todo lo que el Señor ha *mandado*".
Al *tercer* día, al amanecer, hubo sobre el monte
    truenos y *relámpagos*;
  una *espesa* nube cubrió el cerro;
  hubo un sonido muy *fuerte* de cuerno.
En el campamento *todo* el pueblo se puso *a temblar*.
Entonces *Moisés* los hizo salir del *campamento*
  para ir al *encuentro* de Dios.
Se *detuvieron* al pie del monte.
El Sinaí *entero humeaba*,
  porque el Señor había *bajado* en medio del fuego.
Subía aquel humo como de *un horno*,
  y todo el monte *temblaba* con violencia.
El sonido del cuerno se hacía cada vez más *fuerte*;
  Moisés hablaba y Dios le *contestaba* con el trueno.
El Señor *bajó* a la cumbre del monte Sinaí,
  y desde allí *llamó* a Moisés.

Imagina el monte ardiendo como la erupción de un volcán.

Todo el marco es magnífico e impresiona la grandeza del momento.

La voz divina es firme y paternal a la vez. Recuerda que el texto sugiere que el pueblo la escucha como una violenta tempestad de truenos y relámpagos.

La promesa de fidelidad del pueblo no puede ser dicha de cualquier manera; se impone un tono firme y convencido. Recuerda que es una decisión trascendental.

Siente cómo la tormenta te envuelve, las nubes tocan la tierra y el temblor que desprende las rocas y arranca los árboles llena de temor al pueblo que aguarda instrucciones en el campamento.

La escena termina como en suspenso.

Deja que la imaginación de la comunidad se quede contemplando esta extraordinaria manifestación de Dios que has descrito con naturalidad, pero con realismo.

sepultura; por eso el capítulo 37 lo describe como un valle lleno de huesos secos. Una imagen muy sugestiva para retratar a un pueblo sin esperanza. ¿Volverá el pueblo a la vida? El mismo profeta necesita estar seguro. La señal le viene de Dios, pues estando estrictamente prohibido por la ley que un sacerdote se acerque a los cadáveres bajo pena de perder su pureza, el espíritu del Señor lo lleva para que camine entre ellos y no sucede nada. Ezequiel, de familia sacerdotal, sigue siendo agradable a los ojos de Dios.

Si se contempla a Jerusalén, ciertamente no existe ningún motivo para esperar. Los capítulos 34–39 del libro de Ezequiel tienen como tema principal la esperanza profética; el motivo está anunciado: regresará Israel a su tierra prometida de donde fue echado fuera.

Al final del texto bíblico tenemos tres palabras clave: espíritu, establecer y saber. El espíritu es el que hace vivir; nuevamente les dará la tierra, y conocerán, como experiencia de toda la persona, que tienen un Dios poderoso. Ezequiel está aquí anunciando una resurrección; es muy pronto para afirmar la resurrección de los muertos, pero lo podemos tomar como una promesa.

JOEL. Aunque no exista todavía una palabra definitiva sobre la fecha del anuncio profético de Joel y sobre la situación concreta a la que se refiere el oráculo, esto no quita que tengamos en esta lectura un texto hermoso y profundo. Los primeros versículos del capítulo 3 continúan expresando las promesas divinas de una nueva vida para todos los israelitas tal como dice en 2:18–27. Y no sólo sobre la generación presente, sino también en el futuro: "Profetizarán sus hijos y sus hijas".

¿Cómo sucederá esta obra de renovación? Yavé infundirá su espíritu sobre todos los israelitas, sin ninguna excepción. Así lo indica el empleo de pares en los destinatarios: hijos-hijas, ancianos-jóvenes, siervos-siervas. No existe ninguna discriminación en el sexo, edad y condición social.

Puesto que se da una relación muy estrecha en el libro de Joel entre el anuncio

I LECTURA   Ezequiel 37:1–14   L M

Lectura del libro del profeta Ezequiel

En *aquellos* días, la mano del Señor se posó *sobre mí*,
  y su espíritu *me trasladó*
  y me colocó *en medio* de un campo *lleno* de huesos.
Me hizo dar vuelta *en torno* a ellos.
Había una cantidad *innumerable* de huesos
      sobre la superficie del campo
  y estaban *completamente* secos.
Entonces el Señor me preguntó:
"*Hijo* de hombre, ¿*podrán* acaso *revivir* estos huesos?"
Yo respondí: "Señor, *tú* lo sabes".
Él me dijo: "Habla *en mi nombre* a estos huesos y *diles*:
'Huesos secos, *escuchen* la palabra del Señor.
Esto dice el Señor Dios a *estos huesos*:
He aquí que yo les *infundiré* el espíritu y *revivirán*.
Les pondré *nervios*, haré que les brote *carne*,
  la *cubriré* de piel, les *infundiré* el espíritu y *revivirán*.
Entonces *reconocerán* ustedes que *yo soy* el Señor'".
Yo pronuncié *en nombre del Señor* las palabras
que él me *había ordenado*,
  y mientras hablaba, se oyó un *gran* estrépito,
  se produjo un *terremoto* y los huesos se juntaron *unos con otros*.
Y vi *cómo* les iban saliendo *nervios y carne*
  y *cómo* se cubrían de piel; pero *no tenían* espíritu.
Entonces me dijo el Señor:
"*Hijo* de hombre, habla *en mi nombre* al espíritu y dile:
'*Esto* dice el Señor: *Ven, espíritu*, desde los *cuatro* vientos
  y *sopla* sobre *estos muertos*, para que *vuelvan* a la vida'".
Yo hablé *en nombre* del Señor, como *él* me había ordenado.
Vino sobre ellos el espíritu, *revivieron* y se pusieron *de pie*.
Era una multitud *innumerable*.
El Señor me dijo: "*Hijo* de hombre:
Estos huesos son *toda* la casa de Israel, que ha dicho:
'Nuestros huesos están *secos*; *pereció* nuestra esperanza
  y estamos *destrozados*'.
Por eso, habla *en mi nombre* y diles:
'*Esto* dice el Señor: *Pueblo mío*, yo mismo *abriré* sus sepulcros,
  los haré *salir* de ellos
  y *los conduciré* de nuevo a la tierra de Israel.
Cuando *abra* sus sepulcros y *los saque* de ellos, *pueblo mío*,
  ustedes dirán que *yo* soy el Señor.
Entonces les infundiré mi espíritu,
  los estableceré *en su tierra*
  y *sabrán* que yo, el Señor, lo dije *y lo cumplí*'".

I LECTURA Ezequiel 37:1–14	L E U

Lectura del libro del profeta Ezequiel

El *Señor* puso sobre mí su mano, y su *Espíritu me llevó*,
   dejándome en una llanura llena de huesos.
Me hizo pasar en *todas* direcciones en medio de ellos:
   los huesos, *completamente* secos,
   eran muy *numerosos* sobre la superficie de la llanura.
El *Señor* me preguntó:
   "¿Piensas que podrán *revivir* estos huesos?"
Yo le contesté: "Señor Dios, tú *sólo* lo sabes".
Entonces me dijo:
   "Habla de parte *mía* sobre estos huesos y les dirás:
   'Huesos secos, *escuchen* la palabra del Señor.
Voy a hacer *entrar* un espíritu en ustedes y *volverán* a vivir.
Pondré sobre ustedes nervios y haré *crecer carne*
   y los *cubriré* con piel y pondré en ustedes mi *Espíritu*,
   de manera que *vivirán* y sabrán que Yo soy el Señor'".
Yo hablé como el Señor me lo *había* dicho.
Mientras lo hacía, se produjo un ruido y un alboroto:
   los *huesos* se juntaron, se *cubrieron* de nervios;
   se formó *carne*, y la piel se *extendía* por encima,
   pero no había *espíritu* en ellos.
El *Señor* entonces me dijo:
   "Habla de parte *mía* al Espíritu,
   llámalo, hijo de hombre, y *dile* de parte del Señor Dios:
   'Espíritu, *ven* por los cuatro lados
   y *sopla* sobre estos muertos para que *vivan*'".
Lo hice *según* la orden del Señor y el Espíritu *entró* en ellos.
Se *reanimaron* y se pusieron de pie;
   eran un ejército *grande, muy* grande.
Entonces, el *Señor* me dijo:
   "Estos huesos son *todo* el pueblo de Israel.
Ellos andan diciendo: 'Se han *secado* nuestros huesos.
Se *perdió* nuestra esperanza,
   el fin ha llegado para nosotros'.
Por eso *anúnciales* esta palabra:
   Yo, el Señor, voy *a abrir* sus tumbas.
Pueblo *mío*, los haré *salir* de sus *tumbas*
   y los llevaré de *nuevo* a la tierra de Israel.
Ustedes sabrán que Yo soy *el Señor*,
   cuando *abra* sus tumbas, pueblo mío, y los haga *salir*.
Infundiré mi Espíritu en ustedes y *volverán* a vivir,
   y los *estableceré* sobre su tierra,
   y ustedes entonces *sabrán* que Yo, el *Señor*, digo
      y *pongo* por obra''.

El relato parece desarrollarse dentro de un sueño. Imagina un llano enorme y solitario. El silencio es total; sólo el silvido del viento que arrastra briznas de hierba seca deja sentir algún movimiento en este escenario de muerte y destrucción.

Deja que tu proclamación haga sentir esta impresión a la asamblea antes de que la intervención del Señor comience a cambiarlo todo.

Donde ha reinado la muerte triunfará la vida. La voz del Señor comunica seguridad y victoria.

Siente cómo el sonido de la vida explota; el ruido acompaña todo ese movimiento de huesos, piel y nervios que se reúnen.

El ritmo de la lectura se acelera, intentando recrear toda esa grandiosa reanimación humana.

El tono de la voz del Señor imita la falta de esperanza que abunda entre nosotros.

Cambia bruscamente a un tono de júbilo que comunique el entusiasmo por el triunfo de la vida y del poder liberador del Señor.

profético y la apocalíptica, los versículos 3 y 4 se ocupan de describir la presencia del Espíritu en el pueblo de Israel en los típicos signos cósmicos del género apocalíptico, anunciando la llegada del día de Yavé, día grande y terrible. Este pasaje de Joel es la clave de interpretación e ilumina el misterioso fenómeno del acontecimiento de Pentecostés, libremente interpretado por Lucas.

| II LECTURA |

El espíritu que anhelamos poseer plenamente es el Espíritu de Dios que está en Cristo y actúa mediante Cristo. Es precisamente este Espíritu de Dios el que representa toda la fuerza del resucitado, porque ha sido investido y dispensador del propio Espíritu. La obra del Espíritu no la podemos separar de la de Cristo; por eso, en todos los niveles de la vida cristiana no se puede poseer una experiencia del Espíritu, separada de la de Cristo.

Es el Espíritu quien realiza la obra creadora en toda la creación y en cada uno de los hijos de Dios; como la mujer que va a dar a luz, así también el cristiano gime interiormente porque la fuerza del Espíritu nos empuja a asemejarnos a Cristo en su vida, en la muerte y resurrección, en su oración y en su condición de ser Hijo. El Espíritu viene en ayuda de nuestra debilidad porque no se ha realizado aún plenamente en cada uno de nosotros la obra de Dios.

Ciertamente ya estamos salvados, pero todavía no plenamente. Y ésta es nuestra esperanza. Aunque nos veamos envueltos en tanta vanidad y corrupción, los bautizados estamos en condición de una firme esperanza. Sufrimos por el peso de tantas limitaciones, pero por nuestra condición de redimidos, se nutre nuestra esperanza. Pentecostés, en este sentido, es la fiesta de la esperanza.

I LECTURA — Joel 3:1–5 — L M

Lectura del libro del profeta Joel

Esto dice el Señor Dios:
"*Derramaré* mi espíritu *sobre todos*;
  profetizarán sus hijos y sus hijas,
  sus ancianos soñarán *sueños*
  y sus jóvenes *verán visiones*.
También sobre mis siervos y mis siervas
  derramaré mi espíritu en aquellos días.
Haré prodigios en el cielo *y en la tierra*:
  sangre, fuego, *columnas de humo*.
El sol *se oscurecerá*,
  la luna se pondrá color *de sangre*,
  antes de que llegue el día *grande y terrible* del Señor.
Cuando *invoquen* el nombre del Señor *se salvarán*,
  porque en el monte *Sión* y en *Jerusalén* quedará un grupo,
  como lo ha *prometido* el Señor
  a los sobrevivientes que *ha elegido*".

II LECTURA — Romanos 8:22–27 — L M

Lectura de la carta del apóstol san Pablo a los romanos

Hermanos:
Sabemos que la creación *entera* gime *hasta el presente*
  y *sufre* dolores de parto;
  y *no sólo* ella, sino *también* nosotros,
  los que *poseemos* las primicias del Espíritu,
  gemimos *interiormente*,
  anhelando que se realice *plenamente*
    nuestra condición de *hijos de Dios*,
  la *redención* de nuestro cuerpo.
Porque *ya es nuestra* la salvación,
  pero su plenitud es *todavía* objeto de esperanza.
Esperar lo que ya se posee *no es* tener esperanza,
  porque, ¿*cómo* se puede *esperar* lo que *ya* se posee?
En cambio, si esperamos *algo* que *todavía* no poseemos,
  tenemos que esperarlo *con paciencia*.
El Espíritu nos ayuda en nuestra debilidad,
  porque nosotros *no sabemos pedir* lo que nos conviene;
  pero el Espíritu mismo *intercede* por nosotros
  con gemidos que *no pueden* expresarse con palabras.
Y Dios, que conoce *profundamente* los corazones,
  sabe lo que el Espíritu *quiere decir*,
  porque el Espíritu ruega *conforme* a la voluntad de Dios,
  por los que *le pertenecen*.

I LECTURA Joel 3:1–5   L E U

Lectura del libro del profeta Joel

Así dice el *Señor* Dios:
   Derramaré mi Espíritu sobre todos.
Tus hijos y tus hijas hablarán de parte mía,
   los ancianos tendrán *sueños* y los jóvenes verán *visiones*.
En *aquellos* días,
   hasta sobre los siervos y las sirvientas *derramaré* mi Espíritu.
Daré a ver *señales* en el cielo,
   y en la tierra *habrá* sangre, fuego y nubes de humo.
El sol será *cambiado* en tinieblas y la luna *en sangre*
   cuando se acerque el *día* del Señor,
   día *grande* y *terrible*.
Y serán salvados *todos* los que invoquen el nombre del Señor.
Pues se dará una *liberación* en el cerro Sión,
   en *Jerusalén* como lo ha dicho el *Señor*;
   allí estarán los que llame el Señor.

> Mira a la asamblea y haz una pausa después de la introducción de la profecía.
>
> Al preparar la lectura, divide cuidadosamente cada una de las imágenes que el profeta ha contemplado. Advierte que el profeta no intenta atemorizar, sino anunciar la extraordinaria salvación y liberación que Dios otorgará a su pueblo.
>
> En esta primera sección insiste y enfatiza en la promesa del don del Espíritu.
>
> Contempla las señales cósmicas como una visión universal que anuncia la intervención definitiva de Dios en la historia. Proclama con emoción, como quien sabe que está llegando el momento del triunfo y la salvación.

II LECTURA Romanos 8:22–27   L E U

Lectura de la carta del apóstol san Pablo a los romanos

Vemos cómo *todavía* el universo gime y sufre dolores de *parto*.
Y no *sólo* el universo, sino *nosotros* mismos,
   aunque se nos dio el *Espíritu*
     como un *anticipo* de lo que tendremos,
   gemimos *interiormente*,
   esperando el día en que Dios nos *adopte*
     y *libere* nuestro cuerpo.
Hemos sido *salvados* por la esperanza;
   pero *ver* lo que se espera ya no es esperar.
¿*Cómo* se podría esperar lo *que* se ve?
Pero, si esperamos cosas que no vemos,
   con *paciencia* las debemos esperar.
Además el Espíritu nos viene a *socorrer* en nuestra debilidad,
   porque *no* sabemos qué pedir ni *cómo* pedir
     en nuestras oraciones.
Pero el propio Espíritu *ruega* por *nosotros*,
   con gemidos y súplicas que no se pueden *expresar*.
Y *Dios*, que penetra los *secretos* del corazón,
   escucha los anhelos del Espíritu
   porque, cuando el Espíritu *ruega* por los santos,
   lo hace *según* la manera de Dios.

> Proclama este texto como un cántico entonado en honor del Espíritu Santo.
>
> Siente la musicalidad de las imágenes y exprésalas con entusiasmo agradecido por la acción vivificante del Espíritu de Dios.
>
> Divide el texto en secciones según su idea principal.
>
> Describe la situación actual de la humanidad. Los dolores son el signo de algo mejor que está por venir.
>
> Deja que tu voz comunique ese gozo inmenso de reconocer que nos podemos salvar si confiamos en el poder transformador del Señor.
>
> Concluye con serena humildad ante la maravilla del don del Espíritu.

EVANGELIO La exclamación solemne de Jesús, refiriéndose a él y al Espíritu, se da en el marco de la gran fiesta de los Tabernáculos, fiesta de gran significado para el pueblo judío porque se celebraba el regalo de la ley en el Sinaí y la alianza sellada entre Dios y su pueblo. Ingeniosamente, Juan trata de presentar a Jesús como la fuente de la salvación y en quien se realiza la nueva alianza. Ya no hay necesidad de la ley y de la alianza del Sinaí, porque Cristo los sustituye.

La frase, en labios de Jesús, tiene una gran función reveladora. El término "beber" es sinónimo de "venir a Cristo" y "tener sed" equivale a "creer en él". Está claro, entonces, que la sed de la que aquí se trata no es material, sino de orden espiritual. Y esta sed sólo Cristo puede satisfacerla, enviando al Espíritu Santo, que es agua viva.

Tal como sucedió en el pozo de Jacob con la samaritana, Jesús, en el día más solemne de la fiesta, deseaba dar el agua viva. El agua viva de la revelación debe ser bebida, es decir, interiorizada. Éste es el papel del Espíritu; por eso en el Evangelio de hoy, el agua viva que se bebe es identificada directamente con el Espíritu, pero este Espíritu no será concedido más que a aquellos que precedentemente creen en Jesús.

La sed espiritual que experimentamos las personas sólo la podremos saciar en Cristo por el Espíritu. Éste es el papel que cumple el Espíritu después de Pascua: alcanzar la interiorización y profundización de la fe. Así lo explica el evangelista al declarar que el agua viva (el Espíritu) no sería concedida más que en la glorificación de Jesús. El mensaje teológico del Evangelio de hoy alcanza una perspectiva más amplia cuando lo leemos en unión con la escena de la cruz: el Espíritu que los creyentes debían recibir en la glorificación de Jesús (7:39) es el Espíritu que fue entregado por Jesús al morir (19:30). Todo esto significa que, para el evangelista, los "ríos de agua viva" que brotan del corazón (7:38) están simbolizados por el agua que brota del costado traspasado de Jesús (19:34).

EVANGELIO Juan 7:37–39 L M

Lectura del santo Evangelio según san Juan

El último día de la fiesta, que era el *más solemne,*
    exclamó Jesús en voz alta:
"El que *tenga* sed, que venga *a mí;* y *beba,* aquel que *cree en mí.*
Como dice *la Escritura:*
Del corazón del que cree en mí *brotarán* ríos de *agua viva".*
Al decir *esto,* se refería al *Espíritu Santo*
    que habían de recibir los que *creyeran en él,*
    pues *aún* no había venido el Espíritu,
    porque Jesús no había sido *glorificado.*

EVANGELIO   Juan 7:37–39   L E U

Lectura del santo Evangelio según san Juan

El *último* día, el más *solemne* de la fiesta,
  Jesús, de pie, decía a *toda* voz:
  "Si alguien tiene *sed*, *venga* a mí y beba.
Si alguien *cree* en mí, el agua viva *brotará* en él,
  según lo *anunció* la Escritura".
Jesús, al decir *esto*, se refería al *Espíritu Santo*
  que luego *recibirían* los que creyeran en él.
Todavía no se comunicaba el Espíritu,
  porque Jesús aún no había *entrado* en su gloria.

La voz de Jesús resuena como un grito profundo que rompe la noche del último día de la fiesta de los tabernáculos.

Imagina el marco ritual que sirve de telón de fondo al relato. Una procesión de antorchas acompaña desde Siloé el ánfora con el agua que el sacerdote derramará en la tierra reseca, pidiendo el regalo de la lluvia en el otoño.

Acentúa especialmente la alusión al Espíritu Santo, punto central de las lecturas de esta vigilia.

DOMINGO DE PENTECOSTÉS, MISA DEL DÍA

I LECTURA Lucas hace coincidir la efusión del Espíritu con el quincuagésimo día después de la pascua cristiana. Se realiza una sustitución: la pascua judía por la pascua cristiana. A los 50 días de la salida milagrosa de Egipto se celebra la alianza del Sinaí, acontecimiento con lo que el pueblo de Israel viene a ser el pueblo de Yavé. Así también a los 50 días de la resurrección, sucede la venida del Espíritu Santo y allí aparece públicamente el nuevo pueblo de Dios: la Iglesia. A Lucas le interesa remarcar el nacimiento del nuevo Pueblo de Dios en la comunidad de Jerusalén; después lo hará en Samaria, Cesarea y Éfeso.

Pero no debemos ver el Pentecostés cristiano como una simple sustitución del Pentecostés judío, sino como la narración de una verdadera epifanía mesiánica ya que se cumple la profecía de Joel acerca de la efusión del Espíritu en los tiempos escatológicos. No dice el texto que el Espíritu es viento y fuego, sino que dice: "como" viento y "como" fuego.

II LECTURA En la comunidad cristiana hay diversidad de dones, pero se debe mantener la unidad de la comunidad. Todo sucede como en un cuerpo: Hay variedad de miembros, pero todos unidos. Pablo insiste en que el Espíritu está en el origen de la variedad de dones. Cada uno podrá ejercitar en la Iglesia su propio carisma, pero éste será auténtico si brota del Espíritu y si tiene la capacidad de reconocer los carismas de los demás. Como entre algunos cristianos de Corinto se daba el espíritu de competencia por practicar los carismas más espectaculares ya que era la prueba de que eran cristianos "de primera".

Lectura del libro de los Hechos de los Apóstoles

El día de Pentecostés, *todos* los discípulos
    estaban reunidos *en un mismo lugar.*
De repente se oyó un *gran ruido* que venía del cielo,
    como cuando sopla un *viento fuerte,*
    que *resonó* por toda la casa donde se encontraban.
Entonces aparecieron *lenguas de fuego,*
    que se distribuyeron y se posaron sobre ellos;
    se *llenaron todos* del Espíritu Santo
    y *empezaron* a hablar *en otros idiomas,*
    según el Espíritu *los inducía* a expresarse.
En *esos días* había en Jerusalén judíos devotos,
    venidos de todas partes del mundo.
Al oír el ruido, acudieron *en masa* y quedaron *desconcertados,*
    porque *cada uno* los oía hablar en *su propio* idioma.
Atónitos y *llenos* de admiración, preguntaban:
"¿No son galileos *todos estos* que están hablando?
¿*Cómo,* pues, los oímos hablar en *nuestra lengua* nativa?
Entre nosotros hay medos, partos y *elamitas;*
    otros vivimos en *Mesopotamia,* Judea, Capadocia,
    en el Ponto y *en Asia,* en Frigia y en *Panfilia,*
    en Egipto o en la zona de Libia que limita con Cirene.
Algunos somos visitantes, venidos *de Roma,* judíos y prosélitos;
    también hay cretenses y árabes.
Y *sin embargo,*
    cada quien los oye hablar de las maravillas de Dios
        en su propia lengua".

I LECTURA Hechos de los Apóstoles 2:1–11   L E U

Lectura del libro de los Hechos de los Apóstoles

Cuando llegó el día de *Pentecostés*,
    estaban *todos* reunidos en un mismo lugar.
De pronto *vino* del cielo un ruido,
    como el de una *violenta* ráfaga de viento,
    que llenó *toda* la casa donde estaban.
Se les aparecieron unas *lenguas* como de fuego,
    las que, separándose, se fueron *posando*
      sobre cada uno de ellos;
    y quedaron *llenos* del Espíritu Santo
    y se pusieron a *hablar* idiomas distintos,
    en los cuales el Espíritu les *concedía* expresarse.
Había en *Jerusalén* judíos y hombres *temerosos* de Dios,
    venidos de *todas* las naciones de la tierra.
Al *producirse* aquel ruido, la gente se *reunió*
    y quedó *asombrada* al oír a los apóstoles *hablar*
    cada uno en su lengua *propia*.
Asombrados y *admirados* decían:
"¿No son *galileos* todos éstos que están hablando?
Entonces, ¿*cómo* cada uno de nosotros los oímos *hablar*
    en nuestro *propio* idioma?
Entre *nosotros* hay partos, medos y elamitas;
    habitantes de Mesopotamia, Judea, Capadocia y del Ponto;
    hay hombres provenientes de Asia, Frigia, Panfilia y Egipto;
    y de la parte de Libia que limita con Cirene;
    hay *forasteros* romanos, *judíos*
    y hombres no judíos que *aceptaron* sus creencias;
    cretenses y árabes;
    y sin embargo, *todos* los oímos hablar en *nuestros* idiomas
las *maravillas* de Dios".

Advierte que el relato se desarrolla en dos planos.

Comienza en el interior de la sala donde todos se estremecen asustados por la violencia del viento. Piensa que eres un testigo de los acontecimientos que, lleno de asombro y con un poco de temor, nos va comentando todo lo que ve, oculto desde un rincón del salón.

Comienza con un tono sencillo y neutral. Enseguida pasa a un ritmo más rápido que comunique la intensidad de lo que está aconteciendo.
Haz una pausa para cambiar de escenario.

Ahora estás en una plaza que se abre frente al cenáculo. Siente los pasos de la gente que acude curiosa de todas partes. Comunica el asombro de todos ante este hecho prodigioso.

Repasa muy bien la correcta lectura de tanto lugares geográficos diversos. Debes pronunciarlos con seguridad y sin titubeos para no confundir la atención de tus oyentes.

Aumenta la fuerza de la proclamación en la frase final. Pronúnciala con entusiasmo y admiración.

Por su parte, Pablo ratifica que el Espíritu es quien anima a la libre confesión de fe: "nadie puede llamar a Jesús 'Señor', si no es bajo la acción del Espíritu Santo" y mueve a la obediencia y a la adhesión a la persona de Jesucristo. Éste es el criterio de autenticidad del carisma. La pertenencia al Señor Jesús es lo que caracteriza a la comunidad cristiana, distinguiéndola de otros grupos o asociaciones sociales. Por la acción del Espíritu presente operativamente en el sacramento del bautismo, se entra a formar parte de la Iglesia en quien son superadas todas las diferencias: judíos y no judíos; esclavos y libres. Todos, al confesar a Cristo y ser bautizados, adquieren una identidad nueva y común.

EVANGELIO Juan inicia señalando que los hechos suceden al anochecer y que existe temor en los discípulos, pero después se alegran por ver al Señor y son confortados con el saludo de la paz. Al mostrarles las manos y el costado, el sentido es teológico ya que quiere remarcar la continuidad entre el Señor resucitado y el Jesús de la pasión. En la resurrección, Jesús adquirió una nueva vida. Ahora, mediante su aliento, Jesús comunica el Espíritu a sus discípulos para que participen de la vida del resucitado.

Mientras que Lucas describe el don del Espíritu a los discípulos el día de Pentecostés (Lucas 24:49; Hechos 2:1–4), Juan anticipa esta venida del Espíritu sobre los apóstoles el día mismo de la resurrección, en el día de la Pascua, bajo el soplo vivificador de Jesús. Esto tiene su importancia porque, si para Lucas el inicio de la Iglesia tiene lugar en Pentecostés, para Juan el nacimiento de la Iglesia está unido a Cristo resucitado. En este momento, los discípulos fueron capaces de ver al Señor en el crucificado. Es la experiencia personal de fe que viene a ser el fundamento de su testimonio cualificado. Para el evangelista Juan, el Espíritu es la fuente del testimonio.

II LECTURA   1 Corintios 12:3–7, 12–13   L M

Lectura de la primera carta del apóstol san Pablo a los corintios

Hermanos:
Nadie puede llamar a Jesús "*Señor*",
si no es *bajo la acción* del Espíritu Santo.
Hay *diferentes* dones, pero el Espíritu *es el mismo*.
Hay *diferentes* servicios, pero el Señor *es el mismo*.
Hay *diferentes* actividades, pero Dios,
que hace todo *en todos*, es el mismo.
En *cada uno* se manifiesta el Espíritu para el *bien común*.
Porque así como el cuerpo *es uno* y tiene *muchos* miembros
     y *todos ellos*, a pesar de ser muchos, forman un *solo cuerpo*,
     así también es Cristo.
Porque *todos* nosotros, seamos judíos o *no judíos*,
     esclavos o libres, hemos sido *bautizados*
          en un *mismo* Espíritu
     para *formar* un *solo cuerpo*,
     y *a todos* se nos ha dado a beber del mismo Espíritu.

EVANGELIO   Juan 20:19–23   L M

Lectura del santo Evangelio según san Juan

Al *anochecer* del día de la resurrección,
     estando *cerradas* las puertas de la casa
donde se hallaban los discípulos,
     por *miedo* a los judíos,
     se presentó Jesús *en medio* de ellos y les dijo:
"*La paz* esté con ustedes".
Dicho esto, *les mostró* las manos y el costado.
Cuando los discípulos *vieron* al Señor, se *llenaron* de alegría.
De nuevo les dijo Jesús:
"*La paz* esté con ustedes.
Como el Padre me *ha enviado*, *así también* los envío yo".
Después de decir esto, *sopló* sobre ellos y les dijo:
"*Reciban* al Espíritu Santo.
A los que *les perdonen* los pecados, les quedarán perdonados;
     y a los que *no se los perdonen*, les quedarán *sin perdonar*".

II LECTURA   1 Corintios 12:3b–7, 12–13   L E U

Lectura de la primera carta del apóstol san Pablo a los corintios

Nadie puede decir: "Jesús es el Señor",
  sino *guiado* por el Espíritu Santo.
Hay *diferentes* dones espirituales, pero el Espíritu es el *mismo*;
  hay *diversos* servicios, pero el Señor es el *mismo*;
  hay *diferentes* obras,
    pero es el *mismo* Dios quien obra *todo* y en todos.
En cada uno el Espíritu Santo *revela* su presencia,
  dándole algo que es para el *bien* de todos.
Del *mismo* modo que el cuerpo es uno y tiene *muchas* partes
  y todas las partes del *cuerpo*, aun siendo muchas,
    forman un *solo* cuerpo,
  así *también* Cristo.
Todos nosotros, ya seamos judíos o griegos, esclavos o libres,
  hemos sido *bautizados* en un mismo Espíritu,
  para formar un *único* cuerpo.
Y a *todos* se nos ha dado a beber del *único* Espíritu.

El texto sugiere un tono pausado, de reflexión interior pronunciada en voz alta.

Cada una de las afirmaciones debe proclamarse cuidadosamente y sin prisa.

Divide la lectura en dos momentos. La primera parte se centra en la diversidad de los carismas. La segunda utiliza la imagen del cuerpo humano y concluye con la riqueza de la unidad en la diversidad étnica o cultural.

Cierra la proclamación enfatizando que sólo desde la fe y la apertura a la acción del Espíritu podremos alcanzar la unidad de la mente y el corazón.

EVANGELIO   Juan 20:19–23   L E U

Lectura del santo Evangelio según san Juan

La tarde de ese *mismo* día, el *primero* de la semana,
  los discípulos estaban a puertas *cerradas*
    por miedo a los judíos.
Jesús se hizo *presente* allí, de pie en *medio* de ellos.
Les dijo: "La paz sea con ustedes".
Después de *saludarlos* así, les mostró las *manos* y el costado.
Los discípulos se llenaron de *gozo* al ver al Señor.
Él les *volvió* a decir: "La paz *esté* con ustedes.
Así como el Padre me *envió* a mí,
  así yo los *envío* a ustedes".
Dicho esto, *sopló* sobre ellos:
"*Reciban* el Espíritu Santo,
  a quienes ustedes *perdonen*, queden perdonados,
  y a quienes no libren de sus pecados, queden *atados*".

Comienza tu proclamación con una especie de suavidad pesada. Enfatiza que las puertas estaban cerradas y reinaba el miedo.

Con el asombro de todos, aparece Jesús como una luz que provoca la alegría e ilumina con sonrisas los rostros de los discípulos.

El ritmo se agita y se agolpa como aquellos hombres que rodean al resucitado.

Advierte que las puertas deberán abrirse porque el don de la paz que ha sido comunicado conlleva el envío y el movimiento hacia afuera.

Pronuncia con fuerza cada vez que Jesús otorgue su paz. Su voz debe resonar firme y consoladora.

LA SANTÍSIMA TRINIDAD

I LECTURA **Moisés, en nombre del pueblo, muy de mañana sube al monte Sinaí; atendiendo al mandato del Señor ha preparado las tablas de piedra y todo está listo para que se haga la renovación de la alianza entre el Señor y su pueblo infiel. De parte de Dios está su gran actuación, de parte del pueblo su experiencia: a partir del propio pecado de idolatría es posible avanzar en el conocimiento del misterio de Dios que perdona y que permanece fiel en su amor a pesar de las infidelidades de su pueblo.**

Allí, en la montaña sagrada donde solemnemente se había revelado Dios, nuevamente se invita a que Israel reconozca que Dios es justo y misericordioso. En esta obra de renovación de la alianza, un papel de primer orden lo desempeña Moisés, el hombre de Dios, el orante e intercesor. Por eso, en la secuencia narrativa, es algo lógico que, mientras en la llanura el pueblo comete el pecado de idolatría. Moisés, arriba de la montaña, es el único que ha sabido ser fiel permaneciendo en oración. Estos dos modelos de culto, el dado a Dios y al ídolo, se siguen celebrando en nuestros días.

II LECTURA **La última recomendación de Pablo a los cristianos de Corinto es todo un programa de vida o una vocación que el discípulo de Cristo debe vivir de cara al mundo. La mayoría de bautizados sabemos, aunque no siempre somos conscientes, que por haber recibido el sacramento del bautismo nos convertimos en templos de Dios. ¿Cuáles son las señales de que Dios, la Santísima Trinidad, habita en nosotros? Pablo nos señala algunos rasgos: la alegría, trabajar por la perfección, animarse mutuamente y vivir en paz y armonía.**

Pablo acostumbra concluir sus cartas con una bendición; llama la atención que aquí se mencione a las tres personas divinas, lo que no es habitual en él. La fórmula litúrgica subraya el don de la salvación que

I LECTURA   Éxodo 34:4–6, 8–9   L M

Lectura del libro del Éxodo

En *aquellos* días,
    Moisés subió de madrugada al monte *Sinaí*,
    llevando en la mano las *dos tablas* de piedra,
    como le había *mandado* el Señor.
El Señor *descendió* en una nube y se le hizo *presente.*
Moisés pronunció entonces el nombre del Señor,
    y el Señor, pasando *delante de él*, proclamó:
"*Yo soy* el Señor, el Señor Dios,
    compasivo y clemente, paciente, *misericordioso* y fiel".
Al instante, Moisés se postró en tierra *y lo adoró*, diciendo:
"Si *de veras he hallado gracia a tus ojos*,
    dígnate venir ahora *con nosotros*,
    aunque este pueblo sea *de cabeza dura*;
    perdona nuestras iniquidades y pecados,
    y *tómanos* como cosa tuya".

II LECTURA   2 Corintios 13:11–14   L M

Lectura de la segunda carta del apóstol san Pablo a los corintios

Hermanos:
Estén *alegres*, trabajen por *su perfección*,
    anímense *mutuamente*, vivan en paz *y armonía*.
Y el *Dios* del amor y de la paz *estará* con ustedes.
    Salúdense los *unos a los otros* con el saludo de paz.
    Los saludan *todos* los fieles.
La *gracia* de nuestro Señor Jesucristo,
    el amor del Padre y la comunión del *Espíritu Santo*
    estén *siempre* con ustedes.

I LECTURA   Éxodo 34:4b–6, 8–9   L E U

Lectura del libro del Éxodo

En aquellos días, de madrugada *subió* Moisés
    al monte *Sinaí*,
  como lo había *ordenado* el Señor;
  en sus manos llevaba las dos *tablas* de piedra.
El Señor *bajó* en una nube y pronunció el *nombre* del Señor.
Luego pasó *delante* de Moisés y dijo con voz *fuerte*:
  "El *Señor*, el *Señor*, es un Dios *misericordioso* y clemente,
  tardo a la cólera y rico en amor *verdadero*
  que *mantiene* su amor por mil generaciones".
Al momento *cayó* Moisés de rodillas al suelo, *adorando*
    a Dios, y dijo:
  "Señor, si *realmente* me quieres,
  ven y *camina* en medio de nosotros,
  aunque sea un pueblo *rebelde*;
  perdona nuestras faltas y pecados
  y recíbenos por *herencia* tuya".

Contempla a Moisés que ha llegado a la altura del monte llevando las pesadas tablas de piedra.

Hay soledad y silencio en el Sinaí donde corre el frío viento de la madrugada.

Deja que el tono de tu proclamación comunique el misterio del momento.

La voz del Señor resuena como un eco entre las montañas. Es como un himno litúrgico entonado con tal fuerza que derriba a Moisés por tierra.

Colócate en lugar de Moisés. Conoce su pueblo y él mismo ha sido infiel; por eso se dirige al Señor, suplicando con humilde temor.

II LECTURA   2 Corintios 13:11–14   L E U

Lectura de la segunda carta del apóstol san Pablo a los corintios

Estén *alegres*, trabajen para ser *perfectos*, anímense,
  tengan un *mismo* sentir y vivan en *paz*.
Y el Dios del *amor* y de la paz *estará* con ustedes.
Salúdense los unos a los otros con un *abrazo* santo.
Les saludan *todos* los santos.
La *gracia* de Cristo Jesús el Señor, el *amor* de Dios
  y la *comunión* del Espíritu Santo
    sean con *todos* ustedes. Amén.

El tono de esta despedida es alegre y optimista. Aunque su ritmo es ágil, no apresures las oraciones. Imagina que estás en el final de un buen discurso y quieres dejar una grata sensación en tu auditorio. Tu corazón, que está lleno de alegría, se vuelca hacia tus oyentes con cordialidad sincera.

Pronuncia cuidadosamente el saludo final que es el más hermoso de todos los que el apóstol escribiera.

Cristo hace a su Iglesia; también insiste en el amor que el Padre se manifiesta en su acción salvífica y, por último, en la comunión como obra del Espíritu. En cada celebración litúrgica esto es lo que se realiza en cada uno de los participantes.

EVANGELIO Se han entresacado las frases del Evangelio de hoy, de un texto más amplio, donde el maestro subraya fuertemente la incredulidad de los habitantes de Jerusalén (3:11–21). La conclusión evangélica (20:30–31) viene anunciada ya en este versículo 16: "para todo el que crea en él (Hijo de Dios) no perezca, sino que tenga la vida eterna". El Hijo único, enviado por Dios al mundo, es la fuente de la salvación; él se ha hecho carne para dar la vida en plenitud. Pero la finalidad de la encarnación del Hijo de Dios no es sólo dar la vida, sino que él mismo es la vida. En este texto evangélico encontramos una proclamación clara y explícita de la inauguración de la salvación en el encuentro con el Hijo de Dios mediante la fe: quien acoge a Cristo, tiene la vida eterna, mientras que quien lo rechaza, ya es juzgado.

Poseer la vida divina ya implica participar en la filiación de Cristo, es decir, entrar en relación con la familia de Dios: con el Padre, el Hijo y el Espíritu Santo. Esto se proclama claramente al inicio de 1 Jn 1:2s, somos llamados a una vida de comunión con la Trinidad. El elemento fundamental en las personas divinas es el amor. El Padre ama al Hijo y ama al mundo. El amor de Dios se encuentra en el origen del ser y del actuar del Hijo. Dios ama a la humanidad necesitada de salvación; por eso ha entregado a su Hijo (se refiere a la exaltación de Jesús sobre la cruz).

La fiesta de la Santísima Trinidad debe ser un canto de agradecimiento al amor infinito de Dios: por amor nos ha entregado a su Hijo revelador y portador de la salvación y, por amor, hemos sido invitados a participar de la vida divina.

EVANGELIO   Juan 3:16–18   L M

Lectura del santo Evangelio según san Juan

"*Tanto* amó Dios al mundo, que *le entregó* a su Hijo *único*,
  para que *todo* el que crea en él *no perezca*,
  sino que tenga la *vida eterna*.
Porque Dios *no envió* a su Hijo para *condenar* al mundo,
  sino para que el mundo se salvara *por él*.
El que cree en él *no será* condenado;
  pero el que no cree *ya está* condenado,
  por *no haber creído* en el Hijo *único* de Dios".

EVANGELIO   Juan 3:16–18   L E U

Lectura del santo Evangelio según san Juan

En *aquel* tiempo dijo Jesús a *Nicodemo*:
  "Tanto amó Dios al mundo que le *dio* su Hijo *único*,
  para que *todo* el que crea en él *no* se pierda, sino que tenga
    vida *eterna*.
Dios *no* mandó a su Hijo a este mundo para *condenar* al mundo
  sino para *salvarlo*.
El que *cree* en él no se pierde;
  pero el que *no* cree ya se ha *condenado*
  por *no* creerle al Hijo *único* de Dios".

Este breve discurso requiere el ritmo sosegado y seguro de un maestro que comunica verdades fundamentales a un alumno que lo escucha atentamente.

Siéntete tocado por estas palabras. No proclames fríamente, sino con el calor y la emoción que nacen del convencimiento mas profundo.

ARTICULACIÓN Y TONO; RITMO Y EXPRESIÓN

Articulación y tono. La lectura debe llegar al auditorio sin que se pierda una palabra o una sílaba. Al leer, se debe abrir la boca lo suficiente para que se escuchen perfectamente todas las vocales y las consonantes con nitidez.

Es necesario atender al estilo y estructura de cada frase para que los oyentes las perciban con claridad. Las frases o palabras deben ser leídas sin interrupción para no romper el sentido del conjunto.

Hay que darle vida al texto. Aunque se lea con claridad, se puede caer en la monotonía. Esto se evita con el tono y el ritmo que se den a la lectura. Es preciso huir de la voz monocorde y del "tonillo". Las interrogaciones y los paréntesis en el texto son una buena ocasión para subir o bajar la voz. Los finales de frase no tienen por qué obligar a hacer inflexiones de manera sistemática.

Por otra parte, la acústica del templo o del lugar de la proclamación impone también ciertas condiciones al lector. Tan molesta puede resultar una voz hiriente, que grita, en un templo pequeño, como una voz apagada y mortecina en un templo grande.

Ritmo de proclamación. El ritmo es elemento indispensable para la comprensión del texto que se proclama; es manifestación externa del dinamismo interno del pasaje. Cada lector tiene ritmo propio, incluso cada lectura exige el suyo. Lo verdaderamente importante es que los oyentes entiendan el mensaje transmitido. De ahí que sea necesario equilibrar diversos movimientos en una lectura. El lector, desde la primera frase, debe imponer la atención por medio de una voz sosegada y firme, que anuncia y transmite un mensaje.

Una lectura demasiado rápida es incomprensible, pues obliga al oído a hacer un esfuerzo mayor. Por el contrario, la excesiva lentitud provoca apatía y somnolencia. La estructura del texto es la que impone el ritmo, pues no todo tiene la misma importancia dentro del conjunto. Se puede leer más a prisa un pasaje que tiene una importancia menor, y dar un ritmo más lento a las frases que merecen un mayor interés.

La puntuación debe ser escrupulosamente respetada. Las pausas del texto permiten respirar al lector, y ayudan al auditorio a comprender plenamente lo que se está leyendo.

Leer con expresión. El lector debe identificarse con lo que lee para que la palabra que transmite surja viva y espontánea, captando a los oyentes, y penetre en el corazón de quien escucha.

Para que la lectura sea expresiva, el lector tiene que procurar leer con:

- sinceridad, es decir, sin condicionamientos, hinchazón o artificios;

- claridad y precisión, conduciendo al oyente hacia el contenido, sin detenerle en las palabras;

- originalidad, imprimiendo a la lectura un sello de distinción y personalidad, de acuerdo con los matices que ofrece cada texto;

- misión y convicción, actitudes que encierran fuerza y persuasión;

- recogimiento y respeto, como corresponde a una acción sagrada.

(Reproducido con permiso de Editorial Promoción Popular Cristiana, *El ministerio del lector,* Madrid, 1986, páginas 22 – 24.)

SANTÍSIMO CUERPO Y SANGRE DE CRISTO

I LECTURA El pueblo israelita, liberado de la esclavitud en Egipto, es conducido a través del desierto con el fin de que colabore en la conquista de la plena libertad. Decimos "conducido" porque eso es lo que efectivamente sucedió: no fue el pueblo quien decidió ese estado de vida, sino el Señor que lo llevó por el desierto. Además, en su peregrinar, al pueblo no le faltaba la Palabra de Dios, la Torá, concretizada en el Decálogo.

Por consiguiente, el camino elegido por Yavé para los suyos fue entretejiéndose con aflicciones, tentaciones y el cumplimiento de los mandamientos. Como no era un camino agradable, al pueblo fácilmente se olvidaba esta etapa como parte de la historia de salvación; de aquí que fuera necesaria la intervención de Moisés para "purificar la memoria".

Dios se ha acercado a nosotros, y se ha hecho uno de nuestra raza para hacernos capaces de vivir en la libertad. Por eso se habla ya de historia de salvación. Los mandamientos nos ayudan a comprender que la propia vida y todo lo que se nos ofrece en el mundo es un don *(maná)* del amor de Dios. Para los que creemos en Dios, la historia viene a ser espacio para vivir en la libertad y el campo para crecer en el conocimiento de Dios.

II LECTURA En Corinto, se sacrificaban animales para ofrecerlos a los dioses, y parte de la carne se quemaba en el sacrificio y otra servía para alimento ritual, pero el resto iba a parar a las carnicerías donde podía comprar carne el que así lo deseaba. Algunos cristianos compraban y comían de la carne sacrificada a los ídolos ¿era correcto?

Pablo responde aclarando que el ídolo no existe y que, de por sí, no le sucede nada al cristiano si come de la carne inmolada a los ídolos; lo que se debe evitar es escandalizar a aquellos cristianos más débiles en su fe. De hecho, la participación en el

Lectura del libro del Deuteronomio

En aquel tiempo, *habló* Moisés al pueblo y le dijo:
"*Recuerda* el camino que el Señor, *tu Dios*,
    te ha *hecho recorrer* estos *cuarenta* años por el desierto,
    para *afligirte*, para ponerte *a prueba*
    y *conocer* si ibas a guardar sus mandamientos *o no*.
Él te *afligió*, haciéndote *pasar hambre*,
y después te *alimentó* con el maná,
    que *ni tú ni tus padres* conocían,
    para *enseñarte* que *no sólo* de pan vive el hombre,
    sino también de *toda palabra* que *sale* de la boca de Dios.
No sea que te *olvides* del Señor, tu Dios,
    que te *sacó* de Egipto y de la esclavitud;
    que te hizo *recorrer* aquel desierto *inmenso* y terrible,
    lleno de serpientes y alacranes;
    que en una tierra *árida* hizo brotar *para ti*
        agua de la roca más dura,
    y que te *alimentó* en el desierto con un maná
    que *no conocían* tus padres".

Lectura de la primera carta del apóstol san Pablo a los corintios

Hermanos:
El cáliz de la bendición con el que damos gracias,
    ¿no nos une a Cristo por medio de su sangre?
Y el pan que partimos,
        ¿no nos une a Cristo por medio de su cuerpo?
El pan es uno, y así nosotros, aunque somos muchos,
    formamos un solo cuerpo,
    porque todos comemos del mismo pan.

I LECTURA   Deuteronomio 8:2–3, 14–16   L E U

Lectura del libro del Deuteronomio

Habló *Moisés* al pueblo y dijo:
   "*Acuérdate* de todos los caminos
   por donde te ha *conducido* el Señor, *tu Dios*,
   en el desierto, por espacio de *cuarenta* años,
   para *probarte* y humillarte y conocer lo que había
      en tu *corazón*;
   si ibas o no a *guardar* sus mandamientos.
Y *después* de tus pruebas, cuando pasaste *hambre*,
   te dio a comer *maná*, que ni tú ni tus padres habían *conocido*,
   para *mostrarte* que no *sólo* de pan vive el hombre,
   sino que *todo* lo que sale de la *boca* de Dios
      es *vida* para el hombre.
No sea que *olvides* al Señor, tu Dios,
   que te *sacó* del país de Egipto, de la Casa de la *esclavitud*.
El que te ha *conducido* a través de este desierto grande y *terrible*,
   lleno de serpientes *abrasadoras* y escorpiones,
   tierra *árida* donde no hay agua.
Pero la hizo *brotar* de una roca durísima para *ti*
   y te *alimentó* en el desierto con el *maná*,
   que *no* conocían tus padres".

Imagina a la asamblea de Israel que se ha sentado sobre el verde pasto y escucha a Moisés que está haciendo un recuento del éxodo.

Todos aquellos acontecimientos son traídos a la memoria para mover el corazón y la voluntad hacia el agradecimiento y la fidelidad.

Enfatiza todas las acciones que el Señor hace en beneficio de su pueblo, pero acentúa especialmente la referencia a la experiencia del *maná* por su relación con la fiesta de hoy.

II LECTURA   1 Corintios 10:16–17   L E U

Lectura de la primera carta del apóstol san Pablo a los corintios

La *copa* de bendición que bendecimos,
   ¿no es acaso la *comunión* de la sangre de Cristo?
Y el *pan* que partimos,
   ¿no es la comunión del *cuerpo* de Cristo?
Uno es el pan y por eso formamos todos *un* solo cuerpo,
   porque participamos todos del *mismo* pan.

El texto comienza alternado una afirmación con una interrogación.

Deja que cada pregunta quede en el aire unos instantes antes de proseguir con la lectura.

Tu proclamación debe partir de un profundo acto de fe en el sentido sacramental de la eucaristía como don y presencia realizada en la relación entre el cuerpo místico y el cuerpo eucarístico. Por eso, da un relieve especial a la afirmación con que concluye el texto.

único pan hace de muchos un solo cuerpo; por eso la comunión eucarística y eclesial es incompatible con la participación en el culto pagano idólatra.

EVANGELIO | Jesús es presentado como el revelador escatológico con algunas imágenes muy sugestivas para los lectores familiarizados con la literatura sapiencial bíblica: la luz, el vino, el agua viva y el pan de vida. En el Primer Testamento se presenta la sabiduría, encarnada en la ley de Moisés, como la luz divina, vino delicioso, fuente de agua y pan caído del cielo. Pero la insistencia del cuarto evangelista es que sólo Jesús puede realmente iluminar, calmar la sed y saciar el hambre del hombre y la mujer necesitados de salvación.

Como respuesta a la angustiante realidad de muchas personas que sufrían el hambre material, el evangelista dedica el discurso de Cafarnaúm para presentar a Jesús como el pan de vida. No se trata de un discurso demagógico, sino de un mensaje eminentemente cristológico. Con la expresión "el pan vivo que ha bajado del cielo" se presenta a Jesús como el revelador escatológico; con "el que coma de este pan" hace referencia a la fe existencial, representada en la figura del comer. En otras palabras, la Palabra debe ser asimilada e interiorizada.

Los judíos vivían en el error al afirmar que la ley de Moisés era la revelación definitiva del Señor. En este discurso está dicho claramente que la manifestación plena y perfecta de la vida divina no se percibe en la Torá, sino en la persona del Verbo Encarnado, el pan bajado del cielo para salvar el mundo. Igual que al tiempo de Jesús, hoy la humanidad se encuentra hambrienta en lo material y más en lo espiritual. La solemnidad de hoy y las prácticas piadosas de adoración y procesión con el Santísimo Sacramento son el anuncio de que necesitamos alimentarnos con el Pan de Vida.

EVANGELIO   Juan 6:51–58   L M

Lectura del santo Evangelio según san Juan

En *aquel* tiempo, Jesús dijo a los judíos:
"*Yo soy* el pan vivo que *ha bajado* del cielo;
    el que coma de *este* pan vivirá *para siempre.*
Y el pan que yo les *voy* a dar
    es *mi carne* para que el mundo *tenga vida*".
Entonces los judíos se pusieron a discutir *entre sí:*
"*¿Cómo* puede éste darnos a comer *su carne?*"
Jesús les dijo:
"Yo *les aseguro:*
Si *no comen* la carne del Hijo del hombre y *no beben* su sangre,
    no podrán *tener vida* en ustedes.
El que *come* mi carne y *bebe* mi sangre,
    tiene *vida eterna* y yo lo resucitaré *el último día.*
Mi carne es *verdadera* comida
    y mi sangre es *verdadera* bebida.
El que come *mi carne* y bebe *mi sangre,*
    permanece en mí y yo *en él.*
Como el Padre, que *me ha enviado,*
    posee la vida y yo vivo *por él,*
    así también el que me come *vivirá* por mí.
Éste es el pan que *ha bajado* del cielo;
    no es como el *maná* que comieron *sus padres,*
    pues *murieron.*
El que *come* de este pan *vivirá* para siempre".

EVANGELIO   Juan 6:51–58   L E U

Lectura del santo Evangelio según san Juan

En aquel tiempo, dijo Jesús a los *judíos*:
 "Yo *soy* el pan vivo *bajado* del cielo,
  el que coma de este pan vivirá para *siempre*.
El pan que yo daré es mi *carne*,
  y la daré para la *vida* del mundo".
Los judíos *discutían* entre ellos.
Unos decían: "¿*Cómo* este hombre va a darnos
    a comer *su* carne?"
Jesús les contestó: "En *verdad* les digo:
  si no comen la *carne* del Hijo del Hombre,
    y no *beben* su sangre,
  no viven *de verdad*.
El que come *mi* carne y bebe *mi* sangre, vive de vida *eterna*,
  y yo lo *resucitaré* en el último día.
Mi carne es comida *verdadera* y mi sangre es bebida *verdadera*.
El que *come* mi carne y *bebe* mi sangre *vive* en mí, y yo en él.
Como el Padre que vive me *envió*, y yo vivo *por* él,
  así, quien me come a *mí* tendrá de mí la *vida*.
Éste es el pan que *bajó* del cielo,
  no como el que comieron los *antepasados* de ustedes,
  los cuales *murieron*.
El que come este pan vivirá para *siempre*".

Jesús pronuncia un discurso enérgico y tajante.

Advierte que es como una catequesis que repite las mismas ideas a través de diferentes construcciones gramaticales.

Los judíos discuten llenos de confusión y preguntan escandalizados por las afirmaciones de Jesús.

Al retomar la palabra, Jesús vuelve a insistir con firmeza, provocando un escándalo mayor: sus discípulos no sólo deberán comer su carne, sino que además, habrán de beber su sangre.

No apresures las ideas y no dejes decaer el tono firme y vibrante que acompaña cada una de las afirmaciones de Jesús.

Haz una pausa y un cambio de tono leve para aclarar que todo esto es obra del Padre. Advierte que la frase vuelve al principio del discurso y concluye de manera idéntica.

10° DOMINGO DEL TIEMPO ORDINARIO

Lectura del libro del profeta Oseas

Esforcémonos por *conocer* al Señor;
   tan *cierta* como la aurora es *su aparición*
   y su juicio *surge* como la luz;
   bajará sobre nosotros como lluvia *temprana*,
   como lluvia de primavera que *empapa* la tierra.
"*¿Qué* voy a hacer contigo, *Efraín*?
¿Qué voy a hacer contigo, *Judá*?
Tu amor es como *nube mañanera*,
   como *rocío matinal* que se evapora.
Por eso los he azotado por medio de los profetas
   y les he *dado muerte* con mis palabras.
Porque *yo quiero* amor y no sacrificios,
   conocimiento de Dios, más que holocaustos".

Lectura de la carta del apóstol san Pablo a los romanos

Hermanos:
Abraham, esperando contra toda esperanza,
   creyó que habría de ser *padre* de *muchos* pueblos,
   conforme a lo que Dios le *había* prometido:
      Así de numerosa *será* tu descendencia.
Y su fe *no se debilitó* a pesar de que
   a la edad de casi *cien años*, su cuerpo ya *no tenía* vigor,
   y *además*, Sara, su esposa, *no podía* tener hijos.
Ante la firme promesa de Dios *no dudó ni tuvo* desconfianza,
   antes bien su fe *se fortaleció* y dio con ello *gloria* a Dios,
   convencido de que él es poderoso
para *cumplir* lo que promete.
Por eso, Dios *le acreditó* esta fe como justicia.
Ahora bien, *no sólo* por él *está escrito* que "*se le acreditó*",
   sino *también* por nosotros,
   a quienes se *nos acreditará*,
      si creemos en aquel que *resucitó* de entre los muertos,
   en nuestro Señor *Jesucristo*,
   que fue *entregado* a la muerte por *nuestros* pecados
   y *resucitó* para *nuestra* justificación.

I LECTURA Cuando no se conoce y se experimenta el gran amor del amado, se anda buscando en otros lados saciar el corazón. El profeta es un enamorado del Señor y por eso declara que el amor del Señor es como la "lluvia de primavera que empapa la tierra". El amor del Señor por su pueblo es fiel, constante, penetra todo y es fecundo. Todo campesino israelita así desea las lluvias de primavera en las tierras de Palestina. Por el contrario, la respuesta de amor del pueblo es muy sutil, leve, frágil y es como un "rocío matinal que se evapora".

Por medio del profeta Oseas, el Señor nos interroga sobre la autenticidad de nuestra respuesta de amor al amor infinito de Dios. Muchas veces confundimos gran amor a Dios, con muchos actos litúrgicos o piadosos. Consciente o inconscientemente, pretendemos vivir nuestra religiosidad en un sistema de compra venta: yo le doy a Dios para que él me dé.

II LECTURA ¿En qué consiste la fe del hombre y de la mujer? ¿En qué medida hemos sido justificados de parte de Dios nosotros pecadores? Pablo responde ampliamente a estos dos cuestionamientos en los primeros tres capítulos de su carta.

En la lectura, el personaje principal no es Abraham, sino Dios, que es exaltado por su bondad, fidelidad, seguridad y verdad: "él es poderoso para cumplir lo que promete". En este sentido se comprende muy bien la expresión del apóstol cuando dice: "Abraham, esperando contra toda esperanza, creyó . . .". No existe ningún motivo humano para esperar; el único fundamento para su esperanza es su fe: él cree en Dios, cree en su palabra y en su promesa. Si Abraham creyó de esta manera en Dios, los cristianos tenemos muchos más motivos para que nuestra fe sea más firme: Dios Padre ha cumplido su promesa al entregar

I LECTURA   Oseas 6:3–9   L E U

Lectura del libro del profeta Oseas

Empeñémonos en servir al Señor:
    su *amanecer* es como la aurora
    y su *sentencia* surge como la *luz*;
    y caerá sobre *nosotros* como aguacero,
    como la lluvia de primavera que *riega la tierra.*
¿Qué he de hacer contigo *Efraím?*
¿Cómo tratarte *Judá?*
El *cariño* que me tienen es como nube matinal,
    como el *rocío* que sólo dura algunas *horas.*
Les *envié los profetas* para destrozarlos
y de mi propia boca salió su *sentencia* de muerte.
Porque yo *quiero amor*, no sacrificios;
    y *conocimiento* de Dios,
        más que *víctimas* consumidas por el fuego.

Comienza con un tono firme, de cierta urgencia y determinación. En seguida deja que la gratitud que resuena en el tono de tu voz comunique la poesía con que el Señor abre para nosotros el día, ilumina los cielos o fecunda los campos con el frescor del aguacero.

Las preguntas quedan todas en suspenso, como esperando una respuesta de la asamblea.

Advierte que las imágenes ahora indican un sentido opuesto al del comienzo del texto. A la desbordante generosidad del Señor le ha correspondido una respuesta mezquina. Siente y comunica el dolor que hay en estas palabras, que son como una queja ante la ingratitud del pueblo.

II LECTURA   Romanos 4:18–25   L E U

Lectura de la carta del apóstol san Pablo a los romanos

Hermanos:
Abraham, esperando contra toda *esperanza, creyó*,
    llegando a *ser padre* de muchas naciones
según le había *sido dicho*:
    "Esos serán tus *descendientes*".
No *vaciló* en su fe,
    a pesar de que su cuerpo ya no podía dar vida
    –tenía entonces unos cien años–
    y a pesar de que *su esposa* Sara no podía tener *hijos.*
Sin embargo, frente a la *promesa* que Dios le hizo *no dudó*,
    antes bien *cobró vigor* con la fe dando así *gloria a Dios*,
    plenamente *convencido* de que Dios es poderoso
    para *cumplir* lo que ha prometido.
Y Dios *tomó* en cuenta esa fe para *constituirlo* santo.
"Se le *tomó* en cuenta".
Estas palabras de la *Escritura* no valen solamente para *él*,
    sino también para *nosotros.*
Se nos toma en cuenta la *fe en Dios*
    que *resucitó* de entre los muertos a Jesús, *Señor* nuestro,
    el cual fue *entregado* por nuestros pecados
    y fue *resucitado* para que fuéramos *constituidos* santos.

Como un orador que busca convencer con argumentos contundentes, ve desarrollando tu proclamación según el hilo conductor del tema que quieres exponer a tus oyentes.

No te apresures y divide cuidadosamente el texto para que cada una de las afirmaciones pueda escucharse por separado.

Advierte que en dos ocasiones estás citando el Primer Testamento. Hazlo con un tono y un énfasis distinto.

a su Hijo Jesucristo a la muerte por nuestros pecados y al resucitarlo para nuestra justificación.

Pablo insiste en que la justificación no es algo subjetivo; la obra de la justificación se realiza por algo muy concreto, como es la muerte y la resurrección del Señor Jesucristo. Lo único que se le pide a la persona es que acepte generosamente este regalo de Dios, es decir, que crea. Eso sí cree en el Dios de Jesucristo, el anunciado por la Sagrada Escritura e interpretado por el magisterio de la Iglesia.

EVANGELIO | Al pueblo de Israel siempre le costó mucho trabajo comprender el comportamiento de Dios: ¿cómo era posible que llamara a la salvación a los habitantes de otros pueblos y los tratara con amor y misericordia, siendo paganos y pecadores? Por eso, cuando Jesús empieza a predicar y convivir, era objeto de burlas y duras críticas por su actitud bondadosa con aquéllos que no eran judíos o que eran considerados por los judíos como pecadores: los publicanos. Mateo, para los jefes de los judíos, era un pecador. Su oficio de recaudador de impuestos le exigía entrar en contacto con gente impura (se trata de impureza ritual). Por consiguiente, él mismo era un impuro. Jesús, que "no ha venido a llamar a los justos, sino a los pecadores", lo vio y le dijo: "sígueme". Mateo se levantó y lo siguió. ¿Por qué se comporta así Jesús? Porque siendo Hijo de Dios nos enseña que Dios es misericordioso, es decir, fiel a la alianza.

Para los jefes de los judíos, la santidad estaba en el estricto cumplimiento material del culto, de las prescripciones legales y de la ofrenda para los sacrificios; no importaba en sí la interioridad. Este error es el que pretende corregir Jesús con sus palabras y con sus acciones. Jesús actúa conforme a la voluntad de Dios, como ya estaba señalado en el profeta Oseas. Volvemos a lo dicho anteriormente: los caminos del amor de Dios por la humanidad son imprevisibles.

EVANGELIO   Mateo 9:9–13   L M

Lectura del santo Evangelio según san Mateo

En *aquel* tiempo,
Jesús vio a un hombre llamado *Mateo*,
    sentado a su mesa de *recaudador* de impuestos,
    y le dijo: "Sígueme".
Él se levantó y *lo siguió*.
Después, cuando estaba a la mesa en *casa* de Mateo,
    muchos publicanos y pecadores
    se sentaron *también* a comer con Jesús y sus discípulos.
Viendo esto, los fariseos *preguntaron* a los discípulos:
"*¿Por qué* su Maestro come con *publicanos* y *pecadores*?"
Jesús los oyó y les dijo:
    "*No son* los sanos los que *necesitan* de médico,
        sino los enfermos.
    Vayan, pues, y *aprendan* lo que significa:
    Yo *quiero* misericordia y *no* sacrificios.
    Yo *no he venido* a llamar a los justos, sino *a los pecadores*".

EVANGELIO   Mateo 9:9–13   L E U

Lectura del santo Evangelio según san Mateo

En aquel tiempo, Jesús, *al pasar*,
    vio a un hombre llamado *Mateo*,
    en su puesto de *cobrador* de impuestos,
    y le dijo: "*Ven*".
Mateo, *levantándose*, lo siguió.
Estando Jesús *comiendo* en casa de Mateo
    vinieron muchos cobradores de impuestos y otros *pecadores*
    y se *sentaron* a la mesa con sus discípulos.
Los *fariseos*, al ver esto, decían a los *discípulos*:
    "¿Por qué su Maestro *come* con publicanos y *pecadores*?"
Pero Jesús *los oyó* y dijo:
"Los santos *no necesitan* del médico, sino los enfermos.
Aprendan lo que *significa* esta palabra de Dios:
    'más me gusta la *compasión* que el culto'.
Pues no vine a *llamar* a hombres perfectos sino a *pecadores*".

Deja que la voz de Jesús provoque las ganas de seguirlo. Haz sentir la inmediata rapidez de la respuesta.

Hay malestar y arrogancia en la pregunta.

El Señor los desarma argumentando con la misma Escritura. Con la autoridad de Jesús, manifiesta convencimiento y comunica la paz serena de lo evidente.

Concluye enfatizando los elementos que definen el sentido de la misión de Jesús.

11er. DOMINGO DEL TIEMPO ORDINARIO

Lectura del libro del Éxodo

En *aquellos* días,
   el pueblo de Israel *salió* de Refidim,
   llegó al desierto del Sinaí y *acampó* frente al monte.
Moisés *subió* al monte para *hablar* con Dios.
El Señor lo llamó desde el monte y le dijo:
"*Esto* dirás a la *casa* de Jacob, esto *anunciarás* a los *hijos* de Israel:
'*Ustedes* han visto *cómo castigué* a los egipcios
   y *de qué* manera los *he levantado* a ustedes
   sobre alas de águila y los he traído *a mí*.
Ahora bien, si *escuchan* mi voz y *guardan* mi alianza,
   serán mi especial tesoro entre *todos* los pueblos,
   aunque *toda* la tierra *es mía*.
Ustedes serán para mí *un reino* de sacerdotes
   y una nación *consagrada*'".

I LECTURA La lectura de hoy nos ofrece la primera parte de la promesa de la alianza, el discurso de Yavé a su pueblo; la segunda está en 19:7–8, y es la respuesta del pueblo. Moisés es llamado por Dios para que proclame su palabra al pueblo. Lo que pronuncia Moisés al pueblo es una síntesis estupenda del éxodo, con admirable contenido teológico sobre el tema de la alianza. La teología de la alianza ha sido estructurada con palabras y signos; así es cómo Yavé se ha revelado.

La promesa hecha a Israel sigue siendo la promesa para el nuevo pueblo de Dios, la Iglesia. La relación única con Dios lo transforma en un pueblo particular; es el intermediario entre Dios y toda la tierra. Al ser reino de sacerdotes, tiene que ver con una consagración especial, con la elección para ser sus ministros y para estar cerca de él. Por último, lo que lo distinguirá de las otras naciones no es el poder y la riqueza, sino el ser testigo de la santidad de Dios. La Iglesia no puede vivir plenamente esta vocación si cada uno de sus miembros no ponemos lo que está de nuestra parte para vivir en toda su profundidad la condición de consagrados.

Lectura de la carta del apóstol san Pablo a los romanos

Hermanos:
Cuando *todavía* no teníamos fuerzas para *salir* del pecado,
   Cristo *murió* por los pecadores en el tiempo *señalado*.
Difícilmente habrá alguien que *quiera* morir por un justo,
   aunque *puede* haber alguno
   que esté *dispuesto* a morir por una persona *sumamente* buena.
Y la *prueba* de que Dios nos ama *está*
   en que Cristo *murió* por nosotros,
   cuando *aún* éramos pecador.
Con *mayor* razón, *ahora* que ya hemos sido *justificados*
   por su sangre,
   seremos salvados *por él* del castigo final.
Porque, si cuando éramos *enemigos* de Dios,
   fuimos reconciliados *con él* por la *muerte* de su Hijo,
   con mucho más razón, estando *ya* reconciliados,
   recibiremos la salvación participando de *la vida* de su Hijo.
Y *no sólo esto*, sino que *también* nos gloriamos en Dios,

II LECTURA Después de tratar el tema de la justificación mediante la fe en los capítulos 1–4, Pablo, en la segunda sección doctrinal, señala el efecto de la justificación para el cristiano en los capítulos 5–8. La existencia humana fuera de la acción salvadora de Cristo es dominada por las fuerzas negativas del pecado; por eso es necesario participar de la vida divina para ser plenamente liberado. En la obra de la salvación, Cristo ocupa un lugar de primer orden.

Pablo les anuncia la Buena Nueva a los romanos, ratificándoles que la prueba más grande del amor del Padre es la entrega de su Hijo a la muerte. Verdaderamente, esto es algo inconcebible para los pensamientos humanos. Se da una diferencia abismal

267

16 DE JUNIO DEL 2002 ▪ 11er. DOMINGO DEL TIEMPO ORDINARIO

I LECTURA Éxodo 19:2–6 LEU

Lectura del libro del Éxodo

En aquellos días,
   los *israelitas* llegaron al *desierto* de Sinaí
      con sus tiendas de campaña.
Allí acamparon frente al monte.
Cuando *Moisés* empezó a subir hacia Dios,
   el Señor lo llamó del cerro y le dijo:
      "Esto es lo que tienes que decir y explicar a los *hijos* de *Israel*.
Ustedes han visto cómo he tratado a los egipcios
   y que a ustedes los he *llevado* sobre las *alas* del *águila*
   y los he traído hacia mí.
Ahora, pues, si ustedes me *escuchan* atentamente
   y respetan mi *Alianza*,
   los tendré por *mi pueblo* entre todos los pueblos.
Pues el mundo es todo mío.
Los tendré a ustedes como *mi pueblo* de *sacerdotes*,
   y una *nación* que me es *consagrada*".

Estás en el grandioso escenario donde
se celebrará la alianza entre el Señor
y su pueblo.

El monte se eleva ante ti y en el
campamento todos los ojos están
pendientes de Moisés, que ha
comenzado a escalar la altura
del Sinaí.

La voz del Señor resuena serena
y bondadosamente. Sus palabras sugieren
la imagen de un padre satisfecho que,
orgulloso del proceder de sus hijos,
está dispuesto a todo esfuerzo para
que éstos vivan felices.

Siente que estás dando instrucciones
muy importantes a las que hay que poner
especial atención y cuidado.

II LECTURA Romanos 5:6–11 LEU

Lectura de la carta del apóstol san Pablo a los romanos

Cuando todavía no podíamos hacer *nada*,
   vino Cristo en el tiempo fijado y entregó su vida por nosotros
   que estábamos *alejados* de Dios.
Ya es difícil encontrar a alguien que acepte *morir*
   por una persona *buena*.
Aunque si se trata de una persona realmente buena,
   tal vez alguien se atreva a morir por él.
Pero *Cristo murió* por nosotros
cuando todavía éramos *pecadores*.
Es así cómo Dios nos demostró su *amor*.
Ahora que por su *sangre* hemos sido constituidos justos,
   con mayor razón nos veremos *libres*, gracias a él,
      de la condenación.
Si, en efecto, cuando éramos enemigos
      fuimos *reconciliados* con Dios,
   por la muerte de su *Hijo*,
   con mucha mayor razón ahora ya reconciliados

En el tono de tu proclamación resuena
una sincera admiración por el proceder
extraordinario de Jesús.

Haces una observación lógica, como
tomada de la realidad y la experiencia.

Es como si dijeras: ¡Esto es demasiado!
¡Es mucho lo que Dios nos ha dado!

Concluye comunicando seguridad
y serenidad.

268

11er. DOMINGO DEL TIEMPO ORDINARIO ▪ 16 DE JUNIO DEL 2002

entre el gran amor de Dios y la gran indignidad de los humanos. Y para motivar a los cristianos a la lucha perseverante por la santificación, el apóstol recuerda que Dios continúa la obra de en cada uno de los cristianos, ya que se recibirá la plena salvación. Está anunciando que la participación plena en la vida divina se da con la resurrección.

EVANGELIO El tema de la vocación y del seguimiento de los Doce es presentando como un signo de la presencia de los tiempos mesiánicos, de aquí que el acontecimiento tenga lugar al momento que Jesús está en plena actividad por instaurar el Reino de Dios. Es una multitud la que desea "tiempos nuevos", lo que espera una renovación . . . Jesús se compadecía de las multitudes "porque estaban extenuadas y desamparadas". Ya hacía bastante tiempo que faltaba más autenticidad entre los pastores del pueblo judío. Mientras permaneció fuerte la tradición profética, ésta se ocupó de crear conciencia de su responsabilidad entre los dirigentes del pueblo de Israel, pero al venir a menos después del exilio el relajamiento se hizo más notable. La tradición sapiencial, que tuvo su gran desarrollo en esta época, hizo el intento de corregir las cosas, pero fue más fuerte la influencia de la cultura helenista y del materialismo del Imperio Romano. Al tiempo de Jesús, la vida y la misión de los pastores en el pueblo de Israel dejaba mucho qué desear. Por eso Jesús exclama que se encuentran "como ovejas sin pastor".

Ante la multitud necesitada, Cristo se revela como Mesías, realizando aquellas obras ya anunciadas por los profetas; el evangelista presenta un resumen estupendo en el versículo 35. Jesús, por su parte, no se limita a atender personalmente a quienes vienen a él, sino que llama de entre el grupo de discípulos a doce para enviarlos a anunciar el Reino y realizar los mismos signos que él.

II LECTURA continuación   L M

por medio de *nuestro Señor Jesucristo,*
por quien hemos obtenido *ahora* la reconciliación.

EVANGELIO Mateo 9:36—10:8   L M

Lectura del santo Evangelio según san Mateo

En *aquel* tiempo,
   al ver *Jesús* a las multitudes, se *compadecía* de ellas,
   porque estaban *extenuadas* y *desamparadas,*
      como ovejas sin pastor.
Entonces dijo a sus discípulos:
   "La cosecha *es mucha* y los trabajadores, *pocos.*
   Rueguen, por tanto, al dueño de la mies
que *envíe* trabajadores a sus campos".
Después, llamando a sus doce discípulos,
   les dio *poder* para expulsar a los espíritus impuros
   y curar *toda* clase de enfermedades y dolencias.
Éstos son los nombres de los *doce* apóstoles:
   el *primero* de todos, *Simon,* llamado Pedro,
      y su hermano *Andrés;*
   Santiago y su hermano *Juan, hijos* de Zebedeo;
   Felipe y *Bartolomé; Tomás* y *Mateo, el publicano;*
   Santiago, hijo de Alfeo, y *Tadeo;* Simón, *el cananeo,*
   y Judas *Iscariote,* que fue *el traidor.*
A estos *doce* los *envió Jesús* con *estas* instrucciones:
   "*No vayan* a tierra de paganos
ni entren en ciudades de samaritanos.
Vayan *más bien* en busca de las ovejas *perdidas*
   de la casa de Israel.
Vayan y proclamen por el camino que *ya se acerca*
   el Reino de los cielos.
Curen a los leprosos y demás enfermos;
   resuciten a los muertos y echen fuera a los demonios.
Gratuitamente han recibido *este poder;*
   ejérzanlo, pues, *gratuitamente*".

269

16 DE JUNIO DEL 2002 ■ 11er. DOMINGO DEL TIEMPO ORDINARIO

II LECTURA   continuación

seremos *salvados* por su *vida*.
No sólo esto:
nos sentimos *seguros* en Dios por Cristo Jesús, nuestro *Señor*,
por medio del cual hemos obtenido la *reconciliación*.

EVANGELIO   Mateo 9:36—10:8   L E U

Lectura del santo Evangelio según san Mateo

Viendo Jesús el gentío,
se *compadeció* porque estaban *cansados* y *decaídos*,
como *ovejas* sin *pastor*.
Dijo entonces a sus discípulos:
"La *cosecha* es grande y pocos los *obreros*.
Por eso rueguen al dueño de la siembra
que mande obreros para hacer la cosecha".
Jesús, pues, llamó a sus doce discípulos
y les dio poder para *expulsar* a los *demonios*
y para curar toda clase de *enfermedades* y *dolencias*.
Éstos son los nombres de los doce apóstoles:
primero, *Simón*, llamado *Pedro*, y Andrés, su hermano;
Santiago y *Juan*, hijos de Zebedeo;
Felipe y Bartolomé; Tomás y Mateo, el publicano;
Santiago, hijo de Alfeo; Tadeo; Simón, el cananeo,
y *Judas Iscariote*, que fue el que lo *traicionó*.
Éstos son los Doce que Jesus envió
con las *instrucciones* siguientes:
"No vayan a tierras *extranjeras*
ni entren en ciudades de los *samaritanos*,
sino que primero vayan en busca de las *ovejas perdidas*
del pueblo de Israel.
Mientras vayan caminando,
proclamen que el *Reino* de *Dios* está cerca.
Sanen *enfermos*, resuciten *muertos*,
limpien *leprosos*, echen *demonios*.
Den gratuitamente, puesto que *recibieron* gratuitamente".

Advierte la mirada de Jesús, que ve decaer el corazón y el ánimo de la gente y se estremece profundamente.

Ha llegado el momento de entrar en acción porque el trabajo es mucho.

Hay tensión en el ambiente por lo apremiante de la tarea y Jesús entrega a los doce sus herramientas de trabajo.

Imagina a los discípulos delante de ti, esperando tus órdenes para comenzar a trabajar inmediatamente.

Da las instrucciones precisas, como un resumen de última hora por si algo no quedó claro. Acentúa todas las expresiones verbales que indican la acción a seguir.

Concluye sosegadamente: recuerda que por el Reino se debe trabajar con generosidad.

12° DOMINGO DEL TIEMPO ORDINARIO

I LECTURA | **De inmenso provecho espiritual resulta la comparación del profeta Jeremías con Cristo. Verdaderamente, en Jeremías vemos un anuncio profético de la vida de Cristo: incomprendido, acusado, maltratado y perseguido, a más no poder, por sus enemigos. No sólo desde el punto de vista teológico, sino también en el aspecto literario, las cinco confesiones (11—20) son poemas de gran valor místico y poético basados en diálogos muy atrevidos entre el profeta y Dios.**

Hoy se nos ofrece una parte de la quinta confesión: la confesión final y la que más refleja el tono de estas formas literarias llamadas "confesiones". Aunque una de las partes involucradas en el diálogo se identifique con el profeta Jeremías, en realidad Jeremías está representando a todo el pueblo de Israel que es maltratado, perseguido y oprimido por el poder de Babilonia. El mismo profeta sufre en carne propia esta realidad. Ante esta grave situación, el clamor brota dolorido desde lo más profundo: ¿Cuál es el sentido de su vocación? ¿Para qué lo llama el Señor, para ser la burla y el oprobio de los otros pueblos? ¿Cómo entender el proceder de Dios en el cumplimiento de sus promesas?

El profeta, en nombre del pueblo, le exige al Señor que hable y responda a los cuestionamientos.

II LECTURA | **En la historia de la salvación hay dos protagonistas, dice el apóstol Pablo: Adán y Cristo. En torno a la figura de Adán está todo lo pecaminoso y desordenado de la historia humana; a Cristo, en cambio, se le atribuye la gracia y la vida. Para hablar de los frutos de la salvación ofrecida en Cristo, Pablo hace una reinterpretación de Génesis. En Génesis 3—11, que describe diferentes maneras y aspectos, la realidad del pecado en la vida humana a causa del rechazo**

I LECTURA | Jeremías 20:10–13 | L M

Lectura del libro del profeta Jeremías

En *aquel* tiempo, dijo *Jeremías*:
"Yo *oía* el cuchicheo de la gente que decía:
'*Denunciemos* a Jeremías, *denunciemos* al profeta del terror'.
Todos los que eran mis amigos *espiaban* mis pasos,
    esperaban que *tropezara y me cayera*, diciendo:
'Si se tropieza y *se cae*, lo venceremosy podremos *vengarnos* de él'.
Pero el Señor, *guerrero poderoso*, *está* a mi lado;
    por eso mis perseguidores caerán por tierra
        y *no podrán* conmigo;
    quedarán *avergonzados* de su fracaso
    y su ignominia será *eterna* e inolvidable.
Señor de los ejércitos,
    que *pones a prueba* al justo
    y *conoces* lo *más* profundo de los corazones,
    haz que *yo vea* tu venganza contra ellos,
    porque a ti he *encomendado* mi causa.
Canten y *alaben* al Señor,
    porque *él ha salvado* la vida de su pobre
    de la *mano* de los malvados".

II LECTURA | Romanos 5:12–15 | L M

Lectura de la carta del apóstol san Pablo a los romanos

Hermanos:
Por un *solo* hombre *entró* el pecado en el mundo
    y por el pecado *entró* la muerte,
    y *así* la muerte pasó a todos los hombres,
porque *todos* pecaron.
Antes de la ley de Moisés *ya existía* el pecado en el mundo
    y, si bien es cierto que el pecado *no se castiga*
        cuando *no hay ley*,
    sin embargo, la muerte *reinó* desde Adán hasta Moisés,
    aun sobre aquellos que *no* pecaron como *pecó* Adán,
    cuando *desobedeció* un mandato *directo* de Dios.
Por lo demás, Adán era *figura* de Cristo, el que *había* de venir.
Ahora bien, el don de Dios *supera* con mucho al delito.

I LECTURA   Jeremías 20:10–13   L E U

Lectura del libro del profeta Jeremías

Dijo Jeremías:
  "Yo oía a mis *adversarios* que decían *contra* mí:
  '¿Cuándo, por fin, lo *denunciarán*?'
Ahora me observan los que *antes* me saludaban,
  esperando que yo *tropiece* para *desquitarse* de mí.
Pero el Señor *está* conmigo, él, mi poderoso *defensor*.
Los que me *persiguen no* me vencerán.
Caerán ellos y tendrán la vergüenza de su *fracaso*,
  y su humillación no se olvidará *jamás*.
Señor, tus ojos están pendientes del hombre *justo*.
Tú *conoces* las conciencias y los corazones,
  haz que vea cómo te harás *justicia*,
  porque a ti he *confiado* mi defensa.
¡*Canten* y alaben al *Señor*,
  que *salvó* al desamparado de las manos de los *malvados*!"

Estás en una situación muy incómoda. Han interpretado equivocadamente tus palabras y tu proceder; sufres al descubrir que sospechan de ti y están esperando la primera ocasión para desquitarse.

Evita comunicar amargura o resentimiento, sino pena y paz.

Va subiendo el tono y pasa de la tristeza a la serena alabanza por el triunfo de Dios frente a la miseria humana.

II LECTURA   Romanos 5:12–15   L E U

Lectura de la carta del apóstol san Pablo a los romanos

Por un *solo* hombre el pecado había *entrado* en el mundo,
  y por el pecado la *muerte*,
  y luego la muerte se propagó a *toda* la humanidad,
  ya que *todos* pecaron.
Del mismo modo *ahora* . . .
Entiéndanme: no había *ley*
  y, sin embargo, había *pecado* en el mundo;
  solamente que, al no tener una *ley*, no *reconocían* el pecado.
De ahí que la muerte *reinó* desde Adán hasta Moisés
    sobre *todos* ellos,
  aun cuando no habían cometido una *desobediencia*
    como la de Adán.
Pero después de este *primer* Adán tenía que venir *otro*.
En realidad,

Antes de comenzar, reconstruye en tu memoria el relato de la caída de Adán.

Como no es un texto sencillo, debes ensayarlo repetidamente hasta tenerlo dominado.

Utiliza un tono sosegado que te permite ir desarrollando las ideas con claridad.

Imagina que estás explicando a tus alumnos un tema complicado y difícil.

Utiliza contacto visual como un llamado a poner atención a las frases menos claras.

humano a vivir responsablemente sus relaciones con su creador.

Porque el pecado es la negación a asumir la responsabilidad personal frente al Creador, por eso se ha producido una alteración en relaciones entre nosotros y con la naturaleza misma. El texto sagrado nos habla del pecado del género humano, no como pecado de un individuo concreto (Adán), sino para señalar que en el origen se da un modo equivocado de mantener relaciones entre las personas y con el mundo.

EVANGELIO Para poder ofrecernos el discurso misionero del capítulo 10, Mateo ha logrado agrupar diferentes dichos de Jesús, con toda la intención de ofrecer a los misioneros de su tiempo un código de comportamiento de acuerdo con la enseñanza del mismo maestro. Conforme lo había anunciado Jesús, muy pronto los discípulos se vieron envueltos en una franca persecución por el hecho de ser cristianos. Es urgente no desfallecer. Es importante no perder de vista la meta.

Efectivamente, el ánimo de los discípulos se podía teñir de temor por el estado de abierta persecución y por la débil confianza en Dios: "no teman a los hombres". "No tengan miedo a los que matan el cuerpo" y "no tengan miedo, ustedes valen más que todos los pájaros del cielo". Los editores de la Biblia de América subrayan los tres motivos de confianza que debemos tener los seguidores de Jesús: caer en la cuenta que la fuerza del Evangelio es imparable; si perdemos algo en manos del enemigo, sólo perdemos parte, no todo; y Dios siempre protege, nunca abandona.

La exhortación evangélica fue hecha para aquel tiempo y para la Iglesia de siempre. Tenemos aquí una presentación teológica muy original del ser y de la misión del discípulo: los discípulos de Cristo estamos llamados a dar testimonio de él en un clima de persecución.

II LECTURA continuación   L M

Pues si por el pecado de un *solo* hombre
   todos fueron castigados *con la muerte,*
por el *don* de un solo hombre, *Jesucristo,*
se ha *desbordado* sobre todos la *abundancia* de la *vida*
   y la *gracia* de Dios.

EVANGELIO Mateo 10:26–33   L M

Lectura del santo Evangelio según san Mateo

En *aquel* tiempo, *Jesús* dijo a sus apóstoles:
"*No teman* a los hombres.
No hay *nada* oculto que *no llegue* a descubrirse;
   no hay *nada* secreto que no llegue *a saberse.*
Lo que les digo de noche, *repítanlo* en pleno día,
   y lo que les digo *al oído, pregónenlo* desde las azoteas.
No tengan miedo a los que *matan* el cuerpo,
pero *no pueden* matar el alma.
Teman, *más bien,* a quien puede *arrojar*
   al lugar de castigo el alma y el cuerpo.
¿No *es verdad* que se venden *dos* pajarillos por *una* moneda?
Sin embargo, *ni uno solo* de ellos *cae* por tierra
   si no lo permite *el Padre.*
En cuanto a ustedes, *hasta* los cabellos de su cabeza
   están contados.
Por lo tanto, *no tengan* miedo,
   porque ustedes valen *mucho* más que *todos* los pájaros
      del mundo.
A quien me reconozca *delante* de los hombres,
   yo *también* lo reconoceré ante mi Padre, que *está* en los cielos;
   pero al que me *niegue* delante de los hombres,
   yo *también* lo negaré ante mi Padre, que *está* en los cielos".

II LECTURA   continuación   L E U

no debemos *contraponer* sin más la *caída* del hombre
 y el *don* de Dios.
Pues de por la *falta* de uno pudieron *morir* tantos,
 es cosa más *trascendental* cuando *desborda* sobre los *hombres*
 la *gracia* de Dios y el *regalo* que él nos hizo
 en consideración a ese *único* hombre que es *Jesucristo*.

Proclama como si estuvieras analizando cada afirmación; hazlo como una reflexión personal dicha en voz alta y concluye resaltando con entusiasmo el increíble regalo que nos ha sido dado en Jesucristo.

EVANGELIO   Mateo 10:26–33   L E U

Lectura del santo Evangelio según san Mateo

En aquel tiempo dijo *Jesús* a sus apóstoles:
 "*No* teman a los hombres.
Lo escondido *tiene* que descubrirse,
 y lo oculto *tiene* que saberse.
Así, pues, lo que les digo a *oscuras*, repítanlo a *la luz del día*,
 y lo que les digo al *oído*, prediquénlo desde los *techos*
 de las casas.
No teman a los que *sólo* pueden *matar* el cuerpo, pero no el *alma*;
 teman *más bien* al que puede echar el alma y el cuerpo
 al *infierno*.
¿No es cierto que dos pajaritos se *venden* en unos centavos?
Y, sin embargo, no cae a tierra *ni uno solo*,
 si no lo *permite* el Padre.
Entonces no teman,
 pues *hasta* los cabellos de sus cabezas están *contados*:
 con todo, *ustedes* valen *más* que los pajaritos.
Al que me *reconozca* delante de los hombres,
 yo lo reconoceré *delante* de mi *Padre* que está en los cielos;
 y a los que me *nieguen* delante de los hombres,
 yo *también* los negaré delante de mi *Padre*
 que está en los cielos".

La escena se desarrolla en un ambiente de amistosa intimidad. Los apóstoles sentados en el suelo rodean a Jesús que los orienta y prepara para el ministerio.

Utiliza un tono cálido y sencillo que comunique reposo y confianza. Las palabras de Jesús van borrando los temores de aquel grupo. Enfatiza todas las veces que invitas a no tener temor.

Separa el texto en secciones o unidades lógicas. En cada una de ellas vuélvete hacia un punto diferente.

Concluye con una mayor fuerza. Invita a toda la comunidad a dar testimonio de su fe en todo momento.

13er. DOMINGO DEL TIEMPO ORDINARIO

Lectura del segundo libro de los Reyes

Un día pasaba *Eliseo* por la ciudad de Sunem
   y una mujer *distinguida* lo invitó *con insistencia*
     a comer en su casa.
Desde entonces, *siempre* que Eliseo *pasaba por ahí*,
   iba a comer a su casa.
En una ocasión, *ella* le dijo a su marido:
"*Yo sé* que este hombre, que con *tanta* frecuencia nos visita,
   es un *hombre de Dios*.
Vamos a construirle en los altos una *pequeña* habitación.
Le pondremos *allí* una cama, una mesa, una silla y una lámpara,
   para que se quede allí, cuando *venga* a visitarnos".
Así se hizo y cuando Eliseo *regresó* a Sunem,
   subió a la habitación y se *recostó* en la cama.
Entonces le dijo a su criado:
   "¿*Qué* podemos *hacer* por esta mujer?"
El criado le dijo: "Mira, no *tiene hijos*
   y su marido *ya es* un anciano".
Entonces dijo Eliseo: "*Llámala*".
El criado *la llamó* y ella, al llegar, se detuvo en la puerta.
Eliseo le dijo: "El año *que viene*, por *estas* mismas fechas,
   tendrás *un hijo* en tus brazos".

Lectura de la carta del apóstol san Pablo a los romanos

Hermanos:
Todos los que hemos sido *incorporados* a Cristo Jesús
   por medio *del bautismo*,
   hemos sido incorporados *a su muerte*.
En efecto, por el bautismo fuimos sepultados *con él* en su muerte,
   para que, *así* como Cristo *resucitó* de entre los muertos por la
     gloria del Padre,
   así *también* nosotros llevemos una vida *nueva*.
Por lo tanto, si hemos *muerto* con Cristo,
   estamos seguros de que *también* viviremos *con él*;
   pues sabemos que *Cristo*,

I LECTURA
La hospitalidad es un deber para el israelita. Al recordar su situación de esclavitud en Egipto, los habitantes del pueblo de Israel no pueden comportarse de igual manera con aquellos que son peregrinos, ya sean hermanos de raza o extranjeros. Quien llega a pedir hospitalidad debe ser tratado con amor porque Dios lo ama. La ley lo protege y estipula sus derechos (Deuteronomio 23:16–17). El israelita debe ser capaz de acoger como hermanos a todos aquellos que reconozcan a Yavé como su Dios.

El gesto hospitalario de los esposos sin hijos de Sunem, pueblo cerca de Meguido, brota de un profundo convencimiento: Eliseo es un hombre de Dios. En este sentido, la invitación a comer y la construcción de una habitación especial para el profeta no son hechas por intereses mezquinos, sino por amor a Dios. Por medio del profeta, el Señor le ofrece a los esposos lo que más necesitan: un hijo. El no tener hijos, los israelitas lo consideraban como un gran mal, ya que este estado se oponía al mandato del creador que pedía la fecundidad y la vida. El profeta de Dios es portador de buenas noticias, y en esta ocasión Dios responde con gran generosidad venciendo la esterilidad.

II LECTURA
En la resurrección de Cristo, gracias a la comunión interpersonal, recibida y acogida en la adhesión de fe, el cristiano participa ya de la vida nueva, aunque lo hará plenamente con la resurrección del cuerpo.

El cristiano es sepultado con Cristo a través del Bautismo para que, así como resucitó Cristo de los muertos por la "gloria del Padre", el hijo de Dios sea consciente de que posee una vida nueva. La novedad de vida del cristiano está en la unión íntima y dinámica con la muerte y resurrección de Cristo. Lo acontecido en el cristiano no es algo superficial, ni tampoco se agota en una mera imitación de los sentimientos

275

30 DE JUNIO DEL 2002 ▪ 13er. DOMINGO DEL TIEMPO ORDINARIO

I LECTURA   2 Reyes 4:8–11, 14–16a   L E U

Lectura del segundo libro de los Reyes

Un día que *Eliseo* pasaba por Sunem, una *dama* lo invitó
    a comer.
Y después, *siempre* que viajaba a ese pueblo, iba a *esa* casa
    a comer.
La *dama* dijo entonces a su marido:
   "*Mira*, este hombre que *siempre* pasa por nuestra *casa*,
es un *santo* varón de Dios.
Si quieres le hacemos una *pequeña* habitación en la terraza,
   y *ponemos* en ella una cama, una silla y una lámpara.
De *esta* manera, cuando *venga* a nosotros,
   podrá quedarse y *descansar*".
Un día pasó *Eliseo*.
Se fue a la *habitación* de la terraza y se *acostó*.
Dijo a Guejazí, su *muchacho*:
   "¿*Qué* podemos hacer por ella?"
Respondió el muchacho:
   "Ella *no* tiene hijos y su marido ya *es viejo*".
Eliseo, pues, le dijo: "*Llámala*".
La *llamó* el muchacho y la dama se *paró* en la puerta.
Eliseo dijo:
   "El año *próximo*, por este tiempo, tendrás un *hijo* en brazos".

Como en todo relato, este requiere que se ponga especial atención al movimiento de los personajes.

Estás repitiendo un suceso que te impactó y has guardado vivamente en tus recuerdos.

Imagina el entorno acogedor de la hospitalidad de los pueblos del oriente.

Manifiesta con tu proclamación el esmero con el que es recibido el profeta para que se alimente y descanse del camino.

Manifiesta genuina bondad en la voz de esta mujer, que delicadamente se preocupa por hacer agradable la estancia del profeta en su casa.

Muestra que Eliseo quiere corresponder de alguna manera a todas las atenciones que ha recibido.

Imagina a la mujer, que se detiene respetuosamente a la puerta y escucha con atención y reverencia.

Las palabras del profeta deben comunicar el gozo que siente por hacer feliz a esta mujer generosa.

II LECTURA   Romanos 6:3–4, 8–11   L E U

Lectura de la carta del apóstol san Pablo a los romanos

Los que fuimos *sumergidos* por el bautismo en Cristo Jesús,
   fuimos sumergidos *con* él para *participar* de su muerte.
Pues al ser *bautizados* fuimos *sepultados* junto con Cristo
   para *compartir* su muerte,
   a fin de que, al *igual* que Cristo,
   quien fue *resucitado* de entre los muertos
     por la *gloria* del Padre,
   también nosotros *caminemos* en una vida *nueva*.
Por lo tanto, si hemos *muerto* con Cristo,
   creemos también que *viviremos* con él,
   sabiendo que Cristo, una vez *resucitado* de entre los muertos,

Imagina que instruyes a un grupo de jóvenes que se está preparando para recibir el bautismo. Como eres muy buen maestro, vas proclamando sin apresurarte y sin mezclar las ideas.

Advierte que casi siempre hablas en primera persona del plural, incluyéndote en el grupo. Por eso es importante que armonices los contactos visuales con las

276

13er. DOMINGO DEL TIEMPO ORDINARIO ▪ 30 DE JUNIO DEL 2002

de Cristo, sino que gratuitamente se le ha comunicado de parte de Dios un principio vital capaz de transformar su vida. Entonces, el compromiso es vivir responsablemente de acuerdo con esta existencia en medio del mundo.

EVANGELIO | Continuando con el tema del domingo pasado, el Evangelio nos invita a profundizar en el ser y quehacer del apóstol de Jesucristo. A partir de la experiencia del resucitado, cada día crece el número de los misioneros en la Iglesia primitiva, pero es necesario que se les recuerden las disposiciones interiores con el fin de que no venga a menos la enseñanza del maestro y el testimonio de una entrega generosa en los apóstoles.

A ellos, Cristo les señaló, como criterio indispensable, dejar a un lado aquello que fuera mero interés personal, con el fin de que lo verdaderamente importante en la vida fuera Cristo y la comunidad. Seguramente, en las comunidades cristianas a las que se dirigía Mateo en su Evangelio, había pastores divididos en su corazón por querer atender a los asuntos personales y los de Cristo.

Las exhortaciones de la segunda parte del Evangelio de hoy, nos insinúan otra problemática en relación con los primeros misioneros: en el desempeño de sus tareas ministeriales no siempre era bien aceptado, recibido y atendido. Cristo había dado testimonio y había enseñado sobre la vida fraterna. Los apóstoles se ensayaban en poner en práctica este estilo de vida, no sin dificultades, pero la realidad era otra porque en la primeras comunidades se daban faltas graves contra la caridad. Hoy en la Iglesia se sigue hablando mucho de fraternidad y de servicio a los demás; sin embargo, falta mucho por corregir.

II LECTURA   continuación   L M

una vez *resucitado* de entre los muertos, ya *nunca* morirá.
La muerte ya *no tiene* dominio sobre él,
porque al morir, murió al pecado de una vez *para siempre*;
y al resucitar, vive *ahora* para Dios.
Lo mismo *ustedes*,
considérense muertos al pecado y *vivos* para Dios
en *Cristo Jesús*, Señor nuestro.

EVANGELIO   Mateo 10:37–42   L M

Lectura del santo Evangelio según san Mateo

En *aquel* tiempo, *Jesús* dijo a sus apóstoles:
"El que ama a su padre o a su madre *más* que a mí,
no es digno de mí;
el que ama a su hijo o a su hija *más* que a mí, *no es* digno de mí;
y el que no toma su cruz y *me sigue*, no es digno de mí.
El que *salve* su vida *la perderá* y el que la pierda *por mí*,
la salvará.
Quien los recibe *a ustedes* me recibe *a mí*;
y quien me recibe *a mí*, *recibe* al que me ha enviado.
El que recibe a un profeta *por ser profeta*,
recibirá *recompensa de profeta*;
el que recibe a un justo *por ser justo*,
recibirá *recompensa de justo*.
Quien diere, aunque no sea *más* que un vaso de *agua fría*
a uno de *estos* pequeños,
por *ser* discípulo mío,
yo *les aseguro* que *no perderá* su recompensa".

277

30 DE JUNIO DEL 2002 ▪ 13er. DOMINGO DEL TIEMPO ORDINARIO

II LECTURA   continuación   L E U

ya no muere *más*:
la *muerte* ya no tiene *dominio* sobre él.
La muerte de Cristo fue un *morir* al pecado,
   y un morir para *siempre*;
   su vida *ahora* es un vivir para Dios.
Así *también* ustedes considérense como *muertos* para el pecado
   y *vivan* para Dios en Cristo *Jesús*.

acciones verbales, ya que estás colocado delante de tus alumnos.

Evita usar un mismo tono todo el tiempo.

Proclama con la naturalidad del lenguaje coloquial en el que acentuamos aquellos elementos que nos parecen más interesantes. Hay frases muy bonitas y unas tienen mayor fuerza que otras.

EVANGELIO   Mateo 10:37–42   L E U

Lectura del santo Evangelio según san Mateo

En aquel tiempo, dijo *Jesús* a sus apóstoles:
   "No es digno de mí el que *ama* a su padre o a su madre
      más que a mí;
   no es digno de mí el que *ama* a su hijo o a su hija *más* que a mí.
No es digno de mí el que no toma su cruz para *seguirme*.
El que procure *salvar* su vida, la *perderá*,
   y el que la *pierda* por amor a mí, la *hallará*.
El que los recibe *a ustedes*, a *mí* me recibe,
   y el que me recibe a *mí*, recibe al que me *envió*.
El que *recibe* a un profeta porque es *profeta*,
   recibirá *recompensa digna* de un profeta.
El que *recibe* a un hombre bueno por ser *bueno*,
   recibirá la recompensa que corresponde a un hombre *bueno*.
Lo *mismo*, el que dé un vaso de agua fresca a uno de los *míos*,
   porque es *discípulo* mío,
      yo les aseguro que no quedará sin *recompensa*".

Advierte que amar aquí significa "ser fiel". Éstas son palabras fuertes y sinceras, dichas en el momento preciso cuando se decide el rumbo a seguir.

Evidentemente no se trata de contraponer la familia al Evangelio, sino de colocar las cosas en su sitio.

Utiliza un tono firme, no agresivo. Son verdades que debes decir con honestidad y sin titubeos. Siente que estás comunicando postulados fundamentales y quieres estar seguro de que todos los están escuchando y entendiendo.

Reconoce que las enseñanzas que estás presentando deberán traducirse en gestos concretos que deben realizarse sencilla y llanamente.

14º DOMINGO DEL TIEMPO ORDINARIO

I LECTURA — El oráculo profético expresa los sentimientos de aquellos que, estando dispersos, anhelan ardientemente que llegue el día en que un rey de su pueblo sea capaz de vencer al enemigo, logrando su expulsión de la tierra de Palestina. En varias ocasiones, los reyes en Israel soñaron sacudirse la opresión de los pueblos vecinos con la fuerza meramente humana; siempre que lo intentaron de esta forma, fracasaron. Israel debía ser poderoso en otro sentido. La imagen del rey, "justo y victorioso, humilde y montado en un burrito", recuerda al pueblo de Israel que su poder y la victoria sólo le pueden venir de Dios. Dios es el poderoso, el único rey, el destruye a los enemigos de su pueblo valiéndose de los débiles.

Es evidente que Zacarías 9:9 influyó en la narración que nos ofrece el evangelista Juan sobre la entrada de Jesús en Jerusalén (12:15). Basado en este oráculo profético, a Juan le interesa presentar a Jesús como el Mesías de la paz. La mansedumbre es el arma más poderosa.

II LECTURA — El capítulo ocho de la carta a los Romanos está dedicado al tema de la "vida nueva en el Espíritu". Ya en los capítulos anteriores (5–7), Pablo había presentado la situación alienante del género humano, causada por tres clases de esclavitudes hacia la persona: por el pecado; por la muerte; y por vivir bajo la ley. Pero lo interesante del capítulo 8 es la proclamación que hace Pablo de que somos solidarios en la "vida nueva en el Espíritu".

El apóstol se vale del polo opuesto "desorden egoísta" y "vida en el Espíritu" para definir algo fundamental en el campo de la salvación: La persona abandonada a sus propias fuerzas no puede impedir estar sujeto al "desorden egoísta" y hace de este desorden su "regla de conducta". En el creyente se da una transformación, existe una ley interior, gracias al dinamismo interior

I LECTURA   Zacarías 9:9–10   L M

Lectura del libro del profeta Zacarías

Esto dice el Señor:
"*Alégrate sobremanera*, hija de Sión;
    da gritos de júbilo, *hija* de Jerusalén;
    mira a tu rey que viene a ti, *justo y victorioso*,
    humilde y montado en un burrito.
Él hará *desaparecer* de la tierra de Efraín los *carros de guerra*
    y de Jerusalén, *los caballos* de combate.
Romperá el arco del guerrero y *anunciará* la paz a las naciones.
Su poder se extenderá *de mar a mar*
    y desde el *gran* río hasta los *últimos* rincones de la tierra".

II LECTURA   Romanos 8:9, 11–13   L M

Lectura de la carta del apóstol san Pablo a los romano

Hermanos:
Ustedes *no viven* conforme al *desorden* egoísta del hombre,
    sino conforme al Espíritu, puesto que el *Espíritu de Dios*
        habita *verdaderamente* en ustedes.
Quien *no tiene* el Espíritu de Cristo, *no es* de Cristo.
Si el Espíritu del Padre,
    que *resucitó* a Jesús de entre los muertos, habita *en ustedes*,
    entonces *el Padre*, que *resucitó* a Jesús de entre los muertos,
    también les dará *vida* a sus cuerpos mortales,
    por obra de *su Espíritu*, que *habita* en ustedes.
Por lo tanto, *hermanos*,
    no estamos sujetos al desorden egoísta del hombre,
    para hacer de *ese* desorden nuestra *regla* de conducta.
Pues si ustedes viven *de ese modo, ciertamente* serán *destruidos*.
Por el *contrario*, si con la ayuda del Espíritu *destruyen* sus
        malas acciones,
    entonces *vivirán*.

I LECTURA   Zacarías 9:9–10   L E U

Lectura del libro del profeta Zacarías

Así dice el Señor:
   Salta, llena de gozo, oh hija de Sión.
Lanza *gritos* de alegría, hija de Jerusalén.
Pues tu *rey* viene hacia ti;
   él es *santo* y victorioso, *humilde,*
   y va montado *sobre* un burro,
   sobre el hijo *pequeño* de una burra.
Destruirá los carros de Efraím
   y los *caballos* de Jerusalén.
Desaparecerá el arco con flechas
   y dictará *la paz* a las naciones.
Extenderá su *dominio* desde el Mediterráneo *hasta* el mar Rojo
   y *desde* el Eufrates hasta el *fin* del mundo.

II LECTURA   Romanos 8:9, 11–13   L E U

Lectura de la carta del apóstol san Pablo a los romanos

Ustedes *no* se dejan conducir por la *carne* sino por el *Espíritu,*
   pues el Espíritu de Dios *habita* en ustedes.
Si alguien *no* tuviera el Espíritu de Cristo, no *sería* de Cristo.
Y si el Espíritu de *Aquel* que resucitó a Cristo de entre
      los muertos
   está en ustedes,
   el que *resucitó* a Jesús de entre los muertos
   dará también *vida* a sus cuerpos mortales;
   lo hará por *medio* de su Espíritu que *ya* habita en ustedes.
Entonces, hermanos, si debemos a *alguien,*
   no es precisamente a la *carne,*
   para que tengamos que vivir *según* ella.
Porque si ustedes viven *según* la carne, irán a la *muerte.*
En cambio, si *matan* por el Espíritu las obras de la carne, *vivirán.*

Advierte que Dios mismo es el que lanza este grito de alegría.

Son muy buenas las noticias porque anuncian tiempos de paz y prosperidad.

Siente cómo el júbilo se contagia y la gente corre por las calles y las plazas, bailando y saltando porque al fin ha llegado el momento de la gran victoria.

La comunidad que te escucha también necesita que le levanten el ánimo porque casi todo lo que ha escuchado afuera son malos pronósticos. Dirígete a ella y comunícale este gozo enorme que ha prometido el Señor.

No te apresures al proclamar este texto. Deja que las ideas fluyan claramente, como una reflexión profunda que quieres desmenuzar para que tus oyentes puedan entenderla. Hazlo como una conversación serena en la que expones tus ideas sencillamente.

Divide la lectura en ideas de acuerdo a su sentido y separa cada una de ellas por medio de pausas que permitan ir avanzando en su comprensión.

Interpreta las dos últimas frases como la idea clave que resume el mensaje del texto.

que se realiza a partir de Dios mismo, fuente de la vida, quien es el dador del Espíritu.

La vida del cristiano y de la Iglesia tiene como protagonista al Espíritu de Cristo resucitado. El Espíritu habita en el cristiano desde el momento del bautismo y hace que todos seamos hijos e hijas de Dios.

EVANGELIO | Jesús se encuentra en oración, no solo y alejado de los demás, sino rodeado de sus seguidores: gente sencilla, atraídos por su predicación. Ante este grupo bien dispuesto y con sinceridad de corazón, Jesús siente libertad para abrir su corazón y dar rienda suelta a sus sentimientos. Se dirige a Dios de una manera muy espontánea con un himno de alabanza. El himno está en sintonía con la temática que presenta el evangelista en esta sección: apatía y rechazo de los jefes de los judíos ante Cristo.

Dentro del plan salvífico del Padre está el revelar el misterio de la salvación a los sencillos. En la enseñanza a sus apóstoles, Cristo les advierte sobre la falta de sentido de una religión farisaica que impone la pesada carga de ciertas prescripciones y prácticas que, en lugar de ayudar, estorban. Por su parte, Jesús identifica la religión judía con un yugo pesado que se imagina que, a base de la multiplicación de actos, se puede conquistar la salvación por méritos propios.

No obstante, el programa de vida que presenta Jesús a los suyos no es nada fácil o superficial. La invitación es universal, pero son los más desposeídos los que responden con generosidad. Vivir el amor no es fácil. Es tan pesado como un yugo, pero es suave y ligero. El amor es exigente, pero todo lo hace aceptable. Sólo el amor salva. Cristo, que nos ha amado hasta el extremo de dar la vida por nosotros, es el único Señor y Salvador. Muy fácilmente nos podemos equivocar y puede ocurrir que busquemos la salvación por caminos falsos.

EVANGELIO Mateo 11:25–30   L M

Lectura del santo Evangelio según san Mateo

En *aquel* tiempo, *Jesús exclamó:*
"¡Te *doy* gracias, *Padre,* Señor del cielo y de la tierra,
   porque *has escondido* estas cosas a los *sabios* y entendidos,
   y las *has revelado* a la gente *sencilla!*
Gracias, Padre, porque *así* te ha parecido bien.
El Padre ha puesto *todas* las cosas en mis manos.
Nadie conoce al Hijo sino el Padre,
   y *nadie* conoce *al Padre* sino el Hijo
   y *aquel* a quien el *Hijo* se lo *quiera* revelar.
Vengan a mí, *todos* los que están *fatigados*
    y agobiados *por la carga,*
   y *yo* los aliviaré.
Tomen mi yugo sobre ustedes y *aprendan* de mí,
   que soy *manso* y *humilde* de corazón,
   y *encontrarán* descanso,
   porque mi yugo *es suave* y mi carga *ligera".*

EVANGELIO   Mateo 11:25–30   L E U

Lectura del santo Evangelio según san Mateo

Por aquel tiempo *exclamó* Jesús:
   "*Padre*, Señor del cielo y de la tierra, yo te *alabo*
      porque has mantenido *ocultas* estas cosas a los sabios
         y prudentes
      y las *revelaste* a la gente *sencilla*.
Sí, *Padre*, así te *pareció* bien.
El Padre puso *todas* las cosas en mis manos.
Nadie conoce al Hijo sino el *Padre*,
   ni *nadie* conoce al Padre sino el *Hijo*
   y *aquellos* a los que el Hijo *quiere* dárselo a conocer.
Vengan a mí los que se sienten *cargados* y agobiados,
   porque yo los *aliviaré*.
Carguen con mi yugo y *aprendan* de mí
   que soy *paciente* de corazón y humilde,
   y sus almas encontrarán *alivio*.
Pues mi yugo es *bueno* y mi carga *liviana*".

La emoción debe vibrar en tu voz. Estás alabando al Padre, admirado profundamente por su extraordinario proceder.

Luego de comenzar dirigiéndose al Padre, Jesús se vuelve inmediatamente a sus discípulos para explicarles el significado de sus palabras. Haz una pausa y cambia el tono de la voz para que se noten estos dos planos diferentes.

Siente la actualidad del mensaje que ahora se dirige a la asamblea que te escucha. Invítala a confiar en Jesús. Deja que las palabras del Señor resuenen cálidas, inspirando seguridad y confianza.

15º DOMINGO DEL TIEMPO ORDINARIO

| I LECTURA | Isaías 55:10–11 | L M |

Lectura del libro del profeta Isaías

Esto dice *el Señor*:
"Como *bajan* del cielo la lluvia y la nieve
   y *no vuelven* allá, sino después de *empapar* la tierra,
   de *fecundarla* y hacerla *germinar*,
   a *fin* de que *dé semilla* para sembrar y *pan* para comer,
así será la palabra que sale de mi boca:
   no volverá a mí sin resultado,
   sino que *hará* mi voluntad y *cumplirá* su misión".

| II LECTURA | Romanos 8:18–23 | L M |

Lectura de la carta del apóstol san Pablo a los romanos

Hermanos:
Considero que los sufrimientos de *esta vida*
   no se pueden *comparar* con la gloria que un día se
     manifestará en nosotros;
   porque *toda* la creación espera, con *seguridad* e impaciencia,
   la *revelación* de esa gloria de los *hijos* de Dios.
La creación está ahora *sometida* al desorden,
   no por su querer, sino por voluntad de *aquel* que la sometió.
Pero *dándole* al *mismo tiempo esta* esperanza:
   que también *ella misma* va a ser *liberada*
   de la esclavitud de la corrupción,
   para *compartir* la gloriosa libertad de *los hijos* de Dios.
Sabemos, *en efecto*,
   que la creación *entera gime* hasta el presente
     y *sufre* dolores de parto;
   y no sólo ella, sino *también* nosotros,
     los que poseemos las primicias del Espíritu,
   gemimos *interiormente*,
   anhelando que se realice *plenamente*
     nuestra condición de hijos de Dios,
   la *redención* de nuestro cuerpo.

I LECTURA Parte del pueblo de Israel se encuentra exiliado en Babilonia. Allá, en un país extranjero, le faltan muchas cosas que le podrían mantener la ilusión en alto. Al no poseerlas, el cansancio, la desilusión y la desesperanza invaden el ánimo de los israelitas. ¡Qué urgente, entonces, es un mensaje de consolación! En épocas pasadas, cuando el pueblo marchaba por el desierto después de la liberación de Egipto, Dios no los desamparó; cuando golpeaba fuertemente el hambre y la sed, Dios respondía favorablemente. Ahora, en el exilio el pueblo tiene hambre de la Palabra de Dios; por eso el profeta responde que la misma Palabra de Dios saciará la sed y el hambre, porque es un platillo suculento.

La lectura de hoy es un oráculo precioso sobre la Palabra viva de Dios. Compara ésta con la lluvia y la nieve que caen en tierra. Estamos ante el texto profético más profundo sobre la Palabra de Dios y su eficacia. Es un maravilloso canto a la Palabra creadora y viviente de Dios. La Palabra de Dios produce vida nueva en todo aquel o aquella que permite ser empapado por el agua que cae de lo alto. Es la Palabra de Dios, la única que puede fecundar y hacer germinar nuestra vida cristiana. El despertar en la Iglesia, donde en los últimos años ha crecido el número de cristianos que leen y meditan las Sagradas Escrituras, nos llena de esperanza porque seguramente el fruto será abundante.

II LECTURA El domingo anterior, Pablo nos ha presentado la realidad del cristiano que posee una nueva vida gracias al Espíritu, pero también cómo la vida en el Espíritu habilita y determina para que el creyente posea una nueva condición. Pablo afirma que Cristo y el Espíritu están presentes en el cristiano porque es hijo de Dios. Ahora, continuando con la presentación doctrinal del capítulo 8, Pablo señala que la acción del Espíritu vivificador

I LECTURA   Isaías 55:10–11   L E U

Lectura del libro del profeta Isaías

Esto *dice* el Señor:
  Como *baja* la lluvia y la nieve de los *cielos*
  y no vuelven *allá* sin haber *empapado* y fecundado la tierra
  y haberla hecho *germinar*,
  dando la *simiente* para sembrar y el *pan* para comer;
  así será la *palabra* que salga de mi boca.
No volverá a mí sin haber hecho lo que yo *quería*,
  y haber llevado a cabo su *misión*.

Interpreta este brevísimo texto,
respetando la belleza poética
que contiene.

Siente la frescura de la lluvia, la suavidad
de la nieve.

Mira el verdor que quiebra la tierra,
ofreciendo la fecundidad de las espigas.

II LECTURA   Romanos 8:18–23   L E U

Lectura de la carta del apóstol san Pablo a los romanos

En *verdad*, me parece que lo que *sufrimos* en la vida presente
  no se puede comparar
  con la gloria que se *manifestará* después en nosotros.
Y *toda* la creación espera *ansiosamente*
  que los hijos de Dios *reciban* esa gloria que les *corresponde*.
Pues si la *creación* está al servicio de *vanas* ambiciones,
  no es porque ella hubiese *deseado* esa suerte,
  sino que *le* vino del que la *sometió*.
Por eso *tiene* que esperar hasta que ella *misma* sea liberada
  del destino de *muerte* que pesa sobre ella
  y pueda así *compartir* la libertad y la gloria de los *hijos*
    de Dios.
Vemos cómo *todavía* el universo gime y sufre *dolores* de parto.
Y *no sólo* el universo, sino nosotros *mismos*,
  aunque se nos dio el *Espíritu* como un *anticipo*
    de lo que tendremos,
  gemimos interiormente,
    esperando el día en que Dios nos *adopte*
  y *libere* nuestro cuerpo.

Advierte que en este primer párrafo radica
en síntesis el mensaje que el resto del
texto irá ampliando y comentando.

Esta lectura requiere una proclamación
intensa que vaya creciendo paulatinamente.

No dejes que la fuerza decaiga hasta
que al final puedas concluir con cierto
alivio, como si disfrutaras imaginando
el gozo del día de la liberación.

produce sus efectos en las personas, pero también en el cosmos. Concretamente, el primer fruto, en las personas, es la filiación divina por Cristo.

Pablo no se cansa de hacer alusión a la condición de Hijo de Dios que posee todo bautizado; esto es lo primero y lo más importante de la vida nueva. Pero aclara que esta filiación es algo dinámico ya que logra que se tenga una nueva manera de considerar el mundo, la vida, los sufrimientos y la gloria (8:18). No sólo el hombre y la mujer son llamados a una nueva existencia en el Espíritu, sino también la creación entera en la que existe la esperanza de que será liberada de la esclavitud de la corrupción, cuando todo sea transformado.

¿De qué manera actúa el Espíritu vivificador en la creación? La imagen es sugestiva y grandiosa: "la creación entera gime hasta el presente y sufre dolores de parto". De esta manera, el apóstol habla de que toda la creación está implicada en el proceso de una nueva vida. Pero la obra no ha terminado, sólo se ha iniciado, ya que nuestro cuerpo aún no ha sido divinizado.

EVANGELIO Jesús amaba enseñar con parábolas. Los Evangelios sinópticos nos relatan unas 40 parábolas diferentes. En el capítulo 13, Mateo presenta siete parábolas, y se vale de ellas, para describir el misterio del Reino de los Cielos. La parábola del sembrador fundamentalmente es una advertencia para poder escuchar con provecho las siguientes 6 parábolas. La descripción que va haciendo denota sus cualidades de verdadero artista y de la más fina psicología, ya que plásticamente nos presenta la respuesta de los habitantes de Palestina ante el misterio de Cristo: indiferencia, rechazo, curiosidad y en muy pocos, de aceptación generosa.

El Reino de los Cielos tiene dos características: es una fuerza misteriosa, comparable a la vida presente en la semilla, posee ya la vida, pero llegará a su plenitud. También el misterio de transformación que obra el Reino es como una semilla: Es muy pequeña, casi nada, insignificante. En el

EVANGELIO Mateo 13:1-23   L M

Lectura del santo Evangelio según san Mateo

Un día *salió* Jesús de la casa donde se hospedaba
    y *se sentó* a la orilla del mar.
Se reunió en torno suyo *tanta gente*,
    que *él* se vio *obligado* a subir a una barca, donde *se sentó*,
    mientras la gente *permanecía* en la orilla.
Entonces Jesús les habló de *muchas* cosas en *parábolas* y les dijo:
"Una vez *salió* un sembrador a sembrar,
    y al *ir* arrojando la semilla,
    unos granos *cayeron* a lo largo del camino;
    vinieron los pájaros y *se los comieron*.
Otros granos cayeron en terreno *pedregoso*, que tenía *poca* tierra;
    ahí germinaron pronto, porque la tierra *no era* gruesa;
    pero cuando *subió* el sol, los brotes *se marchitaron*,
    y como *no tenían* raíces, *se secaron*.
Otros *cayeron* entre espinos, y cuando los espinos *crecieron*,
sofocaron las plantitas. Otros granos cayeron en *tierra
buena* y dieron fruto:
    unos, *ciento por uno*; otros, *sesenta*; y otros, *treinta*.
El que tenga oídos, *que oiga*".
Después se le acercaron sus discípulos y le preguntaron:
"*¿Por qué* les hablas *en parábolas?*"
Él les respondió:
"*A ustedes* se les ha concedido
conocer los misterios del Reino de los cielos,
    pero a ellos *no*.
Al que *tiene*, se le dará más *y nadará* en la abundancia;
    pero al que tiene *poco*, aun eso poco *se le quitará*.
Por eso les hablo *en parábolas*,
    porque *viendo* no ven y oyendo no oyen *ni entienden*.
En ellos *se cumple* aquella profecía de *Isaías* que dice:
Oirán una y otra vez y *no entenderán*;
    mirarán y volverán a mirar, *pero no verán*;
    porque este pueblo *ha endurecido* su corazón,
    ha cerrado sus ojos y *tapado* sus oídos,
    con el fin de no ver con los ojos,
    ni oír con los oídos, *ni comprender* con el corazón.
Porque *no quieren* convertirse ni que yo *los salve*.
Pero, *dichosos* ustedes, porque sus ojos *ven* y sus oídos *oyen*.
Yo *les aseguro* que *muchos* profetas y *muchos* justos
    desearon *ver* lo que ustedes ven y *no lo vieron*
    y *oír* lo que ustedes oyen *y no lo oyeron*.

EVANGELIO   Mateo 13:1–23   L E U

Lectura del santo Evangelio según san Mateo

Aquel día, saliendo *Jesús* de la casa, fue y se *sentó*
    a la orilla del lago.
Pero se juntaron alrededor de él *tantas* personas
    que prefirió *subir* a una barca,
    donde se *sentó* mientras toda la gente *estaba* en la orilla.
Jesús les habló de *muchas* cosas mediante *comparaciones*.
Les decía: "El *sembrador* sale a sembrar;
    unos granos caen cerca del *camino*;
    vienen las aves y se los *comen*.
Otros granos caen entre *piedras*
    y, como hay *poca* tierra, brotan *pronto*.
Pero el sol los *quema* y por falta de raíces se *secan*.
Otros granos caen entre *espinas*,
    crecen las espinas y los *ahogan*.
Otros, *finalmente*, caen en *buena* tierra
    y producen unos el *ciento*, otro el *sesenta*,
    y otro el *treinta* por uno.
El que *tenga* oídos, que *entienda*".
[Los discípulos se le acercaron para *preguntarle*:
"¿Por qué les hablas con *parábolas*?"
Jesús respondió: "Porque a ustedes se les ha permitido *conocer*
los misterios del Reino de los Cielos,
pero a ellos *no*.
Porque, al que ya tiene se le *dará* y tendrá en *abundancia*,
pero al que *no* tiene se le quitará *aun* lo que tiene.
Por eso les hablo con *parábolas*,
porque cuando miran *no ven*,
y cuando *oyen*, no escuchan ni *entienden*.
Así se *cumple* en ellos lo que escribió el profeta *Isaías*:
'Oirán, pero no *entenderán*
y, por más que miren, *no verán*.
Porque este pueblo ha *endurecido* su corazón,
ha *cerrado* sus ojos y *taponado* sus oídos.
Con el fin de no *ver*, ni de oír, ni de *comprender*
    con el corazón.
No quieren convertirse ni que yo *los salve*'.
Al *contrario*, *dichosos* ustedes porque *ven* y oyen.
Yo les *aseguro* que muchos profetas y muchos *santos*
ansiaron ver lo que ustedes ven y *no* lo vieron,
y *oír* lo que ustedes oyen y *no* lo oyeron.
Escuchen ahora la *explicación* del sembrador:

Deja que tus oyentes visualicen con claridad esta escena a la orilla del lago. Se hace un profundo silencio y entonces Jesús comienza a enseñar.

Localiza entre la gente a los dos tipos de personas mencionados en la parábola.

Unos son duros, secos, superficiales y ciegos; en ellos la semilla fracasa. Otros son sencillos y abiertos; ellos son los dichosos que tienen el corazón hecho de tierra buena y generosa.

Hay un tono de dolor y tristeza en su voz cuando se refiere a aquéllos que rechazan la salvación que les quiere ofrecer. Más que el fracaso le duele el que dejen pasar la gran oportunidad de entrar en el misterio del Reino.

momento en que Jesús relata la parábola, él se encuentra en pleno ministerio, pero muy poco se nota de extraordinario. Son pocos los resultados visibles; si hay entusiasmo de la gente, es por las curaciones que realiza. La multitud y sus discípulos no son capaces de ver mucho más allá.

Sin embargo, cuando los cristianos releen esta parábola después de la muerte de Jesús, comprendieron que se refería a toda la vida ofrecida por el maestro. Lo sembrado es la vida divina ofrecida por las manos del Padre, semilla sembrada en la tierra; es un signo modesto, pero lleno de vida.

La multitud, los discípulos y los cristianos de las primeras comunidades se sentían confundidos sobre el tipo de relación que debían guardar con el Reino de los Cielos, proclamado e inaugurado por Jesús, mediante su palabra, vida, muerte y resurrección. Las parábolas del Reino de Dios que nos presentan los sinópticos hablan precisamente de la eficacia de la acción de Dios en la historia, a pesar de la ruina provocada por la infidelidad de parte de su pueblo. Pero ahora, con la presencia de Jesús, se ha pasado del tiempo de la promesa, época de los profetas y Juan Bautista, al del cumplimiento inaugurado por Cristo: "Yo les aseguro que muchos profetas y muchos justos desearon ver lo que ustedes ven y no lo vieron".

EVANGELIO continuación   L M

Escuchen, pues, ustedes lo que *significa* la parábola del sembrador.
  A *todo* hombre que *oye* la palabra del Reino y *no la entiende*,
  le llega el diablo y *le arrebata* lo sembrado en su corazón.
Esto es lo que significan los granos que cayeron
    a *lo largo* del camino.
Lo sembrado sobre terreno *pedregoso* significa
  al que *oye* la palabra y la acepta *inmediatamente* con alegría;
  pero, como *es inconstante*, no la deja *echar raíces*,
  y apenas le viene *una tribulación* o una *persecución*
    por causa de la palabra, *sucumbe*.
Lo sembrado entre *los espinos* representa a aquel
    que *oye* la palabra,
  pero *las preocupaciones* de la vida y *la seducción* de las
    riquezas *la sofocan*
  y queda *sin fruto*.
En cambio, lo sembrado *en tierra buena*
    representa a quienes *oyen* la palabra,
  la entienden y *dan fruto*: unos,
  el *ciento por uno*; otros, el *sesenta*; y otros, *el treinta*".

EVANGELIO continuación   L E U

Cuando uno oye la *Palabra* del Reino,
    pero no la escucha con *atención*,
viene el Malo y le *arranca* lo que encuentra sembrado
    en el corazón:
esto es lo sembrado en la *orilla* del camino.
Lo sembrado en tierra *pedregosa*
es la persona que al principio oye la Palabra *con gusto*,
pero no tiene raíces y dura *poco*.
Al sobrevenir las pruebas y la *persecució*n
por causa de la Palabra,
    inmediatamente *sucumbe*.
Lo sembrado entre *espinas* es la persona que oye la Palabra,
pero las *preocupaciones materiales*
    y la *ceguera* propia de la riqueza
    ahogan la Palabra y no puede producir *fruto*.
Por el *contrario*,
    lo sembrado en tierra *buena* es el hombre que *oye* la Palabra,
    la *medita* y produce fruto:
    el *ciento*, el sesenta y el *treinta* por uno".]

[*Versión corta: Mateo 13:1–9*]

Los tres primeros intentos del sembrador son un desastre total, una aparente pérdida de tiempo. Al aclarar el sentido de la parábola, paso por paso, intenta comunicar el disgusto ante los malos resultados obtenidos. Es importante enfatizar el por qué de cada fracaso.

Al concluir, comunica el alivio y el gozo que siente Dios cuando alguien acoge su palabra. Advierte que el fruto es tan abundante que sobrepasa todas las pérdidas anteriores.

16º DOMINGO DEL TIEMPO ORDINARIO

Alrededor del siglo I a.C., la situación del hebraísmo pasaba por momentos realmente críticos. Si esto sucedía en Jerusalén y sus alrededores, acontecía también con mayor razón en la diáspora (colonias judías fuera de Palestina). El autor del libro de la Sabiduría, posiblemente un judío de la diáspora, se puso como meta el animar a los judíos dispersos a mantenerse firmes en la fe. No debían flaquear, aunque muchos judíos hubieran claudicado por aceptar las creencias y prácticas religiosas de la corriente helenista.

Los judíos, viviendo en la diáspora, entraban de muchas maneras en contacto con las religiones paganas. Se cuestionaban: ¿era la religión judía realmente la más importante? ¿Qué dios era más poderoso y al que había que rendirle culto? El autor del libro decidió presentar la excelencia de la religión judía frente a las otras, con el fin de restituir la fe a quienes la habían perdido y de convertir a los paganos, haciéndoles ver lo vano de su religión. En este ambiente de relativismo religioso, era muy importante confesar que el Dios de Israel era el único Señor de la historia, justo y misericordioso.

El drama que vivían los judíos a la época del libro de la sabiduría, se sigue viviendo en gran parte en el seno de la Iglesia. ¡Cuántos cristianos viven confundidos por tantas divisiones! ¿Cuál es la Iglesia verdadera? Se preguntan con angustia. El dominio sobre el mundo se lo disputan los países poderosos. ¿Quién es el señor de la historia, Dios o los jefes de las naciones? Por otro lado, ¿qué hacemos con tantos cristianos que han abandonado la fe católica para unirse a otros grupos religiosos?

II LECTURA En la lectura de la carta a los Romanos de los dos domingos anteriores, Pablo ha subrayado que el Espíritu no sólo capacita al cristiano, sino que lo transforma, de tal manera

I LECTURA   Sabiduría 12:13, 16–19   L M

Lectura del libro de la Sabiduría

No hay más Dios que tú, Señor, que *cuidas* de *todas* las cosas.
No hay *nadie* a quien *tengas* que *rendirle cuentas* de la justicia
    de tus sentencias.
Tu poder es el *fundamento* de tu justicia,
    y *por ser* el Señor *de todos*, eres *misericordioso* con todos.
Tú *muestras* tu fuerza a los que *dudan* de tu poder soberano
    y *castigas* a quienes, *conociéndolo*, te desafían.
Siendo *tú el dueño* de la fuerza,
    juzgas *con misericordia* y nos gobiernas con delicadeza,
    porque *tienes* el poder y lo usas cuando quieres.
Con *todo esto* has enseñado a tu pueblo
    que el justo *debe ser* humano,
    y *has llenado* a tus hijos de una *dulce* esperanza,
    ya que al pecador *le das tiempo* para que *se arrepienta*.

II LECTURA   Romanos 8:26–27   L M

Lectura de la carta del apóstol san Pablo a los romanos

Hermanos:
El Espíritu nos ayuda en *nuestra* debilidad,
    porque nosotros *no sabemos pedir* lo que nos conviene;
    pero el Espíritu mismo *intercede* por nosotros
    con gemidos que *no pueden* expresarse con palabras.
Y Dios, que conoce *profundamente* los corazones,
    sabe lo que el Espíritu *quiere* decir,
    porque el Espíritu *ruega* conforme a *la voluntad* de Dios,
        por los que le pertenecen.

I LECTURA   Sabiduría 12:13, 16–19   L E U

Lectura del libro de la Sabiduría

No, *no* hay Dios *fuera* de ti, que *cuidas* de todos,
    para que tengas que *demostrarle* la justicia de tu sentencia.
Tu fuerza es el *principio* de tu justicia
    y tu *dominio* sobre todas las cosas te da poder para *perdonar*.
Tú *manifiestas* tu fuerza, si no se cree en tu poder *soberano*,
    y *confundes* la audacia de los que la desconocen;
    pero, por disponer de *fuerza*, juzgas con *moderación*,
    nos gobiernas con grandes *miramientos*,
    porque *sólo* tú puedes manifestar *tu poder*,
    en el tiempo en que te *conviene*.
Al obrar así, *enseñaste* a tu pueblo que el justo debe ser *humano*,
    y has dado a tus hijos la *dulce* esperanza
    que después del pecado dejas lugar al *arrepentimiento*.

Estás hablando de tú a tú con el Señor.

Dios mismo está ante tu vista, desplegando toda su grandeza, atendiendo callado y complacido a la descripción que haces de su paciencia y misericordia sin fin, el signo favorito de su grandeza.

Al proclamar este texto, procura comunicar la intensidad de un entusiasmo sincero.

Te maravilla todo lo que has descubierto de la intima verdad de Dios y en tu voz hay emoción verdadera y respeto profundo.

II LECTURA   Romanos 8: 26–27   L E U

Lectura de la carta del apóstol san Pablo a los romanos

El Espíritu nos viene a *socorrer* en nuestra debilidad;
    porque *no* sabemos qué pedir ni *cómo* pedir
        en nuestras oraciones.
Pero el *propio* Espíritu ruega por *nosotros*,
    con *gemidos* y súplicas que no se pueden *expresar*.
Y Dios, que *penetra* los secretos del corazón,
    escucha los anhelos del Espíritu
    porque, cuando el Espíritu *ruega* por los santos,
    lo hace según la *manera* de Dios.

Proclama como uno que da testimonio personal de su experiencia de oración.

Recuerda todas las ocasiones en que el Espíritu ha bendecido tu vida auxiliándote en la debilidad, la enfermedad y las pruebas. Siente su presencia que te anima desde dentro. Esta meditación compartida con la asamblea es sosegada pero no apagada. La experiencia del Espíritu solo puede comunicarse en un marco de vitalidad.

que goza de una vida nueva. La obra que el Espíritu tiene entre manos tendrá su plena realización en la Parusía (segunda venida de Cristo). Mientras tanto, ya gustamos las primicias del cumplimiento escatológico.

En la tarea de buscar nuestra perfección luchando contra nuestras debilidades, no podemos hacerlo solos, y nadie mejor que el Espíritu puede conocer la voluntad de Dios sobre nuestra vida. Pero, ¿cómo podemos conocer los designios divinos? El apóstol nos lo indica: con la oración. Ésta ha de ser perseverante, conducida por el Espíritu presente en el alma del creyente, la cual alimenta el deseo y el reconocimiento de que se posee una vida nueva capaz de renovar la humanidad. El Espíritu que ora en nosotros da a nuestra oración la seguridad de que es una oración agradable a Dios.

Pablo describe nuevamente la situación en que nos encontramos los cristianos. Si antes se habló de la debilidad e incapacidad del género humano y de la creación para alcanzar la salvación mediante la figura de los dolores de parto, ahora se agregan los gemidos del Espíritu que, al entrar a formar parte de la humanidad redimida, asume las tensiones de los cristianos por mantenerse en la ruta correcta de acuerdo a la voluntad de Dios.

EVANGELIO Con tres parábolas (el trigo y la cizaña, la semilla de mostaza, y la levadura), Mateo presenta la relación entre el Reino de los Cielos y la historia del mundo, en el que Jesús se revela. En dos de estas parábolas se insiste en la pequeñez e insignificancia del Reino porque afirma que la semilla de mostaza es la más pequeña de todas las semillas, pero llega a ser la más grande de las hortalizas, y que basta un poco de levadura para fermentar toda la masa. Por ahora, la muchedumbre que sigue a Jesús no es capaz de contemplar la grandeza del Reino; Jesús lleva una vida sencilla y en sus actitudes y acciones no busca la grandeza o la fama.

EVANGELIO   Mateo 13:24–43   L M

Lectura del santo Evangelio según san Mateo

En *aquel* tiempo, *Jesús* propuso *esta parábola* a la
muchedumbre:
"*El Reino* de los cielos se parece a un hombre
que sembró *buena* semilla en su campo;
pero mientras los trabajadores *dormían*,
llegó un enemigo del dueño,
sembró cizaña entre el trigo y se marchó.
Cuando crecieron las plantas y *se empezaba* a formar la espiga,
apareció también la cizaña.
Entonces los trabajadores fueron a decirle al amo:
'*Señor*, ¿qué no sembraste *buena* semilla en tu campo?
¿De dónde, pues, salió *esta* cizaña?'
El amo les respondió: '*De seguro* lo hizo un enemigo mío'.
Ellos le dijeron: '¿Quieres que vayamos a arrancarla?'
Pero él les contestó:
'*No*. No sea que al arrancar la cizaña, *arranquen también* el trigo.
Dejen que *crezcan juntos* hasta el tiempo de la cosecha y,
cuando *llegue* la cosecha, diré a los segadores:
Arranquen *primero* la cizaña y átenla en gavillas para quemarla;
y *luego* almacenen el trigo en mi granero'".
Luego les propuso esta otra parábola:
"*El Reino* de los cielos
es *semejante* a la semilla de mostaza
que un hombre siembra en un huerto.
Ciertamente es la *más pequeña* de *todas* las semillas,
pero cuando crece, llega a ser más grande que las hortalizas
y se convierte en un arbusto,
de manera que los pájaros vienen y *hacen su nido* en las ramas".
Les dijo también *otra* parábola:
"*El Reino* de los cielos
se parece a *un poco de levadura* que tomó una mujer
y *la mezcló* con tres medidas de harina,
y *toda* la masa *acabó* por fermentar".
Jesús decía a la muchedumbre *todas* estas cosas *con parábolas*,
y sin parábolas *nada* les decía,
para que *se cumpliera* lo que dijo el profeta:
Abriré mi boca y les hablaré con parábolas;
anunciaré lo que *estaba oculto desde* la creación del mundo.
Luego *despidió* a la multitud y se fue a su casa.
Entonces se le acercaron sus discípulos y le dijeron:
"Explícanos la parábola de la cizaña sembrada en el campo".
Jesús les contestó:

EVANGELIO Mateo 13:24–43 LEU

Lectura del santo Evangelio según san Mateo

En aquel tiempo, Jesús propuso este *ejemplo* a la gente:
"El *Reino* de los Cielos es como un *hombre*
que sembró *buena* semilla en su campo.
Pero, cuando *todos* estaban durmiendo,
vino su *enemigo* y sembró *maleza* en medio del trigo.
Cuando el trigo estaba *echando* espigas, *apareció* la maleza.
Entonces los trabajadores *fueron* a decirle al patrón:
'Señor, ¿no sembró *buena* semilla en su campo?,
¿de *dónde*, pues, viene esta *maleza*?'
Respondió el *patrón*: 'Algún *enemigo* la ha sembrado'.
Los obreros le *preguntaron*: '¿Quieres que la *arranquemos*?'
'No, dijo el patrón,
no sea que al *arrancar* la maleza arranquen *también* el trigo.
Dejen crecer *juntos* el trigo y la maleza.
Cuando *llegue* el momento de la *cosecha* yo diré a los *segadores*:
Corten *primero* la maleza y en atados échenla al *fuego*,
y después *guarden* el trigo en las bodegas'".
[Les propuso *otro* ejemplo:
"El *Reino* de los Cielos es semejante al *grano* de *mostaza*
que un hombre *sembró* en su campo.
Este grano es muy *pequeño*,
pero cuando *crece* es la más *grande* de las plantas del *huerto*
y llega a hacerse *arbusto*,
de modo que las aves vienen a hacer *sus nidos* en sus ramas".
Y *añadió* esta parábola:
"El *Reino* de los Cielos es semejante a la *levadura*
que una mujer *mezcla* con tres partes de harina,
hasta que *toda* la masa fermente".
Todo esto lo dijo Jesús en *parábolas*,
o sea, por medio de *comparaciones*,
y no predicaba sin usar *comparaciones*.
Así se *cumplía* lo que dijo el Profeta:
"Hablaré con *parábolas*;
daré a conocer cosas que estaban *ocultas*
desde la *creación* del mundo".
Jesús entonces *despidió* a sus oyentes y se fue *a casa*,
rodeado de sus discípulos.
Estos le dijeron:
"*Explícanos* la parábola de la maleza *sembrada* en el campo".
Jesús les dijo:
"El que *siembra* la semilla buena es el *Hijo* del Hombre.
El campo es el *mundo*.

Divide el texto en tres secciones utilizando cambios de estilo y tono en cada una de ellas. La primera parte es una narración. En pocas líneas se presenta el problema, como si dijeras: "todo iba muy bien, hasta que ...".

Reproduce la inquietud nerviosa de los trabajadores. Están desconcertados, y el patron está bastante molesto.

Se plantea una solución tajante, pero el jefe tiene una idea mejor. Sus palabras comunican sabiduría y experiencia.

Por medio de comparaciones sencillas, desarrolla la segunda parte. Con semejanzas tomadas del campo y de la vida diaria, se ofrecen las ideas para pensar. Jesús habla aclarando y ocultando a la vez el sentido de sus palabras, como si estuviera poniendo adivinanzas misteriosas a sus oyentes.

Al irse la gente, comienza la tercera y última sección del texto. Jesús revela las claves de lectura de todo lo que ha enseñado. Interpreta este final descubriendo con claridad y sin prisa el sentido oculto de cada uno de los elementos que se han configurado en esta parábola.

Las parábolas ratifican que a través de la palabra y las acciones de Jesús se revela la acción amorosa y poderosa de Dios en el mundo y en el corazón de todo el que cree. Todo aquél que escucha y acepta la palabra producirá mucho fruto. Sin embargo, la situación no es tan sencilla y existen dificultades porque el enemigo "siembra cizaña entre el trigo". ¿El enemigo saldrá victorioso? Ciertamente que no. Las siguientes dos parábolas nos dicen: la pequeña semilla llega a ser un árbol y un poco de levadura fermenta toda la masa.

La Iglesia ha sido llamada para estar al servicio del Reino de Dios. Los miembros de la Iglesia debemos ser fieles colaboradores para que el Reino se instaure cada día más entre nosotros. Existen muchas señales de la presencia del Reino en las comunidades, pero hay que revitalizarlas. Los cristianos auténticos serán minoría en medio de la sociedad de nuestros días, pero por la fuerza de Cristo será grande la fecundidad.

EVANGELIO continuación   L M

"El sembrador de la buena semilla es el Hijo del hombre,
    el campo es el mundo,
   la buena semilla son los ciudadanos del Reino,
   la cizaña son los partidarios *del maligno*,
el *enemigo* que la siembra es *el diablo*,
   el *tiempo* de la cosecha es el *fin* del mundo,
y *los segadores* son *los ángeles*.
Y *así* como recogen la cizaña y la *queman* en el fuego,
   así sucederá en el fin del mundo:
   el Hijo del hombre *enviará* a sus ángeles
   para que *arranquen* de su Reino
   a *todos* los que inducen a otros al pecado
y *a todos* los malvados,
   y *los arrojen* en el horno encendido.
Allí será el llanto *y la desesperación*.
Entonces los justos *brillarán* como el sol en *el Reino* de su Padre.
El que *tenga* oídos, *que oiga*".

EVANGELIO   continuación   L E U

La *buena* semilla son los que pertenecen al *Reino*.

La *mala* hierba es la gente del *demonio*.

El *enemigo* que la siembra es el *diablo*.

La *cosecha* es el fin del mundo.

Los segadores son los *ángeles*.

Así como se *recoge* la maleza y se *quema*,
   así será *el fin* del mundo.

El *Hijo* del Hombre enviará a sus *ángeles*
   para que *quiten* de su Reino todos los *escándalos*
   y saquen a los malvados.

Y los *arrojarán* en el horno ardiente.

Allí será el *llanto* y el rechinar de dientes.

Al mismo *tiempo*,
   los justos *brillarán* como el sol en el *Reino* de su Padre.

Quien *tenga* oídos, que *entienda*''.]

[*Versión corta: Mateo 13:24–30*]

17º DOMINGO DEL TIEMPO ORDINARIO

I LECTURA · Esta lectura, en su lengua original, habla de poseer "un corazón de escucha" (es decir, un corazón dócil). Para la tradición israelita, no se puede ser sabio si no se tiene una actitud de escucha. Los sabios israelitas saben muy bien que la enseñanza sólo será fructuosa cuando la escucha se transforma en obediencia (Proverbios 19:27).

Ahora bien, ¿quién es el que habla? ¿A quién se debe escuchar? A la sabiduría misma, la sabiduría que proviene de Dios. Ésta es la que habla a todos. Tenemos el ejemplo en los textos de la sabiduría personificada: Proverbios 8; 9; Eclesiástico 24; Sabiduría 7–9. Teniendo esta actitud, se tiene todo lo demás: larga vida, riquezas y dominio sobre los enemigos. Pero el texto subraya muy bien que la sabiduría es más importante que todos los bienes de este mundo.

En nuestros días, buscamos información y capacitación para saber gobernar a los demás por todos los medios habidos y por haber, deseamos alargar la vida, acumular riquezas y terminar con los enemigos. Urge aceptar el mensaje de esta lectura que nos invita a imitar a Salomón en su profunda docilidad al Señor.

II LECTURA · En Romanos Ocho, tenemos afirmaciones de riqueza doctrinal y espiritual realmente insospechadas; lo que aquí se dice ha sido muy estudiado en la historia de la Iglesia, y no han faltado las dificultades en su interpretación. Las soluciones propuestas no siempre han llevado a la unidad de los cristianos; algunas conclusiones dogmáticas han provocado la división, especialmente en el campo de la redención.

Las afirmaciones de esta lectura tratan el tema de la justificación y de su gratuidad. Dios llama a las personas a la salvación; la participación de la libertad humana en este proceso santificador es necesaria. La persona recibe la llamada y libremente

Lectura del primer libro de los Reyes

En *aquellos* días, el Señor se le *apareció* al rey Salomón en
    sueños y le dijo:
"Salomón, *pídeme* lo que quieras, y yo *te lo daré*".
Salomón le respondió:
"*Señor, tú trataste* con misericordia a tu siervo David, *mi padre*,
    porque se portó contigo *con lealtad*,
con justicia y rectitud de corazón.
Más aún, también ahora lo sigues tratando con misericordia,
    porque *has hecho* que un *hijo suyo* lo suceda en el trono.
Sí, tú quisiste, *Señor y Dios mío*, que *yo*, tu siervo,
    sucediera en el trono a mi padre, David.
Pero yo no soy *más* que un muchacho y *no sé* cómo actuar.
Soy tu siervo y me encuentro *perdido*
en medio de este pueblo tuyo,
    tan numeroso, que es *imposible* contarlo.
Por eso *te pido* que me concedas *sabiduría* de corazón,
    para que sepa gobernar a tu pueblo
y *distinguir* entre el bien y el mal.
Pues sin ella, ¿*quién* será capaz *de gobernar*
    a este pueblo tuyo tan grande?"
Al Señor *le agradó* que Salomón le hubiera pedido *sabiduría*
    y le dijo:
"Por haberme pedido *esto*, y no una *larga* vida, *ni riquezas*,
    ni la muerte de tus enemigos, sino *sabiduría* para gobernar,
    yo *te concedo* lo que me *has pedido*.
Te doy un corazón *sabio y prudente*,
    como no lo ha habido antes, *ni lo habrá* después de ti.
Te voy a conceder, *además*, lo que no me has pedido:
    tanta gloria y riqueza, que *no habrá* rey que se pueda
      comparar *contigo*".

Lectura de la carta del apóstol san Pablo a los romanos

Hermanos:
Ya sabemos que *todo* contribuye para *bien* de los que
    aman a Dios,

I LECTURA   1 Reyes 3:5, 7–12   L E U

Lectura del primer libro de los Reyes

En *aquellos* días,
    el Señor se apareció en *sueños* durante la noche a *Salomón*
        y le dijo:
    "*Pídeme* lo que quieras".
Salomón *respondió*:
    "*Señor*, mi Dios, me has hecho *rey* en lugar de David,
    pero no sé *todavía* conducirme;
    soy muy *joven* para estar al frente del pueblo que has *elegido*,
    pueblo tan *numeroso* que no se puede contar.
Dame, pues, a mí, tu servidor, la *capacidad* de juzgar bien
    y de *decidir* entre lo bueno y lo malo, porque si no,
    ¿cómo podría *gobernar* este pueblo tan grande?"
Al Señor le *gustó* que Salomón le pidiese una cosa *así*.
Y le dijo: "*No* has pedido riquezas, *ni* la muerte para
        tus enemigos,
    sino que has pedido sabiduría para gobernar a tu pueblo.
Por eso te concedo lo que pides;
    te doy sabiduría e inteligencia
    como *nadie* la tuvo antes de ti ni la tendrá *después*".

La escena sucede en el interior de un sueño. Tiene la lentitud de la noche y el tono de un diálogo a media voz entre el Señor y el joven rey.

Deja que la voz de Dios exprese su generoso deseo de apoyar a Salomón.

Las palabras del rey reflejan humildad.

Pide lo que sólo Dios puede conceder: un criterio justo, luz para descubrir donde está la verdad, buen discernimiento.

Dios se expresa como un padre que está orgulloso porque el proceder de su hijo lo colma de sastifacciones y quiere retribuirlo, dándole el regalo que más desea y necesita.

II LECTURA   Romanos 8:28–30   L E U

Lectura de la carta del apóstol san Pablo a los romanos

Sabemos que Dios dispone todas las cosas para el *bien*
    de los que lo aman,
    a los que él ha llamado *según* su voluntad.

Se impone un tono firme que exprese seguridad y convencimiento.

decide si la acepta o no. Entonces, la respuesta está constituida por el acto de fe, no como acto humano, sino como una actitud de abandono total porque se reconoce que el "punto de apoyo" es Dios. En este sentido, quien cree se hace sólido, firme y constante.

EVANGELIO Las parábolas del tesoro y de la perla describen lo que sucede en la persona que descubre el Reino de los Cielos: se llena de alegría y está dispuesto a desprenderse de todo. No es que el evangelista quiera dar consejos de desprendimiento y pobreza como requisito para adquirir el Reino, sino que presenta escuetamente el impacto que produce el Reino en quien lo recibe.

Si el Reino de Dios es la realidad misteriosa que sólo se puede conocer plenamente en Jesús, quienes lo aceptan tendrán un corazón que se inunda de gozo interior porque es el don de Dios más grande. La palabra de Jesús sembrada en el corazón produce su fruto y los que creen en él tienen en sí mismos la plenitud del gozo. Tenemos en la Sagrada Escritura muchos testimonios de cómo la revelación del misterio de Dios provoca un gozo inmenso. Los discípulos tienen razón de regocijarse porque han conocido al Señor; su gozo es perfecto y nadie se los podrá quitar (Juan 14:12). No se trata de una alegría pasajera, de un mero entusiasmo temporal, sino de una alegría profunda. Éste es el fruto del Espíritu, que invita a dejar muchas cosas vanas y pasajeras para poder ser cristianos: fuertes en la tribulación, generosos, dóciles, fieles a la verdad y con ansias de perfección.

Con la parábola de la red se concluye la serie. Con esta nueva imagen, Mateo vuelve a insistir en los elementos ya mencionados: la paciencia y el juicio de Dios. Cada persona instruida en las cosas del Reino va "sacando de su tesoro cosas nuevas y cosas antiguas". Es decir, el Reino y su comprensión no se encuentra sólo en los Evangelios o en los otros escritos del Nuevo Testamento, sino también en la ley y los profetas que lo anunciaron.

II LECTURA continuación   L M

de *aquellos* que han sido llamados *por él,*
    según su designio salvador.
En efecto, a quienes conoce *de antemano,*
    los predestina para que reproduzcan *en sí mismos*
        la imagen de su *propio* Hijo,
    a fin de que él sea *el primogénito* entre *muchos* hermanos.
A quienes predestina, *los llama;*
    a quienes llama, *los justifica;*
    y a quienes justifica, *los glorifica.*

EVANGELIO   Mateo 13:44–52   L M

Lectura del santo Evangelio según san Mateo

En *aquel* tiempo, *Jesús* dijo a la multitud:
    "*El Reino* de los cielos se parece a un tesoro
        escondido en un campo.
    El que lo encuentra *lo vuelve* a esconder y,
        lleno de alegría, va y *vende* cuanto tiene y *compra* aquel campo.
El Reino de los cielos se parece *también*
        a un comerciante *en perlas finas*
    que, al encontrar una perla *muy valiosa,* va y vende cuanto
        tiene *y la compra.*
También se parece el Reino de los cielos a la red
        que los pescadores *echan* en el mar
    y recoge *toda* clase de peces.
Cuando se *llena* la red,
    los pescadores la sacan a la playa y se sientan
        a *escoger* los pescados;
    ponen los buenos en canastos *y tiran* los malos.
Lo mismo sucederá *al final* de los tiempos:
    vendrán los ángeles, *separarán* a los malos de los buenos
    y los *arrojarán* al horno encendido.
Allí será el llanto y la desesperación.
¿Han entendido todo esto?" Ellos le contestaron: "*Sí*".
Entonces *él* les dijo:
"Por eso, *todo escriba* instruido en las cosas del Reino de los cielos
    es *semejante* al padre de familia,
        que *va sacando* de su tesoro *cosas nuevas y cosas antiguas*".

II LECTURA   continuación   L E U

A los que de *antemano* conoció,
   quiso que llegaran a ser como su *Hijo* y *semejantes* a él,
   a fin de que él sea *primogénito* en medio de *numerosos*
      hermanos.
Por eso, a los que *eligió* de antemano, *también* los llama,
   y cuando los llama los hace *justos*,
   y *después* de hacerlos justos, les dará la *gloria*.

Ensaya bien las frases para que les des su correcta extensión, pronunciándolas sin cortar su sentido.

Es especialmente importante, sobre todo con textos muy breves como éste, que realices una proclamación donde los elementos más significativos sean acentuados cuidadosamente.

EVANGELIO   Mateo 13:44–52   L E U

Lectura del santo Evangelio según san Mateo

En *aquel* tiempo, dijo *Jesús* a la gente:
   "El *Reino* de los Cielos es semejante a un tesoro *escondido*
      en un campo.
El hombre que lo *descubre* lo vuelve a *esconder*
   y, *feliz* de haberlo encontrado,
   vende cuanto tiene y *compra* ese campo.
El *Reino* de los Cielos es semejante a un *comerciante*
   que busca *perlas* finas.
Si *llega* a sus manos una perla de *gran* valor,
   vende cuanto tiene, y la *compra*".
[El *Reino* de los Cielos es semejante a una *red*
      que se echa *al mar*
   y recoge peces de *todas* clases.
Cuando está *llena*, los pescadores la *sacan* a la orilla.
Ahí se sientan, escogen los peces *buenos* y los echan
      en canastos,
   y *tiran* los que no se pueden comer.
Así pasará al *fin* del mundo:
   vendrán los ángeles y *separarán* a los malos de los buenos
   y los arrojarán al horno *ardiente*,
   donde habrá llanto y *desesperación*".
Preguntó Jesús: "¿*Entendieron* bien *todas* estas cosas?"
Ellos le respondieron: "Sí".
Entonces, Jesús *añadió*:
   "Todo maestro de la *Ley*
   que se ha hecho discípulo del *Reino* de los Cielos
   se parece a un *padre* de *familia*
   que de sus *reservas* va sacando cosas *nuevas* y cosas *antiguas*".]

[*Versión corta: Mateo 13:44–46*]

Encontrar un tesoro y hacer un buen negocio dan mucha satisfacción y contento. Esta primera parte debe contagiar de alegría a tus oyentes.

No es necesario pintar la comparación de la pesca con el fin del mundo utilizando tonos sombríos o pesimestas. Ese momento futuro corresponde a la providencia de Dios.

La clase de hoy ha sido buena y los alumnos han comprendido todo muy bien; por eso la comparación final no necesita comentarios.

18º DOMINGO DEL TIEMPO ORDINARIO

I LECTURA En Babilonia había agua en abundancia y pan suficiente, pero los israelitas no se sentían satisfechos a causa del hambre y la sed interior. El profeta, poeta de alto nivel, se vale de una serie de imágenes para proclamar lo que es Dios para su pueblo: el pan y el agua. Han permanecido varios años en el destierro, pero ahí, en tierras lejanas, Dios no se ha olvidado de su alianza. Por ningún motivo, el pueblo debe sucumbir a la tentación de quedarse a vivir en territorio extranjero: "gastan el dinero en lo que no es pan y el salario, en lo que no alimenta". Deben prepararse para partir.

Al pueblo de Israel, exiliado en Babilonia, cansado, escaso de esperanza y sin grandes ilusiones, le cae muy bien este mensaje de consolación con el que se le invita a emprender el segundo éxodo hacia la libertad de la tierra prometida. Tal como sucedió en el desierto después de la salida de Egipto, también ahora se ve agobiado por la sed y el hambre. Pero esta vez la palabra del Señor saciará la sed y el hambre.

II LECTURA En todas partes donde Pablo ha fundado comunidades, muy pronto se hacen presente gente fanática y furiosa contra el apóstol. Es por eso que, después de años de ministerio y faltando pocos para su martirio, da testimonio en este himno de amor a Dios de todo lo que ha sufrido por Cristo. Efectivamente, Pablo es un discípulo auténtico de Cristo porque lo mismo que le hicieron y sufrió el maestro está sucediendo con él. (Filipenses 1:20). Pablo se dirige a los creyentes con la certeza de que nada podrá destruir el amor de Dios, ni los peligros externos y visibles, ni las misteriosas fuerzas del cosmos o los espíritus del mal. La fuerza de este amor gratuito, expresado en el don del Hijo y del Espíritu, es la base de la seguridad y de la esperanza de Pablo. El apóstol ha enumerado lo que puede hacernos dudar del amor de Cristo y también

I LECTURA   Isaías 55:1–3   L M

Lectura del libro del profeta Isaías

Esto dice el Señor:
"*Todos* ustedes, los que tienen sed, *vengan* por agua;
    y los que *no tienen* dinero, *vengan*, tomen trigo *y coman*;
    tomen vino y leche *sin pagar*.
¿*Por qué* gastar el dinero en lo que *no es* pan
    y el salario, en lo que *no alimenta*?
Escúchenme atentos y comerán *bien*,
saborearán platillos *sustanciosos*.
Préstenme atención, *vengan* a mí, *escúchenme* y vivirán.
Sellaré con ustedes una alianza *perpetua*,
    cumpliré las promesas *que hice* a David".

II LECTURA   Romanos 8:35, 37–39   L M

Lectura de la carta del apóstol san Pablo a los romanos

Hermanos:
    ¿*Qué cosa podrá apartarnos* del amor
        con que *nos ama* Cristo?
    ¿*Las tribulaciones*? ¿*Las angustias*? ¿*La persecución*?
    ¿*El hambre*? ¿La desnudez? ¿*El peligro*? ¿*La espada*?
Ciertamente de *todo esto* salimos *más* que victoriosos,
    gracias a *aquel* que nos *ha amado*;
    pues *estoy convencido* de que *ni la muerte ni la vida*,
    ni los ángeles *ni los demonios*, ni el presente *ni el futuro*,
    ni los poderes *de este mundo*,
    ni lo alto *ni lo bajo*, ni creatura *alguna*
    podrá apartarnos del amor que nos ha manifestado Dios
        en Cristo Jesús.

I LECTURA   Isaías 55:1–3   L E U

Lectura del libro del profeta Isaías

Esto dice el Señor:
   A ver *ustedes*, que andan con *sed*,
   ¡*vengan* a tomar agua!
No importa que estén sin plata, *vengan* no más.
Pidan *trigo* para el consumo,
   y *también* vino y leche, *sin* pagar.
¿Para qué van a *gastar* su dinero en lo que *no* es pan
   y su *salario* en cosas que *no* alimentan?
Si ustedes me hacen *caso, comerán* cosas *ricas*
   y su paladar se *deleitará* con comidas exquisitas.
Atiéndanme y acérquense a *mí*,
   escúchenme y su alma *vivirá*.
Voy a hacer con ustedes un trato que *nunca* se *acabará*,
   en consideración a lo que le había *prometido* a David.

Estás situado frente a la puerta del gran salón donde las mesas rebosan de sabrosos manjares y la gente se acerca atraída por el delicioso olor y la excelente apariencia de la comida.

Con sincero entusiasmo, invita a todos los que pasan junto a ti para que entren a comer y beber hasta saciarse.

Advierte en tu voz el gozo de poder acoger en este banquete a todo el que lo desee. La generosidad es cordial y desbordante.

II LECTURA   Romanos 8:35, 37–39   L E U

Lectura de la carta del apóstol san Pablo a los romanos

¿*Quién* nos separará del *amor* de Cristo?
¿Las *pruebas* o la angustia, la persecución o el *hambre*,
   la falta de ropa, los *peligros* o la espada?
No, en todo esto triunfaremos por la *fuerza* del que nos amó.
Estoy *seguro* de que *ni* la muerte, ni la *vida*,
   ni los ángeles, ni los *poderes* espirituales,
   ni el *presente*, ni el futuro,
   ni las *fuerzas* del universo, sean de los cielos,
     sean de los *abismos*,
   ni criatura *alguna*, podrá *apartarnos* del amor de Dios,
que encontramos en *Cristo* Jesús, nuestro Señor.

Advierte que esta extraordinaria invitación se dirige hacia la asamblea que te escucha e identifícala con el "ustedes" que se repite una y otra vez a lo largo del texto.

En alta voz y a nombre de la comunidad, estás examinado tus más profundas motivaciones de fe.

Al preguntar, emplea un tono que manifieste que de antemano conoces muy bien las respuestas.

Haz una larga pausa entre cada una de estas posibles causas de infidelidad y enmárcalas con un prolongado contacto visual.

Convierte todas estas afirmaciones en una profesión convencida de fe frente a la astrología, la nueva era y todas las otras patrañas de moda.

ha señalado las fuerzas más poderosas que podrían crear una separación entre el amor de Cristo y nosotros. Pero la afirmación es rotunda: ninguna realidad creada puede provocarnos tal separación.

EVANGELIO Mateo está más preocupado por relatar el milagro de acuerdo al prodigio obrado por Eliseo (2 Reyes 4:42,44) que darnos todos los pormenores de lo sucedido en la ribera del lago, hay que reconocer que nos resulta difícil conocer el modo y los detalles del acontecimiento de la multiplicación de los panes. El pan es distribuido y todos son saciados, y aún quedan restos. Pero el milagro de Jesús es muy superior al de Eliseo. Basta estar atentos a la siguiente relación: Con 20 panes, Eliseo da de comer a cien hombres (1–5) y Jesús, con cinco panes, da de comer a cinco mil hombres (1 a 1000).

Jesús se presenta actuando a la manera de los antiguos profetas, preocupado por atender en sus necesidades al pueblo que lo sigue. El hambre fue ocasión de duda mientras el pueblo de Israel caminaba por el desierto, a lo que Dios respondió con un milagroso alimento (Éxodo 16:1s). Una vez que eran alimentados por el maná y las codornices, los israelitas fortalecían su fe en Dios. En aquel tiempo Dios se valía de Moisés para liberar a su pueblo y conducirlo sano y salvo por el desierto; ahora, a Mateo, le interesa presentar a Jesús como el verdadero liberador. No se encuentra en el desierto, pero sí en despoblado. Como la era mesiánica se ha iniciado, no existen abrojos y espinas, sino el campo verde como en el jardín del paraíso terrenal. Si antes fueron alimentados con maná y codornices, ahora lo son con panes y pescados.

No hay duda que la primera preocupación de Jesús en este milagro es recordar el hambre humana. Con los signos de pan y pescado de la nueva alianza, las personas son alimentadas. Jesús da alimento, pero pide a los discípulos que sean sensibles a la necesidad del otro: Pide que se sienten, unos junto a los otros, y les manda que les den de comer.

EVANGELIO Mateo 14:13–21 L M

Lectura del santo Evangelio según san Mateo

En *aquel* tiempo, *al enterarse* Jesús de la muerte
    de Juan el Bautista,
    subió a una barca y se dirigió a un lugar *apartado y solitario*.
Al saberlo la gente, *lo siguió* por tierra desde los pueblos.
Cuando Jesús *desembarcó*, vio aquella muchedumbre,
    se compadeció de ella y *curó* a los enfermos.
Como ya se hacía *tarde*, se acercaron sus discípulos a decirle:
"*Estamos* en despoblado y *empieza* a oscurecer.
Despide a la gente para que *vayan* a los caseríos
    y compren algo de *comer*".
Pero Jesús *les replicó*: "No hace falta que vayan.
Denles ustedes de comer".
Ellos le contestaron:
"No tenemos *aquí* más que *cinco* panes y *dos* pescados".
Él les dijo: "*Tráiganmelos*".
Luego *mandó* que la gente *se sentara* sobre el pasto.
Tomó los *cinco* panes y los *dos* pescados,
    y *mirando* al cielo, *pronunció* una bendición,
    partió los panes y se *los dio* a los discípulos
        para que los distribuyeran *a la gente*.
Todos comieron hasta saciarse,
    y con los pedazos que *habían sobrado*,
se llenaron *doce canastos*.
Los que comieron eran unos *cinco* mil hombres,
    sin contar a las mujeres y a los niños.

EVANGELIO   Mateo 14:13–21   L E U

Lectura del santo Evangelio según san Mateo

En *aquel* tiempo, al *enterarse* Jesús de la muerte de Juan
    el Bautista,
  se *fue* de allí en barca a un lugar *apartado* para estar *solo*.
Pero la *gente*, en cuanto lo *supo*, lo siguió *a pie* desde sus pueblos.
Jesús, al desembarcar y ver a *tanta* gente reunida,
  tuvo *compasión* y *sanó* a los enfermos.
Al caer la *tarde*, sus discípulos se le *acercaron* para decirle:
  "Este es un lugar *desierto* y se hace tarde:
  dile a esta gente que se *vaya* a las aldeas a comprar qué *comer*".
Pero *Jesús* les contestó:
  "*No* tienen necesidad de irse:
  denles ustedes de comer".
Y *ellos* le contestaron:
"No tenemos aquí más de *cinco* panes y *dos* pescados".
Jesús les dijo: "*Tráiganlos* para acá".
Entonces, manda *sentarse* a todos en la hierba.
Toma los *cinco* panes y los *dos* pescados,
  levanta los ojos al cielo, pronuncia la *bendición*,
  parte los panes y los *entrega* a los *discípulos*
  para que se los *repartan* a la gente.
Y todos comieron hasta *saciarse*.
Se recogieron *doce* canastos llenos de los pedazos que sobraron.
Los que comieron fueron unos *cinco mil* hombres
  sin contar las mujeres y los niños.

La acción se traslada a un desierto
solitario y apartado.

Siente la admiración de la gente que se ha
ido congregando y la compasión con que
Jesús los atiende.

Habla la voz de la prudencia que quiere
humanamente prevenir las complicaciones.

Jesús ordena serenamente,
pero con autoridad.

La respuesta de los discípulos es tajante,
como un argumento que no permite
ninguna otra solución.

Describe los gestos de Jesús como quien
cuenta una experiencia tan extraordinaria
que se entusiasma al relatarla.

Advierte como las acciones sobre el
pan nos refieren a la celebración de la
eucaristía. Dibuja cada uno de estos
movimientos con unción y solemnidad.

Concluye maravillado por esta abundancia
prodigiosa y exagerada.

19º DOMINGO DEL TIEMPO ORDINARIO

I LECTURA   1 Reyes 19:9, 11–13   L M

I LECTURA La misión encomendada al profeta jamás fue fácil de cumplir. La dureza del corazón del pueblo ante las recomendaciones del profeta de Dios a veces producía arranques violentos en palabras y acciones. Ante las incomprensiones y ataques del pueblo y los enemigos, huye al desierto y allí le pide a Dios con todas sus fuerzas que le mande la muerte. ¡Considera que no existe algo mejor! Pero pide la muerte por mano de su Dios, no por la de sus enemigos. Como respuesta, Dios le exige que continúe su camino, un camino largo, porque debe caminar desde el Carmelo en la región de Galilea hasta el Horeb en la península del Sinaí. Al llegar al monte sagrado, después de la gran caminata, el profeta descansa en una cueva; por su parte, Dios lo prepara porque se le va a revelar.

El texto subraya que Dios no está en el viento, ni en el fuego, ni en el terremoto; pero sí se hace presente en "el murmullo de una brisa suave". Elías debe recordar que, como profeta del Señor, debe hacer presente a Dios en el pueblo no con palabras y acciones duras y violentas, sino con la palabra suave para ser agradablemente escuchado.

Lectura del primer libro de los Reyes

Al llegar al monte de Dios, *el Horeb*,
    el profeta Elías *entró* en una cueva y permaneció allí.
El Señor le dijo: "*Sal* de la cueva y *quédate* en el monte
    para *ver al Señor*, porque el Señor *va a pasar*".
Así lo hizo Elías, y al *acercarse* el Señor,
    vino *primero* un viento huracanado,
    que *partía* las montañas y *resquebrajaba* las rocas;
    pero el Señor *no estaba* en el viento.
Se produjo después *un terremoto*;
        pero el Señor *no estaba* en el terremoto.
Luego vino un fuego; pero *el Señor no estaba* en el fuego.
Después del fuego se escuchó el *murmullo* de una brisa *suave*.
Al oírlo, Elías *se cubrió* el rostro con el manto
    y *salió* a la entrada de la cueva.

II LECTURA   Romanos 9:1–5   L M

II LECTURA En Romanos 9—11, Pablo trata el tema de la incredulidad de los judíos. En esta lectura, somos testigos de cómo Pablo da rienda suelta a los sentimientos de tristeza profunda ante la tragedia de sus hermanos, los judíos: sujetos de una historia de promesas divinas, en su mayoría se han comportado en pleno rechazo del anuncio de Jesucristo. Al apóstol le interesa dejar muy en claro que Dios, por su parte, no ha repudiado al pueblo. Dios permanece fiel; el pueblo judío ha sido el infiel. No obstante, el pueblo judío tiene un lugar especial en relación con los otros pueblos dentro de la historia de la salvación porque "de su raza, según la carne, nació Cristo".

Lectura de la carta del apóstol San Pablo a los romanos

Hermanos:
Les hablo con *toda* verdad en Cristo; *no miento*.
Mi conciencia me *atestigua*, con *la luz* del *Espíritu Santo*,
    que tengo una *infinita* tristeza y un dolor incesante
        tortura mi corazón.
Hasta *aceptaría* verme *separado* de Cristo,
si *esto* fuera para *bien* de mis hermanos,
    los *de mi raza* y de mi sangre,
    los israelitas, a quienes pertenecen la *adopción* filial,
la gloria, *la alianza*, *la ley*, el culto y *las promesas*.
Ellos son *descendientes* de los patriarcas;
    y *de su raza*, según la carne, *nació* Cristo,
    el cual está *por encima* de todo
    y es *Dios bendito* por los siglos de los siglos. *Amén*.

I LECTURA   1 Reyes 19:9a, 11–13a   L E U

Lectura del primer libro de los Reyes

En *aquellos* días, al llegar Elías al *cerro* de Dios, al Horeb,
   pasó la noche en una *cueva*.
Y el *Señor* le dirigió la palabra:
   "*Sal* afuera a esperar al Señor, que va a *pasar*".
Vino primero un huracán tan *violento* que hendía los cerros
   y *quebraba* las rocas delante del Señor.
Pero el Señor *no* estaba en el huracán.
Después hubo un *terremoto*,
   pero el Señor *no* estaba en el terremoto.
Después brilló un *rayo*,
   pero el Señor *no* estaba en el rayo.
Y *después* del rayo se sintió un murmullo de una *suave* brisa.
Elías al oírlo se *tapó* la cara con su manto,
   salió de la cueva y se *paró* a su entrada.

Siente que, al abrigo de una cueva, has pasado la noche en la montaña. La luz comienza a iluminar la mañana y en el silencio una voz te levanta del sueño al frescor de la madrugada.

Describe cada uno de estos fenómenos naturales desde los sentimientos y emociones que provocan en ti. Te estremece la violencia del huracán, te asusta la furia del terremoto, ensordece el tronar del relámpago.

Cambia a un tono suave y reconoce la presencia de Dios en este tranquilo murmullo. Prepárate interiormente a escuchar lo que Dios quiera pedirte.

II LECTURA   Romanos 9:1–5   L E U

Lectura de la carta del apóstol San Pablo a los romanos

Les hablo *sinceramente* en Cristo Jesús;
   mi conciencia me lo *asegura* en el Espíritu Santo:
   yo siento *siempre* mi corazón muy *triste* y dolorido.
Hasta desearía ser *aborrecido* de Dios y *separado* de Cristo
   en *bien* de mis hermanos, mis *iguales* según la carne.
Me refiero a los *israelitas*,
   recibidos por Dios como sus *hijos* para compartir su gloria.
Recibieron la *alianza*, la Ley, el culto de Dios y las promesas.
Son *descendientes* de los patriarcas,
   y por la raza *también* Cristo es uno de ellos,
   el que, como *Dios*, está sobre *todo*.
Bendito sea él para siempre.
¡Amén!

Esta proclamación tiene un tono pesado de dolor. Hay sufrimiento en esta queja por el proceder de los hermanos.

Al proclamar, siente que estás comunicando una honda pena por un doloroso acontecimiento familiar. Deja que estos sentimientos vibren en el tono de tu voz. Sufres por el proceder de tus hermanos. Es como si dijeras, "¡han recibido tanto y ahora prefieren perderse lo mejor de todo!".

Concluye con un aire de esperanza: a pesar de todo, Dios no se olvidará de su pueblo.

Hay aquí, en el comportamiento de Pablo, varias actitudes que merecen tomarse en cuenta de por quien desee ser evangelizador auténtico en la Iglesia de nuestros días. Aunque ha aceptado la fe, no se ha olvidado de su origen de raza. Llama "hermanos" a los judíos, igual que lo hace con los cristianos y posee una gran preocupación al ver que los judíos no aceptan la salvación. Siempre se le pedirá al pastor de una comunidad cristiana: que no se olvide de sus raíces, del lugar donde nació, creció y recibió la educación; que viva una espíritu universal, todos son hermanos; que experimente una profunda compasión ante las debilidades de los demás; y que el ardor apostólico, el deseo ardiente de la salvación, sea su distintivo.

EVANGELIO | Si el mar se agitaba y se volvía muy peligroso, era porque estaban actuando las fuerzas del mal desde lo profundo. El evangelista, al presentar a Jesús caminando sobre las aguas, quiere dar testimonio de que es verdadero Dios porque no tiene nada qué ver con el abismo; no puede sumergirse en las aguas de abajo porque su reinado no es de allá. Jesús es más poderoso que las fuerzas del mal; Jesús domina al mal. Mateo desea que se haga la confesión de fe como los discípulos: "verdaderamente tú eres el Hijo de Dios".

En la persona y en la actitud de Pedro nos vemos reflejados todos los cristianos, mientras que luchamos cada día por ser fieles al compromiso bautismal. Deseamos vivir plenamente la libertad de los hijos de Dios, sin ningún afecto desordenado, y marchar como el maestro "caminando sobre el agua". Pero no lo logramos plenamente y fácilmente; nos sumergimos en el mal. En los momentos de debilidad y de poca fe, debemos tener la humildad y confianza necesarias para gritarle al Señor: ¡Sálvame! Ciertamente solos no podemos; los "vientos contrarios" son más fuertes que nuestra voluntad e intención de ser mejores.

EVANGELIO   Mateo 14:22–33   L M

Lectura del santo Evangelio según san Mateo

En *aquel* tiempo, inmediatamente *después*
de la *multiplicación* de los panes,
    Jesús hizo que sus discípulos *subieran* a la barca
    y se dirigieran a la otra orilla, mientras él *despedía* a la gente.
Después de despedirla, *subió* al monte a solas para orar.
Llegada la noche, estaba él *solo* allí.
Entretanto, la barca iba ya *muy lejos* de la costa
y las olas *la sacudían*, porque el viento *era contrario*.
A la madrugada, Jesús fue hacia ellos, caminando *sobre* el agua.
Los discípulos, al verlo *andar* sobre el agua,
    se espantaron y decían:
"¡Es un fantasma!" Y daban *gritos* de terror.
Pero *Jesús* les dijo enseguida:
    "*Tranquilícense* y *no teman*. Soy yo".
Entonces le dijo Pedro:
    "*Señor*, si eres tú, *mándame ir a ti* caminando sobre el agua".
Jesús le contestó: "*Ven*".
Pedro *bajó* de la barca y *comenzó* a caminar sobre el agua
    hacia Jesús;
    pero *al sentir* la fuerza del viento, le entró *miedo*,
    comenzó a hundirse y gritó: "¡*Sálvame* Señor!"
Inmediatamente Jesús *le tendió* la mano, *lo sostuvo* y le dijo:
"Hombre de *poca fe*, ¿*por qué* dudaste?"
En cuanto subieron a la barca, el viento *se calmó*.
Los que estaban en la barca *se postraron* ante Jesús, diciendo:
"*Verdaderamente tú eres* el *Hijo* de Dios".

EVANGELIO   Mateo 14:22–33   L E U

Lectura del santo Evangelio según san Mateo

Después que se *sació* la gente,
    Jesús *obligó* a sus discípulos a que se *embarcaran*
    y fueran a esperarlo al *otro* lado,
    mientras él *despedía* a la muchedumbre.
Una vez que los *despidió*,
    subió *solo* a un cerro a *orar* hasta entrada la noche.
Entre tanto, la barca estaba ya muy *lejos* de tierra,
    sacudida *fuertemente* por las olas,
        porque *soplaba* viento en contra.
De *madrugada*, fue Jesús hacia ellos *caminando* sobre el lago.
Al verlo caminar sobre el agua se *asustaron* y exclamaron:
    "¡Es un *fantasma*!"
Y *llenos* de miedo comenzaron *a gritar*.
Jesús les dijo al *instante*:
"¡*Animo*, no teman, soy *yo*!".
Pedro contestó:
"Señor, si eres *tú*, *manda* que yo vaya a ti *caminando*
        sobre el agua".
Jesús le dijo: "*Ven*".
Pedro *bajó* de la barca y caminaba *sobre* el agua para llegar
        a Jesús.
Pero al fijarse en la *violencia* del viento,
    tuvo *miedo* y comenzó a *hundirse*.
Entonces *gritó*: "¡*Sálvame*, Señor!"
Al *instante* Jesús *extendió* la mano, diciendo:
    "Hombre de *poca* fe, ¿por qué *vacilaste*?"
Cuando subieron a la barca, *cesó* el *viento*,
    y los que estaban en ella se *postraron* delante de él, diciéndole:
    "¡*Verdaderamente*, tú eres el *Hijo* de Dios!"

Comienza la proclamación con un ritmo lento y un tono sosegado. La barca se aleja y Jesús se queda solo en el silencio y la oscuridad de la noche.

El relato se pone en movimiento, siente las olas que empiezan a inquietar a los navegantes. La costa está tan lejos que se sienten asustados y desamparados, y la llegada de Jesús desata el pánico.

Advierte la forma en que el ritmo se acelera rápidamente. Se requieren los cambios de tono: hay miedo porque creen ver un fantasma, pero la voz del Señor impone la tranquilidad inmediatamente.

Hay un poco de temeridad y arrogancia en la actitud de Pedro.

La tormenta es muy fuerte y la fe muy débil; Pedro pasa de la autosuficiencia a la inseguridad. Ya no pide caminar sobre las aguas, sino salvar su vida.

Hay tierno reproche en las palabras de Jesús.

Siente que todo vuelve al silencio y la calma. Contempla a Jesús de pie en la barca y deja que tu fe concluya el relato reconociendo en él al Hijo del Dios verdadero.

LA ASUNCIÓN
DE LA VIRGEN MARÍA, MISA DE LA VIGILIA

| I LECTURA | 1 Crónicas 15:3–4, 15–16, 16:1–2 | L M |

I LECTURA La importancia del arca no le viene de su aspecto material, sino de su significado. El arca es uno de los signos visibles más antiguos de la presencia de Dios. Para los israelitas, una de las manifestaciones más importantes de Dios fue cuando le entregó los diez mandamientos a Moisés.

La palabra pronunciada por Dios era algo sagrado y por eso fue conservada en piedra para que los israelitas no se olvidaran de ponerla en práctica. El arca contenía la piedra con la Palabra de Dios. La lectura de hoy nos narra el momento en que fue colocada solemnemente el arca en la tienda, en el santuario móvil preparado por David, para que acompañara al pueblo por los lugares donde caminaba y fuera refugio seguro.

La liturgia de la palabra nos ofrece esta lectura sobre el arca, su importancia, significado y función para el pueblo de Israel, con el fin de que comprendamos mejor el papel de la Santísima Virgen María. La Virgen María es un signo excelso de la presencia y manifestación de Dios. Por obra del Espíritu Santo, la Palabra encarnada en el seno de la Virgen fue dada a la humanidad para su salvación. En este sentido, el cuerpo purísimo de María viene a ser el santuario, la tienda de reunión que contiene el tesoro más precioso: a Dios mismo.

II LECTURA Pablo ha dado rienda suelta a su profunda formación clásica para ofrecernos en el capítulo 15 la Buena Nueva sobre la resurrección de Cristo y las consecuencias de esta resurrección para todo el que cree en él. Lo hace con un perfecto discurso en consonancia con las normas de la retórica griega. La realidad de la resurrección no tiene su influjo solamente en Jesús, sino que afecta a todos aquéllos que aceptan y confiesan a Jesús como su Señor y creen que resucitó de entre los muertos. La Virgen María, como perfecta discípula, la fiesta de

Lectura del primer libro de las Crónicas

En aquellos días,
    David *congregó* en Jerusalén *a todos* los israelitas,
    para trasladar el *arca* de la alianza al lugar
        que le *había preparado*.
Reunió *también* a los hijos de Aarón y a *los levitas*.
Luego los levitas se echaron los varales a los hombros
    y *levantaron en peso* el arca de la alianza,
    tal como lo había *mandado* Moisés, por *orden* del Señor.
David *ordenó* a los jefes de los levitas que entre los de su tribu
        nombraran *cantores*
    para que entonaran *cantos festivos*, acompañados de *arpas*,
        cítaras y platillos.
Introdujeron, pues, *el arca de la alianza*
    y la *instalaron* en el centro de la tienda
que David *le había preparado*.
Ofrecieron a Dios *holocaustos y sacrificios* de comunión,
    y cuando David terminó de ofrecerlos,
        bendijo al pueblo en *nombre* del Señor.

| II LECTURA | 1 Corintios 15:54–57 | L M |

Lectura de la primera carta del apóstol san Pablo a los corintios

Hermanos:
Cuando nuestro ser *corruptible y mortal* se revista de
incorruptibilidad *e inmortalidad*,
entonces *se cumplirá* la palabra de la Escritura:
La muerte *ha sido aniquilada* por la victoria.
¿*Dónde está* muerte, tu victoria?
¿*Dónde está*, muerte, tu aguijón?
El aguijón de la muerte *es el pecado*
    y la fuerza del pecado es la ley.
Gracias a Dios, que *nos ha dado la victoria*
por nuestro Señor Jesucristo.

I LECTURA   1 Crónicas 15:3–4, 15; 16:1–2   L E U

Lectura del primer libro de las Crónicas

En aquellos días, *David* congregó a todo Israel en *Jerusalén*
    para subir el *Arca* del Señor al lugar
que había preparado para ella.
David reunió también a los hijos de *Aarón* y a los levitas.
Los *levitas* trasladaron a hombros el *Arca* del Señor,
    como lo había ordenado *Moisés*, según la *palabra* del Señor,
    llevando las *varas* sobre los hombros.
David dijo a los *jefes* de los levitas
    que dispusieran a sus hermanos los *cantores*,
    con instrumentos *musicales*, salterios, cítaras y *címbalos*
    para que los hicieran *resonar*, con voz de *júbilo*.
Trajeron el *Arca* del Señor y la colocaron en medio de la tienda
    que *David* había hecho levantar para ella;
    y ofrecieron ante Dios *víctimas* quemadas y *sacrificios*
        de comuniones.
Cuando *David* hubo acabado de ofrecer las víctimas
        consumidas por el fuego
    y los *sacrificios* de comunión,
    bendijo al *pueblo* en nombre del Señor.

Estás relatando lo que sucede en una fiesta solemne, para la cual todo el pueblo ha sido convocado.

Estás en medio de la gran liturgia que acompaña el movimiento del arca sagrada. Escucha la aguda voz de los cantores que se alza entre el jubiloso acompañamiento de los instrumentos, rodeados por la gran muchedumbre que desborda de alegría y entusiasmo.

Un acontecimiento así requiere una proclamación en tono exaltado, que pueda hacer sentir la alegría del momento. Es un momento de gran celebración al que estás asistiendo en primera fila.

II LECTURA   1 Corintios 15:54–57   L E U

Lectura de la primera carta del apóstol san Pablo a los corintios

Este cuerpo *destructible* será *revestido* de lo que no muere,
    y entonces se *cumplirá* la palabra de la Escritura:
    "La muerte ha sido *destruida* en esta victoria.
Muerte, ¿dónde está *ahora* tu triunfo?,
    ¿*dónde* está, *muerte*, tu aguijón?"
La muerte se valía del pecado para *inyectar* su veneno
    y el pecado actuaba *mediante* la Ley.
Por eso, demos *gracias* a Dios,
    que nos da la *victoria* por Cristo Jesús nuestro Señor.

Pon especial cuidado para que este primer párrafo pueda ser percibido con convencimiento y profunda certeza.

Más que preguntas, son afirmaciones fuertes y determinantes de las que se sigue una respuesta de esperanza cierta.

Deja que cada una de ellas sea un desafío al miedo y al dolor, y concluye con un tono de agradecido convencimiento en el triunfo de la vida y la resurrección.

hoy la proclama gozando plenamente de los frutos de la resurrección de su Hijo Jesús: Llega a los cielos con un cuerpo totalmente transfigurado.

Quien ha aceptado en su vida a Jesucristo ya no es un simple mortal porque la fe ha depositado en su corazón un germen de inmortalidad. Su existencia ya no es una derrota ante la carne que la dominaba, sino la victoria continua, gracias a la resurrección de Jesucristo.

EVANGELIO En Lucas, el plan que se ha trazado desempeña un papel importante en el viaje de Jesús hacia Jerusalén. En la primera parte de este recorrido, el maestro se dedica a dar una serie de instrucciones a sus seguidores con el fin de que lleguen a ser verdaderos discípulos. En abierta oposición con los jefes de los judíos, aparece esta escena donde se presenta a María como modelo del discipulado perfecto.

La escucha de la Palabra de Dios constituye la actitud fundamental de aquél que pretende ser discípulo de Cristo porque contiene el elemento esencial de la vida de fe, ya que cuando se presta oído a la Palabra de Jesús, se pone en práctica dócilmente aquello que el maestro manda. De hecho, ser verdadero discípulo no consiste tanto en realizar acciones, sino en la escucha religiosa y dócil del Señor Jesús, con el fin de interiorizar su palabra divina. Anteriormente, el evangelista ya ha colocado en paralelo a la madre de Jesús y quien escucha la palabra (8:4–21).

La madre de Jesús no es proclamada bienaventurada tan sólo por haber llevado en su seno al Mesías y haberlo amamantado, sino por haber sido capaz de escuchar la Palabra de Dios y por ponerla en práctica. En ella, la Palabra de Dios produce un fruto precioso, el de la salvación escatológica después de la muerte. Esto es lo que celebramos hoy en esta fiesta de la Virgen.

EVANGELIO Lucas 11:27–28   L M

Lectura del santo Evangelio según san Lucas

En aquel tiempo, mientras *Jesús* hablaba a la multitud,
   una mujer del pueblo, *gritando*, le dijo:
"*¡Dichosa* la mujer que te llevó *en su seno*
   y cuyos pechos te *amamantaron*!"
Pero Jesús *le respondió*:
"Dichosos *todavía más* los que *escuchan* la palabra de Dios
   y la ponen *en práctica*".

EVANGELIO   Lucas 11:27–28   L E U

Lectura del santo Evangelio según san Lucas

Mientras Jesús estaba *hablando*,
   una mujer *levantó* la voz en medio de la multitud y le dijo:
   "Feliz la que te dio a luz y te amamantó".
Pero *él* contestó:
   "Felices, sobre todo, los que *escuchan* la palabra *de Dios*
   y la *practican".*

Haz notar que la alabanza de aquella mujer se sobreimpone a las palabras de Jesús como un grito espontáneo salido del corazón.

Con delicadeza, el Señor dirige aquella felicitación hacia todos nosotros. El tono es de: "¡muchas gracias, pero, fíjate que es mucho más importante!".

LA ASUNCIÓN DE LA VIRGEN MARÍA, MISA DEL DÍA

I LECTURA   Apocalipsis 11:19, 12:1–6, 10   L M

Lectura del libro del Apocalipsis del apóstol san Juan

Se *abrió* el templo de Dios en el cielo
  y *dentro de* él se vio el *arca* de la alianza.
Apareció entonces en el cielo una figura *prodigiosa*:
  una mujer *envuelta* por el sol,
  con la luna *bajo* sus pies y con una corona
    de *doce* estrellas en la cabeza.
Estaba *encinta* y a punto de dar *a luz* y *gemía*
    con los dolores del parto.
Pero *apareció* también en el cielo *otra* figura:
  un *enorme* dragón, color de *fuego*,
  con siete cabezas y *diez* cuernos,
    y una corona en *cada una* de sus siete cabezas.
Con su cola *barrió* la tercera parte de las estrellas del cielo
y las *arrojó* sobre la tierra.
Después se detuvo *delante* de la mujer que iba a dar a luz,
    para *devorar* a su hijo, en cuanto éste *naciera*.
La mujer *dio a luz* un hijo varón,
  destinado a gobernar *todas* las naciones con cetro *de hierro*;
  y su hijo *fue llevado* hasta Dios y hasta *su trono*.
Y la mujer *huyó* al desierto, a un lugar *preparado* por Dios.
Entonces oí en el cielo una voz *poderosa*, que decía:
"*Ha sonado* la hora de *la victoria* de nuestro Dios,
  de su dominio y de su reinado, y *del poder de su Mesías*".

I LECTURA ¡Qué manera de hacer teología de la historia! El autor hace una descripción apocalíptica, transportándonos al cielo para hablarnos de la acción salvífica de Cristo presente en la Iglesia. ¿A quién se refiere cuando habla de la gran señal? En primer lugar, se refiere a Jerusalén y al pueblo de Israel conforme a la tradición del Primer Testamento; en segundo lugar, se refiere a la Iglesia de finales del siglo I. Pero también la tradición de la Iglesia ha sabido contemplar en esta señal a la Santísima Virgen.

El autor se inspira en el Salmo 104:1–2 donde Dios es presentado "vestido de majestad y de esplendor, envuelto en un manto de luz" para remarcar su gloria, como Ser soberano, y en Isaías 60:1–31 donde Jerusalén es descrita como una mujer, como madre triunfante, engalanada y radiante como la aurora vestida de la gloria del Señor. Es una descripcion de la Iglesia, la esposa de Jesucristo. La mujer no lleva una diadema sino una corona, el signo de la victoria. Lleva sobre su cabeza el atributo del triunfo. Es una mujer victoriosa. El pueblo de Dios está simbolizado en la corona de 12 estrellas, las doce tribus o los doce apóstoles del cordero. Este pueblo es el Israel verdadero, la Iglesia.

Aunque la interpretación anterior es el sentido primero del texto, sin embargo, la liturgia católica hace una aplicación de este texto a la Virgen por ser la madre del Mesías, porque "dio a luz un hijo varón, destinado a gobernar todas las naciones" (12:5).

I LECTURA   Apocalipsis 11:19; 12:1–6, 10   L E U

Lectura del libro del Apocalipsis del apóstol san Juan

Se *abrió* en el cielo el Santuario de Dios:
   dentro del Santuario uno podía ver el *Arca*
     de la Alianza
     de Dios.
Apareció en el cielo una señal grandiosa:
   una *Mujer*, *vestida* del sol, con la luna bajo los pies
   y en su cabeza una *corona* de doce estrellas.
Apareció también otra señal:
   un enorme *Monstruo* rojo como *el fuego*,
   con siete cabezas y diez cuernos.
En sus cabezas *lleva* siete coronas,
   y con la cola *barre* un tercio de las estrellas *del cielo*,
   precipitándolas a tierra.
El Monstruo se detuvo *delante* de la Mujer que *da a luz*,
   para *devorar* a su hijo en cuanto nazca.
Y la Mujer dio a luz un *hijo varón*,
   que debe *gobernar* todas las naciones con vara de hierro.
Pero el niño fue *arrebatado* y llevado ante Dios
    y ante su trono,
   mientras que la Mujer *huía* al desierto,
   donde tiene el refugio que Dios le ha preparado.
Entonces *resonó* en el cielo un griterío *inmenso*:
"Ya llegó la *liberación* por el poder de Dios.
Reina nuestro Dios y su Cristo *manda*".

Antes de comenzar, identifica cada una de las imágenes que como escenas se van sucediendo una tras otra ante el asombro de tu mirada. Intenta imaginar el sonido que acompaña la visión celeste; siente el retumbar del monstruo, el estrépito de los astros y el clamor triunfal que finalmente estremece los cielos.

Comienza con un tono de asombro. Estás contemplando la gloria, y te deslumbra el resplandor que rodea a esa mujer que se ha parado serenamente sobre la luna.

La presencia de aquel monstruo te sobrecoge de terror. Te sientes preocupado por lo que puede suceder. Es un momento de indecisión.

Siente que se viven momentos de dificultad: es tiempo de confrontación, huida y exilio. Pero el triunfo arrollador de Dios se anuncia a los cuatro vientos.

No importa lo que haya sucedido o esté sucediendo; la victoria de Dios es cierta y llegará siempre puntualmente. Deja que el tono de tu voz contagie a todos de esta certeza.

II LECTURA Celebrar la Asunción de la Virgen es proclamar solemnemente su resurrección. San Pablo en Romanos 15 intenta explicar el modo de ser de los cuerpos resucitados. Cuando se participa de la resurrección se deja el primer estado, en el que la persona está sujeta a la corrupción, para gozar de la incorruptibilidad: "Cristo resucitó, y resucitó como la primicia de todos los muertos". La Virgen María, en su calidad de descendiente de la raza de Adán, efectivamente participó de la muerte física y no sólo se durmió al final de su vida terrena, como dicen algunos. Por ser de Cristo, mereció la resurrección. Cristo no es solamente el primer resucitado, sino también el principio activo de la resurrección de todos los muertos.

En el Reino de Cristo ocupa un puesto fundamental el hecho de la resurrección; negarla equivale a poner en duda el dominio y señorío de Cristo sobre todos sus enemigos, entre ellos la muerte. La resurrección de los creyentes es la prueba del reinado de Cristo porque en cada uno de ellos se da la victoria de Cristo sobre la muerte. La fiesta de hoy es una fiesta mariana, pero sobre todo es una fiesta en que somos invitados los cristianos a proclamar a Cristo como Rey y Señor de toda la creación.

II LECTURA 1 Corintios 15:20–27 L M

Lectura de la primera carta del apóstol san Pablo a los corintios

Hermanos: Cristo *resucitó*,
y resucitó como la *primicia* de *todos* los muertos.
Porque si *por un hombre* vino la muerte,
también por un hombre *vendrá* la resurrección de los muertos.
En efecto, *así* como en Adán *todos* mueren,
así en Cristo todos *volverán* a la vida;
pero *cada uno* en su orden: *primero* Cristo, como *primicia*;
después, a la hora de su *advenimiento*, los que *son* de Cristo.
Enseguida será la *consumación*,
cuando Cristo *entregue* el Reino *a su Padre*,
después de haber *aniquilado todos* los poderes del mal.
Porque él *tiene* que reinar
hasta que *el Padre* ponga bajo sus pies a *todos* sus enemigos.
El último de los enemigos en ser *aniquilado*, será *la muerte*,
porque *todo* lo ha sometido Dios bajo los *pies* de Cristo.

II LECTURA   1 Corintios 15:20–27   L E U

Lectura de la primera carta del apóstol san Pablo a los corintios

Cristo *resucitó* de entre los muertos,
    y resucitó como *primer* fruto ofrecido a Dios,
    el *primero* de los que duermen.
Es que la muerte *vino* por un hombre,
    y por eso también la *resurrección* de los *muertos*
    viene por medio de un hombre.
Todos mueren por ser de Adán,
    y todos *también* recibirán la vida por ser de *Cristo*.
Pero a cada cual su turno.
A la cabeza, *Cristo*;
    en seguida los que *sean* de Cristo, cuando él *venga*.
Luego vendrá el fin,
    cuando Cristo *entregue* a Dios Padre *el Reino*,
    después de haber *destruido*
    toda grandeza, dominio y poderío enemigos.
Porque él tiene que *reinar*
    "hasta que haya puesto bajo sus pies a *todos* sus enemigos".
El *último* enemigo destruido será la muerte;
    según dice la Escritura:
    "Dios ha sometido *todo* bajo sus pies".

Advierte que la clave de esta lectura está en que seas capaz de convencer desde tu propia convicción personal.

Es una proclamación que requiere una preparación especial que cómodamente te permita comunicarte visualmente con la asamblea para proyectar seguridad y certeza total.

No te apresures, ve comunicando cada frase poniendo el énfasis preciso, como quien quiere decir algo que requiere una cuidadosa explicación y así evitar confusiones.

Ve exponiendo las etapas del proceso que ha comenzado en Cristo, resaltando cada una de éstas hasta llegar al momento clave de la gran victoria, cuyo anticipo hoy celebramos en la Asunción de María.

EVANGELIO A todo lector atento no deja de conmover hasta las entrañas de esta escena que describe el encuentro de dos mujeres, María e Isabel. Ignoradas por la sociedad de su tiempo, son señaladas como eslabones muy importantes en la historia de la salvación. No obstante, en la narración, el evangelista no intenta poner en primer plano a las mujeres, sino a los dos niños que aún están en las entrañas de sus madres: Juan y Jesús.

El hecho de que María se encamine presurosa a las montañas de Judea es una actitud que recoge muchos temas bíblicos: María personifica al pueblo de Israel peregrino hacia la ciudad de David; ella es la sierva y señora portadora del Evangelio, del Dios encarnado, del Salvador, y lleva la Buena Nueva a las montañas de Judea que forma parte de Sión. Como sucedió un día en el traslado del arca de la alianza, por David, a la ciudad de Jerusalén, ahora el viaje de María es hacia la región de Judea. Mientras el arca se trasladaba, el júbilo era grande y David danzaba. Ahora la alegría de Isabel es inmensa y el niño da saltos en el vientre.

La tradición profética siempre había insistido en que de Judea brotaría el anuncio de paz, de alegría y de salvación. Por eso, san Lucas presenta a María como el gran testimonio y el cumplimiento de las promesas hechas a Israel. Sobre ella descansa el espíritu de profecía y los anhelos de salvación mesiánica que han dominado en los grandes momentos de la historia de Israel. María es reconocida por la comunidad lucana como madre del Señor y así la proclama Isabel llena del Espíritu Santo: "¿quién soy yo para que la madre de mi Señor venga a verme?".

EVANGELIO   Lucas 1:39–56   L M

Lectura del santo Evangelio según san Lucas

En aquellos días,
María se encaminó *presurosa* a un pueblo
    de las montañas de Judea,
  y *entrando* en la casa de Zacarías, *saludó* a Isabel.
En cuanto ésta *oyó* el saludo de María,
  la creatura *saltó* en su seno.
Entonces Isabel quedó *llena* del Espíritu Santo,
  y *levantando* la voz, *exclamó*:
"¡*Bendita* tú entre las mujeres y *bendito* el fruto de tu vientre!
¿Quién *soy yo* para que *la madre* de mi Señor venga a verme?
Apenas llegó tu saludo a mis oídos,
  el niño *saltó* de gozo en mi seno.
Dichosa tú, *que has creído*, porque *se cumplirá*
  cuanto te fue *anunciado* de parte del Señor".
Entonces dijo *María*:
"Mi alma *glorifica* al Señor
  y mi espíritu *se llena* de júbilo en Dios, *mi salvador*,
  porque *puso* sus ojos en la *humildad* de su esclava.
Desde ahora me llamarán *dichosa todas* las generaciones,
  porque *ha hecho* en mí *grandes* cosas el que *todo* lo puede.
Santo es su nombre
  y *su misericordia* llega de generación *en generación*
  a los que lo *temen*.
Ha hecho *sentir* el poder de su brazo:
  dispersó a los de corazón *altanero*,
  destronó a los potentados y *exaltó* a los humildes.
A los hambrientos los *colmó* de bienes
  y a los ricos los *despidió* sin nada.
Acordándose de su misericordia,
  vino en ayuda de *Israel*, su siervo,
  como *lo había prometido* a nuestros padres,
  a *Abraham* y a su descendencia *para siempre*".
María *permaneció* con Isabel unos *tres meses*
  y luego *regresó* a su casa.

EVANGELIO   Lucas 1:39–56   L E U

Lectura del santo Evangelio según san Lucas

Por esos días,
    María partió *apresuradamente* a una ciudad
    ubicada en los cerros de *Judá*.
Entró a la casa de *Zacarías* y saludó a *Isabel*.
Al oír Isabel su *saludo*, el niño dio *saltos* en su vientre.
Isabel se llenó del *Espíritu* Santo y exclamó en *alta* voz:
    "Bendita eres entre *todas* las mujeres
    y *bendito* es el *fruto* de tu vientre.
¿*Cómo* he merecido yo que venga a *mí* la madre de mi Señor?
Apenas llegó tu saludo a mis *oídos*,
    el niño *saltó* de alegría en mis entrañas.
¡*Dichosa* por haber creído que de *cualquier* manera
    se cumplirán las *promesas* del Señor!"
María dijo entonces:
    "Celebra *todo* mi ser la *grandeza* del Señor
    y mi *espíritu* se alegra en el *Dios* que me salva
    porque *quiso* mirar la condición *humilde* de su esclava,
    en adelante, pues, *todos* los hombres dirán que soy *feliz*.
En verdad el Todopoderoso hizo *grandes* cosas para mí,
    reconozcan que *Santo* es su nombre,
    que sus favores alcanzan a *todos* los que le *temen*
    y prosiguen en sus *hijos*.
Su brazo llevó a cabo hechos *heroicos*,
    arruinó a los *soberbios* con sus maquinaciones.
Sacó a los *poderosos* de sus *tronos*
    y puso en su lugar a los *humildes*,
    repletó a los *hambrientos* de todo lo que es *bueno*
    y despidió *vacíos* a los ricos;
    de la mano tomó a *Israel*, su siervo,
    demostrándole así su *misericordia*.
Esta fue la *promesa* que ofreció a nuestros *padres*
    y que reservaba a *Abraham* y a sus descendientes para siempre".
María se quedó cerca de *tres* meses con Isabel,
    y después volvió a su casa.

El texto parece comenzar mostrando un ritmo apresurado, como acompañando el rápido caminar de **María** hacia la casa de **Isabel**.

La alegría con que el niño salta en su vientre fluye desbordante por la boca de **Isabel**. Deja que tu voz comunique esta exaltación entusiasmada con que grita una alabanza tras otra.

La voz de **María**, en un tono de exaltación algo menor, entona un himno al triunfo del poder misericordioso de **Dios** autor de las promesas que ahora se cumplen.

Deja que este magnífico cántico resuene con tal vida que pueda estremecer a la comunidad presente, como si esta lo escuchara por vez primera.

Déjate envolver por el ritmo y la fuerza de las imágenes que colocan a **Dios** del lado de los indefensos, los débiles, los pobres y los marginados.

20º DOMINGO DEL TIEMPO ORDINARIO

I LECTURA Ha terminado el destierro del pueblo de Israel en Babilonia; a todos les incumbe la rápida y plena reconstrucción del pueblo y del territorio. El mensaje del profeta señala algunos criterios que deben tomarse en cuenta para llevar a cabo esta tarea.

En las dificultades, como siempre, los más débiles son los que sufren las consecuencias, son los más ofendidos en sus derechos. Por eso el oráculo hace una fuerte llamada a la fidelidad, a la bondad, a la justicia y al amor, disposiciones para acoger a Dios y ser objeto e instrumentos de su obra salvadora. Ya desde el primer versículo invita a participar de la salvación, observando el derecho y practicando la justicia.

La nueva comunidad, según el oráculo profético, no se funda sobre derechos naturales, sobre la carne y la sangre. Por el contrario, depende de la libre adhesión al Señor. Este texto forma parte de una corriente ideológica que empieza a tomar gran fuerza: para Dios ya no existen extranjeros; la salvación es universal.

II LECTURA Pablo ha venido exponiendo a los romanos el hecho de que todos, paganos y judíos, pueden ser justificados, perdonados y salvados por la fe en Cristo y no por la observancia de la ley. En su tarea evangelizadora, Pablo ha sido testigo de la generosidad de los no judíos al aceptar a Cristo en su vida, pero también ha constatado la dureza de corazón de los hermanos de raza. Ya habían pasado muchos años de la proclamación profética de Isaías, que vimos en la primera lectura, pero la mentalidad "discriminatoria y separatista" de los jefes de los judíos no se había logrado terminar del todo.

En la segunda parte de esta lectura, insiste cuatro veces en que Dios es misericordioso. La misericordia divina es la causa de que se posea la certeza de la salvación: "Dios no se arrepiente de sus dones ni de su elección". La misericordia divina invade

I LECTURA Isaías 56:1, 6–7   L M

Lectura del libro del profeta Isaías

Esto dice el Señor:
"*Velen* por los derechos de los demás, *practiquen* la justicia,
    porque mi salvación está *a punto* de llegar
    y mi justicia a punto *de manifestarse.*
A los *extranjeros* que se han *adherido* al Señor para servirlo,
      amarlo y darle culto,
    a los que *guardan* el sábado *sin profanarlo*
    y se mantienen *fieles* a mi alianza,
los *conduciré* a mi monte santo
    y los *llenaré de alegría* en mi casa de oración.
Sus holocaustos y sacrificios *serán gratos* en mi altar,
    porque mi casa será *casa de oración* para *todos* los pueblos".

II LECTURA Romanos 11:13–15, 29–32   L M

Lectura de la carta del apóstol san Pablo a los romanos

Hermanos:
Tengo *algo* que decirles a ustedes, los que *no son* judíos,
    y t*rato* de desempeñar lo *mejor* posible *este* ministerio.
Pero *esto* lo hago *también* para ver si *provoco*
      los celos de los de *mi raza*
    y logro *salvar* a *algunos* de ellos.
Pues, si su *rechazo* ha sido *reconciliación* para el mundo,
    ¿*qué* no será su *reintegración*, sino *resurrección*
      de entre los muertos?
Porque Dios *no se arrepiente* de sus dones ni de su *elección.*
Así como ustedes antes eran *rebeldes* contra Dios
    y *ahora han alcanzado* su misericordia con ocasión
      de *la rebeldía* de los judíos,
    en la *misma* forma, *los judíos*, que *ahora* son los rebeldes
    y que *fueron* la ocasión de que ustedes *alcanzaran*
la *misericordia* de Dios, *también* ellos *la alcanzarán.*
En efecto, Dios *ha permitido* que todos *cayéramos*
      en la rebeldía,
    para manifestarnos *a todos* su misericordia.

I LECTURA   Isaías 56:1, 6–7   L E U

Lectura del profeta Isaías

Así *dice* el Señor:
Actúen correctamente y hagan siempre lo debido,
   pues mi *salvación* se viene *acercando*
   y *mi justicia* está a punto de aparecer.
Y a los *extranjeros* que se han *puesto* de parte del Señor,
   para *obedecerlo*, amar su nombre y ser sus *servidores*,
   que tratan de no *profanar* el sábado
   los *llevaré* a mi cerro santo
   y haré que se *sientan* felices en mi Casa de *Oración*.
Serán *aceptados* los holocaustos
y los sacrificios que hagan *sobre mi altar*
ya que *mi casa* será llamada Casa de Oración para *todo* el
   mundo.

El Señor establece normas y reglas de vida para su comunidad; por eso emplea un tono firme. Proclama con la autoridad de un legislador que quiere dejar las cosas en claro.

Enfatiza la buena disposición del Señor para con todos los pueblos.

II LECTURA   Romanos 11:13–15, 29–32   L E U

Lectura de la carta del apóstol san Pablo a los romanos

A *ustedes*, que no son judíos, les *declaro* esto:
   como *apóstol*, yo fui enviado a los *paganos*,
   pero si me *dedico* tanto a mi trabajo,
   es con la *esperanza* de despertar la *envidia* en los de mi raza
   y así *salvar* a algunos de ellos.
Si bien es *cierto* que al ser ellos *desechados*,
   el *mundo* se reconcilió con *Dios*,
   ¿qué será entonces cuando ellos se *conviertan*
   sino un *pasar* de la muerte a la vida?
Porque *Dios* no se echa atrás después de *elegir* y dar sus *favores*.
En efecto, *ustedes* antes eran enemigos,
   pero Dios les *mostró* su misericordia
   al ver la *rebeldía* de los judíos.
Del mismo modo, los judíos,
   que ahora *se niegan* a obedecer,
   para dar lugar a *la misericordia*
   que Dios ha *tenido* para con ustedes,
   obtendrán también, a su vez, *misericordia*,
   a fin de *ejercer con todos* su misericordia.

Es un discurso con un aire de triste nostalgia.

Deja que tu voz comunique el drama interior que estremece a Pablo. Es un momento difícil. Le duele la ceguera de su pueblo que ha rechazado a Cristo, pero se siente feliz de la aceptación de los gentiles.

No utilices un tono brillante; proclama con sobriedad y sentimiento. Identifícate con el autor y concluye enfatizando la inmensa compasión de Dios, que todo le sirve para manifestar su misericordia.

y conduce la historia de la salvación. Ciertamente, hay momentos en los que no comprendemos la actuación misericordiosa de Dios, y Pablo mismo se asombra. Pero si Israel, Pablo y los cristianos creemos y somos fieles y se nos perdonan las faltas, es por la misericordia de Dios.

Las últimas expresiones de esta lectura viene a ser una estupenda conclusión a toda la sección donde el apóstol ha tratado el tema del pueblo de Israel. No solamente el pueblo judío ha sido rebelde; todos hemos caído en la rebeldía. Pero como Dios no quiere el pecado, el apóstol se expresa, diciendo que "Dios ha permitido que todos cayéramos".

EVANGELIO | Dura es la respuesta de Jesús ante la petición intercesora de sus discípulos a favor de una mujer pagana: "Yo no he sido enviado sino a las ovejas descarriadas de la casa de Israel". Así como otras expresiones del Evangelio de Mateo, han dado pie para que algunos sostengan que los destinatarios del Primer Evangelio son judíos convertidos al cristianismo. Pero muchos estudiosos afirman lo contrario: en el Evangelio domina la preocupación de la universalidad de la salvación; entonces, los destinatarios fueron paganos convertidos al cristianismo.

El pasaje de hoy debe leerse e interpretarse desde una perspectiva universalista de la salvación. Como en otros pasajes, Mateo trata de dejar en claro que el pueblo de Dios después de Cristo ya no puede identificarse con el pueblo judío, sino que lo forman todos los pueblos. El texto señala muy claramente que fuera del Israel histórico también hay personas que creen: "Jesús le respondió: mujer, ¡qué grande es tu fe!" La mujer cananea, mujer pagana, que cargaba sobre sus espaldas el título de "perrito" según los judíos, tiene más fe que éstos.

EVANGELIO Mateo 15:21–28 · L M

Lectura del santo Evangelio según san Mateo

En *aquel* tiempo, *Jesús* se retiró a la comarca de Tiro y Sidón.
Entonces una mujer *cananea* le *salió* al encuentro
    y se puso *a gritar*:
"Señor, *hijo* de David, *ten compasión* de mí.
Mi hija está *terriblemente* atormentada por un demonio".
Jesús no le contestó *una sola* palabra;
    pero los discípulos se acercaron y *le rogaban*:
"*Atiéndela*, porque viene gritando detrás de nosotros".
Él les contestó:
    "Yo *no he sido enviado* sino a las ovejas *descarriadas*
        de la casa de Israel".
Ella se acercó entonces a Jesús, y *postrada* ante él, le dijo:
"¡Señor, *ayúdame*!"
Él le respondió:
    "No está bien *quitarles* el pan a los hijos para *echárselo*
        a los perritos".
Pero ella *replicó*:
"Es cierto, *Señor*;
    pero *también* los perritos se comen las migajas
que caen de la mesa de sus amos".
Entonces *Jesús* le respondió:
    "*Mujer*, ¡qué *grande* es tu fe! Que *se cumpla* lo que deseas".
Y en *aquel* mismo instante *quedó curada* su hija.

EVANGELIO Mateo 15:21–28 L E U

Lectura del santo Evangelio según san Mateo

En aquel tiempo,
  Jesús *se apartó* hacia la región fronteriza de Tiro y Sidón.
Pues bien,
  una *mujer cananea* que había salido de esos territorios
  lo fue a ver y se puso a *gritar*:
  "Señor, hijo de David, ten *compasión* de mí:
  mi hija está *atormentada* por un demonio".
Pero Jesús *no le contestó* ni una palabra.
Entonces sus *discípulos* se le acercaron y le *dijeron*:
  "*despáchala*, pues no deja de gritar detrás de nosotros".
Jesús contestó:
  "no *fui enviado* sino a las ovejas perdidas del *pueblo de
    Israel*".
Pero la mujer *se acercó* a Jesús
  y *arrodillándose* ante él, le dijo:
  "Señor, *socórreme*".
Jesús le contestó:
  "no se *debe echar* a los perros el pan de los hijos".
"Es *verdad* Señor", contestó la mujer,
  pero los perritos *comen las migas* que caen de la mesa de sus
    patrones".
Entonces Jesús le *contestó*:
  "Mujer, ¡qué *grande* es tu *fe*!
  que se *cumpla* tu deseo".
Y en ese momento *quedó sana* su hija.

Se oye un grito desesperado que nace de la angustia de esta mujer que tiene a su hija muy enferma.

El tono no es de compasión. Sólo quieren que la mujer se calle, pero ella no cede.

Da especial cuidado al desarrollar el diálogo entre la cananea y Jesús. Hay sinceridad y respeto en las palabras del Señor. La mujer insiste con humildad porque tiene fe.

Esta frase fuerte y difícil no debe pronunciarse en un tono que manifieste desprecio o dureza.

La cananea suplica desde lo más hondo de su ser y finalmente logra el milagro.

La voz de Jesús es como un grito lleno de admiración, como un cumplido o un piropo que le ha salido del corazón.

21er. DOMINGO DEL TIEMPO ORDINARIO

I LECTURA Isaías 22:19–23   L M

Lectura del libro del profeta Isaías

Esto dice el Señor a Sebná, *mayordomo* de palacio:
"Te *echaré* de tu puesto y te *destituiré* de tu cargo.
Aquel mismo día *llamaré* a mi siervo,
    a *Eleacín*, el hijo de Elcías;
  le *vestiré* tu túnica, le *ceñiré* tu banda
  y le *traspasaré* tus poderes.
Será un padre para los habitantes de *Jerusalén*
    y para la *casa* de Judá.
Pondré la llave del *palacio* de David sobre su hombro.
Lo que *él* abra, *nadie* lo cerrará; lo que *él* cierre, *nadie* lo abrirá.
Lo *fijaré* como un clavo en muro *firme*
    y *será* un *trono de gloria* para la casa de *su padre*".

II LECTURA Romanos 11:33–36   L M

Lectura de la carta del apóstol san Pablo a los romanos

¡Qué *inmensa* y rica es la *sabiduría* y la *ciencia* de Dios!
¡Qué *impenetrables* son sus designios
    e *incomprensibles* sus caminos!
¿*Quién* ha conocido *jamás* el pensamiento del Señor
    o ha llegado a ser *su consejero*?
¿Quién ha podido darle algo *primero*,
    para que Dios se lo *tenga* que pagar?
En efecto, *todo proviene* de Dios,
  todo ha sido hecho *por él* y *todo* está *orientado* hacia él.
A *él* la gloria por *los siglos* de los siglos. *Amén*.

I LECTURA El texto narra el desagrado de Dios, puesto que existe un mayordomo pésimo en el palacio real y en la capital del reino de Judá. Sebná, a causa de su pecado, debe ser destituido. Dios nombrará a otro en su lugar a quien otorgará su favor: Le pondrá la túnica, le ceñirá su banda y le otorgará los poderes. Quien es rey del pueblo elegido, se convierte en el mediador entre Dios y su pueblo. Por consiguiente, en atención a esta gran responsabilidad debe ser procurador de la justicia, la victoria y la paz. Además, por medio de él, el pueblo es objeto de las bendiciones divinas. Cuando la conducta del rey deja mucho qué desear, todo el anterior programa de vida se ve trastocado, y debe ser destituido porque no ha sabido cumplir con la alianza y la ley.

El oráculo muestra como depositario de la promesa a Eleacín, el hijo de Elcías, pero tampoco en éste se cumplirán todos los deseos de Dios. Propiamente, el objeto del anuncio es Cristo a quien Dios le entrega las llaves del reino. A su vez, Cristo mismo ha querido señalar a un representante suyo sobre la tierra, a Pedro, a quien le otorga todos los poderes dentro de la Iglesia.

II LECTURA Pablo, habiendo cultivado la sabiduría humana, no se cansa de exaltar la bondad de la sabiduría divina en relación con la sabiduría griega y judía. El apóstol ya había escrito ampliamente sobre este punto en 1 Corintios 1—2.

Pero a partir del acontecimiento de Damasco, Pablo se esforzó por ser un fiel discípulo de Cristo y, de palabra y obra, trató de vivir sus actitudes. Por eso exclama: "¡Qué inmensa y rica es la sabiduría y la ciencia de Dios!" De Cristo escuchó que sabio es quien está dispuesto a servir antes que pretender dominar a los demás; sabio es quien se hace el más pequeño en lugar de pretender ser considerado como el más grande; sabio es quien reconoce que

321

25 DE AGOSTO DEL 2002 ■ 21er. DOMINGO DEL TIEMPO ORDINARIO

I LECTURA   Isaías 22:19–23   L E U

Lectura del libro del profeta Isaías

Así dice el *Señor* a Sobna, *administrador* del palacio:
   Te *destituiré* de tu puesto y te *quitaré* tu cargo;
   aquel *mismo* día, llamaré a *Eliaquim*, hijo de Helcías.
Le *pasaré* tu traje, le *colocaré* tu banda, y le *traspasaré*
      tus *poderes*,
   y será un *padre* para los habitantes de Jerusalén y para
      la *familia* de Judá.
Pondré en sus manos la *llave* de la Casa de David;
   cuando él *abra*, nadie podrá *cerrar*,
   y cuando *cierre*, *nadie* podrá abrir.
Lo *meteré* como un clavo en un muro *resistente*
   y su puesto le dará *fama* a la familia de su padre.

Estás indignado por el proceder de este mayordomo indigno. Con un tono que manifiesta tu molestia, enumeras todas las acciones que vas a tomar contra él.

Al referirte al nuevo administrador, tu voz debe manifestar la enorme confianza que estás depositando en él. Estás seguro de haber escogido a la persona adecuada porque sabes que actuará con bondad y rectitud.

II LECTURA   Romanos 11:33–36   L E U

Lectura de la carta del apóstol san Pablo a los romanos

¡Qué *profunda* es la riqueza, la *sabiduría* y la ciencia de Dios!
No se pueden *penetrar* sus designios
   ni se pueden *comprender* sus caminos.
En efecto, ¿quién ha conocido *jamás* lo que piensa el Señor?
¿Quién se hizo *consejero* suyo?
¿*Quién* ha podido darle algo *primero*,
   de manera que Dios tenga que *pagarle*?
En verdad *todo* viene de él,
   todo ha sido hecho por él y ha de *volver* a él.
A él sea la gloria para *siempre*. ¡Amén!

Utiliza un tono de exaltada admiración y un ritmo pausado y reflexivo. Es un canto de meditación en el que cada frase se analiza con entusiasmo, como quien está descubriendo cosas extraordinarias al contemplar el proceder de Dios.

Haz que la doxología final resuene como una alabanza jubilosa.

322

21er. DOMINGO DEL TIEMPO ORDINARIO ▪ 25 DE AGOSTO DEL 2002

no puede salvarse por sí mismo, sino sólo con la ayuda de Dios; sabio es quien acepta caminar por el camino de la cruz con la certeza de que sólo así se llega a la meta de la gloria.

EVANGELIO En los capítulos anteriores, Mateo ha narrado el drama del rechazo judío al testimonio de Jesús. Aparentemente es un fracaso, pero no todo está perdido: existe un grupo de discípulos que se han decidido a seguirlo porque lo han aceptado en su vida. Pedro, en nombre del grupo, expresa de viva voz esta convicción: "tú eres el Mesías, el Hijo de Dios vivo".

La finalidad de todo el Evangelio expresada en el primer versículo (Mateo 1:1) tiene aquí un gran cumplimiento: un grupo ya es capaz de confesar a Jesús como Mesías, Hijo de Dios. En la primera sección de la tercera parte del Evangelio, Mateo se ocupará de una serie de instrucciones dadas a los discípulos por parte de Jesús. Esto es fundamental, ya que se trata del grupo que será la base de la Iglesia. Es muy importante que Pedro y compañeros comprendan perfectamente la clase de Mesías que encarna Jesús.

En todo tiempo, a los seguidores de Jesús se les pide fidelidad. Con el cambio de nombre de *Cefas* por *Simón,* le está exigiendo a Pedro una fidelidad inquebrantable, una solidez duradera, como la de Yavé por su pueblo. La misión que Cristo le confía la debe desempeñar en la fidelidad en el amor. Habrá dificultades y las fuerzas del mal serán un peligro constante, pero la victoria estará asegurada para los cristianos porque la Iglesia está construida sobre Pedro. Será Pedro, como cabeza de la Iglesia, quien junto con los doce, debe ir aplicando el mensaje del Señor. Delante del Señor, renovemos la convicción de la importancia del papa y nuestros obispos en la Iglesia. Sin la unión íntima con el papa y los obispos, no existe solidez en la Iglesia de Jesucristo.

EVANGELIO Mateo 16:13–20 L M

Lectura del santo Evangelio según san Mateo

En *aquel* tiempo, cuando *llegó* Jesús a la región de *Cesarea* de Filipo,
hizo *esta pregunta* a sus discípulos:
"*¿Quién* dice la gente que es *el Hijo* del hombre?"
Ellos le respondieron:
"Unos dicen que eres *Juan el Bautista*; otros, *que Elías*; otros, que *Jeremías* o *alguno* de los profetas".
Luego *les preguntó*: "Y ustedes, ¿*quién* dicen que *soy yo?*"
Simón Pedro *tomó* la palabra y le dijo:
"*Tú eres* el Mesías, *el Hijo* de Dios vivo".
Jesús le dijo entonces:
"*¡Dichoso tú, Simón*, hijo de Juan,
porque *esto* no te lo ha revelado *ningún* hombre, sino *mi Padre*, que *está* en los cielos!
Y yo te digo *a ti* que *tú eres* Pedro
y sobre esta piedra *edificaré* mi Iglesia.
Los poderes del infierno no *prevalecerán* sobre ella.
Yo te daré *las llaves* del Reino de los cielos;
todo lo que ates en la tierra *quedará atado* en el cielo, y *todo* lo que desates en la tierra *quedará desatado* en el cielo".
Y les *ordenó* a sus discípulos que *no* dijeran a nadie que *él* era el Mesías.

323

25 DE AGOSTO DEL 2002 ▪ 21er. DOMINGO DEL TIEMPO ORDINARIO

EVANGELIO   Mateo 16:13–20   L E U

Lectura del santo Evangelio según san Mateo

En aquel tiempo,
   al llegar *Jesús* a la región de Cesarea de Filipo,
   preguntó a sus discípulos:
   "¿*Quién* dice la gente que es el *Hijo* del Hombre?"
Ellos *dijeron*: "Unos dicen que eres *Juan Bautista*;
   otros dicen que *Elías*;
   otros, que *Jeremías* o alguno de los profetas".
Jesús les preguntó: "¿Y ustedes, *quién* dicen que *soy yo*?"
Simón contestó: "Tú eres el *Cristo*, el *Hijo* de Dios vivo".
Jesús le *respondió*: "*Feliz* eres, Simón Bar-jona,
   porque eso *no* te lo enseñó la *carne* ni la sangre,
   sino mi *Padre* que está en los cielos.
Y *ahora*, yo te digo: Tú *eres* Pedro, o sea '*Piedra*',
   y sobre *esta* piedra *edificaré* mi *Iglesia*
   que los poderes del Infierno *no* podrán vencer.
Yo te *daré* las llaves del Reino de los Cielos:
   todo lo que ates en la tierra será *atado* en el cielo,
   y lo que *desates* en la tierra será *desatado* en los cielos".
En seguida, Jesús *ordenó* a los *discípulos*
   que *no* dijeran a nadie que él era el *Cristo*.

De momento la pregunta los ha dejado un poco desconcertados y piensan que Jesús hace una encuesta de opiniones humanas sobre su persona.

Utiliza distintos tonos para indicar las diferentes voces que presentan las diversas percepciones que el pueblo tiene acerca de Jesús.

Para esta segunda pregunta, utiliza un tono directo y firme, mirando con detenimiento a la asamblea.

La voz de Pedro comunica un conocimiento que va más allá de la comprensión humana.

Hay alegría por la felicitación que hace Jesús. Dios está actuando en el corazón de Pedro, y ha llegado el momento de encomendarle una nueva empresa y un nuevo nombre.

Reconoce la importancia de esta declaración de Jesús acerca de la misión de Pedro. Enfatiza con cuidado cada una de las promesas que Jesús hace al apóstol, en función de su papel al frente de la comunidad de los Doce. Asistimos conmovidos a un momento único y solemne.

22° DOMINGO DEL TIEMPO ORDINARIO

Jeremías 20:7–9   L M

Lectura del libro del profeta Jeremías

Me sedujiste, *Señor*, y me *dejé* seducir;
    fuiste *más* fuerte *que yo* y *me venciste*.
He sido el *hazmerreír* de todos; *día* tras día *se burlan* de mí.
Desde que *comencé* a hablar,
    he tenido que anunciar *a gritos* violencia y destrucción.
Por *anunciar* la palabra del Señor,
    me *he convertido* en objeto de oprobio y de burla *todo* el día.
He *llegado* a decirme:
    "Ya *no me acordaré* del Señor ni hablaré *más* en su nombre".
Pero había *en mí* como un fuego *ardiente*,
    encerrado en mis huesos;
    yo me esforzaba por contenerlo y *no podía*.

I LECTURA Para expresar la fuerza, la intimidad y el ardor del amor de Dios por las personas, en la Biblia se describe, algunas veces, con rasgos propios del amor entre un hombre y una mujer: "me sedujiste, Señor, y me dejé seducir". En la situación adversa en la que se encontraba Jeremías, solamente convencido de su llamado y de ser tomado por la mano de Dios podía cumplir con su vocación. La presencia amorosa del Señor en su vida la experimenta como un "fuego ardiente, encerrado en mis huesos".

Jeremías fue llamado para que desempeñara la misión de profeta del Señor cuando el pueblo de Judá pasaba por una grave crisis. Los pecados del pueblo y de los jefes del pueblo eran muchos. Hacía falta una fuerte invitación a la conversión. Las palabras de Jeremías no siempre fueron bien recibidas. Especialmente de parte de los representantes oficiales de la ley religiosa recibió ataques muy duros a consecuencia de su mensaje. El profeta se ve envuelto en una persecución cruel; lo acusan de falso profeta.

Romanos 12:1–2   L M

Lectura de la carta del apóstol san Pablo a los romanos

Hermanos:
Por la misericordia que Dios les *ha manifestado*,
    los *exhorto* a que se ofrezcan *ustedes* mismos
    como una ofrenda *viva*, *santa* y *agradable* a Dios,
    porque *en esto* consiste el *verdadero* culto.
No se dejen transformar por los criterios de *este* mundo,
    sino *dejen* que una *nueva* manera de pensar
      los transforme *internamente*,
    para que *sepan* distinguir *cuál* es la voluntad de Dios, *es decir*,
    lo que *es bueno*, lo que *le agrada*, *lo perfecto*.

II LECTURA Los verdaderos profetas de Israel continuamente recordaban a sus hermanos en qué consistía la autenticidad de la religión yavista. Cristo, por su parte, se empeñó en hacer comprender a los jefes de los judíos sus errores y abusos en la práctica religiosa. Por su parte, Pablo, después de superar la mentalidad mercantilista de las prácticas judías, no se cansa de exhortar a los cristianos de sus comunidades sobre la bondad de un culto auténtico: El culto que Dios quiere es la ofrenda gozosa de la vida. Dios no quiere puros actos; quiere a una persona que se esfuerza por agradarle.

En el inicio de esta parte exhortativa de la carta a los Romanos, el apóstol advierte también sobre la gravedad de la "doble vida" entre los cristianos: pretender ser hijos de Dios y miembros de la Iglesia y, a

I LECTURA   Jeremías 20:7–9   L E U

Lectura del libro del profeta Jeremías

Me has *seducido*, Señor, y me *dejé* seducir por ti.
Me hiciste *violencia* y fuiste el *más* fuerte.
Y ahora soy motivo de *risa*, toda la gente se *burla* de mí.
Pues me pongo a *hablar*, y son *amenazas*,
    no les anuncio más que *violencias* y saqueos.
La palabra del Señor me trae *mofa* e insultos *cada* día.
Por eso decidí *no* recordar más al Señor,
        ni hablar más de parte de él.
Pero *sentí* en mí
    algo así como un fuego *ardiente* aprisionado en mis huesos,
    y aunque yo *trataba* de apagarlo, *no* podía.

Identifícate con la situación de este profeta que se siente abandonado y humillado.

Hay angustia y frustración en sus quejas contra Dios.

Haz notar este cambio de actitud. Siente el fuego de esa fuerza interior que procede de Dios y levanta a Jeremías.

II LECTURA   Romanos 12:1–2   L E U

Lectura de la carta del apóstol san Pablo a los romanos

Hermanos, los invito por la *misericordia* de Dios
    que se *entreguen* ustedes mismos
    como sacrificio *vivo* y santo que *agrada* a Dios:
    ése es nuestro *culto* espiritual.
No sigan la corriente del mundo en que vivimos,
    más bien *transfórmense* por la renovación de su mente.
Así sabrán ver cuál es la *voluntad* de Dios,
    lo que es *bueno*, lo que le *agrada*, lo que es *perfecto*.

Haz esta exhortación de manera personal; enfatiza con firmeza cada una de las invitaciones propuestas en el texto. No te apresures para que las ideas puedan ser asimiladas claramente.

Suaviza el tono y concluye más serenamente, poniendo énfasis en cada una de esta tres cosas que todo cristiano debe saber.

la vez, vivir conforme a los criterios de este mundo. Tal hipocresía y falsedad hace mucho mal a la persona y a la comunidad. Jesucristo vivió con sencillez y autenticidad la relación viva con su Padre; así debemos hacer los verdaderos discípulos.

EVANGELIO Las esperanzas mesiánicas entre los judíos era un tema muy vivo y compartido por la mayoría. Sin embargo, existía una pluralidad de modelos mesiánicos. Jesús se daba cuenta de esta confusión entre sus seguidores; por eso Mateo dedica varios capítulos donde presenta las principales enseñanzas de Jesús sobre este tema. Sus discípulos no deben compartir más el concepto mesiánico asumido por la mayoría de los grupos y movimientos de los judíos: con acentuaciones nacionalistas y de carácter monárquico y dinástico.

El mesianismo de Jesús es inseparable del anuncio del Reino de los Cielos, la consiguiente condena a la muerte de cruz de parte de la autoridad judía y la intervención del gobernador romano. En la protesta de Pedro ante el anuncio de Jesús, captamos la mentalidad torcida sobre el mesianismo que sostenían los jefes de los judíos: un mesianismo que no estaba de acuerdo con el plan salvífico de Dios. De aquí que se gane una gran reprimenda: "¡apártate de mí, Satanás!, y no intentes hacerme tropezar en mi camino". Precisamente de Satanás brotan las malas inspiraciones y "su modo de pensar no es de Dios".

Los cristianos somos invitados a seguir a Jesús. La señal de que estamos al servicio del Reino precisa la segunda parte del Evangelio de hoy: renunciar a sí mismo, tomar la cruz y seguir a Cristo. Cada día, es más urgente el testimonio de cristianos auténticos en una sociedad tan amante de la comodidad, el placer y el egoísmo.

EVANGELIO Mateo 16:21–27 · L M

Lectura del santo Evangelio según san Mateo

En *aquel* tiempo,
  comenzó Jesús a *anunciar* a sus discípulos
que *tenía* que ir a Jerusalén
  para *padecer* allí *mucho* de parte de *los ancianos*,
  de los *sumos* sacerdotes y de *los escribas*;
  que *tenía* que ser condenado *a muerte* y resucitar al *tercer* día.
Pedro se lo llevó aparte y *trató* de disuadirlo, diciéndole:
  "*No* lo permita Dios, Señor. *Eso* no te puede suceder *a ti*".
Pero *Jesús* se volvió a Pedro y le dijo:
"*¡Apártate* de mí, *Satanás*, y *no intentes* hacerme
    tropezar en mi camino,
  porque tu *modo* de pensar *no es* el de Dios,
    sino el de *los hombres*!"
Luego *Jesús* dijo a sus discípulos:
"El que *quiera* venir *conmigo*, que renuncie a *sí mismo*,
  que tome su cruz y me siga.
Pues el que quiera *salvar* su vida, *la perderá*;
  pero el que *pierda* su vida *por mí*, la encontrará.
¿*De qué* le sirve a uno *ganar* el mundo entero, si *pierde* su vida?
¿Y *qué podrá* dar uno a cambio para *recobrarla*?
Porque el *Hijo* del hombre ha de venir
    rodeado de la gloria de su Padre,
  en *compañía* de sus ángeles,
  y entonces le dará a *cada uno* lo que *merecen* sus obras".

EVANGELIO   Mateo 16:21–27   L E U

Lectura del santo Evangelio según san Mateo

En aquel *tiempo*,
  Jesucristo comenzó a *explicar* a sus discípulos
    que *debía* ir a Jerusalén
  y que las *autoridades* judías, los sumos sacerdotes
  y los *maestros* de la Ley
  le iban a hacer *sufrir* mucho.
Les dijo también que iba a ser *condenado* a muerte
  y que *resucitaría* al tercer día.
Pedro, tomándolo *aparte*, se puso a *reprenderlo*, diciéndole:
"¡Dios te *libre*, Señor! No, *no* pueden sucederte *esas* cosas".
Pero *Jesús* se volvió y le dijo:
  "*Déjame* pasar, *Satanás*; tú eres una *tentación* para mí.
No *piensas* como Dios, sino como los *hombres*".
Entonces dijo *Jesús* a sus discípulos:
  "El que quiera *seguirme*, que *renuncie* a sí mismo,
  que *cargue* con su cruz y que me *siga*.
En efecto, el que *pierda* la vida por amor a mí, la *hallará*.
Porque, ¿de qué le *servirá* al hombre ganar el mundo *entero*,
  si se *pierde* a sí mismo?
¿Y qué rescate dará para salvar su *propia* alma?
En efecto, el *Hijo* del Hombre debe venir con la *Gloria*
    de su Padre,
  acompañado por sus ángeles,
  y entonces *recompensará* a cada uno según su *conducta*".

La escena está inundada de un fuerte dramatismo. Utiliza un estilo dinámico y ágil que haga sentir el intenso movimiento que se desarrolla en las mentes de aquellos hombres.

Hay confusión, desconcierto y contradicción entre sus expectativas y los planteamientos de Jesús.

Hay impetuosidad y temor en la reacción de Pedro. Es como si dijera: ¿te has vuelto loco?

Las palabras de Jesús tienen la fuerza de un regaño firme y tajante.

El discurso continúa en un tono vigoroso, aunque cálido y cordial. Se está trazando un camino que los discípulos deben conocer para poder seguirlo libremente.

Mantén el contacto visual con tus oyentes. Dirígete a ellos, que también deben asumir actitudes de una fe adulta.

Utiliza un estilo que comunique sinceridad y confianza; en esta invitación hay una verdad desconcertante que de momento no se puede entender.

23er. DOMINGO DEL TIEMPO ORDINARIO

I LECTURA   Ezequiel 33:7–9   L M

Lectura del libro del profeta Ezequiel

Esto dice el Señor:
"A ti, *hijo* de hombre,
    te he constituido *centinela* para la *casa* de Israel.
Cuando *escuches* una palabra de *mi boca,*
    tú se la comunicarás de mi parte.
Si yo pronuncio sentencia *de muerte* contra un hombre,
    porque *es malvado,*
    y *tú* no lo amonestas para que *se aparte* del *mal* camino,
    el malvado *morirá* por su culpa,
    pero yo te pediré *a ti* cuentas de su vida.
En cambio, si *tú* lo amonestas para que *deje* su mal camino
    y él *no lo deja,*
    morirá por su culpa, pero *tú habrás salvado* tu vida".

II LECTURA   Romanos 13:8–10   L M

Lectura de la carta del apóstol san Pablo a los romanos

Hermanos:
No tengan con nadie *otra* deuda que la del *amor mutuo,*
    porque el que *ama* al prójimo, ha cumplido ya *toda* la ley.
En efecto, los mandamientos que ordenan:
"*No* cometerás adulterio, *no* robarás,
    no matarás, no darás *falso testimonio, no* codiciarás"
    y *todos* los otros,
    se resumen *en éste*:
    "*Amarás* a tu prójimo como *a ti* mismo",
    pues quien ama *a su prójimo* no le causa daño *a nadie.*
Así pues, cumplir *perfectamente* la ley *consiste* en amar.

I LECTURA Israel, exiliado en Babilonia, necesita urgentemente de la Palabra de Dios donde se le ofreca una explicación de por qué ha sucedido esta desgracia y si existen motivos para seguir esperando y confiando en las promesas divinas. Dios se vale del profeta para comunicar su mensaje. Ezequiel, plenamente integrado a su pueblo, también comparte la suerte de los suyos. Y aunque se encuentra exiliado en un país extranjero, la casa de Israel ocupa el centro de interés de sus preocupaciones. Ezequiel no puede dejar de estar enamorado de su pueblo, puesto que ha sido llamado para vivir su vocación siendo centinela.

En su misión de centinela, no debe caer en la tentación de los falsos profetas: sólo anunciar palabras agradables al pueblo. Como profeta verdadero, como vigía puesto por Dios, tiene conciencia de que no habla por sí mismo, sino en nombre de Dios. Debe amonestar, se le escuche o no. Su obligación es corregir a tiempo las faltas de su pueblo. El profeta verdadero es el portador de la salvación de Dios. Al ratificarlo el texto sagrado como centinela, se quiere subrayar que el profeta no es el salvador, sino Yavé. El discurso profético reafirma que la fuerza de las armas es sustituida por la de la Palabra de Dios.

II LECTURA Romanos 10:13 tenemos una de las frases más felices de la teología del apóstol: "cumplir perfectamente la ley consiste en amar". Es necesario que en este punto se tiren abajo muchas barreras que había levantado equivocadamente el pensamiento judío, el apóstol le dedica varias exhortaciones.

Por cinco ocasiones el apóstol repite su mensaje sobre el amor en relación con los mandamientos, y no lo hace para fastidiar, sino para que se grave la afirmación en el ánimo de quienes escuchan. Amar al prójimo es un deber, ¿pero qué rasgos fundamentales deben caracterizar a este amor

329

8 DE SEPTIEMBRE DEL 2002 ■ 23er. DOMINGO DEL TIEMPO ORDINARIO

I LECTURA   Ezequiel 33:7–9   L E U

Lectura del libro del profeta Ezequiel

Esto dice el Señor:
  Hijo de hombre,
  yo te he puesto a ti por *centinela* de la gente de Israel;
  las *palabras* que oigas de mi boca se las *anunciarás*
    de parte mía.
Si cuando *yo* digo: Malo, *morirás* sin remedio,
  y tú *no* le hablas para que se *aparte* de su mala vida,
  el malo *morirá* por su maldad,
  pero a *ti* te pediré cuenta de *su* vida.
Pero si tú *procuras* apartar al malo de su *mal* camino
    para que *se convierta*
  y él *no* deja su mala vida,
  morirá por *su* maldad, pero tú te *salvarás*.

Con severa autoridad, Dios encomienda una misión que hay que cumplir fielmente.

Advierte y manifiesta la fuerza del texto. Proclama detallando sus pormenores, como quien da instrucciones muy importantes que deben seguirse cabalmente.

Utiliza un tono enérgico para invitar a tus oyentes a sentirse responsables por los demás ante Dios.

II LECTURA   Romanos 13:8–10   L E U

Lectura de la carta del apóstol san Pablo a los romanos

No tengan deuda con nadie;
  solamente el amor se lo deberán unos a otros,
  pues el que *ama* al *prójimo* ha *cumplido* con toda la Ley.
En efecto,
  "*no* cometas adulterio, *no* mates, *no* robes, no tengas envidia"
  y *todos* los otros mandamientos se *resumen* en esta frase:
  "*Amarás* a tu prójimo como a ti *mismo*".
Con el amor, no se hace *ningún* mal al prójimo.
Por esto en el amor cabe *toda* la Ley.

Emplea el tono de un sabio consejero que conoce a profundidad la esencia del mensaje de Jesús. Proclama pausadamente y realmente convencido.

La proclamación debe ser rica en matices. La fuerza del texto está en enfatizar las palabras que dirigen y señalan el sentido específico de cada frase.

Concluye con un ritmo más lento, concentrando la fuerza en la palabra "toda".

330

23er. DOMINGO DEL TIEMPO ORDINARIO ■ 8 DE SEPTIEMBRE DEL 2002

cristiano? Señala dos: un amor verdadero, expresado en hechos, no de palabra y con la lengua; y el compromiso de amar no sólo a los hermanos de raza, sino a todos. Sabemos que en esta época no había claridad entre los judíos sobre el alcance de la expresión "prójimo". Unos la entendían en sentido de "compatriota"; otros, de pariente carnal o espiritual; otros más, como pertenencia al mismo pueblo o a la misma religión. Si el término era tomado con ambigüedad, entre los cristianos ya no podía seguir así. Pablo insiste en que el prójimo son todos.

| EVANGELIO | Nos encontramos en una sección en la que Mateo nos narra la manera en que Jesús instruye a sus discípulos sobre las actitudes que deben adoptar ante la muerte de su maestro. No se trata de que comprendan sólo con la mente el tipo de mesianismo de Jesús, sino que deben asumir las consecuencias de esta convicción en su vida.

Los estudiosos del Evangelio de Mateo nos advierten sobre el carácter eclesial del escrito; por lo tanto, no nos debe extrañar que el tema de las exhortaciones del capítulo 18 sea la vida de la comunidad cristiana. El texto de hoy nos ofrece instrucciones importantísimas para hacer realidad la vida comunitaria. El mensaje es claro: no existe vida comunitaria sin corrección fraterna. Ésta es señal de un profundo espíritu comunitario y un medio privilegiado para ir construyendo la comunidad.

La experiencia eclesial nos atestigua que realizar la corrección fraterna no es tan fácil. Se requiere, entre otras cosas, reconocer que somos hermanos porque tenemos un Padre común, poseer un aprecio efectivo por el prójimo, experimentar una compasión real ante las deficiencias del hermano y tener tal grado de humildad capaz de aceptar de buena gana la corrección del hermano.

EVANGELIO   Mateo 18:15–20   L M

Lectura del santo Evangelio según san Mateo

En *aquel* tiempo, *Jesús* dijo a sus discípulos:
"Si tu hermano *comete* un pecado,
    ve y amonéstalo *a solas*.
Si te escucha, habrás *salvado* a tu hermano.
Si no te hace caso, *hazte* acompañar de una o dos personas,
    para que *todo* lo que se diga *conste* por boca
        de *dos o tres* testigos.
Pero si *ni así* te hace caso, *díselo* a la comunidad;
    y si ni a la comunidad le hace caso,
    apártate de *él* como de un pagano o de un publicano.
Yo *les aseguro* que *todo* lo que aten en la tierra
    quedará atado en el cielo,
    y *todo* lo que desaten en la tierra
    quedará *desatado* en el cielo.
Yo les aseguro *también* que si *dos* de ustedes
    se ponen de acuerdo para *pedir* algo, *sea* lo que fuere,
    mi Padre celestial se lo *concederá*;
    pues donde *dos o tres* se reúnen en *mi nombre*,
    ahí estoy yo *en medio* de ellos".

331

8 DE SEPTIEMBRE DEL 2002 ■ 23er. DOMINGO DEL TIEMPO ORDINARIO

EVANGELIO   Mateo 18:15–20   L E U

Lectura del santo Evangelio según san Mateo

En aquel tiempo, dijo *Jesús* a sus discípulos:
    "Si tu hermano ha pecado *contra* ti,
anda a hablar con él a *solas*.
Si te escucha, has *ganado* a tu hermano.
Si *no* te escucha, lleva *contigo* a dos o tres
    de modo que el caso *se decida* por boca de dos o tres *testigos*.
Si *se niega* a escucharlos,
    dilo a la Iglesia reunida.
Y si *tampoco* lo hace con la Iglesia,
    será *para* ti como un *pagano* o un publicano.
Yo les digo: *todo* lo que aten en la *tierra*,
    el cielo lo *considerará* atado,
    y todo lo que *desaten* en la *tierra*,
    será *tenido* en el cielo como *desatado*.
Asimismo, si en la tierra *dos* de ustedes *unen* sus voces
    para pedir *cualquier* cosa,
    estén *seguros* que mi Padre en los cielos se la *dará*.
    Pues *donde* hay dos o tres *reunidos* en *mi* nombre,
    yo *estoy* ahí en medio de ellos".

Divide el texto en tres momentos: comienza utilizando un tono convincente ya que estás dando normas muy importantes de convivencia comunitaria. Invita a hacer todo lo posible para ganar al hermano.

La segunda parte requiere una proclamación en un tono de mayor firmeza que haga sentir la autoridad otorgada en este momento.

Es como si dijeras: ¡estén tranquilos, Dios nos escucha! La ultima sección ha comenzado comunicando confianza. Sube el tono al finalizar y expresa el entusiasmo que se siente al descubrir la presencia de Jesús entre nosotros.

24º DOMINGO DEL TIEMPO ORDINARIO

I LECTURA   Eclesiástico (Sirácide) 27:33–28:9   L M

I LECTURA La Sagrada Escritura no se cansa de proclamar que la misericordia del Señor es infinita. En varios textos se subraya la gratuidad de Dios al ofrecer el perdón. El amor de Dios por los suyos le lleva a un perdón incondicional. Serán los evangelistas quienes presentarán las expresiones más audaces para atestiguar la relación de Jesús, el Hijo de Dios, con los pecadores: los busca, los atrae y se entusiasma por ellos hasta escandalizar a los "justos" que se comportan, a menudo, con indiferencia. El comportamiento de Jesús es tan novedoso, de tal forma que el evangelista no siente empacho al mencionarlo como "amigo de pecadores" (Lucas 7:14).

En el fondo, las enseñanzas de Ben Sirá, autor del libro de la Sabiduría, proclaman que Dios es un Dios de perdón, un Dios de ternura y piedad, rico en gracia y fidelidad. Dios no desea que se pierda el pecador, ni lo desprecia, sino que le es propio perdonar; ardientemente desea que sus hijos practiquen también la misericordia con sus semejantes. Ante Dios son "abominables el rencor y la cólera".

Lectura del libro del Eclesiástico (Sirácide)

Cosas *abominables* son *el rencor* y *la cólera*;
    sin embargo, el pecador *se aferra* a ellas.
El Señor *se vengará* del vengativo
    y llevará *rigurosa* cuenta de sus pecados.
Perdona la ofensa a tu prójimo,
    y *así*, cuando *pidas* perdón se te perdonarán *tus pecados.*
Si un hombre le *guarda rencor* a otro,
    ¿le puede acaso *pedir* la salud al Señor?
El que *no tiene* compasión de un semejante,
    ¿*cómo* pide *perdón* de sus pecados?
Cuando el hombre que guarda rencor
pide a Dios *el perdón* de sus pecados,
    ¿*hallará* quien interceda *por él*?
Piensa en tu fin y *deja* de odiar,
    piensa en la *corrupción* del sepulcro
y *guarda* los mandamientos.
Ten presentes los mandamientos
      y *no guardes* rencor a tu prójimo.
Recuerda la alianza del Altísimo y *pasa por alto* las ofensas.

II LECTURA   Romanos 14:7–9   L M

II LECTURA Aquí, Pablo vuelve a tratar el tema del "hombre nuevo" en Cristo. Ni la vida, ni la muerte tienen sentido fuera de Cristo. A partir del Bautismo se ha llevado a cabo una transformación; a partir de este acontecimiento, en todas las cosas de la vida se produce una novedad. Partiendo de su experiencia, Pablo insiste en que al centro de la existencia cristiana es Cristo. El mundo antes de la aceptación de Cristo ya no existe para el cristiano, y el cristiano ya no existe para el mundo.

Entre el ser "nuevas criaturas" y el llegar a serlo plenamente y en forma definitiva, se da un espacio para el ejercicio de la responsabilidad personal. Hemos sido adquiridos por Cristo en el día de nuestro bautismo, pero seremos plenamente de

Lectura de la carta del apóstol san Pablo a los romanos

Hermanos:
Ninguno de nosotros *vive* para *sí mismo, ni muere* para *sí mismo.*
Si *vivimos*, para el Señor *vivimos*;
    y si *morimos*, para el Señor *morimos.*
Por lo tanto, *ya sea* que *estemos vivos*
      o que *hayamos muerto, somos del Señor.*
Porque *Cristo* murió y resucitó para ser *Señor* de *vivos y muertos.*

I LECTURA Eclesiástico (Sirácide) 27:33–28:9   L E U

Lectura del libro del Eclesiástico (Sirácide)

Otras dos cosas *abominables* son la cólera y el rencor;
  ambas son propias del pecador.
Perdona los errores de tu prójimo,
  y *así,* cuando lo pidas, se te *perdonarán* tus pecados.
Si un hombre tiene *rencor* a otro,
  ¿*cómo* puede pedir a Dios su *curación*?
Un hombre no tiene compasión de sus *semejantes,*
  ¿y *suplica* por el perdón de sus faltas?
El que no es sino carne guarda *rencor,*
  ¿*quién* le perdonará sus pecados?
Acuérdate de tu fin y *deja* de odiar;
  ten presente la *hora* de tu muerte y la *corrupción* del sepulcro
  y *cumple* los mandamientos.
Acuérdate de los mandamientos y *no* guardes rencor al prójimo.
Acuérdate de la alianza del Altísimo y pasa por alto la *ofensa.*

Reproduce sus palabras con un tono reposado que presenta cada frase como una sentencia de sabiduría hondamente meditada.

Como un buen maestro, deja cada una de las tres preguntas en el aire. Haz una pausa antes de continuar, dando tiempo a que tus oyentes formulen la respuesta imaginaria.

Advierte que después de las tres preguntas, vienen tres mandatos. Primero te dirigiste a la mente, buscando hacer pensar. Ahora te diriges a la voluntad, procurando desarrollar una actitud o una conducta.

Utiliza un tono y un ritmo que expresen lo urgente de ser auténtico.

II LECTURA Romanos 14:7–9   L E U

Lectura de la carta del apóstol san Pablo a los romanos

En realidad, *ninguno* de nosotros vive para *sí* mismo,
  ni *muere* para sí mismo.
Si vivimos, *vivimos* para el Señor,
  y si morimos, *morimos* para el Señor.
Y *tanto* en la vida *como* en la muerte, *pertenecemos* al Señor,
  pues *Cristo* murió y resucitó para ser *Señor,*
  tanto de los *vivos* como de los *muertos.*

Es muy importante que comuniques estas ideas con un convencimiento sincero.

Se requiere un tono fuerte de principio a fin. Advierte que hablas en primera persona, en nombre de todos. Por eso se impone un mayor contacto visual todo el tiempo posible.

Dios si hay empeño por vivir en la libertad de los hijos de Dios y en la fidelidad al don recibido. De hecho somos de Dios, pero en la práctica ya no es tan fácil que los otros noten que "en la vida y en la muerte somos del Señor".

EVANGELIO — Mateo nos presenta una de las principales enseñanzas de Jesús sobre la vida de la comunidad cristiana. La última de estas enseñanzas se refiere al perdón que deben ofrecerse permanentemente los cristianos, como una exigencia del amor fraterno. Hace aquí una interpretación al texto del Eclesiástico de la primera lectura. Existe una relación estrecha entre el perdón ofrecido al prójimo y el perdón que se le pide a Dios.

¿Existe un límite para el perdón? En el amor, como en el perdón, no existen límites. Hay que amar siempre; hay que perdonar siempre. En sus pensamientos y actitudes, la persona debe tomar como modelo de misericordia al mismo Dios. El mensaje de hoy se sintetiza en lo siguiente: Dios no puede perdonar al que no perdona, y no se puede pedir el perdón de Dios si no hay la disponibilidad de perdonar al propio hermano. Por medio de la parábola, Jesús instruye a Pedro y compañeros sobre los límites y la calidad del perdón: hay que perdonar siempre y de todo corazón porque ya antes Dios nos ha perdonado absoluta e ilimitadamente.

Ser cristiano es descubrir y aceptar a cada persona concreta como nuestro prójimo: aproximarse a él por el amor y quererlo como parte de uno mismo. De hecho, no podemos engañarnos. A nadie se le puede querer como parte de uno mismo sin renunciar en buena parte a sí mismo. Los cristianos debemos ver al prójimo con atención profunda, con los ojos llenos de fe, de comprensión, de amor y con la certeza de que cada persona es carne de nuestra carne y sangre de nuestra sangre. Si nuestra celebración de estos sacramentos no nos lleva a un amor y perdón sinceros, son puros actos vacíos.

EVANGELIO — Mateo 18:21–35 — L M

Lectura de santo Evangelio según san Mateo

En *aquel* tiempo, *Pedro* se acercó a Jesús y *le preguntó*:
"Si mi hermano *me ofende*,
¿*cuántas veces* tengo que perdonarlo? ¿Hasta *siete* veces?"
Jesús le contestó:
"No *sólo* hasta *siete*,
sino hasta *setenta veces siete*".
Entonces *Jesús* les dijo:
"El *Reino* de los cielos es *semejante* a un rey
que quiso *ajustar cuentas* con sus servidores.
El *primero* que le presentaron le debía *muchos* millones.
Como *no tenía* con qué pagar,
el señor *mandó* que *lo vendieran* a él, a su mujer, a sus hijos
y *todas* sus posesiones, para *saldar* la deuda.
El servidor, arrojándose a sus pies, le suplicaba, diciendo:
'*Ten paciencia* conmigo y te lo pagaré *todo*'.
El rey *tuvo lástima* de aquel servidor,
lo soltó y hasta *le perdonó* la deuda.
Pero, *apenas* había salido aquel servidor,
se *encontró* con uno de sus compañeros,
que le debía *poco* dinero.
Entonces *lo agarró* por el cuello y *casi* lo estrangulaba,
mientras le decía:
'*Págame* lo que me debes'.
El compañero se le *arrodilló* y le rogaba:
'*Ten paciencia* conmigo y te lo pagaré todo'.
Pero el otro *no quiso* escucharlo,
sino que *fue y lo metió* en la cárcel hasta que le pagara la deuda.
Al ver lo ocurrido,
sus compañeros se *llenaron* de indignación
y *fueron* a contar al rey *lo sucedido*.
Entonces el señor *lo llamó* y le dijo:
'Siervo *malvado*. Te perdoné *toda* aquella deuda
porque *me lo suplicaste*.
¿No debías tú *también* haber tenido compasión de tu compañero,
como *yo tuve* compasión *de ti*?'
Y el señor, *encolerizado*,
lo *entregó* a los verdugos para que *no lo soltaran*
hasta que pagara *lo que debía*.
Pues *lo mismo* hará mi Padre celestial con ustedes,
si *cada cual* no perdona *de corazón* a su hermano".

EVANGELIO   Mateo 18:21–35   L E U

Lectura de santo Evangelio según san Mateo

En aquel tiempo, *Pedro* se acercó a Jesús y le dijo:
  "Señor, ¿*cuántas* veces debo *perdonar* las ofensas
      de mi hermano?
¿Hasta *siete* veces?"
Jesús le contestó:
  "*No* digas siete veces,
  sino *hasta* setenta veces siete.
Por esto el *Reino* de los Cielos es *semejante* a un rey
  que *resolvió* arreglar cuentas con sus empleados.
Cuando estaba empezando a hacerlo,
  le trajeron a uno que debía *diez* millones de monedas de oro.
Como el hombre *no* tenía para pagar,
  el rey dispuso que fuera *vendido* como *esclavo*,
  junto con su mujer y sus hijos y todas sus cosas
  para *pagarse* de la deuda.
El empleado se *arrojó* a los pies del rey, *suplicándole*:
  'Ten *paciencia* conmigo y yo te *pagaré* todo'.
El rey se *compadeció*, y *no* sólo lo dejó *libre*,
  sino que *además* le *perdonó* la deuda.
Pero *apenas* salió el empleado de la presencia del rey,
  se *encontró* con uno de sus compañeros
      que le debía *cien* monedas;
  lo *agarró* del cuello y casi lo *ahogaba*, gritándole:
  '*Paga* lo que me debes'.
El compañero se echó a sus pies y le *rogaba*:
  'Ten un poco de *paciencia* conmigo y yo te pagaré *todo*'.
Pero el otro *no* le aceptó.
Al *contrario*, lo mandó a la *cárcel* hasta que le pagara *toda*
      la deuda.
Los compañeros, *testigos* de esta escena, quedaron *muy* molestos
  y fueron a *contarle* todo a su patrón.
Entonces, el patrón lo hizo *llamar* y le dijo:
  'Siervo *malo*, *todo* lo que me debías te lo *perdoné*
  en cuanto me lo *suplicaste*.
¿No debías haberte *compadecido* de tu *compañero*
  como yo me *compadecí* de ti?'
Y estaba tan *enojado* el patrón que lo entregó a la *justicia*,
  hasta que pagara *toda* su deuda".
Y Jesús *terminó* con estas palabras:
  "Así hará mi Padre Celestial con *ustedes*,
  si no perdonan *de corazón* a sus hermanos".

La pregunta sugiere a un alumno aventajado que quiere mostrar su aprovechamiento.

Jesús responde como si dijera: ¡es poquísimo!

Es una cifra tan astronómicamente exagerada que es imposible que alguien pueda pagarla jamás.

Hay tal desesperación en esta súplica que logra conmover al rey.

Comunica tu admiración por la increíble generosidad del monarca, capaz no sólo de dejar libre a este hombre, sino hasta de cancelar la enorme deuda.

La escena cambia de sitio y el personaje de psicología. De humilde y temeroso se vuelve abusador y soberbio.

Tu voz debe comunicar el malestar que ha provocado en ti el infame proceder de este hombre. Estás tan indignado que sientes alivio cuando finalmente se imparte justicia.

Utiliza un tono enérgico y fuerte que manifiesta la severidad de estas palabras.

Es una condena a cadena perpetua.

Con contacto visual, enfatiza especialmente las palabras con que concluye el texto y que son su clave principal.

25º DOMINGO DEL TIEMPO ORDINARIO

I LECTURA | Al pueblo de Israel, exiliado en Babilonia, cansado, escaso de esperanza y sin grandes ilusiones, le cae muy bien este mensaje de consolación con el que se le invita a emprender el segundo éxodo hacia la libertad de la tierra prometida. El mensaje del segundo Isaías se divide en dos grandes partes: 40—48 y 49—55. Probablemente corresponden a dos períodos de la predicación del profeta. En la primera, anuncia la caída de Babilonia y el cambio de suerte de los exiliados; en la segunda, a partir del capítulo 49, anuncia la restauración de Sión y da a los oráculos de salvación una dimensión universal.

Los primeros versículos del capítulo 55 nos ofrecen un oráculo donde, por medio de imágenes sugestivas, el profeta anuncia la abundancia de los dones ofrecidos por parte de Dios a aquellos que se esfuerzan por permanecer fieles a la alianza davídica. Requisito indispensable para merecer ser objeto de los dones de Dios es escuchar atentamente la palabra y buscar la conversión: "que el malvado abandone su camino, y el criminal, sus planes".

II LECTURA | Con bastante probabilidad, se puede fijar la fundación de la Iglesia de Filipos por el año 50. Quiere decir que unos veinte años después de la muerte y resurrección de Jesús, el cristianismo penetra en Europa. Una vez anunciada la Buena Nueva en esta ciudad de gran prosperidad por la explotación de las minas de oro, la aceptación generosa del Evangelio fue notable, de tal forma que Pablo siempre mantuvo con ella relaciones de especial estima.

En la cárcel, el apóstol da rienda suelta a sus sentimientos más personales para compartirlos con los cristianos de Filipos. Pablo piensa por primera vez en la muerte como una posibilidad cercana: "ya sea por mi vida, ya sea por mi muerte, Cristo será glorificado en mí". Ésta es la explicación

I LECTURA Isaías 55:6—9 | L M

Lectura del libro del profeta Isaías

Busquen al Señor mientras lo pueden *encontrar*,
 invóquenlo mientras *está cerca*;
 que el malvado *abandone* su camino, y el criminal, *sus planes*;
 que *regrese* al Señor, y *él* tendrá piedad;
 a *nuestro Dios*, que es *rico* en perdón.
Mis pensamientos *no son* los pensamientos de ustedes,
 sus caminos *no son* mis caminos, dice *el Señor*.
Porque *así* como *aventajan* los cielos *a la tierra*,
 así aventajan *mis caminos* a los de ustedes
 y *mis pensamientos* a sus pensamientos.

II LECTURA Filipenses 1:20—24:27 | L M

Lectura de la carta del apóstol san Pablo a los filipenses

Hermanos:
Ya sea por mi vida, *ya sea* por mi muerte,
Cristo *será* glorificado *en mí*.
Porque *para mí*, la vida *es Cristo*, y la muerte, *una ganancia*.
Pero si el *continuar* viviendo en *este* mundo
 me permite trabajar *todavía* con fruto, no sabría yo *qué* elegir.
Me hacen fuerza *ambas* cosas: por una parte,
 el deseo de *morir* y *estar* con Cristo,
 lo cual, *ciertamente*, es con mucho *lo mejor*;
 y por la otra, el de *permanecer* en vida,
 porque esto *es necesario* para el bien de ustedes.
Por lo que a ustedes toca, *lleven* una vida *digna*
 del Evangelio de Cristo.

I LECTURA   Isaías 55:6–9   L E U

Lectura del libro del profeta Isaías

Busquen al Señor, ahora que lo pueden *encontrar*,
    llámenlo, ahora que está *cerca*.
Que el malvado *deje* su mala conducta y el criminal
        sus *proyectos*.
Vuélvase al Señor, que *tendrá* piedad de él,
    a nuestro *Dios*, que está *siempre* dispuesto a *perdonar*.
Pues sus *proyectos* no son los míos
    y mis caminos no son los *mismos* de ustedes, dice el *Señor*.
Así como el cielo está *muy* alto por encima de la tierra,
    así *también* mis caminos se *elevan* por encima
        de sus caminos,
    y mis proyectos son muy *superiores* a los de ustedes.

Debe haber un tono de urgencia en tu voz.
El tiempo apremia y no se puede perder
ni un segundo.

Deja que cada imperativo resuene como
una última llamada que no se puede
desperdiciar.

Advierte que hay dos voces en el texto:
Primero habla Isaías y después el Señor.
Haz un cambio en el tono y el ritmo para
que se noten estos diferentes niveles
de proclamación.

II LECTURA   Filipenses 1:20c–24, 27a   L E U

Lectura de la carta del apóstol san Pablo a los filipenses

Cristo *aparecerá* más grande a *través* de mí,
    sea que *yo viva*, sea que *muera*.
Sinceramente, para mí, Cristo es mi *vida*
    y morir es una *ventaja*.
Pero si la vida en *este* cuerpo me permite
        aún un trabajo *provechoso*,
    ya no sé qué *escoger*.
Estoy apretado por *dos* lados.
Por *una* parte desearía *partir* y estar con Cristo,
    lo que sería sin duda *mucho* mejor.
Pero a ustedes les es más *provechoso*
    que yo permanezca en *esta* vida.
Solamente *procuren* ordenar su *vida*
    de *acuerdo* con la Buena Nueva de Cristo.

Deja que tu voz exprese la gran seguridad
interior del que sabe que está en las
manos del Señor.

Utiliza un tono sereno y pausado. Quieres
comunicar a los demás reflexiones muy
profundas y serias. Es importante que al
proclamar te identifiques con los sentimientos del autor para que tus palabras
suenen verdaderas y convincentes.

que ofrece: "Porque para mí, la vida es Cristo, y la muerte, una ganancia". Expresa la indiferencia del apóstol ante la amenaza de la pena capital. El sentimiento más íntimo y profundo queda perfectamente señalado con la expresión: el "vivir" es Cristo, es decir, su persona, sus dones, la dicha de ser suyo. Vivir para Cristo es mucho más que la vida o la muerte en la dimensión terrena. El cristiano ha triunfado de la muerte física por la fuerza del Espíritu y le ha conducido a un estado superior.

EVANGELIO La parábola nos ayuda a comprender el sentido que ha tenido la historia del pueblo de Israel, y también la vida de la Iglesia primitiva. Ni en el Primer Testamento, como tampoco en los primeros años de la Iglesia, fue fácil para los responsables poseer una conciencia clara sobre la universalidad del llamado a la salvación. En los responsables del pueblo hebreo casi siempre dominaron los pensamientos y las actitudes particularistas: los llamados a formar parte del pueblo de Dios son sólo los de la raza judía.

Esta mentalidad reduccionista de la voluntad salvífica de Dios pasó de los ámbitos judíos a la primera comunidad cristiana de Jerusalén. Era inconcebible que personas de origen pagano quisieran aceptar el cristianismo y entrar a formar parte de la Iglesia y, más difícil aún, que todos eran iguales a los ojos de Dios. Los hebreos nunca comprendieron cómo Dios invitaba a la salvación a todos por igual.

La viña que menciona el Evangelio se refiere al pueblo de Israel, pero también al nuevo pueblo, la Iglesia, al que son invitados todos los hombres y las mujeres. Todos son llamados a trabajar en la viña del Hijo de Dios, aunque con misiones distintas y en tiempos distintos. Esta palabra de Dios condena lo que haya en nuestras comunidades de individualismos, sectarismos, favoritismos y cerrazón hacia aquellos que no piensan como nosotros.

EVANGELIO Mateo 20:1–16   L M

Lectura del santo Evangelio según san Mateo

En *aquel* tiempo, *Jesús* dijo a sus discípulos esta parábola:
"El *Reino* de los cielos es *semejante* a un propietario
  que, al amanecer, salió a *contratar* trabajadores para su viña.
Después de *quedar* con ellos en pagarles *un denario* por día,
    los *mandó* a su viña.
Salió *otra vez* a media mañana,
vio a unos que estaban *ociosos* en la plaza y les dijo:
'Vayan *también* ustedes a mi viña y les *pagaré*
  lo que *sea justo*'.
Salió de nuevo a *medio día* y a *media tarde* e hizo *lo mismo*.
Por último, salió *también* al caer la tarde
  y *encontró* todavía otros que estaban en la plaza y *les dijo*:
'*¿Por qué* han estado aquí *todo* el día *sin trabajar*?'
Ellos le respondieron: 'Porque *nadie* nos ha contratado'.
Él les dijo: 'Vayan *también* ustedes a mi viña'.
Al *atardecer*, el dueño de la viña le dijo a su administrador:
'*Llama* a los trabajadores y *págales* su jornal,
  comenzando por *los últimos* hasta que llegues a *los primeros*'.
Se acercaron, pues, los que habían llegado *al caer* la tarde
  y recibieron *un denario cada uno*.
Cuando les llegó su turno a los primeros,
creyeron que recibirían *más*;
  pero *también* ellos recibieron un *denario* cada uno.
Al recibirlo, comenzaron a *reclamarle* al propietario, diciéndole:
  '*Ésos* que llegaron al último *sólo* trabajaron *una hora*,
  y sin embargo, les pagas *lo mismo* que a nosotros,
  que *soportamos* el peso del día y del calor'.
Pero él respondió a uno de ellos:
'*Amigo*, yo no te hago *ninguna* injusticia.
¿Acaso no quedamos en que te pagaría *un denario*?
Toma, pues, lo tuyo y *vete*.
Yo quiero darle al que llegó al último *lo mismo* que a ti.
¿Qué no puedo hacer con lo mío *lo que yo quiero*?
¿O *vas* a tenerme rencor porque *yo soy bueno*?'
De *igual* manera, los *últimos* serán los primeros,
    y *los primeros*, los últimos".

EVANGELIO   Mateo 20:1–16   L E U

Lectura del santo Evangelio según san Mateo

En aquel *tiempo*, dijo Jesús a sus discípulos *esta* parábola:
   "El *Reino* de los Cielos se parece a un *jefe* de familia
   que salió de madrugada a *contratar* trabajadores para su viña.
Aceptaron el sueldo que les ofrecía
   (una *moneda* de plata al día),
   y los *envió* a su viña.
Salió *después* cerca de las nueve de la mañana,
   y se *encontró* en la plaza con otros que estaban *desocupados*.
Y les dijo: 'Vayan ustedes *también* a mi viña
   y les pagaré lo que *corresponda*'.
Y fueron a *trabajar*.
El patrón salió *otras* dos veces,
   como al *mediodía* y como a las *tres* de la tarde,
   en busca de *más* trabajadores.
Finalmente salió a eso de las *cinco* de la *tarde*,
   y vio a *otros* que estaban sin hacer nada, y les dijo:
   '¿Por qué pasan todo el día *ociosos*?'
Contestaron ellos: 'Porque nadie nos ha *contratado*'.
Dijo el *patrón*: 'Vayan *también* ustedes a mi viña'.
Al *anochecer*, dijo el dueño de la viña a su *mayordomo*:
   'Llama a los trabajadores y *págales* su jornal,
   empezando por los *últimos* y terminando por *los primeros*'.
Se presentaron los que habían salido a trabajar a las *cinco*
      de la tarde,
   y a *cada* uno se les dio un denario (una *moneda* de plata).
Cuando *finalmente* llegaron los *primeros*,
   se *imaginaron* que iban a recibir *más*;
   pero recibieron *también* un denario.
Por eso, cuando se lo dieron empezaron a *protestar*
      contra el patrón.
Decían: 'Los últimos *apenas* trabajaron una hora
   y les pagaste *igual* que a *nosotros*,
   que *soportamos* el peso del día y del calor'.
El patrón *contestó* a uno de ellos:
   '*Amigos*, no he hecho nada *injusto*,
   ¿no *convinimos* en un denario al día?
Entonces, toma lo que te *corresponde* y márchate.
Me *gusta* darle al último *tanto* como a ti.
¿No tengo *derecho* a hacer lo que quiero con *mi* dinero?
¿Por qué miras con *malos* ojos que yo sea *bueno*?'
Así sucederá: los últimos serán los *primeros*,
   y los primeros serán los *últimos*".

Es importante que vayas haciendo notar qué hora es cada vez que este jefe sale a contratar operarios.

Hay regaño en el tono de la pregunta que molesta a los desempleados. Sienten que además de no haber tenido suerte, son tratados como vagos.

El orden ha sido invertido deliberadamente para crear suspenso.

Imagina la alegría de los que trabajaron más y piensan que van a cobrar el doble.

El cambio es brusco, la frustración enorme y el disgusto se vuelve queja y reproche. Utiliza un tono fuerte y áspero que indique la irritación de aquella gente.

El patrón impone su voluntad con autoridad y hace valer su lógica. La justicia consiste en dar lo convenido, pero la misericordia va mucho más allá.

Enfatiza la idea clave colocada en las líneas finales del texto como un resumen del mismo.

26º DOMINGO DEL TIEMPO ORDINARIO

| I LECTURA | Ezequiel 18:25–28 | L M |

Lectura del libro del profeta Ezequiel

Esto dice el Señor: "Si *ustedes* dicen:
  '*No es* justo el *proceder* del Señor', *escucha*, casa de Israel:
  ¿Conque *es injusto* mi proceder?
  ¿No es *más bien* el proceder *de ustedes* el injusto?
Cuando el justo *se aparta* de su justicia,
  comete la maldad y *muere*;
  muere por la maldad que *cometió*.
Cuando el pecador *se arrepiente* del mal *que hizo*
  y *practica* la rectitud y la justicia, *él mismo salva* su vida.
Si *recapacita* y *se aparta* de los delitos cometidos,
  ciertamente vivirá y no morirá".

I LECTURA Son dignas de alabanza tantas expresiones y acciones de solidaridad entre los israelitas, pero el oráculo del profeta Ezequiel pretende sacarlos del error sobre el abuso de la solidaridad en el bien y en el mal. A los israelitas que han sufrido la experiencia del exilio les hace falta asumir su responsabilidad personal en este drama. Si sucedió el exilio no es la responsabilidad de Dios. Dios no ha fallado a la alianza; quienes han fallado son los israelitas. Más aún, entre los israelitas, no todos son responsables. No ha sucedió por las faltas cometidas en el pasado; han sido algunos los que han fallado. Igualmente no deben creer que, por pertenecer a un pueblo elegido por Dios, automáticamente ya están salvados.

El profeta quiere, de una vez por todas, corregir el error. Si hay castigo o premio depende de la conducta de cada uno y en cada momento. Cada uno es responsable de sus obras delante de Dios y de los demás.

| II LECTURA | Filipenses 2:1–11 | L M |

Lectura de la carta del apóstol san Pablo a los filipenses

Hermanos:
Si *alguna* fuerza tiene una *advertencia* en nombre *de Cristo*,
  si *de algo* sirve una *exhortación nacida* del amor,
  si nos une *el mismo* Espíritu y si ustedes *me profesan*
  un afecto *entrañable*, *llénenme* de alegría teniendo
  todos una *misma manera* de pensar,
  un *mismo* amor, unas *mismas* aspiraciones y una *sola* alma.
Nada hagan por espíritu de rivalidad *ni presunción*;
  antes bien, por humildad,
  cada uno considere *a los demás* como *superiores* a sí mismo
  y *no busque* su *propio* interés, sino el *del prójimo*.
Tengan los *mismos* sentimientos que tuvo *Cristo Jesús*.
Cristo, siendo *Dios*,
  no consideró que debía *aferrarse* a las prerrogativas
  de su *condición divina*,
  sino que, por *el contrario*,
  se *anonadó* a *sí mismo*, tomando la condición *de siervo*,
  y se hizo *semejante* a los hombres.
Así, hecho uno *de ellos*, se *humilló* a sí mismo

II LECTURA Al encontrarse amenazada la Iglesia de Filipos de profundas divisiones a causa de rivalidades, orgullo y búsqueda egoísta de intereses personales, Pablo les exhorta a dejarse penetrar y guiar por el Espíritu, el creador de comunión en el amor. La unión profunda entre los cristianos sólo se logra a base de la práctica de la humildad: "cada uno considere a los demás como superiores a sí mismo y no busque su interés".

No puede existir otra razón más valedera para mantenerse en la unidad que la expresada en una frase tan rica de contenido teológico como la siguiente: "tengan los mismos sentimientos que tuvo Cristo Jesús". Es decir, los filipenses no pueden olvidar que se debe imitar interiormente las mismas disposiciones que animaban a Cristo. La ambición y soberbia, que condujeron al hombre a la ruina, Cristo no quiso hacerlas suyas, a pesar de que participaba de las

| I LECTURA | Ezequiel 18:25–28 | L E U |

Lectura del libro del profeta Ezequiel

Esto dice el Señor:
 Ustedes me dirán: el *proceder* del Señor *no* es recto.
Escucha, pues, gente de Israel.
¿Es *injusto* mi proceder?,
 ¿no es más bien la *conducta* de ustedes la que *no* es recta?
Si el bueno se *aparta* del camino *recto*
 y *comete* la maldad y *muere* en ella,
 se condena por su *propia* maldad.
Y, en *cambio*,
 si el pecador se *aparta* de la maldad
  en que vivía y obra *rectamente*,
 salvará su vida.
No morirá, sino que se *salvará*,
 porque ha *abierto* los ojos
 y se ha *convertido* de los pecados cometidos.

Con voz firme, Dios llama a las cosas por su nombre, hablando con total claridad y poniendo a cada una en su sitio.

Comienza defendiéndote de una acusación injusta; define las responsabilidades.

Hablas con la fuerza de la lógica; las cosas son como son.

Utiliza abundantemente el contacto visual para añadir fuerza y convicción a la veracidad de tus palabras.

| II LECTURA | Filipenses 2:1–11 | L E U |

Lectura de la carta del apóstol san Pablo a los filipenses

Si dan *algún* valor a las advertencias que hago en *nombre*
  de Cristo,
 si *pueden* oír la voz del amor
 y *quieren* hacer caso de la *comunión*
 que existe entre *nosotros* por el Espíritu Santo,
 si hay en ustedes *alguna* compasión y ternura,
 les pido algo que me *llenará* de alegría.
Tengan un *mismo* amor, un mismo *espíritu*, un *único* sentir,
 y *no* hagan nada por rivalidad o por *orgullo*.
Al *contrario*,
 que cada uno, *humildemente*,
 estime a los otros como *superiores* a sí mismo.
No busque nadie sus *propios* intereses,
 sino más bien el beneficio *de los demás*.
Tengan entre ustedes los *mismos* sentimientos
  que tuvo *Cristo* Jesús:
[Él, que era de condición *divina*,
 no se aferró celoso a su *igualdad* con Dios
 sino que se *rebajó* a sí mismo hasta ya no ser *nada*,

Hay dolor y preocupación genuina en el tono de tu voz porque las noticias que has recibido te han entristecido.

Con delicadeza, invita a seguir a Jesús como perfecto modelo.

Deja que estos imperativos resuenen con la verdad del convencimiento y la experiencia personal, destacando con cuidado cada una de sus proposiciones fundamentales.

Ahora utiliza un tono y un ritmo diferente. Deja que la emoción vibre en tu voz al entonar este himno en honor a Cristo.

prerrogativas divinas, y renunció a ser tratado como Dios y no buscó ser tratado según su estado. Lo que sí pretendió fue vivir la condición de siervo, es decir, se "hizo semejante a los hombres". No habla sólo de apariencia humana, sino de asumir la condición de hombre verdadero. Por eso Cristo padece la muerte en cuanto quiso configurarse con la humanidad común.

EVANGELIO | A partir del capítulo 21, entramos de lleno en la última parte del Evangelio de Mateo. De forma dramática, presenta la relación de Jesús con sus adversarios. Después de tantas invitaciones que han recibido para que acepten a Jesús en su corazón, se han obstinado y han terminado por rechazar completamente a Jesús como Mesías. Los episodios precedentes al Evangelio de hoy (la entrada en Jerusalén, la entrada en el templo y la parábola de la higuera seca) son tres acciones por medio de las cuales Jesús les muestra que es el Mesías de Dios.

Los adversarios de Jesús, grandes conocedores de la Sagrada Escritura, captan perfectamente estas acciones proféticas: la entrada en Jerusalén, la purificación del templo y la declaración de la infidelidad del pueblo de Israel. Son objeto de acusación muy grave de parte de Jesús.

Para que no haya excusa de que no se ha entendido bien, y ante las acusaciones de parte de algunos del grupo de los fariseos, Jesús les aclara el mensaje por medio de tres parábolas. La identificación de los personajes es muy sencilla y aleccionadora: el "hijo" que aceptó trabajar en la viña, pero después terminó por no ir, es el pueblo de Israel que aceptó la ley de Moisés, pero ha llegado al extremo de no vivirla; en cambio el "hijo" cuya primera reacción fue el no aceptar la invitación, pero al final termina yendo, es el pueblo pagano. Una vez más se repite la historia: el pueblo pagano y los pecadores han sido más generosos para entrar a formar parte del reino de Dios. El Reino es para los pobres, sencillos, disponibles, y no para los satisfechos de sí mismos.

II LECTURA   continuación   L M

y por obediencia *aceptó* incluso la muerte
    y *una muerte de cruz.*
Por eso Dios *lo exaltó* sobre *todas* las cosas
    y le otorgó *el nombre* que está sobre *todo* nombre,
    para que al *nombre de* Jesús
    todos doblen la rodilla *en el cielo,* en *la tierra* y en *los abismos,*
    y *todos* reconozcan *públicamente* que Jesucristo *es el Señor,*
    para *gloria* de Dios Padre.

EVANGELIO   Mateo 21:28–32   L M

Lectura del santo Evangelio según san Mateo

En *aquel* tiempo,
    Jesús dijo a los sumos sacerdotes y a los ancianos del pueblo:
"*¿Qué* opinan de esto?
Un hombre que tenía *dos* hijos fue a ver al primero y *le ordenó:*
'*Hijo, ve* a trabajar *hoy* en la viña'.
Él le contestó: '*Ya voy,* señor', pero *no* fue.
El padre se dirigió *al segundo* y le dijo *lo mismo.*
Éste le respondió: '*No* quiero ir', pero se arrepintió *y fue.*
¿*Cuál* de los dos *hizo* la voluntad del padre?"
Ellos le respondieron: "*El segundo*".
Entonces *Jesús* les dijo:
"*Yo les aseguro* que los publicanos y las prostitutas
    se les *han adelantado* en el camino del Reino de Dios.
Porque *vino* a ustedes *Juan,*
    predicó el camino de la justicia y *no le creyeron;*
    en cambio, los publicanos y las prostitutas, sí le creyeron;
    ustedes, *ni siquiera* después de haber visto,
    se han arrepentido *ni han creído* en él".

II LECTURA   continuación   L E U

tomando la condición de *esclavo*,
    y llegó a ser *semejante* a los hombres.
Habiéndose *comportado* como hombre, se *humilló*,
    y se hizo *obediente* hasta la muerte —y muerte en una *cruz*.
Por eso Dios lo *engrandeció*
    y le *concedió* el "Nombre –sobre –todo –nombre".
Para que ante el *Nombre* de Jesús
    todos se arrodillen en los cielos, en la tierra y entre
        los muertos.
Y *toda* lengua proclame que Cristo Jesús es el Señor,
    para la *gloria* de Dios Padre.]

Admirado, contempla todo lo que ha hecho Jesús por amor a nosotros.

Aumenta la intensidad para que el tono de tu proclamación manifieste tu entusiasmo por el triunfo y la gloria del resucitado.

EVANGELIO   Mateo 21:28–32   L E U

Lectura del santo Evangelio según san Mateo

En aquel tiempo,
    dijo Jesús a los *sumos* sacerdotes y a los *ancianos* del pueblo:
    "¿*Qué* les parece esto?
Un hombre que tiene *dos* hijos llama al *primero* y le dice:
    'Anda a *trabajar* a mi viña'.
Y él responde: '*No* quiero'.
Pero después se *arrepiente* y va.
Después el padre llama al *otro* y le manda lo *mismo*.
Este responde: '*Voy*, Señor', pero *no* va".
Jesús, pues, *preguntó*:
    "¿*Cuál* de los dos hizo lo que *quería* el padre?"
Ellos contestaron: "El *primero*".
Y Jesús prosiguió:
    "En verdad, los *publicanos* y las *prostitutas*
    entrarán *antes* que ustedes al Reino de los Cielos.
Porque Juan vino para indicarles el *camino* del bien
        y *no* lo creyeron
    mientras que los publicanos y las prostitutas *le creyeron*;
    ustedes fueron *testigos*, pero *ni* con esto se arrepintieron
        y le creyeron".

Introduce el relato como quien cuenta una historia inocente tomada de la vida real.

Reproduce el diálogo con veracidad. La primera respuesta es tajante y decidida; la segunda resuena con falso servilismo.

La pregunta es directa y va al fondo de la verdad.

Estas palabras cortantes y duras, ante todo, pretenden inquietar a los que están muy seguros de sí mismos.

Pronúncialas con fuerza y convencimiento. Advierte que Jesús no tenía "pelos en la lengua".

La verdad no hace cálculos ni se acomoda para caer bien y halagar los oídos. Por eso llama las cosas por su nombre.

27º DOMINGO DEL TIEMPO ORDINARIO

I LECTURA Sólo un profeta que ha crecido al abrigo del templo de Jerusalén, de familia sacerdotal y familiarizado con el culto ofrecido a Dios puede hacer suyas expresiones de la más pura mística, como las encontramos en el poema de la viña que nos ofrece la lectura. ¡Qué manera de hablar del amor infinito de Dios por su pueblo y de la infidelidad de éste para con su Dios! En el poema de la viña, no interesa tanto el comportamiento del pueblo, sino el hacer una descripción de hasta dónde llega la locura del amor divino: más ya no puede hacer; "¿qué más pude hacer por mi viña, que yo no lo hiciera?" Dios se autopresenta como un marido profundamente enamorado que no tiene otra salida, sino amar.

Con tantas manifestaciones de ternura, lo que pretende Dios es ganarse el corazón de su amada (la viña). Realiza mil cosas para cortejarla: "removió la tierra, quitó las piedras y plantó en ella vides selectas; edificó en ella una torre y excavó un lagar". Los viñedos, para los israelitas, representan todos los frutos de la tierra. Por consiguiente, Dios le entregó a su pueblo todo lo que le podía ofrecer; Dios crea, recrea y ama. No obstante, el poema nos brinda una ilustración estupenda de la infidelidad del pueblo.

En nuestros días, la Iglesia es la viña del Señor. Es muy importante que los miembros de la Iglesia descubramos el amor creativo y fecundo de Dios—su amor que pone en orden todas las cosas e instaura la justicia. Pero Dios necesita nuestra colaboración para llevar a buen cumplimiento y perfección todas las cosas. La poca generosidad de parte del pueblo es muy grave porque se opone al plan salvífico de Dios. La Iglesia, como pueblo de Dios, tiene una misión muy importante qué cumplir frente a los otros pueblos.

Lectura del libro del profeta Isaías

Voy a cantar, *en nombre* de mi amado, una *canción* a su viña.
Mi amado *tenía* una viña en una ladera *fértil*.
Removió la tierra, *quitó* las piedras
y *plantó* en ella *vides selectas;*
    edificó en medio una torre y excavó un lagar.
Él esperaba que su viña diera buenas uvas,
pero la viña dio uvas agrias.
Ahora bien, habitantes de Jerusalén y gente de Judá,
    yo les ruego, sean jueces entre mi viña y yo.
¿Qué más pude hacer por mi viña, que yo no lo hiciera?
¿Por qué cuando yo esperaba que diera uvas buenas,
    las dio agrias?
Ahora voy a darles a conocer lo que haré con mi viña;
    le quitaré su cerca y será destrozada.
Derribaré su tapia y será pisoteada.
La convertiré en un erial, nadie la podará ni le quitará los cardos,
    crecerán en ella los abrojos y las espinas,
    mandaré a las nubes que no lluevan sobre ella.
Pues bien, la viña del Señor de los ejércitos es la casa de Israel,
    y los hombres de Judá *son* su plantación preferida.
El Señor *esperaba* de ellos que obraran *rectamente*
    y ellos, *en cambio*, cometieron *iniquidades;*
    él esperaba *justicia* y *sólo* se oyen reclamaciones.

I LECTURA Isaías 5:1–7   L E U

Lectura del libro del profeta Isaías

Voy *a cantar*, en *nombre* de mi amigo,
    la *canción* de mi amigo por su *viña*.
Una viña tenía mi amigo en una loma *fértil*.
La cavó *quitando* las piedras
    y plantó cepas *escogidas*.
En medio de ella *construyó* una torre
    y también hizo un *lagar*.
Él *esperaba* que produjera uvas,
    pero sólo le dio racimos *amargos*.
Acérquense, habitantes de Jerusalén,
    y hombres de Judá:
    juzguen *ahora* entre mi viña y yo.
¿Qué *otra* cosa pude hacer a mi *viña*
    que no se la hice?
¿Por qué, *esperando* que diera uvas,
    sólo ha dado racimos *amargos*?
Déjenme que les diga
    lo que voy a hacer con mi viña:
    le *quitaré* la cerca,
    y no será más que *maleza* para el fuego;
    derribaré el muro, y pronto será *pisoteada*.
La convertiré en un lugar *devastado*,
    no se podará *ni* se limpiará *más*,
    sino que *crecerá* en ella la zarza y el espino,
    y les *mandaré* a las nubes
    que *no* dejen caer más lluvia *sobre* ella.
La *viña* del Señor de los Ejércitos es *el pueblo de Israel*,
    y los *hombres* de Judá, su *plantación* escogida.
Él *esperaba* rectitud,
    y va creciendo el *mal*;
    esperaba *justicia*,
    y *sólo* oye el grito de los *oprimidos*.

Comienza con un tono de fiesta. Imagina que estás cantando junto con los labradores que trabajan entusiasmados porque esperan obtener la mejor de las cosechas.

**Has recibido una gran desilusión y el tono de la lectura cambia bruscamente a un aire de molesta incomodidad.
Invita a los que te rodean para que sean testigos en el juicio que se va a celebrar.**

En un tono de solemne amenaza, detalla todas las violentas acciones que vas a llevar a cabo inmediatamente.

Resultó que estabas hablando en parábolas, y ahora vas a mencionar el nombre de los responsables.

Escandalizado por lo que has visto, concluye con un ritmo pesado y muy lento, acompañado por un tono de sincero dolor.

II LECTURA ¿Cómo debe ser el comportamiento del cristiano? Con la confianza que les tiene Pablo a los filipenses, les hace una enumeración de las actitudes y estados de ánimo más sobresalientes. Muy bien podemos tomar la lectura en una mano y en la otra una pluma y un papel para hacer una lista de recomendaciones señaladas por el apóstol. Una vez hecha la lista, hay que marcar aquellas recomendaciones que sentimos que ya ponemos en práctica. ¿Qué podemos hacer para perfeccionarlas? Y en cuanto a las que no vivimos aún, ¿qué podremos hacer para corregirlas?

El mensaje de Pablo nos dice que la presencia del resucitado en el corazón del cristiano forzosamente debe notarse en lo siguiente: teniendo confianza en la providencia divina, fomentando el espíritu de oración, siendo agradecidos, estando en paz consigo mismos y con Dios, apreciando lo verdadero y noble, siendo justos y puros y valorando la virtud.

Llama la atención que el apóstol no pronuncia recomendaciones aprendidas o dichas de memoria. Lo que afirma es esto: ¡lo ha vivido! Les ha dado testimonio: "pongan por obra lo que han aprendido y recibido de mí, todo lo que yo he dicho y me han visto hacer". En nuestro tiempo, hace mucha falta en nuestras comunidades el testimonio de los cristianos, pues vivimos una doble vida. Por eso hay crisis de paz, de alegría, de amor generoso y de oración.

EVANGELIO Seguimos teniendo entre manos la problemática del rechazo del Mesías de parte de los responsables de los judíos. Mateo ha subrayado la esterilidad del pueblo de Israel mediante el simbolismo de la higuera seca. Con el Evangelio de hoy, continúa la descripción de las graves consecuencias que acarrea el rechazo del Hijo de Dios.

Tanto Isaías como Jeremías y Ezequiel designan a Israel, el pueblo elegido, como la "viña del Señor". El dueño de la viña es Dios. Dios empezó la formación de su pueblo desde Egipto. Elegido entre todos los

II LECTURA Filipenses 4:6–9   L M

Lectura de la carta del apóstol san Pablo a los filipenses

Hermanos:

No se inquieten *por nada*; más bien presenten en *toda* ocasión
   sus peticiones a Dios en la oración y la súplica,
      llenos de gratitud.
Y que *la paz* de Dios, que sobrepasa *toda* inteligencia,
   custodie sus corazones y sus pensamientos en *Cristo Jesús*.
Por lo demás, *hermanos*, aprecien *todo* lo que es verdadero
      y noble,
   cuanto hay de *justo y puro, todo* lo que es *amable y honroso*,
   todo lo que sea *virtud* y merezca elogio.
Pongan por obra cuanto *han aprendido* y *recibido* de mí,
   todo lo que yo *he dicho* y me *han visto* hacer;
   y el *Dios* de la paz *estará* con ustedes.

EVANGELIO Mateo 21:33–43   L M

Lectura del santo Evangelio según san Mateo

En *aquel* tiempo,
Jesús dijo a los *sumos* sacerdotes y a los *ancianos* del pueblo
      esta parábola:
"*Había* una vez un propietario que *plantó* un viñedo,
   lo *rodeó* con una cerca, *cavó* un lagar en él,
   construyó una torre para el vigilante
   y luego *lo alquiló* a unos viñadores y *se fue* de viaje.
Llegado *el tiempo* de la vendimia,
   envió a sus criados para pedir su parte
de los frutos a *los viñadores*;
   pero éstos *se apoderaron* de los criados,
   golpearon a uno, *mataron* a otro y a otro más lo *apedrearon*.
Envió de nuevo a *otros* criados,
   en *mayor* número que los primeros,
   y los trataron del *mismo modo*.
Por *último*, les mandó a su *propio* hijo, pensando:
'A *mi hijo* lo respetarán'.
Pero cuando los viñadores *lo vieron*, se dijeron *unos a otros*:
'*Éste* es el heredero.
      Vamos a matarlo y *nos quedaremos* con su herencia'.
Le *echaron* mano, lo *sacaron* del viñedo y *lo mataron*.

II LECTURA   Filipenses 4:6–9   L E U

Lectura de la carta del apóstol san Pablo a los filipenses

No se inquieten por nada.
En *cualquier* circunstancia recurran a la *oración* y a la súplica,
   junto a la *acción de gracias* para presentar
      sus *peticiones* a Dios.
Entonces *la paz* de Dios,
   que es mucho *mayor* de lo que se puede *imaginar*,
   les *guardará* su corazón y sus pensamientos en Cristo Jesús.
Por lo demás, *hermanos*,
   fíjense en *todo* lo que encuentren de *verdadero*,
   de *noble*, de *justo*, de *limpio*,
   en *todo* lo que es *hermoso* y *honrado*.
Fíjense en cuanto *merece* admiración y alabanza.
Todo lo que han aprendido, recibido y oído de *mí*,
   todo lo que me han visto hacer, *háganlo*.
Y el Dios de la Paz *estará* con ustedes.

> En el tono de esta proclamación hay un aire de bondad y de madurez, como si fuera la despedida de alguien que, cerca ya de su muerte, da sus mejores consejos a los que más ama.

> Eres tú quien hace esta invitación a adoptar actitudes tremendamente positivas. Hazlo con la fuerza de tu convencimiento sincero.

EVANGELIO   Mateo 21:33–43   L E U

Lectura del santo Evangelio según san Mateo

En aquel tiempo,
   dijo Jesús a los *sumos* sacerdotes y a los *senadores* del pueblo:
"Escuchen este *otro* ejemplo:
Había un dueño de casa que plantó una *viña*,
   le puso *cerca*, *cavó* un lagar, *levantó* una torre,
   la *alquiló* a unos trabajadores y se fue a un país *lejano*.
Cuando *llegó* el tiempo de la vendimia
   el dueño *mandó* a sus sirvientes donde los trabajadores
   para que *cobraran* su parte de la cosecha.
Pero los trabajadores *atacaron* a los enviados,
   apalearon a uno, *mataron* a otro, y a otro lo *apedrearon*.
El propietario *volvió* a enviar a otros servidores,
   más numerosos que la primera vez,
   pero los trataron de la *misma* manera.
Por *último* envió a *su hijo*, pensando:
   '*Respetarán* a mi hijo'.
Pero los trabajadores, al ver al hijo, se *dijeron*:
   'Éste es el *heredero*;
   matémoslo y nos quedaremos con su *herencia*'.
Lo *tomaron*, pues, lo echaron *fuera* de la viña y lo *mataron*.
Ahora bien, cuando *venga* el dueño de la viña,

> Desde el comienzo, la narración deberá tener un aire de suspenso. De antemano, sabes que los sucesos que vas a narrar son terribles.

> Al presentar los hechos, destaca el malvado proceder de aquella gente ambiciosa y asesina, que te ha conmovido interiormente por su infame proceder.

> En la voz del padre hay demasiada confianza e ingenuidad.

pueblos, lo hizo una propiedad personal. Lo constituyó un reino de sacerdotes y una nación santa. Les envió a los profetas para que, pronunciando su palabra, le indicaran el camino verdadero. Pero en los últimos tiempos, ha enviado a su Hijo, Cristo. Los viñadores son los judíos que no han hecho caso de los profetas. Los han rechazado y han matado al Hijo fuera de la ciudad de Jerusalén, fuera de la viña. Estando así las cosas, la viña es entregada y confiada a un pueblo nuevo, los paganos.

Claramente se vuelve a remarcar la infidelidad de Israel, lo que ha traído como consecuencia que el Reino de Dios se extienda entre los paganos. Dios se vale de la infidelidad de los hombres para hacer el bien sin fronteras. ¡Qué fácil nos resulta señalar a los judíos con el dedo por su ingratitud! Pero, ¿acaso no seguimos los cristianos haciendo lo mismo cada vez que somos irresponsables en la Iglesia? Urge que hagamos el esfuerzo de acoger en nuestras vidas a Cristo y aceptarlo como el enviado del Padre.

EVANGELIO   continuación   L M

Ahora, *díganme*: cuando *vuelva* el dueño del viñedo,
¿*qué hará* con esos viñadores?" Ellos le respondieron:
"*Dará* muerte terrible a *esos desalmados*
    y *arrendará* el viñedo a *otros* viñadores,
que le entreguen los frutos *a su tiempo*".
Entonces *Jesús* les dijo:
"¿No han leído *nunca* en la Escritura:
La piedra que *desecharon* los constructores,
    es *ahora* la piedra angular.
Esto es obra *del Señor* y es un prodigio *admirable*?
Por *esta* razón les digo a ustedes
    que les *será quitado* el Reino de Dios
    y se le *dará* a un pueblo que *produzca* sus frutos".

EVANGELIO continuación   L E U

¿qué hará con ellos?"

Los oyentes de Jesús le *contestaron*:

"Hará *morir* sin compasión a esa gente tan *mala*,

y *arrendará* la viña a otros que le paguen a su *debido* tiempo".

Jesús agregó: "¿No han leído *nunca* lo que dice la Escritura?:

'La *piedra* que los constructores *desecharon*

llegó a ser la piedra *principal* del edificio.

Esa es la *obra* del Señor y nos dejó *maravillados*'.

Por *eso* les digo que el Reino de los Cielos

les será *quitado* a ustedes

para *dárselo* a gente que *rinda* frutos".

Hay gran indignación en esta respuesta.

Emplea un tono solemne y lleno de serenidad al citar el salmo 117. Que tu conclusión inmediata refleje dolor y tristeza.

28º DOMINGO DEL TIEMPO ORDINARIO

I LECTURA | Era una práctica común en los pueblos antiguos del Medio Oriente celebrar fastuosamente la victoria obtenida por el rey y sus soldados en la guerra con una gran fiesta y banquete para todos. Era necesario regocijarse por haber vencido al enemigo. Partiendo de esta experiencia de la guerra, el profeta nos ofrece un oráculo donde Dios es presentado como un rey victorioso y liberador.

El tono del oráculo es claramente mesiánico al anunciar el autor sagrado la celebración de la victoria de Dios sobre el mal y sobre la muerte con las armas de la bondad y el amor. En una época en que aún no se superaba del todo la concepción particularista, en la que se creía que el pueblo de Israel era el único depositario de la salvación, el profeta es expresión de la corriente universalista que tomó gran fuerza en la época persa y griega, señalando que la victoria será para todos los pueblos.

El banquete con vinos exquisitos y platillos suculentos es la expresión de alegría y de la vida que se ha conquistado. Igualmente, en el banquete de la ciudad santa de Jerusalén todo es gozo y concordia porque Dios está presente y se renueva la alianza.

II LECTURA | Sabemos que, para un fructuoso aprovechamiento del mensaje de Pablo, debemos comprender que, tanto expresiones que nos ofrece la lectura de hoy como otras diseminadas en sus cartas, no tienen nada que ver con arranques de presunción, orgullo o de amor propio desordenado. Ante todo, Pablo está consciente de que cuando habla a título personal, su persona no es el objeto de los atributos, sino su persona en cuanto que es apóstol de Jesucristo. Pablo encarna el ministerio apostólico. Habla de este ministerio y da testimonio de cómo debe ser un apóstol auténtico.

El verdadero apóstol debe saber vivir en pobreza y con lo necesario. Es decir, habrá

I LECTURA   Isaías 25:6–10   L M

Lectura del libro del profeta Isaías

En *aquel* día,
   el *Señor* del universo *preparará* sobre este monte
   un *festín* con platillos *suculentos* para todos los pueblos;
   un *banquete* con vinos *exquisitos* y manjares *sustanciosos*.
Él *arrancará* en este monte el velo que cubre
   el rostro de *todos* los pueblos,
   el paño que *oscurece* a todas las naciones.
Destruirá la muerte *para siempre*;
   el Señor Dios *enjugará* las lágrimas de *todos* los rostros
   y *borrará* de *toda* la tierra la *afrenta* de su pueblo.
Así lo ha dicho *el Señor*.
En *aquel* día se dirá: "*Aquí* está nuestro Dios,
de quien *esperábamos* que nos salvara.
Alegrémonos y *gocemos* con la *salvación* que nos trae,
   porque la *mano* del Señor *reposará* en *este* monte".

II LECTURA   Filipenses 4:12–14, 19–20   L M

Lectura de la carta del apóstol san Pablo a los filipenses

Hermanos:
Yo sé lo que es *vivir* en pobreza
y también lo que es tener *de sobra*.
Estoy acostumbrado *a todo*:
   lo mismo a comer bien que a pasar *hambre*;
   lo mismo a la abundancia que a *la escasez*.
Todo lo puedo unido a aquel que *me da* fuerza.
Sin embargo, han hecho ustedes *bien* en socorrerme
cuando *me vi* en dificultades.
Mi Dios, por su parte, con su *infinita* riqueza,
   remediará con esplendidez *todas* las necesidades de ustedes,
   por medio de *Cristo Jesús*.
Gloria a Dios, nuestro *Padre*, por *los siglos* de los siglos. *Amén*.

I LECTURA   Isaías 25:6–10   L E U

Lectura del libro del profeta Isaías

El Señor de los Ejércitos *preparará* para todos los pueblos,
    en este cerro,
  una *comida* con jugosos asados y *buenos* vinos,
  un *banquete* de carne y vinos *escogidos*.
En este cerro *quitará* el velo de luto que *cubría* a todos
    los pueblos
  y la mortaja que *envolvía* a todas las naciones.
Y así *destruirá* para siempre a la *Muerte*.
El Señor Dios *enjugará* las lágrimas de *todos* los rostros;
  devolverá la honra a su pueblo, y a *toda* la tierra,
  pues así lo ha *determinado* el Señor.
Entonces dirán: "Miren, *éste* es nuestro *Dios*,
  de quien esperábamos que nos *salvara*:
  Este es el Señor, en quien *confiábamos*.
Ahora estamos *contentos* y nos alegramos
    porque nos ha *salvado*;
  pues la *mano* del Señor se nota en este cerro".

Alza la voz para que este extraordinario anuncio sea capaz de comunicar un fuerte sentimiento de triunfo.

Deja que la certeza por la victoria final del Señor guíe el tono jubiloso de tu proclamación.

Enfatiza con entusiasmo cada uno de los verbos que exponen la acción que el Señor llevará a cabo a favor de su pueblo.

Haz un cambio de tono para reflejar el gozo de la gente que comenta asombrada la maravilla que está ante su vista.

Acelera un poco el ritmo de la proclamación de manera que comunique la radiante felicidad que rebosa de todos los corazones.

II LECTURA   Filipenses 4:12–14, 19–20   L E U

Lectura de la carta del apóstol san Pablo a los filipenses

Sé pasar *privaciones*, como vivir en la *abundancia*.
Estoy entrenado para *cualquier* momento o situación:
  estar *satisfecho* o hambriento, en la abundancia
    o en la *escasez*.
Yo lo puedo *todo* en Aquel que me *fortalece*.
Sin embargo, hicieron bien al *compartir* mis pruebas.
Estoy *seguro* que mi Dios proveerá a *todas* las necesidades
    de ustedes,
  según su *riqueza* y su generosidad, en *Cristo* Jesús.
Gloria a Dios, nuestro *Padre*, por los siglos de los siglos.
    Amén.

Se impone un tono firme y un ritmo sosegado, como quien revela algo de su intimidad ante un grupo de amigos de toda su confianza. Desde el principio, colócate en una actitud humilde y agradecida.

Comienza dirigiéndote al Señor y luego baja la vista hacia la comunidad que te escucha. Hay bondad y cariño en la manera en que reconoces todo lo que han hecho por ti.

Deja que el final resuene como una sentida alabanza.

momentos en que se coma bien, pero otros en que se pase hambre. Todo puede suceder cuando se vive una entrega sin reservas al servicio de la comunidad. Pero esto no importa; la fuerza es el Señor. Con la expresión "todo lo puedo en aquel que me da fuerza" (Filipenses 4:13), no se trata tanto de una posibilidad total de realización como de una capacidad sin límites para soportarlo todo. Esta fuerza que posee Pablo y de la cual se enorgullece es la de la resurrección de Cristo.

Pablo aprovecha también la carta para comunicarles cuánto aprecia la ayuda material que ha recibido, ya que significa una auténtica comunión con la obra apostólica. Pero toda esta generosidad no es tanto una ayuda para el apóstol como una ventaja para los mismos filipenses.

EVANGELIO | **Los sumos sacerdotes y los ancianos del pueblo de Israel cuestionan a Jesús, y éste les responde por medio de parábolas. El Evangelio de hoy nos ofrece la tercera, tratando siempre el mismo tema: Israel ha rechazado la salvación ofrecida por Dios.**

La Sagrada Escritura no se cansa de repetir que el invitado, en primer término, por Dios a la boda fue el pueblo de Israel; por eso realizó una alianza con ellos. Durante siglos se mantuvo ardiente la espera del esposo, el Mesías, pero cuando Jesús fue enviado, los suyos no lo recibieron (Juan 1:11). Pero gracias a la desobediencia del pueblo judío, alcanzaron los gentiles parte en la historia de la salvación: "Salgan, pues, a los cruces de los caminos y conviden al banquete de bodas a todos los que encuentren". La respuesta de los gentiles fue mucho más generosa: se llenó la sala del banquete de convidados.

¿Quiénes son llamados a formar parte de los discípulos de Jesús: los judíos o también los paganos? ¿Cuál es la única condición para pertenecer a la Iglesia? Que se posea el traje de bodas, es decir, que exista espíritu de conversión.

EVANGELIO   Mateo 22:1–14   L M

Lectura del santo Evangelio según san Mateo

En *aquel* tiempo, *volvió* Jesús a hablar en parábolas
    a los *sumos* sacerdotes
  y a los *ancianos* del pueblo, diciendo:
"*El Reino* de los cielos es *semejante* a un rey
    que preparó un *banquete de bodas* para su hijo.
Mandó a sus criados que *llamaran* a los invitados,
      pero éstos *no quisieron* ir.
Envió de nuevo a otros criados que les dijeran:
'*Tengo preparado* el banquete;
    he hecho *matar* mis terneras y los otros animales gordos;
        todo está listo.
Vengan a la boda'. Pero los invitados *no hicieron caso*.
Uno se fue a su campo, *otro* a su negocio
    y los demás se les echaron *encima* a los criados,
        los insultaron y *los mataron*.
Entonces el rey *se llenó* de cólera
    y mandó sus tropas, que dieron *muerte* a aquellos asesinos
    y prendieron *fuego* a la ciudad.
Luego les dijo a sus criados:
'La boda está preparada; pero los que habían sido invitados
        no fueron dignos.
Salgan, pues, a los cruces de los caminos
    y *conviden* al banquete de bodas a *todos* los que encuentren'.
Los criados salieron a *los caminos*
    y reunieron a *todos* los que encontraron, *malos y buenos*,
    y la sala del banquete *se llenó* de convidados.
Cuando el rey *entró* a saludar a los convidados
    vio entre ellos a un hombre que no iba vestido
        con *traje de fiesta* y le preguntó:
'*Amigo*, ¿*cómo* has entrado aquí *sin traje de fiesta*?'
Aquel hombre se quedó callado.
Entonces el rey dijo a los criados:
Átenlo de pies y manos y *arrójenlo fuera*, a *las tinieblas*.
Allí será el llanto y *la desesperación*.
Porque *muchos* son los llamados y *pocos* los escogidos'".

EVANGELIO   Mateo 22:1–14   L E U

Lectura del santo Evangelio según san Mateo

En aquel tiempo *volvió* a hablar Jesús en *parábolas*
   a los sumos sacerdotes
 y a los senadores del pueblo, diciendo:
 "Pasa en el *Reino* de los Cielos lo que le *sucedió* a *un rey*
 que celebró las *bodas* de su hijo.
Mandó a sus servidores a llamar a los *invitados* a las bodas,
   pero éstos *no* quisieron venir.
Por *segunda* vez despachó a otros criados,
   con *orden* de decir a los invitados:
 'Tengo *listo* el banquete,
 hice *matar* terneras y otros animales gordos
   y *todo* está a punto; *vengan*, pues, a las bodas'.
Pero ellos no hicieron *caso*,
   sino que se *fueron*, unos a sus *campos* y otros
   a sus *negocios*.
Los *demás* tomaron a los criados del rey,
   los *maltrataron* y los *mataron*.
El rey se *enojó* y, enviando a sus *tropas*,
   acabó con aquellos asesinos y les *incendió* la ciudad.
Después dijo a sus servidores:
 'El *banquete* de bodas está *preparado*,
   pero los que habían sido invitados *no* eran dignos.
Vayan, pues, a las esquinas de las *calles*
   y *conviden* a la boda *a todos* los que encuentren'.
Los criados salieron *inmediatamente* a los caminos
   y reunieron *a todos* los que hallaron, malos y buenos,
   de modo que la sala quedó *llena* de invitados.
[El rey entró *después* a ver a los que estaban *sentados* a la mesa,
   y se *fijó* en un hombre
     que *no* estaba vestido con traje de *fiesta*.
Y le dijo: '*Amigo*, ¿cómo entraste aquí *sin* traje de fiesta?'
Pero el otro se quedó *callado*.
Entonces el *rey* dijo a sus servidores:
 '*Amárrenlo* de pies y manos y échenlo *fuera*, a las tinieblas,
   donde no hay sino llanto y *desesperación*.
Sepan que *muchos* son los llamados, pero *pocos* los escogidos'".]

Narra esta extensa parábola como quien relata los acontecimientos de primera mano.

Hay un tono de molestia ante la primera negativa de estos invitados.

Busca entusiasmar detallando los pormenores del banquete.

Baja el tono como si dijeras: ¡qué desilusión!

Comunica el asombro y la indignación del rey.

Haz un cambio de tono para que se note que el rey acaba de tomar una decisión importante.

Hay un tono de alivio y paz, ya que finalmente todo parece estar como el rey lo había deseado.

La escena final manifiesta la molestia del rey ante una persona de pésimos modales que acaba por colmar su paciencia.

Termina con un tono enérgico y tajante que coloque las cosas en su sitio.

29° DOMINGO DEL TIEMPO ORDINARIO

I LECTURA Los capítulos 40–55 del libro de Isaías son de gran valor poético. Se le conoce a esta parte como el "Libro de la Consolación". ¿Quién es el consolado? Es el pueblo de Israel que ha vivido una experiencia muy dura de exilio en Babilonia. La parte del pueblo de Israel que ha sido capaz de mantenerse fiel se le ha llamado "el resto" y se identifica con el "Siervo Sufriente". Con el pasar de los años, en el pueblo de Israel, aunque sometido, florecen algunos signos de esperanza. Sin embargo, Babilonia, como pueblo opresor, no dejaba que se tuvieran grandes ilusiones. No obstante lo anterior, en la política internacional se levanta un nuevo rey que adquiere gran fuerza ante la debilidad cada día más aguda de Babilonia.

Ciro, rey de los persas, después de vencer a los medos, se dirige contra Babilonia, en plena decadencia a causa de la muerte de Nabucodonosor hacia el 562 a.C. Ciro llega a ser el amo y señor de los territorios de los persas, medos, Babilonia y Palestina. Por eso Ciro es proclamado como el liberador del pueblo de Dios. ¿Quién es Ciro y cuál es su misión a los ojos de Dios? Tenemos parte de la respuesta en el discurso que Dios dirige a Ciro.

II LECTURA Iniciamos en este domingo la proclamación de la Primera Carta a los Tesalonicenses, la primera carta de Pablo y el primer escrito del Nuevo Testamento. Pablo, Silvano (Silas) y Timoteo, fundadores de la Iglesia de Tesalónica, se dirigen a los cristianos de esta comunidad con un profundo gozo ya que se distinguen por la práctica de buenas obras que expresan su fe, la fatiga en sus trabajos realizados con amor y perseverancia y la firme esperanza en Jesucristo.

Pablo fue obligado a abandonar la comunidad de Tesalónica porque sus enemigos, los judaizantes, provocaron disturbios muy serios al constatar el éxito del apóstol.

I LECTURA Isaías 45:1, 4–6   L M

Lectura del libro del profeta Isaías

Así *habló* el Señor a Ciro, su *ungido*,
  a quien ha tomado *de la mano*
  para *someter ante él* a las naciones y *desbaratar*
    la potencia de los reyes,
  para abrir *ante él* los portones y que no quede *nada* cerrado:
"Por amor a *Jacob*, mi siervo, y *a Israel*, mi escogido,
  te *llamé* por tu nombre y *te di* un título de honor,
  aunque *tú no me conocieras*.
Yo soy el Señor y *no hay otro*; fuera de mí *no hay* Dios.
Te hago *poderoso*, aunque tú no me conoces,
  para que *todos* sepan, de oriente a occidente,
  que *no hay* otro Dios fuera de mí.
Yo soy el Señor y *no hay* otro".

II LECTURA 1 Tesalonicenses 1:1–5   L M

Lectura de la primera carta del apóstol san Pablo a los tesalonicenses

Pablo, Silvano y Timoteo
  deseamos *la gracia y la paz* a la comunidad
cristiana de los tesalonicenses,
congregada por *Dios Padre* y por *Jesucristo*, el Señor.
En *todo* momento damos gracias a Dios *por ustedes*
  y los tenemos *presentes* en nuestras oraciones.
Ante *Dios*, nuestro Padre,
  recordamos *sin cesar* las obras que *manifiestan* la fe de ustedes,
  los *trabajos fatigosos* que ha *emprendido* su amor
  y la *perseverancia* que les da su esperanza
    en *Jesucristo*, nuestro Señor.
Nunca perdemos de vista, hermanos *muy amados* de Dios,
  que *él* es quien *los ha elegido*.
En efecto, nuestra predicación del Evangelio entre ustedes
  no se llevó a cabo *sólo* con palabras,
  sino *también* con la *fuerza* del Espíritu Santo,
  que produjo en ustedes *abundantes* frutos.

I LECTURA   Isaías 45:1, 4–6 · L E U

Lectura del libro del profeta Isaías

Así habla el Señor a Ciro, su *elegido*:
   Yo te he *llevado* de la mano
   para que las naciones se *rindan* a tu *paso*
   y que desarmes a los reyes.
Hice que las puertas de las ciudades se *abrieran* ante ti
   y que *no* volvieran a *cerrarse*.
Por *amor* a mi servidor Jacob,
   a *Israel*, mi *elegido*,
   te he *llamado* por tu nombre
   y te he *dado* un título de nobleza *sin que tú me conocieras*.
Yo *soy* el Señor, y no hay *otro* igual,
   fuera de mí *no* hay ningún otro Dios.
Sin que me conocieras te *hice* tomar las *armas*,
   para que *todos* sepan, del oriente al poniente,
   que *nada* existe *fuera* de mí.
Yo *soy* el Señor, y no hay *otro* igual.

Imagina al profeta que de pie profetiza ante la majestad del rey. Siente el gran silencio de toda la corte de los persas que escucha atentamente tus palabras.

Hay un aire de gran solemnidad en tu voz. Reconoce que es el Señor quien habla con la fuerza y la seguridad de su decisión.

Destaca cómo todos los sucesos que Ciro ha podido realizar son realmente la obra del Señor. Nota la delicadeza con que el Señor guía el actuar del rey para beneficio de su pueblo.

Deja que las palabras que el Señor pronuncia lo identifiquen como el mejor de los padres, cuyo poder radica en su inmensa e inagotable bondad.

II LECTURA   1 Tesalonicenses 1:1–5b · L E U

Lectura de la primera carta del apóstol san Pablo a los tesalonicenses

Pablo, Silvano y Timoteo a la Iglesia de los *Tesalonicenses*,
   que *está* en Dios *Padre* y en *Cristo* Jesús el Señor.
Permanezcan con ustedes la gracia y la paz.
Damos *gracias* a Dios a *toda* hora por *ustedes*,
   teniéndolos *presentes* en nuestras oraciones,
   y constantemente *recordamos* a Dios, nuestro *Padre*,
   lo que *emprendieron* por fe,
   la labor que *cumplieron* por amor
   y lo que *soportaron* por su esperanza
en *Cristo* Jesús nuestro *Señor*.
Hermanos *amados* por Dios,
   no olvidamos en qué circunstancias fueron *llamados* a la fe.
Pues les *llevamos* el Evangelio, *no* solamente con *palabras*,
   sino con manifestaciones del *poder* de Dios,
y *abundantes* comunicaciones del *Espíritu* Santo.

Comunica el entusiasmo que sientes al hablar con estos hermanos tan queridos.

El gozo se desborda y los recuerdos de los buenos y malos tiempos, compartidos juntos, llenan tu corazón de profundas emociones.

Utiliza un tono vibrante e intenso y altérnalo con uno más cálido y afectuoso. Los contactos visuales apoyan la cercanía de este encuentro.

A estas alturas, por prudencia, Pablo creyó más conveniente dirigirse hacia Berea y dejar allí a sus compañeros para que continuaran su obra. Tal como constató la situación, Pablo no se podía imaginar ahora, al momento de recibir buenas noticias, que la comunidad fuera tan floreciente. Verdaderamente era digno de alabanza el progreso en el campo de la fe y su resistencia admirable ante las asechanzas del enemigo. No queda sino asombrarse ante el prodigio del amor de Dios.

Si los tesalonicenses ofrecen tal testimonio, el tono de la carta va a ser muy especial: reconocimiento de que la fuerza del Espíritu es quien produce muchos frutos. Nada existe en la carta de polémico; las exhortaciones siempre son positivas y serenas. El lenguaje es impregnado de cariño y confianza, y con mucha ilusión en el porvenir. Y no podía ser de otra manera ya que son los elegidos del Señor.

EVANGELIO Los sumos sacerdotes y los fariseos han sido desenmascarados, puestos en ridículo. Ésta es la razón por la que públicamente le hacen unas preguntas capciosas para tener motivo suficiente de qué acusarlo. El Evangelio de hoy nos narra en detalle lo que sucede en la primera interrogación. Quienes hacen la pregunta son algunos fariseos.

Jesús conoce suficientemente a los fariseos y no tiene empacho en acusarlos de hipócritas en su celo por la justicia. Son muy preocupados en el cumplimiento exterior de la ley, pero sin conocer la pureza del corazón. Aunque son cuidadosos en cuanto al pago del impuesto y del diezmo, no hay preocupación por lo fundamental: el pertenecer a Dios completa y totalmente. Con sencillez y mansedumbre, debemos vivir sabiamente nuestra condición de cristianos. Que jamás la norma sea más importante que el camino del amor que nos propone Jesús. Ciertamente este camino no es fácil, pero no nos debe preocupar porque Dios nos acompaña.

EVANGELIO   Mateo 22:15–21   L M

Lectura del santo Evangelio según san Mateo

En *aquel* tiempo,
se reunieron los *fariseos* para ver la manera
de *hacer caer* a Jesús,
con preguntas *insidiosas*, en algo de que *pudieran* acusarlo.
Le enviaron, pues, a *algunos* de sus secuaces,
junto con algunos del *partido de Herodes*, para que le dijeran:
"*Maestro*, sabemos que *eres sincero* y enseñas con verdad
el camino de Dios,
y que *nada* te arredra, porque *no buscas* el favor *de nadie*.
Dinos, pues, *qué* piensas:
¿Es lícito o no *pagar* el tributo *al César*?"
Conociendo Jesús *la malicia* de sus intenciones, les contestó:
"*Hipócritas*, ¿*por qué* tratan de sorprenderme?
Enséñenme la moneda del tributo".
Ellos le presentaron una moneda.
Jesús les preguntó:
"¿*De quién* es esta imagen y *esta* inscripción?"
Le respondieron: "*Del César*".
Y Jesús *concluyó*:
"Den, pues, *al César* lo que es *del César*,
y a *Dios* lo que es *de Dios*".

EVANGELIO   Mateo 22:15–21   L E U

Lectura del santo Evangelio según san Mateo

En aquel tiempo, los *fariseos* se retiraron e hicieron *consejo*
   para *hacerle* decir algo a Jesús de que pudieran *acusarlo*.
Por eso le *enviaron* discípulos suyos
y algunos partidarios de *Herodes*.
Éstos le dijeron:
   "*Maestro*, sabemos que hablas *siempre* con sinceridad
   y que *enseñas* el camino de Dios
de acuerdo con la más pura *verdad*;
   no te preocupas de quién te oye
   ni te dejas *influenciar* por él.
Danos, pues, tu *parecer*:
   ¿está *permitido* o no, *pagar* el impuesto al César?"
Jesús *comprendió* su maldad y les contestó:
   "*Hipócritas*, ¿por qué me ponen *trampas*?
Muéstrenme la moneda con que se *paga* el impuesto".
Ellos, pues, mostraron un *denario*, y Jesús les dijo:
   "¿De *quién* es esta cara y el nombre que está *escrito*?"
Contestaron: "Del *César*".
Entonces Jesús *replicó*:
   "Por lo *tanto*, den al César lo *que es* del César,
   y a Dios lo que a Dios *corresponde*".

Hay hipocresía y falsa naturalidad en la voz del fariseo.

Comienza con un tono de fastidio y pasa a uno de cierta ironía al preguntar por la cara en la moneda.

La fría respuesta indica que reconocen haber sido cogidos por su propia trampa.

La respuesta de Jesús resuena con valentía. Utiliza un tono tajante y concluyente capaz de cerrar a todos la boca.

30º DOMINGO DEL TIEMPO ORDINARIO

Lectura del libro del Éxodo

Esto dice el Señor a *su pueblo*:
"*No hagas* sufrir *ni oprimas* al extranjero,
   porque ustedes *fueron* extranjeros en Egipto.
No explotes a las viudas *ni a los huérfanos*,
   porque si los explotas y ellos *claman* a mí,
   ciertamente oiré yo *su clamor*;
      mi ira *se encenderá*, te *mataré* a espada,
   tus mujeres *quedarán* viudas y tus hijos, *huérfanos*.
Cuando *prestes* dinero a uno de mi pueblo,
al pobre que está contigo,
   no te portes con él como *usurero, cargándole* intereses.
Si *tomas* en prenda el *manto* de tu prójimo,
devuélveselo *antes* de que se ponga el sol,
   porque *no tiene* otra cosa con qué cubrirse;
su manto es *su único* cobertor
   y si no se lo devuelves, ¿*cómo* va a dormir?
Cuando él *clame* a mí, *yo* lo escucharé,
porque *soy* misericordioso".

I LECTURA Se nos ofrece en esta lectura algunas de las exigencias que debe asumir el pueblo para ser considerado en verdad como pueblo de Dios. Con el código de la alianza, se expresa la voluntad divina de hacer que los israelitas pasen de ser un pueblo dividido a un pueblo donde todos se sienten como una verdadera familia. Dios quiere que los miembros de su pueblo acojan como hermanos a todos aquellos que reconozcan a Yavé como su Dios.

Poniendo en práctica los mandatos del código de la alianza es como el pueblo de Israel cumple con el compromiso "misionero", tal como se concibe en esta época: no se pide la "misión" de Israel hacia los otros pueblos porque nunca han pensado o soñado llegar a ser "hermanos de todos los hombres", sino de vivir la fraternidad en su propia comunidad para poder ser signo y atracción para los otros y intentar amar más allá de la comunidad de los creyentes.

Ser humanitarios, especialmente con los más desvalidos (el pobre, el huérfano, la viuda y el extranjero), es tener clara conciencia de que Israel ha sido liberado y que, de acuerdo con esta condición, se relativizan todas las diferencias sociales y se crean relaciones de igualdad fundamental entre todos los israelitas.

II LECTURA En nuestros días, en que las barreras entre las naciones y entre los diferentes grupos sociales y culturales van desapareciendo y la convivencia es cada vez más inevitable, la experiencia cristiana de la comunidad de Tesalónica es muy aleccionadora. ¿Cuál debe ser nuestra actitud ante la persona que practica otra religión? ¿De tolerancia porque todas las religiones son iguales? ¿De preocupación misionera porque todas las personas lleguen al conocimiento de la verdad? La mayoría de los cristianos tesalonicenses provenían del paganismo, así lo señala la lectura.

I LECTURA   Éxodo 22:21–27   L E U

Lectura del libro del Éxodo

Esto dice el Señor:
   No maltratarás *ni* oprimirás a los *extranjeros*,
   ya que *también* ustedes fueron *extranjeros* en tierra de Egipto.
No harán daño a la *viuda* ni al *huérfano*.
Si ustedes lo *hacen*, ellos *clamarán* a mí, y yo *escucharé*
      su clamor,
   se despertará mi *enojo* y a ustedes los *mataré* a espada;
   viudas quedarán sus *esposas* y huérfanos sus *hijos*.
Si *prestas* dinero a uno de *mi* pueblo,
   a los *pobres* que tú *conoces*,
   no serás como el *usurero*,
   no le exigirás *interés*.
Si tomas en prenda el *manto* de tu *prójimo*,
   se lo *devolverás* al ponerse el sol,
   pues este manto *cubre* el cuerpo de tu prójimo y *protege*
      su piel;
   si no, ¿*cómo* podrá dormir?
Si no se lo *devuelves*, él *clamará* a mí,
   y yo lo *escucharé* porque soy *compasivo*.

Siente la enorme actualidad del texto y comienza tu proclamación dando una orden con autoridad firme. Deja que cada mandamiento que pronuncias tenga un conveniente respaldo de silencio. No te precipites y recuerda que es Dios quien dicta personalmente estas normas de convivencia humana.

Siente la forma en que Dios toma partido por los pobres y los defiende con sincero entusiasmo. Proclama con energía, como quien advierte: "¡atiendan bien, tengan mucho cuidado en esto!".

Advierte que el final debe tener el tono de una enérgica declaración de principios donde el Señor aclara públicamente su posición definitiva.

La lectura insiste en un criterio de autenticidad del anuncio de la Buena Nueva: la conversión. Con la conversión al Dios vivo, el abandono de los ídolos y el servir al Señor, no se quiere subrayar que se ha tenido un paso en el campo religioso o que se ha dejado un culto para tomar otro, sino que se insiste en que se vive una nueva vida, se da un nuevo nacimiento, se posee una nueva existencia. Los tesalonicenses se han convertido en imitadores del apóstol y del Señor.

En resumen, toda la lectura de hoy hace referencia a la dimensión existencial de la fe. La respuesta humana a la Palabra de Dios no es solamente intelectual, sino que abarca a toda la persona. Se trata de una adhesión vital a la persona de Jesús.

EVANGELIO | ¿Qué piensa Jesús sobre los mandamientos? ¿Cuál es su importancia? La pregunta hecha a Jesús da pie para que él pronuncie un punto de vista en claro contraste con los doctores de la ley. Para los israelitas, la ley divina era ante todo la expresión de la voluntad de Dios para con su pueblo, la formulación más pulida siendo en el Decálogo o los Diez Mandamientos (Éxodo 20:1–17).

Si al tiempo de Jesús los preceptos eran más de 500, ¿cuántos, del común del pueblo, estarían en posibilidad de poder distinguir el mandamiento más importante? La confusión era grande entre la gente y las diversas escuelas de los rabinos. Es muy comprensible, entonces, que le hagan esa pregunta a Jesús; era pregunta obligada a todo aquél que se presentaba como maestro ante los demás. La respuesta del maestro denota la preocupación que tiene porque los maestros de la ley le den importancia al verdadero sentido de la ley: instrumento para vivir la libertad y ayuda para vivir el amor.

La ley no debe ser abolida, sino respetada y cumplida en todo su sentido. Para Jesús, la ley se resume en el doble mandamiento: amar a Dios y amar al prójimo.

II LECTURA   1 Tesalonicenses 1:5–10   L M

Lectura de la primera carta del apóstol san Pablo a los tesalonicenses

Hermanos:
Bien saben *cómo* hemos actuado entre ustedes *para su bien*.
Ustedes, por su parte, se hicieron *imitadores* nuestros y del Señor,
    pues en medio de *muchas* tribulaciones
    y con la *alegría* que da el *Espíritu Santo*,
    han *aceptado* la palabra de Dios *en tal forma*,
    que han llegado a ser *ejemplo* para *todos* los creyentes de
        Macedonia y Acaya,
    porque de ustedes partió y se ha difundido la palabra del Señor;
    y *su fe* en Dios ha llegado a ser conocida,
    no sólo en Macedonia y Acaya, sino en *todas* partes;
    de *tal manera*, que nosotros ya *no teníamos* necesidad
        de decir nada.
Porque ellos mismos cuentan de *qué* manera tan favorable
    nos acogieron ustedes
    y cómo, *abandonando* los ídolos,
    se *convirtieron* al Dios *vivo y verdadero* para servirlo,
    esperando que venga desde el cielo su Hijo, *Jesús*,
    a quien *él resucitó* de entre los muertos,
    y es quien *nos libra* del castigo venidero.

EVANGELIO   Mateo 22:34–40   L M

Lectura del santo Evangelio según san Mateo

En *aquel* tiempo, habiéndose *enterado* los fariseos
    de que *Jesús* había dejado *callados* a los saduceos,
        se acercaron a él.
Uno de ellos, que era *doctor* de la ley,
    le preguntó para ponerlo *a prueba*:
"Maestro, ¿cuál es el mandamiento *más grande* de la ley?"
Jesús le respondió:
"Amarás al Señor, tu Dios, con *todo* tu corazón,
    con *toda* tu alma y con *toda* tu mente.
Éste es el *más grande* y *el primero* de los mandamientos.
Y el segundo *es semejante* a éste:
Amarás a tu prójimo *como a ti mismo.*
En estos *dos* mandamientos se fundan *toda* la ley y los profetas".

II LECTURA   1 Tesalonicenses 1:5c–10   L E U

**Lectura de la primera carta del apóstol san Pablo
a los tesalonicenses**

Ya saben cómo nos portamos entre ustedes y por ustedes.
A su vez, ustedes se pusieron a *imitarnos* a nosotros
    y al *mismo* Señor
  cuando, al recibir la *Palabra*, encontraron mucha *oposición*
  y a la vez la *alegría* del Espíritu Santo.
Ustedes *mismos* pasaron a ser un modelo
  para los *creyentes* de Macedonia y de Acaya,
  pues a *partir* de ustedes,
  la *palabra* del Señor se *difundió* en Macedonia y Acaya
    y aún *más allá*.
La *fe* que tienen en Dios se comunicó a *tantos* lugares
  que no necesitamos decir más al *respecto*.
Todos hablan del *éxito* que tuvimos entre ustedes
  y cómo se *convirtieron* a Dios, dejando los *ídolos*;
  cómo *empezaron* a servir al Dios vivo y verdadero,
  esperando que del cielo *venga* su Hijo Jesús,
  al que *resucitó* de entre los muertos;
  Jesús, el que nos *libera* de la condenación que está por *venir*.

Hay un noble y válido orgullo en el tono
de tu proclamación. Es como la voz de
un padre que, lleno de contento, reconoce
el correcto proceder de sus hijos ha
superado todas sus expectativas.

Es muy conveniente tener un buen dominio
del texto para establecer contactos
visuales de manera frecuente, sin restar
seguridad y aplomo a la proclamación.

Ve recordando todas las ricas
experiencias que han experimentado
a causa del Evangelio. Repásalas
lentamente reviviendo la emoción
que corresponde a cada una de ellas.

EVANGELIO   Mateo 22:34–40   L E U

Lectura del santo Evangelio según san Mateo

En aquel tiempo,
  los fariseos vieron cómo *Jesús* había dejado *callados*
    a los saduceos
  y se pusieron de *acuerdo* para juntarse con él.
Uno de ellos, un *maestro* de la Ley,
  trató de averiguar su *parecer* con esta pregunta:
  "*Maestro*, ¿cuál es el mandamiento más *importante*
    de la Ley?"
Jesús le respondió:
  "'*Amarás al* Señor tu Dios con *todo* tu corazón,
  con *toda* tu alma y con *toda* tu mente'.
Éste es el *primero* y el más importante de los mandamientos.
Pero hay otro *semejante* a éste:
  'Amarás a tu *prójimo* como a *ti* mismo'.
Toda la Ley y los Profetas se *fundamentan* en estos
    dos *mandamientos*".

Destaca la diferencia de actitudes
en este diálogo. El maestro se manifiesta
con arrogancia y el tono de su pregunta
es traicioneramente insidioso.

La voz de Jesús traduce su respuesta
concisa y honesta. Ha respondido con
la verdad del corazón, colocando las
cosas en su justo lugar.

Desarrolla claramente este principio
fundamental que Jesús expone, y hazlo
de manera cálida y con sinceridad
y convencimiento profundos.

TODOS LOS SANTOS

| I LECTURA | Ser santos en nuestro medio ambiente implica |

Ser santos en nuestro medio ambiente implica la vivencia de nuestra condición cristiana al igual que los primeros discípulos de Jesús. Basta leer detenidamente esta lectura, escrita en género apocalíptico, para sentirnos profundamente motivados por el mensaje de este jefe de la Iglesia a finales del siglo primero de la era cristiana. Como sucede en todo el libro del Apocalipsis, aquí tenemos un mensaje realmente vibrante, emotivo, concreto y lleno de esperanza, de parte de un pastor que se dirige a una comunidad que sufre la experiencia aplastante de la persecución.

La responsabilidad del autor sagrado es ser profeta; en consecuencia, debe proclamar integralmente la Palabra de Dios, y lo hace de la manera en que más se le facilita: con un lenguaje apocalíptico. Ciertamente para nosotros, en esta época tan influenciada por la cultura occidental, sentimos que es un texto difícil por las imágenes de todo tipo que brotan de la mente del autor.

Son los servidores del Señor marcados en su frente con el sello, individuos de todas las naciones y razas, todos de pie delante del trono y del Cordero, vestidos con una túnica blanca, llevando palmas en la mano y proclamando que la salvación viene del Cordero. Han logrado ser mujeres y hombres de temple en medio de la persecución; han sabido permanecer fieles a Cristo como Señor y dueño de la historia. También han logrado permanecer fieles a la acción del Espíritu que conduce a la Iglesia.

II LECTURA El autor sagrado responde de la pregunta sobre la santidad, al subrayar como tema principal que el cristiano es hijo de Dios. Juan lo ratifica con tres fórmulas equivalentes en esta parte de su carta: "nos llamamos hijos de Dios" (3:1); "ser hijos de Dios" (3:2); y "ser de Dios" (3:10). Celebrar la solemnidad

Lectura del libro del Apocalipsis del apóstol san Juan

Yo, Juan, vi a un ángel que venía del oriente.
Traía consigo el sello del *Dios vivo*
    y gritaba con voz *poderosa* a los cuatro ángeles
    encargados de hacer daño *a la tierra y al mar.*
Les dijo:
"*¡No hagan daño* a la tierra, ni al mar, ni a los árboles,
    hasta que terminemos de *marcar* con el sello
    la frente de los servidores de nuestro Dios!"
Y pude oír *el número* de los que habían sido marcados:
    eran *ciento cuarenta y cuatro mil,*
        procedentes de *todas* las tribus de Israel.
Vi luego una muchedumbre *tan grande,*
    que *nadie* podía contarla.
Eran individuos de *todas* las naciones y razas,
    de todos los pueblos y lenguas.
Todos estaban de pie, *delante* del trono y del Cordero;
    iban vestidos con una túnica *blanca;*
    llevaban *palmas* en las manos
y exclamaban con voz *poderosa:*
"La salvación *viene* de nuestro Dios,
    que está *sentado* en el trono, y *del Cordero".*
Y *todos* los ángeles que estaban alrededor del trono,
    de los ancianos y de los *cuatro* seres vivientes,
    cayeron *rostro* en tierra delante del trono
        y adoraron a Dios, diciendo:
"*Amén.* La alabanza, *la gloria,* la sabiduría, *la acción de gracias,*
    el honor, *el poder* y la fuerza,
        se le deben *para siempre* a nuestro Dios".
Entonces uno de los ancianos me preguntó:
"*¿Quiénes* son y *de dónde* han venido los que llevan
    la túnica blanca?"
Yo le respondí: "Señor mío, *tú eres* quien lo sabe".
Entonces él me dijo:
"Son los que han pasado por la *gran persecución*
    y *han lavado y blanqueado* su túnica
        con la *sangre* del Cordero".

I LECTURA Apocalipsis 7:2–4, 9–14   L E U

Apocalipsis de la apóstol san Juan

Yo, *Juan*, vi a otro ángel.
Vino del oriente llevando el *sello* del Dios vivo
   y gritó con voz *poderosa* a los cuatro *ángeles*
   autorizados para hacer mal a la tierra y al mar:
"No hagan mal a la tierra, ni al mar, ni a los *árboles*
   hasta que hayamos señalado en la frente
   a los *servidores* de nuestro Dios".
Supe entonces el número de los *señalados* con el sello:
   ciento cuarenta y cuatro mil, de *todas* las tribus
     de los hijos de Israel.
Después de esto, vi un gentío *inmenso* imposible de contar,
   de *toda* nación, raza, pueblo y *lengua*
   que estaba de pie *delante* del trono y del Cordero,
     vestidos de blanco.
Llevaban *palmas* en las manos y *gritaban* con voz poderosa:
   "¿*Quién* salva sino nuestro Dios que se *sienta* en el trono
     y el *Cordero*?"
Todos los ángeles permanecían en torno al *trono*,
   a los Ancianos y a los cuatro Vivientes;
   se *postraron* entonces ante el *trono*,
   con el rostro en tierra para *adorar* a Dios.
Decían: "Amén.
Alabanza, gloria, sabiduría, acción de gracias,
   honor, poder y fuerza a *nuestro Dios*
   por los siglos de los siglos. *Amén*".
En ese momento, uno de los Ancianos *tomó* la palabra
   y me dijo:
   "*Éstos* que visten ropas blancas,
   ¿*quiénes* son y de *dónde* vienen?"
Yo contesté: "Señor, Tú eres el que lo *sabes*".
El anciano replicó: "Son los que llegan de la *gran* persecución:
   lavaron y blanquearon sus vestiduras
en la *sangre* del Cordero".

Proclama con la seguridad del que ha sido testigo de la resurrección.

Procura no hacer énfasis en la cifra que se presenta en el texto. Proclama como si fuera la lectura de un edicto del pasado.

Con carácter poético, proclama mirando fijamente a la asamblea: "¿quién salva sino nuestro Dios?".

Al referirte a quienes han superado las pruebas de la persecución, pasa tu vista por toda la asamblea, pues en medio de ella se encuentran personas que son un verdadero testimonio de su fe.

de "todos los santos" es celebrar esta gran dignidad, debida no a nuestro esfuerzo, sino a la gracia divina. En nuestro tiempo, la familia cristiana goza ya de esta condición, y en el futuro lo será aún más "porque lo veremos tal cual es". Somos llamados a ser santos por ser hijos e hijas de Dios.

EVANGELIO | Mateo organiza de modo original diferentes fragmentos que la tradición de los "dichos de Jesús" le había comunicado. Llama la atención la capacidad que posee para ordenar de manera armoniosa y elocuente elementos diferentes, lo que da como fruto un discurso grandioso. A Mateo le mueve un vivo interés por presentar a Jesús ante sus discípulos como el único maestro. Los judíos sabían muy bien quiénes eran sus maestros y en qué consistía la ley; ahora ya poseen un nuevo maestro y tienen una nueva ley: las bienaventuranzas. No faltaban las tensiones entre los judíos que se habían convertido al cristianismo y los que decidieron no convertirse. Los problemas se agudizaban; era necesaria una proclamación clara del Evangelio para que los discípulos no tuvieran dudas ante los ataques del grupo intransigente, tal como se comportaban los jefes de los judíos.

La santidad es señal de la presencia del Reino de los Cielos. Las aclamaciones que nos ofrecen las bienaventuranzas son las señales de la presencia del Reino. En aquella comunidad cristiana donde se encuentran realmente mujeres y hombres pobres, afligidos, humildes, hambrientos y sedientos, misericordiosos, limpios de corazón, constructores de la paz y perseguidos, allí está presente la Iglesia de Jesucristo al servicio del Reino de Dios. La felicidad no es algo, es alguien. La dicha tiene un rostro: Dios.

II LECTURA   1 Juan 3:1–3   L M

Lectura de la primera carta del apóstol san Juan

Queridos hijos:
Miren *cuánto amor* nos ha tenido el Padre,
    pues *no sólo* nos llamamos hijos de Dios, *sino que lo somos*.
Si el mundo *no nos reconoce*, es porque *tampoco* lo ha
        reconocido *a él*.
Hermanos *míos*, ahora somos *hijos* de Dios,
    pero *aún* no se ha manifestado *cómo seremos* al fin.
Y *ya sabemos* que, cuando él se manifieste,
vamos a ser *semejantes* a él,
    porque lo veremos *tal cual es*.
Todo el que tenga puesta en Dios *esta* esperanza,
    se purifica *a sí mismo*
    para ser tan puro *como él*.

EVANGELIO   Mateo 5:1–12   L M

Lectura del santo Evangelio según san Mateo

En aquel tiempo,
    cuando Jesús *vio* a la muchedumbre, *subió* al monte y se sentó.
Entonces se le acercaron sus discípulos.
Enseguida comenzó a enseñarles, hablándoles *así*:
"*Dichosos* los pobres de espíritu,
    porque *de ellos* es el Reino de los cielos.
Dichosos los que lloran, porque *serán consolados*.
Dichosos los sufridos, porque *heredarán* la tierra.
Dichosos los que tienen *hambre y sed* de justicia,
porque serán *saciados*.
Dichosos los misericordiosos, porque *obtendrán* misericordia.
Dichosos los limpios de corazón, porque *verán* a Dios.
Dichosos los que trabajan *por la paz*,
    porque se les llamará *hijos de Dios*.
Dichosos los perseguidos por *causa de la justicia*,
    porque *de ellos* es el Reino de los cielos.
Dichosos serán ustedes, cuando los injurien, *los persigan*
    y digan cosas *falsas* de ustedes por *causa mía*.
Alégrense y salten de contento, porque su premio
    será grande en los cielos".

II LECTURA   1 Juan 3:1–3   L E U

Lectura de la primera carta del apóstol san Juan

Vean qué amor *singular* nos ha dado el Padre,
   que no solamente nos llamamos *hijos* de Dios
      sino que lo *somos,*
   y por eso el mundo *no* nos conoce
   porque *no* lo conoció a él.
Amados, desde ya *somos* hijos de Dios
   aunque no se ha manifestado lo que *seremos* al fin.
Pero *ya* lo sabemos:
   cuando él se *manifieste* en su gloria
seremos *semejantes* a él,
   porque lo veremos *tal* como es.
Cuando alguien *espera* de él una cosa así,
   procura ser limpio como *él* es limpio.

A lo largo de tu proclamación, mantén en mente el llamado universal a la santidad.

Al referirte al amor, más que proclamar, declámalo como una experiencia interna y a la vez inexplicable.

Enfatiza en la cualidad del amor la limpieza.

EVANGELIO   Mateo 5:1–12   L E U

Lectura del santo Evangelio según san Mateo

En aquel tiempo, Jesús,
   al ver a toda esa *muchedumbre,* subió al cerro.
Allí se sentó y sus *discípulos* se le acercaron.
Comenzó a *hablar,* y les enseñaba así:
   "Felices los que tienen *espíritu* de pobre,
      porque de ellos es el *Reino* de los Cielos.
Felices los que *lloran,*
   porque recibirán *consuelo.*
Felices los *pacientes,*
   porque recibirán la *tierra* en herencia.
Felices los que tienen *hambre* y sed de *Justicia,*
   porque serán *saciados.*
Felices los *compasivos,* porque obtendrán *misericordia.*
Felices los de corazón *limpio,* porque ellos *verán* a Dios.
Felices los que trabajan por la *paz,*
   porque serán *reconocidos* como hijos de Dios.
Felices los que son *perseguidos* por causa del bien,
   porque de ellos es el *Reino* de los Cielos.
Dichosos ustedes cuando por causa mía los *maldigan,*
      los *persigan*
   y les levanten *toda* clase de *calumnias.*
Alégrense y muéstrense *contentos,*
   porque será *grande* la recompensa que recibirán en el *cielo".*

Presenta esta proclamación como un nuevo decálogo, basado no en la ley, sino en la persona en cuanto tal.

Cuando pronuncies la primera parte, hazlo como un maestro que se deleita ofreciendo una enseñanza profunda a sus discípulos.

Al proclamar la segunda parte de cada bienaventuranza, posa tu mirada en la asamblea de manera alterna para que sientan que el mensaje los tiene a ellos como destinatarios principales.

Al final, deja un sabor de esperanza y desafío en tus oyentes, esperanza en cuanto a que estas promesas de Jesús deberán empezar a cumplirse desde ahora.

TODOS LOS FIELES DIFUNTOS

I LECTURA   Daniel 12:1–3   L M

Lectura del libro del profeta Daniel

En aquel tiempo, se levantará *Miguel*,
    el gran *príncipe* que defiende a tu pueblo.
Será aquel un tiempo de *angustia*,
    como no lo hubo desde el *principio* del mundo.
Entonces se *salvará* tu pueblo;
    todos aquellos que están escritos en *el libro*.
Muchos de los que *duermen*
en el polvo,
    despertarán:
    unos para la vida *eterna*,
    otros para el eterno castigo.
Los guías sabios *brillarán* como el esplendor del firmamento,
    y los que enseñan a muchos la *justicia*,
    resplandecerán como *estrellas* por toda la eternidad.

I LECTURA   Cuando los escritores sagrados se vieron en la angustiosa necesidad de proclamar un mensaje de esperanza al pueblo que experimentaba en ese momento una grave crisis, se valieron del género literario llamado apocalíptico. Esta manera tan especial de expresar el mensaje se desarrolló entre el año 150 antes de Cristo y el 150 después de Cristo. Tanto el pueblo de Israel antes de Cristo, como los cristianos a finales del siglo I, sufrieron una dura persecución a causa de la fe. Muchos de los creyentes fueron sacrificados. La pregunta obligada era: ¿qué sucederá con los fieles que han muerto? ¿Se ha perdido todo?

Dios es poderoso; es el señor de la historia. Es fácil proclamar esto cuando todo marcha bien, cuando no se sufre el ataque del enemigo, cuando se gozan momentos de paz y tranquilidad. Pero cuando no sucede así, se entra en grave crisis de fe. Toca al profeta, en nombre de Dios, proclamar con un lenguaje enigmático pero certero: Dios es el Señor de la historia; no es ajeno a la suerte de los suyos, y está dispuesto a actuar con todo su poder.

II LECTURA   Para su enseñanza sobre el bautismo, el apóstol se vale de la comparación entre "hombre viejo" y "vida nueva". De con lo expuesto en la carta a los Romanos, el "hombre viejo" es el judío hecho esclavo de las pretensiones de la ley (Romanos 7:7s), el pagano esclavo de este mundo (1:22s) y, en general, todo hombre sujeto a las tendencias de la carne (8:7s). Todo esto lo conoce Pablo por experiencia propia. Pero también sabe que este "hombre viejo", por el bautismo, ha "sido incorporado a Cristo Jesús". Es decir, ha sido crucificado con Cristo al estar asociado al acontecimiento único de la muerte y resurrección de Cristo. Ya no existe más el "hombre viejo", sino "la vida nueva." La novedad de vida del cristiano está en la

I LECTURA   Daniel 12:1–3   L E U

Lectura del libro del profeta Daniel

En aquel tiempo se levantará *Miguel*,
    el *Gran* Jefe que defiende a tu pueblo.
Será aquel un tiempo de a*ngustia*,
    como *nunca* hubo desde el *comienzo* del mundo hasta ahora.
Entonces serán *salvados* todos aquellos que estén inscritos
      en el *Libro*.
Muchos de los que *duermen* en la Región del Polvo
      se *despertarán*,
    unos para la vida *eterna*,
    otros para el rechazo y la *pena* eterna.
Los *justos* brillarán como el *resplandor* del firmamento.
Los que enseñaron a muchos la *justicia*,
    brillarán como las *estrellas* por toda la eternidad.

Como quien anuncia un acontecimiento misterioso, tu proclamación comienza con el tono de quien siente temor y asombro por lo que está contemplando.

Aunque las imágenes te sobrecogen inicialmente y te apena el fracaso de aquellos desdichados, terminas comunicando el alivio y la alegría por todos aquellos despertarán al triunfo de la vida sobre la muerte. Siente que la comunidad que te escucha, al igual que tú, quiere estar entre los que brillarán eternamente en el abrazo de Dios.

unión íntima y dinámica con la muerte y resurrección de Cristo.

EVANGELIO **El cuarto signo realizado por Jesús en la orilla del lago de Tiberíades, la multiplicación de los panes, es ocasión propicia para un hermoso discurso de parte de Jesús donde se autodefine como pan de vida. Juan presenta a Jesús como el revelador escatológico mediante algunas imágenes muy sugestivas para los lectores familiarizados con la literatura sapiencial bíblico-judaica: la luz, el vino, el agua viva y el pan de la vida. Mediante los símbolos del pan y la vida, Jesús expresa su capacidad divina para iluminar y quitar la sed y el hambre de las personas al comunicar la salvación divina. El Verbo encarnado es la revelación salvífica del Padre porque es el pan de la Palabra de Dios, bajado del cielo para dar la vida y la inmortalidad a quien se nutre de ella y la asimila con la fe.**

Creyendo vitalmente en el Padre y en su Unigénito, poseemos ya la salvación plena y perfecta, gozamos de la vida eterna y no nos condenaremos porque hemos pasado de la muerte a la vida. La salvación de los creyentes es actual porque se da en el momento de la adhesión vital a la persona de Jesús.

Esta vida divina, aunque ya es poseída en la era presente, alcanzará su plena manifestación en la resurrección final (6:39). En el último día, no sólo el alma, sino también el cuerpo que yace en la tumba, entrará en la gloria del Señor y gozará de la felicidad eterna. La resurrección de los muertos es una de las obras maravillosas que el Padre concede realizar al Hijo.

II LECTURA   Romanos 6:3–9   L M

Lectura de la carta del apóstol san Pablo a los romanos

Todos los que hemos sido *incorporados* a Cristo Jesús
   por medio del *bautismo*,
   hemos sido *incorporados* a su muerte.
En efecto,
por el *bautismo* fuimos sepultados con él en su muerte,
   para que, así como Cristo *resucitó* de entre los *muertos*
   por la *gloria* del Padre,
   así también nosotros *llevemos* una vida nueva.
Porque, si hemos estado *íntimamente* unidos a él
   por una muerte *semejante* a la suya,
   también lo estaremos en su *resurrección*.
Sabemos que *nuestro viejo* yo fue crucificado con *Cristo*,
   para que el cuerpo del *pecado* quedara *destruido*,
   a fin de que ya no *sirvamos* al pecado,
   pues el que ha *muerto* queda *libre* del *pecado*.
Por lo tanto,
   si hemos *muerto* en Cristo,
   estamos seguros de que también *viviremos* con él;
   pues sabemos que *Cristo* una vez *resucitado*
   de entre los muertos, ya *nunca* morirá.
La muerte *ya no* tiene *dominio* sobre él.

EVANGELIO   Juan 6:37–40   L M

Lectura del santo Evangelio según san Juan

En aquel tiempo,
Jesús dijo a la *multidud*:
Todo aquel que me *da* el *Padre* viene hacia *mí*;
   y al que *viene* a mí yo no lo echaré *fuera*,
   porque he bajado del *cielo*,
   no para *hacer* mi voluntad,
   sino la *voluntad* del que me envió.
Y la *voluntad* del que me envió
   es que yo no *pierda* nada de lo que él me ha dado,
   sino que lo *resucite* en el *último* día.
La *voluntad* de mi Padre *consiste* en
   que todo el que *vea* al *Hijo* y crea en él,
   tenga vida *eterna* y yo lo *resucitaré* en el último *día*".

II LECTURA   Romanos 6:3–9   L E U

Lectura de la carta del apóstol san Pablo a los romanos

Los que fuimos *sumergidos* por el bautismo en Cristo Jesús,
    fuimos sumergidos con él para *participar* de su muerte.
Pues al ser *bautizados* fuimos *sepultados* junto con *Cristo*
    para *compartir* su muerte,
    a fin de que, al *igual* que Cristo,
    quien fue *resucitado* de entre los muertos
        por la *gloria* del Padre,
    también nosotros *caminemos* en una vida nueva.
Hemos sido *injertados* en él en una muerte como la suya
    pero también *participaremos* de su resurrección.
Comprendan bien esto:
    con Cristo fue *crucificado* algo de nosotros,
        el hombre *viejo*,
    a fin de que fuera *destruido*
    lo que de nuestro cuerpo estaba *esclavizado al* pecado
    y de esta manera nunca más seamos *esclavos* del pecado.
Pues el que ha muerto ha quedado definitivamente
        libre del pecado.
Por lo tanto, si hemos *muerto* con Cristo,
    creemos también que *viviremos* con él,
    sabiendo que Cristo, una vez *resucitado* de entre los muertos,
    ya no muere *más*:
    la muerte ya no tiene dominio sobre él.

Acentúa significativamente todos los verbos en primera persona del plural o aquellas estructuras gramaticales que nos incluyen en una misma acción. Utiliza simultáneamente el contacto visual.

Advierte que más que dar una catequesis sobre el bautismo, lo que se pretende es levantar el ánimo de los bautizados.

Invítalos a vivir su experiencia bautismal destacando todas las maravillas que Cristo ha obrado en nosotros.

Concluye haciendo una reflexión colectiva para presentar el último párrafo como una conclusión capaz de contagiar a todos de entusiasmo.

EVANGELIO   Juan 6:37–40   L E U

Lectura del santo Evangelio según san Juan

Todo lo que *el Padre* me ha *dado* vendrá a *mí*,
    y yo *no rechazaré* al que venga a mí,
    porque yo he *bajado* del *cielo,* no para hacer mi propia
    voluntad, sino la *voluntad* del que me ha *enviado*.
Y la *voluntad* del que me ha enviado es que yo no *pierda*
    nada de lo que él me ha dado, sino que lo *resucite*
    en el último *día*.
La voluntad de mi *Padre* es que toda persona que ve al *Hijo*
    y cree en él tenga *vida eterna*: y yo lo *resucitaré*
    en el *último día*.

Es un momento de esperanza y hay un enorme regocijo en la voz de quien anuncia estas promesas de vida y salvación.

Comienza con un tono firme y generoso. Es una propuesta que hay que aceptar desde la libertad; por eso no utilices un tono impositivo, sino más bien de generosa amistad. Estás haciendo una gran oferta que nadie podrá rechazar.

Enfatiza cada una de las propuestas de la resurrección, especialmente aquella con que concluye el texto.

31er. DOMINGO DEL TIEMPO ORDINARIO

| I LECTURA | Malaquías 1:14—2:2, 8–10 | L M |

Lectura del libro del profeta Malaquías

I LECTURA | Más o menos en el año 516 a.C. fue posible reanudar las celebraciones cultuales en el templo, pero sólo unos años después fue necesario que el profeta Malaquías censurara al grupo sacerdotal por su irresponsabilidad ministerial. El oráculo tiene por finalidad la conversión de los sacerdotes. Era urgente que los sacerdotes buscaran dar gloria a Dios volviendo al camino correcto, para que así fuera necesaria la renovación del culto que había degenerado en un rubricismo sin poseer nada de culto sincero y fiel.

"*Yo soy* el rey soberano, dice el *Señor* de los ejércitos;
   mi nombre es *temible* entre las naciones.
Ahora les voy a dar a ustedes, sacerdotes, estas advertencias:
Si *no me escuchan*
   y si *no* se proponen *de corazón* dar gloria *a mi nombre*,
   yo mandaré contra ustedes la maldición".
Esto dice el Señor de los ejércitos:
"Ustedes *se han apartado* del camino,
   han hecho tropezar *a muchos* en la ley;
   han *anulado* la alianza que hice
con la tribu sacerdotal de Leví.
Por eso yo los hago *despreciables y viles* ante *todo* el pueblo,
   pues *no han seguido* mi camino
y han aplicado la ley *con parcialidad*".
¿*Acaso* no tenemos todos *un mismo* Padre?
¿No nos ha creado un mismo Dios?
¿Por qué, pues, nos *traicionamos* entre hermanos,
   profanando así la alianza de nuestros padres?

El profeta advierte algo muy importante: la reforma del culto sólo será posible si existe la renovación del sacerdocio. El sacerdocio, en la medida que se vuelve cultual y ritualista, es menos profético. El profeta, en nombre del Señor, tiene como tarea reformar el culto y recordar al sacerdocio su función profética de la palabra. Cuando el sacerdocio hace a un lado esta responsabilidad, se ha convertido en algo vil y despreciable para la comunidad.

| II LECTURA | 1 Tesalonicenseskk 2:7–9, 13 | L M |

Lectura de la primera carta del apóstol san Pablo a los tesalonicenses

II LECTURA | Bajo diferentes facetas, siempre nos entusiasma la figura de Pablo como gran evangelizador. Quien quiera llamarse pastor de una comunidad, debe, antes que otra cosa, amar sincera y profundamente a los demás. Este amor debe tener las características del amor limpio y puro de una madre por su criatura. Pablo ha experimentado lo mismo y es lo que expresa a la comunidad de Tesalónica. Hay paternidades y maternidades humanas, pero la paternidad y maternidad espiritual, a la cual Pablo hace referencia, es de un nivel superior. Fruto del amor sincero son los hijos. Los hijos cuestan mucho, pero el amor no permite sentir la carga. Los cristianos, hijos espirituales, son fruto del amor de Pablo. El ministerio de Pablo en Tesalónica se distinguió por el amor, no por el autoritarismo.

Hermanos:
Cuando estuvimos *entre ustedes*,
   los tratamos con la *misma* ternura
   con la que una madre *estrecha* en su regazo a sus pequeños.
Tan *grande* es nuestro afecto *por ustedes*,
   que *hubiéramos* querido entregarles,
no solamente el Evangelio de Dios,
   sino *también* nuestra *propia* vida,
   porque han llegado a sernos *sumamente* queridos.
Sin duda, *hermanos*, ustedes se acuerdan
   de nuestros *esfuerzos* y fatigas,

371

3 DE NOVIEMBRE DEL 2002 ■ 31er. DOMINGO DEL TIEMPO ORDINARIO

I LECTURA   Malaquías 1:14b—2:2b, 8–10   L E U

Lectura del libro del profeta Malaquías

Yo soy un Rey *poderoso* y todo el mundo *tiembla* al oír
   mi nombre,
   dice el *Señor* de los Ejércitos.
Para ustedes, *sacerdotes*, es también esta *advertencia*.
Si *no* la escuchan *ni* se preocupan de *glorificar* mi nombre,
   dice el *Señor* de los Ejércitos,
   les lanzaré la *maldición*.
Ustedes,
   declara el *Señor* de los Ejércitos,
   se han *desviado* de mi camino,
   con su enseñanza han hecho *caer* a muchos,
   así han *roto* ustedes la alianza de Leví.
Por eso yo *permití* que todo el pueblo los *despreciara*
   y los considerara *indignos*,
   debido a que ustedes se *separaron* de mí
   y *favorecieron* a unos más que a otros con sus *fallos*.
¿No tenemos *todos* un mismo padre?
¿No nos ha creado a todos un *mismo* Dios?
¿Por qué, entonces, cada uno de nosotros *traiciona*
      a su hermano,
   profanando la alianza de nuestros padres?

Imagina al profeta delante de los sacerdotes del templo; su mente y su cuerpo están tensos al momento de proclamar estas advertencias que deben tomarse en cuenta inmediatamente.

Utiliza el tono de una persona que siente una enorme indignación porque está escandalizada por el desastroso proceder de aquellos que debían ser ejemplo para todos.

Con un tono firme y enérgico, comunica el malestar que sientes y amonesta con toda severidad sin que decaiga la intensidad de tu ira.

Deja que las preguntas resuenen con sincero dolor; advierte que el profeta se reconoce como hermano de aquellos a los que está regañando tan fuertemente.

II LECTURA   1 Tesalonicenses 2:7b–9, 13   L E U

**Lectura de la primera carta del apóstol san Pablo
a los tesalonicenses**

Imitamos a la madre que *calienta* a su hijo en su regazo:
   era tal nuestra *ternura* hacia ustedes que hubiéramos *querido*,
   junto con entregarles el Evangelio,
   entregarles *también* nuestra propia vida.
¡Tan grande era el *cariño* que les teníamos!
Hermanos, ustedes *recuerdan* nuestros trabajos y fatigas:
   mientras les *predicábamos* el Evangelio de *Dios*,
   trabajábamos de noche y de día,
   para no ser carga para *ninguno* de ustedes.
Por lo tanto, nosotros *no* cesamos de dar *gracias* a Dios
   porque al *recibir* de nosotros la *enseñanza* de Dios,

El texto navega en un tono tierno y sincero. Inicia comunicando el afecto y cariño que sientes por estos hermanos en la fe.

Deja que tu voz recuerde a un padre que, con sano orgullo, ve que sus hijos han crecido y lo han aventajado en mucho.

En tus palabras se trasluce una gratitud desbordante, porque todo esto es obra del

372

31er. DOMINGO DEL TIEMPO ORDINARIO ▪ 3 DE NOVIEMBRE DEL 2002

La palabra anunciada por los labios humanos es acogida como "Palabra de Dios". Es decir, los tesalonicenses han sido tocados por Dios y han sido llamados a la fe; esto significa que la respuesta generosa no es a Pablo sino a Dios.

EVANGELIO Mateo nos presenta nuevamente a Jesús, el nuevo Moisés, proclamando un discurso tal como ya lo hizo anteriormente en el discurso de la montaña (5–7), discurso misionero (capítulo 10) y comunitario (capítulo 18). Pero este discurso del capítulo 23 posee sus particularidades: Jesús no se dirige a sus adversarios sino a la multitud en general y al grupo de discípulos. El tono de las expresiones en boca de Jesús también nos dejan extrañados: mientras que en el discurso de la montaña domina la ternura y el perdón, en estas palabras domina la amonestación.

Las palabras de Jesús se sienten violentas, pero no hay duda que la exhortación brota del amor y del ardor por la salvación. A Jesús le preocupa la actitud de aquellos maestros cuyas enseñanzas, en lugar de ayudar, son un obstáculo, convirtiéndose en cargas muy pesadas, imposibles de llevar. San Mateo no se cansa de insistir que, en contraste con los escribas y fariseos "que dicen, pero no hacen", Jesús vive lo que predica porque es el Siervo del Señor que carga sobre sus espaldas nuestras flaquezas (8:16–17) e invita a todos los cansados y agobiados por la carga a ir hacia él (11:25–30).

Tanto en el inicio de la Iglesia como en nuestros días, quien quiera ser pastor auténtico de una comunidad, debe esforzarse por vivir a la manera de Jesús; con su vida debe dar testimonio de lo que predica en nombre del Señor. Por ningún motivo debe ser autoritario y llevar una vida doble.

II LECTURA continuación · L M

pues, trabajando *de día* y *de noche*,
a fin de *no ser* una carga para *nadie*,
les hemos *predicado* el Evangelio de Dios.
Ahora damos gracias a Dios *continuamente*,
porque *al recibir* ustedes la palabra que les hemos predicado,
la aceptaron, *no* como palabra humana,
sino como lo que *realmente* es: palabra de Dios,
que *sigue* actuando en ustedes, los creyentes.

EVANGELIO Mateo 23:1–12 · L M

Lectura del santo Evangelio según san Mateo

En *aquel* tiempo, *Jesús* dijo a las multitudes y a sus discípulos:
"En la *cátedra* de Moisés se han *sentado* los escribas y fariseos.
Hagan, pues, *todo* lo que les digan,
pero *no imiten* sus obras, porque *dicen* una cosa y *hacen* otra.
Hacen fardos *muy pesados* y *difíciles* de llevar
y los *echan* sobre las espaldas de los hombres,
pero ellos *ni con el dedo* los quieren mover.
Todo lo hacen para que *los vea* la gente.
Ensanchan las filacterias y las franjas del manto;
les agrada *ocupar* los *primeros* lugares en los banquetes
y los asientos *de honor* en las sinagogas;
les gusta que los saluden en las plazas
y que la gente los llame 'maestros'.
Ustedes, en cambio, *no dejen* que los llamen 'maestros',
porque *no tienen* más que un Maestro
y *todos* ustedes son *hermanos*.
A *ningún* hombre sobre la tierra lo llamen 'padre',
porque el *Padre* de ustedes es *sólo* el Padre celestial.
No se dejen llamar 'guías', porque el guía de ustedes es
solamente Cristo.
Que *el mayor* de entre ustedes sea *su servidor*,
porque el que se enaltece *será humillado*
y el que se humilla *será enaltecido*".

373

3 DE NOVIEMBRE DEL 2002 ■ 31er. DOMINGO DEL TIEMPO ORDINARIO

II LECTURA   continuación   LEU

ustedes la *aceptaron*,
    no como enseñanza de *hombres*,
    sino como la *palabra* de Dios.
Lo es *realmente*,
    y por eso está *actuando* entre ustedes que creen.

mismo Dios. Siéntete entusiasmado por ello y deja que el gozo resuene en el tono de tu voz.

EVANGELIO   Mateo 23:1–12   LEU

Lectura del santo Evangelio según san Mateo

En aquel tiempo,
    Jesús habló al pueblo y a sus discípulos de *esta* manera:
    "Los maestros de la Ley y los fariseos *ocupan* el puesto
        de Moisés.
Hagan y cumplan *todo* lo que dicen, pero *no* los imiten,
    ya que ellos *enseñan* y no *cumplen*.
Preparan *pesadas* cargas, muy *difíciles* de llevar,
    y las echan sobre las *espaldas* de la gente,
    pero ellos *ni siquiera* levantan un dedo para moverlas.
Todo lo hacen para *aparentar* ante los hombres:
    por eso hacen *muy* anchas las cintas de la Ley
        que llevan colgando,
    y *muy* largos los flecos de su manto.
Les gusta ocupar los *primeros* asientos en los banquetes
    y los *principales* puestos en las sinagogas;
    también les gusta que los *saluden* en las plazas
    y que la gente les diga: 'Maestro'.
No se dejen llamar 'Maestro',
    porque un *solo* Maestro tienen ustedes,
    y todos ustedes son *hermanos*.
Tampoco deben decirle 'Padre' a *nadie* en la tierra,
    porque *un solo* Padre tienen:
    el que está en el *cielo*.
Ni deben hacerse llamar 'Jefe',
    porque para ustedes Cristo es el jefe *único*.
Que el más *grande* de ustedes se haga *servidor* de los demás.
Porque el que se hace grande será *rebajado*,
    y el que se *humilla* será *engrandecido*".

Este discurso está dicho en el tono firme y valiente del que está decidido a poner las cosas en claro.

De manera tajante, Jesús se dirige a sus discípulos que, en silencio, lo escuchan llenos de asombro.

Desarrolla la proclamación en dos direcciones. Describe con un tono fuerte y enérgico el formalismo vacío y deformado de aquellos líderes religiosos.

Comunica un sincero pesar por la conducta equivocada de aquella gente.

Con energía, alerta y ordena a los discípulos para que adopten el comportamiento que se espera de ellos.

Concluye como si dictaras una sentencia inapelable, y establece claramente el principio que debe regir toda comunidad cristiana.

32º DOMINGO DEL TIEMPO ORDINARIO

I LECTURA · Sabiduría 6:12–16 · L M

Lectura del libro de la Sabiduría

Radiante e incorruptible es la sabiduría;
 con facilidad la contemplan quienes la aman
 y ella se deja encontrar por quienes la buscan
 y se anticipa a darse a conocer a los que la desean.
El que madruga por ella no se fatigará,
 porque la hallará sentada a su puerta.
Darle la primacía en los pensamientos es prudencia consumada;
 quien por ella se desvela pronto se verá
  libre de preocupaciones.
A los que son dignos de ella,
 ella misma sale a buscarlos por los caminos;
 se les aparece benévola
 y colabora con ellos en todos sus proyectos.

II LECTURA · 1 Tesalonicenses 4:13–18 · L M

**Lectura de la primera carta del apóstol san Pablo
a los tesalonicenses**

Hermanos:
No queremos que *ignoren* lo que pasa con los difuntos,
 para que no vivan *tristes*, como los que *no tienen* esperanza.
Pues, *si creemos* que Jesús *murió y resucitó*,
 de *igual* manera debemos *creer* que, a los que murieron *en Jesús*,
 Dios *los llevará* con él.
Lo que les decimos, como palabra del Señor, *es esto*:
 que *nosotros*, los que quedemos vivos
para cuando *venga* el Señor,
 no tendremos *ninguna* ventaja sobre los que *ya murieron*.
Cuando Dios mande que *suenen* las trompetas,
 se *oirá* la voz de un arcángel
 y el *Señor mismo* bajará del cielo.
Entonces, los que murieron en Cristo resucitarán *primero*;
 después *nosotros*, los que quedemos vivos,
 seremos arrebatados, *juntamente* con ellos
  entre nubes por el aire,
 para ir al *encuentro* del Señor, y así estaremos *siempre* con él.
Consuélense, pues, unos a otros con *estas* palabras.

I LECTURA El dominio del imperio helenista también se dejó sentir en los círculos judíos. Cuando algunas familias judías se dejaron influenciar por esta cultura, esto provocó enfrentamientos entre aquellos judíos que querían mantenerse a toda costa fieles a la alianza con Dios y aquellos otros que habían sido seducidos por la filosofía y religión helenista con todas sus consecuencias. Por esta razón, el autor del libro de la Sabiduría se propone animar a los que han sabido ser fieles, a la vez que considera injustos a los infieles.

¿Cuál es la auténtica sabiduría? En la lectura se nos hace una descripción de la auténtica sabiduría. Ciertamente la sabiduría no se identifica con Dios, pero sí se presenta como un atributo divino. Ser sabio no depende sólo del esfuerzo humano; la iniciativa divina es descrita claramente.

II LECTURA Frente a esta debilidad de la fe, Pablo proclama una confesión importantísima del misterio pascual que, por su redacción, es única en los escritos del Nuevo Testamento: "Jesús murió y resucitó". Esta afirmación debe bastar para que la actitud de los cristianos sea diferente, ya que deben estar ciertos de que Dios conducirá a los que ya murieron junto a él. De la misma manera y con el poder con que Dios arrancó a Jesús de la muerte, también reunirá con Jesús resucitado a los creyentes que han muerto.

Que los muertos tienen que resucitar es un elemento importante de la catequesis apostólica, pero también es importante la afirmación de que la resurrección es consecuencia del misterio pascual de Cristo.

I LECTURA   Sabiduría 6:12–16   L E U

Lectura del libro de la Sabiduría

La sabiduría *resplandece* y no se enturbia su *fulgor*,
gustosa se deja *contemplar* por sus amantes
y se deja *hallar* por los que la *buscan*.
Ella se *adelanta* dándose a conocer a los que la *desean*.
Que si la buscas desde *temprano*, no tendrás que *afanarte*,
la encontrarás *sentada* en su puerta.
Meditar en ella es la inteligencia *perfecta*,
y el que se queda *velando* por ella,
estará pronto al *amparo* de preocupaciones.
Ella *misma* busca por todas partes los que son *dignos* de ella,
se les aparece *benévola* en el camino,
les viene al *encuentro* con *todos* sus pensamientos.

Imagina que estás haciendo el elogio de una persona muy querida por ti.

Te da mucho gusto poder hablar de ella en público y la tonalidad de tu voz manifiesta que te sientes orgullosamente contento.

Advierte que si estás presentando sus extraordinarias cualidades, es para hacer que todos se interesen por conocerla.

Desarrolla la proclamación con un entusiasmo que crezca progresivamente, contagiando a todos. Es como si dijeras: "¡esto es demasiado!".

II LECTURA   1 Tesalonicenses 4:13–17   L E U

Lectura de la primera carta del apóstol san Pablo a los tesalonicenses

Hermanos,
deseo que estén *bien enterados* acerca de los que ya *descansan*,
y no se pongan *tristes* como los demás,
que no tienen *esperanza*.
Pues *creemos* que Jesús murió para después *resucitar*,
y de la *misma* manera los que ahora *descansan* en Jesús
serán *también* llevados por Dios *junto* a Jesús.
Por la *misma* palabra del Señor les *afirmamos* esto:
Nosotros, que ahora *vivimos*,
si *todavía* estamos con vida cuando *venga* el Señor,
no nos *adelantaremos* a los que hayan *muerto*.
Habrá una *señal*,
el arcángel gritará, y *resonará* la trompeta de Dios:
entonces el propio Señor *bajará* del cielo,
y *primero* resucitarán los que murieron *en* Cristo.
Después nosotros, los vivos, los que *todavía* estemos,
nos *reuniremos* con *ellos*
llevados en las nubes al *encuentro* del Señor, allá *arriba*.
Y para *siempre* estaremos con el Señor.

Reconoce que estás comunicando excelentes noticias a una gente que está un poco confundida y temerosa.

Se impone un tono de convencimiento que, con un ritmo intenso, comunica una profunda certeza del triunfo sobre la muerte.

Añade un poco de color a esta parte final. Siente las imágenes sonoras que enriquecen el texto y contempla la inmensa muchedumbre que acude a esta fiesta de la plenitud y el encuentro.

Deja que la paz y la serenidad den el tono a la línea final.

Lectura del santo Evangelio según san Mateo

En *aquel* tiempo, *Jesús* dijo a sus discípulos esta parábola:
"El *Reino* de los cielos es semejante a *diez* jóvenes,
    que tomando sus lámparas,
  salieron al encuentro del esposo.
Cinco de ellas eran *descuidadas* y *cinco, previsoras.*
Las *descuidadas* llevaron sus lámparas,
  pero *no llevaron* aceite para llenarlas de nuevo;
  las previsoras, *en cambio,*
  llevaron *cada una* un frasco de aceite junto con su lámpara.
Como el esposo *tardaba,* les entró sueño *a todas* y se durmieron.
A medianoche se oyó un grito:
'¡*Ya viene* el esposo! ¡*Salgan* a su encuentro!'
Se levantaron entonces *todas* aquellas jóvenes
  y se pusieron a *preparar* sus lámparas,
  y las descuidadas dijeron a las previsoras:
'*Dennos* un poco de su aceite,
porque nuestras lámparas se *están apagando'.*
Las previsoras les contestaron:
'*No,* porque *no va* a alcanzar para ustedes y para nosotras.
Vayan mejor a donde lo venden y *cómprenlo'.*
Mientras aquéllas iban a comprarlo, *llegó* el esposo,
  y las que estaban listas *entraron con él* al banquete de bodas
  y se *cerró* la puerta.
Más tarde llegaron las otras jóvenes y dijeron:
'*Señor,* señor, *ábrenos'.*
Pero *él* les respondió: 'Yo les *aseguro* que *no* las conozco'.
Estén, pues, *preparados,* porque *no saben* ni el día ni la hora".

EVANGELIO **En este domingo y en los dos siguientes, Mateo 25** nos ofrece una serie de advertencias para que revisemos nuestra actitud ante la realidad de la consumación del mundo. La parábola de las jóvenes previsoras y las descuidadas es la primera advertencia. Se pide que sea atenta la espera del rey-juez escatológico. El creyente debe saber cómo encarnar en la existencia de cada día la fidelidad a su Señor.

En las jóvenes previsoras debe estar representada la Iglesia, que va al encuentro del Hijo del Hombre en la práctica radical del amor, tal como Jesús, el esposo, lo ha enseñado y vivido. Pero también en las jóvenes descuidadas se ve retratada aquella porción de la Iglesia que no ha sabido reconocer en su vida a Cristo el esposo. La experiencia íntima del amor del Dios en nuestros corazones no es asunto de un momento, sino que es una tarea de toda la vida. Es personal, es aceite que no es posible compartir. Si amamos, entramos al banquete de bodas; si no amamos, estamos dormidos y no seremos capaces de reconocer al Señor.

Al evangelista Juan le agrada mucho definir al cristiano como aquél que, abandonando las tinieblas, se ha decidido por la luz; participando de la luz que es Cristo (Juan 8:12), el cristiano viene a ser "luz del mundo". Somos en verdad de Cristo si nuestra vida, la lámpara, ilumina permanentemente porque no le falta el aceite de la caridad. Este camino del amor no es fácil; la rutina y el cansancio son un peligro constante al amor fiel.

EVANGELIO   Mateo 25:1–13   L E U

Lectura del santo Evangelio según san Mateo

En *aquel* tiempo, dijo Jesús a sus *discípulos*:
  "El *Reino* de los Cielos podrá ser *comparado* a diez *doncellas*
  que salieron con sus lámparas para *recibir* al novio.
De ellas, cinco eran *descuidadas* y las otras *previsoras*.
Las *descuidadas* tomaron sus lámparas como *estaban*,
  sin llevar más aceite.
Como el novio *demoraba* en llegar,
  se adormecieron *todas* y terminaron por quedarse *dormidas*.
Pero al llegar la *medianoche* alguien gritó:
'¡*Viene* el novio, *salgan* a recibirlo!'
Todas las doncellas se despertaron *inmediatamente*
  y *prepararon* sus lámparas.
Entonces las descuidadas dijeron a las previsoras:
  'Dennos *aceite*, porque nuestras lámparas se están *apagando*'.
Las *previsoras* dijeron:
  'Vayan *mejor* a comprarlo,
  pues el que nosotras tenemos no *alcanzará* para ustedes
    y para nosotras'.
Mientras iban a comprarlo vino el novio,
  y las que estaban preparadas *entraron* con él a la fiesta
    de las bodas,
  y *cerraron* la puerta.
Cuando llegaron las *otras* doncellas, dijeron:
  'Señor, Señor, *ábrenos*'.
Pero él *respondió*: 'En verdad, *no las conozco*'.
Por eso permanezcan *vigilantes*,
  ya que *no saben* ni el día ni la hora''.

Utiliza diversos tonos para hacer contrastar a los personajes de esta accidentada fiesta de bodas.

La primera escena nos coloca en medio de las mujeres, todas con sus lámparas en las manos dispuestas a recibir al novio.

Baja el tono para indicar el adormilamiento en que van cayendo y súbelo repentinamente para hacer notar que la acción se pone en marcha nuevamente.

No es conveniente que el tono de voz de las prudentes suene a indiferencia o mala fe. Ellas son realistas; mejor poca luz que ninguna.

Cuando el novio llega y la puerta se cierra, deja que tu voz comunique un poco de suspenso ante lo que va a pasar.

Las descuidadas suplican un poco desesperadas y el novio responde en un tono molesto por el pobre servicio que ha recibido de ellas.

Haz una pausa y dirige hacia tus oyentes las palabras con que concluye el texto. Deja que tu mirada recorra lentamente la asamblea mientras que las pronuncias lentamente.

33er. DOMINGO DEL TIEMPO ORDINARIO

I LECTURA Cuando vino a menos la influencia de los profetas y sacerdotes en el pueblo de Israel, se desarrolló grandemente la tarea de los sabios. Un sabio, entre los israelitas, viene a ser aquél que sabe vivir bien, quien en su experiencia ha sabido mantener relaciones justas y equilibradas con Dios, con los demás y consigo mismo. Las enseñanzas que nos ofrece el libro de los Proverbios no tienen como autor a sabios en particular, sino que ha sido la comunidad que, observando la realidad y el comportamiento de las personas a lo largo de muchos años, ha logrado escribir un tesoro sapiencial.

Para los sabios de Israel, puesto que Dios es el creador de todos los seres, todo es objeto del amor de Dios, todo está bajo su sabiduría. La mujer no es la excepción. A veces con ligereza, con la mentalidad de nuestros días, queremos acusar a los autores bíblicos de antifeministas, pero el lugar que se le daba a la mujer entre los judíos era muy por encima que el que se le daba entre los pueblos del Medio Oriente. En la lectura tenemos un hermoso elogio a la mujer sabia.

La insistencia en dónde está la sabiduría y el vivir con justicia es muy interesante. Si en otro tiempo se insistía que la justicia sólo se encuentra en el cumplimiento de la ley y la serie de purificaciones, ahora la novedad está en que lo correcto se encuentra en lo ordinario de la vida: siendo mujer hacendosa, la que sabe ganar la confianza de su marido, es de gran ayuda, hábil en trabajos manuales y generosa con los pobres y desvalidos; más que preocuparse por la hermosura física, se afana por vivir en el temor del Señor. Tal mujer es alabada por todos. Éste es el programa que nos presenta hoy la Palabra de Dios.

II LECTURA El fin del mundo se dará. ¿Cómo va a suceder? Sin pretender describirnos exactamente cómo acontecerá, el apóstol transmite la verdad

---

I LECTURA Proverbios 31:10–13, 19–20, 30–31   L M

Lecturas del libro de los Proverbios

Dichoso el hombre que encuentra una mujer *hacendosa*:
   muy superior a *las perlas* es su valor.
Su marido *confía* en ella
   y, con su ayuda, *él* se *enriquecerá*;
   todos los días de su vida le procurará *bienes* y no males.
Adquiere lana y lino y los trabaja con sus *hábiles* manos.
Sabe manejar la rueca y con sus dedos *mueve* el huso;
   abre sus manos al pobre y las *tiende* al desvalido.
Son *engañosos* los encantos y *vana* la hermosura;
   merece *alabanza* la mujer que *teme* al Señor.
Es digna de gozar del fruto de sus trabajos
   y de *ser alabada* por todos.

II LECTURA 1 Tesalonicenses 5:1–6   L M

Lectura de la primera carta del apóstol san Pablo a los tesalonicenses

Hermanos:
Por lo que se refiere al *tiempo* y a las circunstancias
   de la *venida* del Señor,
   no necesitan que les escribamos *nada*,
   puesto que ustedes saben *perfectamente*
   que el *día* del Señor llegará como un *ladrón* en la noche.
Cuando la gente esté diciendo:
   "¡*Qué paz* y *qué seguridad* tenemos!",
   de repente *vendrá sobre ellos* la catástrofe,
   como *de repente* le vienen a la mujer encinta
     los dolores del parto,
   y *no podrán* escapar.
Pero *a ustedes*, hermanos, ese día *no* los tomará *por sorpresa*,
   como un ladrón,
   porque ustedes *no viven* en tinieblas,
sino que son *hijos* de la luz y del día,
   no de la noche y las tinieblas.
Por tanto, *no vivamos* dormidos, como los malos;
   antes bien, mantengámonos *despiertos* y vivamos *sobriamente*.

379

17 DE NOVIEMBRE DEL 2002 ■ 33er. DOMINGO DEL TIEMPO ORDINARIO

I LECTURA   Proverbios 31:10–13, 19–20, 30–31   L E U

Lecturas del libro de los Proverbios

Una mujer *perfecta* ¿*quién* la encontrará?
Es *mucho* más valiosa que las joyas.
En ella *confía* su marido, y no le falta *nunca* nada.
Le produce el *bien, no* el mal, *todos* los días de su vida.
Entiende de lana y de lino y los trabaja con sus *ágiles* manos.
Echa mano a la *rueca* y sus dedos hacen *girar* el huso.
Tiende su mano al *desamparado* y al pobre.
Engañosa es la gracia, *vana* la hermosura;
    la mujer que tiene la *sabiduría*,
        ésa será la *alabada*.
Que *pueda* gozar el fruto de su trabajo
y que por sus obras *todos* la celebren.

Este elogio a la mujer ideal requiere una proclamación serena y reflexiva. Imagina a un padre del mundo oriental que explica a su hijo las cualidades que debe tener su futura esposa: fiel, trabajadora, responsable, pero sobre todo sensible al dolor y la desgracia ajena.

Ve resaltando cada una de sus cualidades, comunicando continuamente el efecto que el comportamiento de esa persona produce en ti.

Debes comenzar en un tono menor para que puedas finalmente enumerar con mayor fuerza aquellas virtudes de orden espiritual que son mucho más importantes. Imagina que tienes ante tu vista a la mujer perfecta, escuchando atentamente tus palabras.

II LECTURA   1 Tesalonicenses 5:1–6   L E U

**Lectura de la primera carta del apóstol san Pablo
a los tesalonicenses**

En cuanto al *tiempo* o al momento que *fijó* Dios,
    ustedes, hermanos, *no necesitan* que les escriba,
    pues saben *perfectamente* que el Día del Señor
llega como un *ladrón*, en *plena* noche.
Cuando los hombres se sientan en paz y *seguridad*,
    en *ese* momento y de repente, los *asaltará* el exterminio,
    lo mismo como le vienen los *dolores* a la mujer embarazada,
    y no podrán *escapar*.
Mas ustedes no andan en *tinieblas*,
    de modo que *ese* día no los *sorprenderá* como hace el ladrón:
    todos ustedes son *hijos de la luz*, e hijos del día.
No somos hijos de la *noche* ni de las *tinieblas*,
    y por eso no nos quedemos *dormidos* como los otros,
    sino que *permanezcamos* sobrios y despiertos.

No se trata de preocupar o de asustar a tus oyentes, sino más bien todo lo contrario. Utiliza un tono mesurado en el que debe resonar la pena que sientes por el destino final de aquella gente despreocupada e indolente.

Haz un cambio a un tono mayor de cierta exaltación. Tus oyentes, lo mismo que tú, conocen la actitud correcta que hay que adoptar. En tus palabras resuena esa seguridad compartida.

380

33er. DOMINGO DEL TIEMPO ORDINARIO ▪ 17 DE NOVIEMBRE DEL 2002

de la venida del Señor empleando el género literario apocalíptico, literatura que floreció en la época poco anterior y posterior a Jesús. Los rasgos apocalípticos son los siguientes: la idea de acontecimiento súbito, la catástrofe, los dolores de la mujer encinta, la imposibilidad de escapar, la oposición entre la luz y las tinieblas. La venida del Señor se dará, pero el tiempo es desconocido para todos.

La exhortación dirigida a los cristianos de todos los tiempos es una nueva manera de concebir el mundo y de vivir la fe. Jesús, que ha vencido la muerte por su resurrección, es el único Señor, y sólo él posee un dominio total sobre el acontecer de la creación. Por más que se afana el hombre y la mujer en escudriñar el sentido profundo de la historia, es algo que se les escapa de las manos; deben terminar por reconocer su impotencia.

¿Qué nos toca a los cristianos? Debemos estar en continua vigilancia esperando la venida del Señor. La espera vigilante da una orientación especial a la existencia cristiana, ya que la venida del Señor no sólo se refiere al momento final, sino que se identifica con el Día del Señor. El Día del Señor se ha iniciado con el misterio de la encarnación del Hijo y Dios, y se consumará con la segunda venida al final de los tiempos. En los cristianos se inició este Día del Señor en el momento del Bautismo y tendrá su consumación en el encuentro a la hora de la muerte. La tarea es que no vivamos dormidos, como los malos, sino despiertos.

EVANGELIO | El último discurso de Jesús concluye con cinco parábolas muy características sobre la vigilancia ante la Parusía. La parábola de los talentos tiene como finalidad el insistir en las disposiciones requeridas ante la venida del Señor. A diferencia de lo que pensaban los cristianos de Tesalónica en los años cincuenta, de que la venida del Señor era inminente, la comunidad a la que se dirige el evangelista ya no vive en esta clase de espera, a juzgar por la actitud

EVANGELIO   Mateo 25:14–30   L M

Lectura del santo Evangelio según san Mateo

En *aquel* tiempo, *Jesús* dijo a sus discípulos esta parábola:
"El *Reino* de los cielos
   se parece *también* a un hombre que iba a salir de viaje
     a tierras lejanas;
   llamó a sus servidores de confianza y les encargó sus bienes.
A uno le dio *cinco* millones; a otro, *dos;* y a un tercero, *uno,*
   según la capacidad *de cada uno,* y luego se fue.
El que recibió *cinco* millones fue *enseguida* a negociar con ellos
    y *ganó* otros cinco.
El que recibió dos hizo *lo mismo* y ganó *otros dos.*
En cambio, el que recibió un millón *hizo* un hoyo en la tierra
   y allí *escondió* el dinero de su señor.
Después de mucho tiempo *regresó* aquel hombre
   y llamó a cuentas a sus servidores.
Se acercó el que había recibido *cinco* millones
    y le presentó *otros cinco,* diciendo:
'Señor, *cinco millones* me dejaste;
   aquí tienes otros cinco, que con ellos *he ganado'.*
Su señor le dijo:
'*Te felicito,* siervo *bueno y fiel.*
Puesto que has sido *fiel en* cosas de poco valor
   te confiaré cosas de *mucho* valor.
Entra a tomar parte en *la alegría* de tu señor'.
Se acercó luego el que había recibido *dos millones* y le dijo:
'S*eñor, dos* millones me dejaste; aquí tienes otros dos,
   que con ellos *he ganado'.*
Su señor le dijo: '*Te felicito,* siervo *bueno y fiel.*
Puesto que has sido *fiel en* cosas de poco valor,
   te confiaré cosas de *mucho* valor.
Entra a tomar parte en *la alegría* de tu señor'.
Finalmente, se acercó el que había recibido *un millón* y le dijo:
'Señor, *yo sabía* que eres un hombre *duro,*
   que *quieres* cosechar lo que *no has plantado*
   y *recoger* lo que *no* has sembrado.
Por eso *tuve miedo* y fui a *esconder* tu millón bajo tierra.
Aquí tienes lo tuyo'.
El señor le respondió: 'Siervo *malo y perezoso.*
Sabías que cosecho lo que no he plantado
   y *recojo* lo que *no he* sembrado.
¿Por qué, entonces, no pusiste mi dinero *en el banco*
   para que, a mi regreso, lo recibiera yo *con intereses?*
Quítenle el millón y *dénselo* al que tiene *diez.*

381

17 DE NOVIEMBRE DEL 2002 ■ 33er. DOMINGO DEL TIEMPO ORDINARIO

EVANGELIO Mateo 25:14–30 LEU

Lectura del santo Evangelio según san Mateo

En *aquel* tiempo, dijo Jesús a sus discípulos esta *parábola*:
"El *Reino* de los Cielos es como un *hombre* que,
al partir a tierras *lejanas*, reunió a sus *servidores*
y les encargó sus *pertenencias*.
Al primero le dio *cinco* talentos de oro,
a otro le dio dos; y al tercero, solamente *uno*;
a cada uno según su *capacidad*,
e *inmediatamente* se marchó.
[El que recibió los *cinco*, hizo negocios con el dinero
y ganó *otros* cinco.
El que recibió *dos*, hizo otro tanto, y ganó *otros dos*.
Pero el que recibió *uno*, hizo un *hoyo* en la *tierra*
y *escondió* el dinero de su patrón.]
Después de *mucho* tiempo
volvió el señor de esos servidores y les pidió *cuentas*.
El que había recibido *cinco talentos*
le presentó *otros cinco*, diciéndole:
'Señor, usted me *confió* cinco;
tengo *además* otros cinco que *gané* con ellos'.
[El patrón le contestó:
'*Muy* bien, servidor *bueno* y honrado;
ya que has sido fiel en lo *poco*, yo te voy a confiar *mucho* más.
Ven a *compartir* la alegría de tu Señor'.
Llegó después el que tenía *dos*, y dijo:
'Señor, *aquí* está lo que me confió:
traigo además *otros dos* que gané con ellos'.
El patrón le dijo: '*Muy* bien, servidor bueno y *honrado*;
ya que has sido *fiel* en lo poco, yo te *confiaré* mucho más.
Ven a compartir la *alegría* de tu Señor'.
Por *último*, vino el que había recibido *un talento*, y dijo:
'*Señor*, yo sé que eres un hombre *exigente*,
que quieres *cosechar* donde no has sembrado
y *recoger* donde *no* has trillado.
Por eso yo tuve *miedo* y escondí en tierra tu dinero;
aquí tienes lo *tuyo*'.
Pero su patrón le contestó: 'Servidor *malo* y flojo,
tú *sabías* que cosecho donde no he *plantado*
y recojo donde *no* he sembrado.
Por eso *mismo* debías haber *colocado* mi dinero en el banco
y a mi *vuelta* me lo hubieras entregado con los *intereses*.
Quítenle, pues, el talento
y *entréguenselo* al que tiene *diez*.

Divide esta larga narración en pequeñas escenas, separadas por pausas de extensión apropiada.

La introducción nos hace conocer inmediatamente el resultado obtenido por la gestión de cada sirviente, pero debe dejarnos a la expectativa de lo que va a pasar cuando llegue el dueño.

Hay satisfacción en la voz del sirviente por el buen trabajo que ha realizado.

Deja que la respuesta del dueño corresponda con un tono semejante. Se nota que está tremendamente contento y muy complacido.

Utiliza el mismo recurso para el segundo sirviente.

Haz una pausa y cambia a un tono más opaco para introducir a este personaje irrespetuoso y conflictivo que se expresa con bastante desparpajo.

Ahora la voz del patrón expresa la ira que el comportamiento de este irresponsable le ha provocado. Utiliza un tono firme y enérgico, y dirígete directamente a esa persona como si estuviera ante tu presencia.

382

33er. DOMINGO DEL TIEMPO ORDINARIO ■ 17 DE NOVIEMBRE DEL 2002

negligente del mayordomo infiel (24:48), la infidelidad de las jóvenes descuidadas y el siervo malo y perezoso. Al considerar que la Parusía era algo demasiado lejano, cayeron en la imprudencia, falta de perseverancia y ausencia de buenas obras.

Para quienes no han sabido vivir el tiempo prudente y productivamente, Mateo subraya la clase de juicio que les espera y la sentencia que será pronunciada: "a este hombre inútil, échenlo fuera, a las tinieblas. Allí será el llanto y la desesperación". Esta expresión, que ya ha sido empleada por el evangelista en 13:42,50; 22:13, 24:51, es una advertencia, no para consolar a los buenos, sino para exhortar duramente a la conversión y a dar frutos a aquellos que viven irresponsablemente su vida.

Es necesario poner más empeño en vivir plenamente nuestra vocación de colaboradores responsables en la obra de la creación. Para ello, el Señor nos ha enriquecido con sus dones para cumplir con el plan providencial de Dios. ¡Hace tanta falta la edificación de la Iglesia! A los católicos nos asecha la indiferencia, la pereza, la apatía, el miedo al compromiso, el desinterés por capacitarnos y la desorganización. Por eso, debemos tomar más en serio el compromiso de la tarea apostólica.

EVANGELIO   continuación   L M

Pues al que *tiene se le dará* y *le sobrará*;
    pero al que tiene *poco*, se le quitará aun eso *poco* que tiene.
Y a este hombre inútil, échenlo fuera, *a las tinieblas*.
Allí será el llanto y la *desesperación'*".

383

17 DE NOVIEMBRE DEL 2002 ■ 33er. DOMINGO DEL TIEMPO ORDINARIO

EVANGELIO continuación   L E U

Porque al que *tiene* se le *dará* y tendrá en *abundancia*,
  pero al que *no* tiene se le quitará *hasta* lo que tiene.
Y a ese servidor *inútil* échenlo a la oscuridad de allá *afuera*:
  allí habrá llanto y *desesperación*'".]

El párrafo final merece acentuar fuertemente los contrastes. Utiliza un ritmo rápido de definida intensidad para terminar lentamente la línea final, remarcando gravemente las palabras conclusivas.

JESUCRISTO, REY DEL UNIVERSO

| I LECTURA | Ezequiel 34:11–12, 15–17 | L M |

Lectura del libro del profeta Ezequiel

Esto *dice* el Señor Dios:
"Yo mismo iré a *buscar* a mis ovejas y *velaré* por ellas.
Así *como un pastor* vela por su rebaño
cuando las ovejas se *encuentran dispersas,*
    así *velaré* yo por *mis* ovejas
    e *iré por ellas* a todos los lugares por donde se *dispersaron*
    un día de *niebla* y *oscuridad.*
Yo mismo *apacentaré* a mis ovejas, yo mismo *las haré* reposar,
    dice el Señor Dios.
Buscaré a la *oveja perdida* y haré volver a la *descarriada;*
    curaré a la herida, *robusteceré* a la débil,
    y a la que está gorda y fuerte, *la cuidaré.*
Yo las *apacentaré* con justicia.
En cuanto a ti, *rebaño mío,*
    he aquí que yo voy a juzgar entre *oveja y oveja,*
    entre *carneros* y machos *cabríos".*

| II LECTURA | 1 Corintios 15:20–26, 28 | L M |

Lectura de la primera carta del apóstol san Pablo a los corintios

Hermanos: Cristo *resucitó,*
    y resucitó como *la primicia* de todos los *muertos.*
Porque si por un *hombre* vino la *muerte,*
    también por un *hombre*
    vendrá la *resurrección de los muertos.*
En efecto, así como en *Adán* todos *mueren,*
    así en *Cristo* todos volverán *a la vida;*
    pero *cada uno* en su orden: *primero Cristo,* como primicia;
    después, *a la hora* de su advenimiento, *los que son de Cristo.*
Enseguida será *la consumación,* cuando,
    después de haber *aniquilado* todos los poderes del mal,
    Cristo *entregue el Reino* a su Padre.
Porque *él* tiene que *reinar*
    hasta que el *Padre* ponga bajo *sus pies*
    a todos sus *enemigos.*
El *último* de los *enemigos* en ser aniquilado,

I LECTURA El capítulo 34 de Ezequiel es el texto bíblico más amplio que trata el tema de los pastores. La mención de las ovejas, tantas veces repetida en el texto, expresa la delicadeza y el cariño profundo del Señor por su pueblo. Aún más, si ponemos atención a los verbos que tienen por sujeto a Dios, nos quedamos asombrados ante la gran preocupación y ternura divinas: buscar mis ovejas, velar por ellas, velaré por mis ovejas, iré por ellas, apacentaré a mis ovejas, las haré reposar, buscaré a la oveja perdida, haré volver a la descarriada, curaré a la herida, robusteceré a la débil, la apacentaré con justicia y yo mismo las voy a juzgar.

La irresponsabilidad de los pastores en el pueblo de Israel era muy grave; éstos fueron, en gran parte, responsables de la tragedia del exilio en Babilonia que está padeciendo el pueblo. Los primeros destinatarios del mensaje profético son los pastores de aquel tiempo, pero también el oráculo de Ezequiel se refiere al pastor escatológico del pueblo de Dios: en el Evangelio de Juan se nos dirá abiertamente que Cristo es el buen pastor. Cristo es el modelo a seguir para todo aquél que quiera ser pastor de una comunidad. Hoy en día, existen miles de hombres y mujeres que se autonombran pastores de una comunidad. Algunos de ellos son pastores de nombre, pero están muy lejos de poner en práctica las actitudes del verdadero pastor.

Después de pronunciar solemnemente un juicio severo contra los pastores de Israel por haber guiado muy mal a su pueblo, Dios mismo anuncia su intervención mediante una promesa: "Yo mismo apacentaré a mis ovejas". Ya que ha fracasado tremendamente la experiencia de la monarquía, el Señor anuncia un nuevo Reino. Este Reino futuro será obra de su dirección personal, de su amor y de su gracia. En la Iglesia estamos gozando de este Reino; estamos en las manos del Buen Pastor, que es el Mesías.

I LECTURA   Ezequiel 34:11–12, 15–17   L E U

Lectura del libro del profeta Ezequiel

Así dice el Señor Dios:
  "Yo *mismo* cuidaré de mis *ovejas*
  y las *vigilaré* como un pastor vigila su rebaño,
  cuando está en medio de sus ovejas *dispersas*.
Así yo también *visitaré* las mías
  y las *sacaré* de todos los lugares donde se habían *dispersado*
  en el día de nubes y *tinieblas*.
Yo *mismo* cuidaré mis ovejas y las haré *descansar*,
  —dice el *Señor*, Dios—.
Buscaré la oveja perdida, traeré a la *descarriada*,
  vendaré a la herida, fortaleceré a la *enferma*,
  y *cuidaré* la que está gorda y robusta.
Las apacentaré a todas con *justicia*.
En cuanto a *ustedes*, ovejas *mías*,
  sepan que *yo* voy a juzgar *entre* oveja y oveja,
  entre carnero y chivo".

Presenta a Dios derramando bondad a manos llenas.

Siente que te diriges a gente herida y destrozada que necesita escuchar de Dios estas palabras de consuelo sincero. Por lo tanto, es un texto que requiere ser proclamado desde el corazón.

Enfatiza con energía todas las expresiones dichas en primera persona, como quien se compromete sinceramente a cumplir lo que ha prometido.

Utiliza abundantemente los contactos visuales para apoyar cada una de las promesas con que Dios quiere infundir confianza, paz, tranquilidad y afecto.

II LECTURA   1 Corintios 15:20–26, 28   L E U

Lectura de la primera carta del apóstol san Pablo a los corintios

Cristo *resucitó* de entre los muertos,
  y resucitó como *primer* fruto ofrecido a Dios,
  el *primero* de los que duermen.
Es que la muerte *vino* por un hombre,
  y por eso *también* la resurrección de los *muertos*
  viene por medio de un *hombre*.
Todos mueren por ser de Adán,
  y todos también *recibirán* la vida por ser de *Cristo*.
Pero cada uno a su *tiempo*.
A la *cabeza*, Cristo;
  en seguida los *que sean* de Cristo, cuando él *venga*.
Luego *vendrá* el fin,
  cuando Cristo *entregue* a Dios Padre el *Reino*,
  después de haber *destruido* toda grandeza,
    dominio y poderío *enemigos*.
Porque él *tiene* que reinar

Comienza afirmando con claridad cuál es la certeza fundamental de tu fe.

Más que proclamar un texto, estás intentando presentar tu vivencia interior del resucitado, que debe transparentarse en el tono de tu voz y en la seguridad con que abordas cada frase y cada concepto.

Prepara cuidadosamente esta proclamación. Analiza repetidamente los argumentos que el autor usa, hasta tener una idea clara de lo que realmente ha querido decir.

Utiliza un ritmo mesurado. No te apresures. Deja que cada frase se escuche con la fuerza precisa.

II LECTURA | Como ya lo sabemos muy bien, Pablo enmarca el destino de la gente de su tiempo y de su propia vida después de la muerte en la resurrección de Cristo. Exclama con profunda convicción: "si se anuncia que Cristo ha resucitado de entre los muertos, ¿por qué algunos de ustedes andan diciendo que no hay resurrección de los muertos?". Inmediatamente después de esta pregunta retórica, el apóstol explica las consecuencias de la relación entre la resurrección de Cristo y la de los cristianos.

Las pruebas, las debilidades y la muerte amenazan permanentemente a las personas, pero lo que le interesa anunciar a Pablo es que esta realidad no es extraña al misterio de la resurrección. El apóstol contempla esta situación como un paso de la muerte a la vida, siguiendo la suerte de Jesús. Subraya muy bien que existe una unión estrecha entre la vida de aquí abajo y la vida de allá arriba; todo lo esclarece el misterio de Jesús crucificado y resucitado. Cada uno de los bautizados iniciamos este caminar cuando participamos del Misterio Pascual de Cristo; pasamos de la muerte a la vida divina. Esto ha sucedido así porque, al resucitar Jesús de entre los muertos, ha declarado abiertamente su dominio y señorío sobre toda la creación. Es muy importante en nuestros días confesar que Cristo es el Señor, afirmar que Cristo le entrega a su Padre el Reino y que nosotros, como miembros de la Iglesia, estamos al servicio de ese Reino.

EVANGELIO | El texto de hoy nos reporta las últimas frases del quinto y último discurso de Mateo. Fundamentalmente, los discípulos serán juzgados sobre lo que se ha hecho o no al prójimo. En la descripción que va haciendo, el autor remarca un tema que se repite a través de toda la Sagrada Escritura: Dios se hace presente en el prójimo; Dios se hace presente, sobre todo, en la persona necesitada. Como Dios sale en defensa del pobre y oprimido, lo que hacemos a cualquiera de ellos, se lo hacemos a él. Lo que dejamos

II LECTURA continuación · L M

será *la muerte.*
Al *final,* cuando todo se le *haya sometido,*
    Cristo mismo *se someterá al Padre,*
    y así Dios *será todo* en todas las cosas.

EVANGELIO Mateo 25:31–46 · L M

Lectura del santo Evangelio según san Mateo

En aquel tiempo, *Jesús* dijo a sus *discípulos:*
"Cuando *venga* el *Hijo del hombre,*
    rodeado de su gloria, *acompañado* de todos sus *ángeles,*
    se sentará en su trono *de gloria.*
Entonces serán *congregadas* ante él todas *las naciones,*
    y él *apartará* a los unos de los *otros,*
    como *aparta* el pastor a las *ovejas* de los *cabritos,*
    y *pondrá* a las *ovejas* a su *derecha*
y a los *cabritos* a su *izquierda.*
Entonces dirá el rey a los de *su derecha:*
'*Vengan,* benditos de mi *Padre;*
    tomen *posesión* del *Reino* preparado para ustedes
    desde la *creación* del *mundo;*
    porque estuve *hambriento* y me dieron de *comer,*
    sediento y me dieron de *beber,*
    era *forastero* y me *hospedaron,*
    estuve *desnudo* y me *vistieron,*
    enfermo y me *visitaron,*
    encarcelado y fueron *a verme'.*
Los *justos* le *contestarán* entonces: '
Señor, *¿cuándo te vimos* hambriento y te dimos de comer,
    sediento y te dimos de *beber*?
    ¿Cuándo te vimos de *forastero* y te *hospedamos,*
        o *desnudo* y te *vestimos?*
    ¿Cuándo te vimos enfermo o encarcelado y *te fuimos a ver?'*
Y el rey les dirá:
'*Yo les aseguro* que, cuando lo hicieron con *el más*
    insignificante de mis hermanos, *conmigo* lo hicieron'.
Entonces *dirá* también a los de la *izquierda:*
'*Apártense* de mí, malditos;
    vayan al fuego eterno, preparado para *el diablo* y *sus ángeles;*
    porque estuve *hambriento* y *no me dieron* de comer,

24 DE NOVIEMBRE DEL 2002 ■ JESUCRISTO, REY DEL UNIVERSO

II LECTURA   continuación   L E U

"hasta que haya puesto bajo sus pies a *todos* sus *enemigos".*
El *último* enemigo destruido será la *muerte.*
Y cuando todo le esté *sometido,*
  el Hijo mismo se *someterá* a Aquel que le sometió
    todas las cosas,
  y en adelante será Dios *todo* en *todos.*

Emplea un tono firme que poco a poco
hace sentir el gozo por el triunfo y la
liberación que ya ha comenzado en Cristo.

Concluye con sincero entusiasmo y
visualiza emocionado ese gran final, el
momento de la victoria de nuestro Dios.

EVANGELIO   Mateo 25:31–46   L E U

Lectura del santo Evangelio según san Mateo

En *aquel* tiempo, dijo Jesús a sus *discípulos:*
  "Cuando el Hijo del Hombre *venga* en su *gloria*
  rodeado de *todos* sus ángeles,
  se *sentará* en su trono como Rey *glorioso.*
Delante de él se reunirán *todas* las naciones,
  y como el pastor *separa* las ovejas de los machos cabríos,
  así *también* lo hará él.
Separará unos de *otros,*
  poniendo las ovejas a su *derecha* y los machos cabríos
    a su *izquierda.*
Entonces el Rey dirá a los que están a la *derecha:*
  '¡*Bendecidos* por mi Padre!,
  vengan a tomar *posesión* del Reino
que está *preparado* para ustedes
  desde el principio del mundo.
Porque tuve *hambre* y ustedes me *alimentaron;*
  tuve *sed* y ustedes *me dieron* de beber.
Pasé como *forastero* y ustedes me *recibieron* en su casa.
Anduve *sin ropa* y me *vistieron.*
Estuve *enfermo* y fueron a *visitarme.*
Estuve en la *cárcel* y me fueron *a ver'.*
Entonces los buenos *preguntarán:*
  'Señor, ¿*cuándo* te vimos hambriento y *te* dimos de comer;
  sediento y te *dimos* de beber,
  o *forastero* y te *recibimos,*
  o *sin* ropa y te *vestimos,*
  o *enfermo,* o en la cárcel, y *te fuimos* a ver?'
El *Rey* responderá:
  'En *verdad* les digo
  que *cuando* lo hicieron con *alguno* de estos,
mis hermanos más *pequeños,*
  lo hicieron *conmigo'.*

Comienza con un tono solemne y
majestuoso. Describe la llegada de este
grandioso rey que retorna triunfalmente
a completar su obra.

Extiende esta invitación a todos
los presentes.

Adopta un tono distinto que manifieste
el gozo de Dios por aquellos cuyo comportamiento los convierte en bendecidos.

Advierte que sus palabras, aunque dichas
en el futuro, se dirigen hacia el pasado
(que es nuestro presente). Son como un
reto lanzado directamente a la conciencia
de cada uno de los que te escuchan.

Pronúncialas con fuerza, detallando
cada acción positiva que Dios espera
de nosotros.

Deja que la pregunta manifieste asombro
y regocijo a la vez.

El tono de la respuesta es cordial
y agradecido.

de hacer a cualquiera, dejamos de hacérselo a él.

A la verdad y autenticidad del cristianismo está en el amor. Cristo ha resucitado porque está muy cerca; está en el prójimo. ¿Buscamos a Cristo en el prójimo? ¿Amamos al prójimo? ¿Vive el amor en nuestras obras? Sólo nos aproximamos a Cristo en la medida que servimos a los demás. Desde el día que fuimos bautizados y fuimos hechos hermanos, cada prójimo es carne de nuestra carne y sangre de nuestra sangre. Si son auténticos todos nuestros actos de culto y manifestaciones de religiosidad, nos deben conducir a amar más intensamente y servir a nuestro prójimo.

EVANGELIO continuación   L M

sediento y *no me dieron* de beber,
era *forastero* y *no me hospedaron*,
estuve *desnudo* y *no me vistieron*,
enfermo y encarcelado y *no me visitaron*'.
Entonces ellos le responderán:
   'Señor, *¿cuándo te vimos* hambriento o sediento,
      de *forastero* o desnudo,
   enfermo o *encarcelado* y *no te asistimos?*'
Y él les *replicará*:
'Yo les *aseguro* que,
   cuando *no lo hicieron* con uno de aquellos más *insignificantes*,
   tampoco lo hicieron *conmigo*.
Entonces irán éstos al *castigo eterno* y los justos a la *vida eterna*'".

EVANGELIO continuación   L E U

Al *mismo* tiempo, dirá a los que estén a la *izquierda*:
   '¡Malditos, *aléjense* de mí,
   vayan al fuego *eterno*
   que ha sido destinado para el diablo y para sus ángeles!
Porque tuve *hambre* y *no* me dieron de comer,
   porque tuve *sed* y *no* me dieron de beber;
   era *forastero* y no *me recibieron* en su casa;
   no *tenía* ropa y *no* me vistieron;
   estuve *enfermo* y encarcelado y *no* me visitaron'.
Aquellos preguntarán *también*:
   'Señor, ¿*cuándo* te vimos hambriento, sediento,
   desnudo o forastero, enfermo o encarcelado,
   y *no* te ayudamos?'
El *Rey* les responderá:
   'En *verdad* les digo
   que *siempre* que *no* lo hicieron
   con alguno de estos *hermanos* míos pequeños,
   conmigo no lo hicieron'.
Y *éstos* irán al suplicio *eterno*
   y los buenos a la *vida eterna*''.

El estilo de la proclamación cambia dramáticamente. El tono se vuelve pesado e incómodo. Dios se expresa con pena.

Hay pesar por aquellos que indolentemente no fueron capaces de acudir y atender a su prójimo.

En esta pregunta resuena el miedo y la confusión de los que antes fueron indolentes.

Pronuncia estas frases finales no como una condenación o una sentencia de muerte, sino más bien como una advertencia dirigida al corazón de tus oyentes. Dios respeta el camino que hemos elegido libremente, hasta las últimas consecuencias.

para la preparación de la litúrgia

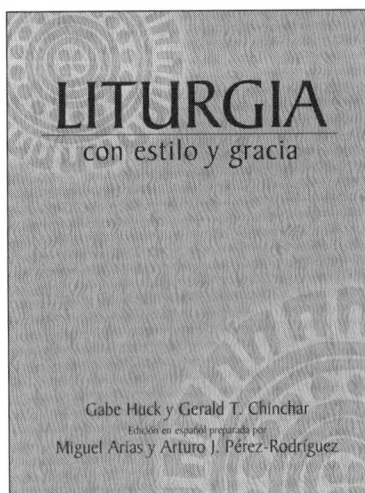

Liturgia con Estilo y Gracia

Esta edición castellana de *Liturgia con estilo y gracia* es un recurso magnífico en lo que se refiere al espíritu de la liturgia que se celebra en la vida parroquial.

Es una introducción para aquellas personas que se han unido al ministerio de la liturgia y para quienes han estado ahí por mucho tiempo. En ambos casos, este libro provee un fundamento común y un buen marco litúrgico de referencia.

Pero hay más. Este libro está dirigido a cualquier católico interesado en la liturgia, pues nos enseña sobre todas las cosas que nos pertenecen: la Misa, los sacramentos y los tiempos litúrgicos del año.

El formato del libro es sencillo: cada artículo consta de dos páginas que se agrupan en tópicos que forman una unidad. Se puede leer de principio a fin, o leer sobre algún tema en particular en una y otra unidad. Además, contiene una serie de preguntas para la reflexión grupal, junto con algunos desafíos que podrán llevar a mejorar la vida litúrgica de nuestras diversas comunidades. El otro elemento que forma parte de cada reflexión lo forman las citas de algunos liturgistas y teólogos hispanos, cuyas reflexiones fortalecen nuestra experiencia y tradición litúrgica.

Para los católicos que desean conocer más acerca de la Misa, ¡éste es el libro que buscaban! Ayudará a crear una base común de entendimiento y comprensión de la vida litúrgica parroquial. Aquí está la forma de continuar la reforma litúrgica pedida por el Concilio Vaticano II, que invita a todo el pueblo de Dios a una participación plena, consciente y activa. Disponible también en inglés.

Código de pedido: **SLSG $12**

Versión disponible en inglés.

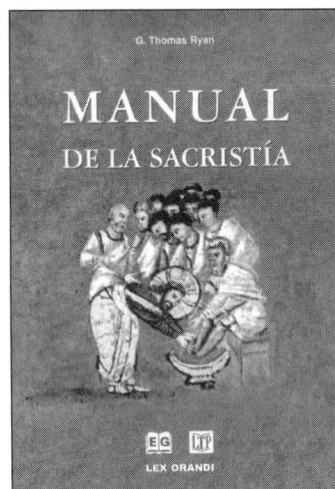

Manual de la sacristía
G. Thomas Ryan

Al igual que el trabajo de los sacristanes y demás personas que preparan las celebraciones litúrgicas, este libro está lleno de pequeños detalles. La primera sección ofrece una breve historia de la liturgia, una descripción de la vocación del sacristán y una introducción concisa en cuanto al uso del arte en la liturgia. La segunda sección habla sobre las diferentes partes de un templo (la entrada, el altar, el ambón, el presbiterio, el bautisterio, santuarios y más) y su función para la asamblea cristiana. La tercera sección plantea los diferentes tipos de sacristía y muebles que se requieren para la misma. Finalmente, el último capítulo consiste en una lista de los elementos necesarios para cada celebración litúrgica, que abarca desde la bendición de animales, hasta una Misa presidida por el obispo diocesano, desde el Adviento hasta el Tiempo Ordinario. Encontrarás una lista de los materiales que necesitas, de los ornamentos que deberán utilizarse, ideas para la preparación del espacio de oración y una gran variedad de detalles.

Entre otros temas que trata el autor se incluye el mantenimiento, la seguridad, emergencias médicas y de sistemas mecánicos. Este libro debe ser parte de cada sacristía y biblioteca parroquial, sacristán, diácono, coordinador parroquial de liturgia y estudiante de liturgia. Coeditado con Grafite Ediciones. Disponible también en inglés.

Código de pedido: **SSCMNL $18**

LTP

Disponible en su librería religiosa o Liturgy Training Publications

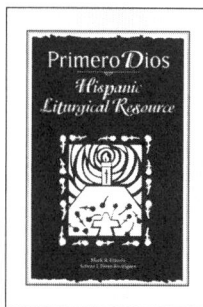

Primero Dios:
Hispanic Liturgical Resource
por Mark Francis y Arturo Pérez-Rodríguez

Aquellos que realizan su Ministerio en las comunidades hispanas católicas en los Estados Unidos, con frecuencia son llamados a construir dos concepciones diferentes de la Iglesia y de su vida litúrgica. La primera es aquélla de la "Iglesia oficial", que fue interpretada por los católicos euro-americanos de este siglo, y la segunda es el crecimiento actual de la comunidad Hispana en los Estados Unidos. *Primero Dios* construye puentes. Toma seriamente ambas experiencias de la gente hispana y los principios litúrgicos del Vaticano II. *Primero Dios* tiene dos cualidades: informativo y práctico. Este libro explora algunas de las grandes esperanzas culturales que los hispanos traen a los sacramentos y a otros eventos litúrgicos. En adición al Bautismo, Confirmación, Primera Comunión, Reconciliación, Matrimonio y Unción de los enfermos, los autores exploran los ritos de Presentación del Niño(a), Quince Años, el Pedir la Mano, así como aquellos para el momento en que alguien muere: el Velorio, Novenario y Levantacruz. Este libro ayudará a los sacerdotes que no están seguros de las costumbres apropiadas, las cuales no se encuentran en los libros oficiales. Es también para los mismos católicos que buscan entender cómo sus prácticas forman parte del culto de la Iglesia Universal. El texto está escrito en inglés. Por razones pastorales, las adaptaciones rituales están impresos en inglés y español.

Código de pedido: **CUSTOM** **$18**

Un Pueblo Sacramental

Esta serie de tres vídeos es un suplemento del libro *Primero Dios: Hispanic Liturgical Resource*, la cual hace visible la integración de los ritos oficiales de la Iglesia con la religión popular hispana. Los fieles de la parroquia descubrirán la riqueza de los valores que se encuentran en su religiosidad popular, a través del testimonio personal que aparece en estos vídeos. Líderes y ministros encontrarán un modelo para integrar la celebración de los sacramentos con los ritos apropiados y el catolicismo popular hispano. Esta serie abarca una diversidad de experiencias de las culturas hispanas. El vídeo 1 incluye los ritos de *La Presentación del Niño y Primera Comunión*. El vídeo dos explora la celebración de los *Quince Años* y *La Boda*. El vídeo tres contiene la sección *Velando a Nuestros Difuntos*. Los vídeos y las guías de estudio estarán disponibles en español e inglés. Esta producción ha sido posible gracias a una donación otorgada por ACTA Foundation. Producido por Hispanic Telecommunications Network (HTN). VHS, 30 minutos aproximadamente por cada video; 90 minutos en total.

Códigos de pedido en español: **SSAC1, SSAC2, SSAC3** **$25** c/u

Códigos de pedido en inglés: **ESAC1, SSAC2, ESAC3** **$25** c/u

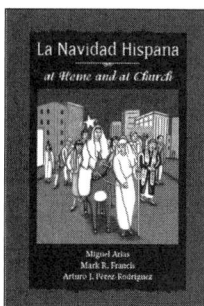

La Navidad Hispana: At Home and At Church
Miguel Arias, Arturo J. Pérez-Rodríguez y Mark R. Francis, csv

Los autores de este nuevo libro, ameno y de gran utilidad, extienden los puntos de vista que ofrecieron ya en *Primero Dios*, a la temporada del Adviento y Navidad, creando nexos litúrgicos entre los rituales que se celebran en casa y los ritos oficiales, presentando un enlace creativo y pastoral entre ambos rituales, conectándolos a la celebración parroquial con la comunidad entera. La metodología tiene un carácter narrativo que nos induce en la perspectiva y experiencia de la celebración hispana a través del tiempo litúrgico del Adviento y Navidad. Las notas pastorales que acompañan al libro tienen la finalidad de presentar las distintas opciones de celebración de acuerdo con la forma en que se celebra en los distintos países de América Latina. Los ritos aparecen en formato bilingüe en páginas alternas, inglés y español, que pueden modificarse de acuerdo a las necesidades de la comunidad que celebra. Lo más importante es que este libro provee un modelo multicultural de celebración, diálogo y entendimiento, así como las múltiples formas de compartir la celebración devocional y popular del pueblo hispano, junto con la liturgia romana. *La Navidad Hispana* reúne un buen conjunto de formación e información pastoral único en su género y de valor estimable para el personal parroquial, los ministros litúrgicos, catequistas, comunidades pequeñas y familias que desean mantener viva su tradición. El texto del libro está en inglés, los rituales se han impreso en forma bilingüe, inglés y español.

Código de pedido: **LANAV** **$18**

¡Gracías!

Pastoral Litúrgica para la Comunídad Híspana/Latína de los Estados Unídos

¡Gracias!

Pastoral Litúrgica para la Comunidad Hispana/Latina de los Estados Unidos

¡Gracias! es la primera revista totalmente dedicada a promover una liturgia efectiva entre la comunidad Hispana que radica en los Estados Unidos de Norteamérica, una liturgia que está imbuída en el espíritu del Concilio Vaticano II y en la riqueza y variedad de la cultura hispana. Los escritos están dirigidos a los ministros parroquiales, escritos en inglés y español respectiva-mente, y tratan acerca de algunos aspectos prácticos de las celebraciones litúrgicas, haciendo un énfasis especial en los asuntos de mayor importancia en el ambiente hispano. Se publicará seis veces por año. Cada número presenta un artículo central enfocado en un tema particular, cuenta además con secciones fijas tales como:

- **Mínísteríos—** presentaciones prácticas destinadas a ayudar a los ministros a realizar su ministerio de una manera más efectiva.

- **Cartas a mí tío Toño—** escrita en un estilo popular, esta sección trata acerca de las preguntas comunes que surgen en el ambiente hispano.

- **¡Qué bueno!—** ejemplos prácticos acerca de buenos lugares para el arte y culto litúrgico.

- **¡Mucho Ojo!—** calendario de eventos en los Estados Unidos que son de interés para los hispanos.

$18 por un año
$34 por dos años
$50 por tres años

Temas pastorales como la implementación del RICA (*Rito de Iniciación Cristiana de Adultos*) en las parroquias hispanas, recursos musicales en español y la relación dinámi-ca que existe entre la religiosidad popular y la liturgia serán tratados regularmente.

LTP LITURGY TRAINING PUBLICATIONS
1800 North Hermitage Ave
Chicago IL 60622-1101

| Phone | 1-800-933-1800 | E-Mail | orders@ltp.org |
| Fax | 1-800-933-7094 | Website | www.ltp.org |